A LIBRARY OF
DOCTORAL
DISSERTATIONS
IN SOCIAL SCIENCES IN CHINA

中国
社会科学
博士论文
文库

西夏译玄奘所传“法相唯识”经典研究

A Study on the Tangut Version of Buddhist Classic Scripture *Vijñāptimātra* Translated by Monk Xuanzang

王　龙　著
导师　孙伯君

中国社会科学出版社

图书在版编目（CIP）数据

西夏译玄奘所传“法相唯识”经典研究 / 王龙著．—北京：中国社会科学出版社，2023.3

（中国社会科学博士论文文库）

ISBN 978 - 7 - 5227 - 1637 - 4

Ⅰ.①西…　Ⅱ.①王…　Ⅲ.①唯识宗—研究　Ⅳ.①B946.3

中国国家版本馆 CIP 数据核字(2023)第 068117 号

出 版 人　赵剑英
责任编辑　郝玉明
责任校对　谢　静
责任印制　李寡寡

出　　版　中国社会科学出版社
社　　址　北京鼓楼西大街甲 158 号
邮　　编　100720
网　　址　http://www.csspw.cn
发 行 部　010 - 84083685
门 市 部　010 - 84029450
经　　销　新华书店及其他书店

印　　刷　北京明恒达印务有限公司
装　　订　廊坊市广阳区广增装订厂
版　　次　2023 年 3 月第 1 版
印　　次　2023 年 3 月第 1 次印刷

开　　本　710 × 1000　1/16
印　　张　33
字　　数　562 千字
定　　价　178.00 元

凡购买中国社会科学出版社图书，如有质量问题请与本社营销中心联系调换
电话：010 - 84083683

总　　序

在胡绳同志倡导和主持下，中国社会科学院组成编委会，从全国每年毕业并通过答辩的社会科学博士论文中遴选优秀者纳入《中国社会科学博士论文文库》，由中国社会科学出版社正式出版，这项工作已持续了12年。这12年所出版的论文，代表了这一时期中国社会科学各学科博士学位论文水平，较好地实现了本文库编辑出版的初衷。

编辑出版博士文库，既是培养社会科学各学科学术带头人的有效举措，又是一种重要的文化积累，很有意义。在到中国社会科学院之前，我就曾饶有兴趣地看过文库中的部分论文，到社科院以后，也一直关注和支持文库的出版。新旧世纪之交，原编委会主任胡绳同志仙逝，社科院希望我主持文库编委会的工作，我同意了。社会科学博士都是青年社会科学研究人员，青年是国家的未来，青年社科学者是我们社会科学的未来，我们有责任支持他们更快地成长。

每一个时代总有属于它们自己的问题，“问题就是时代的声音”(马克思语)。坚持理论联系实际，注意研究带全局性的战略问题，是我们党的优良传统。我希望包括博士在内的青年社会科学工作者继承和发扬这一优良传统，密切关注、深入研究21世纪初中国面临的重大时代问题。离开了时代性，脱离了社会潮流，社会科学研究的价值就要受到影响。我是鼓励青年人成名成家的，这是党的需要，国家的需要，人民的需要。但问题在于，什么是名呢？名，就是他的价值得到了社会的承认。如果没有得到社会、人民的承认，他的价值又表现在哪里呢？所以说，价值就在于对社会重大问题的回答和解决。一旦回答了时代性的重大问题，就必然会对社会产生巨大而深刻的影响，你也因此而实现了你的价值。在这方面年轻的博士有很大的优势：精力旺盛，思想敏捷，勤于学习，勇于创新。但青年学者要多向老一辈学者学习，博士尤其要很好地向导师学习，在导师的指导下，发挥自己的优势，研究重大问题，就有可能出好的成果，实现自己的价值。过去12年入选文库的论文，也说明了这一点。

什么是当前时代的重大问题呢？纵观当今世界，无外乎两种社会制度，一种是资本主义制度，一种是社会主义制度。所有的世界观问题、政治问题、理论问题都离不开对这两大制度的基本看法。对于社会主义，马克思主义者和资本主义世界的学者都有很多的研究和论述；对于资本主义，马克思主义者和资本主义世界的学者也有过很多研究和论述。面对这些众说纷纭的思潮和学说，我们应该如何认识？从基本倾向看，资本主义国家的学者、政治家论证的是资本主义的合理性和长期存在的“必然性”；中国的马克思主义者，中国的社会科学工作者，当然要向世界、向社会讲清楚，中国坚持走自己的路一定能实现现代化，中华民族一定能通过社会主义来实现全面的振兴。中国的问题只能由中国人用自己的理论来解决，让外国人来解决中国的问题，是行不通的。也许有的同志会说，马克思主义也是外来的。但是，要知道，马克思主义只是在中国化了以后才解决中国的问题的。如果没有马克思主义的普遍原理与中国革命和建设的实际相结合而形成的毛泽东思想、邓小平理论，马克思主义同样不能解决中国的问题。教条主义是不行的，东教条不行，西教条也不行，什么教条都不行。把学问、理论当教条，本身就是反科学的。

在21世纪，人类所面对的最重大的问题仍然是两大制度问题：这两大制度的前途、命运如何？资本主义会如何变化？社会主义怎么发展？中国特色的社会主义怎么发展？中国学者无论是研究资本主义，还是研究社会主义，最终总是要落脚到解决中国的现实与未来问题。我看中国的未来就是如何保持长期的稳定和发展。只要能长期稳定，就能长期发展；只要能长期发展，中国的社会主义现代化就能实现。

什么是21世纪的重大理论问题？我看还是马克思主义的发展问

题。我们的理论是为中国的发展服务的，绝不是相反。解决中国问题的关键，取决于我们能否更好地坚持和发展马克思主义，特别是发展马克思主义。不能发展马克思主义也就不能坚持马克思主义。一切不发展的、僵化的东西都是坚持不住的，也不可能坚持住。坚持马克思主义，就是要随着实践，随着社会、经济各方面的发展，不断地发展马克思主义。马克思主义没有穷尽真理，也没有包揽一切答案。它所提供给我们的，更多的是认识世界、改造世界的世界观、方法论、价值观，是立场，是方法。我们必须学会运用科学的世界观来认识社会的发展，在实践中不断地丰富和发展马克思主义，只有发展马克思主义才能真正坚持马克思主义。我们年轻的社会科学博士们要以坚持和发展马克思主义为己任，在这方面多出精品力作。我们将优先出版这种成果。

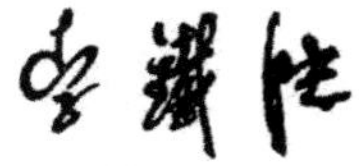

2001 年 8 月 8 日于北戴河

摘　要

本书在俄藏黑水城文献中拣选与玄奘所传“法相唯识”有关的三部西夏文译本，即《瑜伽师地论》《显扬圣教论》和《大乘阿毗达磨集论》，刊布其录文，并用“四行对译法”对西夏文进行了对勘与释读。目的是通过解读这三部具有明确汉文来源的文献，从中总结出一批专有法相唯识词语的夏、汉对当关系，同时摸清西夏人对这些文献的理解方式和翻译手法，建立西夏文“法相唯识”类经典所涉术语的数据库，为西夏文献的全面解读，为了解“法相唯识”思想于 12 至 14 世纪在中国北方的传播和发展提供重要的参考。

研究分释读和校注两部分。释读文字置于相应的西夏录文和拟音之下，力求字字对应，并加新式标点。其中西夏文《瑜伽师地论》还梳理了法国国家图书馆、英国国家图书馆和中国西安市文物保护考古所所藏残片的内容。西夏文《显扬圣教论》为草书写本，西夏文极难辨认，且残损严重，本书对草书加以隶定、录文，并根据汉文本和上下文，对残损部分的西夏文进行了拟补。而通过对西夏文《大乘阿毗达磨集论》的整理，我们把存世的两个抄件缀合为完整的卷三，这一点也是前人在著录中没有注意到的。

关键词：西夏学；玄奘；法相唯识；《瑜伽师地论》；《显扬圣教论》；《大乘阿毗达磨集论》；佛经

Abstract

The research collects three Tangut versions of *Yogācāra-bhūmi-śāstra*, *Āryavācāprakaraṇa-śāstra* and *Mahāyānābhidharma sangīti-śāstra*, which are works related to *vijñāptimātra* translated to Chinese by Xuanzang. The paper translates and annotates the three Tangut versions, which will publish its texts and use the "four lines of translation method" to conduct translation and interpretation of Xixia, in order to find out a body of words about *vijñāptimātra*, which are translated from the Chinese version. Moreover, the paper attempts to figure out how the Tangut people understand and interpret these manuscripts, establish the database of words referring to *vijñāptimātra*, which is useful for translating the Tangut literature, and learn the transmission and development of the thought of *vijñāptimātra* in the north of China from the 12th to the 14th century.

Because these Buddhist scriptures have not been published yet, the study will use the pictures taken by Jiang Weisong and Yan Keqin (workers of Shanghai Chinese Classics Publishing House) in St. Petersburg in the year of 2000. This research gives the Tangut original which the author punctuates, translation corresponding to the above original and syllable, Chinese version and the annotation respectively. The author also introduces *Yogācāra-bhūmi-śāstra* preserved in National Library of France and National Library of British and Cultural Relics and Archaeology Institution of Xi'an. The Tangut version of *Āryavācāprakaraṇa-śāstra* is accomplished in cursive and heavily damaged, which makes the text hard to read. The author tries his best to recognize the existing words and replenish the missing words according to the context. Again, the author pull together two transcriptions of *Mahāyānābhidharma sangīti-śāstra*, which makes the volume three of this scripture complete.

Key words: Tangutology; Xuanzang; *vijñāptimātra*; *Yogācāra-bhūmi-śāstra*; Ā*Ryavācāprakaraṇa-śāstra*; *Mahāyānābhidharma sangīti-śāstra*; sūtra

目　　录

Contents

第一章　绪论

西夏（1038—1227）是一个以党项羌为主体的少数民族于 1038 年建立的地方割据政权，国号“𗤶𗴴”（大夏），自称“𗴂𗹭𗂸𗤶”（大白高国）、“𗴂𗹭𗤶𗴴𗂸”（白高大夏国）。《宋史》称之为“夏国”，《辽史》《金史》因其地处辽、金之西，称之为“西夏”，后人也习称“西夏”。西夏先后与北宋、辽以及南宋、金成鼎足之势，地处丝绸之路要冲，汇集四方文化，其中最为重要的体现便是西夏的佛教。佛教在西夏国建立之前就传入了党项地区，具体的时间和途径已经无从查考。[①]现存史料所载党项人最早的礼佛活动见于《宋史》卷四八五《夏国传上》，时间是 1007 年：

> [宋景德四年(1007)]罔氏薨……及葬，请修供五台山十寺。

西夏崇信佛教，佛教兴盛，有“浮图梵刹，遍满天下”的记载，西夏统治者还集党项、汉、回鹘、藏等族高僧从事译经、校经活动，斋会活动频繁，佛教在当时生活中占据相当重要的地位。11 世纪 30 年代至 70 年代，西夏多次从宋朝赎买《大藏经》[②]，并由政府设立译场组织将其译为西夏文。

---

① 邓如萍首先指出了党项人最初从吐蕃人那里得知佛教的可能性，参见 Ruth Dunnell, *The Great State of White and High: Buddhism and State Formation in Eleventh-Century Xia*, Honolulu: University of Hawai'i Press, 1996, pp.75-77。聂鸿音先生亦指出，西夏语的“如来”“经”“论”这几个最基本的词并非来自汉语，而是分别来自藏语的 De-bzhin-gshegs-pa、mdo-sde 和 sde-snod-ma-mo。参见聂鸿音《西夏佛教术语的来源》，《固原师专学报》（社会科学版）2002 年第 2 期。

② 参见罗福苌《西夏赎经记》，《国立北平图书馆馆刊》第 4 卷第 3 号，1930（1932）年；史金波《西夏佛教史略》，宁夏人民出版社 1988 年版，第 59—62 页。据史金波先生统计西夏的“赎经”活动共有六次，聂鸿音先生指出他依据的有些资料原始来源不明，恐非北宋时代的实录，所以实际的次数也许没有那么多。

1034 年，宋刻《开宝藏》传入西夏，元昊于天授礼法延祚十年（1047）特为之建寺供奉，以为译场：

> 曩霄更以四孟朔为圣节，令官民礼佛，为己祈福。至是，于兴庆府东一十五里役民夫建高台寺及诸浮图，俱高数十丈，贮中国所赐《大藏经》，广延回鹘僧居之，演绎经文，易为蕃字。①

并同时陆续着手把汉文的佛经译成西夏文，国家图书馆藏西夏文《过去庄严劫千佛名经》卷末所附元朝皇庆元年（1312）刻印的发愿文里记载了这段历史：

> [illegible]
>
> 又千七年，汉地景佑年间，夏国风帝兴法明道图新。戊寅年间令国师白法信，及承道年又令臣智光等先后三十二人为首，译为番语。民安元年，五十三载之内，先后成大小三乘半满教及忏传三百六十二帙，八百十二部，三千五百七十九卷。后奉护城皇帝敕，与南北经重校，令国土茂。②

西夏的译经活动始于“风帝”（景宗元昊）在位期间（1036—1048）。③元昊以后的历代皇帝，都积极推进佛教的传播与发展，译经活动历经景

---

①（清）吴广成撰，龚世俊等校证：《西夏书事校证》卷一八，甘肃文化出版社 1995 年版，第 212 页。

② 聂鸿音：《西夏文〈过去庄严劫千佛名经〉发愿文中的两个年号》，《固原师专学报》（社会科学版）2004 年第 5 期；孙伯君：《元刊河西藏考补》，《民族研究》2011 年第 2 期。这篇发愿文是史金波先生首次研究的，他的译文如下：“重千七年，汉国贤者？岁中夏国风帝新起兴礼式德。戊寅年中，国师白法信及后禀德岁臣智光等，先后三十二人为头，令依番译。民安元年，五十三岁，国中先后大小三乘半满教及传中不有者，作成三百六十二帙，八百十二部，三千五百七十九卷。”全文见史金波《西夏文〈过去庄严劫千佛名经〉发愿文译证》，《世界宗教研究》1981 年第 1 期，后收入《史金波文集》，上海辞书出版社 2005 年版，第 312—330 页。

③ 西田龙雄直接把“风帝”译成“李帝”，是考虑到党项首领接受的北宋王朝赐姓“李”。参见［日］西田龙雄《西夏译经杂记》，《西夏文华严经》（Ⅱ），京都大学文学部 1976 年版，第 6 页。

宗、毅宗、惠宗、崇宗四朝皇帝，费时 53 年，译出佛经凡 812 部，3579 卷。[①]仁宗皇帝（1140—1193）当政后，更是掀起了前所未有的译经和校经的高潮，他不仅下令从梵文、藏文佛经中选取密教经典译成汉文、西夏文，同时还下令校理前朝已经翻译的典籍。[②]西夏热衷传行的佛教经典与中原根系相连，在这些佛教经典中，“法相唯识”经典也占极其重要的地位。

除去少量残叶以外，当今存世的西夏译玄奘所传“法相唯识”经典都于 1909 年出自内蒙古额济纳旗的黑水城遗址。相关书题的著录首见戈尔巴乔娃和克恰诺夫的《西夏文写本和刊本》[③]，详细描述则见克恰诺夫的《西夏文佛教文献目录》[④]，此外，西田龙雄在 20 世纪 70 年代也曾对部分文献作过基础的鉴定。[⑤]不过由于相关资料存量过大，对全部文献的鉴定和整理工作还远未完成，其中有不少书籍我们至今仍不能寻到相应的汉文底本并据以给出确切的解读。事实上，尽管学界在西夏语言文字领域已经有了一个多世纪的研究积累，但是我们关于西夏词汇的知识长期以来还局限在中原儒家著述和常见佛教经籍的范围之内，而对于“法相唯识”类文献和藏传佛教文献这些特殊领域的涉猎还刚刚起步。本书试图解读一些具有明确来源的玄奘译“法相唯识”经典，从中总结出一批专有“法相唯识”词语的夏汉对应关系，同时摸清西夏人对这些文献的理解方式和翻译手法，对西夏乃至蒙元时代“法相唯识”文献的全部解读尽一点绵薄之力，以此为基础，有助于我们了解 12 世纪至 14 世纪中国北方“法相唯识”思想的传播和发展脉络。

目前尚不知道“法相唯识”思想传入西夏的具体时间。仅有的一条有关“[illegible]”（唯识）的记载见于《天盛律令》卷十一“为僧道修寺庙门”：

> [illegible]、[illegible]、[illegible]、[illegible]、[illegible]、[illegible]，[illegible]、[illegible]，《[illegible]》《[illegible]》《[illegible]》《[illegible]

① 参见史金波《西夏文〈过去庄严劫千佛名经〉发愿文译证》，《世界宗教研究》1981 年第 1 期。

② 参见孙伯君《西夏仁宗皇帝的校经实践》，《宁夏社会科学》2013 年第 4 期。

③ 参见 З. И. Горбачева и Е. И. Кычанов, *Тангутские рукописи и ксилографы*, Москва: Издательство восточной литературы, 1963。

④ 参见 Е. И. Кычанов, *Каталог тангутских буддийских памятников*, Киото: Университет Киото, 1999。

⑤ 参见［日］西田龙雄《西夏文华严经》（III），京都大学文学部 1977 年版。

> [illegible]
>
> 国境内番、汉、羌中僧人、道士所属居士、童行中，及前僧人、道士等中有为座主[1]者时，能完整解说《般若》《唯识》《中道》《百法》《华严行愿》等之一部，解前后义，并知常为法事者，国师及先住座主，别有巧智师傅等，当好好量其行，真知则居士、童行可入僧人中，衣绯，为座主，勿得官。先前僧人、道士，道士愿为僧人，[2]彼等一律先衣黄者当衣绯而为座主，好者可得官爵。其中番汉和尚不知切韵，不许为座主。[3]

据上可知，“[illegible]”（唯识）经典是番、汉、羌僧人成为座主必须完整解说的典籍之一。佛教史籍里关于这方面的记载也是很少，所以，我们目前对西夏法相唯识宗的了解基本依靠 1909 年科兹洛夫地理考察队在内蒙古额济纳旗黑水城遗址发掘出的西夏文献。这些文献现藏于俄罗斯科学院东方文献研究所，其中 90%以上是佛教著作，代表 11 世纪至 13 世纪河西地区流行的各种佛教宗派。由于西夏佛经刊布工作的滞后，西夏的佛教面貌迄今还远没有被研究清晰，不过，根据克恰诺夫整理的《西夏文佛教文献目录》可以知道[4]，在西夏翻译的中土著述中，玄奘大师传译的经典著作占有一定的比重。

众所周知，12 世纪中叶以后仁宗皇帝新译和校译了大量的佛经，说明前代的佛经翻译工作并不完善，还不足以证明西夏文《大藏经》的结集在那时已趋告竣。显然，如果要说西夏时期编印过整套的西夏文《大藏经》，我们还需要更多的证据。瑞典斯德哥尔摩的民族博

---

① 史金波等先生汉译文原误译作“坐主”，实际上是“座主”，即“首座”。参见史金波、聂鸿音、白滨译注《天盛改旧新定律令》，法律出版社 2000 年版，第 403 页。

② 史金波等先生汉译文原作“先前僧人，道士□道士者为僧人”。参见史金波、聂鸿音、白滨译注《天盛改旧新定律令》，法律出版社 2000 年版，第 403 页。

③ 参见史金波、聂鸿音、白滨译注《天盛改旧新定律令》，第 403 页。

④ Е. И. Кычанов, *Каталог тангутских буддийских памятников*, Киото: Университет Киото, 1999.

物馆收藏有元刊西夏文《大白高国新译三藏圣教序》残本，原为夏桓宗皇帝御制[①]，其中说到当初“[illegible]，[illegible]，[illegible]”（先白帝法未兴，神事不集，功德未具），于是他自己“[illegible]，[illegible]，[illegible]”（御译真经，后附讲疏，缀连珍宝）。看来在 12 世纪和 13 世纪之交的西夏王室已经有了编集《大藏经》的念头，不过根据目前的资料显示，真正意义上的西夏文《大藏经》结集和刊印只是在元代才首次完成。[②]

聂鸿音先生首先注意到，西夏君臣的功德记录却屡次提到人们在礼佛仪式中开读了各种文字的《大藏经》。例如刊布在《佛说宝雨经》卷十（[illegible]）之首的皇太后罗氏《施大藏经牌记》，西夏录文及聂先生译文如下：

> [illegible]，[illegible]，[illegible]。
>
> 大白高国清信弟子皇太后罗氏，新增写番大藏经一整藏，舍于天下庆报伽蓝寺经藏中，当为永远诵读供养。

俄罗斯科学院东方文献研究所藏 инв. № 5423，原件残损，仅存卷尾四折“应天四年施经发愿文”，西夏录文及聂先生译文如下：

> [illegible]

---

① 参见 К.Б. Кепинг, “Тангутские ксилографы в Стокгольме”, Б. Александров сост., *Ксения Кепинг: Последние статьи и документы*, Санкт-Петербург: Омега, 2003, с. 61。

② 有了《大白高国新译三藏圣教序》并不能证明西夏的《大藏经》结集工作已经完成。著名的唐太宗御制《大唐三藏圣教序》只是为褒奖玄奘的取经译经成就而作，与某部《大藏经》的结集并无关涉，应该是同样的道理。

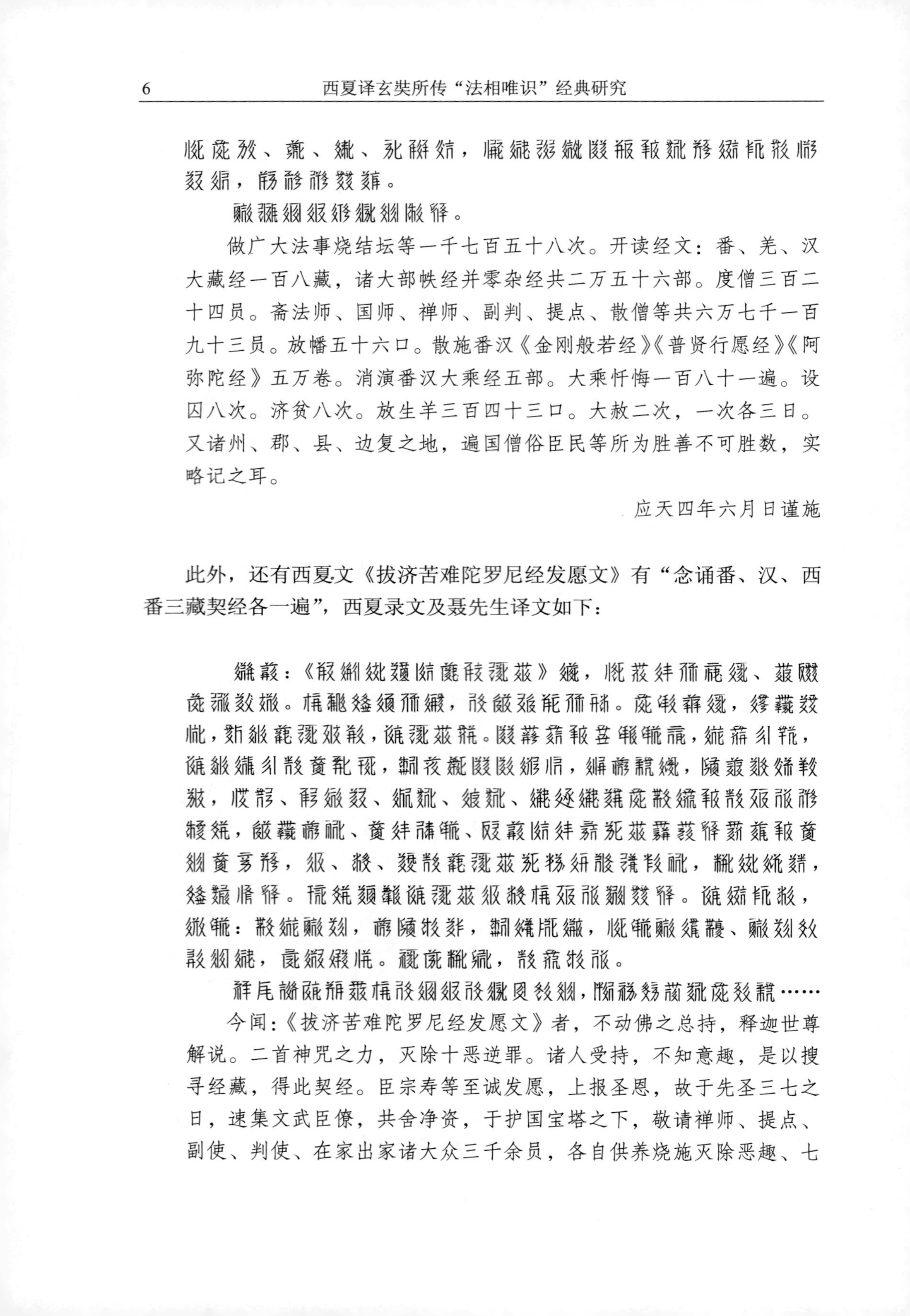

[illegible]

做广大法事烧结坛等一千七百五十八次。开读经文：番、羌、汉大藏经一百八藏，诸大部帙经并零杂经共二万五十六部。度僧三百二十四员。斋法师、国师、禅师、副判、提点、散僧等共六万七千一百九十三员。放幡五十六口。散施番汉《金刚般若经》《普贤行愿经》《阿弥陀经》五万卷。消演番汉大乘经五部。大乘忏悔一百八十一遍。设囚八次。济贫八次。放生羊三百四十三口。大赦二次，一次各三日。又诸州、郡、县、边复之地，遍国僧俗臣民等所为胜善不可胜数，实略记之耳。

应天四年六月日谨施

此外，还有西夏文《拔济苦难陀罗尼经发愿文》有“念诵番、汉、西番三藏契经各一遍”，西夏录文及聂先生译文如下：

[illegible]

[illegible]

今闻：《拔济苦难陀罗尼经发愿文》者，不动佛之总持，释迦世尊解说。二首神咒之力，灭除十恶逆罪。诸人受持，不知意趣，是以搜寻经藏，得此契经。臣宗寿等至诚发愿，上报圣恩，故于先圣三七之日，速集文武臣僚，共舍净资，于护国宝塔之下，敬请禅师、提点、副使、判使、在家出家诸大众三千余员，各自供养烧施灭除恶趣、七佛本愿、阿弥陀佛道场七日七夜，念诵番、汉、西番三藏契经各一遍，救放生命，布施神幡。命工雕印，散施此经番汉二千余卷。以此善缘，谨愿太上皇帝往生净土，速至佛宫，复愿皇太后、皇帝圣寿福长，万岁来至，法界含灵，超脱三有。

白高乾祐癸丑二十四年十月八日，西正经略使……①

此外，呱呱的汉文《父母恩重经发愿文》有“开阐番汉大藏经各一遍，西番大藏经五遍”，似乎表明当时确有完整的《番大藏经》（《西夏文大藏经》）存在。不过我们仅凭常识就可以判断，在几天时间内念诵完三千余卷的《大藏经》是绝对不可能做到的事情。据此，聂鸿音先生指出西夏人的《大藏经》定义显然不同于唐朝《一切经音义》中的“一切经”，因为《西番大藏经》（《藏文大藏经》，《甘珠尔》和《丹珠尔》）当时还没有正式结集。由此认定，西夏时代所谓“大藏经”只是那以前翻译的众多释典的泛称，并非依照统一体例编成并依照统一规格刊印的佛教作品总集，而“念诵番、汉、西番三藏契经各一遍”，其实际意思也仅仅是“宣读了三种文字的许多佛经”。②

无论是中原还是西藏，从开始翻译佛经到《大藏经》的正式结集都经历了数百年时间。在这段时间里，人们致力于翻译他们通过各种途径寻访到的佛典梵文原本或者其他语言的译本，只是在自己语言的译本积累到相当大的数量时才会产生按照统一体例编纂《大藏经》的念头。毫无疑问，12世纪末的西夏已经出现了“大藏经”的概念，但我们还不能确切知道究竟是已然实施的行动还是泛泛的理想。与真正的《大藏经》相比，存世的西夏文佛经数量相当少，且大都为“经藏”，律藏和论藏佛经的数量屈指可数。或许我们可以设想，本书研究的玄奘所传“法相唯识”经典的西夏“论藏”佛经，想必就是在党项人想编《西夏文大藏经》的想法中产生的。③

此前，戈尔巴乔娃、西田龙雄和克恰诺夫均对黑水城出土西夏文佛经

① 聂鸿音：《俄藏西夏本〈拔济苦难陀罗尼经〉考释》，载杜建录主编《西夏学》第6辑，上海古籍出版社2010年版，第3—4页。

② 聂鸿音：《〈西夏佛经序跋译注〉导言》，载杜建录主编《西夏学》第10辑，上海古籍出版社2014年版，第43—55页。

③ 参见聂鸿音《西夏佛经序跋译注》，上海古籍出版社2016年版，第14页。

作过题录，并尽可能地对其汉文或藏文原本进行过考察，但由于西夏文佛经大多首尾残断，在没有作细致解读之前，实际上是无法准确为佛经定名并确定其原本的。至于西夏译玄奘所传“法相唯识”经典，目前的解读与研究成果主要集中于西田龙雄的专著《西夏文华严经》，共三册。[①]而玄奘译“法相唯识”的其他经典的西夏译本，除了被收录于众多西夏文献目录以外，还未有人对其做过研究。

具体来讲，我们从俄罗斯科学院东方文献研究所和英国国家图书馆的黑水城特藏中选取了三部法相唯识宗著作试为解读，解读依据的西夏原件照片是上海古籍出版社的蒋维崧、严克勤两位先生根据中俄双方合作协议于2000年在圣彼得堡拍摄的。这三部西夏文译著的汉文底本是《瑜伽师地论》《显扬圣教论》和《大乘阿毗达磨集论》。《瑜伽师地论》和《显扬圣教论》更被视为中国法相宗史上最著名的文献，其基本内容不会让学界感到陌生。

《瑜伽师地论》一百卷，唯识宗的创始者无著菩萨造，唐三藏法师玄奘译。原为论明三乘行人修习境、行、果相应的境界，本论依次论述了十七种境界，所以《瑜伽师地论》又简称为《十七地论》。[②]该书的西夏译本残存卷五十八、卷五十九、卷八十八、卷九十和卷三十三经题，译者对唯识义理的把握相当精准。

《显扬圣教论》二十卷，印度无著造，唐玄奘译，为阐述大乘佛教瑜伽行派重要论书《瑜伽师地论》理论的著作，是法相宗所依据的论书之一。本论为阐扬《瑜伽师地论》的内容而作，共分十一品，二百五十二颂半，把大、小乘各种法数加以汇拢，力求构成一个整体，以证明唯识无境这一理论。亦是了解瑜伽行派理论的工具书。西夏译本仅存卷十七，此为草书写本，西夏文极难辨认，且残损严重，参照汉文本《显扬圣教论》和相关资料对西夏文草书加以隶定、录文，可以为法相唯识学研究补充一份新的资料。

《大乘阿毗达磨集论》七卷，无著菩萨造，玄奘法师译。内容分“本事分”与“决择分”，全文约一千五百颂，分为“相集（亦称本事）”“谛决择集”“法决择集”“得决择集”和“论决择集”共五

① 参见［日］西田龙雄《西夏文华严经》（Ⅰ、Ⅱ、Ⅲ），京都大学文学部1975、1976、1977年版。
② 参见王梅林《瑜伽师地论解题》，佛光书局1998年版，第3—13页。

集，汇集一经所有应该思考的观点而无所遗漏，所以说它是一部规模完备的论书。西夏译本仅存卷三，现存部分共四十一折，由存世的两个抄件缀合而成。

第一节　法相唯识宗之概说

印度的大乘佛教，以“中观学派”和“瑜伽学派”为两大主流，又称为“空宗”和“有宗”，“空宗”又名法性宗，法性者，即诸法实体。空宗破一切情见之执着，以显诸法性，故称法性宗；有宗又名法相宗，法相者，诸法之相状或形相，有宗解析诸法之相状或其缘生之相，目的亦在于析相以见性，故称法相宗。[①]唯识学是大乘佛教法相宗的宗义，此宗依凭《成唯识论》中所引“六经十一论”。[②]

法相学，音译“阿毗达磨”（Abhidharma），即“对法”，强调以法相统摄唯识学理境。“[illegible]”（唯），mātra 是遮遣之词，《成唯识论述记序》曰：“唯谓简别，遮无外境……唯遮境有，执有者丧其真。”[③]“[illegible]”（识），即了别义，就是众生的心识所具有的了解分辨能力。梵语中，有两个词 vijñāna 和 vijñāpti，vijñāna 就是众生之了别力，即眼等八识；vijñāpti 具含“了别”及“显现”二义，vijñāna 与 vijñāpti，具有相同的词根 jñā，vijñāpti 不过是 vijñāna 形式的动名词，而 vijñāna 也只是 vi-jñā 的现在分词的中间语态形式 vijñā+ana=vijñāna。所以，此处“唯识”之“识”用 vijñāpti 当尽其意。故“唯识”的梵文是 vijñāptimātra，译为“唯识显现”，即“唯识”，此据法国学者莱维所发现的《唯识三十颂》安慧注释的梵文本中对“唯识”一词所用语，亦有人认为将 vijñāptimātra 译为“唯表”，但据玄奘一系列传统唯识经典，应译为“唯识”。[④]《成唯识论述记序》曰：“识谓能了，诠有内心……识简心空，滞空者乘其实。”[⑤]关于唯识学

---

① 参见于凌波《唯识学纲要》，台北：东大图书股份有限公司 1992 年版，第 7 页。

② 参见梅光义《相宗纲要》，台北：新文丰出版公司印行 1975 年版，第 7 页。

③ 《大正藏》卷 43，《成唯识论述记序》一本，第 229 页中栏。

④ 参见释正刚《唯识学讲义》，宗教文化出版社 2006 年版，第 7 页。

⑤ 《大正藏》卷 43，《成唯识论述记序》一本，第 229 页中栏。

研究，学界著作颇多。[①]

法相唯识学作为大乘佛教的重要理论学说，该派学说肇始于印度次大陆的无著和世亲，传入中国而成为中国佛学理论的一部分，其流传有三次高峰。第一次传入高峰发生于公元 508 年的北魏，形成中国佛学的地论学派。地论学派分南派和北派。北派创始人是菩提流支，主张阿赖耶识是染。南派创始人是勒那摩提，主张阿赖耶识是净。第二次传入高峰发生于公元 548 年的梁朝，形成中国佛学的摄论学派。摄论学派在第八识外立第九识阿末罗识，认为阿赖耶识是染，阿末罗识是净。出现了关于心的染净的第一次调和，以《大乘起信论》为代表著作。第三次传入高峰发生在唐代，由三藏法师玄奘奠基，窥基弘扬，形成中国法相唯识学的慈恩宗。该派主张阿赖耶识是染，否定阿末罗识。无论是《大乘起信论》还是阿赖耶识在中国佛教历史上都产生了持续和长久的影响。一百数十年后，唐武宗会昌二年（842），武宗灭佛，史称“会昌法难”，继之唐末，五代十国，社会动乱，典籍散佚严重，尤以法相唯识一宗，殆成绝响。宋代禅及华严诸宗兴起，此宗自智周、如理之后后继无人，宗风就逐渐衰微下去。到武宗法难兴起，此宗一脉相传的论疏多被焚毁，因之以后数百年间，乏人研究。明末，有明显、智旭两大师曾从事研究，亦有著述，唯无甚影响。近代以来，以杨文会为创始人的佛教复兴对法相唯识学特别关注，催生了对法相唯识学的学术研究。当时学者主要有欧阳竟无、朱芾煌、周叔迦、吕澂、汤用彤、梁漱溟、姚柏年、黄树因、王恩洋、熊十力、黄忏华等，他们对于法相唯识学之弘扬，各有影响。

法相唯识宗所依的经论，有所谓六经十一论。六经中，以《解深密经》为本经，十一论中，以《瑜伽师地论》为本论。

---

① 关于“法相唯识”经典论著，主要有（1）惟贤法师：《唯识札记》，宗教文化出版社 2006 年版；（2）周贵华：《唯识明论》，宗教文化出版社 2011 年版；（3）林国良：《成唯识论直解》，复旦大学出版社 2000 年版；（4）心月法师：《唯识学略讲》，宗教文化出版社 2011 年版；（5）太虚：《法相唯识学》（上、下），商务印书馆 2002 年版；（6）弘学居士：《唯识学概论》，巴蜀书社 2009 年版；（7）周贵华：《唯识、心性与如来藏》，宗教文化出版社 2006 年版；（8）胡晓光：《唯识要义探究》，宗教文化出版社 2011 年版；（9）释正刚：《唯识学讲义》，宗教文化出版社 2006 年版；（10）释印顺：《唯识学探源》，湖北汉口新快报印刷所 1945 年版；（11）王恩洋：《中国佛教与唯识学》，宗教文化出版社 2003 年版；（12）梁漱溟：《唯识述义》，北京大学出版社 1920 年版；（13）孟领：《唯识学之缘起思想研究》，中国社会科学出版社 2013 年版；（14）［日］稻津纪三：《世亲唯识学的根本性研究》，宗教文化出版社 2013 年版；（15）周贵华：《唯心与了别——根本唯识思想研究》，中国社会科学出版社 2004 年版；（16）于凌波：《唯识学纲要》，台北：东大图书股份有限公司 1992 年版。

（1）《大方广佛华严经》（以下简称《华严经》），有三种译本，东晋佛陀跋陀罗译六十卷《华严经》，唐般若译四十卷《华严经》，唐实叉难陀译八十卷《华严经》。四十卷《华严经》仅译了该经的《入法界品》。（2）《解深密经》，唐玄奘译，计五卷。另有三种异译本：一为南北朝刘宋时代求那跋陀罗译，名《相续解脱经》；一为北魏时菩提流支译，名《深密解脱经》；一为陈真谛三藏译，名《佛说解节经》。（3）《如来出现功德庄严经》，此经未传中土。（4）《阿毗达磨经》，此经未传中土。（5）《入楞伽经》，有三种译本，一为刘宋求那跋陀罗译，名《楞伽阿跋多罗宝经》，共四卷；一为北魏菩提流志译，名《入楞伽经》，计十卷；一为唐实叉难陀译，名《大乘入楞伽经》，计七卷。（6）《厚严经》，此经未传入中土。

以上为六经，接下来列举十一论。

（1）《瑜伽师地论》一百卷，弥勒菩萨说，唐玄奘译。（2）《显扬圣教论》二十卷，无著论师造，唐玄奘译。（3）《大乘庄严经论》十三卷，本颂为弥勒菩萨说，释论为世亲论师造，波罗颇密多罗译。（4）《集量论》四卷，陈那论师造，陈真谛译。（5）《摄大乘论》三卷，无著论师造，唐玄奘译。另有北魏佛陀扇多及陈真谛两种异译本。（6）《十地经论》十二卷，世亲论师造，菩提流支译。（7）《分别瑜伽论》，弥勒菩萨说，此论未传中土。（8）《观所缘缘论》一卷，陈那论师造，唐玄奘译。（9）《二十唯识论》一卷，世亲论师造，唐玄奘译。另有两种异译本，一为菩提流志译，名《大乘楞伽唯识论》，一卷。一为真谛译，名《大乘唯识论》，一卷。（10）《辩中边论》三卷，弥勒菩萨说本颂，世亲论师造释论，唐玄奘译。另有真谛的异译本，名《中边分别论》，二卷。（11）《阿毗达磨杂集论》，十六卷，无著论师造本论，师子觉论师造释论，安慧论师造杂论，唐玄奘译。

以上六经十一论中，以《解深密经》和《瑜伽师地论》二者，为本宗正依的经论；此外，有所谓“一本十支”之学。所谓一本，即《瑜伽师地论》，以《瑜伽师地论》为本论，以阐释本论的百法、五蕴等为支论，故称一本十支。

（1）《百法明门论》，世亲论师造。此论略录《瑜伽师地论》本地分中名数，而以一切法无我为宗。（2）《大乘五蕴论》，世亲论师造。此论略摄“本论”本地分中境事，而以无我唯法为宗。（3）《显扬圣教论》，无著论师造。此论综合“本论”十七地要义，而以明教为宗。（4）《摄大乘论》，无著论师造。此论总括瑜伽、深密法门，诠释《阿毗达磨集论》《摄大乘论》宗要，而以简小入地为宗。（5）《阿毗达磨杂集论》，无著论师等造。此论总括《瑜伽师地论》一切法门，集《阿毗达磨论》一切宗要，而以蕴、处、界三科为宗。（6）《辩中边论》，弥勒菩萨说本颂，世亲论师造释论。此论叙七品，以成瑜伽法相，而以中道为宗。（7）《二十唯识颂》，此论释七难以成瑜伽唯识，而以唯识无境为宗。（8）《唯识三十论》，世亲论师造。此论广诠瑜伽境体，而以识外别无实有为宗。（9）《大乘庄严论》，弥勒菩萨说本颂，世亲论师造释论。此论总括瑜伽菩萨一地法门，而以庄严大乘为宗。（10）《分别瑜伽论》，弥勒菩萨说，此论未传入中土。[①]

第二节　西夏文佛典研究的历史和现状

1909 年，科兹洛夫率领的俄国皇家蒙古四川地理考察队来到内蒙古额济纳旗的黑水城遗址，掘获了一个书库，这些文献随后被携往俄国，现存于俄罗斯科学院东方文献研究所。这批文献估计有十余万叶，占全世界所藏西夏文献总数的 90%以上。20 世纪的西夏学就是在整理和研究这批文献的基础上建立起来的。继 1907 年至 1909 年俄国探险家科兹洛夫在黑水城掘获大量西夏文献之后，斯坦因率领的英国探险队也于 1914 年来到黑水城进行发掘，获得的西夏文献大都是佛经残本，今藏于英国国家图书馆。1917 年，宁夏灵武县在修城墙时发现了五个瓦坛，里面装满了西夏文的佛经。1973 年，格林斯蒂德选取了中国国家图书馆和俄罗斯科学院东方文献研究所收藏的一部分译自汉文的西夏文佛经，汇编为九卷本的《西夏文大藏经》，在印度的新德里刊布。[②]20 世纪 20 年代末，斯文赫定（Sven Hedin）和徐炳昶率领的中瑞西北科学考察团在敦煌和吐

① 除上列译述外，我国唐代的几部关于唯识的释论，亦为研究唯识学的重要参考：（1）《成唯识论》，世亲论师，依《瑜伽师地论》，提纲挈领，造《唯识三十论》，显扬唯识中道之正理。以后护法等十大论师，依六经十一论，广释《唯识三十论》颂文，因而成立世亲一系唯识学之要义。唐玄奘大师西行求法时，在那烂陀寺从戒贤论师受学，学《瑜伽师地论》及《十支论》五年，回国后广译经论，初欲别翻十大论师之释论，嗣以门下弟子窥基之请，以护法之释论为本，参糅其他九师之论于其中，成《成唯识论》十卷。此论虽为翻译，不啻新造，为唯宗之要典。（2）《成唯识论述记》六十卷，唐窥基撰。（3）《成唯识论掌中枢要》四卷，唐窥基撰，为速记之补遗。（4）《成唯识了义灯》十三卷，唐慧沼述。（5）《成唯识演秘》十四卷，唐智周撰。

② 参见 Eric Grinstead，*The Tangut Tripitaka*, 9 vol.s, New Delhi: Sharada Rani,1973。

鲁番一带有些零星的收获。

早在 19 世纪 70 年代，伟烈就对 1345 年刻在北京居庸关云台券洞石壁上的《佛顶尊胜陀罗尼》石刻进行了研究①，他除了对石刻上的六种文字进行了详细的内容描述和历史介绍以外，还试着解读了 87 个西夏译音字。1900 年，伯希和与他的两个朋友在北京北海白塔下面的一堆废纸和旧书里找到了六册泥金西夏字抄本《妙法莲华经》②。这六册佛经现在分别收藏在法国的吉美博物馆和波兰的雅盖隆图书馆，原件照片至今没有发表。此后，毛利瑟研究了西夏译本《妙法莲华经》③，大致确定了一批西夏字的读音、意义以及两条简单的语序规则。而国内的学者从 20 世纪 30 年代开始，借助《番汉合时掌中珠》对一些西夏佛经进行试解，1932 年出刊的《国立北平图书馆馆刊》第 4 卷第 3 号集中发表了这一时期的西夏文献的解读成果，里面包括罗福成、罗福苌、聂历山等解读的佛经残片 14 种。④王静如在北平图书馆（今中国国家图书馆）所藏宁夏灵武出土西夏文佛经的基础上完成了三卷本的《西夏研究》⑤，其中完整解读了西夏译本《金光明最胜王经》《过去庄严劫千佛名经》和《佛母大孔雀明王经》等，后者是解读夏译藏文佛典的首次尝试。在日本，西田龙雄在 20 世纪 70 年代的代表作是对日本所藏 11 卷夏译《华严经》的解读。⑥

---

① 参见 A. Wylie, *On an Ancient Buddhist Inscription at Keu-yung-kwan in North China,* Journal of the Royal Asiatic Society, vol. V，1871, pp.14-44。只不过文章出现了一个重大的失误，即错把他研究的西夏文当成女真小字。

② 参见伯希和为聂历山《西夏研究小史》写的评论，载 *T'oung Pao*, vol. 29, 1932, pp.226-229。

③ 参见 M. G. Morisse, *Contribution préliminaire à l'étude de l'écriture et de la langue Si-hia,* Mémoires présentés par divers savants à l'Académie des Inscriptions et Belles-Lettres, 1re Série, tome XI, IIe partie，1904, pp.313-379。

④ 这 14 种佛经是：罗福成解读的《大宝积经》卷二十七、《不空羂索神变真言经》卷十八、《大般若波罗密多经》卷一、《佛说宝雨经》卷十、《佛说地藏菩萨本愿经》卷下、《佛说佛母出生三法藏般若波罗密多经》卷十七、《观弥勒菩萨上生兜率天经》、《六祖大师法宝坛经》、《妙法莲华经序》、《圣大明王随求皆得经》卷下，罗福苌解读的《大方广佛华严经》卷一、《妙法莲华经弘传序》，聂历山解读的《西夏国书残经》，以及聂历山和石滨纯太郎合作解读的《西夏文八千颂般若经》。均见《国立北平图书馆馆刊》第 4 卷第 3 号，1930（1932）年。另外，在此以前罗福成还著有《西夏译〈莲花经〉考释》，贞松堂印本 1914 年版。

⑤ 参见王静如《西夏研究》第一、二、三辑，“中央研究院”历史语言研究所 1932—1933 年版。近有台湾商务印书馆 1992 年重印本。

⑥ 参见［日］西田龙雄《西夏文华严经》（Ⅰ、Ⅱ、Ⅲ），京都大学文学部 1975、1976、1977 年版。

学界对西夏文佛教文献的真正解读始于 19 世纪末，此后，来自俄国、日本、中国的学者就开始对西夏佛教文献进行长达一个世纪的研究，论文的数量很多，大多是借助《汉文大藏经》和《藏文大藏经》对西夏佛教文献进行定名和释读，也有大量的文章是借助翻译的文本来探讨西夏佛教史和西夏语文学的某个方面。最近还出现了一些可喜的现象，即通过西夏文本本身的解读对原有的翻译、个别词语的探讨及某些佛教历史问题作更为细致深入的补充。

依据西夏佛教文献内容特色，学者们趋向于将这些文献分为汉传和藏传佛教文献两类。索罗宁根据教义把西夏佛教文献分成以下宽泛的几类，即小乘文献（对汉文《阿含经》和《阿毗达磨》的翻译）、大乘文献（显密经典论著，包括般若文献、因明文献等）和禅宗文献等。这种教义分类大体上是汉地的来源。藏传西夏佛教文献大部分为西夏文的仪轨和修法文献；一类教义（Doctrinal）分类包括金刚乘系统（仪轨和修法）的各种文献：大手印（Mahāmudrā），金刚亥母（Vajravārāhī），喜金刚（Hevajra）及相关传统；另一类重要的藏源西夏佛教文献是“道果”，这类中最有名的文献是《菩提勇识所学道及果与一顺显明宝炬》（[illegible]）。属于汉传主流的文献包括与华严宗、法相唯识宗以及禅宗相关的文献，另有净土宗、忏悔修法等材料，但这些文献的来源可能是契丹辽而非宋朝。汉传相关的佛教文献类型有经、律、论以及各种注释类文献等。

存世的西夏佛教文献，就西夏文佛经种类而言，按照其所载内容，我们可将其分为经、律、论三藏。[①]经藏是佛经中最重要的组成部分，经藏分宝积部、般若部、华严部、涅槃部、阿含部等，这几大部类佛经在现存的西夏文佛经中都能找到。 例如《大般若波罗蜜多经》（[illegible]）[②]、《大般涅槃经》（[illegible]）[③]、《金刚般若波罗蜜多经》（[illegible]

① 本书有关经、律、论的分类参考聂鸿音《党项古籍志》一书。

② 《大般若波罗蜜多经》汉文本凡六百卷，西夏本仅得四百五十卷，疑未及译成。佚名译自唐玄奘同名汉文本，夏仁宗皇帝御校。存抄本多种，部分题记表明为 12 世纪中叶抄本。参见黄延军《中国国家图书馆藏西夏文〈大般若波罗蜜多经〉研究》（上、下册），民族出版社 2012 年版；王长明《西夏文〈大般若波罗蜜多经〉（卷一）考释》，硕士学位论文，陕西师范大学，2014 年。

③ 《大般涅槃经》，凡四十卷。夏皇太后梁氏共惠宗皇帝译自北凉昙无谶同名汉文本，夏仁宗皇帝御校。存写本多种。参见 Eric Grinstead, *The Tangut Tripitaka*, pp. 1914-1995。

[illegible]）[1]、《悲华经》（[illegible]）、《大方等大集经》（[illegible]）[2]、《大方广佛华严经》（[illegible]）[3]、《大宝积经》（[illegible]）[4]、《大方广佛华严经普贤行愿品》（[illegible]）[5]、《仁王护国般若波罗蜜多经》（[illegible]）[6]、《摩诃般若波罗蜜多心经》（[illegible]）[7]、《妙法莲华经》（[illegible]）[8]、《妙法莲华经观世音菩萨普门品》（[illegible]）、《圣出有坏母胜慧到彼岸之真心大乘经》（[illegible]）[9]、《入胎藏经》、《郁伽长者问经》[10]、《阿弥陀经》（[illegible]）[11]、《无量寿经》（[illegible]）[12]、《大乘圣无量寿经》（[illegible]）[13]、《无量寿宗要经》[14]、《决定毗尼经》[15]、《文殊师利所说不思议佛境界经》（[illegible]）、《菩萨业记》（[illegible]）、《圣能断金刚胜慧到彼岸大乘经》（[illegible]

---

① 参见［日］荒川慎太郎《西夏文〈金刚经〉の研究》，京都：松香堂书店 2014 年版。

② 参见王培培《英藏西夏文〈大方等大集经〉考释》，载中国社会科学院民族学与人类学研究所编《薪火相传——史金波先生 70 寿辰西夏学国际学术研讨会论文集》，中国社会科学出版社 2012 年版，第 442—447 页；张九玲《俄藏西夏文〈大方等大集经〉译注》，《宁夏师范学院学报》（社会科学版）2014 年第 2 期。

③ 参见［日］西田龙雄《西夏文华严经》（Ⅰ、Ⅱ），京都大学文学部 1975、1976 年版。［日］荒川慎太郎《プリンストン大学所藏西夏文华严经卷七十七译注》，《アジア·アフリカ言语文化研究》2011 年第 81 期。

④ 参见韩潇锐《西夏文〈大宝积经·普明菩萨会〉研究》，硕士学位论文，中国社会科学院研究生院，2012 年；崔红芬《英藏西夏文〈大宝积经〉译释研究》，载杜建录主编《西夏学》第 10 辑，上海古籍出版社 2013 年版，第 81—89 页；郝振宇《西夏文〈大宝积经〉卷一考释》，硕士学位论文，陕西师范大学，2015 年；孙颖新《西夏文〈大宝积经·无量寿如来会〉对勘研究》，社会科学文献出版社 2019 年版。

⑤ 参见安娅《〈华严经普贤行愿品〉的西夏译本》，硕士学位论文，中国社会科学院研究生院，2004 年。

⑥ 参见聂鸿音《〈仁王经〉的西夏译本》，《民族研究》2010 年第 3 期。

⑦ 参见孙伯君《玄奘译〈般若心经〉西夏文译本》，《西夏研究》2015 年第 2 期。

⑧ 参见［日］西田龙雄《ロシア科学アカデミー东洋学研究所サンクトペテルブルク支部所藏西夏文〈妙法莲华经〉写真版》，俄罗斯科学院东方研究所圣彼得堡分所·日本创价学会 2005 年版。

⑨ 参见聂鸿音《西夏文藏传〈般若心经〉研究》，《民族语文》2005 年第 2 期。

⑩ 参见孙伯君《德藏吐鲁番所出西夏文〈郁伽长者问经〉残片考》，《宁夏社会科学》2005 年第 5 期。

⑪ 参见孙伯君《〈佛说阿弥陀经〉的西夏译本》，《西夏研究》2011 年第 1 期。

⑫ 参见孙颖新《西夏文〈无量寿经〉研究》，中国社会科学出版社 2018 年版。

⑬ 参见孙颖新《西夏文〈大乘无量寿经〉考释》，《宁夏社会科学》2012 年第 1 期。

⑭ 参见［日］西田龙雄《天理图书馆藏西夏文〈无量寿宗要经〉について》，《ビブリア》第 23 号，1962 年。

⑮ 参见于光建、徐玉萍《武威博物馆藏 6721 号西夏文佛经定名新考》，载杜建录主编《西夏学》第 8 辑，上海古籍出版社 2011 年版，第 152—153 页。

[西夏文])、《大方等无想经》([西夏文])①、《金光明最胜王经》([西夏文])②、《金光明经》([西夏文])③、《金光明总持经》([西夏文])④、《维摩诘所说经》([西夏文])⑤、《佛说宝雨经》([西夏文])⑥、《药师琉璃光七佛本愿功德经》([西夏文])、《观弥勒菩萨上生兜率天经》([西夏文])⑦、《曼殊室利咒藏中校量数珠功德经》([西夏文])、《佛说天地八阳神咒经》⑧、《佛说菩萨修行经》([西夏文])⑨、《大孔雀王母咒经》([西夏文])、《不空羂索神变真言经》([西夏文])⑩、《佛顶心观世音菩萨大陀罗尼经》([西夏文])⑪、《七佛八菩萨所说大陀罗尼神咒经》([西夏文])、《大悲心陀罗尼经》([西夏文])⑫、《十一面神咒心经》([西夏文])⑬、《顶尊总持》([西夏文])、《大密咒受持经》([西夏文])、《等持集品》([西夏文])⑭、

① 参见［日］西田龙雄《西夏译经杂记》，《西夏文华严经》(Ⅱ)，京都大学文学部1976年版。

② 参见王静如《金光明最胜王经夏藏汉合璧考释》，《西夏研究》第二、三辑，“中央研究院”历史语言研究所，单刊甲种之十一、十三，1933年。

③ 参见黄延军《中国国家图书馆藏西夏译北凉本〈金光明经〉残片考》，《宁夏社会科学》2007年第2期。

④ 参见聂鸿音《〈金光明总持经〉：罕见的西夏本土编著》，《宁夏师范学院学报》(社会科学版)2014年第4期。

⑤ 参见王培培《西夏文〈维摩诘所说经〉研究》，博士学位论文，中国社会科学院研究生院，2010年。

⑥ 参见罗福成《佛说宝雨经卷十释文》，《国立北平图书馆馆刊》第4卷第3号，1930(1932)年。

⑦ 参见聂鸿音《乾祐二十年〈弥勒上生经御制发愿文〉的夏汉对勘研究》，载杜建录主编《西夏学》第4辑，宁夏人民出版社2009年版，第42—45页；孙伯君《西夏文〈观弥勒菩萨上生兜率天经〉考释》，《西夏研究》2013年第6期。

⑧ 参见［日］松泽博《敦煌出土西夏语佛典研究序说(3)：ペリオ将来〈佛说天地八阳神咒经〉の西夏语译断片について》，《东洋史苑》第63号，2004年。

⑨ 参见［日］西田龙雄《西夏译经杂记》，《西夏文华严经》(Ⅱ)，京都大学文学部1976年版，第9页。

⑩ 参见罗福成《不空羂索神变真言经卷第十八释文》，《国立北平图书馆馆刊》第4卷第3号，1930(1932)年。

⑪ 参见张九玲《〈佛顶心观世音菩萨大陀罗尼经〉的西夏译本》，《宁夏师范学院学报》(社会科学版)2015年第1期。

⑫ 参见段玉泉《西夏文〈大悲心陀罗尼经〉考释》，载中国社会科学院民族学与人类学研究所编《薪火相传——史金波先生70寿辰西夏学国际学术研讨会论文集》，中国社会科学出版社2012年版，第429—441页。

⑬ 参见聂鸿音《〈十一面神咒心经〉的西夏译本》，《西夏研究》2010年第1期。

⑭ 参见Nie hong yin, *On the Tangut Version of Ting nge 'dzin gyi tshogs kyi le'u*, 载四川大学中国藏学研究所编《藏学学刊》第9辑，四川大学出版社2014年版，第265—273页。

《过去庄严劫千佛名经》（[illegible]）①、《现在贤劫千佛名经》（[illegible]）、《佛说长寿经》（[illegible]）、《佛为海龙王说法印经》（[illegible]）②、《占察善恶业报经》③、《拔济苦难陀罗尼经》（[illegible]）④、《佛说破坏阿鼻地狱智炬陀罗尼经》（[illegible]）、《百千印陀罗尼经》（[illegible]）、《佛说八大人觉经》（[illegible]）⑤、《圣广大宝楼阁善住妙秘密论王总持经》（[illegible]）⑥、《佛说甘露经》（[illegible]）、《佛说长阿含经》（[illegible]）⑦、《佛说瞻婆比丘经》（[illegible]）、《佛说斋经》（[illegible]）⑧、《佛说四人出现世间经》（[illegible]）、《佛说生来经》（[illegible]）、《佛本行集经》（[illegible]）、《佛说疗痔病经》（[illegible]）⑨、《圣大乘大千国守护经》（[illegible]）、《圣大乘大千国守护经》（[illegible]）⑩、《佛说金耀童子经》（[illegible]）⑪、《佛顶放无垢光明入普门观察一切如来心陀罗尼经》（[illegible]）⑫、《无垢净光总持》（[illegible]）⑬、《大寒林经》（[illegible]）、《妙法圣念处经》（[illegible]）⑭、《佛说圣曜母陀罗尼经》（[illegible]

---

① 参见史金波《西夏文〈过去庄严劫千佛名经〉发愿文译证》，载中国社会科学院学术委员文库《史金波文集》，上海辞书出版社 2005 年版，第 312—330 页；聂鸿音《西夏文〈过去庄严劫千佛名经〉发愿文中的两个年号》，《固原师专学报》（社会科学版）2004 年第 5 期；孙伯君《元刊河西藏考补》，《民族研究》2011 年第 2 期。

② 参见 E.D. Grinstead, *The Dragon King of the Sea*, The British Museum Quarterly 31, 1966-1967。

③ 参见戴忠沛《法藏西夏文〈占察善恶业报经〉残片考》，《宁夏社会科学》2006 年第 4 期。

④ 参见聂鸿音《俄藏西夏本〈拔济苦难陀罗尼经〉考释》，载杜建录主编《西夏学》第 6 辑，上海古籍出版社 2010 年版，第 1—5 页。

⑤ 参见王培培《俄藏西夏文〈佛说八大人觉经〉考》，《西夏研究》2010 年第 2 期。

⑥ 参见麻晓芳《西夏文〈圣广大宝楼阁善住妙秘密论王总持经〉考》，《西夏研究》2014 年第 4 期。

⑦ 参见汤君《西夏文〈长阿含经〉卷十二（残）译、考》，《西南民族大学学报》（人文社会科学版）2014 年第 2 期。

⑧ 参见孙颖新《西夏文〈佛说斋经〉译证》，《西夏研究》2011 年第 1 期。

⑨ 参见孙颖新《西夏本〈佛说疗痔病经〉释读》，《宁夏社会科学》2012 年第 5 期。

⑩ 参见安娅《西夏文藏传〈守护大千国土经〉研究》，新北：花木兰出版社 2017 年版。

⑪ 参见黄延军《俄藏黑水城西夏文〈佛说金耀童子经〉考释》，载杜建录主编《西夏学》第 8 辑，上海古籍出版社 2011 年版，第 122—126 页。

⑫ 参见段玉泉、惠宏《西夏文〈佛顶无垢经〉考论》，《西夏研究》2010 年第 2 期。

⑬ 参见孙伯君《〈无垢净光总持〉的西夏文译本》，《宁夏社会科学》2012 年第 6 期。

⑭ 参见麻晓芳《西夏文〈妙法圣念处经〉残卷考释》，《西夏学辑刊》第一辑，宁夏人民出版社 2017 年版，第 108—116 页。

[illegible]）[1]、《解百生冤结陀罗尼经》[2]、《十二缘生祥瑞经》（[illegible]）[3]、《毗俱胝菩萨一百八名经》（□□□[illegible]）[4]、《六道经》（[illegible]）、《最上意经》（[illegible]）[5]、《圣无能胜金刚火陀罗尼经》（[illegible]）[6]、《圣摩利天母总持》（[illegible]）、《佛说月光菩萨经》（[illegible]）[7]、《佛说遍照般若波罗蜜多经》（[illegible]）、《佛说帝释般若波罗蜜多经》（[illegible]）、《佛说诸佛经》（[illegible]）、《圣六字增寿大明王陀罗尼经》（[illegible]）[8]、《佛说五十颂圣般若波罗蜜多经》（[illegible]）、《不动总持》（[illegible]）、《尊者圣妙吉祥增智慧觉总持》[9]、《佛说息除贼难陀罗尼经》（[illegible]）[10]、《佛说大方广善巧方便经》（[illegible]）、《佛说佛母出生三法藏般若波罗蜜多经》（[illegible]）、《佛说除盖障菩萨所问经》（[illegible]）、《佛说总摄一切如来三十五佛忏罪法事》（[illegible]）、《佛说避瘟经》（[illegible]）[11]、《佛说了义般若波罗蜜多经》（[illegible]）[12]、《圣胜慧到彼岸八千颂》（[illegible]

---

① 参见聂鸿音《〈圣曜母陀罗尼经〉的西夏译本》，《宁夏社会科学》2014 年第 5 期。

② 参见段玉泉《甘藏西夏文〈佛说解百生冤结陀罗尼经〉考释》，《西夏研究》2010 年第 4 期。

③ 参见王龙《黑水城出土西夏文〈十二缘生祥瑞经（卷上）〉考释》，《西夏研究》2016 年第 1 期。

④ 参见［日］西田龙雄《西夏译经杂记》，《西夏文华严经》（Ⅱ），京都大学文学部 1976 年版，第 8—9 页。

⑤ 参见孙伯君《黑水城出土西夏文〈佛说最上意陀罗尼经〉残片考释》，《宁夏社会科学》2010 年第 1 期。

⑥ 参见［日］西田龙雄《西夏译经杂记》，《西夏文华严经》（Ⅱ），京都大学文学部 1976 年版，第 8 页。

⑦ 参见［日］西田龙雄《西夏译经杂记》，《西夏文华严经》（Ⅱ），京都大学文学部 1976 年版，第 5—7 页。

⑧ 参见孙伯君《黑水城出土〈圣六字增寿大明陀罗尼经〉译释》，载杜建录主编《西夏学》第 10 辑，上海古籍出版社 2013 年版，第 46—51 页。

⑨ 参见段玉泉《西夏文〈尊者圣妙吉祥增智慧觉之总持〉考》，载四川大学历史文化学院编《吴天墀教授百年诞辰纪念文集 1913—2013》，四川人民出版社 2013 年版，第 218—224 页。

⑩ 参见胡进杉《西夏文〈七功德谭〉及〈佛说止息贼难经〉译注》，载杜建录主编《西夏学》第 8 辑，上海古籍出版社 2011 年版，第 72—89 页。

⑪ 克恰诺夫著录原作“佛说除疾病经”，参见王龙《西夏文〈佛说避瘟经〉考释》，《宁夏师范学院学报》（社会科学版）2006 年第 1 期。

⑫ 参见［日］西田龙雄《西夏译经杂记》，《西夏文华严经》（Ⅱ），京都大学文学部 1976 年版，第 8 页。

[illegible]）、《地藏菩萨本愿经》（[illegible]）[1]、《佛说金轮佛顶大威德炽盛光如来陀罗尼经》（[illegible]）[2]、《佛说大威德炽盛光调伏诸星宿消灾吉祥陀罗尼经》（[illegible]）、《圣一切如来顶髻所出白伞佛母无敌者大回转明咒大荫王总持》（[illegible]）[3]、《吉祥遍至口合本续》（[illegible]）[4]、《佛说圣大乘三归依经》（[illegible]）[5]、《圣大乘胜意菩萨经》（[illegible]）、《圣妙吉祥真实名经》（[illegible]）[6]、《圣大悟王母随求皆得经》（[illegible]）[7]、《大方广菩萨藏文殊师利根本仪轨经》[8]、《金刚萨埵说频那夜迦天成就仪轨经》[9]、《喜金刚本续记》（[illegible]）和《圣大乘有利羂索心经》（[illegible]）等。

律藏是关于佛教戒律的著作，主要有《菩萨地持经》，全书十卷，西夏文译本《菩萨地持经》（[illegible]）转译自北凉昙无谶汉译本《菩萨地持经》，仅存卷九，宁夏灵武出土，今藏中国国家图书馆，夏皇太后梁氏共惠宗皇帝御译。[10]《根本说一切有部目得迦》，义净译，全书十卷，西夏译本仅存卷十。俄藏 **инв. №** 357 卷首现存部分共 47 折，至“第十子摄颂曰”以下残缺。俄藏 **инв. №** 3757 现存部分为第 48 折至第 51 折，即卷尾 4 折，首行每字后残右半，始于“裙及僧脚敧”至卷尾。林英津先生对此

① 参见王龙《西夏文“地藏三经”综考》，载杜建录主编《西夏学》第 12 辑，甘肃文化出版社 2016 年版，第 40—53 页。

② 参见安娅《西夏文译本〈炽盛光如来陀罗尼经〉考释》，《宁夏社会科学》2012 年第 1 期。

③ 参见［日］野村博《西夏语译〈白伞盖陀罗尼经〉断片考》，《龙谷史坛》第 68—69 号，1974 年。

④ 参见孙昌盛《西夏文〈吉祥遍至口合本续〉（第 4 卷）研究》，博士学位论文，南京大学，2006 年；孙昌盛《西夏文〈吉祥遍至口合本续〉整理研究》，社会科学出版社 2015 年版。

⑤ 参见孙伯君《黑水城出土西夏文〈佛说圣大乘三归依经〉译释》，《兰州学刊》2009 年第 7 期。

⑥ 参见林英津《西夏语译〈真实名经〉释文研究》，《语言暨语言学》专刊甲种之八，“中央研究院”语言学研究所 2006 年版。

⑦ 参见罗福成《圣大悟荫王求随皆得经卷下释文》，《国立北平图书馆馆刊》第 4 卷第 3 号，1930（1932）年。

⑧ 参见杨志高《考古研究所藏西夏文佛经残片考补》，《民族语文》2007 年第 6 期。

⑨ 参见聂鸿音《中国国家图书馆藏西夏文〈频那夜迦经〉考补》，《西南民族大学学报》（人文社会科学版）2007 年第 6 期。

⑩ 参见杨志高《中国藏西夏文〈菩萨地持经〉残卷考补》，载杜建录主编《西夏学》第 2 辑，宁夏人民出版社 2007 年版，第 115—119 页。

已有介绍。①义净译《根本说一切有部毗奈耶杂事》全书四十卷，西夏译本仅存卷十三。俄藏 инв. № 2313 卷首题署“[illegible]”（汉本大唐三藏法师义净译），现存部分共 60 折，佚卷尾。对照上海古籍出版社蒋维崧、严克勤两位先生 20 世纪末从俄国圣彼得堡摄回的照片，其版本形制情况如下：写本，经折装，纸幅 30.5×11.5 厘米，墨框高 25.7 厘米。每折 6 行，行 19 字。此外，据张九玲②考证，英国国家图书馆藏编号为 Or.12380-2100 和 Or.12380-2101 的两件残叶实为《根本萨婆多部律摄》残片③，也为极少的律部文献之一，图版刊布在《英藏黑水城文献》第 2 册，文献题名为“佛经”，残叶为内容相连的两纸，写本，乌丝栏，行 19 字。④

论藏是解释经义的著作，存世的西夏文论藏主要有《瑜伽师地论》（[illegible]）⑤、《显扬圣教论》（[illegible]）、《大乘阿毗达磨论》（[illegible]）、《大乘起信论》⑥、《释摩诃衍论》⑦、《如来应供真实究竟正觉一切恶趣清净威德王释》（[illegible]）、《吉祥遍至口合本续之科文》（[illegible]）、《吉祥遍至口合本续之条理文》（[illegible]）、《吉祥遍至口合本续之解生喜解疏》（[illegible]）、《圣胜慧

① 参见林英津《初探西夏文本〈根本说一切有部目得迦·卷十〉》，载薛正昌主编《西夏历史与文化：第三届西夏学国际学术论坛》，甘肃人民出版社 2008 年版，第 234—243 页。

② 参见张九玲《〈英藏黑水城文献〉佛经残片考补》，载杜建录主编《西夏学》第 11 辑，上海古籍出版社 2015 年版，第 63 页。

③ 《根本萨婆多部律摄》，又称《有部律摄》，主要解释有部之戒本，阐析有部律之精要。存世的《根本萨婆多部律摄》有梵、汉、藏、西夏等多种文本，敦煌藏经洞出土的古藏文文献法藏 P.t.903《根本萨婆多部律摄》是《波罗提木叉经》（汉译中常见的“戒本”“戒经”）的注疏之作，古印度论师胜友所著，吐蕃赞普赤松德赞时期，印度亲教师希兰陀罗菩提和吐蕃大译师白若杂纳在桑耶寺译经院由梵文译成藏文，后来由克什米尔堪布贾纳希兰巴扎、大译师贾巴希热、释迦希年等高僧以这部白若杂纳等译《根本萨波多部律摄》作为基础，依据梵文原文对其进行了校译，现已编入北京版《大藏经》第 120 卷和德格版《大藏经》第 4105 卷等。

④ 参见英国国家图书馆、西北第二民族学院、上海古籍出版社《英藏黑水城文献》第 2 册，上海古籍出版社 2005 年版，第 333 页。

⑤ 参见荣智涧《西安文物保护所藏西夏译〈瑜伽师地论〉残叶整理》，载杜建录主编《西夏学》第 11 辑，上海古籍出版社 2015 年版，第 89—93 页；王龙《西夏文〈瑜伽师地论〉考释》，载张公瑾主编《民族古籍研究》第 3 辑，中国社会科学出版社 2016 年版，第 175—187 页。

⑥ 蒙聂鸿音先生见告，他最近在整理《英藏黑水城文献》时发现有这部佛经的西夏文译本。

⑦ 王荣飞在第五届中国少数民族古籍会议上，指出宁夏宏佛塔存有《释摩诃衍论》的西夏译本。

到彼岸功德宝集偈》（[illegible]）[①]、《胜慧到彼岸明释》（[illegible]）、《胜慧到彼岸八千颂中受持功德说》（[illegible]）[②]、《胜慧彼岸到要门教授现前解庄严论诠颂》（[illegible]）[③]、《胜慧到彼岸要门教学现前解庄严注释疏》（[illegible]）、《圣观自在大悲心总持功能依经录》（[illegible]）[④]、《胜相顶尊总持功能依经录》（[illegible]）[⑤]、《善住仪轨》（[illegible]）、《圣千手千眼观自在供养法》（[illegible]）、《胜相顶尊佛母供养本》（[illegible]）、《入菩提萨埵行法》（[illegible]）、《入菩提萨埵行法记》（[illegible]）、《入二谛法》（[illegible]）、《发菩提心法事诸本》（[illegible]）、《菩提心之念定》（[illegible]）、《菩提心及常可作法事》（[illegible]）[⑥]、《七功德谭》（[illegible]）[⑦]、《心习次第》（[illegible]）、《圣妙吉祥赞》（[illegible]）、《十五天母赞》（[illegible]）、《金刚身中围赞十四偈》（[illegible]）、《金刚萨埵大虚空偈注》（[illegible]）、《明入谛法庄严偈》（[illegible]）、《极乐

① 参见段玉泉《西夏文〈圣胜慧到彼岸功德宝集偈〉考论》，载杜建录主编《西夏学》第4辑，宁夏人民出版社2009年版，第57—69页；崔红芬《英藏西夏文〈圣胜慧到彼岸功德宝集偈〉残叶考》，《宁夏师范学院学报》2008年第1期；段玉泉《西夏〈功德宝集偈〉跨语言对勘研究》，上海古籍出版社2014年版。

② 参见［日］石滨纯太郎、［俄］Nevsky《西夏文八千颂般若经合璧考释》，《国立北平图书馆馆刊》第4卷第3号，1930（1932）年。

③ 参见麻晓芳《胜慧彼岸到要门教授现前解庄严论诠颂》，《宁夏社会科学》2015年第6期。

④ 参见孙伯君《西夏宝源译〈圣观自在大悲心总持功能依经录〉考》，《敦煌学辑刊》2006年第2期；段玉泉《西夏文〈圣观自在大悲心总持功能依经录〉考论》，载聂鸿音、孙伯君编《中国多文字时代的历史文献研究》，社会科学文献出版社2010年版，第52—74页。

⑤ 参见林英津《简论西夏语译〈胜相顶尊总持功能依经录〉》，载杜建录主编《西夏学》第1辑，宁夏人民出版社2006年版，第61—68页；孙伯君《西夏宝源译〈胜相顶尊总持功能依经录〉考略》，载杜建录主编《西夏学》第1辑，宁夏人民出版社2006年版，第69—75页；段玉泉《西夏文〈胜相顶尊总持功能依经录〉再研究》，《宁夏社会科学》2008年第5期；林英津《西夏语译〈尊胜经（Usnīsa Vijaya Dhāranī）〉释文》，西夏文明研究展望国际学术研讨会论文，圣彼得堡，2006年。

⑥ 参见［日］西田龙雄《西夏文华严经》（Ⅱ），京都大学文学部1976年版。

⑦ 参见胡进杉《西夏文〈七功德谭〉及〈佛说止息贼难经〉译注》，载杜建录主编《西夏学》第8辑，上海古籍出版社2011年版，第72—89页。

净土求生偈》（[illegible]）[①]、《四十种空幢要门》（[illegible]）、《欲乐混圆法要门》（[illegible]）、《极乐净土求生法》（[illegible]）、《极乐净土求生念定》（[illegible]）[②]、《取治净言法事》（[illegible]）、《出有坏圣妙吉祥摄受赞叹》（[illegible]）、《诸种善相赞》（[illegible]）、《入二谛论之解义记》（[illegible]）、《世俗胜义二谛之义释要集记》（[illegible]）、《正理滴第一释义记》（[illegible]）、《正理滴特殊造》（[illegible]）、《正理滴句义疏》（[illegible]）、《正理空幢要门》（[illegible]）、《正理空幢要门钥匙》（[illegible]）、《阿毗达磨顺正理论》（[illegible]）[③]、《大庄严论经》（[illegible]）[④]、《大智度论》（[illegible]）[⑤]，等等。

---

① 参见聂鸿音《西夏文献中的净土求生法》，载四川大学历史文化学院编《吴天墀教授百年诞辰纪念文集 1913—2013》，四川人民出版社 2013 年版，第 161—169 页。

② 参见聂鸿音《西夏文献中的净土求生法》，载四川大学历史文化学院编《吴天墀教授百年诞辰纪念文集 1913—2013》，四川人民出版社 2013 年版，第 161—169 页。

③ 西夏文《阿毗达磨顺正理论》（[illegible]），今藏中国国家图书馆和俄罗斯科学院东方文献研究所。中国国家图书馆藏卷五，俄藏存世的两个抄件 инв. № 717 和 инв. № 357 卷尾一折同为卷十的内容。参见 Е. И. Кычанов，*Каталог тангутских буддийских памятников*，Киото: Университет Киото, 1999. стр.448；尹江伟《西夏文〈阿毗达磨顺正理论〉卷五译释》，硕士学位论文，陕西师范大学，2013 年；王龙《西夏写本〈阿毗达磨顺正理论〉考释》，《宁夏社会科学》2017 年第 2 期。

④ 西夏文《大庄严论经》（[illegible]），今藏俄罗斯科学院东方文献研究所，编号 инв. № 91，其形制为：写本经折装，版框 30×11.5 厘米，墨框高 24.5 厘米，每折 6 行，每行 19 字，存卷一，凡 66 折，缺卷尾，保存良好。参见 З. И. Горбачева и Е. И. Кычанов, *Тангутские рукописи и ксилографы,* Москва: Издательство восточной литературы, 1963. стр.119；Eric Grinstead, *The Tangut Tripitaka*,New Delhi:Sharada Rani,1973,pp.1231-1239；王龙《黑水城出土西夏文〈大庄严论经〉考释》，《西夏学辑刊》第一辑，宁夏人民出版社 2017 年版。

⑤ 据彭向前老师梳理，西夏文译本《大智度论》，目前共发现 3 种。第一种 1909 年出土于内蒙古额济纳旗的黑水城遗址，今藏于俄罗斯科学院东方文献研究所，著录首见戈尔巴乔娃和克恰诺夫的《西夏文写本和刊本》，编号为 инв. № 563、1169、3178。其后，克恰诺夫在他的《西夏文佛教文献目录》中，予以新的编号 инв. № 290，题作“大智度本母”，并对原编号为 инв. № 563 的残件作了简要叙录：“写本，经折装。30×12 厘米。69 叶，卷末残，6 行 19 字。”西田龙雄在该书序论中指出俄藏残件分别出自《大智度论》卷 50、51、52；第二种出土于高昌，今藏东京大学综合图书馆，残存 2 行，每行残存 12 字，出自《大智度论》卷二十四；第三种是在 1917 年宁夏灵武出土佛经裱梢页面中发现的，今藏中国国家图书馆，新近刊布于甘肃人民出版社与敦煌文艺出版社联合出版的《中国藏西夏文献》第 6 卷，编号为 B11•060[3.15]。该书《叙录》对之作如下介绍：“经折装，为西夏文《现在贤劫千佛名经》上卷裱梢衬纸，高 32.3 厘米，宽 12 厘米，上下双栏，栏高 23 厘米。前后皆残。存经文 8 面，面 6 行，行 17 字。板间接纸处有西夏文函号用字和表示经名和卷次的汉字‘大智度论四巳（卷）’，以及板序数、刻工名‘翁’。”参见彭向前《中国藏西夏文〈大智度论〉卷第四考补》，载杜建录主编《西夏学》第 2 辑，宁夏人民出版社 2007 年版，第 110—114 页。

需要指出的是，俄藏黑水城文献中存有一部活字本佛教著作《大乘百法明镜集》（[illegible]）卷九，编号为 **инв. № 5153**，麻纸卷子装，29×460 厘米，墨框高 25 厘米，行 21 字，缺卷首。此前，克恰诺夫指出该本译自唐玄奘汉文本《大乘百法明门论》，通过释读，我们发现西夏文本并非译自玄奘汉文本，如卷尾云：“[illegible]：[illegible]。[illegible]。[illegible]，[illegible]。[illegible]，[illegible]。”（颂曰：阿罗汉有六。谓退至不动。前五信解生，总名时解脱。后不时解脱，从前见至生）。还有《大乘百法明门论略解》（[illegible]）上下两卷，并非译自唐玄奘汉译，窥基注《大乘百法明门论解》。《大乘百法明镜集解要明义》（[illegible]），或译“大乘百法明镜集之要释义显”，都不能确定其依据的底本，这些都是我们今后努力的方向。

此外，西夏文佛教文献还有一些本土著述，包括《高王观世音经》（[illegible]）[①]、《十王经》（[illegible]）、《佛说父母恩重经》（[illegible]）[②]、《阎魔成佛受记经》（[illegible]）、《近住八斋戒文》（[illegible]）[③]、《金刚般若经纂》（[illegible]）[④]、《金刚般若略记》（[illegible]）、《金刚般若义解记》（[illegible]）、《金刚般若科目经偈集解略记》（[illegible]）、《观无量寿佛经疏》（[illegible]）、《妙法莲华经心》（[illegible]）[⑤]、《大方广佛华严经随疏演义钞》（[illegible]）[⑥]、《华严经谈玄决择记》[⑦]、《修华严奥旨妄尽还源观》（[illegible]）[⑧]、《华严法界观科》

① 参见史金波、白滨《明代西夏文经卷和石幢初探》，《考古学报》1977 年第 1 期；聂鸿音《明刻本西夏文〈高王观世音经〉补议》，《宁夏社会科学》2003 年第 2 期。

② 参见聂鸿音《论西夏本佛说〈父母恩重经〉》，载高国祥主编《文献研究》第一辑，学苑出版社 2010 年版，第 137—144 页。

③ 参见聂鸿音《西夏本〈近住八斋戒文〉考》，《台大佛学研究》2012 年第 6 期。

④ 参见［日］荒川慎太郎《西夏文〈金刚经〉の研究》，博士学位论文，京都大学，2002 年，第 17—34 页；崔红芬《武威博物馆藏西夏文〈金刚经〉及赞颂残经译释研究》，载杜建录主编《西夏学》第 8 辑，上海古籍出版社 2011 年版，第 135—144 页。

⑤ 参见孙伯君《西夏文〈妙法莲华经心〉考释》，载杜建录主编《西夏学》第 8 辑，上海古籍出版社 2011 年版，第 62—65 页。

⑥ 参见孙伯君《澄观、鲜演〈华严经〉疏钞的西夏文译本》，载张公瑾主编《民族古籍研究》第二辑，中国社会科学出版社 2014 年版，第 245—253 页。

⑦ 参见孙伯君《鲜演大师〈华严经谈玄决择记〉的西夏文译本》，《西夏研究》2013 年第 1 期。

⑧ 参见孙伯君《西夏文〈修华严奥旨妄尽还源观〉考释》，载杜建录主编《西夏学》第 6 辑，上海古籍出版社 2010 年版，第 57—69 页。

（[illegible]）、《金师子章云间类解》①、《注华严法界观门通玄记》（[illegible]）②、《圆觉略疏注》、《三观九门钥匙》（[illegible]）③、《妙法莲华经纂要义镜注》（[illegible]）、《六祖大师法宝坛经》④、《唐昌国师住光宅伽蓝内时众人问佛理二十五问答》（[illegible]）⑤、《洪州宗师教仪》（[illegible]）⑥、《洪州宗师校注明解要记》（[illegible]）⑦、《门下大师觉海圆明镜略后文》（[illegible]）、《镜心录》⑧、《阿含经抄》⑨、《究竟一乘圆明心义》（[illegible]）、《风气入心法》（[illegible]）、《一切如来百字要门》（[illegible]）、《大手印顿入要门》（[illegible]）、《瑜伽自心自恋要门》（[illegible]）、《吉祥上乐轮狮子卧修正觉要门》（[illegible]）、《吉祥上乐轮耶稀鸠稀字咒先前劳苦时正觉入定要门》（[illegible]）、《中有身要门》（[illegible]）⑩、《道之间休止法要门》（[illegible]）、《自入法略要门》（[illegible]）、《金刚瑜祇母智作护摩法要门》（[illegible]）、《增寿次第成就要门》（[illegible]）、《诵大白伞盖总持法要门》（[illegible]

---

① 参见孙伯君《黑水城出土西夏文〈金师子章云间类解〉考释》，《西夏研究》2010年第1期。

② 参见聂鸿音《西夏文〈注华严法界观门通玄记〉初探》，载北京师范大学民俗典籍文字研究中心编《民俗典籍文字研究》第8辑，商务印书馆2011年版，第118—123页。

③ 参见索罗宁《白云释子〈三观九门〉初探》，载杜建录主编《西夏学》第8辑，上海古籍出版社2011年版，第9—22页。

④ 参见王静如《西夏文经典题释译释举例》，载王静如主编《西夏研究》第一辑，"中央研究院"历史语言研究所，1930年；史金波《西夏文〈六祖坛经〉残叶译释》，《佛教研究》1993年第3期；K.J.Solonin, *The Fragments of Tangut Translation of the Platform Sutra of the Sixth Patriarch Preserved in Fu Ssu-nian Library,* Academia Sinica in：Bulletin of the Institute of History and Philology of Academia Sinica，《中央研究院历史语言研究所集刊》79:1，2008年，第163—183页。

⑤ 参见索罗宁《西夏佛教著作〈唐昌国师二十五问答〉初探》，载杜建录主编《西夏学》第2辑，宁夏人民出版社2007年版，第127—133页。

⑥ 参见 K.J. Solonin, *The Masters of Hongzhou in the Tangut State,* Manuscripta Orientalia 4:3, 1998。

⑦ 参见 K.J. Solonin, *The Masters of Hongzhou in the Tangut State,* Manuscripta Orientalia 4:3, 1998。

⑧ 参见 K.J. Solonin, *The teaching of Daoshen in Tangut translation: The Mirror of Mind,* R. Gimello, F. Girard and I. Hamar ed., Avatamsaka Buddhism in East Asia, Harrassowitz Verlag•Wiesbaden, 2012。

⑨ 汤君：《两种尚未刊布的西夏文〈长阿含经〉》，载四川大学历史文化学院编《吴天墀教授百年诞辰纪念文集1913—2013》，四川人民出版社2013年版，第225—231页。

⑩ 参见孙伯君《黑水城出土藏传佛典〈中有身要门〉考释》，《藏学学刊》2014年第2期。

[illegible]）、《大乘瑜伽士入道大宝聚集要门》（[illegible]）、《六法自体要门》（[illegible]）、《念定止祸要门》（[illegible]）、《求岸法略集要门》（[illegible]）、《念定百字等要门》（[illegible]）、《金刚亥母净瓶亲诵仪轨》（[illegible]）、《金刚瑜祇母观想仪轨》（[illegible]）、《等持四成就法》（[illegible]）、《隐见法文》（[illegible]）、《新译留伊波现前解释疑难记》（[illegible]）、《佛说百喻经》[①]、《秘密供养典》（[illegible]）、《圣观自在大悲心护摩法事》（[illegible]）、《大白伞盖护摩法事》（[illegible]）、《金刚亥母护摩法事》（[illegible]）、《观心法》（[illegible]）、《达摩大师观心论》（[illegible]）[②]、《心镜录》（[illegible]）[③]、《经律异相》（[illegible]）[④]、《西方净土十疑论》（[illegible]）[⑤]、《禅源诸诠集都序》（[illegible]）[⑥]、《禅源诸诠集都序科文》（[illegible]）[⑦]、《禅源诸诠集都序法炬集》（[illegible]）[⑧]、《和南裴休禅师随缘集》（[illegible]）、《中华传心地禅门师资承袭图》（[illegible]）[⑨]、《灯要》（[illegible]）、《三十五佛忏罪要门》（[illegible]）[⑩]、《持诵佛说圣佛母般若心经要门》（[illegible]）[⑪]、《宝藏论》（[illegible]）[⑫]、

---

① 参见孙飞鹏《西夏文〈佛说百喻经〉残片考释》，《宁夏社会科学》2014 年第 3 期。

② 参见孙伯君《俄藏西夏文〈达摩大师观心论〉考释》，载中国社会科学院民族学与人类学研究所编《薪火相传——史金波先生 70 寿辰西夏学国际学术研讨会论文集》，中国社会科学出版社 2012 年版，第 266—303 页。

③ 参见 K.J. Solonin, *The Glimpses of Tangut Buddhism,* Central Asiatic Journal 52: 1, 2008。

④ 参见杨志高《西夏文〈经律异相〉整理研究》，社会科学文献出版社 2014 年版。

⑤ 参见孙伯君、韩潇锐《黑水城出土西夏文〈西方净土十疑论〉略注本考释》，《宁夏社会科学》2012 年第 2 期。

⑥ 参见聂鸿音《西夏文〈禅源诸诠集都序〉译证（上）》，《西夏研究》2001 年第 1 期；《西夏文〈禅源诸诠集都序〉译证（下）》，《西夏研究》2001 年第 2 期。

⑦ 参见 K.J. Solonin, *The Glimpses of Tangut Buddhism,* Central Asiatic Journal 52:1, 2008。

⑧ 参见 K.J. Solonin, *The Glimpses of Tangut Buddhism,* Central Asiatic Journal 52:1, 2008。

⑨ 参见聂鸿音《〈中华传心地禅门师资承袭图〉的一段佚文》，《书品》2011 年第 6 期。

⑩ 参见孙伯君《黑水城出土三十五佛名礼忏经典综考》，载四川大学历史文化学院编《吴天墀教授百年诞辰纪念文集 1913—2013》，四川人民出版社 2013 年版，第 184—197 页。

⑪ 参见聂鸿音《西夏译本〈持诵圣佛母般若多心经要门〉述略》，《宁夏社会科学》2005 年第 2 期。

⑫ 参见张九玲《西夏文〈宝藏论〉译注》，《宁夏社会科学》2014 年第 2 期。

《慈悲道场忏罪法》（[illegible]）[1]、《唯识二十记》（[illegible]）、《诸法一心定慧圆满不可思议要门》（[illegible]）、《修禅要门》（[illegible]）、《求生西方念佛法要门》（[illegible]）、《净土求生法要门》（[illegible]）[2]、《百字咒念诵要门》（[illegible]）、《五部法界都序》（[illegible]）、《发菩提心法及常作法事》（[illegible]）、《菩提心及常作法事门总记合文》（[illegible]）、《常作法事略说解记》（[illegible]）、《新译常作略记》（[illegible]）、《金刚光七佛中围法事》（[illegible]）、《胜相顶尊佛母供养忏罪仪轨》（[illegible]）、《奉诏广大三宝供养仪轨》（[illegible]）、《放施食法要门》（[illegible]）[3]、《聚轮供养作法次第》（[illegible]）[4]、《安立总集》（[illegible]）、《大印究竟要集》（[illegible]）、《解释道果语录金刚句记》（[illegible]）、《菩提萨埵与所学道果一并明解宝炬》（[illegible]）、《大手印定引导略文》（[illegible]）[5]、《亥母耳传记》（[illegible]）[6]、《大千国守护吉祥偈》（[illegible]）、《忏罪法偈》（[illegible]）、《三忏罪偈》（[illegible]）、《佛前烧香偈》（[illegible]）、《赞三宝偈》（[illegible]）、《志公大师十二时歌注解》（[illegible]）[7]、《贤智集》（[illegible]）[8]、《正行

---

① 参见杨志高《西夏文〈慈悲道场忏罪法〉卷二残叶研究》，《民族语文》2009 年第 1 期；杨志高《中英两国的西夏文〈慈悲道场忏罪法〉藏卷叙考》，《宁夏师范学院学报》（社会科学版）2010 年第 1 期；杨志高《西夏文〈慈悲道场忏罪法〉第七卷两个残品的补证译释》，《西南民族大学学报》（人文社会科学版）2010 年第 4 期；杨志高《〈慈悲道场忏法〉西夏译本卷一“断疑第二”译注》，《宁夏师范学院学报》（社会科学版）2012 年第 5 期。

② 参见孙伯君《黑水城出土西夏文〈求生净土法要门〉译释》，《民族古籍研究》第 1 辑，中国社会科学出版社 2012 年版。

③ 参见［日］西田龙雄《西夏语佛典目录编纂上の诸问题》，Е.И. Кычанов, Каталог тангутских буддийских памятников, pp. XXII- XXIV。

④ 参见［日］西田龙雄《西夏文华严经》（Ⅲ），京都大学文学部 1977 年版。

⑤ 参见孙伯君《黑水城出土西夏文〈大手印定引导略文〉考释》，《西夏研究》2011 年第 4 期。

⑥ 参见孙伯君《西夏文〈亥母耳传记〉考释》，载沈卫荣主编《大喜乐与大圆满：庆祝谈锡永先生八十华诞汉藏佛学研究论集》，中国藏学出版社 2014 年版，第 150—180 页。

⑦ 参见梁继红、陆文娟《武威藏西夏文〈志公大师十二时歌注解〉考释》，载杜建录主编《西夏学》第 8 辑，上海古籍出版社 2011 年版，第 145—151 页。

⑧ 参见［日］西田龙雄《西夏语研究と法华经Ⅲ——西夏文写本と刊本（刻本と活字本）について》，《东洋学术研究》第 45 卷第 1 号，2006 年。

集》（[illegible]）[1]和《三代相照语文集》（[illegible]）[2]等。

围绕着对这批佛经的解读，涌现出了一大批人才，如西田龙雄、聂鸿音[3]、孙伯君[4]、史金波、林英津、荒川慎太郎、段玉泉[5]、杨志高、崔红芬、黄延军、汤君、王培培、孙颖新、安娅、张九玲以及索罗宁[6]研究的一批禅宗著作。其中不乏对西夏藏传佛教文献进行研究的学者，如聂鸿音、孙伯君[7]、林英津、段玉泉[8]、孙昌盛、安娅、胡进杉[9]、戴忠沛[10]和张九玲[11]等研究的几种夏译藏传佛教文献。

西夏文律藏和论藏佛经是我们研究西夏佛教史和西夏语言非常重要的文献资料，然而到目前为止，学界的研究集中于西夏经藏，获得研究的西夏文律藏和论藏著作却屈指可数。本书研究的西夏译玄奘所传法相唯识的研究更是相对滞后，目前尚无解读成果问世，因此本书在全面梳理俄、英、法、日等国所藏黑水城文献的基础上，挑选出与玄奘所传法相唯识经典有关的全部著作，刊布录文，并对照汉文本加以释读，旨在为西夏佛教史、文献学和语文学研究提供一份基础性语料。

---

① 参见孙伯君《西夏文〈正行集〉考释》，《宁夏社会科学》2011 年第 1 期。

② 参见［日］荒川慎太郎《西夏诗の脚韵にられる韵母について——〈三世属明言集文〉所收西夏语诗》，《京都大学言语学研究》第 20 号，2001 年，第 195—203 页；孙伯君《元代白云宗译刊西夏文文献综考》，《文献》2011 年第 2 期。

③ 参见聂鸿音《西夏文献论稿》，上海古籍出版社 2012 年版。

④ 参见孙伯君《西夏文献丛考》，上海古籍出版社 2015 年版。

⑤ 参见段玉泉《中国藏西夏文文献未定名残卷考补》，载杜建录主编《西夏学》第 3 辑，宁夏人民出版社 2008 年版，第 41—50 页；《武威亥母洞遗址出土的两件西夏文献考释》，载杜建录主编《西夏学》第 8 辑，上海古籍出版社 2011 年版，第 127—134 页；《一批新见的额济纳旗绿城出土西夏文献》，载杜建录主编《西夏学》第 10 辑，上海古籍出版社 2013 年版，第 70—74 页。

⑥ 参见索罗宁《南阳惠忠及其禅思想：〈惠忠语录〉西夏文本与汉文本比较研究》，李杨译，载聂鸿音、孙伯君编《中国多文字时代的历史文献研究》，社会科学文献出版社 2010 年版，第 17—40 页。

⑦ 参见孙伯君、聂鸿音《西夏文藏传佛教史料——“大手印”法经典研究》，中国藏学出版社 2018 年版。

⑧ 参见段玉泉《语言背后的文化流传：一组西夏藏传佛教文献解读》，博士学位论文，兰州大学，2009 年。

⑨ 参见胡进杉《西夏佛典探微》，上海古籍出版社 2015 年版。

⑩ 参见戴忠沛《西夏文佛经残片的藏文对音研究》，博士学位论文，中国社会科学院研究生院，2008 年。

⑪ 参见张九玲《西夏文藏传〈大随求陀罗尼经〉研究》，新北：花木兰出版社 2017 年版。

第二章　西夏文《瑜伽师地论》考释

第一节　《瑜伽师地论》简介和解读凡例

一　《瑜伽师地论》简介

《瑜伽师地论》(Yogācāra-bhūmi-śāstra)，简称《瑜伽论》，为大乘佛教瑜伽行唯识学派及中国法相宗的根本论书，由唯识宗的创始者无著菩萨所著，《瑜伽师地论》就是论明三乘行人修习境、行、果相应的境界，本论依次论述了十七种境界，所以《瑜伽师地论》又简称为《十七地论》。[①]存世的《瑜伽师地论》有梵文、藏文、回鹘文和西夏文等多种文本。本论的梵文原本全文，直到1936年才由印度的罗睺罗在西藏的萨迦寺发现录写归国，陆续刊印。在此之前，印度只存在《菩萨地》的部分梵文本。本论的汉文译本，在唐译全本问世之前，已有多种节译本。汉文译本共100卷，分成五分，即：《本地分》《摄决择分》《摄释分》《摄异门分》和《摄事分》。藏文译本比汉文节译本全，题为《瑜伽行地》(*Rnal-ḫbyor spyod-paḫi sa*)，与唐译本分卷有异。全本共分八个部分，即：前十二地、声闻地、菩萨地、摄决择、摄事、摄调伏、摄异门和摄释。此译本纳入《藏文大藏经》的《丹珠尔》部。藏译本《瑜伽行地》是“无著菩萨造”，印度人 Prajñavarma, Jinamitra, Surendrabodhi 及藏人智军分组译出，也分成五分，但次第是：《本地分》《摄决择分》《摄事分》《摄异门分》和《摄释分》。此外，还有回鹘文《瑜伽师地论》为萨迦派大师萨迦班智达（Sa-skya Pandita，1182—1251）著作的译本。回鹘文译本存26叶52面，共479行。第492—493行写明 mn Saskau-a

① 参见王梅林《瑜伽师地论解题》，台北：佛光书局1998年版，第3—13页。

pntityaratdïm“我萨迦班智达所造”。第 497 行（最后一行）云：balïqtaqï sirkap atlysangram “（在）凉州城名为 Sirkap 的庙宇”。可知，萨迦班智达是在凉州城完成此著作的。回鹘文本应于元代译自藏文本。[①]

西夏文本《瑜伽师地论》（[illegible]），译自唐玄奘同名汉文本。现存五卷，即：卷三十三、卷五十八、卷五十九、卷八十八和卷九十，现分别简述。

卷三十三，《法国国家图书馆藏敦煌西夏文文献》中残存有《瑜伽师地论》卷三十三尾题“[illegible]　□”（瑜伽师地论卷第三十三　□），[②]说明西夏文《瑜伽师地论》卷三十三也有留存，遗憾的是，目前我们还没有看到文献的正文部分。

卷五十八，中华人民共和国成立之初经由当时的西北军政委员会转交而来的，其出土地点及具体来源情况俱不可考[③]，今藏西安市文物保护考古所，刊布于甘肃人民出版社与敦煌文艺出版社联合出版的《中国藏西夏文献·陕西卷》第 15 册，编号 S21·005[2gz58]。该书“叙录”对之作如下介绍：“西夏文写本《瑜伽师地论》，梵夹装，残存 29 面，高 29 厘米，宽 12 厘米，上下双框，高 25 厘米。面 6 行，行 18 字，以西夏文行书写成，字迹工整。经译释，知为《瑜伽师地论》卷五十八中后部分。经背有汉文经文 10 面 46 行，计 613 字，内容基本为供养短文或所谓请魂文。”[④]孙福喜、赵斌在该书“综述”对之作如下介绍：“梵夹装，残存二十九面，字迹工整。内容大致类似于唐玄奘所译《瑜伽师地论》卷五十八中后部分。经背有汉文经文十面，内容皆为所谓供善文或请魂文，值得注意的是，文中曾先后两次提及“摩尼”之名，似乎表明该文与摩尼教有某种内在联系，倘事属不谬，则其对于更全面深入地认识和研究西夏宗教无疑具有重要的学术价值。不过由于文中未见作者、年代等内容，故目前尚难断定其是否确与西夏有关。”[⑤]

---

① 参见苏鲁格《蒙古族宗教史》，辽宁民族出版社 2006 年版，第 79—80 页。

② 参见西北第二民族学院、上海古籍出版社、法国国家图书馆编《法藏敦煌西夏文文献》，上海古籍出版社 2007 年版，第 98 页。

③ 参见史金波、白滨《西安市文管处藏西夏文物》，《文物》1982 年第 4 期。

④ 参见宁夏大学西夏学研究中心、中国国家图书馆、甘肃五凉古籍整理研究中心：《中国藏西夏文献》第 15 册，甘肃人民出版社、敦煌文艺出版社 2005 年版，第 346 页。

⑤ 参见宁夏大学西夏学研究中心、中国国家图书馆、甘肃五凉古籍整理研究中心：《中国藏西夏文献》第 15 册，甘肃人民出版社、敦煌文艺出版社 2005 年版，第 271—272 页。

卷五十九和卷八十八，1908—1909 年在内蒙古额济纳旗的黑水城遗址出土，今藏俄罗斯科学院东方文献研究所。书题著录首见戈尔巴乔娃和克恰诺夫于 1963 年合著的《西夏文写本和刊本》，题作“瑜伽师地本母”，编号为 инв. № 901 和 инв. № 5133。[①]1977 年，西田龙雄在《西夏文佛经目录》中将其著录为《瑜伽师地本母》，据题勘同《大正藏》第 1579 号《瑜伽师地论》（*Yogācāra-bhūmi-śāstra*）或《藏文佛经》第 5536 号“瑜伽行地”（*Rnal-ḫbyor spyod-paḫisa*）。[②]1999 年，克恰诺夫在《西夏佛典目录》中明确指出西夏译本译自汉文本，并对这些版本的形制做了较为详细的描述。[③]对照上海古籍出版社蒋维崧、严克勤两位先生 20 世纪末从俄国圣彼得堡摄回的照片，我们得以了解《瑜伽师地论》的原貌。

（1）инв. № 5133，卷五十九，写本，麻纸，卷子装。纸幅 21×642 厘米，无边栏。行 17 字，草书。卷尾署光定元辛未年（1211）十一月抄[④]，佚卷首。

（2）инв. № 901，卷八十八，写本，麻纸，卷子装。纸幅 21×477 厘米，无边栏。行 22 字。结尾有经题。

卷九十，今藏英国国家图书馆，编号为 Or.12380-2（K.K.II.0283.b），写本，基本形制为 19.7×11.2 厘米。[⑤]

此外，《俄藏黑水城文献》第 4 册汉文文献中残存有《瑜伽师地论》卷三十二[⑥]和《瑜伽师地论》卷三十八“持瑜伽处力种姓品第八”的残叶 6 件。[⑦]《瑜伽师地论》西夏文本和汉文本的出土，说明《瑜伽师地论》在西夏当时十分流行。

至于西夏译本《瑜伽师地论》的翻译年代，只有《瑜伽师地论》卷五

---

① 参见 З. И. Горбачева и Е. И. Кычанов, *Тангутские рукописи и ксилографы,* Москва: Издательство восточной литературы, 1963. стр.105。

② 参见［日］西田龙雄《西夏文华严经》（Ⅲ），京都大学文学部 1976 年版。

③ 参见 Е.И. Кычанов, *Каталог тангутских буддийских памятников,* Киото: Университет Киото, 1999. стр. 449-450。

④ 克恰诺夫在《西夏佛典目录》中作“光定五年”（1215）。参见 Е.И. Кычанов, *Каталог тангутских буддийских памятников*, Киото: Университет Киото, 1999. стр. 449。

⑤ 该西夏文残片经聂鸿音先生考证并告知，在此谨表谢意。

⑥ 参见俄罗斯科学院东方研究所圣彼得堡分所、中国社会科学院民族研究所、上海古籍出版社《俄藏黑水城文献》第 4 册，上海古籍出版社 1997 年版，第 322 页。

⑦ 编号为“俄 TK166P”，定名为“佛书残片”的残叶，经宗舜考证，为《瑜伽师地论》卷三十八“持瑜伽处力种姓品第八”的残叶。参见俄罗斯科学院东方研究所圣彼得堡分所、中国社会科学院民族研究所、上海古籍出版社《俄藏黑水城文献》第 4 册，上海古籍出版社 1997 年版，第 58 页；宗舜《〈俄藏黑水城文献〉汉文佛教文献拟题考辨》，《敦煌研究》2001 年第 1 期。

十九保留了一条模糊的信息：

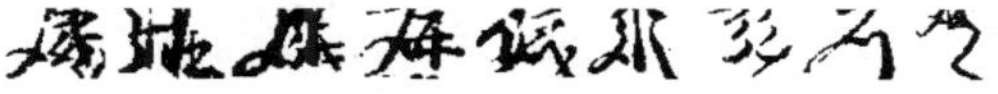

[illegible]

[光定元辛未年十一月]

凭经验可以判断，最前面的两个字应该是年号“光定”无疑，紧接着的三个字是解读的关键，克恰诺夫最初认为应该译成“光定五年十一月”，为公元 1215 年 11 月 23 日—12 月 22 日，即夏神宗光定乙亥五年，因此他认为对应楷书形式是“[illegible]？？[illegible]”（光定？？五年十一月）。现在看来，“光定”和“年十一月”的转写和翻译当无疑义，而另外三个字还需要进一步讨论。

根据字形判断，第四个字当为“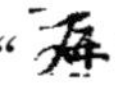”（[illegible]，辛），第五个字的意思是“某年”，克恰诺夫识解成“[illegible]”（五），未免与原件的草体字形相差过远。另外，假如它真的是克恰诺夫识读的“[illegible]”，自然就意味着对应的干支为“乙亥”，可是我们知道，当时的中国人如果只用干支中的一个字来纪年，那么使用的字一定是来自“地支”而非“天干”，例如西夏文献的书字人题款中常见“午年”“未年”，用元白话也可以说“马儿年”“羊儿年”，等等。由此考虑，我们应当认为“”字对应的楷体字是十二地支里形体最相近的“[illegible]”（未）。

夏神宗朝的“光定”凡 13 年（1211—1223），其中的“未年”有二，即“辛未”（1211）和“癸未”（1223）。加上第三个字（元、初），可推知《瑜伽师地论》抄写于 1211 年。

二 解读凡例

本书对每件文献的解读分为“释读”和“校注”。并在每卷结束后附相应的汉文本。

西夏书籍仿中原格式，文中作竖排。本书为排版方便，将原文竖排一律改为横排。

解读的各部分对西夏原文一律予以标点及分段。现代通行汉文本《大藏经》多采用“。”号断句，其间或有讹误。本书参照西夏文意改用新式标点，以便读者参考。为阅读方便，解读各部分于西夏译文分段处一律分段，遇文字过多的段落亦偶尔酌情在中间分段，最终分段结果不强求与通行汉文本一致。为保证西夏译文的完整性，故有的西夏录文拆成两行显示。

“释读”采用四行对译法，首行西夏文，第二行为拟音，第三行为对译，第四行为汉译文。为了索引方便，我们为每一行西夏文都标了行数，行数格式是“作品卷号.行次”，作品与卷号对应如下：《瑜伽师地论》卷五十八——58，《瑜伽师地论》卷五十九——59，《瑜伽师地论》卷八十八——88，《瑜伽师地论》卷九十——90，《显扬圣教论》卷十七——17，《大乘阿毗达磨集论》卷三——3，如 58.1 指代《瑜伽师地论》卷五十八第一行。西夏录文凡遇原件句中文字讹误衍脱残佚，均尽目前所知予以订补，并以校注形式说明，其中暂无力拟补的文字标以“□”号。拟音一行中的“？”表示该字无法拟音。

西夏文字结构复杂，因刻工或书字人疏忽而导致的鲁鱼亥豕之讹在所难免。凡遇此类失误，录文径改为正确字形，亦不出校语说明。

汉文对译的目的在于确定西夏译文词语与汉文原本词语的对当关系，并不强行套用通行夏汉词典释义，以求展示西夏译者的翻译思路，亦可为今后研究西夏词义积累素材。

汉文对译若遇西夏虚词，在汉本或通行字书中有对应词语的以对应词语标示，没有对应词语的以“△”号标示。

西夏文本的语句大多从汉文原本直译而来，故“译文”部分主要以汉文原本为基础。汉夏两种语言之间虚词用法的差异一般不予苛求，唯当实词或文句语义差别较大时则据西夏本直译。

“校注”部分的目的有三：其一是提示西夏译文与汉文原本的歧异之处，由于目前尚不能确定这些歧异是来自不同的汉文原本还是来自西夏译者对原本的不同表述，故不可一概视为校勘中发现的古书异文；其二是提示不见于存世汉本的语句出处，亦即展示汉译文或汉文构拟的依据；其三是西夏录文凡遇原件句中文字讹误衍脱残佚中出注说明。

西夏原件时有残佚。残佚若在一二句之间，“译文”则据汉本补出相应内容并以直角括号标示。若卷首卷尾残佚文字较多，则在“校注”中酌情提示相应汉文起讫。

本书要考释的西夏文《显扬圣教论》和《大乘阿毗达磨集论》的解读凡例亦同。

第二节　《瑜伽师地论》卷五十八译注

西夏文《瑜伽师地论》卷五十八，今藏中国陕西省西安市文物保护考古所，编号 S21·005[2gz58]，译自唐玄奘汉文本《瑜伽师地论》卷五十八。内容相当于汉本的“迷于灭谛”至结尾，西夏本《瑜伽师地论》卷五十八“摄决择分中有寻有伺等三地之一”开头至“如是八种烦恼随眠”已佚，卷中“如是名为迷道见取”至“故圣弟子俱时能舍止观二道所断随眠”残佚，卷尾“不断随眠”至结尾“欲、爱、离欲、计我等、欲、龟驼母等、及贪嗔等”已佚。另外一个值得注意的情况是书籍的装订。我们看到，西夏译本《瑜伽师地论》卷五十八的原拍图版是错乱的，下面是卷五十八的正确次序和原拍次序的对照：

正确次序：15—1→15—11→15—2→15—3→15—4→15—5→15—6→15—7→15—8→15—9→15—10

原拍次序：15—1→15—2→15—3→15—4→15—5→15—6→15—7→15—8→15—9→15—10→15—11

其中西夏文中符号【】指示的是 S21·005[2gz58]的叶次，解读参考弥勒菩萨说，唐玄奘法师译《瑜伽师地论》精校标点本伍（卷五十一至卷六十三），宗教文化出版社 2008 年版。

释读：

【15—1】

58.1

西夏文	[[illegible]	[illegible]]，	[illegible]	[illegible]	[illegible]	[illegible]，	[illegible]	[illegible]	[illegible]	[illegible]	[illegible]。
拟音	śjwɨ̣^{2}	lwu^{2}	dzjar^{2}	dźjar^{2}	·jij^{1}	lhạ^{2}	dzjar^{2}	ljij^{2}	do^{2}	phja^{1}	lew^{2}
对译	随	眠，	灭	谛	之	迷，	灭	见	处	断	所。

译文　[如是八种烦恼][1]随眠，迷于灭谛，见灭所断。

58.2	[illegible]	[illegible]	[illegible]	[illegible]	[illegible]	[illegible]	[illegible]	[illegible]？	[illegible]
	thjij^{2}	sjo^{2}	tśja^{1}	lha̱^{2}	·jar^{1}	śjwɨ̣^{2}	lwu^{2}	dju^{1}	thjɨ^{2}
	何	云	道	迷	八	随	眠	有？	此
	[illegible]	[illegible]	[illegible]	[illegible]	[illegible]	[illegible]	[illegible]	[illegible]，	[[illegible]]
	tja^{1}	rjur^{1}	kha^{1}	·a	lo^{1}	xã^{1}	ɣiej^{1}	mjij^{1}	rjɨr^{2}
	者	世	间	阿	罗	汉	真	无，	乃

云何迷道有八随眠？谓无世间真阿罗汉[2]，乃[3]

58.3	[illegible]	[illegible]	[illegible]。	[illegible]	[illegible]	[illegible]	[illegible]	[illegible]	[illegible]
	njɨ^{2}	·wa^{2}	tshjij^{1}	thjɨ^{2}	kha^{1}	ŋowr^{2}	ŋowr^{2}	sjij^{2}	phju^{2}
	至	广	说。	此	中	所	有	智	导
	[illegible]	[illegible]	[illegible]	[illegible]	[illegible]	[illegible]	[illegible]	[illegible]	[illegible]，
	ɣu^{1}	we^{2}	dźiəj^{2}	lhe̠ w^{2}	rar^{2}	mjij^{1}	·jij^{1}	lha^{1}	ljij^{2}
	首	为	为	有	漏	无	之	诽	谤，

至广说。此中所有诽谤智为导首有为无漏，

58.4	[illegible]	[illegible]	[illegible]	[illegible]，	[illegible]	[illegible]	[illegible]	[illegible]	[illegible]
	dow^{1}	ljij^{2}	ŋowr^{2}	ŋowr^{2}	tśja^{1}	dźjar^{2}	lha^{1}	bju^{1}	·a
	邪	见	一	切，	道	谛	灭	依	△
	[illegible]	[illegible]	[illegible]	[illegible]。	[illegible]	[illegible]	[illegible]	[illegible]	[illegible]
	śjwo^{1}	dow^{1}	ljij^{2}	ŋwu^{2}	nioow^{1}	rjur^{1}	śia^{1}	mẽ^{1}	tjij^{1}
	起	邪	见	是。	又	诸	沙	门	若

所有邪见，是灭道谛所起邪见。[4]又诸沙门若

58.5	[illegible]	[illegible]	[illegible]，	[illegible]	[illegible]	[illegible]	[illegible]	[illegible]
	pho^{1}	lo^{1}	mẽ^{1}	mji^{1}	sjɨ^{1}	dzew^{2}	ljo̠r^{1}	dow^{1}
	婆	罗	门，	不	死	矫	乱	邪
	[illegible]	[illegible]	[[illegible]]，	[illegible]	[illegible]	[illegible]	[illegible]。	
	ljij^{2}	·a	phia̠^{2}	tsjɨ^{1}	tśja^{1}	·jij^{1}	lha̠^{2}	
	见	一	分，	亦	道	之	迷。	

婆罗门，不死矫乱邪见一分[5]，亦迷于道。

58.6

								，		
nioow1	rjur1	tśja1	nioow1	tśja1	pjo1	dow1	ljij2	bju1	śia1	mẽ1
又	诸	道	外	道	谤	邪	见	依，	沙	门
□	□	□	□							
□	□	□	□	rjur1	dzjij2	gji2	·jij1	lho	ka2	
□	□	□	□	诸	弟	子	之	出	离	

又诸外道谤道邪见，彼谓沙门乔答摩种[6]为诸弟子说出离

58.7

		，				，			[
tśja1	tshjij1	tja1	zjɨr1	lho	ka2	mjij1	thja1	bju1	sji1
道	说	者，	实	出	离	非，	此	由	尽
		]		。					
lho	ka2	tśjị1	mjɨ1	njwi2	tha1	kjɨ1	thu1	phjij1	
出	离	苦	不	能。	佛	所	施	设	

道，实非出离，由此不能尽出离苦[7]。佛所施设

58.8

		，						
ŋa2	mjij1	ljij2	ljɨ̣1	nioow1	lhjij	lew2	kie1	tśhjwɨj1
我	无	见，	△	及	受	所	戒	禁
			，					
bju1	tsji̱r1	mjij1	·jɨ2	thjɨ2	tja1	niow2	dow1	tśja1
随	法	无	谓，	此	者	恶	邪	道

无我之见，及无所受持戒禁随法[8]，是恶邪道，

58.9

，				，				
ŋwu2	tśhja2	thjo̱1	tśja1	nja̱2	thjɨ2	tsjɨ1	tśja1	lhạ2
谓，	正	妙	道	非，	是	亦	道	迷
		。				，		
dow1	ljij2	·jɨ2	nioow1	thja1	tśja1	nioow1	thjɨ2	sju2
邪	见	名。	又	彼	道	外，	是	如

非正妙道，是亦名迷道邪见[9]。又彼外道，作如是

58.10

[illegible]	[illegible]：	[illegible]	[illegible]	[illegible]	[illegible]	[illegible]	[illegible]、	[illegible]	[illegible]
zow^{2}	zjij^{1}	ŋa^{2}	njɨ^{2}	rjɨr^{2}	dźjij^{1}	tjij^{1}	dźjɨ	tjij^{1}	tśja^{1}
计	作：	我	等	所	行	若	行、	若	道

[illegible]	[illegible]	[illegible]	[illegible]	[illegible]	[illegible]，	[illegible]	[illegible]	[illegible]
lew^{2}	mjij^{1}	dźjɨ	tśja^{1}	ɣiej^{1}	ɣiej^{1}	rjur^{1}	tśjị^{1}	ŋowr^{2}
所	无	行	道	真	是，	诸	苦	一

计：我等所行若行、若无道是真行道[10]，

58.11

[illegible]	[illegible]	[illegible]、	[illegible]	[illegible]	[illegible]，	[illegible]	[illegible]	[illegible]
ŋowr^{2}	ŋowr^{2}	njwi^{2}	lho	njwi^{2}	·jɨ^{2}	ku^{1}	thjɨ^{2}	tsjɨ^{1}
切	尽	能、	出	能	谓，	则	是	亦

[illegible]	[illegible]	[illegible]	[illegible]	[illegible]。	[illegible]	[illegible]	[illegible]	[illegible]，
tśja^{1}	lhạ^{2}	dow^{1}	ljij^{2}	ŋwu^{2}	tjij^{1}	ljij^{2}	lhjwi^{1}	bju^{1}
道	迷	邪	见	谓。	若	见	取	依，

能尽、能出一切诸苦，如是亦名迷道邪见。若有见取，

58.12

[[illegible]]	[illegible]	[illegible]	[illegible]	[illegible]	[illegible]	[illegible]	[illegible]，	[illegible]	[illegible]、
thja^{1}	dow^{1}	ljij^{2}	lhjwi^{1}	ŋwu^{2}	phju^{2}	tsew^{2}	we^{2}	gji^{1}	sej^{1}
彼	邪	见	取	以	上	第	为，	清	净、

[illegible]	[illegible]、	[illegible]	[illegible]	[illegible]	[illegible]	[illegible]。	[illegible]	……
bie^{2}	lhew^{2}	lho	ka^{2}	rjir^{1}	njwi^{2}	·jɨ^{2}	ku^{1}	……
解	脱、	出	离	得	能	谓。	则	……

取彼[11]邪见以为第一，能得清净、解脱、出离，[12]……

校注：

[1] 西夏文本《瑜伽师地论》卷五十八“摄决择分中有寻有伺等三地之一”开头至“如是八种烦恼随眠”已佚。

[2] 谓无世间真阿罗汉，即西夏文“[illegible]”，汉文本作“谓拨无世间真阿罗汉”。

[3] 西夏文“[illegible]”原残，据残存笔画和汉文本“乃”拟补。

[4] “所有邪见，是灭道谛所起邪见”，即西夏文“[illegible]，[illegible]”，汉文本作“当知此见，是迷道谛所起邪见。”

[5] 西夏文“□”原残，据残存笔画和汉文本“分”拟补。

[6] 西夏文此处缺四字，相应汉文本为“乔答摩种”。

[7] 西夏文“□□□□”四字原缺，据汉文本“尽出离苦”拟补。

[8] 及无所受持戒禁随法，即西夏文“□□□□□□□□□□”，汉文本作“及所受持戒禁随法”，西夏文衍“□”字。

[9] 是亦名迷道邪见，即西夏文“□□□□□□□”，汉文本作“如是亦名迷道邪见”。

[10] 若无道是真行道，即西夏本“□□□□□□□□”，汉文本作“若道是真行道”，西夏文疑衍“□”字。

[11] 西夏文“□”原残，据残存笔画和汉文本“彼”拟补。

[12] 西夏文以下缺，相应汉文本为“如是名为迷道见取”至“由见道中止观双运”。

释读：

【15—11】

58.13	□	□	□	□	□	□	□	□	□	□
	dzjɨj^{1}	djɨj^{2}	djɨj^{2}	bio^{1}	njɨ^{1}	tśja^{1}	ŋwu^{2}	phja^{1}	lew^{2}	dzjɨj^{1}
	时	定	止	观	二	道	以	断	所	时
	□	□	□	□。	□	□，	□	□	□	
	śjwɨ̣^{2}	lwu^{2}	dźjɨ̱r^{1}	njwi^{2}	lew^{1}	tsew^{2}	bio^{1}	ŋwu^{2}	phja^{1}	
	随	眠	舍	能。	一	第，	观	以	断	

[故圣弟子俱][1]时能舍止观二道所断随眠。第一，观所断；

58.14	□；	□	□，	□	□	□	□	□。	□
	lew^{2}	njɨ̱^{1}	tsew^{2}	djɨj^{2}	ŋwu^{2}	phja^{1}	lew^{2}	ŋwu^{2}	thjɨ^{2}
	所；	二	第，	止	以	断	所	是。	是
	□	□	□	□	□	□	□。	□	□
	nioow^{1}	ljij^{2}	tśja^{1}	·jij^{1}	ɣwə^{2}	dźjwa^{1}	·jɨ^{2}	tjij^{1}	bio^{1}
	故	见	道	之	究	竟	名。	若	观

第二，止所断。是故见道说名究竟。若言观

58.15

[illegible]	[illegible]	[illegible]	[illegible]	[illegible]	[illegible]	[illegible]	[illegible]	[illegible]
tjịj^1	kha^1	ɣjiw^1	rjur^1	sjịj^2	ljịj^2	phja^1	lew^2	śjwɨ^2
品	中	摄	诸	智	见	断	所	随
[illegible]	[illegible]	[illegible]	[illegible]，	[illegible]	[illegible]	[illegible]	[illegible]	[illegible]
lwu^2	nioow^1	śio^1	śjwo^1	ku^1	wer^1	djị^2	kwər^1	tsjịr^2
眠	随	逐	生，	则	对	治	体	性

品所摄诸智见断随眠随逐生者，应不名对治体性[2]。

58.16

[illegible]	[illegible]。	[illegible]	[illegible]	[illegible]	[illegible]	[illegible]	[illegible]	[illegible]
mjɨ^1	·jɨ^2	thjɨ^2	·jiw^1	nioow^1	bju^1	pho^1	khja^2	xiwã^1
不	名。	此	因	缘	由	薄	伽	梵
[illegible]：	[illegible]	[illegible]	[illegible]	[illegible]、	[illegible]	[illegible]	[illegible]	[illegible]
tshjịj^1	dźiej^2	bju^1	dźjɨ	mjijr^2	tsjir^1	bju^1	dźjɨ	mjijr^2
说：	信	随	行	者、	法	随	行	者

由此因缘薄伽梵[3]说：随信行者、随法行者

58.17

[illegible]	[illegible]	[illegible]	[illegible]，	[illegible]	[illegible]	[illegible]	[illegible]	[illegible]
tśja^1	ljij^2	·o^2	zjij^1	tśhjiw^1	tsew^2	·jij^1	mjij^1	dźjɨ
道	见	入	时，	六	第	相	无	行
[illegible]	[illegible]	[illegible]	[illegible]	[illegible]	[illegible]。	[illegible]	[illegible]	[illegible]、
dźjij^1	pu^1	te^1	khja^2	lo^1	·jɨ^2	dźiej^2	bie^2	lhew^2
行	补	特	伽	罗	名。	信	解	脱、

入见道时，名为第六行无相行补特伽罗[4]。非信胜解、

58.18

[illegible]	[illegible]、	[illegible]	[illegible]、	[illegible]	[illegible]、	[illegible]	[illegible]、	[illegible]
ljij^2	rjir^1	ljụ^2	ljạ^1	zjɨr^1	lhew^2	zjɨ^2	lhew^2	ŋwə^1
见	得、	身	证、	慧	脱、	俱	脱、	五
[illegible]	[illegible]	[illegible]。	[illegible]	[illegible]	[illegible]	[illegible]	[illegible]	[illegible]
mjij^2	mji^1	rjir^1	thja^1	dzjwo^2	dzjar^2	kha^1	mjij^1	sej^1
名	非	得。	彼	人	灭	于	寂	静

见得、身证、慧脱、俱脱，五得其名。由彼于灭住寂静

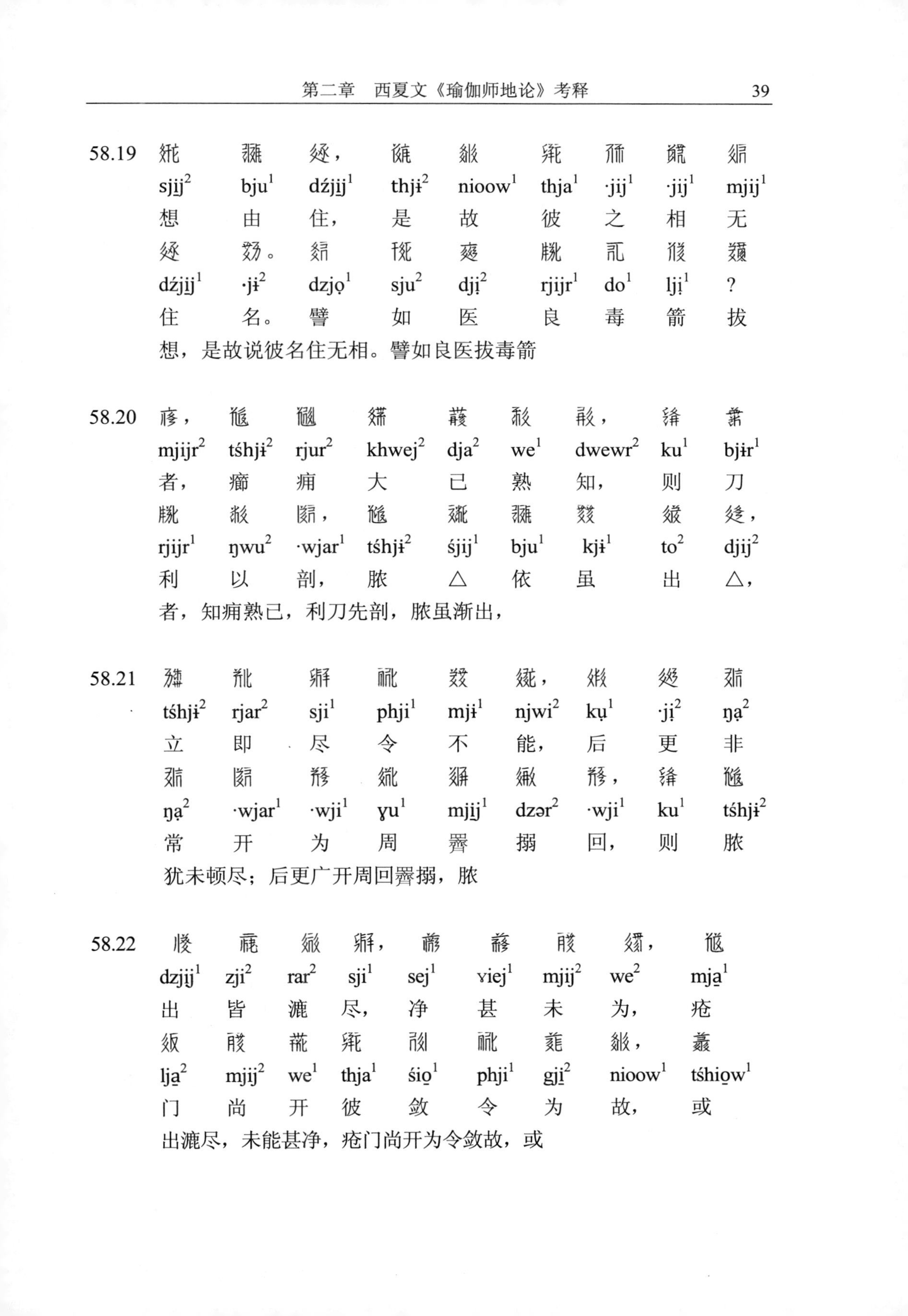

58.19 [illegible]

sjij^2 bju^1 dźjij^1 thjɨ^2 nioow^1 thja^1 ·jij^1 ·jij^1 mjij^1

想 由 住， 是 故 彼 之 相 无

[illegible]

dźjij^1 ·jɨ^2 dzjọ^1 sju^2 djị^2 rjijr^1 do^1 ljị^1 ?

住 名。 譬 如 医 良 毒 箭 拔

想，是故说彼名住无相。譬如良医拔毒箭

58.20 [illegible]

mjijr^2 tśhjɨ^2 rjur^2 khwej^2 dja^2 we^1 dwewr^2 ku^1 bjɨr^1

者， 瘤 痈 大 已 熟 知， 则 刀

[illegible]

rjijr^1 ŋwu^2 ·wjar^1 tśhjɨ^2 śjij^1 bju^1 kjɨ^1 to^2 djij^2

利 以 剖， 脓 △ 依 虽 出 △，

者，知痈熟已，利刀先剖，脓虽渐出，

58.21 [illegible]

tśhjɨ^2 rjar^2 sji^1 phji^1 mjɨ^1 njwi^2 kụ^1 ·jị^2 ŋạ^2

立 即 尽 令 不 能， 后 更 非

[illegible]

ŋạ^2 ·wjar^1 ·wji^1 ɣu^1 mjij^1 dzər^2 ·wji^1 ku^1 tśhjɨ^2

常 开 为 周 罥 搠 回， 则 脓

犹未顿尽；后更广开周回罥搠，脓

58.22 [illegible]

dzjij^1 zji^2 rar^2 sji^1 sej^1 ɣiej^1 mjij^2 we^2 mja̱^{1}

出 皆 漉 尽， 净 甚 未 为， 疮

[illegible]

lja̱^{2} mjij^2 we^1 thja^1 śio̱^{1} phji^1 gji̱^{2} nioow^1 tśhio̱w^1

门 尚 开 彼 敛 令 为 故， 或

出漉尽，未能甚净，疮门尚开为令敛故，或

58.23

[illegible]	[illegible]	[illegible]，	[illegible]	[illegible]	[illegible]	[illegible]，	[illegible]	[illegible]。
njọ1	low2	ŋwu2	tśhio̱w1	njọ1	·jɨr2	ŋwu2	tjɨ̣j1	ɣja2
腻	团	以，	或	腻	帛	以，	塞	帖。
[illegible]	[illegible]	[illegible]	[illegible]	[illegible]	[illegible]	[illegible]	[illegible]，	[illegible]
thjɨ2	sju2	mji̱j2	mji̱j2	mja̱1	lja̱2	śio̱1	ror2	sju2
是	如	渐	次	疮	门	集	敛，	如

以腻团，或以腻帛，而帖塞之。如是渐次疮门得敛[5]，

58.24

[illegible]	[illegible]	[illegible]	[illegible]，	[illegible]	[illegible]	[illegible]	[illegible]	[illegible]
·wo2	tsjij2	ljɨ2	phji1	gji̱2	nioow1	thjɨ2	dzjọ1	rjɨr2
义	了	易	令，	为	故	此	喻	△
[illegible]。	[illegible]	[illegible]	[illegible]	[illegible]，	[illegible]	[illegible]	[illegible]	[illegible]
tshjij1	thjɨ2	kha1	·wo2	tja1	dja2	we1	tśhjɨ2	rjur2
说。	此	中	义	者，	已	熟	癤	痈

令义易了，故作此喻。此中义者，如已熟痈，

【15—2】

58.25

[illegible]，	[illegible]	[illegible]	[illegible]	[illegible]	[illegible]	[illegible]	[illegible]	[illegible]
sju2	thja1	ljij2	tśja1	do2	phja1	lew2	rjur1	rar2
如，	彼	见	道	处	断	所	诸	漏
[illegible]	[illegible]	[illegible]	[illegible]	[illegible]	[illegible]	[illegible]	[illegible]	[illegible]。
rjir2	bju1	śjij1	dạ2	tsjɨ1	thjɨ2	rjir2	·a	tjɨj2
与	随	顺	事	亦	此	与	一	样。

随顺见道所断诸漏处事[6]亦尔。

58.26

[illegible]	[illegible]	[illegible]	[illegible]	[illegible]	[illegible]，	[illegible]	[illegible]	[illegible]
thja1	bjɨr1	rjijr1	ŋwu2	·wjar1	sju2	phji1	pa2	śja1
彼	刀	利	以	剖	如，	毗	钵	舍
[illegible]	[illegible]	[illegible]	[illegible]	[illegible]	[illegible]	[illegible]	[illegible]。	[illegible]
no1	tjij1	kha1	ɣjiw1	ljij2	tśja1	·a	tjɨj2	thja1
那	品	中	摄	见	道	一	样。	彼

如利刀剖，毗钵舍那品所摄见道[7]亦尔。

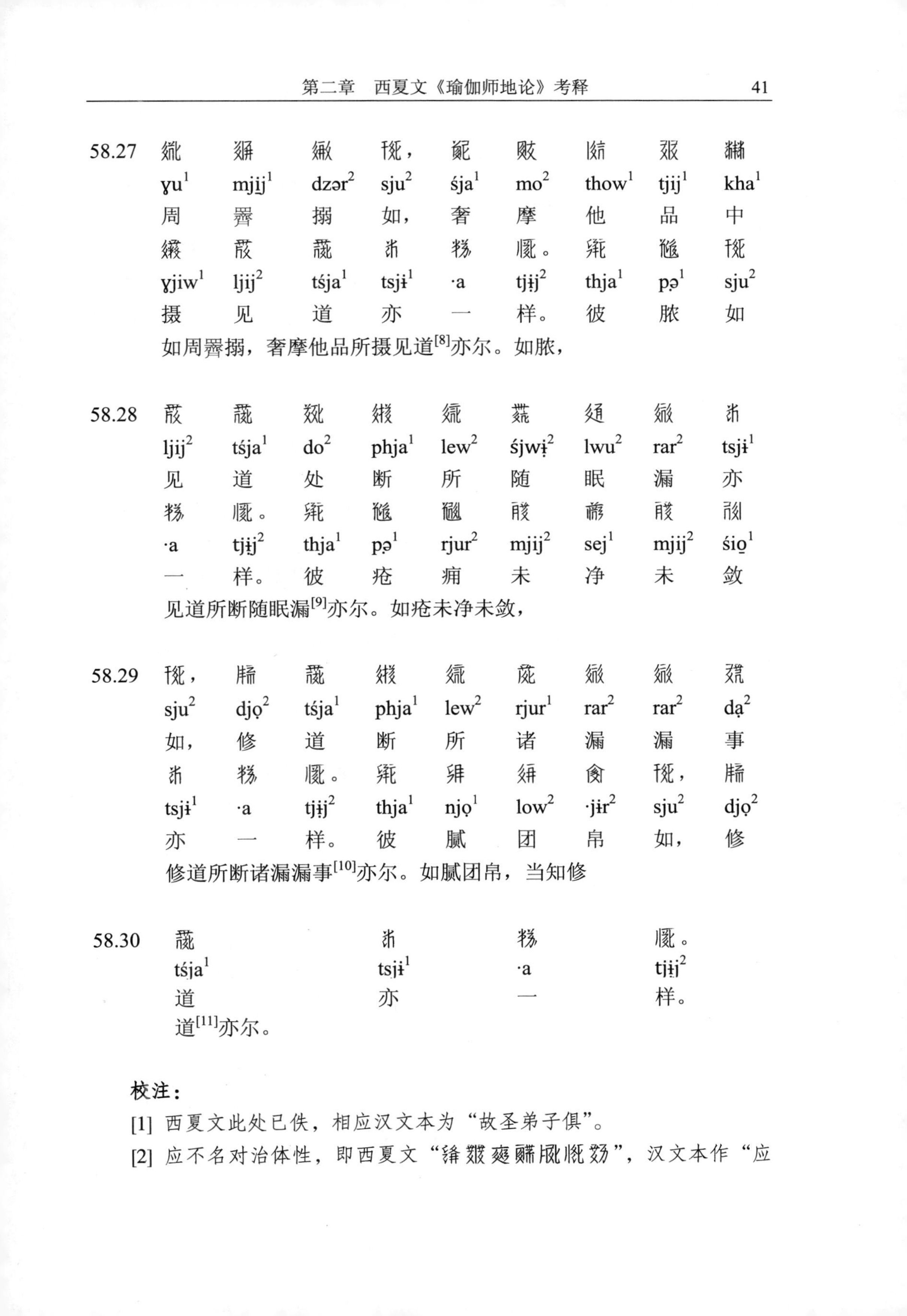

58.27

ɣu¹	mjij¹	dzər²	sju²	śja¹	mo²	thow¹	tjij¹	kha¹
周	罽	搦	如，	奢	摩	他	品	中
ɣjiw¹	ljij²	tśja¹	tsjɨ¹	·a	tjɨj²	thja¹	pə̣¹	sju²
摄	见	道	亦	一	样。	彼	脓	如

如周罽搦，奢摩他品所摄见道[8]亦尔。如脓，

58.28

ljij²	tśja¹	do²	phja¹	lew²	śjwɨ̣²	lwu²	rar²	tsjɨ¹
见	道	处	断	所	随	眠	漏	亦
·a	tjɨj²	thja¹	pə̣¹	rjur²	mjij²	sej¹	mjij²	śio̱¹
一	样。	彼	疮	痈	未	净	未	敛

见道所断随眠漏[9]亦尔。如疮未净未敛，

58.29

sju²	djọ²	tśja¹	phja¹	lew²	rjur¹	rar²	rar²	dạ²
如，	修	道	断	所	诸	漏	漏	事
tsjɨ¹	·a	tjɨj²	thja¹	njọ¹	low²	·jɨr²	sju²	djọ²
亦	一	样。	彼	腻	团	帛	如，	修

修道所断诸漏漏事[10]亦尔。如腻团帛，当知修

58.30

tśja¹	tsjɨ¹	·a	tjɨj²
道	亦	一	样。

道[11]亦尔。

校注：

[1] 西夏文此处已佚，相应汉文本为“故圣弟子俱”。

[2] 应不名对治体性，即西夏文“[Tangut]”，汉文本作“应

不得名对治体性”。

[3] 薄伽梵，即西夏文“[illegible]”*pho¹ khja² xiwã¹，梵文 Bhagavān 的音译，为佛陀十号之一，诸佛通号之一。又作婆伽婆、婆伽梵、婆哦缚帝。意译有德、能破、世尊、尊贵。即有德而为世所尊重者之意。

[4] 补特伽罗，即西夏文“[illegible]”*pu¹ te¹ khja² lo¹，梵文 pudgala 的音译，意译为数取趣、人、众生，指轮回转生的主体而言。数取趣，意为数度往返五趣轮回者。乃外道十六知见之一。即“我”的异名。佛教主张无我说，故不承认有生死主体的真实补特伽罗，但为解说方便起见，而将人假名为补特伽罗。

[5] 如是渐次疮门得敛，即西夏文“[illegible]”，汉文本作“如是渐次肌肉得敛”。

[6] 随顺见道所断诸漏处事，即西夏文“[illegible]”，汉文本作“当知随顺见道所断诸漏处事”。

[7] 毗钵舍那品所摄见道，即西夏文“[illegible]”，汉文本作“当知毗钵舍那品所摄见道”。

[8] 奢摩他品所摄见道，即西夏文“[illegible]”，汉文本作“当知奢摩他品所摄见道”。

[9] 见道所断随眠漏，即西夏文“[illegible]”，汉文本作“当知一切见道所断随眠漏”。

[10] 修道所断诸漏漏事，即西夏文“[illegible]”，汉文本作“当知修道所断诸漏漏事”。

[11] 修道，即西夏文“[illegible]”，汉文本作“当知修道”。

释读：

58.30 [illegible]

tjij¹ rjur¹ do² we̱¹ kięj² kięj² kięj²

若 诸 异 生 欲 界 欲

[illegible]，

ka² tśhio̱w¹ tsə̣¹ kięj² kięj² ka² tja¹

离 或 色 界 欲 离 者，

若诸异生离欲界欲或离色界欲[1]，

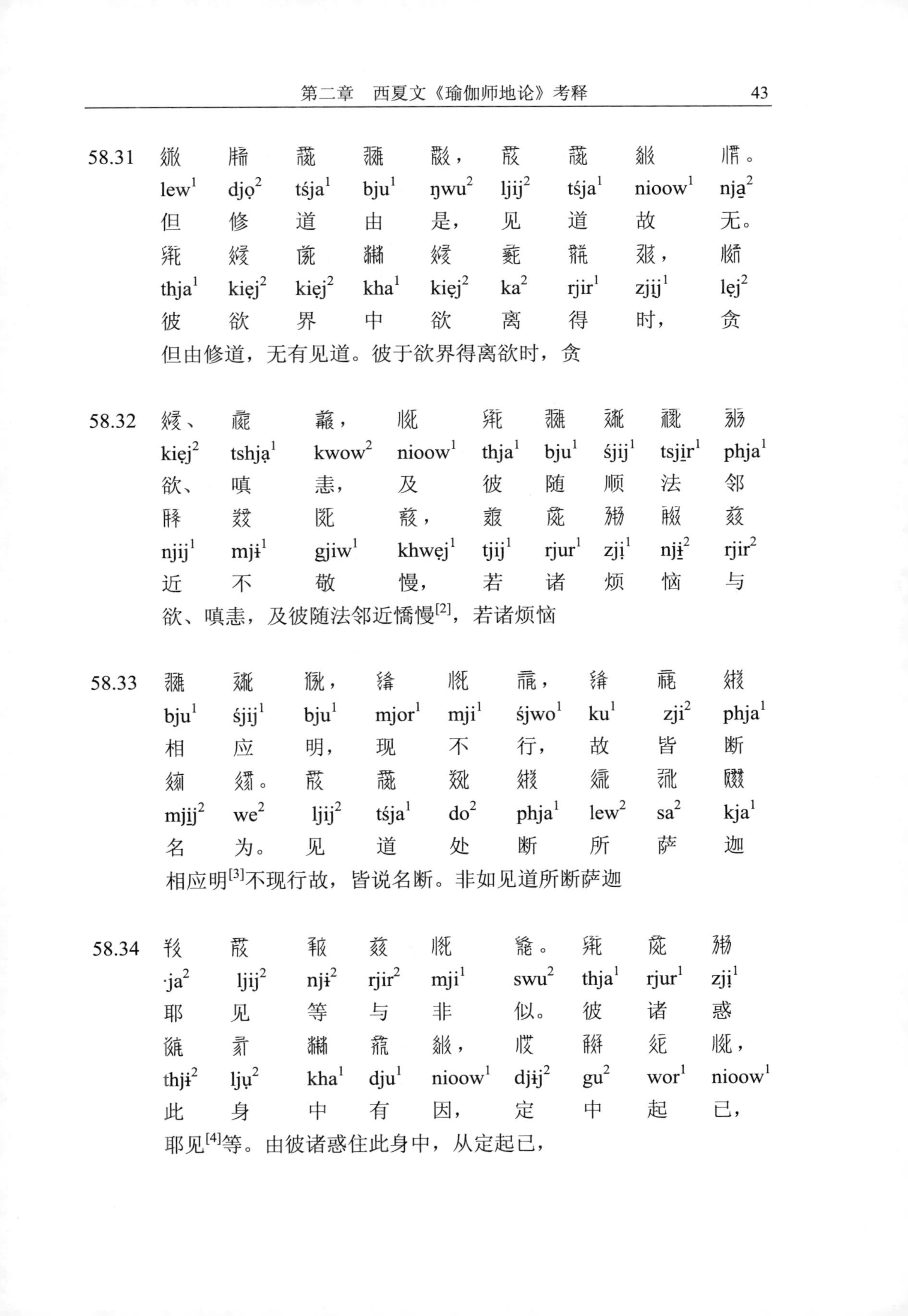

58.31 [illegible]
lew1 djọ2 tśja1 bju1 ŋwu2 ljij2 tśja1 nioow1 nja̱2
但 修 道 由 是， 见 道 故 无。
[illegible]
thja1 kięj2 kięj2 kha1 kięj2 ka2 rjir1 zjịj1 lẹj2
彼 欲 界 中 欲 离 得 时， 贪
但由修道，无有见道。彼于欲界得离欲时，贪

58.32 [illegible]
kięj2 tshjạ1 kwow2 nioow1 thja1 bju1 śjij1 tsji̱r1 phja1
欲、 嗔 恚， 及 彼 随 顺 法 邻
[illegible]
njij1 mjɨ1 gjiw1 khwẹj1 tjij1 rjur1 zjị1 njɨ̱2 rjir2
近 不 敬 慢， 若 诸 烦 恼 与
欲、嗔恚，及彼随法邻近憍慢[2]，若诸烦恼

58.33 [illegible]
bju1 śjij1 bju1 mjor1 mji1 śjwo1 ku1 zji2 phja1
相 应 明， 现 不 行， 故 皆 断
[illegible]
mjij2 we2 ljij2 tśja1 do2 phja1 lew2 sa2 kja1
名 为。 见 道 处 断 所 萨 迦
相应明[3]不现行故，皆说名断。非如见道所断萨迦

58.34 [illegible]
·ja2 ljij2 njɨ2 rjir2 mji1 swu2 thja1 rjur1 zjị1
耶 见 等 与 非 似。 彼 诸 惑
[illegible]
thjɨ2 ljụ2 kha1 dju1 nioow1 djɨ2 gu2 wor1 nioow1
此 身 中 有 因， 定 中 起 已，
耶见[4]等。由彼诸惑住此身中，从定起已，

58.35	[illegible]	[illegible]	[illegible]	[illegible]。	[illegible]	[illegible]	[illegible]	[illegible]	[illegible]
	gji^{2}	tjɨ^{1}	mjor^{1}	śjwo^{1}	thja^{1}	phju^{2}	wẹ^{1}	mjijr^{2}	·jị^{2}
	或	时	现	行。	彼	上	生	者	复
	[illegible]	[illegible]	[illegible]。	[illegible]	[illegible]	[illegible]	[illegible]	[illegible]	[illegible]
	mjor^{1}	śjwo^{1}	njạ^{2}	thjɨ^{2}	sju^{2}	do^{2}	wẹ^{1}	tsə̣^{1}	kiẹj^{2}
	现	起	非。	是	如	异	生	色	界

有时现行。非生上者，彼复现起。如是异生离色界

58.36	[illegible]	[illegible]	[illegible]，	[illegible]	[illegible]	[illegible]	[illegible]	[illegible]	[illegible]
	kiẹj^{2}	ka^{2}	zjịj^{1}	thja^{1}	·jij^{1}	·wo^{2}	bju^{1}	tshjạ^{1}	kwow^{2}
	欲	离	时，	彼	之	义	应	嗔	恚
	[illegible]	[illegible]，	[illegible]	[illegible]	[illegible]	[illegible]	[illegible]	[illegible]	[illegible]
	tjij^{1}	phja^{1}	dzjij^{2}	zjị^{1}	njɨ^{2}	tsjɨ^{1}	·a	tjɨj^{2}	nwə^{1}
	除	断，	余	烦	恼	亦	一	样	知

欲，如其所应除嗔恚，余烦恼当知亦尔。

【15—3】

58.37	[illegible]。	[illegible]	[illegible]	[illegible]	[illegible]	[illegible]	[illegible]	[illegible]	[illegible]
	lew^{2}	·jij^{1}	ljɨ^{2}	ljij^{2}	do^{2}	phja^{1}	lew^{2}	rjur^{1}	rar^{2}
	当。	自	地	见	处	断	所	诸	漏
	[illegible]	[illegible]，	[illegible]	[illegible]、	[illegible]	[illegible]、	[illegible]	[illegible]	[illegible]
	ŋowr^{2}	ŋowr^{2}	tjij^{1}	djɨj^{2}	tjij^{1}	wor^{1}	tjij^{1}	wẹ^{1}	lew^{2}
	所	有，	若	定、	若	起、	若	生	所

自地所有见断诸漏，无所若定、若起、若生[5]，

58.38	[illegible]，	[illegible]	[illegible]	[illegible]	[illegible]，	[illegible]	[illegible]
	mjij^{1}	dzjɨj^{1}	ŋowr^{2}	ŋowr^{2}	kha^{1}	tjij^{1}	·jiw^{1}
	无，	时	一	切	于，	若	缘
	[illegible]	[illegible]，	[illegible]	[illegible]	[illegible]	[illegible]	[illegible]。
	tjij^{1}	ber^{2}	ku^{1}	tśhjɨ^{2}	rjar^{2}	mjor^{1}	śjwo^{1}
	与	遇，	则	立	即	现	起。

于一切时，若遇生缘，便现起。[6]

校注：

[1] 若诸异生离欲界欲或离色界欲，即西夏文“[illegible]”，汉文本作“若诸异生离欲界欲或色界欲”。

[2] 憍慢，即西夏文“[illegible]”，西夏文字面作“不敬慢”。

[3] 若诸烦恼相应明，即西夏文“[illegible]”，汉文本作“若诸烦恼相应无明”。西夏文“[illegible]”后脱“[illegible]”字，“[illegible]”（相应）二字原误作“[illegible]”。

[4] 萨迦耶见，即“[illegible]”*sa² kja¹·ja² ljij²，巴利文 Sakkāya-Diṭṭhi，梵文 Satkāya-dṛṣṭi，音译为萨迦耶达利瑟致、萨迦耶见、飒迦耶见。意译为有身见、身见、虚伪身见、移转身见。佛法所破斥的一种妄见，亦即认为在五蕴假和合之生命现象之中，内含一常恒不变的生命主体。为五见之一、十随眠之一。

[5] 无所若定、若起、若生，即西夏文“[illegible]、[illegible]、[illegible]”，汉文本作“若定、若起、若生”。

[6] 便现起，即西夏文“[illegible]”，汉文本作“便现在前”。

释读：

58.38

[illegible]	[illegible]，	[illegible]	[illegible]
nioow¹	tśjɨ¹	ljow²	njɨ¹
复	次，	略	二

复次，略有二

58.39

[illegible]	[illegible]	[illegible]	[illegible]：	[illegible]、	[illegible]	[illegible]	[illegible]，	[illegible]、
mə²	tshu¹	ljɨ¹	dju¹	lew¹	rar²	tshu¹	ljɨ¹	njɨ¹
种	粗	重	有：	一、	漏	粗	重，	二、
[illegible]	[illegible]	[illegible]	[illegible]。	[illegible]	[illegible]	[illegible]	[illegible]：	[illegible]
rar²	dju¹	tshu¹	ljɨ¹	rar²	tshu¹	ljɨ¹	tja¹	·a
漏	有	粗	重。	漏	粗	重	者：	阿

种粗重：一、漏粗重，二、有漏粗重。漏粗重者：阿

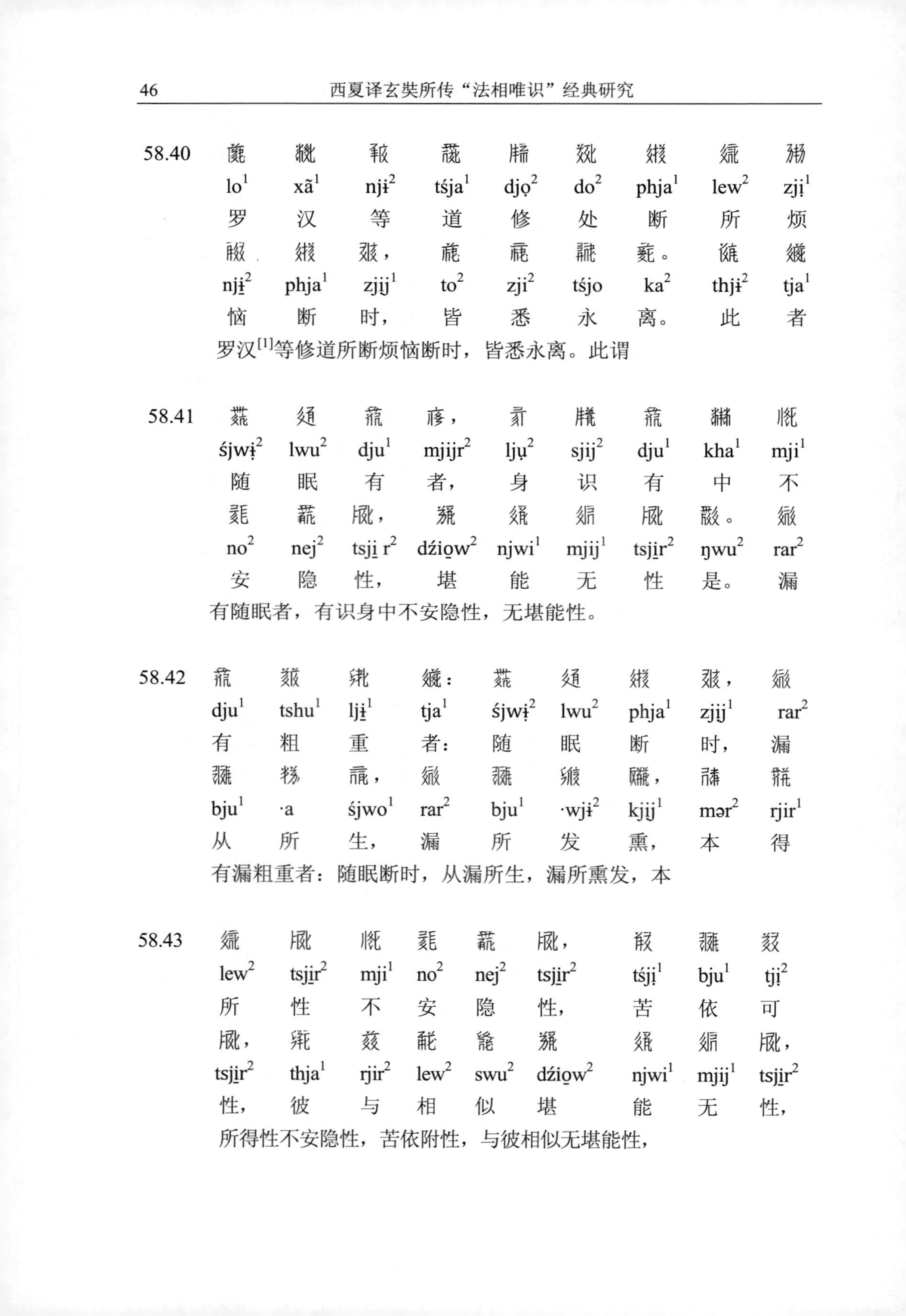

58.40 lo1 xã1 njɨ2 tśja1 djọ2 do2 phja1 lew2 zjị1
罗 汉 等 道 修 处 断 所 烦
njɨ̱2 phja1 zjij1 to2 zji2 tśjo ka2 thjɨ2 tja1
恼 断 时， 皆 悉 永 离。 此 者
罗汉[1]等修道所断烦恼断时，皆悉永离。此谓

58.41 śjwị2 lwu2 dju1 mjijr2 ljụ2 sjij2 dju1 kha1 mji1
随 眠 有 者， 身 识 有 中 不
no2 nej2 tsji̱r2 dźio̱w2 njwi1 mjij1 tsji̱r2 ŋwu2 rar2
安 隐 性， 堪 能 无 性 是。 漏
有随眠者，有识身中不安隐性，无堪能性。

58.42 dju1 tshu1 ljɨ̱1 tja1 śjwị2 lwu2 phja1 zjij1 rar2
有 粗 重 者： 随 眠 断 时， 漏
bju1 ·a śjwo1 rar2 bju1 ·wjɨ2 kjij1 mər2 rjir1
从 所 生， 漏 所 发 熏， 本 得
有漏粗重者：随眠断时，从漏所生，漏所熏发，本

58.43 lew2 tsji̱r2 mji1 no2 nej2 tsji̱r2 tśjị1 bju1 tjị2
所 性 不 安 隐 性， 苦 依 可
tsji̱r2 thja1 rjir2 lew2 swu2 dźio̱w2 njwi1 mjij1 tsji̱r2
性， 彼 与 相 似 堪 能 无 性，
所得性不安隐性，苦依附性，与彼相似无堪能性，

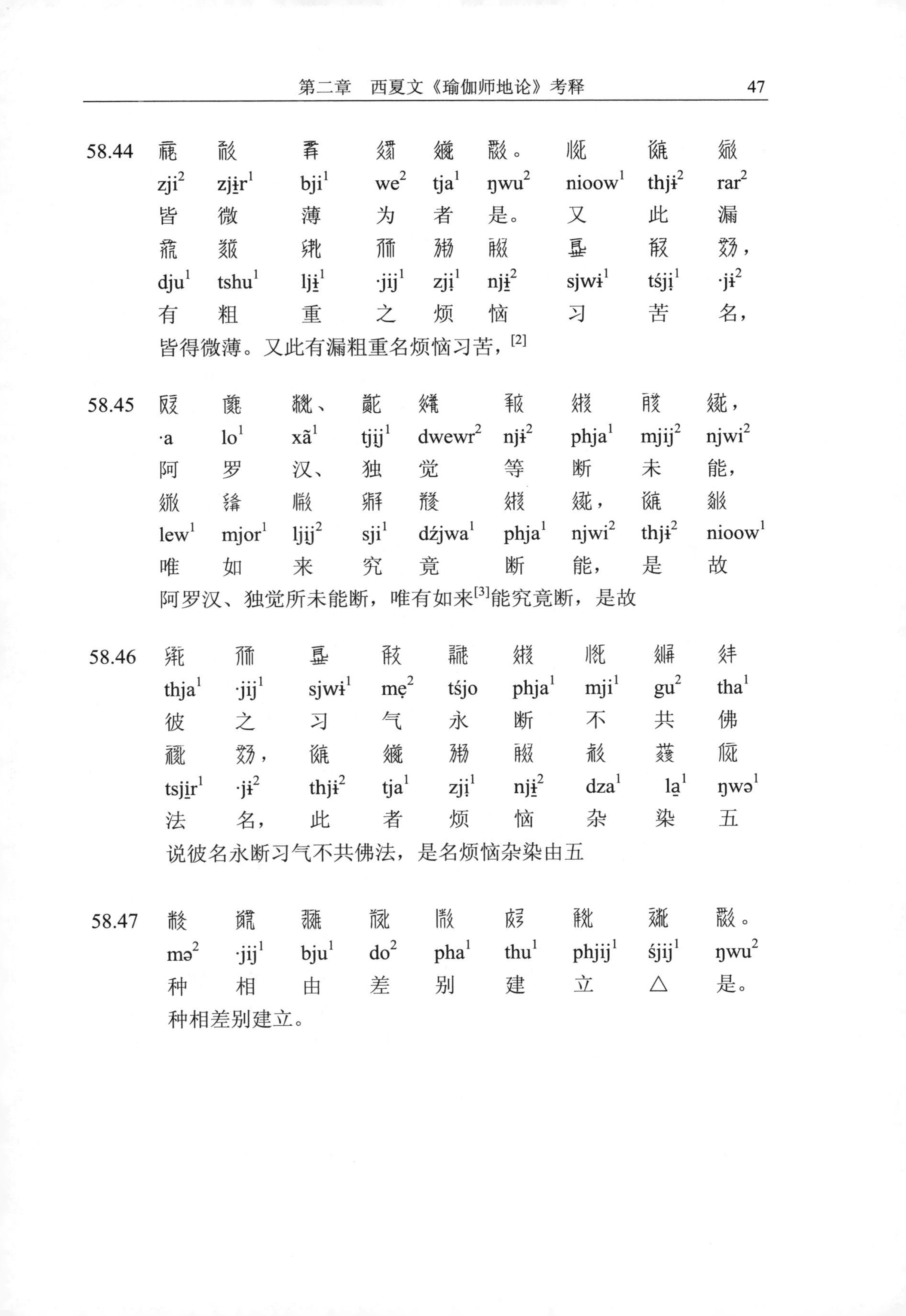

58.44

zji^{2}	zjɨ̱r^{1}	bji^{1}	we^{2}	tja^{1}	ŋwu^{2}	nioow^{1}	thjɨ^{2}	rar^{2}
皆	微	薄	为	者	是。	又	此	漏
dju^{1}	tshu^{1}	ljɨ̱^{1}	·jij^{1}	zjị^{1}	njɨ̱^{2}	sjwɨ^{1}	tśjị^{1}	·jɨ^{2}
有	粗	重	之	烦	恼	习	苦	名，

皆得微薄。又此有漏粗重名烦恼习苦，[2]

58.45

·a	lo^{1}	xã^{1}	tjij^{1}	dwewr^{2}	njɨ^{2}	phja^{1}	mjij^{2}	njwi^{2}
阿	罗	汉、	独	觉	等	断	未	能，
lew^{1}	mjor^{1}	ljij^{2}	sji^{1}	dźjwa^{1}	phja^{1}	njwi^{2}	thjɨ^{2}	nioow^{1}
唯	如	来	究	竟	断	能，	是	故

阿罗汉、独觉所未能断，唯有如来[3]能究竟断，是故

58.46

thja^{1}	·jij^{1}	sjwɨ^{1}	mẹ^{2}	tśjo	phja^{1}	mji^{1}	gu^{2}	tha^{1}
彼	之	习	气	永	断	不	共	佛
tsji̱r^{1}	·jɨ^{2}	thjɨ^{2}	tja^{1}	zjị^{1}	njɨ̱^{2}	dza^{1}	la̱^{1}	ŋwə^{1}
法	名，	此	者	烦	恼	杂	染	五

说彼名永断习气不共佛法，是名烦恼杂染由五

58.47

mə^{2}	·jij^{1}	bju^{1}	do^{2}	pha^{1}	thu^{1}	phjij^{1}	śjij^{1}	ŋwu^{2}
种	相	由	差	别	建	立	△	是。

种相差别建立。

校注：

[1] 阿罗汉，即西夏文“□□□”*·ja lo¹ xã¹，佛陀十号之一，又称“应真”，简称“应”。佛教认为佛陀是断尽一切烦恼、智德圆满的觉者，应受人天供养、尊敬。

[2] 又此有漏粗重名烦恼习苦，即西夏文“□□□□□□□□□□□□”，汉文本作“又此有漏粗重名烦恼习”。西夏本衍“□”，当删。

[3] 如来，即西夏文“□□”，梵文 Tathāgata 的意译，佛陀十号之一，又译作“怛萨阿竭”“多他阿伽度”“怛他檗多”“多陀竭”等。《智度论》曰：“多陀阿伽陀，如法相解，如法相说。如诸佛安隐道来，佛亦如是来，更不去至后有中，是故名多陀阿伽陀。”《慧琳音义》十六曰：“多陀竭，正音云怛他檗多，唐云如来也。”①

释读：

58.48	□	□：	□	□	□	□：	□	□	□
	·jɨr¹	dạ²	rjur¹	pjụ¹	rjɨr²	tshjij¹	lạ¹	phjo²	kar²
	问	曰：	世	尊	△	言：	妄	分	别
	□	□	□	□	□	□	□，	□	□
	lẹj²	·jij¹	tjọ²	mjijr²	kięj²	·jij¹	·jɨ²	wa²	·jiw¹
	贪	之	士	夫	欲	之	名，	何	因

问：如世尊言：妄分别贪名士夫欲，以何因

【15—4】

58.49	□	□，	□	□	□	□	□	□	□，
	nioow¹	bju¹	lew¹	zji¹	njɨ²	kięj²	·jij¹	kięj²	·jɨ²
	缘	依，	唯	烦	恼	欲	之	欲	名，
	□	□	□	□？	□	□：	□	□	□
	dạ²	kięj²	njạ²	ljɨ¹	hụ²	dạ²	zji¹	njɨ²	kięj²
	事	欲	非	耶？	答	曰：	烦	恼	欲

缘，唯烦恼欲说名为欲，非事欲耶？答：以烦恼欲

① 丁福保：《佛学大辞典》，文物出版社 1984 年版，第 545 页。

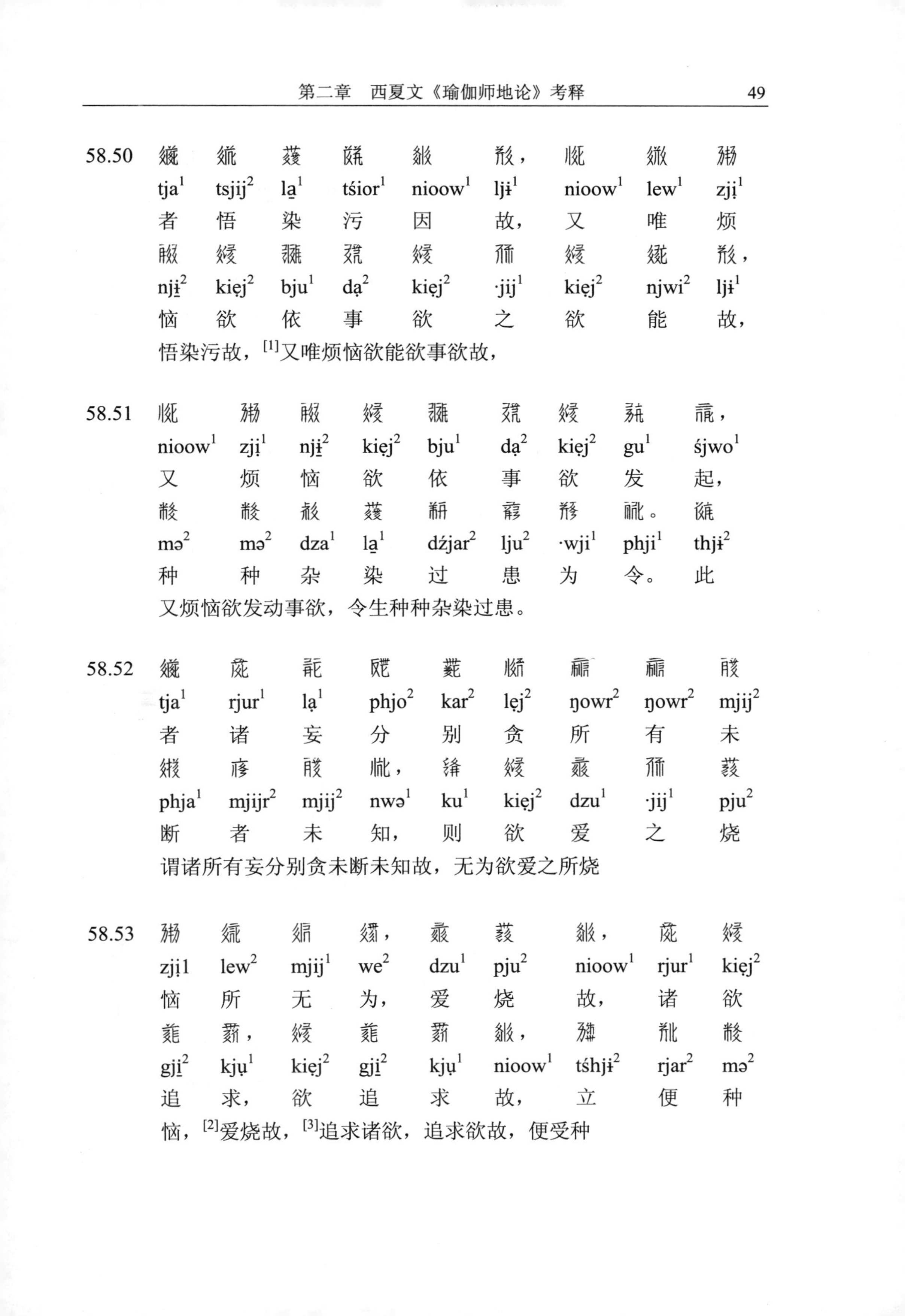

58.50 [illegible]
tja^{1} tsjij^{2} la̱^{1} tśior^{1} nioow^{1} ljɨ^{1} nioow^{1} lew^{1} zjị^{1}
者 悟 染 污 因 故， 又 唯 烦
[illegible]
njɨ̱^{2} kięj^{2} bju^{1} dạ^{2} kięj^{2} ·jij^{1} kięj^{2} njwi^{2} ljɨ^{1}
恼 欲 依 事 欲 之 欲 能 故，
悟染污故，[1]又唯烦恼欲能欲事欲故，

58.51 [illegible]
nioow^{1} zjị^{1} njɨ̱^{2} kięj^{2} bju^{1} dạ^{2} kięj^{2} gu^{1} śjwo^{1}
又 烦 恼 欲 依 事 欲 发 起，
[illegible]
mə^{2} mə^{2} dza^{1} la̱^{1} dźjar^{2} lju^{2} ·wji^{1} phji^{1} thjɨ^{2}
种 种 杂 染 过 患 为 令。 此
又烦恼欲发动事欲，令生种种杂染过患。

58.52 [illegible]
tja^{1} rjur^{1} lạ^{1} phjo^{2} kar^{2} lęj^{2} ŋowr^{2} ŋowr^{2} mjij^{2}
者 诸 妄 分 别 贪 所 有 未
[illegible]
phja^{1} mjijr^{2} mjij^{2} nwə^{1} ku^{1} kięj^{2} dzu^{1} ·jij^{1} pju^{2}
断 者 未 知， 则 欲 爱 之 烧
谓诸所有妄分别贪未断未知故，无为欲爱之所烧

58.53 [illegible]
zjị1 lew^{2} mjij^{1} we^{2} dzu^{1} pju^{2} nioow^{1} rjur^{1} kięj^{2}
恼 所 无 为， 爱 烧 故， 诸 欲
[illegible]
gji̱^{2} kjụ^{1} kięj^{2} gji̱^{2} kjụ^{1} nioow^{1} tśhjɨ^{2} rjar^{2} mə^{2}
追 求， 欲 追 求 故， 立 便 种
恼，[2]爱烧故，[3]追求诸欲，追求欲故，便受种

58.54

[illegible]								
mə^{2}	lju̧^{2}	njij^{1}	tjɨ̣^{2}	tśji̧^{1}	lhjij	rjijr^{2}	gju^{2}	ljɨ̣^{1}
种	身	心	疲	苦	受。	功	劳	△
[illegible]								
kjɨ^{1}	śji^{2}	phji^{1}	bju^{1}	mji^{1}	rjir^{1}	ku^{1}	tśhjɨ^{2}	rjar^{2}
虽	设，	意	随	不	得，	则	立	便

种身心疲苦。虽设功劳，若不称遂，便

58.55

[illegible]								
ŋa^{2}	sjij^{1}	rjijr^{1}	·io̱w^{1}	ŋa^{1}	ŋa^{1}	bə^{1}	dźjwo^{2}	wa^{2}
我	今	巧	功	空	空	掷	弃	何
[illegible]								
rjijr^{2}	ljɨ̣^{1}	rjɨr^{2}	gju^{2}	rjir^{1}	lew^{2}	mji^{1}	dju^{1}	tjɨ^{1}
苦，	△	△	劳	得	所	无	有。	假

谓我今唐捐其功，乃受够劳无果之苦。设

58.56

[illegible]								
tjij^{1}	rjir^{1}	zjij^{1}	dzu^{1}	wier^{1}	nioow^{1}	ku^{1}	du̱^{1}	sju^{1}
设	得	时，	爱	惜	故，	则	贮	藏
[illegible]								
nioow^{1}	ku^{1}	khju̱^{2}	wejr^{2}	tśji̧^{1}	lhjij	tjij^{1}	wji^{1}	ɣiwej^{1}
故，	则	防	护	苦	受。	若	用	受

得称遂，便深恋着，守掌因缘，受防护苦。若受用

58.57

[illegible]								
zjij^{1}	lẹj^{2}	mə̱^{1}	pju^{2}	nioow^{1}	njij^{1}	·u^{2}	tśhjɨ^{2}	rjar^{2}
时，	贪	火	烧	故，	心	内	立	便
[illegible]								
mji^{1}	gji^{1}	sej^{1}	tśji̧^{1}	lhjij	tjij^{1}	dja^{2}	lhjo^{1}	zjij^{1}
不	寂	静	苦	受。	若	△	失	时

时，贪火所烧，于内便受不寂静苦。若彼失

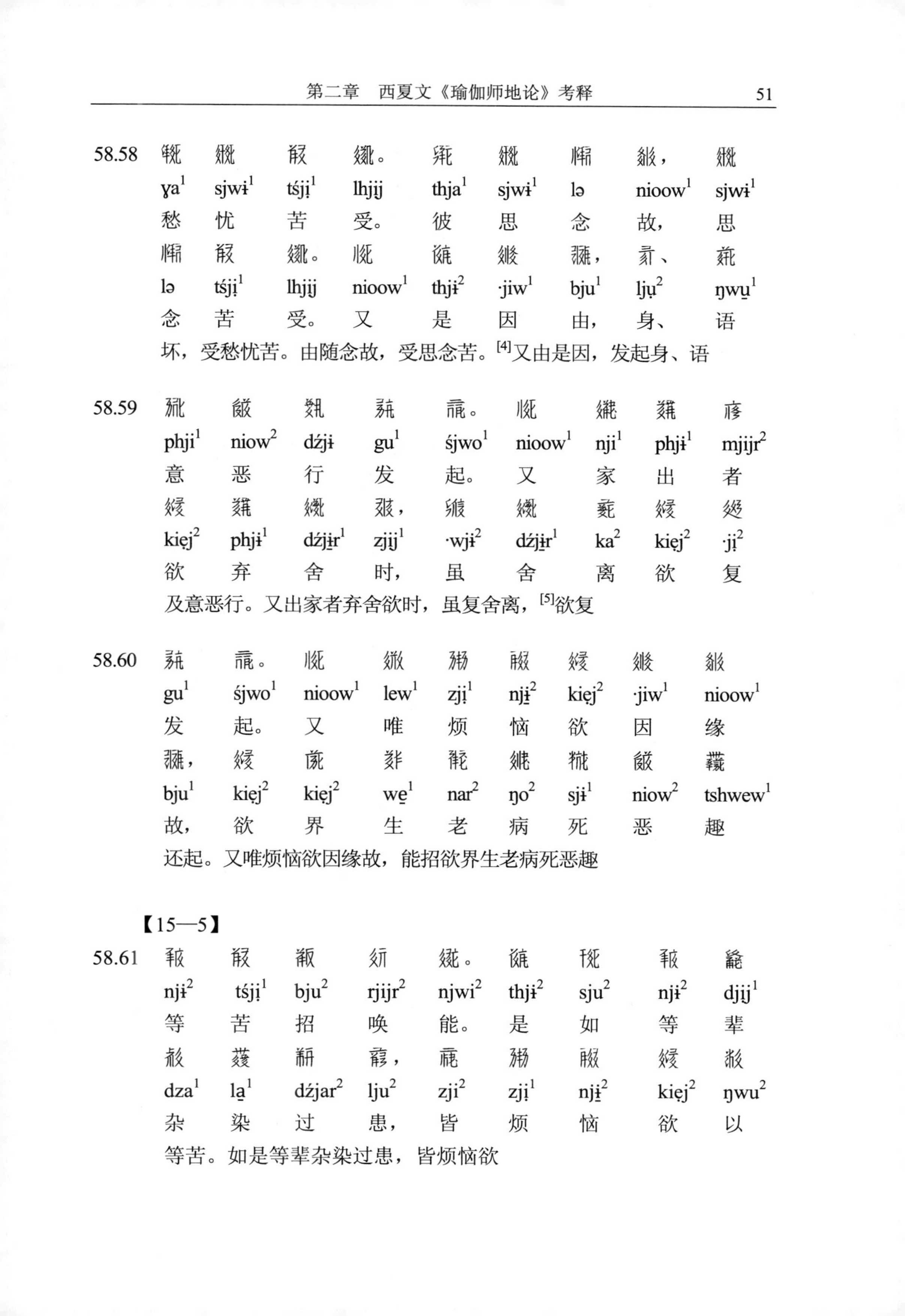

58.58
ɣa^{1} sjwɨ^{1} tśjị^{1} lhjịj thja^{1} sjwɨ^{1} lə nioow^{1} sjwɨ^{1}
愁 忧 苦 受。 彼 思 念 故， 思
lə tśjị^{1} lhjịj nioow^{1} thjɨ^{2} ·jiw^{1} bju^{1} ljụ^{2} ŋwu̱^{1}
念 苦 受。 又 是 因 由， 身、 语
坏，受愁忧苦。由随念故，受思念苦。[4]又由是因，发起身、语

58.59
phji^{1} niow^{2} dźjɨ gu^{1} śjwo^{1} nioow^{1} nji^{1} phjɨ^{1} mjijr^{2}
意 恶 行 发 起。 又 家 出 者
kięj^{2} phjɨ^{1} dźjɨ̱r^{1} zjij^{1} ·wjɨ^{2} dźjɨ̱r^{1} ka^{2} kięj^{2} ·ji̱^{2}
欲 弃 舍 时， 虽 舍 离 欲 复
及意恶行。又出家者弃舍欲时，虽复舍离，[5]欲复

58.60
gu^{1} śjwo^{1} nioow^{1} lew^{1} zjị^{1} njɨ̱^{2} kięj^{2} ·jiw^{1} nioow^{1}
发 起。 又 唯 烦 恼 欲 因 缘
bju^{1} kięj^{2} kięj^{2} we̱^{1} nar^{2} ŋo^{2} sjɨ^{1} niow^{2} tshwew^{1}
故， 欲 界 生 老 病 死 恶 趣
还起。又唯烦恼欲因缘故，能招欲界生老病死恶趣

【15—5】

58.61
njɨ^{2} tśjị^{1} bju^{2} rjijr^{2} njwi^{2} thjɨ^{2} sju^{2} njɨ^{2} djij^{1}
等 苦 招 唤 能。 是 如 等 辈
dza^{1} la̱^{1} dźjar^{2} lju^{2} zji^{2} zjị^{1} njɨ̱^{2} kięj^{2} ŋwu^{2}
杂 染 过 患， 皆 烦 恼 欲 以
等苦。如是等辈杂染过患，皆烦恼欲

58.62	□	□	□，	□	□	□	□	□	□
	$\cdot$jiw^{1}	nioow^{1}	we^{2}	thjɨ^{2}	nioow^{1}	rjur^{1}	pjụ^{1}	lew^{1}	zjị^{1}
	因	缘	为，	是	故	世	尊	唯	烦
	□	□	□	□	□，	□	□	□。	
	njɨ̣^{2}	kiẹj^{2}	$\cdot$jij^{1}	kiẹj^{2}	$\cdot$jɨ^{2}	dạ^{2}	kiẹj^{2}	nja̱^{2}	
	恼	欲	之	欲	名，	事	欲	非。	

以为因缘，是故世尊[6]唯烦恼欲说名为欲，非于事欲。

校注：

[1] 以烦恼欲悟染污故，即西夏文“□□□□□□□□”，汉文本作“以烦恼欲性染污故”。据下文“□□□□□□□□”（又诸烦恼性染污故）此处“□”误作“□”。

[2] 无所为欲爱之所烧恼，即西夏文“□□□□□□□□”，汉文本作“先为欲爱之所烧恼”。

[3] 爱烧故，即西夏文“□□□”，汉文本作“欲爱烧故”。

[4] 受思念苦，即西夏文“□□□□”，汉文本作“受追忆苦”。

[5] 虽复舍离，即西夏文“□□□”，汉文本作“虽复舍离烦恼欲因”。

[6] 西夏文“□□”，为汉语“世尊”的对译。梵文 Bhagavan，汉语音译有“薄伽梵”“婆伽婆”，意译有“世尊”“佛”等多种译法。在译自藏文的西夏文佛经中，此词常依藏文 bcom-ldan-’das “坏有出”译为“□□□”。

释读：

58.63	□	□：	□	□	□	□	□	□	□
	$\cdot$jɨr^{1}	dạ^{2}	kiẹj^{2}	lẹj^{2}	śjwo^{1}	sji^{2}	lạ^{1}	ljo̱r^{1}	phjo^{2}
	问	曰：	欲	贪	生	能	虚	妄	分
	□，	□	□	□	□？	□	□：	□	□
	kar^{2}	$\cdot$ịo^{1}	zjij^{1}	mə^{2}	dju^{1}	hụ^{2}	dạ^{2}	ljow^{2}	$\cdot$jar^{1}
	别，	凡	几	种	有？	答	曰：	略	八

问：能生欲贪虚妄分别，凡有几种？答：略有八

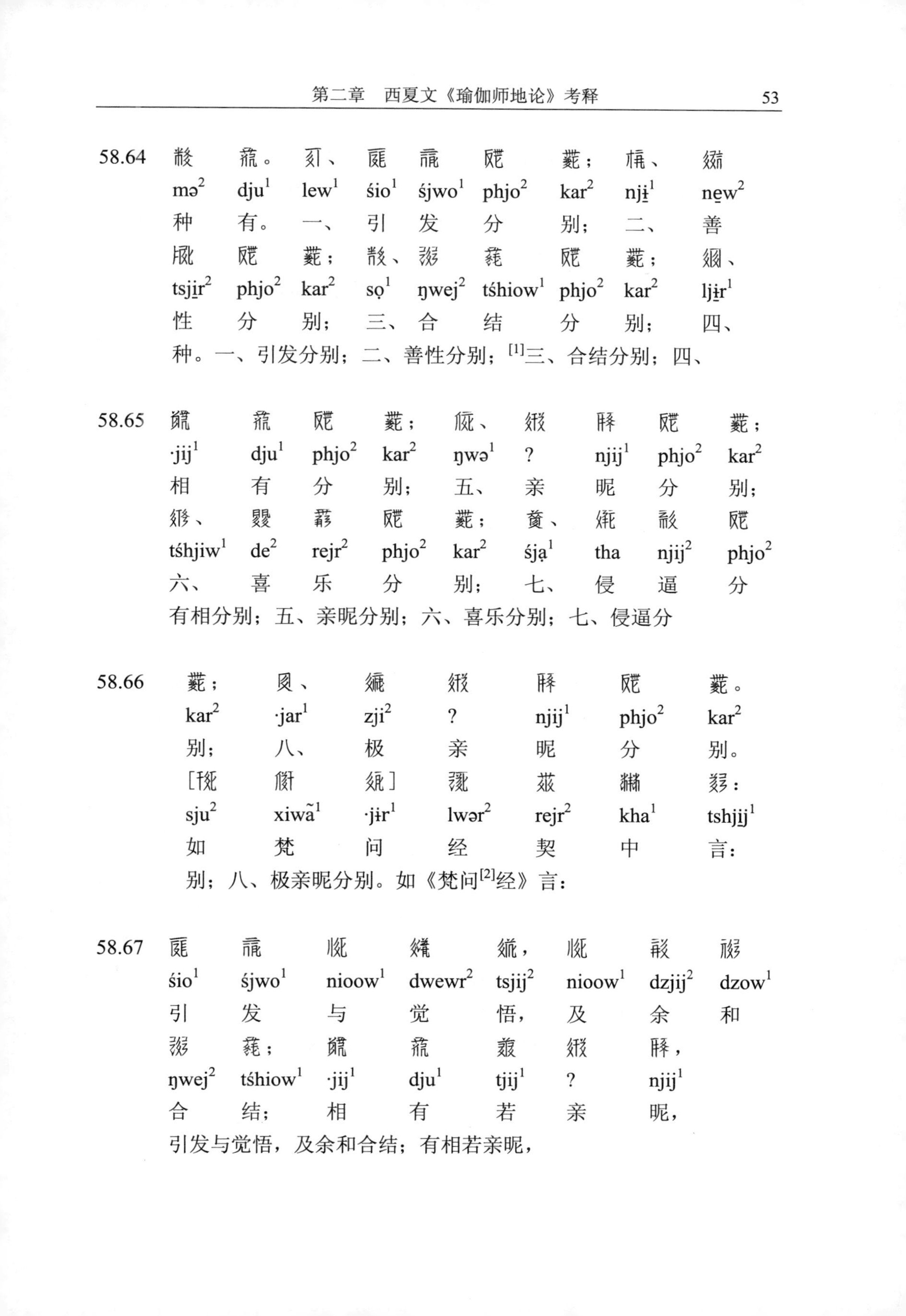

58.64 [illegible]
mə² dju¹ lew¹ śio¹ śjwo¹ phjo² kar² njɨ¹ new²
种 有。 一、 引 发 分 别； 二、 善
[illegible]
tsjɨr² phjo² kar² sọ¹ ŋwej² tśhiow¹ phjo² kar² ljɨr¹
性 分 别； 三、 合 结 分 别； 四、
种。一、引发分别；二、善性分别；[1]三、合结分别；四、

58.65 [illegible]
·jij¹ dju¹ phjo² kar² ŋwə¹ ? njij¹ phjo² kar²
相 有 分 别； 五、 亲 昵 分 别；
[illegible]
tśhjiw¹ de² rejr² phjo² kar² śjạ¹ tha njij² phjo²
六、 喜 乐 分 别； 七、 侵 逼 分
有相分别；五、亲昵分别；六、喜乐分别；七、侵逼分

58.66 [illegible]
kar² ·jar¹ zji² ? njij¹ phjo² kar²
别； 八、 极 亲 昵 分 别。
[illegible]
sju² xiwã¹ ·jɨr¹ lwər² rejr² kha¹ tshjij¹
如 梵 问 经 契 中 言：
别；八、极亲昵分别。如《梵问[2]经》言：

58.67 [illegible]
śio¹ śjwo¹ nioow¹ dwewr² tsjij² nioow¹ dzjij² dzow¹
引 发 与 觉 悟， 及 余 和
[illegible]
ŋwej² tśhiow¹ ·jij¹ dju¹ tjij¹ ? njij¹
合 结； 相 有 若 亲 昵，
引发与觉悟，及余和合结；有相若亲昵，

58.68 [illegible] ， [illegible]
nioow1 rejr2 mə2 de2 rejr2 tha njij2 zji2
亦 多 种 喜 乐， 侵 逼 极
[illegible] ， [illegible] ；
? njij1 tshọ2 lạ1 phjo2 kar2 ·jɨ2
亲 昵， 虚 妄 分 别 名；
亦多种喜乐，侵逼极亲昵，名虚妄分别。

58.69 [illegible] ， [illegible] 。
kięj2 lęj2 gu1 śjwo1 njwi2 sjij2 mjijr2 khwa1 ka2 lew2
欲 贪 发 生 能， 智 者 远 离 当。
能生于欲贪，智者当远离。

58.70 [illegible] ： [illegible]
śio1 śjwo1 phjo2 kar2 tja1 ne̱ w2 tśier1 ·ju2 njij1
引 发 分 别 者： 善 方 便 心
[illegible] ， [illegible]
twẹ2 twẹ2 dźji̱r1 nioow1 thja1 rjur1 kięj2 kha1 phji1
相 续 舍 故， 于 诸 欲 中 意
引发分别者：谓舍善方便心相续已，于诸欲中

58.71 [illegible] 。 [illegible] ：
·wji1 gu1 śjwo1 ·jij1 ·jɨ2 dwewr2 phjo2 kar2 tja1
作 发 生 之 谓。 觉 分 别 者：
[illegible] ， [illegible]
mji1 dzow1 ŋwej2 mjor1 ·ju2 nja̱2 mji̱2 ɣa2 lęj2
不 和 合 现 前 不 境 于， 贪
发生作意。觉分别者[3] ：谓于不和合不现前境，由贪

58.72	[illegible]	[illegible]	[illegible]	[illegible]	[illegible]	[illegible]。	[illegible]	[illegible]	[illegible]
	kięj^{2}	tśjɨ̱r^{2}	nja^{1}	tśjɨ̱r^{2}	·jij^{1}	·jɨ^{2}	ŋwej^{2}	tśhiow^{1}	phjo^{2}
	欲	缠	所	缠	之	谓。	合	结	分
	[illegible]	[illegible]：	[illegible]	[illegible]	[illegible]	[illegible]	[illegible]	[illegible]，	[illegible]
	kar^{2}	tja^{1}	lęj^{2}	kięj^{2}	tśjɨ̱r^{2}	nja^{1}	tśjɨ̱r^{2}	nioow^{1}	rjur^{1}
	别	者：	贪	欲	缠	所	缠	故，	诸

欲缠之所缠缚。合结分别者：谓贪欲缠所缠缚故，

【15—6】

58.73	[illegible]	[illegible]	[illegible]	[illegible]	[illegible]。	[illegible]	[illegible]	[illegible]	[illegible]
	kięj^{2}	gji̱^{2}	kjụ^{1}	·jij^{1}	·jɨ^{2}	·jij^{1}	dju^{1}	phjo^{2}	kar^{2}
	欲	追	求	之	谓。	相	有	分	别
	[illegible]：	[illegible]	[illegible]	[illegible]	[illegible]	[illegible]	[illegible]	[illegible]，	[illegible]
	tja^{1}	dzow^{1}	ŋwej^{2}	mjor^{1}	·ju^{2}	mjɨ̱^{2}	kięj^{2}	ɣa^{2}	thjɨ^{2}
	者：	和	合	现	前	境	界	于，	其

追求诸欲。有相分别者：谓于和合现前境界，

58.74	[illegible]	[illegible]	[illegible]，	[illegible]	[illegible]	[illegible]	[illegible]	[illegible]	[illegible]。
	·jij^{1}	lhjwi^{1}	zow^{2}	thjo̱^{1}	ŋạ^{2}	lhjwi^{1}	zow^{2}	·jij^{1}	·jɨ^{2}
	相	取	执，	妙	好	取	执	之	谓。
	[illegible]	[illegible]	[illegible]	[illegible]	[illegible]：	[illegible]	[illegible]	[illegible]	[illegible]
	?	njij^{1}	phjo^{2}	kar^{2}	tja^{1}	dzow^{1}	ŋwej^{2}	mjor^{1}	·ju^{2}
	亲	昵	分	别	者：	和	合	现	前

执取其相，执取随好。亲昵分别者：谓于和合现前

58.75	[illegible]	[illegible]	[illegible]，	[illegible]	[illegible]	[illegible]	[illegible]	[illegible]	[illegible]
	mjɨ̱^{2}	kięj^{2}	ɣa^{2}	lęj^{2}	kięj^{2}	tśjɨ̱r^{2}	nja^{1}	tśjɨ̱r^{2}	·jij^{1}
	境	界	于，	贪	欲	缠	所	缠	之
	[illegible]。	[illegible]	[illegible]	[illegible]	[illegible]	[illegible]：	[illegible]	[illegible]	[illegible]
	·jɨ^{2}	de^{2}	rejr^{2}	phjo^{2}	kar^{2}	tja^{1}	thjɨ^{2}	sju^{2}	lęj^{2}
	谓。	喜	乐	分	别	者：	是	如	贪

境界，由贪欲缠之所缠缚。喜乐分别者：谓由如是贪

58.76

[illegible]	[illegible]	[illegible]，	[illegible]	[illegible]	[illegible]	[illegible]	[illegible]	[illegible]
kiẹj^2	tśjɨ̱r^2	nioow^1	mjɨ^1	pjụ^1	lhjij	lew^2	kiẹj^2	gju^2
欲	缠	故，	无	量	受	所	欲	具
[illegible]	[illegible]	[illegible]	[illegible]。	[illegible]	[illegible]	[illegible]	[illegible]	[illegible]：
gji̱^{2}	kjụ^1	·jij^1	·jɨ^2	tha	njij^2	phjo^2	kar^2	tja^1
希	求	之	谓。	侵	逼	分	别	者：

欲缠故，希求无量所受欲具。侵逼分别者：

58.77

[illegible]	[illegible]	[illegible]	[illegible]	[illegible]	[illegible]	[illegible]，	[illegible]	[illegible]
·a	śjij^1	thja^1	tśhja^2	·io̱w^1	ljij^2	nioow^1	rjur^1	kiẹj^2
一	向	其	功	德	见	故，	诸	欲
[illegible]	[illegible]，	[illegible]	[illegible]	[illegible]	[illegible]	[illegible]	[illegible]。	[illegible]
lhjij	kha^1	gjij^1	njij^2	gji̱^{2}	kjụ^1	·jij^1	·jɨ^2	zji^2
受	中，	倍	更	希	求	之	谓。	极

谓由一向见其功德，而受诸欲，倍更希求。极

58.78

[illegible]	[illegible]	[illegible]	[illegible]	[illegible]：	[illegible]	[illegible]	[illegible]
?	njij^1	phjo^2	kar^2	tja^1	zji^2	phju^2	rjur^1
亲	昵	分	别	者：	最	上	诸
[illegible]	[illegible]	[illegible]	[illegible]	[illegible]	[illegible]	[illegible]。	
kha^1	·jwɨ̱^{1}	tśjɨ̱r^2	nja^1	tśjɨ̱r^2	·jij^1	·jɨ^2	
中	遮	缠	所	缚	之	谓。	

亲昵分别者[4]：谓为最极诸贪欲缠之所缠缚。

校注：

[1] 汉文本“觉悟分别”，据下文的西夏文当为“[illegible]”，此处西夏文作“[illegible]”，字面意思作“善性分别”。

[2] 西夏文“[illegible]”三字原残，据残存笔画和汉文本“如梵问”补。

[3] 觉分别者，即西夏文“[illegible]”，汉文本作“觉悟分别者”，据上文西夏文此处“[illegible]”后脱“[illegible]”。

[4] 极亲昵分别者，即西夏文“[illegible]”，汉文本作“乐亲昵分别者”。

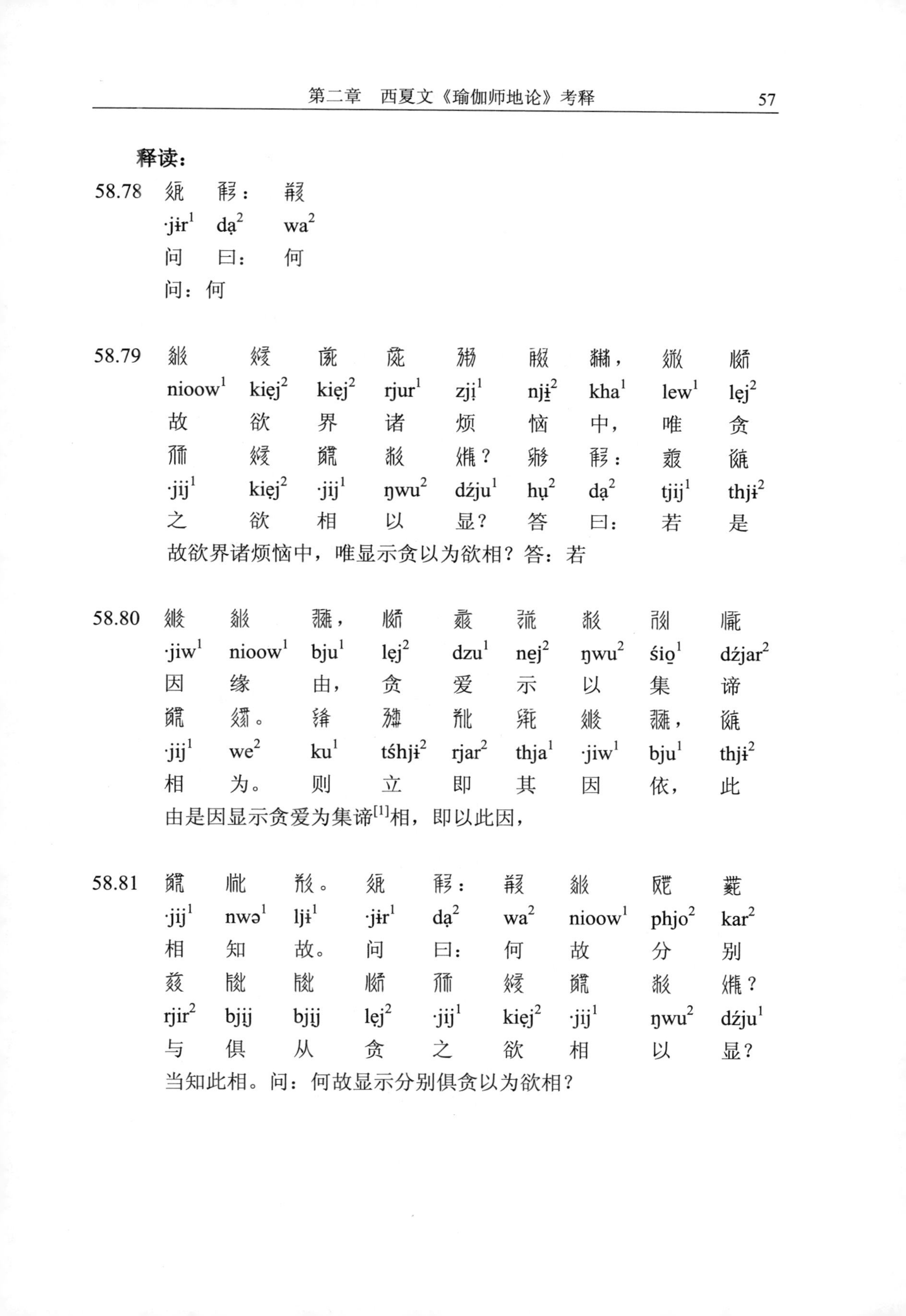

释读：

58.78

·jɨr^{1}	dạ^{2}	wa^{2}
问	曰：	何

问：何

58.79

nioow^{1}	kięj^{2}	kięj^{2}	rjur^{1}	zjị^{1}	njɨ̱^{2}	kha^{1}	lew^{1}	lẹj^{2}
故	欲	界	诸	烦	恼	中，	唯	贪
·jij^{1}	kięj^{2}	·jij^{1}	ŋwu^{2}	dźju^{1}	hụ^{2}	dạ^{2}	tjij^{1}	thjɨ^{2}
之	欲	相	以	显？	答	曰：	若	是

故欲界诸烦恼中，唯显示贪以为欲相？答：若

58.80

·jiw^{1}	nioow^{1}	bju^{1}	lẹj^{2}	dzu^{1}	ne̱j^{2}	ŋwu^{2}	śio̱^{1}	dźjar^{2}
因	缘	由，	贪	爱	示	以	集	谛
·jij^{1}	we^{2}	ku^{1}	tśhjɨ^{2}	rjar^{2}	thja^{1}	·jiw^{1}	bju^{1}	thjɨ^{2}
相	为。	则	立	即	其	因	依，	此

由是因显示贪爱为集谛[1]相，即以此因，

58.81

·jij^{1}	nwə^{1}	ljɨ^{1}	·jɨr^{1}	dạ^{2}	wa^{2}	nioow^{1}	phjo^{2}	kar^{2}
相	知	故。	问	曰：	何	故	分	别
rjir^{2}	bjịj	bjịj	lẹj^{2}	·jij^{1}	kięj^{2}	·jij^{1}	ŋwu^{2}	dźju^{1}
与	俱	从	贪	之	欲	相	以	显？

当知此相。问：何故显示分别俱贪以为欲相？

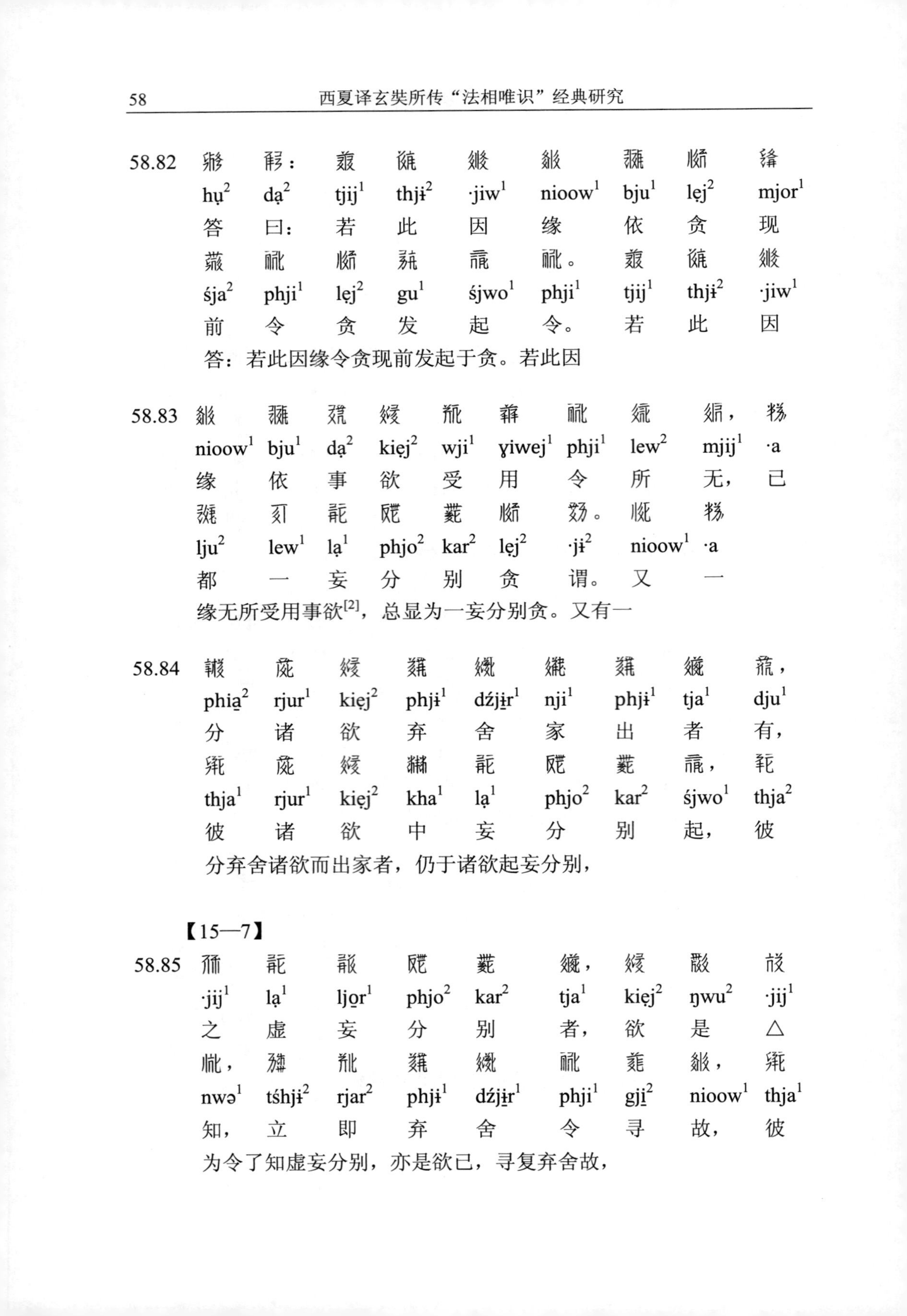

58.82 [illegible]
hụ^{2} dạ^{2} tjij^{1} thjɨ^{2} ·jiw^{1} nioow^{1} bju^{1} lẹj^{2} mjor^{1}
答 曰： 若 此 因 缘 依 贪 现
[illegible]
śja^{2} phji^{1} lẹj^{2} gu^{1} śjwo^{1} phji^{1} tjij^{1} thjɨ^{2} ·jiw^{1}
前 令 贪 发 起 令。 若 此 因
答：若此因缘令贪现前发起于贪。若此因

58.83 [illegible]
nioow^{1} bju^{1} dạ^{2} kięj^{2} wji^{1} ɣiwej^{1} phji^{1} lew^{2} mjij^{1} ·a
缘 依 事 欲 受 用 令 所 无， 已
[illegible]
lju^{2} lew^{1} lạ^{1} phjo^{2} kar^{2} lẹj^{2} ·jɨ^{2} nioow^{1} ·a
都 一 妄 分 别 贪 谓。 又 一
缘无所受用事欲[2]，总显为一妄分别贪。又有一

58.84 [illegible]
phiạ^{2} rjur^{1} kięj^{2} phjɨ^{1} dźjɨ̱r^{1} nji^{1} phjɨ^{1} tja^{1} dju^{1}
分 诸 欲 弃 舍 家 出 者 有，
[illegible]
thja^{1} rjur^{1} kięj^{2} kha^{1} lạ^{1} phjo^{2} kar^{2} śjwo^{1} thja^{2}
彼 诸 欲 中 妄 分 别 起， 彼
分弃舍诸欲而出家者，仍于诸欲起妄分别，

【15—7】

58.85 [illegible]
·jij^{1} lạ^{1} ljo̱r^{1} phjo^{2} kar^{2} tja^{1} kięj^{2} ŋwu^{2} ·jij^{1}
之 虚 妄 分 别 者， 欲 是 △
[illegible]
nwə^{1} tśhjɨ^{2} rjar^{2} phjɨ^{1} dźjɨ̱r^{1} phji^{1} gji̱^{2} nioow^{1} thja^{1}
知， 立 即 弃 舍 令 寻 故， 彼
为令了知虚妄分别，亦是欲已，寻复弃舍故，

58.86 [illegible] [illegible] [illegible] [illegible] [illegible] [illegible] [illegible]。

phjo² kar² tja¹ kięj² ·jij¹ ŋwu² dźju¹

分 别 者 欲 相 以 显。

显分别亦是欲相。

校注：

[1] 集谛，即西夏文“[illegible][illegible]”，四谛之一。真理之意，汉文旧译“谛”。佛教认为“苦”生于“集”，是一条真理，故名集谛。

[2] 若此因缘无所受用事欲，即西夏文“[illegible][illegible][illegible][illegible][illegible][illegible][illegible][illegible][illegible][illegible][illegible][illegible]”，汉文本作“若此因缘受用事欲”。

释读：

58.86 [illegible] [illegible]： [illegible] [illegible] [illegible] [illegible] [illegible] [illegible] [illegible] [illegible] [illegible]

·jɨr¹ dạ²: wa² nioow¹ lew¹ lęj² dzu¹ ·jij¹ śio̱¹ dźjar² ·jij¹

问 曰： 何 故 唯 贪 爱 之 集 谛 相

问：何故唯说贪爱为集谛相？

58.87 [illegible] [illegible]？ [illegible] [illegible]： [illegible] [illegible] [illegible] [illegible]： [illegible]、

ŋwu² dźju¹ hụ² dạ² njɨ̱¹ ·jiw¹ nioow¹ dju¹ lew¹

为 显？ 答 曰： 二 因 缘 有： 一、

[illegible] [illegible] [illegible] [illegible]、 [illegible] [illegible] [illegible] [illegible] [illegible]

lęj² dzu¹ tja¹ ŋwe¹ mji¹ ŋwe¹ bju¹ gjị² do²

贪 爱 者 愿、 不 愿 依 止 处

答：由二因缘：一者、贪爱是愿、不愿所依处故；

58.88 [illegible]； [illegible]、 [illegible] [illegible] [illegible] [illegible] [illegible] [illegible] [illegible]

ŋwu² njɨ̱¹ lęj² dzu¹ tja¹ njɨ² gu¹ śjwo¹ njwi²

谓； 二、 贪 爱 者 遍 生 起 能

[illegible]。 [illegible] [illegible] [illegible] [illegible]？ [illegible] [illegible] [illegible] [illegible]

ljɨ¹ thjɨ² tja¹ thjij² sjo² thja¹ lęj² dzu¹ bju¹

故。 此 者 何 云？ 彼 贪 爱 依

二者、贪爱遍生起故。所以者何？由彼贪爱

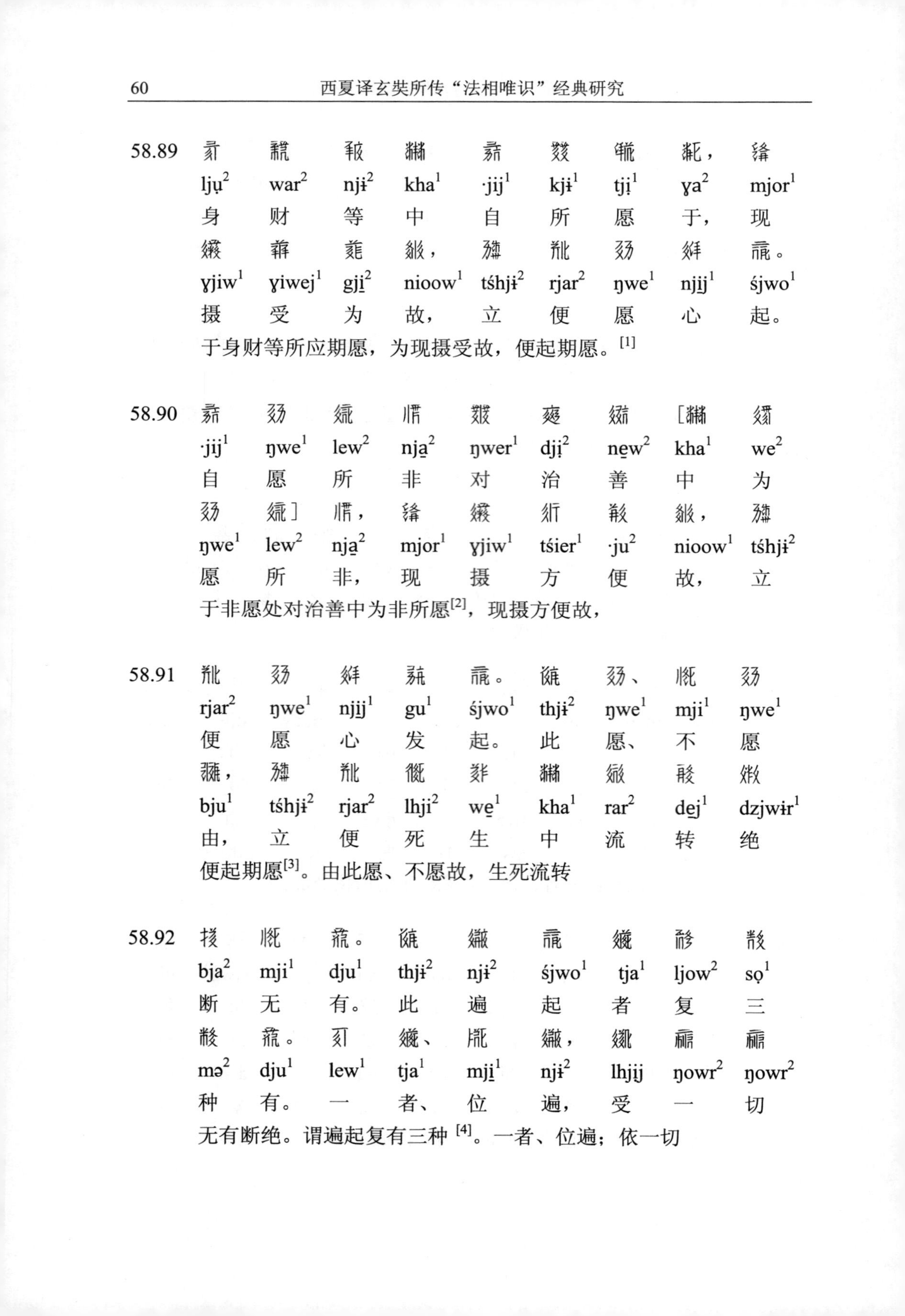

58.89 [illegible]
ljụ^2 war^2 njɨ^2 kha^1 ·jij^1 kjɨ^1 tjị^1 ɣa^2 mjor^1
身 财 等 中 自 所 愿 于， 现
[illegible]
ɣjiw^1 ɣiwej^1 gjɨ̱^{2} nioow^1 tśhjɨ^2 rjar^2 ŋwe^1 njij^1 śjwo^1
摄 受 为 故， 立 便 愿 心 起。
于身财等所应期愿，为现摄受故，便起期愿。[1]

58.90 [illegible]
·jij^1 ŋwe^1 lew^2 nja̱^{2} ŋwer^1 djị^2 ne̱w^2 kha^1 we^2
自 愿 所 非 对 治 善 中 为
[illegible]
ŋwe^1 lew^2 nja̱^{2} mjor^1 ɣjiw^1 tśier^1 ·ju^2 nioow^1 tśhjɨ^2
愿 所 非， 现 摄 方 便 故， 立
于非愿处对治善中为非所愿[2]，现摄方便故，

58.91 [illegible]
rjar^2 ŋwe^1 njij^1 gu^1 śjwo^1 thjɨ^2 ŋwe^1 mji^1 ŋwe^1
便 愿 心 发 起。 此 愿、 不 愿
[illegible]
bju^1 tśhjɨ^2 rjar^2 lhji^2 we̱^{1} kha^1 rar^2 de̱j^1 dzjwɨr^1
由， 立 便 死 生 中 流 转 绝
便起期愿[3]。由此愿、不愿故，生死流转

58.92 [illegible]
bja^2 mji^1 dju^1 thjɨ^2 njɨ^2 śjwo^1 tja^1 ljow^2 sọ^1
断 无 有。 此 遍 起 者 复 三
[illegible]
mə^2 dju^1 lew^1 tja^1 mji̱^{1} njɨ^2 lhjij ŋowr^2 ŋowr^2
种 有。 一 者、 位 遍， 受 一 切
无有断绝。谓遍起复有三种[4]。一者、位遍；依一切

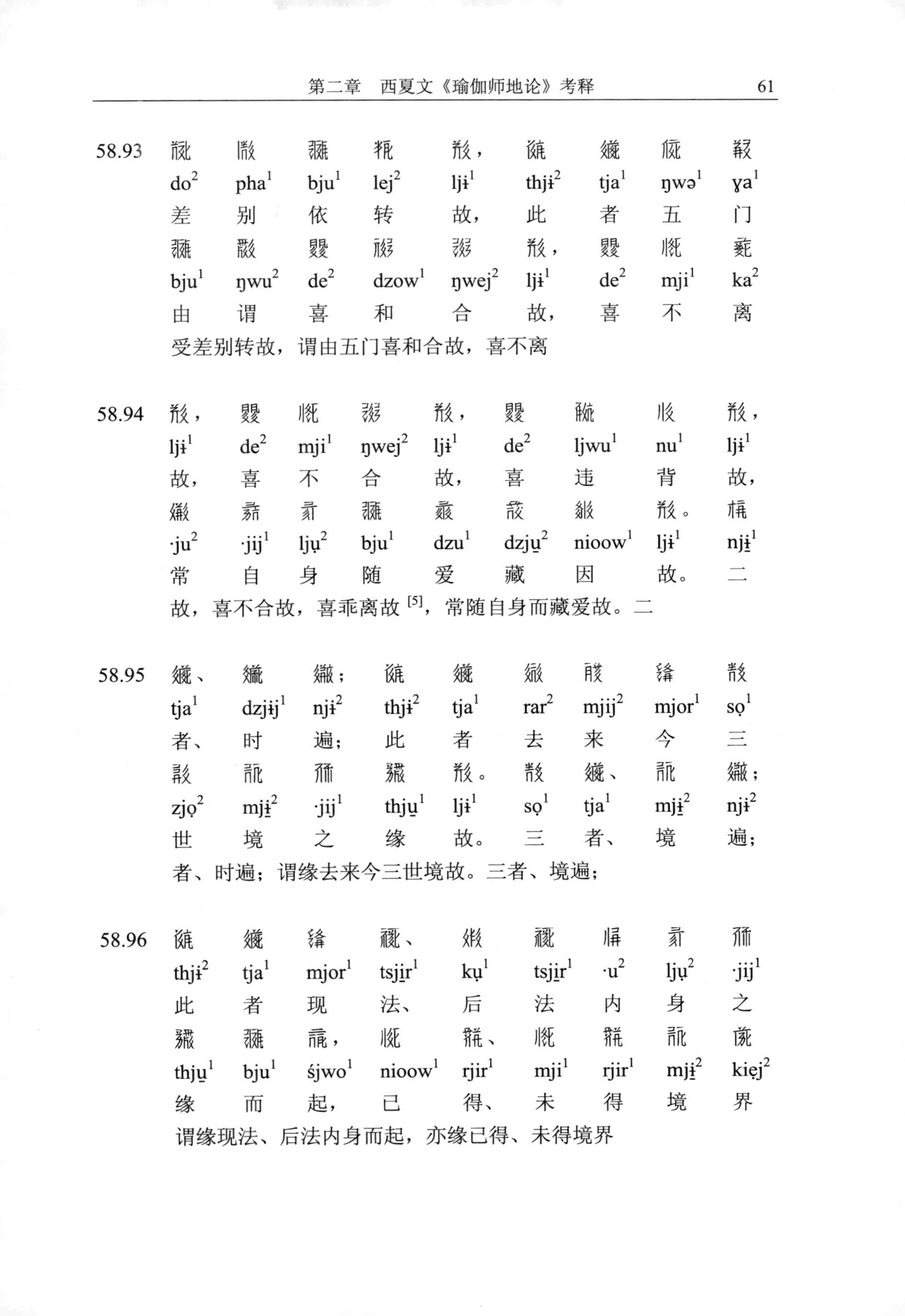

58.93 [illegible]

do^2 pha^1 bju^1 lej^2 ljɨ^1 thjɨ^2 tja^1 ŋwə^1 ɣa^1

差 别 依 转 故， 此 者 五 门

[illegible]

bju^1 ŋwu^2 de^2 dzow^1 ŋwej^2 ljɨ^1 de^2 mji^1 ka^2

由 谓 喜 和 合 故， 喜 不 离

受差别转故，谓由五门喜和合故，喜不离

58.94 [illegible]

ljɨ^1 de^2 mji^1 ŋwej^2 ljɨ^1 de^2 ljwu^1 nu^1 ljɨ^1

故， 喜 不 合 故， 喜 违 背 故，

[illegible]

·ju^2 ·jij^1 ljụ^2 bju^1 dzu^1 dzju̱^{2} nioow^1 ljɨ^1 njɨ̱^{1}

常 自 身 随 爱 藏 因 故。 二

故，喜不合故，喜乖离故 [5]，常随自身而藏爱故。二

58.95 [illegible]

tja^1 dzjɨj^1 njɨ^2 thjɨ^2 tja^1 rar^2 mjij^2 mjor^1 sọ^1

者、 时 遍； 此 者 去 来 今 三

[illegible]

zjọ^2 mjɨ̱^{2} ·jij^1 thju̱^{1} ljɨ^1 sọ^1 tja^1 mjɨ̱^{2} njɨ^2

世 境 之 缘 故。 三 者、 境 遍；

者、时遍；谓缘去来今三世境故。三者、境遍；

58.96 [illegible]

thjɨ^2 tja^1 mjor^1 tsji̱r^1 kụ^1 tsji̱r^1 ·u^2 ljụ^2 ·jij^1

此 者 现 法、 后 法 内 身 之

[illegible]

thju̱^{1} bju^1 śjwo^1 nioow^1 rjir^1 mji^1 rjir^1 mjɨ̱^{2} kiẹj^2

缘 而 起， 已 得、 未 得 境 界

谓缘现法、后法内身而起，亦缘已得、未得境界

【15—8】

□ □ □ □ □。

·jij^{1} thju̱^{1} bju^{1} tsjɨ^{1} śjwo^{1}

之 缘 而 亦 起。

而起。

校注：

[1] 便起期愿，即西夏文“□□□□□”，西夏文字面意思作“便起心愿”。

[2] 西夏文“□□□□”四字左部残，参照所存笔画并汉本“于非愿处对治善中为非所愿”补“中”“为”“愿”“所”。

[3] 便起期愿，即西夏文“□□□□□□”，汉文本作“便起不愿”。西夏文“□□”右部残，参照所存笔画补“愿”“心”。

[4] 谓遍起复有三种，即西夏文“□□□□□□□□”，汉文本作“当知遍起复有三种”。

[5] 喜乖离故，即西夏文“□□□□”，西夏文字面意思作“喜相违故”。

释读：

58.97 □ □： □ □ □ □ □ □， □ □ □ □ □

·jɨr^{1} dạ^{2} wa^{2} nioow^{1} lew^{1} lẹj^{2} tshjạ^{1} lə njịj^{1} rjir^{2} ka^{2} bju^{1} kiẹj^{2}

问 曰： 何 故 唯 贪 嗔 痴， 心 与 离 依 欲

问：何故唯说离贪嗔痴，心得离欲。

58.98 □ □。 □ □ □ □ □ □ □

ka^{2} ·jɨ^{2} tsə^{1} lhjịj njɨ^{2} zjị^{1} njɨ̱^{2} dạ^{2} rjir^{2}

离 说。 色 受 等 烦 恼 事 与

□ □ □ □ □？ □ □： □ □

ka^{2} ·jij^{1} mji^{1} tshjịj^{1} ljɨ^{1} hụ^{2} dạ^{2} thjɨ^{2} rjir^{2}

离 之 不 说 耶？ 答 曰： 此 与

不说离色受等烦恼事耶？答：

58.99

□，	□	□	□	□	□。	□	□	□
ka^{2}	ku^{1}	thja^{1}	tsjɨ^{1}	ka^{2}	ljɨ^{1}	nioow^{1}	rjur^{1}	zji̱^{1}
离，	则	彼	亦	离	故。	又	诸	烦
□	□	□	□	□，	□	□	□	□
njɨ̱^{2}	tsji̱r^{2}	la̱^{1}	tśior^{1}	ljɨ^{1}	nioow^{1}	tsjɨ^{1}	thjɨ^{2}	bju^{1}
恼	性	染	污	故，	又	即	此	由

由离于此，亦离彼故。又诸烦恼性染污故，又即由此

58.100

□	□	□	□。	□	□	□	□？	□
dźjar^{2}	lju^{2}	rejr^{2}	ljɨ^{1}	thjɨ^{2}	tja^{1}	thjij^{2}	sjo^{2}	tjij^{1}
过	患	多	故。	此	者	何	云？	若
□	□	□	□	□	□	□	□，	□
thja^{1}	dạ^{2}	kha^{1}	rjur^{1}	dźjar^{2}	lju^{2}	śjwo^{1}	tja^{1}	kjɨ^{1}
其	事	中	诸	过	患	起	者，	必

多过患故。所以者何？若于其事起诸过患，

58.101

□	□	□	□	□	□	□。	□	□
djɨj^{2}	zji̱^{1}	njɨ̱^{2}	dźjɨ	·wji^{1}	bju^{1}	ŋwu^{2}	thjɨ^{2}	rjur^{1}
定	烦	恼	△	作	依	是。	是	诸
□	□，	□	□	□	□	□	□	□
dźjar^{2}	lju^{2}	śji^{1}	ŋur^{1}	ne̱w^{2}	ɣjɨr^{1}	kha^{1}	sju^{2}	bio̱^{1}
过	患，	前	蕴	善	巧	中	如	观

必是烦恼所作。[1] 是诸过患，如前蕴善巧中观

58.102

□	□	□	□	□	□	□	□。	□
thju̱^{1}	lew^{2}	mji^{1}	ne̱w^{2}	dźjar^{2}	lju^{2}	ŋowr^{2}	ŋowr^{2}	bji^{2}
察	所	不	善	过	患	所	有。	避
□	□	□。	□	□	□	□？	□	□
·wji^{1}	lew^{2}	ŋwu^{2}	thjɨ^{2}	tja^{1}	thjij^{2}	sjo^{2}	thja^{1}	rjur^{1}
作	所	故。	此	者	何	云？	于	诸

察不善所有过患。可避故。[2] 所以者何？于诸

58.103 □ □， □ □ □ □ □ □ □
dạ^{2} kha^{1} zjị^{1} njɨ̱^{2} ŋowr^{2} ŋowr^{2} zji^{2} bji^{2} ·wji^{1}
事 中， 烦 恼 一 切 皆 避 为
□ □ □， □ □ □ □。 □ □
lhew^{2} tjị^{2} ·wjij^{2} dạ^{2} ŋowr^{2} ŋowr^{2} nja̱^{2} nioow^{1} mji^{1}
脱 可 有， 事 一 切 非。 又 不
事中，一切烦恼皆可避脱，非一切事。又

58.104 □ □ □ □ □ □ □ □ □
sej^{1} bio̱^{1} njɨ^{2} rjur^{1} rjur^{1} mur^{1} tśja^{1} djọ^{2} dzjɨ̱^{2}
净 观 等 诸 世 俗 道 修 习
□， □ □ □ □ □ □ □ □
bju^{1} thja^{1} dạ^{2} dwər^{1} rar^{2} kięj^{2} ka^{2} ljɨ^{2} kha^{1}
由， 其 事 厌 过 欲 离 地 中
由修习不净观等诸世俗道，虽厌其事入离欲地，

58.105 □ □， □ □ □ □ □ □ □
ljɨ^{1} ·o^{2} thja^{1} kięj^{2} ka^{2} ljɨ^{2} zjị^{1} njɨ̱^{2} nioow^{1}
虽 入， 彼 欲 离 地 烦 恼 随
□， □ □ □ □ □ □ □ □。
śio^{1} zjị^{1} njɨ̱^{2} njij^{1} ·u^{2} kięj^{2} ka^{2} mjij^{2} rjir^{1}
逐， 烦 恼 心 内 欲 离 未 得。
离欲地烦恼随逐，烦恼于心未得离欲。

58.106 □ □ □ □， □ □ □ □ □，
thjɨ^{2} sju^{2} ·wo^{2} bju^{1} lew^{1} zjị^{1} njɨ̱^{2} rjir^{2} ka^{2}
此 如 理 由， 唯 烦 恼 与 离，
□ □ □ □ □ □， □ □ □
ku^{1} njij^{1} kięj^{2} ka^{2} njwi^{2} ·jɨ^{2} thja^{1} dạ^{2} ka^{2}
则 心 欲 离 能 谓， 其 事 离
由此道理，唯离烦恼，心善离欲，非离其事

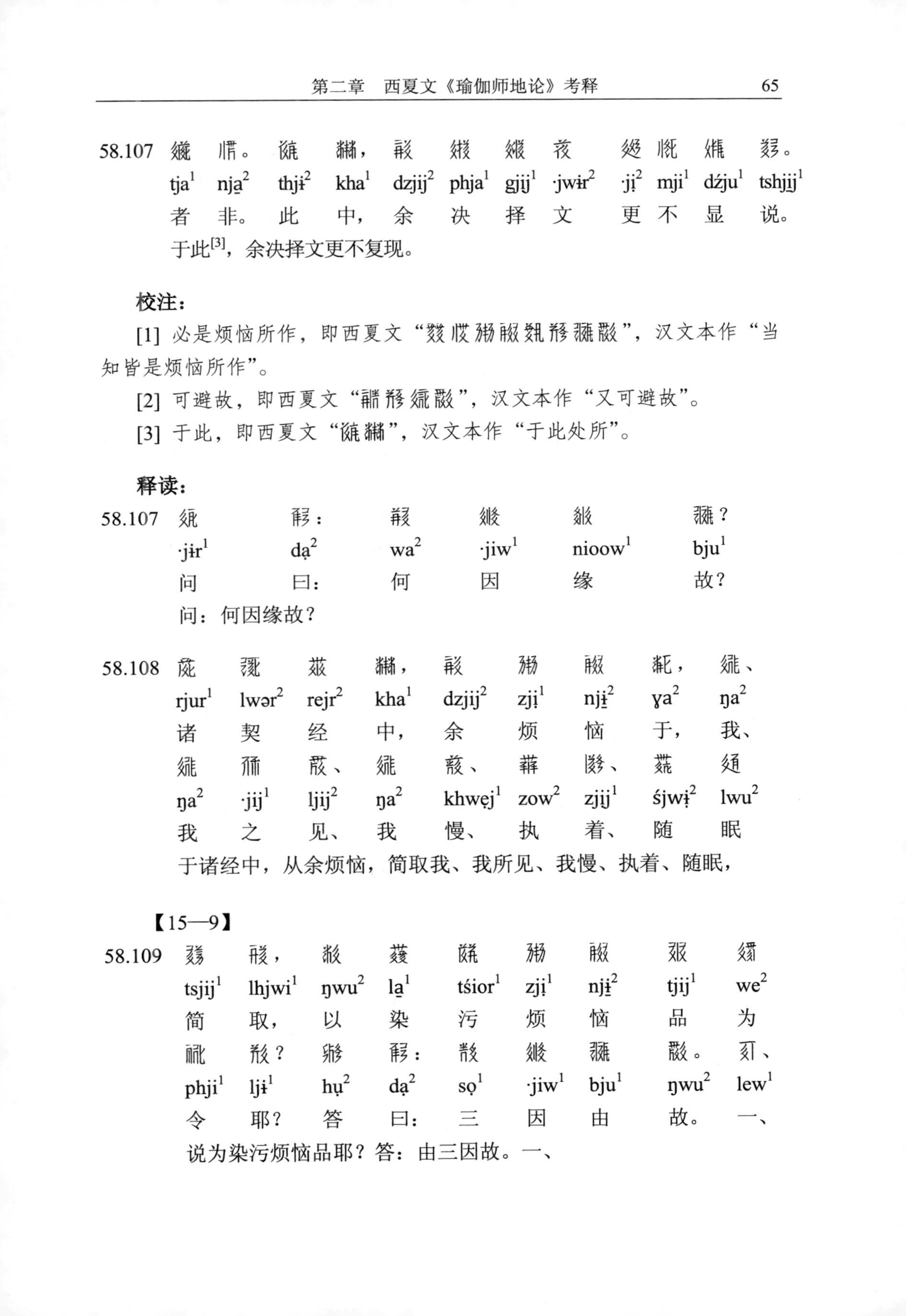

58.107 □　□。　□　□，　□　□　□　□　□　□　□　□。
tja^{1} nja̱^{2} thjɨ^{2} kha^{1} dzjij^{2} phja^{1} gjij^{1} ·jwɨr^{2} ·jị^{2} mji^{1} dźju^{1} tshjịj^{1}
者　非。　此　中，　余　决　择　文　更　不　显　说。
于此[3]，余决择文更不复现。

校注：

[1] 必是烦恼所作，即西夏文“□□□□□□□□”，汉文本作“当知皆是烦恼所作”。

[2] 可避故，即西夏文“□□□□”，汉文本作“又可避故”。

[3] 于此，即西夏文“□□”，汉文本作“于此处所”。

释读：

58.107 □　□：　□　□　□　□？
·jɨr^{1} dạ^{2} wa^{2} ·jiw^{1} nioow^{1} bju^{1}
问　曰：　何　因　缘　故？
问：何因缘故？

58.108 □　□　□　□，　□　□　□　□，　□、
rjur^{1} lwər^{2} rejr^{2} kha^{1} dzjij^{2} zjị^{1} njɨ̱^{2} ɣa^{2} ŋa^{2}
诸　契　经　中，　余　烦　恼　于，　我、
□　□　□、　□　□、　□　□、　□　□
ŋa^{2} ·jij^{1} ljij^{2} ŋa^{2} khwẹj^{1} zow^{2} zjij^{1} śjwɨ̣^{2} lwu^{2}
我　之　见、　我　慢、　执　着、　随　眠
于诸经中，从余烦恼，简取我、我所见、我慢、执着、随眠，

【15—9】

58.109 □　□，　□　□　□　□　□　□　□
tsjij^{1} lhjwi^{1} ŋwu^{2} la̱^{1} tśior^{1} zjị^{1} njɨ̱^{2} tjij^{1} we^{2}
简　取，　以　染　污　烦　恼　品　为
□　□？　□　□：　□　□　□　□。　□、
phji^{1} ljɨ^{1} hụ^{2} dạ^{2} sọ^{1} ·jiw^{1} bju^{1} ŋwu^{2} lew^{1}
令　耶？　答　曰：　三　因　由　故。　一、
说为染污烦恼品耶？答：由三因故。一、

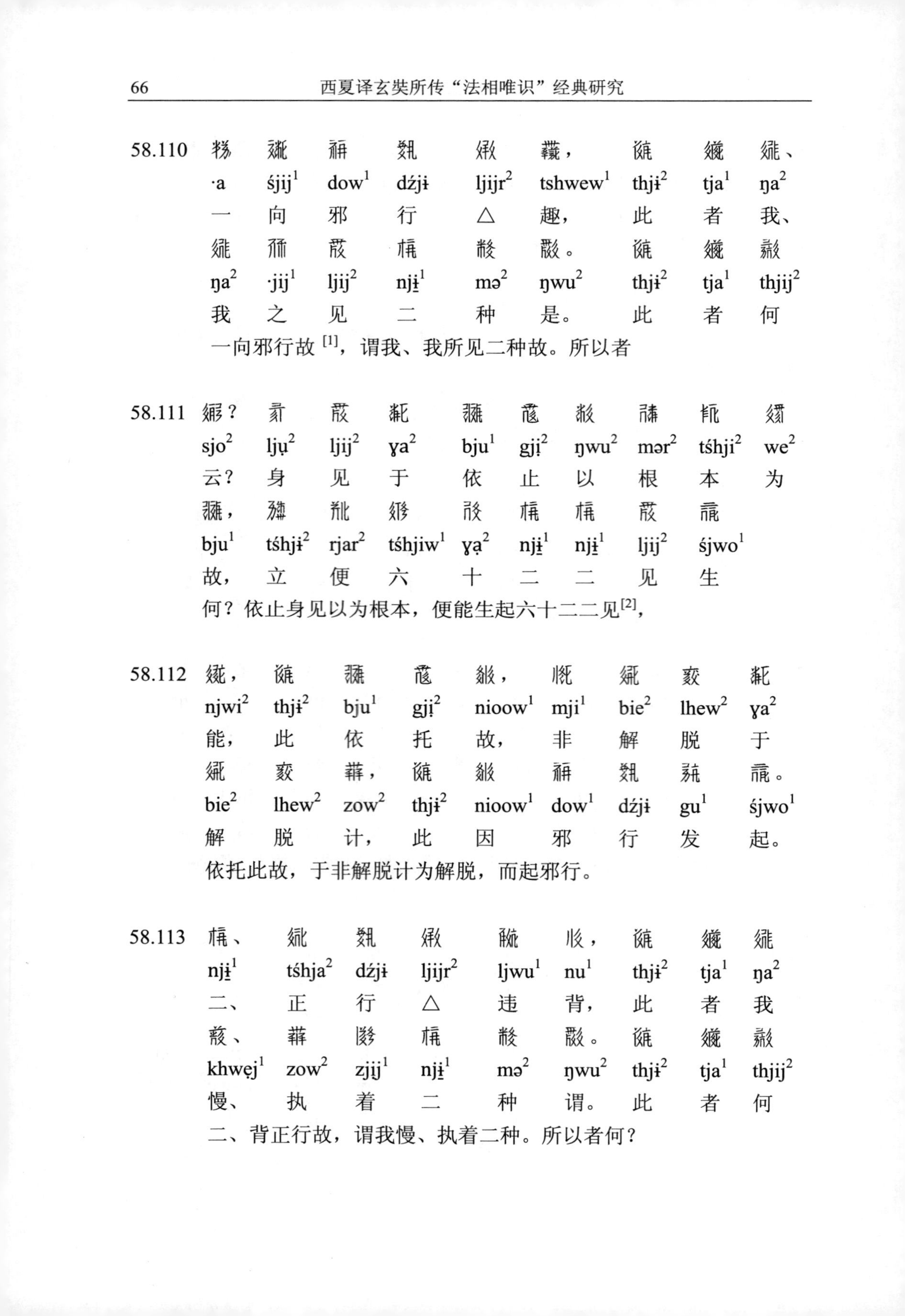

58.110 [illegible]

·a śjij¹ dow¹ dźjɨ ljijr² tshwew¹ thjɨ² tja¹ ŋa²

一 向 邪 行 △ 趣， 此 者 我、

[illegible]

ŋa² ·jij¹ ljij² njɨ̱¹ mə² ŋwu² thjɨ² tja¹ thjij²

我 之 见 二 种 是。 此 者 何

一向邪行故[1]，谓我、我所见二种故。所以者

58.111 [illegible]

sjo² ljụ² ljij² ɣa² bju¹ gjị² ŋwu² mər² tśhji² we²

云？ 身 见 于 依 止 以 根 本 为

[illegible]

bju¹ tśhjɨ² rjar² tśhjiw¹ ɣạ² njɨ̱¹ njɨ̱¹ ljij² śjwo¹

故， 立 便 六 十 二 二 见 生

何？依止身见以为根本，便能生起六十二二见[2]，

58.112 [illegible]

njwi² thjɨ² bju¹ gjị² nioow¹ mji¹ bie² lhew² ɣa²

能， 此 依 托 故， 非 解 脱 于

[illegible]

bie² lhew² zow² thjɨ² nioow¹ dow¹ dźjɨ gu¹ śjwo¹

解 脱 计， 此 因 邪 行 发 起。

依托此故，于非解脱计为解脱，而起邪行。

58.113 [illegible]

njɨ̱¹ tśhja² dźjɨ ljijr² ljwu¹ nu¹ thjɨ² tja¹ ŋa²

二、 正 行 △ 违 背， 此 者 我

[illegible]

khwẹj¹ zow² zjij¹ njɨ̱¹ mə² ŋwu² thjɨ² tja¹ thjij²

慢、 执 着 二 种 谓。 此 者 何

二、背正行故，谓我慢、执着二种。所以者何？

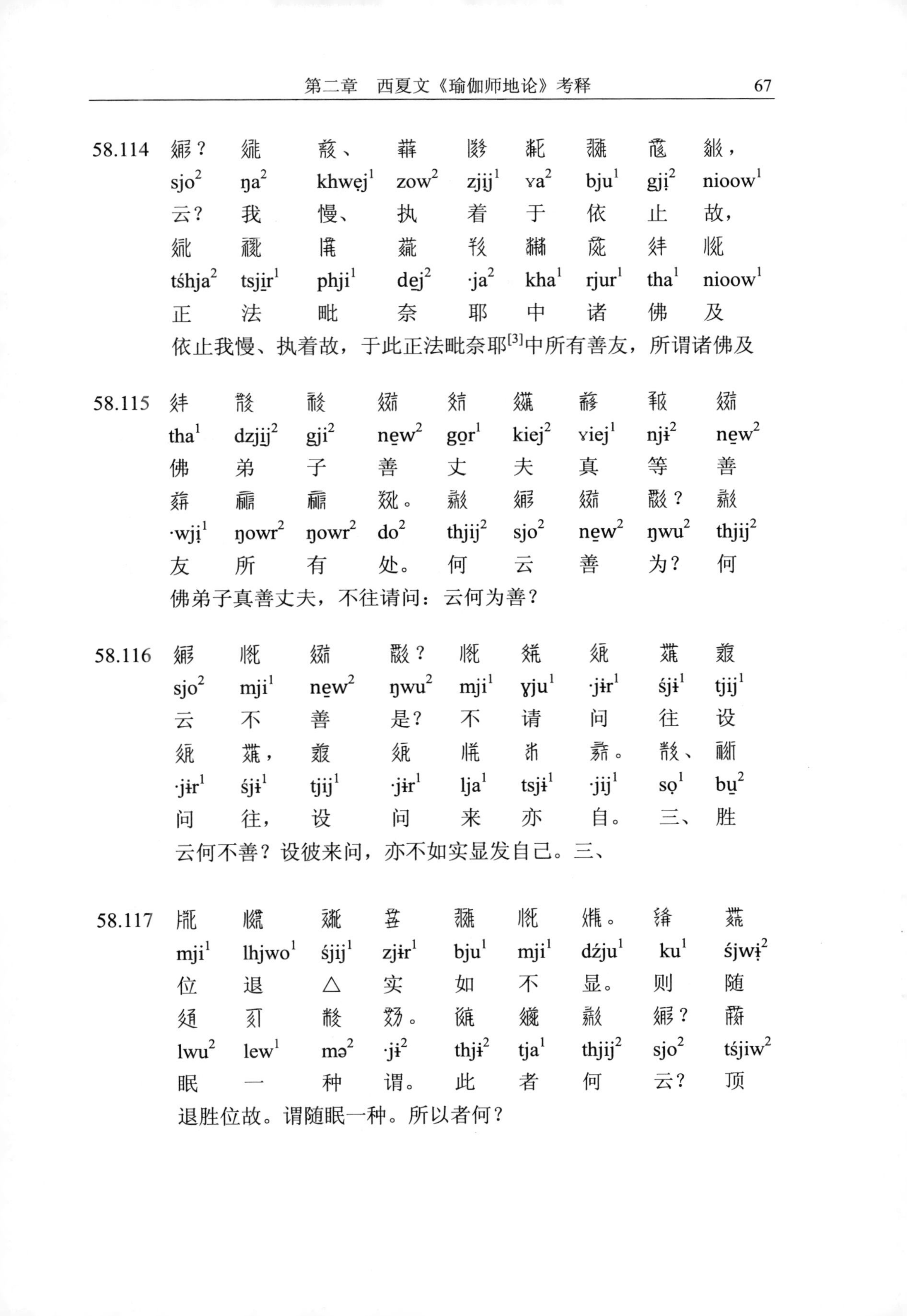

58.114

sjo^2 ŋa^2 khwẹj^1 zow^2 zjij^1 ɣa^2 bju^1 gjị^2 nioow^1

云？ 我 慢、 执 着 于 依 止 故，

tśhja^2 tsji̱r^1 phji^1 de̱j^2 ·ja^2 kha^1 rjur^1 tha^1 nioow^1

正 法 毗 奈 耶 中 诸 佛 及

依止我慢、执着故，于此正法毗奈耶[3]中所有善友，所谓诸佛及

58.115

tha^1 dzjij^2 gji^2 ne̱w^2 go̱r^1 kiej^2 ɣiej^1 njɨ^2 ne̱w^2

佛 弟 子 善 丈 夫 真 等 善

·wjị^1 ŋowr^2 ŋowr^2 do^2 thjij^2 sjo^2 ne̱w^2 ŋwu^2 thjij^2

友 所 有 处。 何 云 善 为？ 何

佛弟子真善丈夫，不往请问：云何为善？

58.116

sjo^2 mji^1 ne̱w^2 ŋwu^2 mji^1 ɣju^1 ·jɨr^1 śjɨ^1 tjij^1

云 不 善 是？ 不 请 问 往 设

·jɨr^1 śjɨ^1 tjij^1 ·jɨr^1 lja^1 tsjɨ^1 ·jij^1 sọ^1 bu̱^{2}

问 往， 设 问 来 亦 自。 三、 胜

云何不善？设彼来问，亦不如实显发自己。三、

58.117

mji^1 lhjwo^1 śjij^1 zjɨr^1 bju^1 mji^1 dźju^1 ku^1 śjwị^2

位 退 △ 实 如 不 显。 则 随

lwu^2 lew^1 mə^2 ·jɨ^2 thjɨ^2 tja^1 thjij^2 sjo^2 tśjiw^2

眠 一 种 谓。 此 者 何 云？ 顶

退胜位故。谓随眠一种。所以者何？

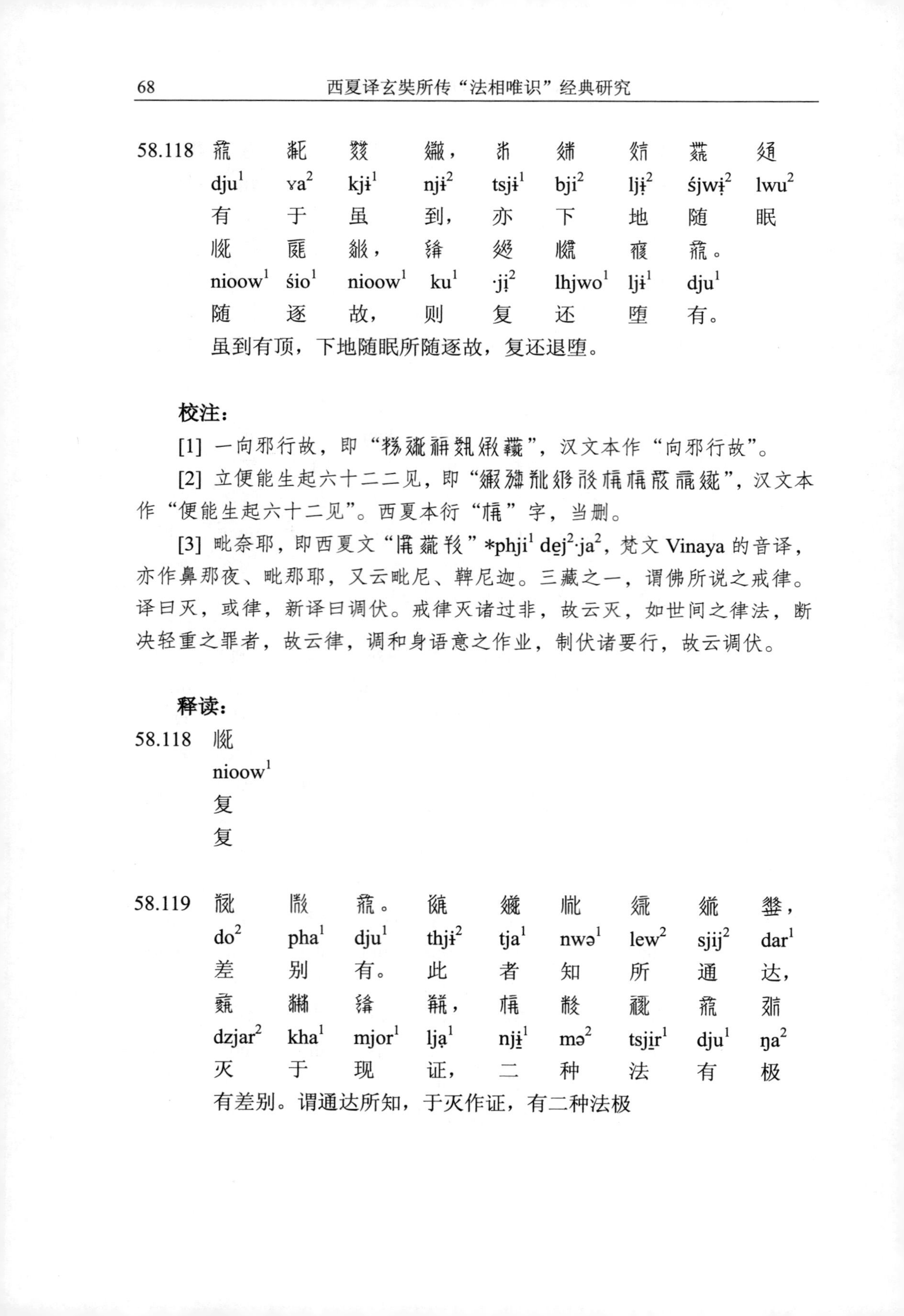

58.118 □ □ □ □，□ □ □ □ □
dju1 ɣa2 kjɨ1 njɨ2 tsjɨ1 bji2 ljɨ̣2 śjwɨ̣2 lwu2
有 于 虽 到，亦 下 地 随 眠
□ □ □，□ □ □ □ □。
nioow1 śio1 nioow1 ku1 ·jị2 lhjwo1 ljɨ1 dju1
随 逐 故，则 复 还 堕 有。
虽到有顶，下地随眠所随逐故，复还退堕。

校注：

[1] 一向邪行故，即“□□□□□□”，汉文本作“向邪行故”。

[2] 立便能生起六十二二见，即“□□□□□□□□□”，汉文本作“便能生起六十二见”。西夏本衍“□”字，当删。

[3] 毗奈耶，即西夏文“□□□”*phji1 dej2·ja2，梵文 Vinaya 的音译，亦作鼻那夜、毗那耶，又云毗尼、鞞尼迦。三藏之一，谓佛所说之戒律。译曰灭，或律，新译曰调伏。戒律灭诸过非，故云灭，如世间之律法，断决轻重之罪者，故云律，调和身语意之作业，制伏诸要行，故云调伏。

释读：

58.118 □
nioow1
复
复

58.119 □ □ □。□ □ □ □ □ □，
do2 pha1 dju1 thjɨ2 tja1 nwə1 lew2 sjij2 dar1
差 别 有。此 者 知 所 通 达，
□ □ □ □，□ □ □ □ □
dzjar2 kha1 mjor1 ljạ1 njɨ̱1 mə2 tsjɨ̱r1 dju1 ŋa2
灭 于 现 证，二 种 法 有 极
有差别。谓通达所知，于灭作证，有二种法极

58.120 [illegible] [[illegible]] [illegible]。 [illegible]、 [illegible] [illegible] [illegible] [illegible]， [illegible]、
ŋa2 ɣiẹ2 we2 lew1 dow1 dźjɨ ·jiw1 nioow1 njɨ̱1
甚 障 为。 一、 邪 行 因 缘， 二、
[illegible] [illegible] [illegible] [illegible] [illegible]。 [illegible] [illegible] [illegible] [illegible]
tśjị1 śjwo1 ·jiw1 nioow1 ŋwu2 dow1 dźjɨ ·jiw1 nioow1
苦 生 因 缘 是。 邪 行 因 缘
为障碍[1]。一、邪行因缘，二、苦生因缘。邪行因缘

【15—10】

58.121 [illegible]： [illegible] [illegible] [illegible] [illegible] [illegible]， [illegible] [illegible] [illegible]，
tja1 tśhjiw1 ɣạ2 njɨ̱1 ljij2 ŋwu2 thjɨ2 zow2 zjij1
者： 六 十 二 见 谓， 此 执 着，
[illegible] [illegible] [illegible] [illegible] [illegible] [illegible] [illegible] [illegible] [illegible]
rjur1 sjij2 dju1 kha1 ljụ2 ŋwu̱1 phji1 bju1 rjur1
诸 情 有 于 身 语 意 由 诸
者：谓六十二见，因此执故，于诸有情由身语意起诸

58.122 [illegible] [illegible] [illegible]。 [illegible] [illegible] [illegible] [illegible] [illegible]： [illegible]
dow1 dźjɨ śjwo1 tśjị1 śjwo1 ·jiw1 nioow1 tja1 mji1
邪 行 起。 苦 生 因 缘 者： 不
[illegible] [illegible] [illegible] [illegible]。 [illegible] [illegible] [illegible] [illegible]， [illegible]
bja2 śjwɨ̣2 lwu2 ŋwu2 nioow1 thjɨ2 njɨ̱1 sjwɨj1 njɨ̱1
断 随 眠 谓。 又 此 二 业， 二
邪行。苦生因缘者：谓不断随眠故。又此二业，有二

58.123 [illegible] [illegible] [illegible]。 [illegible] [illegible] [illegible] [illegible] [illegible] [illegible]
·jiw1 nioow1 dju1 dow1 dźjɨ ·jiw1 nioow1 ·jij1 ·jiw1
因 缘 有。 邪 行 因 缘 之 因
[illegible] [illegible]： [illegible] [illegible] [illegible] [illegible] [illegible] [illegible] [illegible]
nioow1 tja1 ŋa2 ŋa2 ·jij1 zow2 sa2 kja1 ·ja2
缘 者： 我 我 之 计 萨 迦 耶
因缘。邪行因缘因缘者：谓计我、我所萨迦耶

58.124 [illegible] [illegible]。 [illegible] [illegible] [illegible] [illegible] [illegible] [illegible] [illegible]
ljij^2 ŋwu^2 tśji̤^{1} we̱^{1} ·jiw^1 nioow^1 ·jij^1 ·jiw^1 nioow^1
见 谓。 苦 生 因 缘 之 因 缘
[illegible]： [illegible] [illegible] [illegible] [illegible] [illegible]， [illegible] [illegible] [illegible]
tja^1 thjɨ^2 śji^1 kụ^1 njɨ̱^{1} mji̱^{1} tśhja^2 dźjɨ mji^1
者： 此 初 后 两 位， 正 行 不
见。苦生因缘因缘者：谓初后两位，不起正行。

58.125 [illegible] [illegible] [illegible]。 [illegible] [illegible] [illegible]， [illegible] [illegible] [illegible]
śjwo^1 ·jij^1 ·jɨ^2 ŋa^2 khwe̱j^1 nioow^1 ku^1 śji^1 tśhja^2
起 之 谓。 我 慢 故， 则 初 正
[illegible] [illegible] [illegible]； [illegible] [illegible] [illegible] [illegible]， [illegible] [illegible]
tsji̱r^1 mji^1 mji^1 bu̱^{2} gjij^1 khwe̱j^1 nioow^1 ku^1 kụ^1
法 不 闻； 增 上 慢 故， 则 后
由我慢故，初不闻正法；由增上慢故，后

58.126 [illegible] [illegible] [illegible] [illegible]。 [illegible] [illegible] [illegible] [illegible]。 [illegible]
tśhja^2 dźjɨ mji^1 djọ^2 nioow^1 do^2 pha^1 dju^1 ne̱w^2
正 行 不 修。 复 差 别 有。 善
[illegible] [[illegible] [illegible] [illegible]] [illegible] [illegible]， [illegible] [illegible] [illegible]
tshjij^1 tsji̱r^1 phji^1 de̱j^2 ·ja^2 kha^1 ljɨ̱r^1 mə^2 tsji̱r^1
说 法 毗 奈 耶 中， 四 种 法
不修正行。复有差别。谓于善说法毗奈[2]耶中，有四种法

58.127 [illegible]， [illegible] [illegible] [illegible] [illegible]， [illegible] [illegible] [[illegible] [illegible]]，
dju^1 zji^2 we^2 phju^2 we^2 bu̱^{2} zji^2 bu̱^{2} thjo̱^{1}
有， 最 为 上 为， 胜 极 胜 妙，
[[illegible] [illegible] [illegible]] [illegible]。 [illegible] [illegible] [illegible] [illegible]
tśja^1 nioow^1 mji^1 gu^2 ljɨ̱r^1 tja^1 ljɨ̣^{1} kjɨ^1
道 外 不 共。 四 者 何 △
为最为上，胜极胜妙[3]，不外道[4]，何等为四？

58.128 [illegible]？ [illegible] [illegible]、 [illegible] [illegible] [illegible] [illegible]； [illegible] [illegible]、
ŋwu^{2} lew^{1} tja^{1} dźjar^{2} kha^{1} tsji̱r^{1} gjij^{1} njɨ̱^{1} tja^{1}
是？ 一 者、 谛 于 简 择； 二 者、
[illegible] [illegible] [illegible] [[illegible] [illegible] [illegible]]， [illegible] [illegible] [illegible]
·jij^{1} rjir^{2} lew^{2} xiwã^{1} dźjɨ kha^{1} ŋwe^{1} lew^{2} tsji̱r^{1}
己 与 同 梵 行 所， 乐 可 法
一者、于谛简择；二者、于己同梵行所[5]，修可乐法；

58.129 [illegible]； [illegible] [illegible]、 [illegible] [illegible] [illegible]， [illegible] [illegible] [illegible]
djọ^{2} sọ^{1} tja^{1} do^{2} ljɨ̣^{1} kha^{1} khie^{1} tśjɨr^{1} mji^{1}
修； 三 者、 异 论 于， 憎 嫉 不
[illegible]； [illegible] [illegible]、 [illegible] [illegible] [illegible] [illegible]， [illegible] [illegible]
śjwo^{1} ljɨ̱r^{1} tja^{1} gji^{1} sej^{1} tjij^{1} kha^{1} mji^{1} lhji̱^{1}
生； 四 者、 清 净 品 于， 不 退
三者、于异论所，不生憎嫉；四、于清净品，能不退

58.130 [illegible] [illegible]。 [illegible] [illegible] [illegible]、 [illegible] [illegible] [illegible] [illegible]
lhjwo^{1} njwi^{2} niow^{2} tshjij^{1} tsji̱r^{1} phji^{1} dej^{2} ·ja^{2} kha^{1}
还 能。 恶 说 法、 毗 奈 耶 中
[illegible] [[illegible]] [illegible] [illegible]， [illegible] [illegible] [illegible] [illegible] [illegible]
ljɨ̱r^{1} mə^{2} tsji̱r^{1} dju^{1} thjɨ^{2} ljɨ̱r^{1} tsji̱r^{1} kha^{1} ŋa^{2}
四 种 法 有， 此 四 法 于 极
失。于恶说法、毗奈耶中有四种法[6]，于此四法极

58.131 [illegible] [illegible] [illegible]。 [illegible]、 [illegible] [illegible] [illegible] [illegible] [illegible] [illegible] [illegible]
ŋa^{2} ɣię^{2} we^{2} lew^{1} ŋa^{2} ŋa^{2} ·jij^{1} zow^{2} sa^{2} kja^{1} ·ja^{2}
甚 碍 为。 一、 我 我 所 计 萨 迦 耶
[illegible]； [illegible]、 [illegible] [illegible]； [illegible]、 [illegible] [illegible] [[illegible] [illegible]] ……
ljij^{2} njɨ̱^{1} ŋa^{2} khwẹj^{1} sọ^{1} lạ^{1} zow^{2} dźjar^{2} lhjwi^{1} ……
见； 二、 我 慢； 三、 妄 执 谛 取 ……
为障碍。一、计我我所萨迦耶见；二、我慢；三、妄执谛取[7]

校注：

[1] 西夏文“[illegible]”原残，据残存笔画和下文“障碍”补。

[2] 西夏文“[illegible][illegible][illegible]”三字原残，据残存笔画和汉文本“法毗奈”拟补。

[3] 西夏文“[illegible][illegible]”二字原残，据残存笔画和汉文本“胜妙”补。

[4] 西夏文“[illegible][illegible][illegible]”三字原残，据残存笔画和汉文本“不外道”拟补。

[5] 西夏文“[illegible][illegible][illegible]”三字原缺，据汉文本“梵行所”拟补。

[6] 西夏文“[illegible]”原缺，据上文和汉文本“种”拟补。

[7] 西夏文“[illegible][illegible]”二字原缺，据汉文本“谛取”拟补。以下缺，相应汉文本为“四、不断随眠”至结尾。

第三节　《瑜伽师地论》卷五十九译注

西夏文《瑜伽师地论》卷五十九，今藏俄罗斯科学院东方文献研究所，编号 инв. № 5133，译自唐玄奘汉文本《瑜伽师地论》卷五十九。内容相当于汉本的“无色界于色行烦恼”至结尾，西夏文开头“摄决择分中有寻有伺等三地之二”至“无色界于色行烦恼”已佚。原书经后人重装导致叶次错乱，下面的解读对西夏本的叶次进行了复原，具体见下表。

第 1—27 行	第 28—53 行	第 54—78 行	第 79—103 行	第 104—108 行
第 1 叶	第 2 叶	第 3 叶	第 4 叶	第 5 叶
第 109—117 行	第 118—136 行	第 137—156 行	第 157—186 行	第 187—211 行
第 6 叶	第 5 叶	第 6 叶	第 7 叶	第 8 叶
第 212—237 行	第 238—263 行	第 264—269 行		
第 9 叶	第 10 叶	第 11 叶		

解读参考弥勒菩萨说，唐玄奘法师译《瑜伽师地论》精校标点本伍（卷五十一至卷六十三），宗教文化出版社 2008 年版。

释读：

59.1

□	□	□	□。	□	□	□
dźjɨ	zji̱^{1}	njɨ̱^{2}	ŋwu^2	nioow^1	ljwu^1	ljɨ̱^{2}
行	烦	恼	是。	又	下	地
□	□	□	□	□。	□	□
ɣa^2	phju^2	ljɨ̱^{2}	zji̱^{1}	njɨ̱^{2}	thjɨ^2	tja^1
于	上	地	烦	恼。	此	者

[无色界于色]行烦恼。[1]又复下地于上地烦恼。

59.2

□	□？	□	□	□	□	□	□
thjij^2	sjo^2	phju^2	ljɨ̣^{2}	we̱^{1}	mjijr^2	thja^2	ljwu^1
何	云？	上	地	生	者	彼	下
□	□	□	□	□	□，	□、	□
ljɨ̣^{2}	ɣa^2	rjur^1	sjij^2	dju^1	do^2	·ju^2	sej^1
地	于	诸	情	有	所，	常、	净

所以者何？生上地者于彼下地诸有情所，由常恒、

59.3

□	□	□	□	□	□	□	□
dzu^1	ŋwe^1	bu̱^{2}	tśhja^2	·io̱w^1	ŋowr^2	·jij^1	bu̱^{2}
爱	乐	胜	功	德	具	自	胜
□	□。	□	□、	□	□	□。	
ŋa^2	·jɨ^2	ɣạ^2	ŋwə^1	mjɨ̱^{2}	mjij^1	thju̱^{1}	
我	谓。	十	五、	境	无	缘。	

乐净具胜功德自谓为胜故。十五、无境缘。

59.4

□	□	□	□	□	□	□	□
thjɨ^2	tja^1	phjo^2	kar^2	zow^2	lew^2	dzjar^2	tśja^1
此	者	分	别	计	所	灭	道
□	□	□	□	□	□	□	
ljɨ̣^{1}	nioow^1	·wạ^2	ljij^2	tha^1	tsjɨ̱r^1	njɨ^2	
△	及	广	大	佛	法	等	

谓缘境分别所计灭道及广大佛法等[2]

59.5

□	□	□	□	□	□	□	□	□。
·jij^1	thju̱^{1}	mjɨ̱^{2}	zji̱^{1}	njɨ̱^{2}	thju̱^{1}	ŋowr^2	ŋowr^2	ŋwu^2
之	缘	境	烦	恼	缘	所	有	是。

所有烦恼缘[3]。

59.6	[illegible]	[illegible]，	[illegible]	[illegible]	[illegible]	[illegible]	[illegible]	[illegible]
	nioow1	tśjɨ̱1	zjị1	njɨ̱2	mjor1	śjwo1	njɨ̱1	ɣạ2
	复	次，	烦	恼	现	行	二	十
	[illegible]	[illegible]。	[illegible]	[illegible]	[illegible]	[illegible]	[illegible]	[illegible]
	mə2	dju1	thjɨ2	tja1	njɨ̱1	ɣạ2	mə2	pu1
	种	有。	此	者	二	十	种	补

复次，烦恼现行有二十种。谓二十种补

59.7	[illegible]	[illegible]	[illegible]，	[illegible]	[illegible]	[illegible]	[illegible]	[illegible]，
	te1	khja2	lo1	njɨ̱1	ɣạ2	nioow1	śjwo1	bju1
	特	伽	罗，	二	十	缘	起	依，
	[illegible]	[illegible]	[illegible]	[illegible]	[illegible]	[illegible]	[illegible]。	
	njɨ̱1	ɣạ2	mə2	zjị1	njɨ̱2	mjor1	śjwo1	
	二	十	种	烦	恼	现	行。	

特伽罗[4]，依二十缘起，二十种现行烦恼。

59.8	[illegible]	[illegible]	[illegible]	[illegible]	[illegible]	[illegible]	[illegible]	[illegible]
	njɨ̱1	ɣạ2	pu1	te1	khja2	lo1	tja1	ljɨ̣1
	二	十	补	特	伽	罗	者	何
	[illegible]	[illegible]？	[illegible]、	[illegible]	[illegible]；	[illegible]、	[illegible]	[illegible]；
	kjɨ1	ŋwu2	lew1	nji1	dźjij1	njɨ̱1	nji1	phjɨ1
	△	是？	一、	家	在；	二、	家	出；

云何二十补特伽罗？一、在家；二、出家；

59.9	[illegible]、	[illegible]	[illegible]	[illegible]	[illegible]；	[illegible]、	[illegible]	[illegible]
	sọ1	niow2	tshjij1	tsji̱r1	dźjij1	ljɨ̣r1	nẹw2	tshjij1
	三、	恶	说	法	住；	四、	善	说
	[illegible]	[illegible]；	[illegible]、	[illegible]	[illegible]	[illegible]	[illegible]	[illegible]；
	tsji̱r1	dźjij1	ŋwə1	bu̱2	gjij1	zjị1	njɨ̱2	dźjɨ
	法	住；	五、	增	上	烦	恼	行；

三、住恶说法；四、住善说法；五、增上烦恼行；

59.10 □、 □ □ □； □、 □ □ □；
tśhjiw^1 ka^1 phia̱^{2} dźjɨ śja̱^{1} lhjɨ^2 zjɨ̱r^1 dźjɨ
六、 等 分 行； 七、 尘 薄 行；
□、 □ □ □ □； □、 □
·jar^1 rjur^1 kha^1 kię̱j^2 ka^2 gjɨ̱^{1} kię̱j^2
八、 世 间 欲 离； 九、 欲
六、等分行；七、薄尘行；八、世间离欲；九、

59.11 □ □； □、 □ □ □； □ □、 □
mjij^2 ka^2 ɣa̱^{2} śjɨj^2 rjar^2 ljij^2 ɣa̱^{2} lew^1 śjɨj^2
未 离； 十、 圣 迹 见； 十 一、 圣
□ □ □； □ □、 □ □； □
rjar^2 mjij^2 ljij^2 ɣa̱^{2} njɨ̱^{1} zow^2 zjij^1 ɣa̱^{2}
迹 未 见； 十 二、 执 着； 十
未离欲；十、见圣迹；十一、未见圣迹；十二、执着；十

59.12 □、 □ □ □； □ □、 □ □；
so̱^{1} mji^1 zow^2 zjij^1 ɣa̱^{2} ljɨ̱r^1 bio̱^{1} thju̱^{1}
三、 不 执 着； 十 四、 观 察；
□ □、 □ □； □ □、 □
ɣa̱^{2} ŋwə^1 ·jɨ^2 me^2 ɣa̱^{2} tśhjiw^1 dwewr^2
十 五、 睡 眠； 十 六、 觉
四、不执着；十四、观察；十五、睡眠；十六、觉
五、

59.13 □； □ □、 □ □； □ □、 □
tsjij^2 ɣa̱^{2} śja̱^{1} thjwi̱^{1} mjɨr^1 ɣa̱^{2} ·jar^1 tśhji^2
悟； 十 七、 幼 壮； 十 八、 根
□ □； □ □、 □ □ □ □；
śjɨj^1 we^1 ɣa̱^{2} gjɨ̱^{1} pa^2 djij^2 phã^1 tsjɨ̱r^1
成 熟； 十 九、 般 涅 槃 法；
悟；十七、幼少[5]；十八、根成熟；十九、般涅槃法；

59.14							
[illegible]	[illegible]、	[illegible]	[illegible]	[illegible]	[illegible]	[illegible]	[illegible]。
njɨ̱^{1}	ɣa̱^{2}	mji^{1}	pa^{2}	djij̱^{2}	phã^{1}	tsji̱r^{1}	ŋwu^{2}
二	十、	不	般	涅	槃	法	是。

二十、不般涅槃法。

校注：

[1] 西夏文本开头至“无色界于色行烦恼”已佚。

[2] 谓缘境分别所计灭道及广大佛法等，即西夏文“[illegible]”，汉文本作“谓缘分别所计灭道及广大佛法等”。

[3] 所有烦恼缘，即西夏文“[illegible]”，汉文本作“所有烦恼”。

[4] 补特伽罗，即西夏文“[illegible]”*pu^{1} te^{1} khja^{2} lo^{1}，梵文 pudgala，意译为数取趣、人、众生，指轮回转生的主体而言。数取趣，意为数度往返五趣轮回者。乃外道十六知见之一。即“我”的异名。佛教主张无我说，故不承认有生死主体的真实补特伽罗，但为解说方便起见，而将人假名为补特伽罗。

[5] 幼少，即西夏文“[illegible]”，西夏文字面意思作“幼壮”。

释读：

59.14						
[illegible]	[illegible]	[illegible]	[illegible]	[illegible]	[illegible]	[illegible]
njɨ̱^{1}	ɣa̱^{2}	zji̱^{1}	njɨ̱^{2}	mjor^{1}	śjwo^{1}	tja^{1}
二	十	烦	恼	现	行	者

云何二十烦恼现行？

59.15							
[illegible]	[illegible]	[illegible]？	[illegible]、	[illegible]	[illegible]	[illegible]	[illegible]
lji̱^{1}	kjɨ^{1}	ŋwu^{2}	lew^{1}	kięj^{2}	bju^{1}	tśjɨ̱r^{2}	mjor^{1}
何	△	是？	一、	欲	随	缠	现
[illegible]；	[illegible]、	[illegible]	[illegible]	[illegible]	[illegible]	[illegible]	
śjwo^{1}	njɨ̱^{1}	kięj^{2}	mji^{1}	bju^{1}	tśjɨ̱r^{2}	mjor^{1}	
行；	二、	欲	不	随	缠	现	

一、随所欲缠现行；二、不随所欲缠现

59.16
śjwo1 so̜1 nwə1 tsjij2 lew2 mjij1 zji̜1 nji̱2
行； 三、 知 了 所 无 烦 恼
mjor1 śjwo1 ljɨ̱r1 nwə1 tsjij2 dju1 lew2
现 行； 四、 知 了 有 所
行；三、无所了知烦恼现行；四、有所了知

59.17
zji̜1 nji̱2 mjor1 śjwo1 ŋwə1 tshu1 zji̜1 nji̱2
烦 恼 现 行； 五、 粗 烦 恼
mjor1 śjwo1 tśhjiw1 gu2 zji̜1 nji̱2 mjor1
现 行； 六、 中 烦 恼 现
烦恼现行；五、粗烦恼现行；六、等烦恼现

59.18
śjwo1 śja̜1 zjɨr1 zji̜1 nji̱2 mjor1 śjwo1 ·jar1
行； 七、 微 烦 恼 现 行； 八、
·u2 ɣa1 zji̜1 nji̱2 mjor1 śjwo1 gjɨ̱1
内 门 烦 恼 现 行； 九、
行[1]；七、微烦恼现行；八、内门烦恼现行；九、

59.19
djɨr2 ɣa1 zji̜1 nji̱2 mjor1 śjwo1 ɣa̜2 lə phjɨ1
外 门 烦 恼 现 行； 十、 念 失
zji̜1 nji̱2 mjor1 śjwo1 ɣa̜2 lew1 kjir1 dźja2
烦 恼 现 行； 十 一、 猛 利
外门烦恼现行；十、失念烦恼现行；十一、猛利

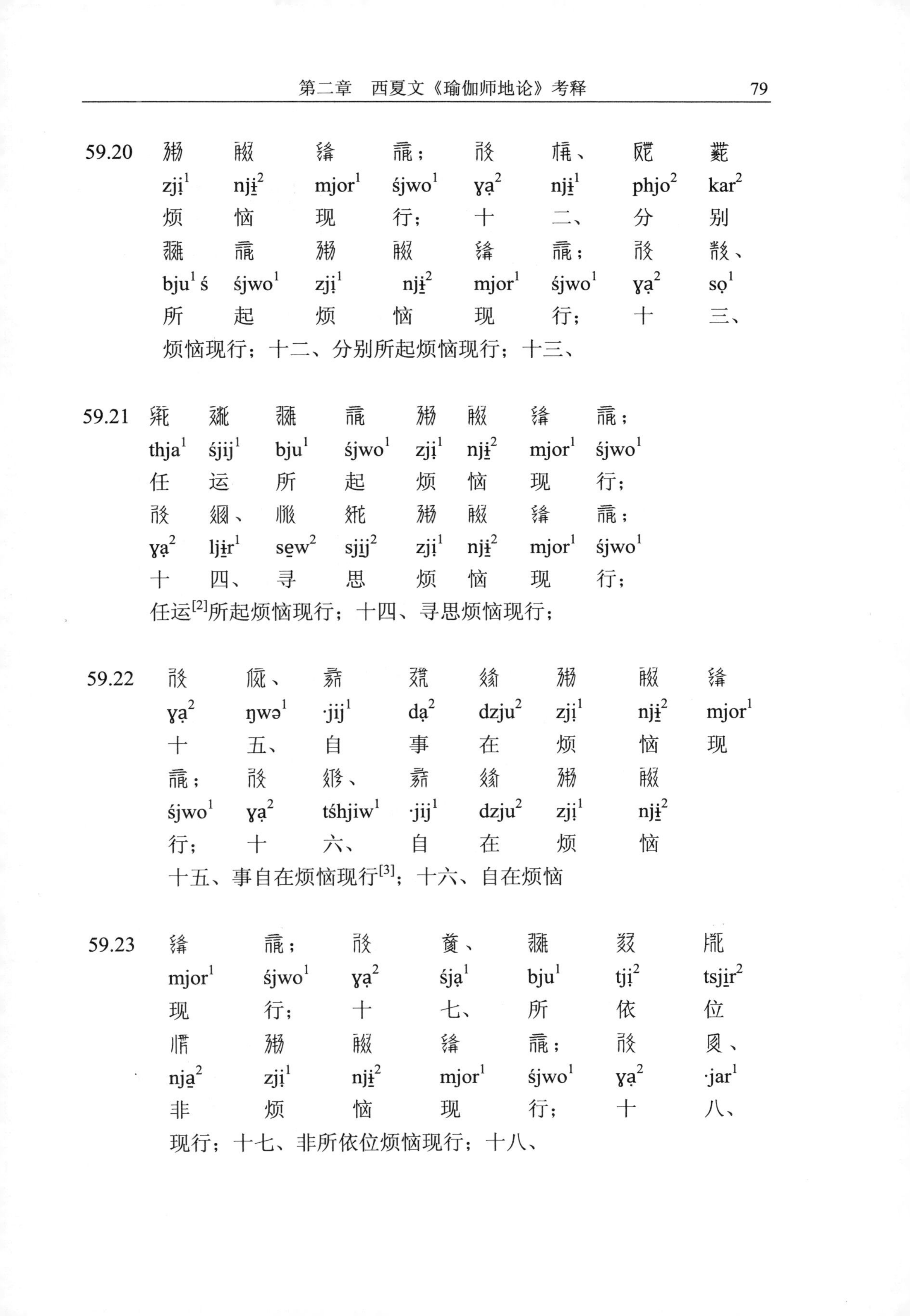

59.20 zjị^{1} njɨ̱^{2} mjor^{1} śjwo^{1} ɣạ^{2} njɨ̱^{1} phjo^{2} kar^{2}

烦 恼 现 行； 十 二、 分 别

bju^{1} ś śjwo^{1} zjị^{1} njɨ̱^{2} mjor^{1} śjwo^{1} ɣạ^{2} sọ^{1}

所 起 烦 恼 现 行； 十 三、

烦恼现行；十二、分别所起烦恼现行；十三、

59.21 thja^{1} śjij^{1} bju^{1} śjwo^{1} zjị^{1} njɨ̱^{2} mjor^{1} śjwo^{1}

任 运 所 起 烦 恼 现 行；

ɣạ^{2} ljɨr^{1} se̱w^{2} sjij^{2} zjị^{1} njɨ̱^{2} mjor^{1} śjwo^{1}

十 四、 寻 思 烦 恼 现 行；

任运[2]所起烦恼现行；十四、寻思烦恼现行；

59.22 ɣạ^{2} ŋwə^{1} ·jij^{1} dạ^{2} dzju^{2} zjị^{1} njɨ̱^{2} mjor^{1}

十 五、 自 事 在 烦 恼 现

śjwo^{1} ɣạ^{2} tśhjiw^{1} ·jij^{1} dzju^{2} zjị^{1} njɨ̱^{2}

行； 十 六、 自 在 烦 恼

十五、事自在烦恼现行[3]；十六、自在烦恼

59.23 mjor^{1} śjwo^{1} ɣạ^{2} śjạ^{1} bju^{1} tjị^{2} tsjɨ̱r^{2}

现 行； 十 七、 所 依 位

nja̱^{2} zjị^{1} njɨ̱^{2} mjor^{1} śjwo^{1} ɣạ^{2} ·jar^{1}

非 烦 恼 现 行； 十 八、

现行；十七、非所依位烦恼现行；十八、

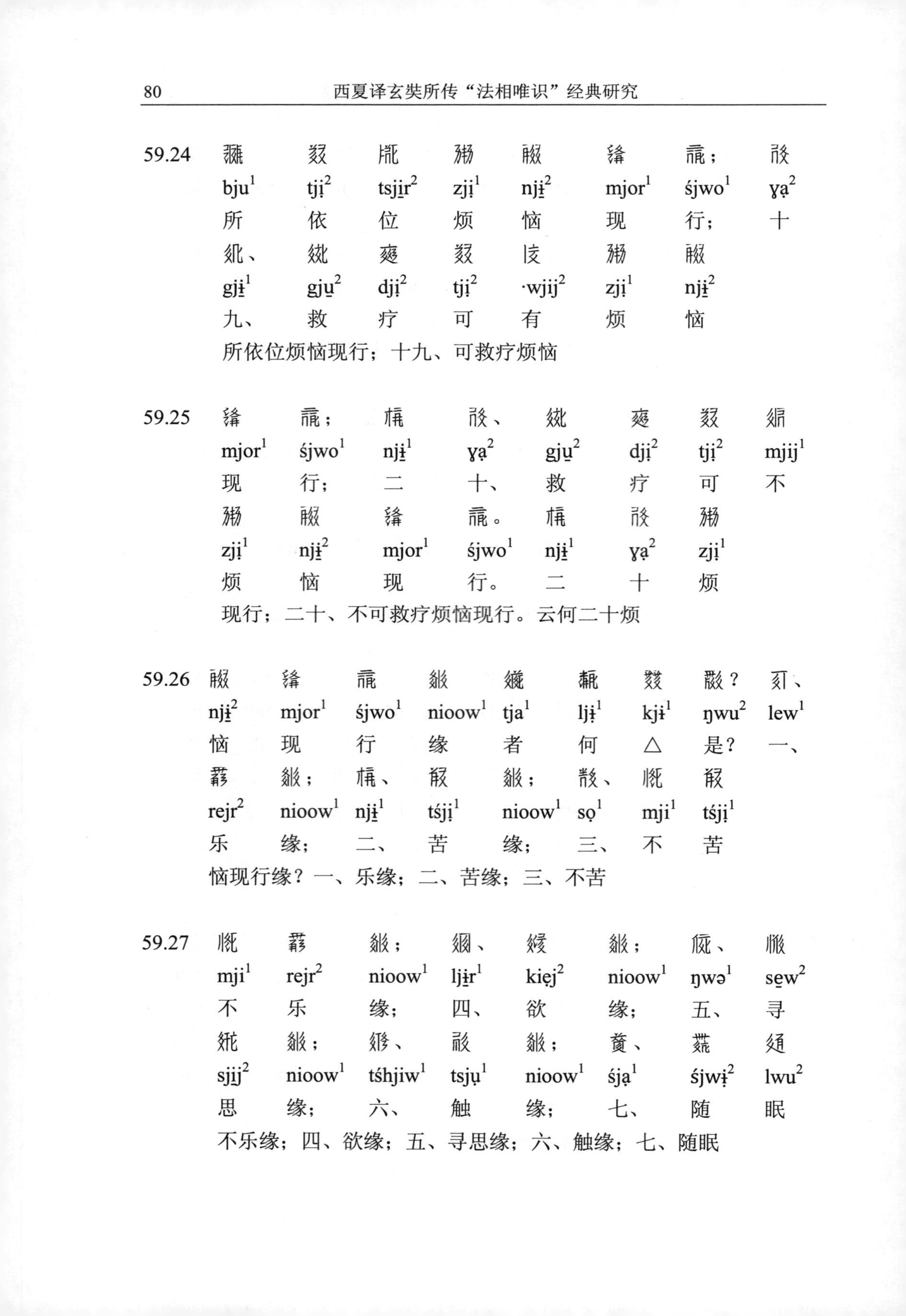

59.24 [Tangut]

bju^{1} tji̩^{2} tsji̠r^{2} zji̩^{1} nji̠^{2} mjor^{1} śjwo^{1} ɣa̩^{2}

所 依 位 烦 恼 现 行； 十

[Tangut]

gji̠^{1} gju̠^{2} dji̩^{2} tji̩^{2} ·wjij^{2} zji̩^{1} nji̠^{2}

九、 救 疗 可 有 烦 恼

所依位烦恼现行；十九、可救疗烦恼

59.25 [Tangut]

mjor^{1} śjwo^{1} nji̠^{1} ɣa̩^{2} gju̠^{2} dji̩^{2} tji̩^{2} mjij^{1}

现 行； 二 十、 救 疗 可 不

[Tangut]

zji̩^{1} nji̠^{2} mjor^{1} śjwo^{1} nji̠^{1} ɣa̩^{2} zji̩^{1}

烦 恼 现 行。 二 十 烦

现行；二十、不可救疗烦恼现行。云何二十烦

59.26 [Tangut]

nji̠^{2} mjor^{1} śjwo^{1} nioow^{1} tja^{1} lji̩^{1} kji^{1} ŋwu^{2} lew^{1}

恼 现 行 缘 者 何 △ 是？ 一、

[Tangut]

rejr^{2} nioow^{1} nji̠^{1} tśji̩^{1} nioow^{1} so̩^{1} mji^{1} tśji̩^{1}

乐 缘； 二、 苦 缘； 三、 不 苦

恼现行缘？一、乐缘；二、苦缘；三、不苦

59.27 [Tangut]

mji^{1} rejr^{2} nioow^{1} lji̠r^{1} kię̩j^{2} nioow^{1} ŋwə^{1} se̠w^{2}

不 乐 缘； 四、 欲 缘； 五、 寻

[Tangut]

sjij^{2} nioow^{1} tśhjiw^{1} tsju̩^{1} nioow^{1} śja̩^{1} śjwi̩^{2} lwu^{2}

思 缘； 六、 触 缘； 七、 随 眠

不乐缘；四、欲缘；五、寻思缘；六、触缘；七、随眠

59.28

[illegible]；	[illegible]、	[illegible]	[illegible]	[illegible]；	[illegible]、	[illegible]	[illegible]
nioow1	·jar1	dzjụ1	dzji̠2	nioow1	gji̠1	niow2	·wjị1
缘；	八、	宿	习	缘；	九、	恶	友
[illegible]	[illegible]	[illegible]；	[illegible]、	[illegible]	[illegible]	[illegible]	[illegible]
?	njij1	nioow1	ɣạ2	mji1	tśhja2	tsji̠r1	mji1
亲	近	缘；	十、	不	正	法	闻

缘；八、宿习缘；九、亲近恶友缘；十、闻不正法

59.29

[illegible]；	[illegible]	[illegible]、	[illegible]	[illegible]	[illegible]	[illegible]	[illegible]；
nioow1	ɣạ2	lew1	mji1	tśhja2	phji1	·wji1	nioow1
缘；	十	一、	不	正	意	作	缘；
[illegible]	[illegible]、	[illegible]	[illegible]	[illegible]；	[illegible]	[illegible]、	[illegible]
ɣạ2	nji̠1	mji1	dźiej2	nioow1	ɣạ2	sọ1	low2
十	二、	不	信	缘；	十	三、	懈

缘；十一、不正作意缘；十二、不信缘；十三、懈

59.30

[illegible]	[illegible]；	[illegible]	[illegible]、	[illegible]	[illegible]	[illegible]；	[illegible]
ljij1	nioow1	ɣạ2	lji̠r1	lə	phji1	nioow1	ɣạ2
怠	缘；	十	四、	念	失	缘；	十
[illegible]、	[illegible]	[illegible]	[illegible]；	[illegible]	[illegible]、	[illegible]	[illegible]
ŋwə1	ŋewr1	khie̠1	nioow1	ɣạ2	tśhjiw1	niow2	zji̠r1
五、	散	乱	缘；	十	六、	恶	慧

怠缘；十四、失念缘；十五、散乱缘；十六、恶慧

59.31

[illegible]；	[illegible]	[illegible]、	[illegible]	[illegible]	[illegible]；	[illegible]	[illegible]、
nioow1	ɣạ2	śjạ1	śja1	·wjạ2	nioow1	ɣạ2	·jar1
缘；	十	七、	逸	放	缘；	十	八、
[illegible]	[illegible]	[illegible]；	[illegible]	[illegible]、	[illegible]	[illegible]	[illegible]
zjị1	nji̠2	nioow1	ɣạ2	gji̠1	kiej2	mji1	ka2
烦	恼	缘；	十	九、	欲	未	离

缘；十七、放逸缘；十八、烦恼缘；十九、未离欲

59.32

□；	□	□、	□	□	□	□。	□
nioow^1	nji̱^{1}	ɣạ^2	do^2	we̱^{1}	tsji̱r^2	nioow^1	thjɨ^2
缘；	二	十、	异	生	性	缘。	此
□	□	□，	□	□	□	□	□。
rjur^1	nioow^1	bju^1	ku^1	zji̱^{1}	nji̱^{2}	mjor^1	śjwo^1
诸	缘	依，	则	烦	恼	现	行。

缘；二十、异生性缘。依此诸缘故，烦恼现行。

校注：

[1] 等烦恼现行，即西夏文“□□□□□”，西夏文字面意思作“中烦恼现行”。

[2] 任运，即西夏文“□□”，亦译作“自然”。

[3] 事自在烦恼现行，即西夏文“□□□□□□□”，汉文本作“不自在烦恼现行”。

释读：

59.33

□	□：	□	□	□	□	□	□
·jɨr^1	dạ^2	thja^2	thja^2	kiẹj^2	·u^2	we̱^{1}	tśhiow^1
问	曰：	彼	彼	界	中	生	结
□	□	□	□	□	□	□，	□
twẹ^2	twẹ^2	zjij^1	thja^2	thja^2	ljụ^2	·u^2	kiẹj^2
相	续	时	彼	彼	身	中，	界

问：于彼彼界结生相续彼彼身中，

59.34

□	□	□	□	□，	□	□	□
ŋowr^2	zji̱^{1}	nji̱^{2}	ŋowr^2	ŋowr^2	zji^2	we̱^{1}	tśhiow^1
全	烦	恼	一	切，	皆	生	结
□？	□	□	□	□？	□	□：	□
mo^2	tśhio̱w^1	mji^1	ŋowr^2	ljɨ^1	hụ^2	dạ^2	ŋowr^2
耶？	或	不	全	耶？	答	曰：	全

全界一切烦恼[1]，皆结生耶？为不全耶？答：

59.35

[illegible]	[illegible]，	[illegible]	[illegible]	[illegible]。	[illegible]	[illegible]	[illegible]？
tshjịj^{1}	lew^{2}	mji^{1}	ŋowr^{2}	nja̱^{2}	thjij^{2}	sjo^{2}	ljɨ^{1}
言	当，	不	全	非。	何	云	故？
[illegible]	[illegible]	[illegible]	[illegible]，	[illegible]	[illegible]	[illegible]	[illegible]
tjij^{1}	kięj^{2}	mji^{1}	ka^{2}	ku^{1}	tśhjwo^{1}	·jij^{1}	we̱^{1}
若	欲	未	离，	则	故	自	生

当言全，非不全。何以故？若未离欲，于自生

59.36

[illegible]	[illegible]	[illegible]	[illegible]	[illegible]，	[illegible]	[illegible]	[illegible]
tjị^{2}	do^{2}	we̱^{1}	lhjịj	rjir^{1}	kięj^{2}	ka^{2}	nja̱^{2}
处	方	生	受	得，	离	欲	非
[illegible]。	[illegible]	[illegible]	[illegible]	[illegible]	[illegible]，	[illegible]	[illegible]
ljɨ^{1}	nioow^{1}	kięj^{2}	mji^{1}	ka^{2}	mjijr^{2}	rjur^{1}	zjị^{1}
故。	又	欲	未	离	者，	诸	烦

处方得受生，非离欲故。又未离欲者，诸烦

59.37

[illegible]	[illegible]	[illegible]	[illegible]	[illegible]	[illegible]，	[illegible]	[illegible]
njɨ̱^{2}	tjij^{1}	tshu^{1}	ljɨ̱^{1}	ŋowr^{2}	ŋowr^{2}	ljụ^{2}	śio^{1}
恼	品	粗	重	所	有，	身	随
[illegible]，	[illegible]	[illegible]	[illegible]	[illegible]	[illegible]	[illegible]	
tśjɨ̱r^{2}	nioow^{1}	do^{2}	ljụ^{2}	·wji^{1}	we̱^{1}	·jiw^{1}	
缚，	又	异	身	为	生	因	

恼品所有粗重，随缚自身，亦能为彼异身生因。

59.38

[illegible]	[illegible]	[illegible]。	[illegible]	[illegible]	[illegible]	[illegible]，	[illegible]	[illegible]
tsjɨ^{1}	we^{2}	njwi^{2}	thjɨ^{2}	·jiw^{1}	nioow^{1}	bju^{1}	zjị^{1}	njɨ̱^{2}
亦	为	能。	是	因	缘	由，	烦	恼
[illegible]	[illegible]，	[illegible]	[illegible]	[illegible]	[illegible]	[illegible]	[illegible]	
ŋowr^{2}	ŋowr^{2}	zji^{2}	we̱^{1}	tśhiow^{1}	twę^{2}	twę^{2}	nwə^{1}	
一	切，	皆	生	结	相	续	知	

由是因缘，当知一切烦恼，皆结生相续。

59.39 [illegible]
lew^{2} nioow^{1} we̱^{1} lhjịj ·jij^{1} zjịj^{1} ·jij^{1} ljṵ^{2}
当。 又 生 受 将 时， 自 身
[illegible]
kwər^{1} ɣa^{2} lẹj^{2} dzu^{1} mjor^{1} śjwo^{1} go̱r^{1}
体 于 贪 爱 现 行， 男
又将受生时，于自体上贪爱现行，于男

59.40 [illegible]
ɣa^{2} sji^{2} ɣa^{2} tjij^{1} dzu^{1} tjij^{1} kwow^{2} nioow^{1}
于 女 于， 若 爱 若 恚 亦
[illegible]
·jij^{1} gu^{2} mjor^{1} śjwo^{1} nioow^{1} ·jiw^{2} tsjɨ^{1}
自 共 现 行。 又 疑 亦
于女，若爱若恚亦互现行。又疑

59.41 [illegible]
mjor^{1} śjwo^{1} thja^{1} thjɨ^{2} lə ·wji^{1} thjɨ^{2} go̱r^{1}
现 行 彼 是 思 作： 此 男
[illegible]
thjɨ^{2} sji^{2} sjij^{1} ŋa^{2} rjir^{2} gu^{2} gu^{2} thjɨ^{2}
此 女， 今 我 与 共 同 此
现行彼作是思：此男此女，今为与我共[2]

59.42 [illegible]
dạ^{2} dźjij^{1} ·a dzjij ·jɨ^{2} nioow^{1} ·u^{2} djɨr^{2}
事 行 △ 肯 谓？ 又 内 外
[illegible]
ɣa^{2} ŋa^{2} ŋa^{2} ·jij^{1} ljij^{2} nioow^{1} ŋa^{2} khwẹj^{1}
于 我 我 之 见 及 我 慢
行事不？又于内外我我所见及我慢

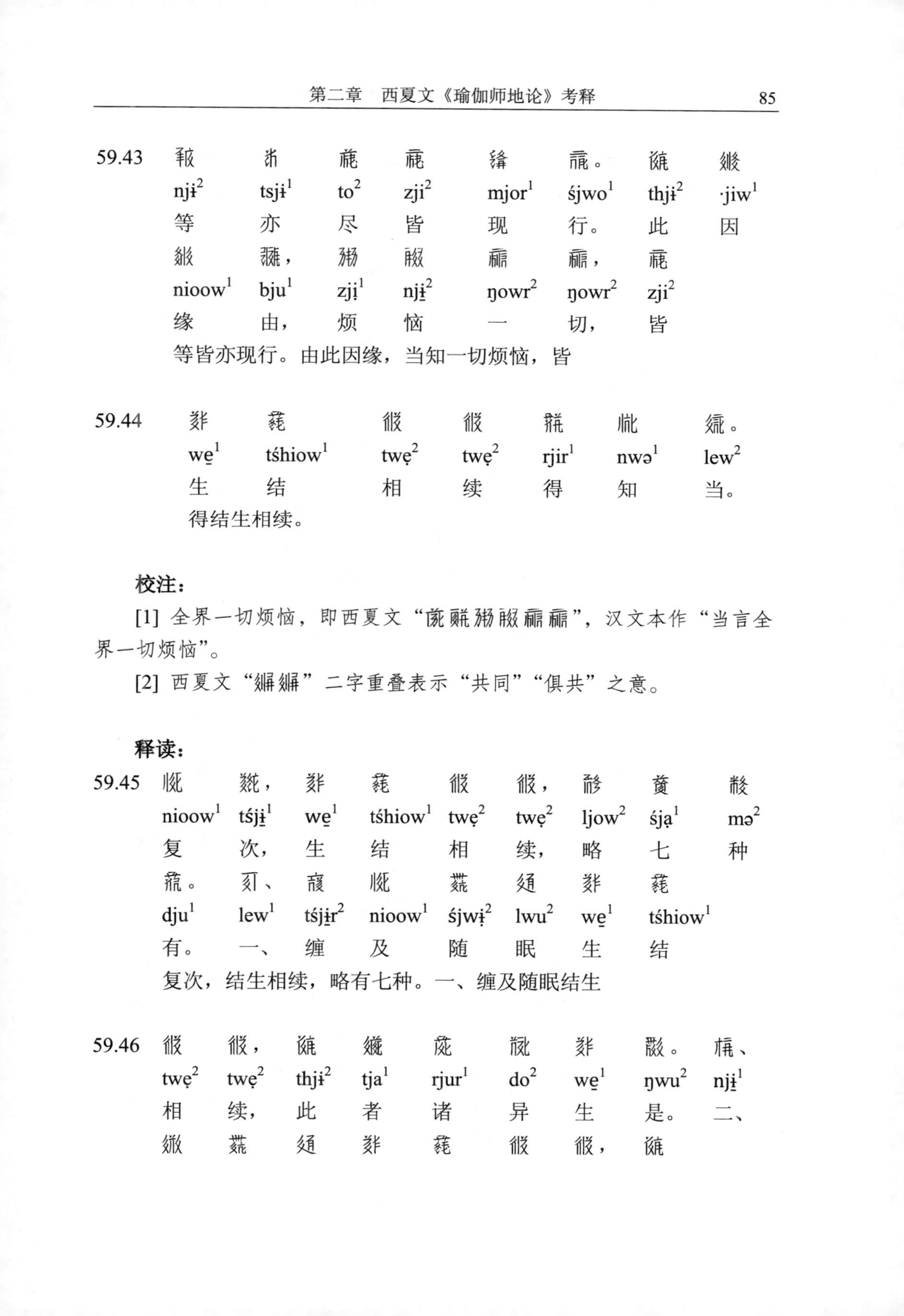

59.43 [illegible] 。 [illegible]
njɨ^{2} tsjɨ^{1} to^{2} zji^{2} mjor^{1} śjwo^{1} thjɨ^{2} ·jiw^{1}
等 亦 尽 皆 现 行。 此 因
[illegible] ， [illegible] ， [illegible]
nioow^{1} bju^{1} zji̱^{1} njɨ̱^{2} ŋowr^{2} ŋowr^{2} zji^{2}
缘 由， 烦 恼 一 切， 皆
等皆亦现行。由此因缘，当知一切烦恼，皆

59.44 [illegible] 。
wẹ̱^{1} tśhiow^{1} twẹ^{2} twẹ^{2} rjir^{1} nwə^{1} lew^{2}
生 结 相 续 得 知 当。
得结生相续。

校注：

[1] 全界一切烦恼，即西夏文“[illegible]”，汉文本作“当言全界一切烦恼”。

[2] 西夏文“[illegible]”二字重叠表示“共同”“俱共”之意。

释读：

59.45 [illegible] ， [illegible] ， [illegible]
nioow^{1} tśjɨ̱^{1} wẹ̱^{1} tśhiow^{1} twẹ^{2} twẹ^{2} ljow^{2} śjạ^{1} mə^{2}
复 次， 生 结 相 续， 略 七 种
[illegible] 。 [illegible] 、 [illegible]
dju^{1} lew^{1} tśjɨ̱r^{2} nioow^{1} śjwɨ̣^{2} lwu^{2} wẹ̱^{1} tśhiow^{1}
有。 一、 缠 及 随 眠 生 结
复次，结生相续，略有七种。一、缠及随眠结生

59.46 [illegible] ， [illegible] 。 [illegible] 、
twẹ^{2} twẹ^{2} thjɨ^{2} tja^{1} rjur^{1} do^{2} wẹ̱^{1} ŋwu^{2} njɨ̱^{1}
相 续， 此 者 诸 异 生 是。 二、
[illegible] ， [illegible]

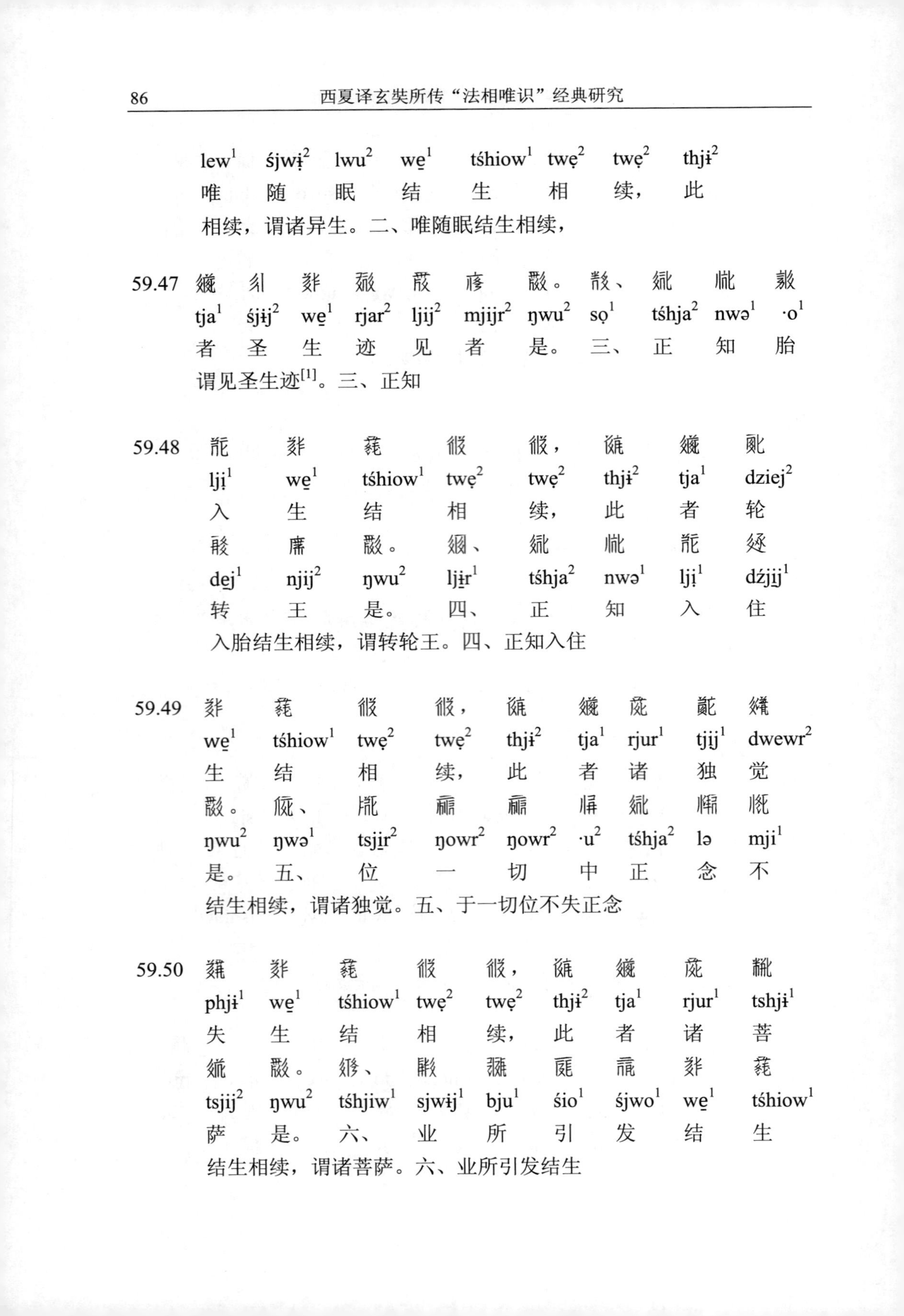

lew^{1} śjwɨ̱^{2} lwu^{2} we̱^{1} tśhiow^{1} twẹ^{2} twẹ^{2} thjɨ^{2}
唯 随 眠 结 生 相 续， 此
相续，谓诸异生。二、唯随眠结生相续，

59.47 [illegible]
tja^{1} śjɨj^{2} we̱^{1} rjar^{2} ljij^{2} mjijr^{2} ŋwu^{2} sọ^{1} tśhja^{2} nwə^{1} ·o^{1}
者 圣 生 迹 见 者 是。 三、 正 知 胎
谓见圣生迹[1]。三、正知

59.48 [illegible]
ljị^{1} we̱^{1} tśhiow^{1} twẹ^{2} twẹ^{2} thjɨ^{2} tja^{1} dziej^{2}
入 生 结 相 续， 此 者 轮
[illegible]
de̱j^{1} njij^{2} ŋwu^{2} ljɨ̱r^{1} tśhja^{2} nwə^{1} ljị^{1} dźjij^{1}
转 王 是。 四、 正 知 入 住
入胎结生相续，谓转轮王。四、正知入住

59.49 [illegible]
we̱^{1} tśhiow^{1} twẹ^{2} twẹ^{2} thjɨ^{2} tja^{1} rjur^{1} tjij^{1} dwewr^{2}
生 结 相 续， 此 者 诸 独 觉
[illegible]
ŋwu^{2} ŋwə^{1} tsji̱r^{2} ŋowr^{2} ŋowr^{2} ·u^{2} tśhja^{2} lə mji^{1}
是。 五、 位 一 切 中 正 念 不
结生相续，谓诸独觉。五、于一切位不失正念

59.50 [illegible]
phjɨ^{1} we̱^{1} tśhiow^{1} twẹ^{2} twẹ^{2} thjɨ^{2} tja^{1} rjur^{1} tshjɨ^{1}
失 生 结 相 续， 此 者 诸 菩
[illegible]
tsjij^{2} ŋwu^{2} tśhjiw^{1} sjwɨj^{1} bju^{1} śio^{1} śjwo^{1} we̱^{1} tśhiow^{1}
萨 是。 六、 业 所 引 发 结 生
结生相续，谓诸菩萨。六、业所引发结生

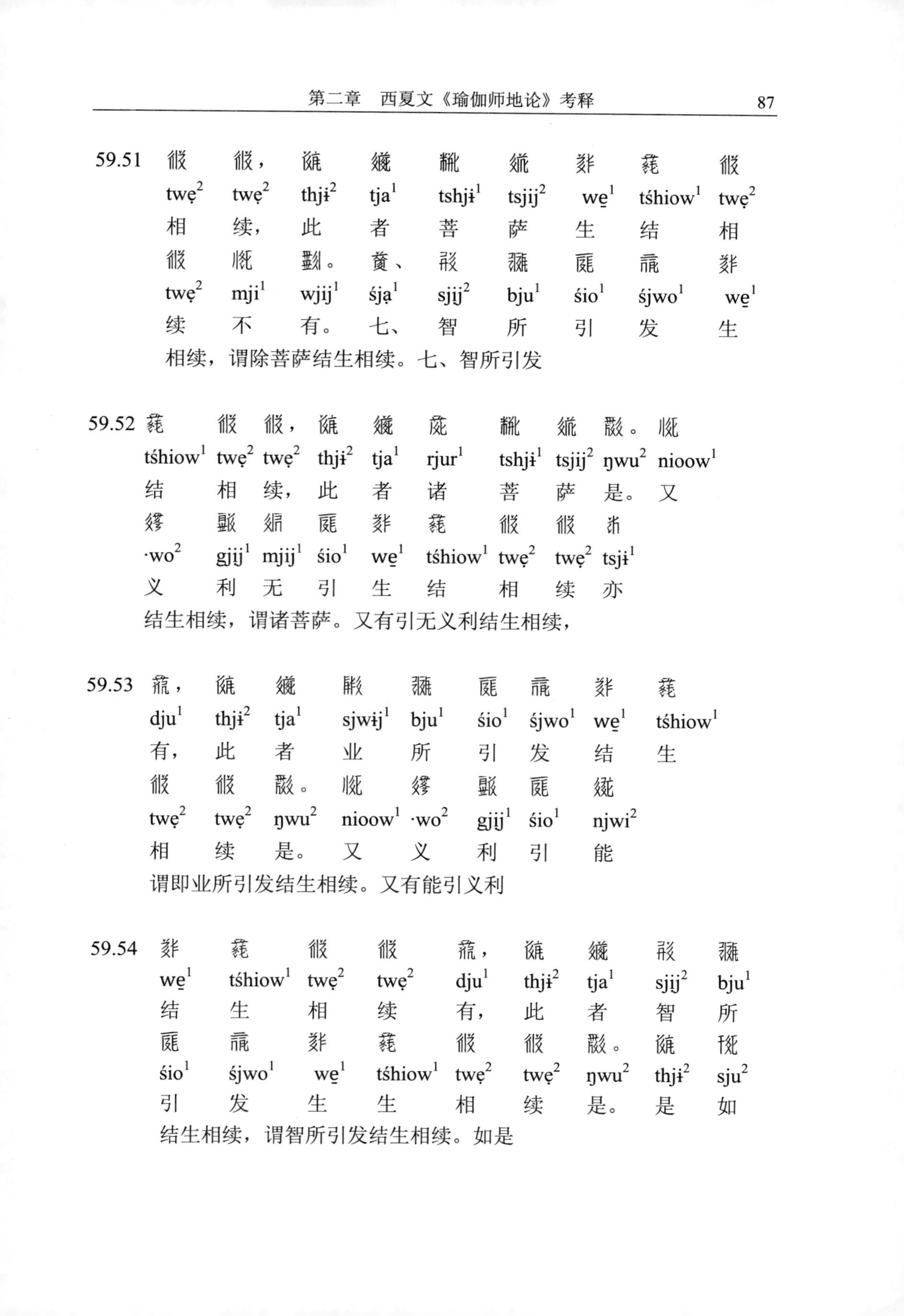

59.51 twę² twę² thjɨ² tja¹ tshjɨ¹ tsjij² we̱¹ tśhiow¹ twę²
相 续，此 者 菩 萨 生 结 相
twę² mji¹ wjij¹ śją¹ sjij² bju¹ śio¹ śjwo¹ we̱¹
续 不 有。七、智 所 引 发 生
相续，谓除菩萨结生相续。七、智所引发

59.52 tśhiow¹ twę² twę² thjɨ² tja¹ rjur¹ tshjɨ¹ tsjij² ŋwu² nioow¹
结 相 续，此 者 诸 菩 萨 是。又
·wo² gjij¹ mjij¹ śio¹ we̱¹ tśhiow¹ twę² twę² tsjɨ¹
义 利 无 引 生 结 相 续 亦
结生相续，谓诸菩萨。又有引无义利结生相续，

59.53 dju¹ thjɨ² tja¹ sjwɨj¹ bju¹ śio¹ śjwo¹ we̱¹ tśhiow¹
有，此 者 业 所 引 发 结 生
twę² twę² ŋwu² nioow¹ ·wo² gjij¹ śio¹ njwi²
相 续 是。又 义 利 引 能
谓即业所引发结生相续。又有能引义利

59.54 we̱¹ tśhiow¹ twę² twę² dju¹ thjɨ² tja¹ sjij² bju¹
结 生 相 续 有，此 者 智 所
śio¹ śjwo¹ we̱¹ tśhiow¹ twę² twę² ŋwu² thjɨ² sju²
引 发 生 生 相 续 是。是 如
结生相续，谓智所引发结生相续。如是

59.55

[illegible]	[illegible]	[illegible]	[illegible]	[illegible]	[illegible]
wẹ^{1}	tśhiow^{1}	twẹ^{2}	twẹ^{2}	·iọ^{1}	tshjij^{1}
生	结	相	续	总	说
[illegible]，	[illegible]	[illegible]	[illegible]	[illegible]	[illegible]。
nji^{2}	ku^{1}	tśhioẉ^{1}	śją^{1}	tśhioẉ^{1}	gjɨ^{1}
△，	则	或	七	或	九。

总说结生相续[2]，或七或九。

校注：

[1] 谓见圣生迹，即西夏文“[illegible]”，汉文本作“谓见圣迹”。

[2] 西夏文“[illegible]”*nji^{2}，作为词缀加在民族、国家之后，表示“人”之义；加在一般名词之后，亦可表示“人”之义；加在形容词之后，亦有“人”之义；加在表示人的名词之后，表示复数。①

释读：

59.56

[illegible]	[illegible]，	[illegible]	[illegible]，	[illegible]	[illegible]	[illegible]	[illegible]	[illegible]
nioow^{1}	tśjɨ^{1}	thjɨ^{2}	kha^{1}	dzjij^{2}	rjur^{1}	śji^{1}	śjij^{1}	·wji^{1}
复	次，	此	中，	余	诸	前	顺	为
[illegible]	[illegible]	[illegible]	[illegible]	[illegible]	[illegible]	[illegible]	[illegible]	
gjwi^{2}	kụ^{1}	śjij^{1}	·wji^{1}	gjwi^{2}	nioow^{1}	ljɨr^{1}	gjwi^{2}	
句	后	顺	为	句	及	四	句	

复次，于此[1]，余诸顺前句[2]、顺后句及四句

59.57

[illegible]，	[illegible]	[illegible]	[illegible]	[illegible]	[illegible]，	[illegible]	[illegible]
njɨ^{2}	·wo^{2}	bju^{1}	phja^{1}	gjij^{1}	·jwɨr^{2}	·jị^{2}	nioow^{1}
等，	理	如	决	择	文，	更	复
[illegible]	[illegible]。	[illegible]	[illegible]	[illegible]	[illegible]	[illegible]：	
mji^{1}	tshjij^{1}	kụ^{1}	ɣwə^{2}	thow^{1}	na^{1}	dạ^{2}	
不	说。	后	嗢	拖	南	曰：	

① 参见聂鸿音《西夏语谓词人称后缀补议》，《语言科学》2008 年第 5 期。

等，如理决择文，更不复现。后嗢拖南曰：

59.58

[illegible]	[illegible]	[illegible]	[illegible]	[illegible]，	[illegible]	[illegible]
sjwɨj^{1}	·jij^{1}	dạ^{2}	rejr^{2}	njɨ^{2}	mji^{1}	ne̱w^{2}
业	相	事	乐	等，	不	善
[illegible]	[illegible]，	[illegible]	[illegible]	[illegible]	[illegible]	[illegible]，
njɨ^{2}	nioow^{1}	thju̱^{1}	lew^{2}	nioow^{1}	mjor^{1}	śjwo^{1}
等	及，	缘	所	及	现	行，

业相事乐等，不善等及[3]，所缘与现行，

59.59

[illegible]	[illegible]	[illegible]	[illegible]	[illegible]。
we̱^{1}	twẹ^{2}	zji^{2}	kụ^{1}	we^{2}
生	续	最	后	为。

续生最为后。

59.60

[illegible]	[illegible]	[illegible]	[illegible]	[illegible]	[illegible]	[illegible]	[illegible]
thjɨ^{2}	sju^{2}	zji̩^{1}	nji̱^{2}	dza^{1}	la̱^{1}	phja^{1}	gjịj^{1}
是	如	烦	恼	杂	染	决	择
[illegible]	[illegible]	[illegible]	[illegible]。	[illegible]	[illegible]	[illegible]	[illegible]
rjɨr^{2}	tshjịj^{1}	dja^{2}	dźjwa^{1}	sjwɨj^{1}	dza^{1}	la̱^{1}	phja^{1}
△	说	已	毕。	业	杂	染	决

如是已说烦恼杂染决择。业杂染决

59.61

[illegible]	[illegible]，	[illegible]	[illegible]	[illegible]	[illegible]。	[illegible]	[illegible]	[illegible]
gjịj^{1}	śjij^{1}	thjɨ^{2}	·wjɨ^{2}	tshji̱^{2}	ŋa^{2}	śji^{1}	rjɨr^{2}	tshjịj^{1}
择	△，	此	刻	说	我。	先	所	说
[illegible]	[illegible]	[illegible]	[illegible]	[illegible]、	[illegible]	[illegible]	[illegible]	
sjwɨj^{1}	dza^{1}	la̱^{1}	·wo^{2}	bju^{1}	nwə^{1}	lew^{2}	thjɨ^{2}	
业	杂	染	义	如、	知	当	此	

择，我今当说[4]。如先所说业杂染义，当知

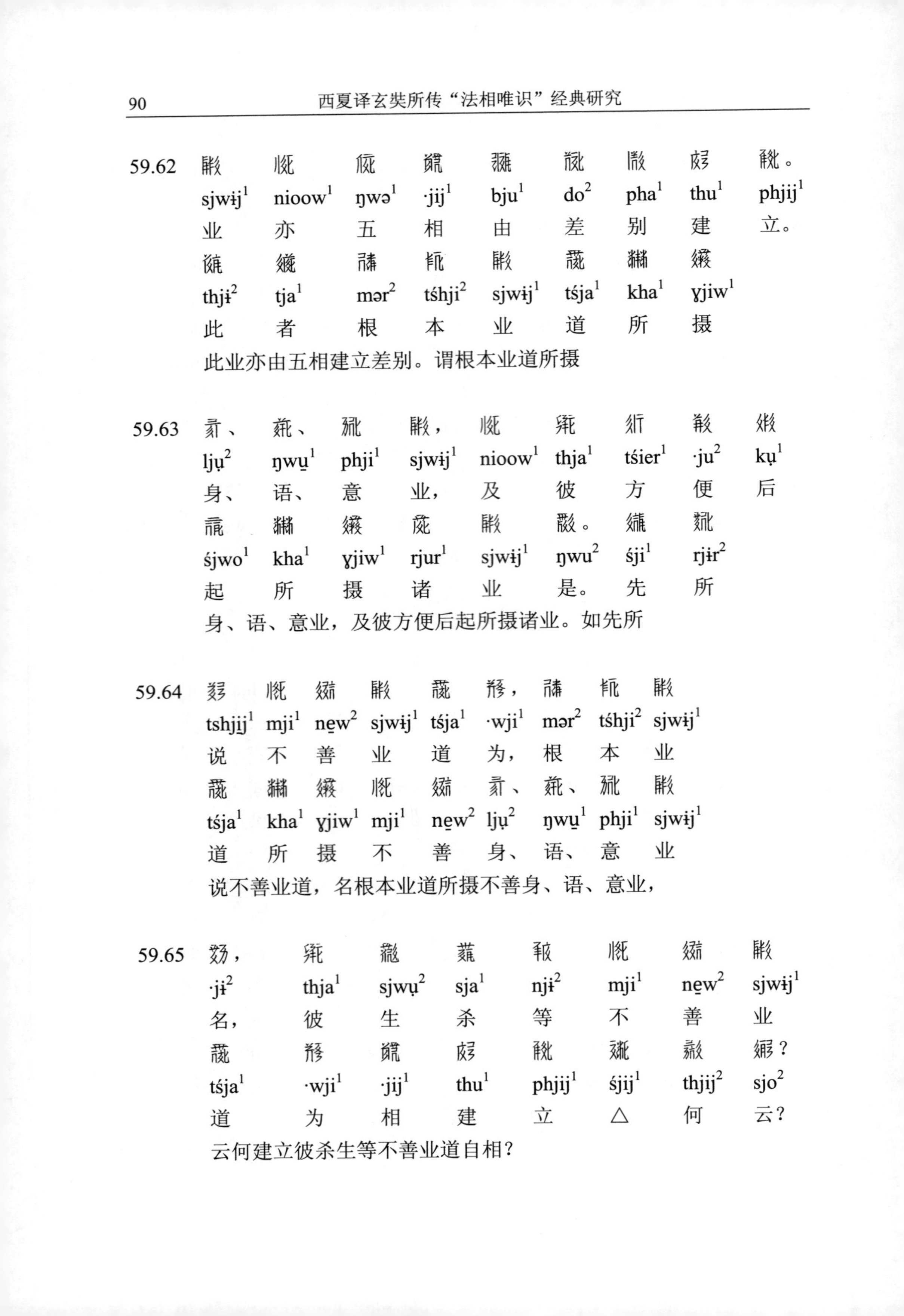

59.62 [illegible]

sjwɨj^{1} nioow^{1} ŋwə^{1} ·jij^{1} bju^{1} do^{2} pha^{1} thu^{1} phjij^{1}

业 亦 五 相 由 差 别 建 立。

[illegible]

thjɨ^{2} tja^{1} mər^{2} tśhji^{2} sjwɨj^{1} tśja^{1} kha^{1} ɣjiw^{1}

此 者 根 本 业 道 所 摄

此业亦由五相建立差别。谓根本业道所摄

59.63 [illegible]

ljụ^{2} ŋwu̲^{1} phji^{1} sjwɨj^{1} nioow^{1} thja^{1} tśier^{1} ·ju^{2} kụ^{1}

身、 语、 意 业， 及 彼 方 便 后

[illegible]

śjwo^{1} kha^{1} ɣjiw^{1} rjur^{1} sjwɨj^{1} ŋwu^{2} śji^{1} rjɨr^{2}

起 所 摄 诸 业 是。 先 所

身、语、意业，及彼方便后起所摄诸业。如先所

59.64 [illegible]

tshjij^{1} mji^{1} ne̲w^{2} sjwɨj^{1} tśja^{1} ·wji^{1} mər^{2} tśhji^{2} sjwɨj^{1}

说 不 善 业 道 为， 根 本 业

[illegible]

tśja^{1} kha^{1} ɣjiw^{1} mji^{1} ne̲w^{2} ljụ^{2} ŋwu̲^{1} phji^{1} sjwɨj^{1}

道 所 摄 不 善 身、 语、 意 业

说不善业道，名根本业道所摄不善身、语、意业，

59.65 [illegible]

·jɨ^{2} thja^{1} sjwụ^{2} sja^{1} njɨ^{2} mji^{1} ne̲w^{2} sjwɨj^{1}

名， 彼 生 杀 等 不 善 业

[illegible]

tśja^{1} ·wji^{1} ·jij^{1} thu^{1} phjij^{1} śjij^{1} thjij^{2} sjo^{2}

道 为 相 建 立 △ 何 云？

云何建立彼杀生等不善业道自相？

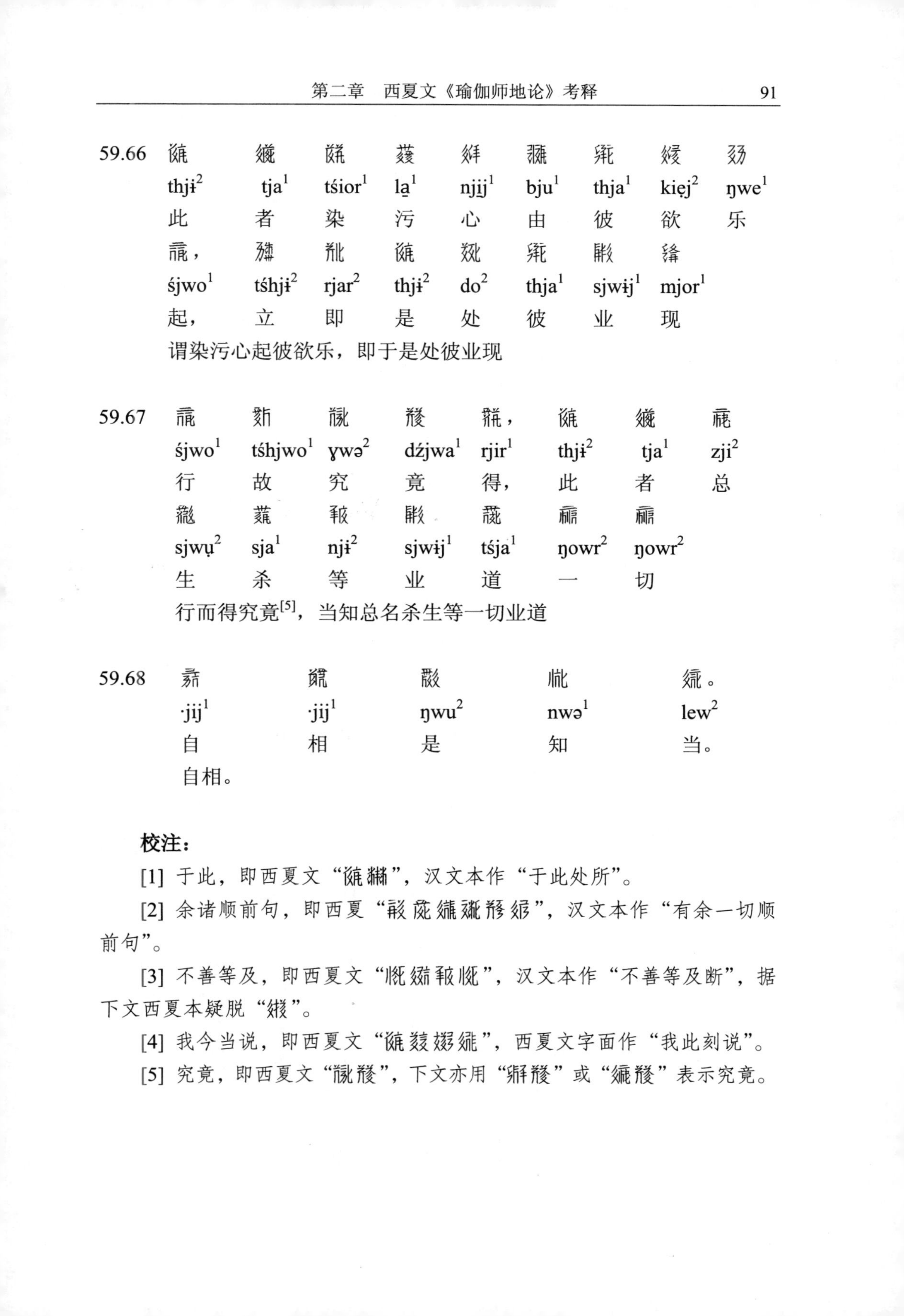

59.66

59.66	□	□	□	□	□	□	□	□	□
	thjɨ^2	tja^1	tśior^1	la̱^{1}	njij^1	bju^1	thja^1	kiẹj^2	ŋwe^1
	此	者	染	污	心	由	彼	欲	乐
	□，	□	□	□	□	□	□	□	
	śjwo^1	tśhjɨ^2	rjar^2	thjɨ^2	do^2	thja^1	sjwɨj^1	mjor^1	
	起，	立	即	是	处	彼	业	现	

谓染污心起彼欲乐，即于是处彼业现

59.67	□	□	□	□	□，	□	□	□
	śjwo^1	tśhjwo^1	ɣwə^2	dźjwa^1	rjir^1	thjɨ^2	tja^1	zji^2
	行	故	究	竟	得，	此	者	总
	□	□	□	□	□	□	□	
	sjwụ^2	sja^1	njɨ^2	sjwɨj^1	tśja^1	ŋowr^2	ŋowr^2	
	生	杀	等	业	道	一	切	

行而得究竟[5]，当知总名杀生等一切业道

59.68	□	□	□	□	□。
	·jij^1	·jij^1	ŋwu^2	nwə^1	lew^2
	自	相	是	知	当。

自相。

校注：

[1] 于此，即西夏文"□□"，汉文本作"于此处所"。

[2] 余诸顺前句，即西夏"□□□□□□"，汉文本作"有余一切顺前句"。

[3] 不善等及，即西夏文"□□□□"，汉文本作"不善等及断"，据下文西夏本疑脱"□"。

[4] 我今当说，即西夏文"□□□□"，西夏文字面作"我此刻说"。

[5] 究竟，即西夏文"□□"，下文亦用"□□"或"□□"表示究竟。

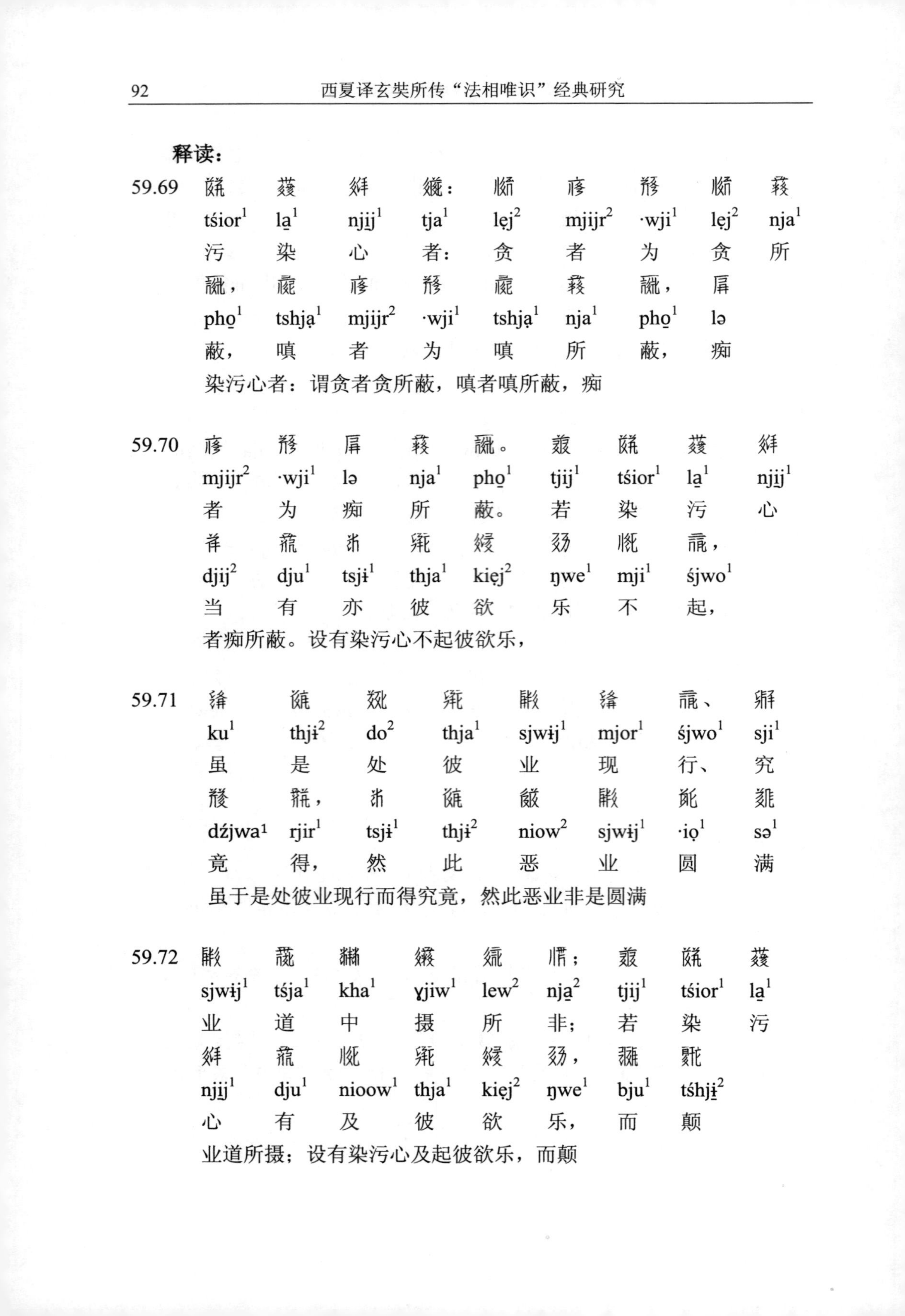

释读：

59.69 [illegible]

tśior^{1} la̱^{1} njij^{1} tja^{1} lẹj^{2} mjijr^{2} ·wji^{1} lẹj^{2} nja^{1}

污 染 心 者： 贪 者 为 贪 所

[illegible]

pho̱^{1} tshjạ^{1} mjijr^{2} ·wji^{1} tshjạ^{1} nja^{1} pho̱^{1} lə

蔽， 嗔 者 为 嗔 所 蔽， 痴

染污心者：谓贪者贪所蔽，嗔者嗔所蔽，痴

59.70 [illegible]

mjijr^{2} ·wji^{1} lə nja^{1} pho̱^{1} tjij^{1} tśior^{1} la̱^{1} njij^{1}

者 为 痴 所 蔽。 若 染 污 心

[illegible]

djij^{2} dju^{1} tsjɨ^{1} thja^{1} kięj^{2} ŋwe^{1} mji^{1} śjwo^{1}

当 有 亦 彼 欲 乐 不 起，

者痴所蔽。设有染污心不起彼欲乐，

59.71 [illegible]

ku^{1} thjɨ^{2} do^{2} thja^{1} sjwɨj^{1} mjor^{1} śjwo^{1} sji^{1}

虽 是 处 彼 业 现 行、 究

[illegible]

dźjwa^{1} rjir^{1} tsjɨ^{1} thjɨ^{2} niow^{2} sjwɨj^{1} ·iọ^{1} sə^{1}

竟 得， 然 此 恶 业 圆 满

虽于是处彼业现行而得究竟，然此恶业非是圆满

59.72 [illegible]

sjwɨj^{1} tśja^{1} kha^{1} ɣjiw^{1} lew^{2} nja̱^{2} tjij^{1} tśior^{1} la̱^{1}

业 道 中 摄 所 非； 若 染 污

[illegible]

njij^{1} dju^{1} nioow^{1} thja^{1} kięj^{2} ŋwe^{1} bju^{1} tśhjɨ̱^{2}

心 有 及 彼 欲 乐， 而 颠

业道所摄；设有染污心及起彼欲乐，而颠

59.73 [illegible] [illegible] [illegible]， [illegible] [illegible] [illegible] [illegible] [illegible]
tśhju̱2 njij1 śjwo1 thja1 dzjij2 dạ2 kha1 thja1
倒 心 起， 于 余 事 中 彼
[illegible] [illegible] [illegible] [illegible] [illegible] [illegible] [illegible]， [illegible]
sjwɨj1 mjor1 śjwo1 sji1 dźjwa1 kjɨ1 rjir1 thjɨ2
业 现 行 究 竟 △ 得， 此
倒心，于余事彼业现行而得究竟[1]，此

59.74 [illegible] [illegible] [illegible] [illegible] [illegible] [illegible] [illegible] [illegible]
sjwɨj1 tsjɨ1 ·iọ1 sə1 sjwɨj1 tśja1 kha1 ɣjiw1
业 亦 圆 满 业 道 中 摄
[illegible] [illegible]； [illegible] [illegible] [illegible] [illegible] [illegible] [illegible]
lew2 nja̱2 tjij1 tśior1 la̱1 njij1 dju1 nioow1
所 非； 设 染 污 心 有 及
业亦非圆满业道所摄；设有染污心及

59.75 [illegible] [illegible] [illegible] [illegible]， [illegible] [illegible] [illegible] [illegible] [illegible]
thja1 kiẹj2 ŋwe1 śjwo1 tśhjɨ2 rjar2 thja1 do2 sjwɨj1
彼 欲 乐 起， 立 即 于 处 业
[illegible] [illegible] [illegible] [illegible] [illegible] [illegible]， [illegible] [illegible] [illegible]
mji1 mjor1 śjwo1 sji1 dźjwa1 rjir1 ku1 thjɨ2 sjwɨj1
不 现 行 究 竟 得， 则 此 业
起彼欲乐，即于是处业不现行而得究竟，此业

59.76 [illegible] [illegible] [illegible] [illegible] [illegible] [illegible] [illegible] [illegible] [illegible]；
tsjɨ1 ·iọ1 sə1 sjwɨj1 tśja1 kha1 ɣjiw1 lew2 nja̱2
亦 圆 满 业 道 中 摄 所 非；
[illegible] [illegible] [illegible] [illegible] [illegible] [illegible] [illegible] [illegible]
tjij1 tśior1 la̱1 njij1 dju1 nioow1 thja1 kiẹj2
设 染 污 心 有 及 彼 欲
亦非圆满业道所摄；设有染污心及起彼欲

59.77

[illegible]	[illegible]，	[illegible]	[illegible]	[illegible]	[illegible]	[illegible]	[illegible]	[illegible]
ŋwe1	śjwo1	tśhjɨ2	rjar2	thja1	do2	thja1	sjwɨj1	mjor1
乐	起，	立	即	于	处	彼	业	现
[illegible]	[illegible]	[illegible]	[illegible]，	[illegible]	[illegible]	[illegible]	[illegible]	
śjwo1	mji1	sji1	dźjwa1	ku1	thjɨ2	sjwɨj1	tsjɨ1	
行	不	究	竟，	则	此	业	亦	

乐，即于是处彼业现行而不究竟，此业亦

59.78

[illegible]	[illegible]	[illegible]	[illegible]	[illegible]	[illegible]	[illegible]	[illegible]；
·ị̣o1	sə1	sjwɨj1	tśja1	kha1	ɣjiw1	lew2	nja̱2
圆	满	业	道	中	摄	所	非；
[illegible]	[illegible]	[illegible]	[illegible]	[illegible]	[illegible]	[illegible]	
tjij1	tśior1	la̱1	njij1	dju1	nioow1	thja1	
设	染	污	心	有	及	彼	

非圆满业道所摄；若有染污心及起彼

59.79

[illegible]	[illegible]	[illegible]，	[illegible]	[illegible]	[illegible]	[illegible]	[illegible]
kiẹj2	ŋwe1	śjwo1	tśhjɨ2	rjar2	thja1	do2	thja1
欲	乐	起，	立	即	于	处	彼
[illegible]	[illegible]	[illegible]	[illegible]	[illegible]	[illegible]	[illegible]，	[illegible]
sjwɨj1	mjor1	śjwo1	sji1	dźjwa1	lhjụ2	rjir1	war2
业	现	行	究	竟	获	得，	支

欲乐，即于是处彼业现行而得究竟，

59.80

[illegible]	[illegible]	[illegible]，	[illegible]	[illegible]	[illegible]	[illegible]	[illegible]
ŋowr2	ŋowr2	ŋowr2	ku1	thjɨ2	sjwɨj1	·wji1	tśhjwo1
一	切	具，	则	此	业	为	故
[illegible]	[illegible]	[illegible]	[illegible]	[illegible]	[illegible]	[illegible]	[illegible]。
·ịo1	sə1	sjwɨj1	tśja1	kha1	ɣjiw1	lew2	·jɨ2
圆	满	业	道	中	摄	所	名。

具一切支，此业乃名圆满业道所摄。

59.81								
	[illegible]	[illegible]	[illegible]	[illegible]	[illegible]	[illegible]	[illegible]	[illegible]，
	thjɨ²	sjwɨj¹	tśja¹	·jij¹	·jij¹	ljow²	tshjij¹	bju¹
	此	业	道	自	相	略	说	由，
	[illegible]	[illegible]	[illegible]	[illegible]	[illegible]	[illegible]	[illegible]	[illegible]，
	mji¹	ne̱w²	sjwɨj¹	tśja¹	·jij¹	·jij¹	ŋowr²	ŋowr²
	不	善	业	道	自	相	一	切，

由此略说业道自相，一切不善业道自相，

59.82						
	[illegible]	[illegible]	[illegible]	[illegible]	[illegible]	[illegible]。
	tsjɨ¹	·wo²	bju¹	nwə¹	tsjij²	lew²
	亦	应	随	决	了	所。

应随决了[2]。

校注：

[1] 于余事彼业现行而得究竟，即西夏文“[illegible]”，汉文本作“设于余事彼业现行而得究竟”，疑西夏文“[illegible]”前脱“[illegible]”。

[2] 应随决了，即西夏文“[illegible]”，西夏文字面意思作“亦应随了知”。

释读：

59.83									
[illegible]	[illegible]，	[illegible]	[illegible]	[illegible]	[illegible]	[illegible]	[illegible]	[illegible]	[illegible]
nioow¹	tśji̱¹	tjij¹	ɣa̱²	niow²	sjwɨj¹	tśja¹	·jij¹	tsjir²	do²
复	次，	若	十	恶	业	道	自	性	差
[illegible]	[illegible]	[illegible]	[illegible]，	[illegible]	[illegible]	[illegible]	[illegible]	[illegible]。	[illegible]
pha¹	·wa²	thu¹	phjij¹	ku¹	nioow¹	ŋwə¹	·jij¹	dju¹	ŋwə¹
别	广	建	立，	由	复	五	相	有。	五

复次，若广建立十恶业道自性差别，复由五相。

59.84

tja^{1}	ljị^{1}	kjɨ^{1}	ŋwu^{2}	lew^{1}	dạ^{2}	njɨ̱^{1}	sjɨ̱j^{2}
者	何	△	为？	一、	事；	二、	想；
sọ^{1}	kięj^{2}	ŋwe^{1}	ljɨ̱r^{1}	zjị^{1}	njɨ̱^{2}	ŋwə^{1}	
三、	欲	乐；	四、	烦	恼；	五、	

何等为五？一、事；二、想；三、欲乐；四、烦恼；五、

59.85

tśier^{1}	·ju^{2}	sji^{1}	dźjwa^{1}	ŋwu^{2}	dạ^{2}	tja^{1}	njɨ̱^{1}
方	便	究	竟	是。	事	者：	二
sjwɨj^{1}	tśja^{1}	twụ^{1}	do^{2}	kjɨ^{1}	djɨj^{2}	bju^{1}	gjị^{2}
业	道	各	别	决	定	所	依

方便究竟。事者：二业道[1]各别决定所依

59.86

tjị^{2}	dạ^{2}	ŋwu^{2}	tśhio̱w^{1}	sjɨ̱j^{2}	dju^{1}	ŋewr^{2}	tśhio̱w^{1}	sjɨ̱j^{2}
处	事	是。	或	情	有	数，	或	情
dju^{1}	ŋewr^{2}	nja̱^{2}	thja^{1}	·wji^{1}	·wo^{2}	bju^{1}	ɣạ^{2}	
有	数	非，	其	为	应	随，	十	

处事，或有情数，或非有情数，随其所应，十

59.87

niow^{2}	sjwɨj^{1}	tśja^{1}	bju^{1}	gjị^{2}	ɣa^{2}	sjɨ̱j^{2}	tja^{1}	ljɨ̱r^{1}
恶	业	道	所	依	而。	想	者	四
dju^{1}	thjɨ^{2}	tja^{1}	thja^{1}	ɣa^{2}	thja^{1}	nja̱^{2}	sjɨ̱j^{2}	thja^{1}
有：	此	者	彼	于	彼	非	想	彼，

恶业道依之而。[2] 想者有四：谓于彼非彼想，

59.88

[illegible]	[illegible]	[illegible]	[illegible]	[illegible]，	[illegible]	[illegible]	[illegible]	[illegible]，
nja̱^{2}	ɣa^{2}	thja^{1}	sjij^{2}	thja^{1}	ɣa^{2}	thja^{1}	sjij^{2}	thja^{1}
非	于	彼	想	彼，	于	彼	想	彼，
[illegible]	[illegible]	[illegible]	[illegible]	[illegible]	[illegible]	[illegible]。	[illegible]	
nja̱^{2}	ɣa^{2}	thja^{1}	nja̱^{2}	sjij^{2}	·jij^{1}	·jɨ^{2}	kiẹj^{2}	
非	于	彼	非	想	之	谓。	欲	

非于彼彼想，于彼彼想，非于彼非彼想。欲

59.89

[illegible]	[illegible]：	[illegible]	[illegible]	[illegible]	[illegible]，	[illegible]	[illegible]
ŋwe^{1}	tja^{1}	tśhio̱w^{1}	tśhjɨ̱^{2}	sjij^{2}	dju^{1}	tśhio̱w^{1}	tśhjɨ̱^{2}
乐	者：	或	倒	想	有，	或	倒
[illegible]	[illegible]，	[illegible]	[illegible]	[illegible]	[illegible]	[illegible]	[illegible]。
sjij^{2}	mjij^{1}	·wji^{1}	lew^{2}	kiẹj^{2}	ŋwe^{1}	·jij^{1}	·jɨ^{2}
想	无，	作	所	欲	乐	之	谓。

乐者：或有倒想，或无倒想，乐所作欲。

59.90

[illegible]	[illegible]	[illegible]：	[illegible]	[illegible]	[illegible]	[illegible]	[illegible]
zjị^{1}	njɨ̱^{2}	tja^{1}	tśhio̱w^{1}	lẹj^{2}	tśhio̱w^{1}	tshjạ^{1}	tśhio̱w^{1}
烦	恼	者：	或	贪	或	嗔	或
[illegible]，	[illegible]	[illegible]	[illegible]	[illegible]	[illegible]	[illegible]	
lə	tśhio̱w^{1}	lẹj^{2}	tshjạ^{1}	tśhio̱w^{1}	lẹj^{2}	lə	
痴，	或	贪	嗔	或	贪	痴	

烦恼者：或贪或嗔或痴，或贪嗔或贪痴

59.91

[illegible]	[illegible]	[illegible]，	[illegible]	[illegible]	[illegible]	[illegible]	[illegible]
tśhio̱w^{1}	tshjạ^{1}	lə	tśhio̱w^{1}	lẹj^{2}	tshjạ^{1}	lə	ŋowr^{2}
或	嗔	痴，	或	贪	嗔	痴	一
[illegible]	[illegible]	[illegible]。	[illegible]	[illegible]	[illegible]	[illegible]	[illegible]：
ŋowr^{2}	zji^{2}	ŋowr^{2}	tśier^{1}	·ju^{2}	sji^{1}	dźjwa^{1}	tja^{1}
切	皆	具。	方	便	究	竟	者：

或嗔痴，或贪嗔痴一切皆具。方便究竟者：

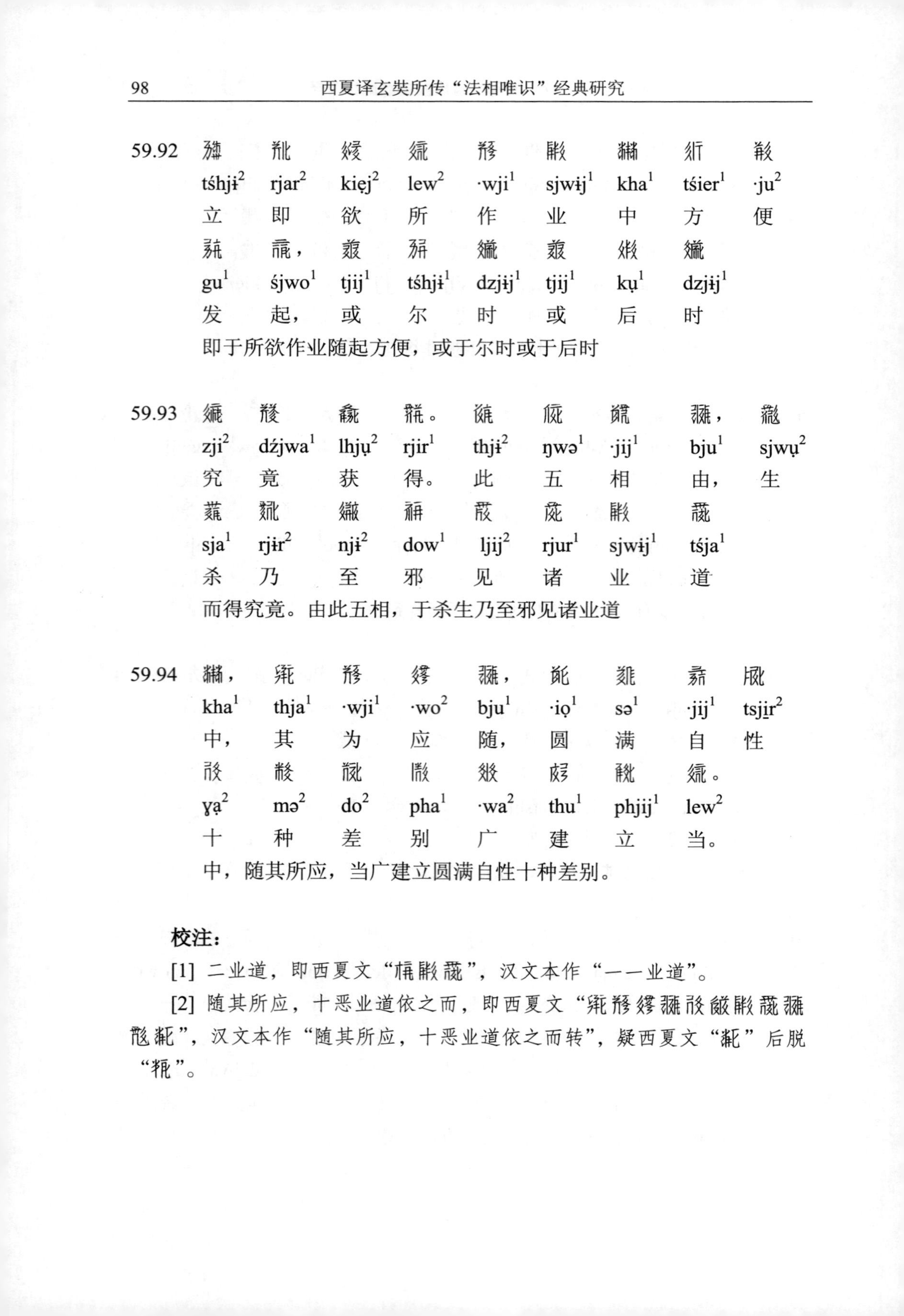

59.92 [illegible]

tśhjɨ^{2} rjar^{2} kięj^{2} lew^{2} ·wji^{1} sjwɨj^{1} kha^{1} tśier^{1} ·ju^{2}

立 即 欲 所 作 业 中 方 便

[illegible]

gu^{1} śjwo^{1} tjij^{1} tśhjɨ^{1} dzjɨj^{1} tjij^{1} kụ^{1} dzjɨj^{1}

发 起， 或 尔 时 或 后 时

即于所欲作业随起方便，或于尔时或于后时

59.93 [illegible]

zji^{2} dźjwa^{1} lhjụ^{2} rjir^{1} thjɨ^{2} ŋwə^{1} ·jij^{1} bju^{1} sjwụ^{2}

究 竟 获 得。 此 五 相 由， 生

[illegible]

sja^{1} rjɨr^{2} njɨ^{2} dow^{1} ljij^{2} rjur^{1} sjwɨj^{1} tśja^{1}

杀 乃 至 邪 见 诸 业 道

而得究竟。由此五相，于杀生乃至邪见诸业道

59.94 [illegible]

kha^{1} thja^{1} ·wji^{1} ·wo^{2} bju^{1} ·ịo^{1} sə^{1} ·jij^{1} tsjɨ̱r^{2}

中， 其 为 应 随， 圆 满 自 性

[illegible]

ɣạ^{2} mə^{2} do^{2} pha^{1} ·wa^{2} thu^{1} phjij^{1} lew^{2}

十 种 差 别 广 建 立 当。

中，随其所应，当广建立圆满自性十种差别。

校注：

[1] 二业道，即西夏文“[illegible]”，汉文本作“一一业道”。

[2] 随其所应，十恶业道依之而，即西夏文“[illegible]”，汉文本作“随其所应，十恶业道依之而转”，疑西夏文“[illegible]”后脱“[illegible]”。

释读：

59.95							
	[illegible]	[illegible]	[illegible]	[illegible]	[illegible]，	[illegible]	[illegible]
	sjwụ^{2}	sja^{1}	sjwɨj^{1}	tśja^{1}	tja^{1}	sjij^{2}	dju^{1}
	生	杀	业	道	者，	情	有
	[illegible]	[illegible]	[illegible]	[illegible]	[illegible]	[illegible]。	[illegible]
	ŋewr^{2}	tshjɨ^{1}	tśhju^{1}	bju^{1}	dạ^{2}	·wji^{1}	thja^{1}
	数	众	生	以	事	为。	彼

杀生业道，以有情数众生为事。若

59.96									
	[illegible]	[illegible]	[illegible]，	[illegible]	[illegible]	[illegible]	[illegible]	[illegible]	[illegible]
	tśju̱^{1}	njwi^{2}	mjijr^{2}	tshjɨ^{1}	tśhju^{1}	do^{2}	tshjɨ^{1}	tśhju^{1}	sji̱j^{2}
	害	能	者，	众	生	于	众	生	想
	[illegible]，	[illegible]	[illegible]	[illegible]	[illegible]，	[illegible]	[illegible]	[illegible]	
	śjwo^{1}	sjwụ^{2}	sja^{1}	kięj^{2}	śjwo^{1}	thjɨ^{2}	sji̱j^{2}	·jij^{1}	
	作，	生	害	欲	起，	此	想	之	

能害者，于众生所作众生想，起害生欲，此想

59.97									
	[illegible]	[illegible]	[illegible]	[illegible]	[illegible]	[illegible]	[illegible]	[illegible]	[illegible]
	mji̱j^{2}	tja^{1}	kụ^{1}	tshjɨ^{1}	tśhju^{1}	kha^{1}	mji^{1}	tśhjɨ̱^{2}	tśhju̱^{2}
	名	者	彼	众	生	中	不	颠	倒
	[illegible]	[illegible]。	[illegible]	[illegible]	[illegible]	[illegible]，	[illegible]	[illegible]	[illegible]
	sji̱j^{2}	·jɨ^{2}	thjɨ^{2}	sji̱j^{2}	bju^{1}	nioow^{1}	thjɨ^{2}	sju^{2}	nji̱j^{1}
	想	名。	此	想	依	故，	是	如	心

即名于彼众生名不颠倒想。[1] 依此想故，作如是心：

59.98									
	[illegible]：	[illegible]	[illegible]	[illegible]	[illegible]	[illegible]，	[illegible]	[illegible]	[illegible]
	śjwo^{1}	ŋa^{2}	sjwụ^{2}	sja^{1}	ŋa^{2}	·jɨ^{2}	thjɨ^{2}	sju^{2}	·jij^{1}
	作：	我	生	害	我	谓，	是	如	之
	[illegible]	[illegible]	[illegible]	[illegible]	[illegible]。	[illegible]	[illegible]	[illegible]	[illegible]
	sjwụ^{2}	sja^{1}	kięj^{2}	ŋwe^{1}	·jɨ^{2}	thjɨ^{2}	tśju̱^{1}	njwi^{2}	mjijr^{2}
	生	杀	欲	乐	名。	此	害	能	者

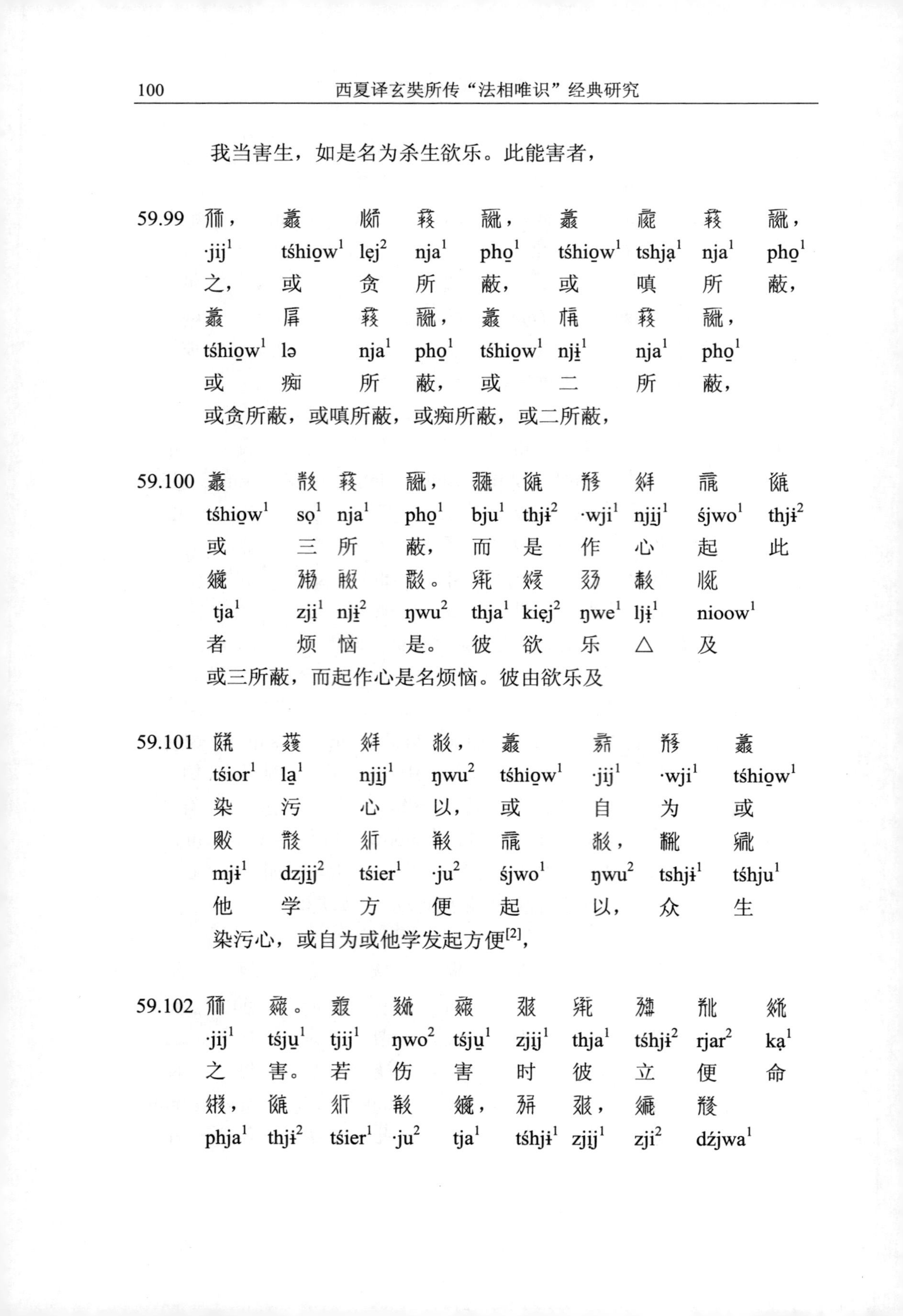

我当害生，如是名为杀生欲乐。此能害者，

59.99 [illegible]
·jij1 tśhio̱w1 lẹj2 nja1 pho̱1 tśhio̱w1 tshjạ1 nja1 pho̱1
之， 或 贪 所 蔽， 或 嗔 所 蔽，
[illegible]
tśhio̱w1 lə nja1 pho̱1 tśhio̱w1 nji̱1 nja1 pho̱1
或 痴 所 蔽， 或 二 所 蔽，
或贪所蔽，或嗔所蔽，或痴所蔽，或二所蔽，

59.100 [illegible]
tśhio̱w1 sọ1 nja1 pho̱1 bju1 thjɨ2 ·wji1 njij1 śjwo1 thjɨ2
或 三 所 蔽， 而 是 作 心 起 此
[illegible]
tja1 zjị1 nji̱2 ŋwu2 thja1 kięj2 ŋwe1 ljɨ1 nioow1
者 烦 恼 是。 彼 欲 乐 △ 及
或三所蔽，而起作心是名烦恼。彼由欲乐及

59.101 [illegible]
tśior1 la̱1 njij1 ŋwu2 tśhio̱w1 ·jij1 ·wji1 tśhio̱w1
染 污 心 以， 或 自 为 或
[illegible]
mjɨ1 dzjij2 tśier1 ·ju2 śjwo1 ŋwu2 tshjɨ1 tśhju1
他 学 方 便 起 以， 众 生
染污心，或自为或他学发起方便[2]，

59.102 [illegible]
·jij1 tśju̱1 tjij1 ŋwo2 tśju̱1 zjij1 thja1 tśhjɨ2 rjar2 kạ1
之 害。 若 伤 害 时 彼 立 便 命
[illegible]
phja1 thjɨ2 tśier1 ·ju2 tja1 tśhjɨ1 zjij1 zji2 dźjwa1

终，　此　方　便　者，　尔时，　究　竟
加害众生。若害时[3]彼便命终，即此方便，尔时[4]，

59.103　[illegible] [illegible] [illegible] [illegible] [illegible] [illegible]。 [illegible] [illegible]
sjwɨj^{1} tśja^{1} śjɨj^{1} ·jiw^{2} mjij^{2} we^{2} tjij^{1} thja^{1}
业　道　成　就　名　为。　若　于
[illegible] [illegible] [illegible] [illegible] [illegible] [illegible] [illegible] [illegible]，
kụ^{1} dzjɨj^{1} thja^{1} tśhjɨ^{1} mja^{1} nioow^{1} kạ^{1} dźjɨ̠r^{1}
后　时　彼　尔　后　方　命　舍，
说名成就究竟业道。若于后时彼方舍命，

59.104　[illegible] [illegible] [illegible] [illegible] [illegible] [illegible] [illegible] [illegible]， [illegible]
thjɨ^{2} tśier^{1} ·ju^{2} bju^{1} thja^{1} kạ^{1} bja^{2} zjij^{1} tśhjwo^{1}
此　方　便　由　彼　命　终　时，　乃
[illegible] [illegible] [illegible] [illegible] [illegible] [illegible]。 [illegible] [illegible]
zji^{2} sjwɨj^{1} tśja^{1} śjɨj^{1} ·jiw^{2} ·jɨ^{2} mji^{1} khjow^{1}
究　业　道　成　就　名。　不　与
由此方便彼命终时，乃名成就究竟业道[5]。不与

59.105　[illegible] [illegible] [illegible] [illegible]， [illegible] [illegible]： [illegible] [illegible]
lhjwi^{1} sjwɨj^{1} tśja^{1} kha^{1} dạ^{2} tja^{1} mjɨ^{1} ɣjiw^{1}
取　业　道　中，　事　者：　他　摄
[illegible] [illegible] [illegible]。 [illegible] [illegible]： [illegible] [illegible] [illegible]
ɣiwej^{1} war^{2} ŋwu^{2} sjij^{2} tja^{1} thja^{2} thja^{2} sjij^{2}
受　物　是。　想　者：　彼　彼　想
取业道，事者：谓他所摄物。想者：谓于彼彼

59.106　[illegible]。 [illegible] [illegible] [illegible]： [illegible] [illegible] [illegible] [illegible]。
ŋwu^{2} kięj^{2} ŋwe^{1} tja^{1} war^{2} tśio̠w^{1} kięj^{2} ŋwu^{2}
以。　欲　乐　者：　物　盗　欲　是。
[illegible] [illegible] [illegible]： [illegible] [illegible] [illegible]， [illegible] [illegible]

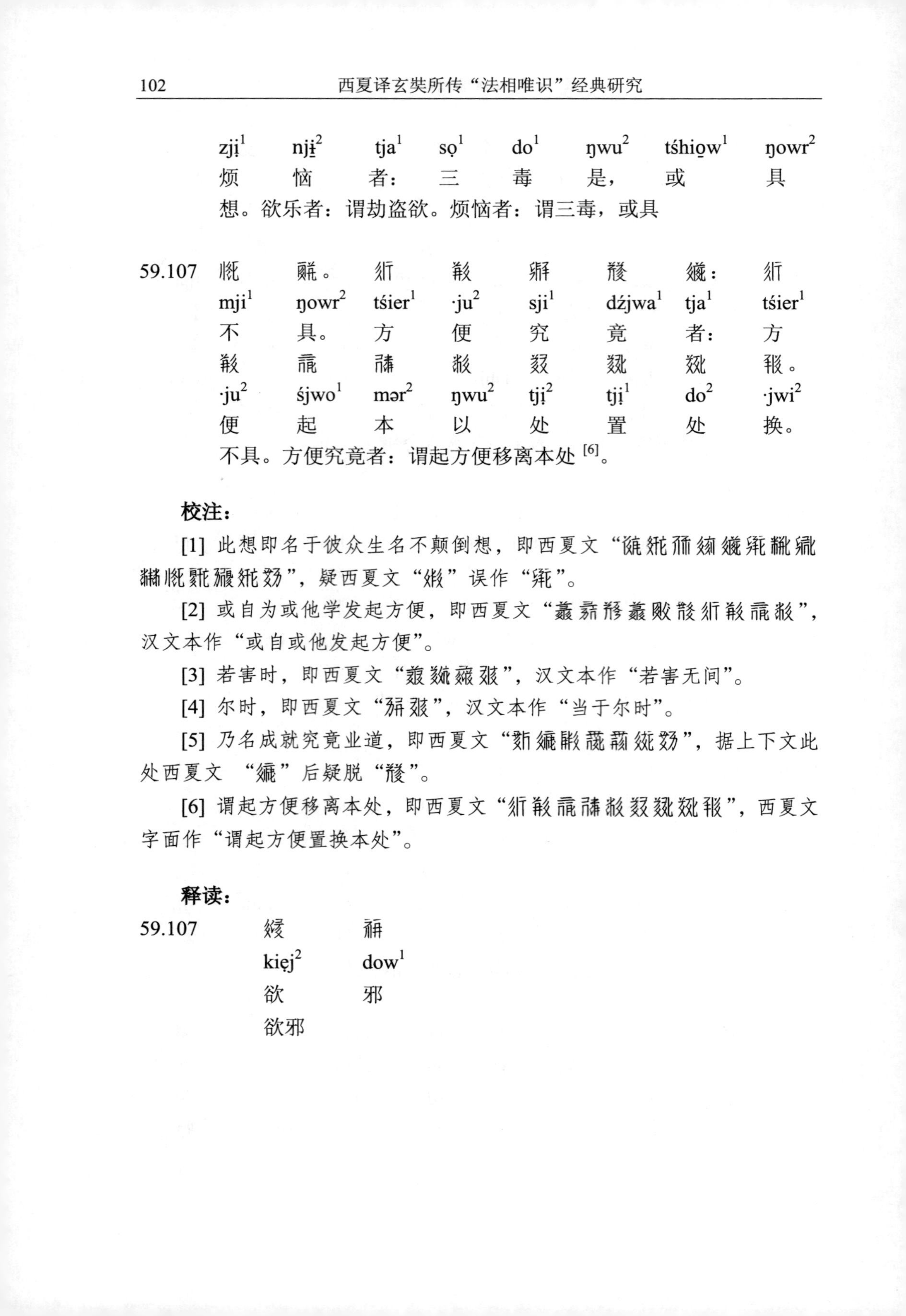

zji̦¹ njɨ̱² tja¹ so̦¹ do¹ ŋwu² tśhio̱w¹ ŋowr²
烦 恼 者： 三 毒 是， 或 具
想。欲乐者：谓劫盗欲。烦恼者：谓三毒，或具

59.107 [illegible] [illegible]。 [illegible] [illegible] [illegible] [illegible] [illegible]： [illegible]
mji¹ ŋowr² tśier¹ ·ju² sji¹ dźjwa¹ tja¹ tśier¹
不 具。 方 便 究 竟 者： 方
[illegible] [illegible] [illegible] [illegible] [illegible] [illegible] [illegible] [illegible]。
·ju² śjwo¹ mər² ŋwu² tji̦² tji̦¹ do² ·jwi²
便 起 本 以 处 置 处 换。
不具。方便究竟者：谓起方便移离本处[6]。

校注：

[1] 此想即名于彼众生名不颠倒想，即西夏文“[illegible]”，疑西夏文“[illegible]”误作“[illegible]”。

[2] 或自为或他学发起方便，即西夏文“[illegible]”，汉文本作“或自或他发起方便”。

[3] 若害时，即西夏文“[illegible]”，汉文本作“若害无间”。

[4] 尔时，即西夏文“[illegible]”，汉文本作“当于尔时”。

[5] 乃名成就究竟业道，即西夏文“[illegible]”，据上下文此处西夏文 “[illegible]”后疑脱“[illegible]”。

[6] 谓起方便移离本处，即西夏文“[illegible]”，西夏文字面作“谓起方便置换本处”。

释读：

59.107 [illegible] [illegible]
kię̱j² dow¹
欲 邪
欲邪

59.108 [西夏文] [西夏文] [西夏文] [西夏文]，[西夏文] [西夏文]：[西夏文] [西夏文]
dźjɨ sjwɨj^{1} tśja^{1} kha^{1} dạ^{2} tja^{1} sji^{2} do^{2}
行 业 道 中， 事 者： 女 处
[西夏文] [西夏文] [西夏文] [西夏文] [西夏文]，[西夏文] [西夏文] [西夏文]
dźjij^{1} lew^{2} nja̱^{2} ·jij^{1} ·jɨ^{2} tjij^{1} dźjij^{1} lew^{2}
行 所 非 之 谓， 设 行 所
行业道，事者：谓女所不应行，设所应行

59.109 [西夏文] [西夏文] [西夏文] [西夏文]、[西夏文] [西夏文]、[西夏文] [西夏文]、[西夏文]
rjɨr^{2} tsjɨ^{1} war^{2} nja̱^{2} do^{2} nja̱^{2} dzjɨj^{1} nja̱^{2} dza^{2}
△ 亦 支 非、 处 非、 时 非、 量
[西夏文]。[西夏文] [西夏文] [西夏文] [西夏文] [西夏文] [西夏文] [西夏文]
nja̱^{2} tjij^{1} mji^{1} ·wo^{2} bju^{1} go̱r^{1} mji^{1} go̱r^{1}
非。 若 不 理 应 男 不 男
非支、非处、非时、非量。若不应理一切男及不男。

59.110 [西夏文] [西夏文] [西夏文] [西夏文] [西夏文]。[西夏文] [西夏文]：[西夏文] [西夏文] [西夏文]
ŋowr^{2} ŋowr^{2} do^{2} ·jij^{1} ·jɨ^{2} sjij^{2} tja^{1} thja^{2} thja^{2} kha^{1}
一 切 处 之 谓。 想 者： 彼 彼 中
[西夏文] [西夏文] [西夏文]。[西夏文] [西夏文] [西夏文]：[西夏文] [西夏文] [西夏文]
sjij^{2} ·jij^{1} ·jɨ^{2} kię̣j^{2} ŋwe^{1} tja^{1} dźjij^{1} ŋwe^{1} kię̣j^{2}
想 之 谓。 欲 乐 者： 行 乐 欲
想者：于彼彼想。欲乐者：谓乐行

59.111 [西夏文]。[西夏文] [西夏文] [西夏文]：[西夏文] [西夏文] [西夏文]，[西夏文] [西夏文] [西夏文]
ŋwu^{2} zji̹^{1} njɨ̱^{2} tja^{1} so̹^{1} do^{1} ŋwu^{2} tśhio̱w^{1} ŋowr^{2} mji^{1}
是。 烦 恼 者： 三 毒 谓， 或 具 不
[西夏文]。[西夏文] [西夏文] [西夏文] [西夏文] [西夏文]：[西夏文] [西夏文] [西夏文]
ŋowr^{2} tśier^{1} ·ju^{2} sji^{1} dźjwa^{1} tja^{1} thjɨ^{2} njɨ̱^{1} njɨ̱^{1}
具。 方 便 究 竟 者： 此 二 二
之欲。烦恼者：谓三毒，或具不具。方便究竟者：谓二二

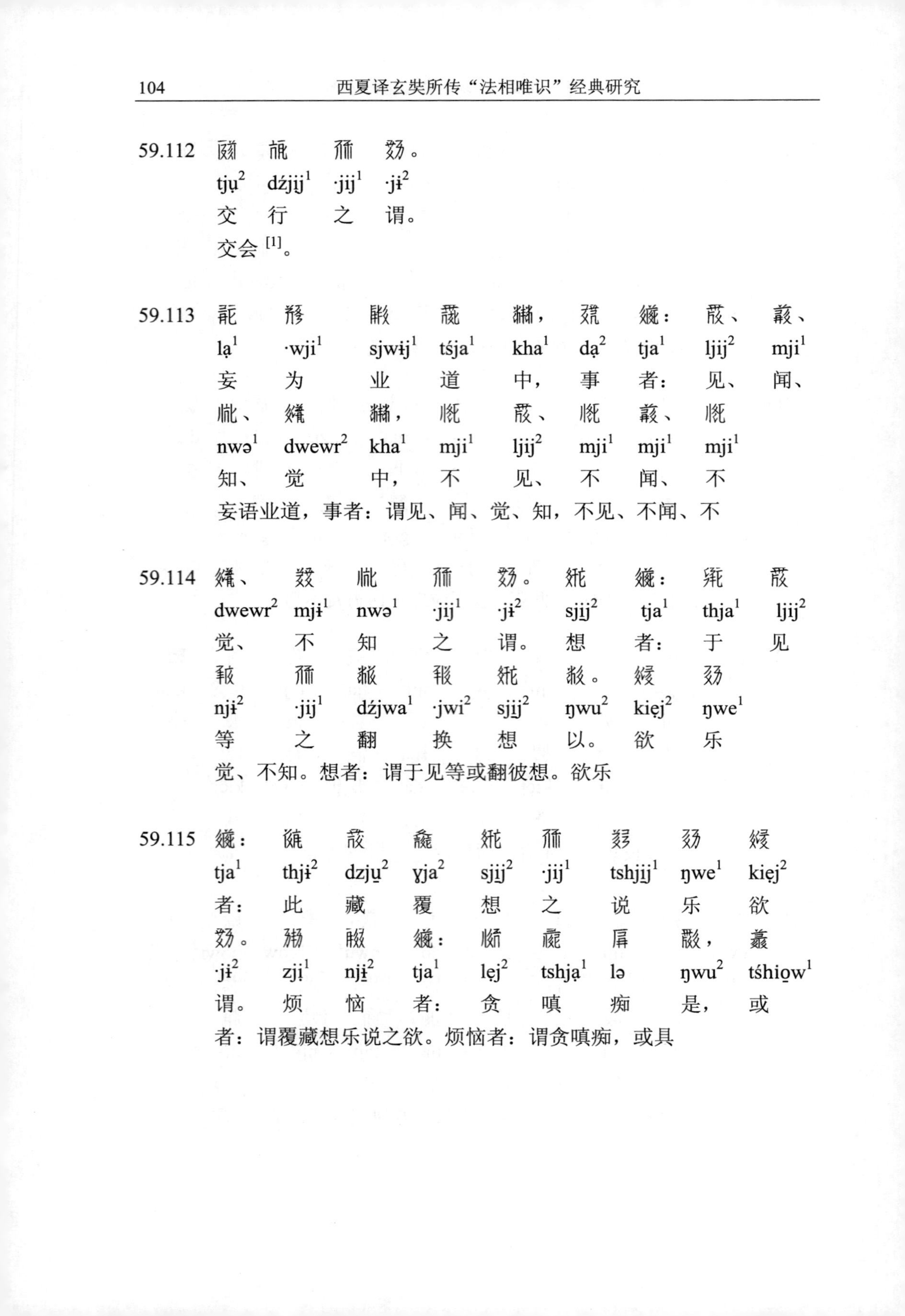

59.112
tjụ² dźjịj¹ ·jij¹ ·jɨ²
交 行 之 谓。
交会[1]。

59.113
lạ¹ ·wji¹ sjwɨj¹ tśja¹ kha¹ dạ² tja¹ ljij² mji¹
妄 为 业 道 中，事 者：见、闻、
nwə¹ dwewr² kha¹ mji¹ ljij² mji¹ mji¹ mji¹
知、觉 中，不 见、不 闻、不
妄语业道，事者：谓见、闻、觉、知，不见、不闻、不

59.114
dwewr² mjɨ¹ nwə¹ ·jij¹ ·jɨ² sjij² tja¹ thja¹ ljij²
觉、不 知 之 谓。想 者：于 见
njɨ² ·jij¹ dźjwa¹ ·jwi² sjij² ŋwu² kięj² ŋwe¹
等 之 翻 换 想 以。欲 乐
觉、不知。想者：谓于见等或翻彼想。欲乐

59.115
tja¹ thjɨ² dzjṳ² ɣja² sjij² ·jij¹ tshjij¹ ŋwe¹ kięj²
者：此 藏 覆 想 之 说 乐 欲
·jɨ² zji¹ njɨ̣² tja¹ lęj² tshjạ¹ lə ŋwu² tśhioẉ¹
谓。烦 恼 者：贪 嗔 痴 是，或
者：谓覆藏想乐说之欲。烦恼者：谓贪嗔痴，或具

59.116	[illegible]								
	ŋowr^{2}	mji^{1}	ŋowr^{2}	tśier^{1}	·ju^{2}	sji^{1}	dźjwa^{1}	tja^{1}	tśhjɨ^{1}
	具	不	具。	方	便	究	竟	者：	尔
	[illegible]								
	dzjɨj^{1}	·ji^{1}	dzjwo^{2}	nioow^{1}	ljɨ̣^{1}	djij^{2}	·wji^{1}	tśjɨ^{1}	tsjij^{2}
	时	众	人	及	论	对	为	领	解

不具。方便究竟者：谓时众及对论者领

59.117	[illegible]			
	tsjij^{2}	phji^{1}	tja^{1}	ŋwu^{2}
	解	令	者	是。

解[2]。

59.118	[illegible]								
	dzu^{1}	dźjɨ̣r^{1}	dạ^{2}	sjwɨj^{1}	tśja^{1}	kha^{1}	dạ^{2}	tja^{1}	tjij^{1}
	爱	离	语	业	道	中，	事	者：	若
	[illegible]								
	dzow^{1}	mji^{1}	ŋwej^{2}	sjij^{2}	dju^{1}	ŋwu^{2}	sjịj^{2}	thjɨ^{2}	
	和	不	和	情	有	是。	想：	此	

离间语[3]业道，事者：谓若有情或和不和[4]。想者：

59.119	[illegible]								
	tja^{1}	zji^{2}	thja^{1}	ɣa^{2}	ŋwej^{2}	tjij^{1}	tśhjow^{1}	kha^{1}	lew^{1}
	者	俱	彼	于	合	若	离	中，	一
	[illegible]								
	sjij^{2}	śjwo^{1}	·jij^{1}	·jɨ^{2}	kięj^{2}	ŋwe^{1}	tja^{1}	thja^{1}	
	想	起	之	谓。	欲	乐	者：	彼	

谓俱于彼若合若离，随起一想。欲乐者：

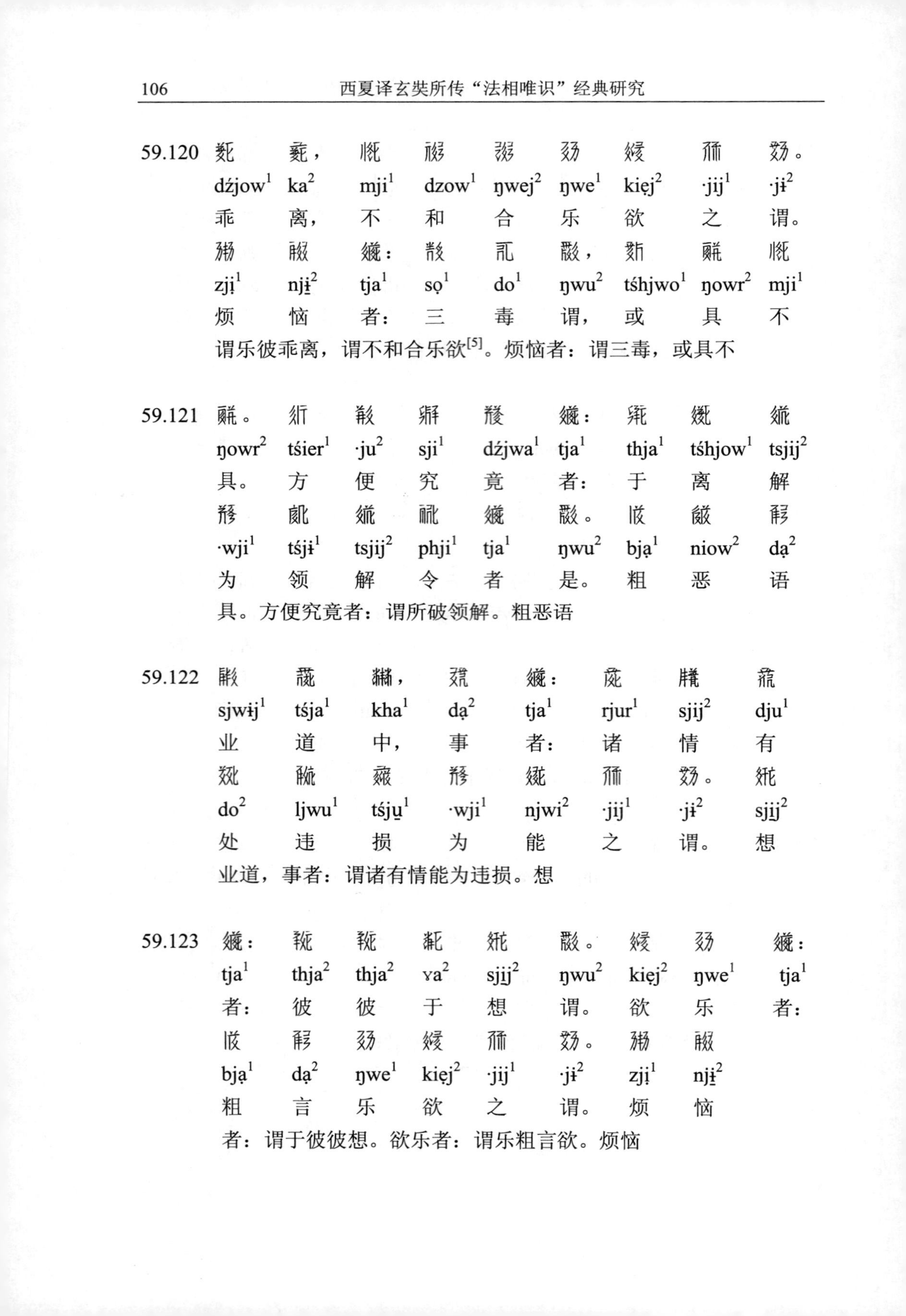

59.120 dźjow1 ka2 mji1 dzow1 ŋwej2 ŋwe1 kię̣j2 ·jij1 ·jɨ2
乖 离， 不 和 合 乐 欲 之 谓。
zji̩1 nji̠2 tja1 so̩1 do1 ŋwu2 tśhjwo1 ŋowr2 mji1
烦 恼 者： 三 毒 谓， 或 具 不
谓乐彼乖离，谓不和合乐欲[5]。烦恼者：谓三毒，或具不

59.121 ŋowr2 tśier1 ·ju2 sji1 dźjwa1 tja1 thja1 tśhjow1 tsjij2
具。 方 便 究 竟 者： 于 离 解
·wji1 tśjɨ1 tsjij2 phji1 tja1 ŋwu2 bja̩1 niow2 da̩2
为 领 解 令 者 是。 粗 恶 语
具。方便究竟者：谓所破领解。粗恶语

59.122 sjwɨj1 tśja1 kha1 da̩2 tja1 rjur1 sjij2 dju1
业 道 中， 事 者： 诸 情 有
do2 ljwu1 tśju̠1 ·wji1 njwi2 ·jij1 ·jɨ2 sjij2
处 违 损 为 能 之 谓。 想
业道，事者：谓诸有情能为违损。想

59.123 tja1 thja2 thja2 ɣa2 sjij2 ŋwu2 kię̣j2 ŋwe1 tja1
者： 彼 彼 于 想 谓。 欲 乐 者：
bja̩1 da̩2 ŋwe1 kię̣j2 ·jij1 ·jɨ2 zji̩1 nji̠2
粗 言 乐 欲 之 谓。 烦 恼
者：谓于彼彼想。欲乐者：谓乐粗言欲。烦恼

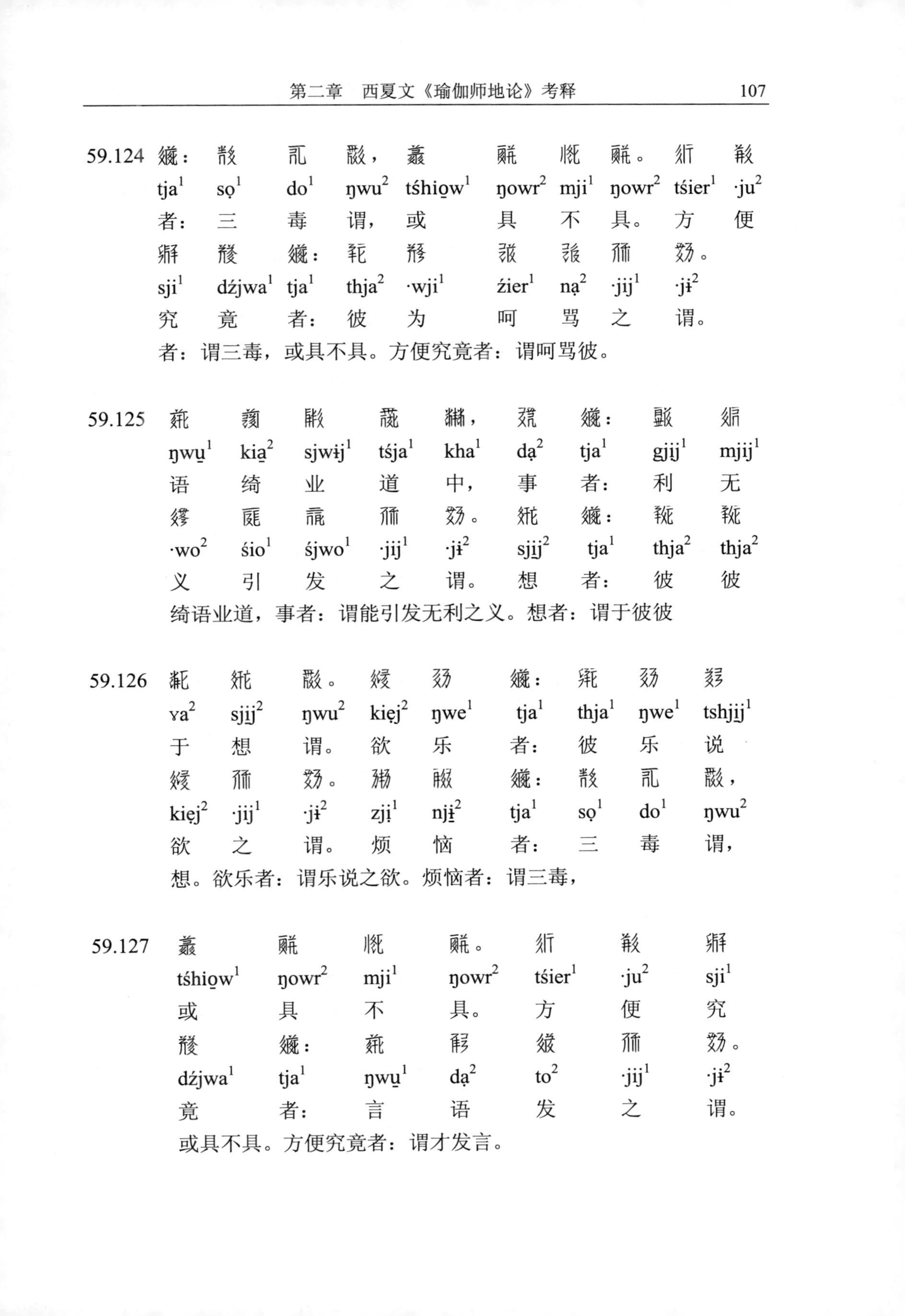

59.124 [illegible]
tja^{1} sọ^{1} do^{1} ŋwu^{2} tśhio̱w^{1} ŋowr^{2} mji^{1} ŋowr^{2} tśier^{1} ·ju^{2}
者： 三 毒 谓， 或 具 不 具。 方 便
[illegible]
sji^{1} dźjwa^{1} tja^{1} thja^{2} ·wji^{1} źier^{1} nạ^{2} ·jij^{1} ·jɨ^{2}
究 竟 者： 彼 为 呵 骂 之 谓。
者：谓三毒，或具不具。方便究竟者：谓呵骂彼。

59.125 [illegible]
ŋwu̱^{1} kia̱^{2} sjwɨj^{1} tśja^{1} kha^{1} dạ^{2} tja^{1} gjịj^{1} mjij^{1}
语 绮 业 道 中， 事 者： 利 无
[illegible]
·wo^{2} śio^{1} śjwo^{1} ·jij^{1} ·jɨ^{2} sjij^{2} tja^{1} thja^{2} thja^{2}
义 引 发 之 谓。 想 者： 彼 彼
绮语业道，事者：谓能引发无利之义。想者：谓于彼彼

59.126 [illegible]
ɣa^{2} sjij^{2} ŋwu^{2} kięj^{2} ŋwe^{1} tja^{1} thja^{1} ŋwe^{1} tshjịj^{1}
于 想 谓。 欲 乐 者： 彼 乐 说
[illegible]
kięj^{2} ·jij^{1} ·jɨ^{2} zji̤^{1} njɨ̱^{2} tja^{1} sọ^{1} do^{1} ŋwu^{2}
欲 之 谓。 烦 恼 者： 三 毒 谓，
想。欲乐者：谓乐说之欲。烦恼者：谓三毒，

59.127 [illegible]
tśhio̱w^{1} ŋowr^{2} mji^{1} ŋowr^{2} tśier^{1} ·ju^{2} sji^{1}
或 具 不 具。 方 便 究
[illegible]
dźjwa^{1} tja^{1} ŋwu̱^{1} dạ^{2} to^{2} ·jij^{1} ·jɨ^{2}
竟 者： 言 语 发 之 谓。
或具不具。方便究竟者：谓才发言。

校注：

[1] 谓二二交会，即西夏文“[illegible]”，汉文本作“谓两两交会”。

[2] 谓时众及对论者领解，即西夏文“[illegible]”，据下文此处西夏文疑衍“[illegible]”字。

[3] 离间语，即西夏文“[illegible]”，西夏文字面意思作“离爱语”，下同。

[4] 谓若有情或和不和，即西夏文“[illegible]”，汉文本作“谓诸有情或和不和”。

[5] 谓不和合乐欲，即西夏文“[illegible]”，汉文本作“若不和合欲”。

释读：

59.128

[illegible]	[illegible]	[illegible]	[illegible]	[illegible]，	[illegible]	[illegible]：	[illegible]	[illegible]
lẹj^2	kięj^2	sjwɨj^1	tśja^1	kha^1	dạ^2	tja^1	mjɨ^1	·wji^1
贪	欲	业	道	中，	事	者：	他	属
[illegible]	[illegible]	[illegible]。	[illegible]	[illegible]：	[illegible]	[illegible]	[illegible]	
tjị^1	war^2	ŋwu^2	sjịj^2	tja^1	thja^2	thja^2	ɣa^2	
财	产	是。	想	者：	彼	彼	于	

贪欲业道，事者：谓属他财产。想者：谓于彼彼

59.129

[illegible]	[illegible]。	[illegible]	[illegible]	[illegible]：	[illegible]	[illegible]	[illegible]	[illegible]
sjịj^2	ŋwu^2	kięj^2	ŋwe^1	tja^1	thjɨ^2	sju^2	·wjij^2	lhjịj
想	谓。	欲	乐	者：	是	如	当	收
[illegible]	[illegible]	[illegible]。	[illegible]	[illegible]	[illegible]：	[illegible]	[illegible]	
ŋa^2	kięj^2	ŋwu^2	zjị^1	njɨ^2	tja^1	sọ^1	do^1	
我	欲	谓。	烦	恼	者：	三	毒	

想。欲乐者：谓即如是我欲 [1]。烦恼者：谓三毒，

59.130 [illegible]，[illegible] [illegible] [illegible] [illegible]。[illegible] [illegible] [illegible] [illegible]
ŋwu2 tśhio̱w1 ŋowr2 mji1 ŋowr2 tśier1 ·ju2 sji1 dźjwa1
谓，或 具 不 具。方 便 究 竟
[illegible]：[illegible] [illegible] [illegible] [illegible] [illegible] [illegible] [illegible] [illegible]
tja1 thja1 dạ2 kha1 ·ja̱r2 dzjɨ̱j1 tśhja̱1 kjɨ1 djɨj2
者：彼 事 于 期 时 上 决 定
或具不具。方便究竟者：谓于彼事定期

59.131 [illegible] [illegible] [illegible] [illegible] [illegible]。
ŋa2 ·jij1 we2 tja1 ŋwu2
我 之 属 者 谓。
属己。

59.132 [illegible] [illegible] [illegible] [illegible] [illegible]，[illegible] [illegible] [illegible]。
tshja̱1 kwow2 sjwɨj1 tśja1 kha1 dạ2 ljɨ1 nioow1
嗔 恚 业 道 中，事 △ 及。
[illegible]：[illegible] [illegible] [illegible] [illegible] [illegible] [illegible]。
sjij2 bja̱1 niow2 dạ2 sju2 tshjịj1 lew2
想：粗 恶 语 如 说 所。
嗔恚业道，事之与。想：如粗恶语说。

59.133 [illegible] [illegible] [illegible]：[illegible] [illegible] [illegible] [illegible] [illegible]。[illegible]
kięj2 ŋwe1 tja1 ŋwo2 tśju̱1 njɨ2 kięj2 ŋwu2 zjị1
欲 乐 者：损 害 等 欲 谓。烦
[illegible] [illegible]：[illegible] [illegible] [illegible]，[illegible] [illegible] [illegible]
njɨ̱2 tja1 sọ1 do1 ŋwu2 tśhio̱w1 ŋowr2 mji1
恼 者：三 毒 谓，或 具 不
欲乐者：谓损害等欲。烦恼者：谓三毒，或具不

59.134 [illegible]。[illegible] [illegible] [illegible] [illegible] [illegible]：[illegible] [illegible]
ŋowr2 tśier1 ·ju2 sji1 dźjwa1 tja1 ŋwo2 tśju̱1
具。方 便 究 竟 者：损 害

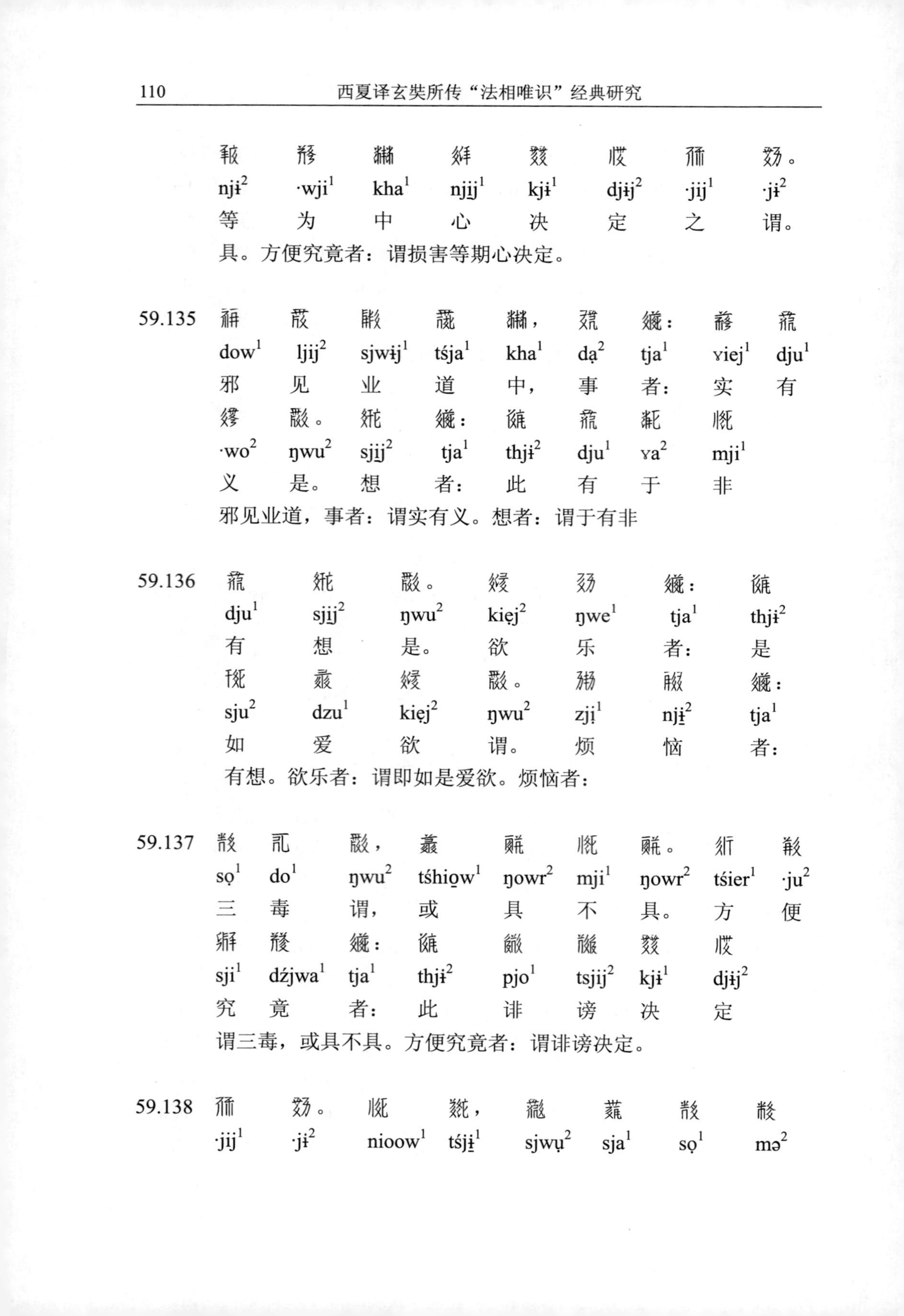

[Tangut script]

njɨ^{2} ·wji^{1} kha^{1} njij^{1} kjɨ^{1} djɨj^{2} ·jij^{1} ·jɨ^{2}

等 为 中 心 决 定 之 谓。

具。方便究竟者：谓损害等期心决定。

59.135 [Tangut script]

dow^{1} ljij^{2} sjwɨj^{1} tśja^{1} kha^{1} dạ^{2} tja^{1} ɣiej^{1} dju^{1}

邪 见 业 道 中， 事 者： 实 有

[Tangut script]

·wo^{2} ŋwu^{2} sjij^{2} tja^{1} thjɨ^{2} dju^{1} ɣa^{2} mji^{1}

义 是。 想 者： 此 有 于 非

邪见业道，事者：谓实有义。想者：谓于有非

59.136 [Tangut script]

dju^{1} sjij^{2} ŋwu^{2} kiẹj^{2} ŋwe^{1} tja^{1} thjɨ^{2}

有 想 是。 欲 乐 者： 是

[Tangut script]

sju^{2} dzu^{1} kiẹj^{2} ŋwu^{2} zji^{1} njɨ̱^{2} tja^{1}

如 爱 欲 谓。 烦 恼 者：

有想。欲乐者：谓即如是爱欲。烦恼者：

59.137 [Tangut script]

sọ^{1} do^{1} ŋwu^{2} tśhio̱w^{1} ŋowr^{2} mji^{1} ŋowr^{2} tśier^{1} ·ju^{2}

三 毒 谓， 或 具 不 具。 方 便

[Tangut script]

sji^{1} dźjwa^{1} tja^{1} thjɨ^{2} pjo^{1} tsjij^{2} kjɨ^{1} djɨj^{2}

究 竟 者： 此 诽 谤 决 定

谓三毒，或具不具。方便究竟者：谓诽谤决定。

59.138 [Tangut script]

·jij^{1} ·jɨ^{2} nioow^{1} tśjɨ̱^{1} sjwụ^{2} sja^{1} sọ^{1} mə^{2}

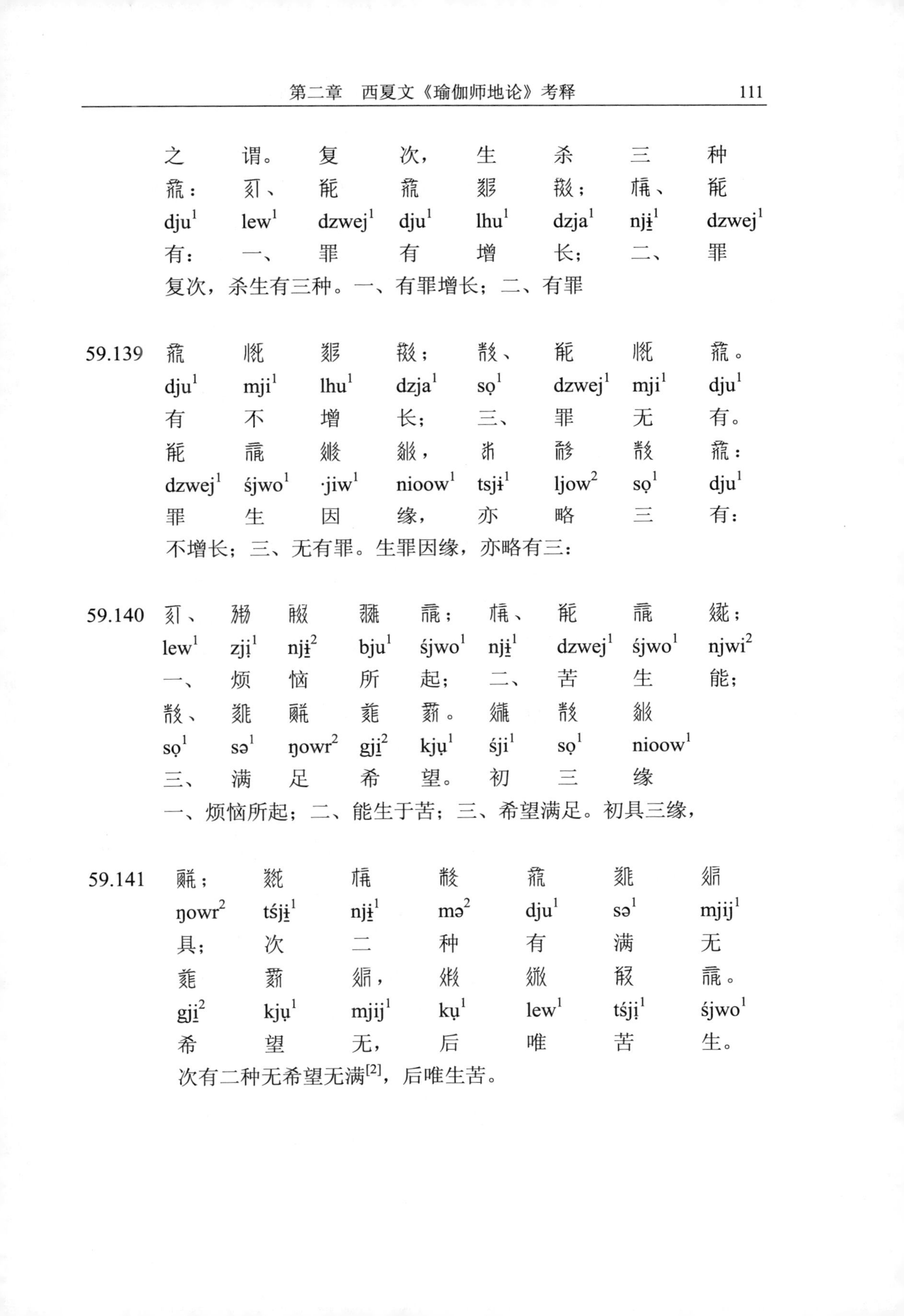

之　谓。　复　次，　生　杀　三　种

[illegible]

dju^{1} lew^{1} dzwej^{1} dju^{1} lhu^{1} dzja^{1} njɨ̱^{1} dzwej^{1}

有：　一、　罪　有　增　长；　二、　罪

复次，杀生有三种。一、有罪增长；二、有罪

59.139 [illegible]

dju^{1} mji^{1} lhu^{1} dzja^{1} sọ^{1} dzwej^{1} mji^{1} dju^{1}

有　不　增　长；　三、　罪　无　有。

[illegible]

dzwej^{1} śjwo^{1} ·jiw^{1} nioow^{1} tsjɨ^{1} ljow^{2} sọ^{1} dju^{1}

罪　生　因　缘，　亦　略　三　有：

不增长；三、无有罪。生罪因缘，亦略有三：

59.140 [illegible]

lew^{1} zji̱^{1} njɨ̱^{2} bju^{1} śjwo^{1} njɨ̱^{1} dzwej^{1} śjwo^{1} njwi^{2}

一、　烦　恼　所　起；　二、　苦　生　能；

[illegible]

sọ^{1} sə^{1} ŋowr^{2} gji̱^{2} kjụ^{1} śji^{1} sọ^{1} nioow^{1}

三、　满　足　希　望。　初　三　缘

一、烦恼所起；二、能生于苦；三、希望满足。初具三缘，

59.141 [illegible]

ŋowr^{2} tśjɨ̱^{1} njɨ̱^{1} mə^{2} dju^{1} sə^{1} mjij^{1}

具；　次　二　种　有　满　无

[illegible]

gji̱^{2} kjụ^{1} mjij^{1} kụ^{1} lew^{1} tśji̱^{1} śjwo^{1}

希　望　无，　后　唯　苦　生。

次有二种无希望无满[2]，后唯生苦。

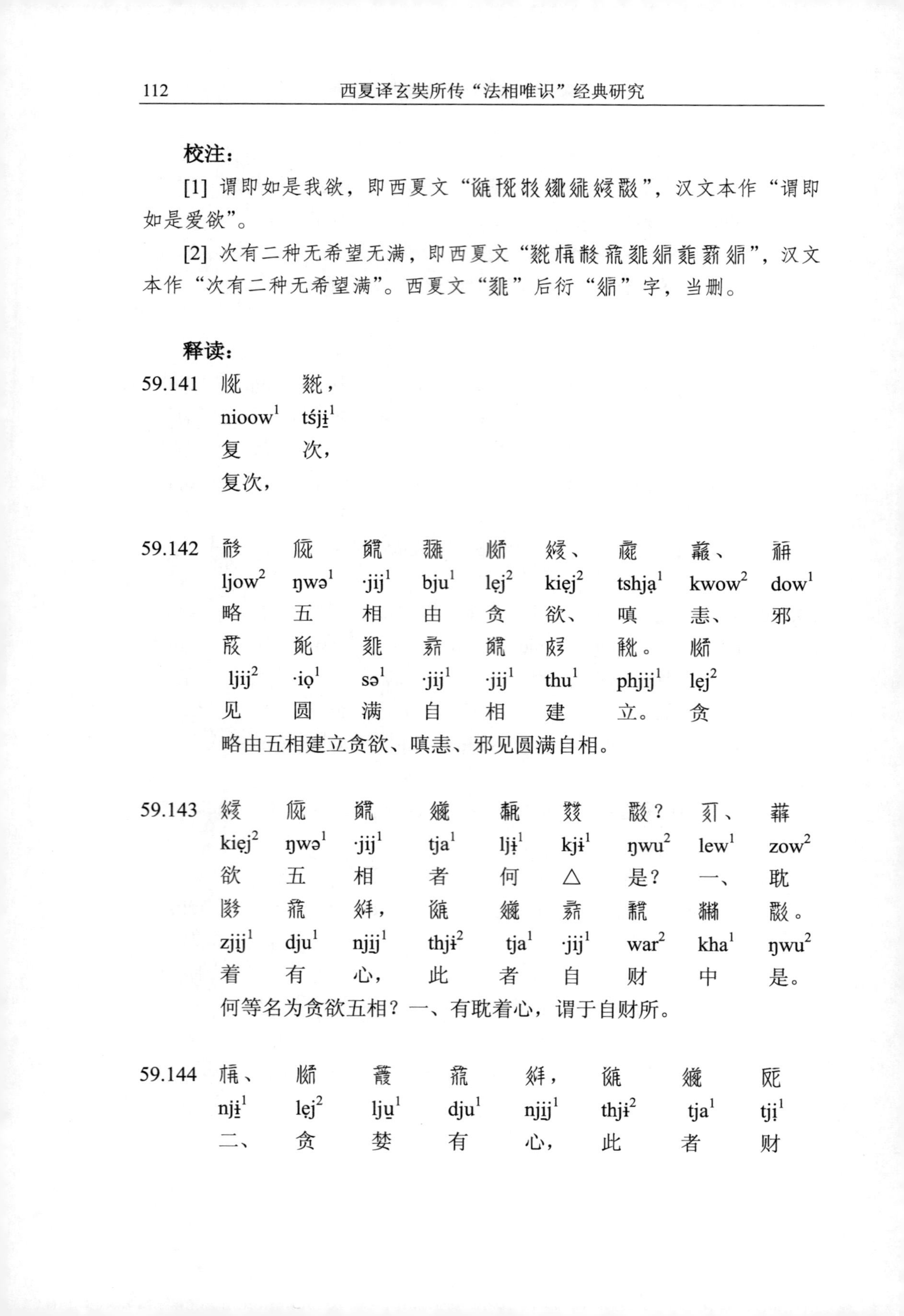

校注：

[1] 谓即如是我欲，即西夏文“□□□□□□□”，汉文本作“谓即如是爱欲”。

[2] 次有二种无希望无满，即西夏文“□□□□□□□□□”，汉文本作“次有二种无希望满”。西夏文“□”后衍“□”字，当删。

释读：

59.141

□	□，
nioow^1	tśjɨ̣^{1}
复	次，

复次，

59.142

□	□	□	□	□	□、	□	□、	□
ljow^2	ŋwə^1	·jij^1	bju^1	lẹj^2	kięj^2	tshjạ^1	kwow^2	dow^1
略	五	相	由	贪	欲、	嗔	恚、	邪
□	□	□	□	□	□	□。	□	
ljij^2	·iọ^1	sə^1	·jij^1	·jij^1	thu^1	phjij^1	lẹj^2	
见	圆	满	自	相	建	立。	贪	

略由五相建立贪欲、嗔恚、邪见圆满自相。

59.143

□	□	□	□	□	□	□？	□、	□
kięj^2	ŋwə^1	·jij^1	tja^1	ljɨ̣^{1}	kjɨ^1	ŋwu^2	lew^1	zow^2
欲	五	相	者	何	△	是？	一、	耽
□	□	□，	□	□	□	□	□	□。
zjij^1	dju^1	njij^1	thjɨ^2	tja^1	·jij^1	war^2	kha^1	ŋwu^2
着	有	心，	此	者	自	财	中	是。

何等名为贪欲五相？一、有耽着心，谓于自财所。

59.144

□、	□	□	□	□，	□	□	□
njɨ^1	lẹj^2	lju̱^{1}	dju^1	njij^1	thjɨ^2	tja^1	tjị^1
二、	贪	婪	有	心，	此	者	财

[illegible] [illegible] [illegible] [illegible]。 [illegible]、 [illegible] [illegible] [illegible]
war^{2} du̱^{1} dzu^{1} ŋwu^{2} sọ^{1} ŋwə̱^{1} kwow^{2} dju^{1}
物 积 乐 是。 三、 饕 餮 有
二、有贪婪心，谓乐积财物。三、有饕餮

59.145 [illegible]， [illegible] [illegible] [illegible] [illegible] [illegible] [illegible] [illegible] [illegible]
njij^{1} thjɨ^{2} tja^{1} mjɨ^{1} wə̱^{1} ljị^{1} war^{2} njɨ^{2} dạ^{2}
心， 此 者 他 属 资 财 等 事
[illegible] [illegible] [illegible]， [illegible] [illegible] [illegible] [illegible] [illegible]
·wji^{1} ŋa^{2} zow^{2} na^{1} dzu^{1} wjị^{1} śjwo^{1} tja^{1}
为 好 计， 深 爱 味 生 者
心，谓于属他资财等事计为华好，深生爱味。

59.146 [illegible]。 [illegible]、 [illegible] [illegible] [illegible] [illegible]， [illegible] [illegible] [illegible]
ŋwu^{2} ljɨ̱r^{1} tśjɨj^{1} rjɨj^{2} dju^{1} njij^{1} thjɨ^{2} tja^{1} thjɨ^{2}
是。 四、 谋 略 有 心， 此 者 是
[illegible] [illegible] [illegible]： [illegible] [illegible] [illegible]， [illegible] [illegible] [illegible]
sju^{2} njij^{1} śjwo^{1} thja^{1} dju^{1} dju^{1} zjị^{1} dju^{1} we^{2}
如 心 作： 彼 所 有， 何 时 为
四、有谋略心，谓作是心：凡彼所有，何当

59.147 [illegible] [illegible] [illegible] [illegible]。 [illegible]、 [illegible] [illegible] [illegible] [illegible]，
·ja̱^{1} ·jɨ^{2} tja^{1} ŋwu^{2} ŋwə^{1} dzju̱^{2} ɣja^{2} dju^{1} njij^{1}
然 谓 者 是。 五、 覆 蔽 有 心，
[illegible] [illegible] [illegible] [illegible] [illegible] [illegible] [illegible] [illegible]，
thjɨ^{2} tja^{1} lẹj^{2} kięj^{2} tśjɨ̱r^{2} nja^{1} pho̱^{1} nioow^{1}
此 者 贪 欲 缠 所 蔽 故，
属我。五、有覆蔽心，谓贪欲缠之所覆故，

59.148 [illegible] [illegible] [illegible] [illegible]， [illegible] [illegible] [illegible] [illegible] [illegible]
·ju^{1} zar^{2} mji^{1} dju^{1} dźjar^{2} lju^{2} ljị^{1} nioow^{1} lho

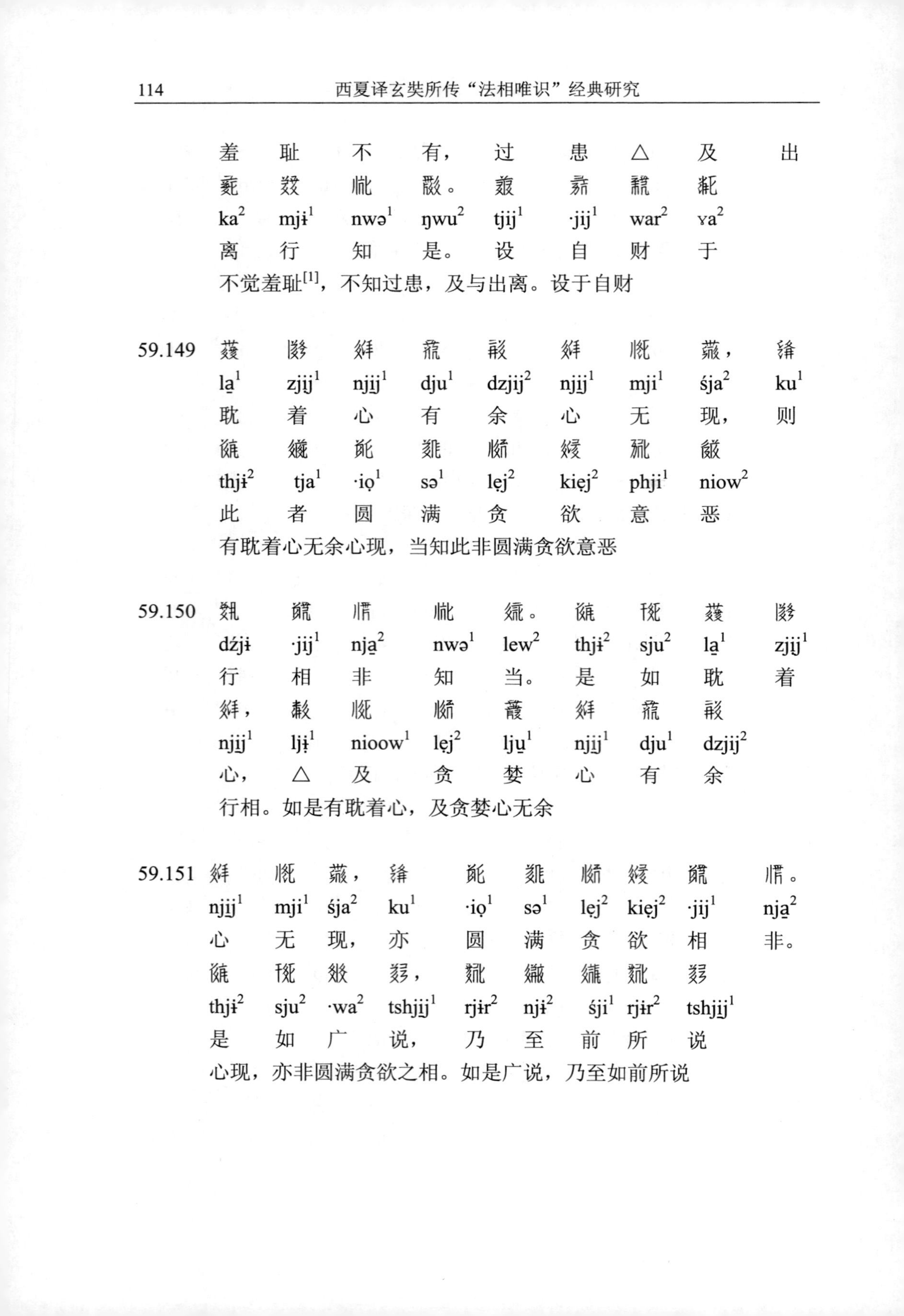

羞　耻　不　有，　过　患　△　及　出
[illegible]
ka^2　mjɨ^1　nwə^1　ŋwu^2　tjij^1　·jij^1　war^2　ɣa^2
离　行　知　是。　设　自　财　于
不觉羞耻[1]，不知过患，及与出离。设于自财

59.149　[illegible]
la̱^{1}　zjịj^1　njịj^1　dju^1　dzjij^2　njịj^1　mji^1　śja^2　ku^1
耽　着　心　有　余　心　无　现，　则
[illegible]
thjɨ^2　tja^1　·iọ^1　sə^1　lẹj^2　kiẹj^2　phji^1　niow^2
此　者　圆　满　贪　欲　意　恶
有耽着心无余心现，当知此非圆满贪欲意恶

59.150　[illegible]
dźjɨ　·jij^1　nja̱^{2}　nwə^1　lew^2　thjɨ^2　sju^2　la̱^{1}　zjịj^1
行　相　非　知　当。　是　如　耽　着
[illegible]
njịj^1　ljɨ̣^{1}　nioow^1　lẹj^2　lju̱^{1}　njịj^1　dju^1　dzjij^2
心，　△　及　贪　婪　心　有　余
行相。如是有耽着心，及贪婪心无余

59.151　[illegible]
njịj^1　mji^1　śja^2　ku^1　·iọ^1　sə^1　lẹj^2　kiẹj^2　·jij^1　nja̱^{2}
心　无　现，　亦　圆　满　贪　欲　相　非。
[illegible]
thjɨ^2　sju^2　·wa^2　tshjịj^1　rjɨr^2　njɨ^2　śji^1　rjɨr^2　tshjịj^1
是　如　广　说，　乃　至　前　所　说
心现，亦非圆满贪欲之相。如是广说，乃至如前所说

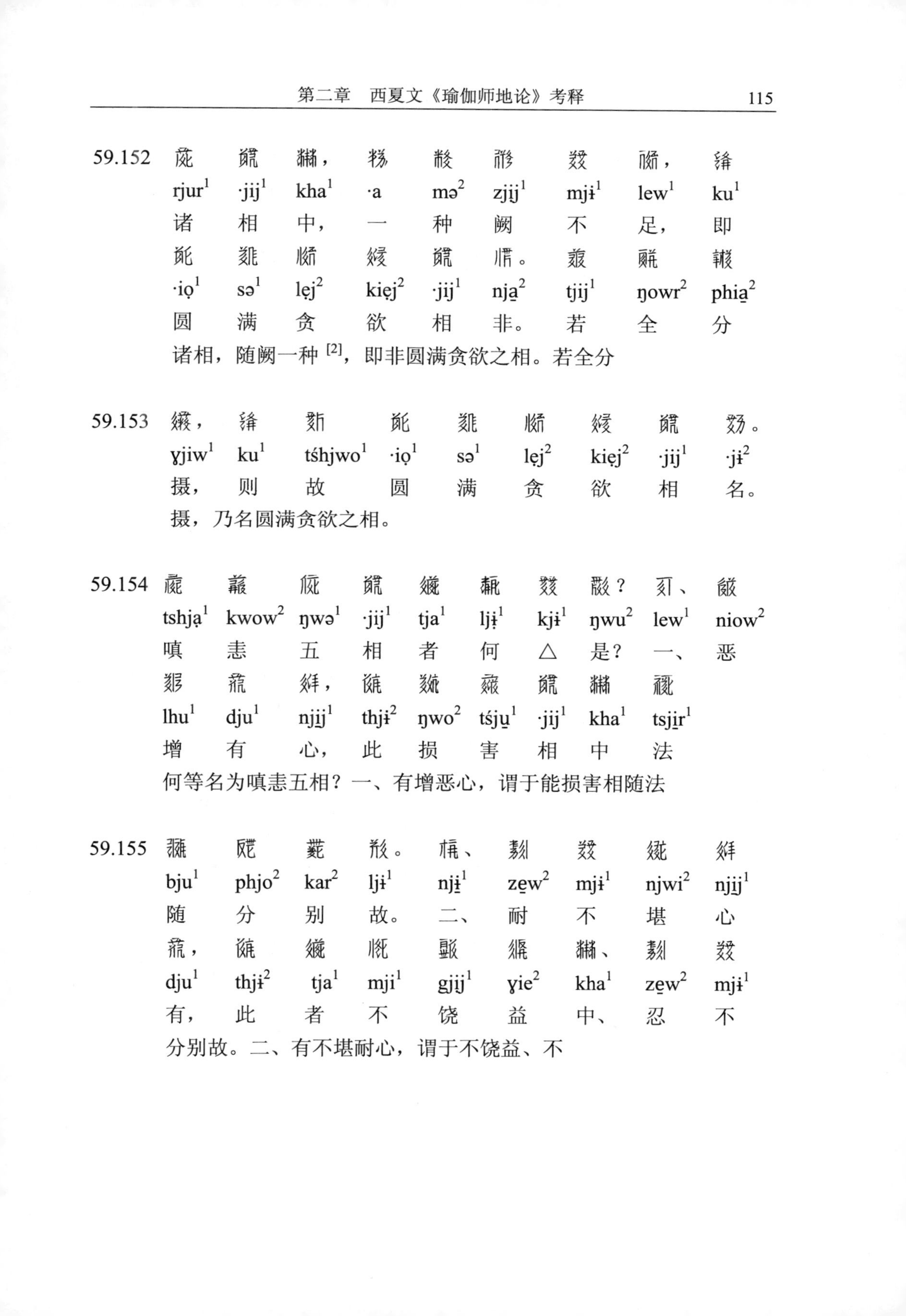

59.152 rjur^{1} ·jij^{1} kha^{1} ·a mə^{2} zjij^{1} mjɨ^{1} lew^{1} ku^{1}
诸 相 中， 一 种 阙 不 足， 即
·iọ^{1} sə^{1} lẹj^{2} kiẹj^{2} ·jij^{1} nja̱^{2} tjij^{1} ŋowr^{2} phia̱^{2}
圆 满 贪 欲 相 非。 若 全 分
诸相，随阙一种[2]，即非圆满贪欲之相。若全分

59.153 ɣjiw^{1} ku^{1} tśhjwo^{1} ·iọ^{1} sə^{1} lẹj^{2} kiẹj^{2} ·jij^{1} ·jɨ^{2}
摄， 则 故 圆 满 贪 欲 相 名。
摄，乃名圆满贪欲之相。

59.154 tshjạ^{1} kwow^{2} ŋwə^{1} ·jij^{1} tja^{1} ljɨ̣^{1} kjɨ^{1} ŋwu^{2} lew^{1} niow^{2}
嗔 恚 五 相 者 何 △ 是？ 一、 恶
lhu^{1} dju^{1} njij^{1} thjɨ^{2} ŋwo^{2} tśju̱^{1} ·jij^{1} kha^{1} tsji̱r^{1}
增 有 心， 此 损 害 相 中 法
何等名为嗔恚五相？一、有增恶心，谓于能损害相随法

59.155 bju^{1} phjo^{2} kar^{2} ljɨ^{1} njɨ̱^{1} ze̱w^{2} mjɨ^{1} njwi^{2} njij^{1}
随 分 别 故。 二、 耐 不 堪 心
dju^{1} thjɨ^{2} tja^{1} mji^{1} gjij^{1} ɣie^{2} kha^{1} ze̱w^{2} mjɨ^{1}
有， 此 者 不 饶 益 中、 忍 不
分别故。二、有不堪耐心，谓于不饶益、不

59.156 [illegible] [illegible]。 [illegible]、 [illegible] [illegible] [illegible] [illegible]， [illegible] [illegible]
njwi^2 ljɨ^1 sọ^1 ljwij^1 źjɨ̱^{1} dju^1 njij^1 thjɨ^2 tja^1
堪 故。 三、 怨 恨 有 心， 此 者
[illegible] [illegible] [illegible] [illegible]、 [illegible] [illegible] [illegible] [illegible]
mji^1 gjij^1 ɣie^2 kha^1 pię^1 ·wo^2 mji^1 bju^1
不 饶 益 中、 数 理 不 随
堪忍故。三、有怨恨心，谓于不饶益、数不如理

59.157 [illegible] [illegible] [illegible]。 [illegible]、 [illegible] [illegible] [illegible] [illegible]， [illegible]
sjwɨ^1 lə ljɨ^1 ljɨ̱r^1 tśjɨj^1 rjɨj^2 dju^1 njij^1 thjɨ^2
忆 念 故。 四、 谋 略 有 心， 此
[illegible] [illegible] [illegible] [illegible] [illegible] [illegible] [illegible] [illegible]： [illegible]
tja^1 sjij^2 dju^1 do^2 thjɨ^2 sju^2 njij^1 phji^1 thjij^2
者 情 有 处 是 如 心 意： 何
随忆念故。四、有谋略心，谓于有情作如是意：何

59.158 [illegible] [illegible] [illegible]？ [illegible] [illegible] [illegible] [illegible]？ [illegible] [illegible]
sjo^2 tjwɨ^1 pjij^1 thjij^2 sjo^2 sja^1 tśju̱^{1} rjɨr^2 njɨ^2
云 捶 挞？ 云 何 杀 害？ 乃 至
[illegible] [illegible]。 [illegible]、 [illegible] [illegible] [illegible] [illegible]， [illegible]
·wa^2 tshjij^1 ŋwə^1 dzju̱^{2} ɣja^2 dju^1 njij^1 thjɨ^2
广 说。 五、 覆 蔽 有 心， 此
当捶挞？何当杀害？乃至广说故。五、有覆蔽心，谓

59.159 [illegible] [illegible] [illegible] [illegible] [illegible] [illegible]。 [illegible] [illegible] [illegible]
tja^1 śji^1 tshjij^1 rjir^2 ·a tjɨj^2 thjɨ^2 ŋwə^1 ·jij^1
者 前 说 与 一 样。 此 五 相
[illegible] [illegible] [illegible] [illegible] [illegible]， [illegible] [illegible] [illegible] [illegible]
kha^1 ·a mə^2 zjij^1 mjij^1 ku^1 ·iọ^1 sə^1 tshjạ^1
中 一 种 几 无， 即 圆 满 嗔
如前说。于此五相随阙一种 [3]，即非圆满嗔

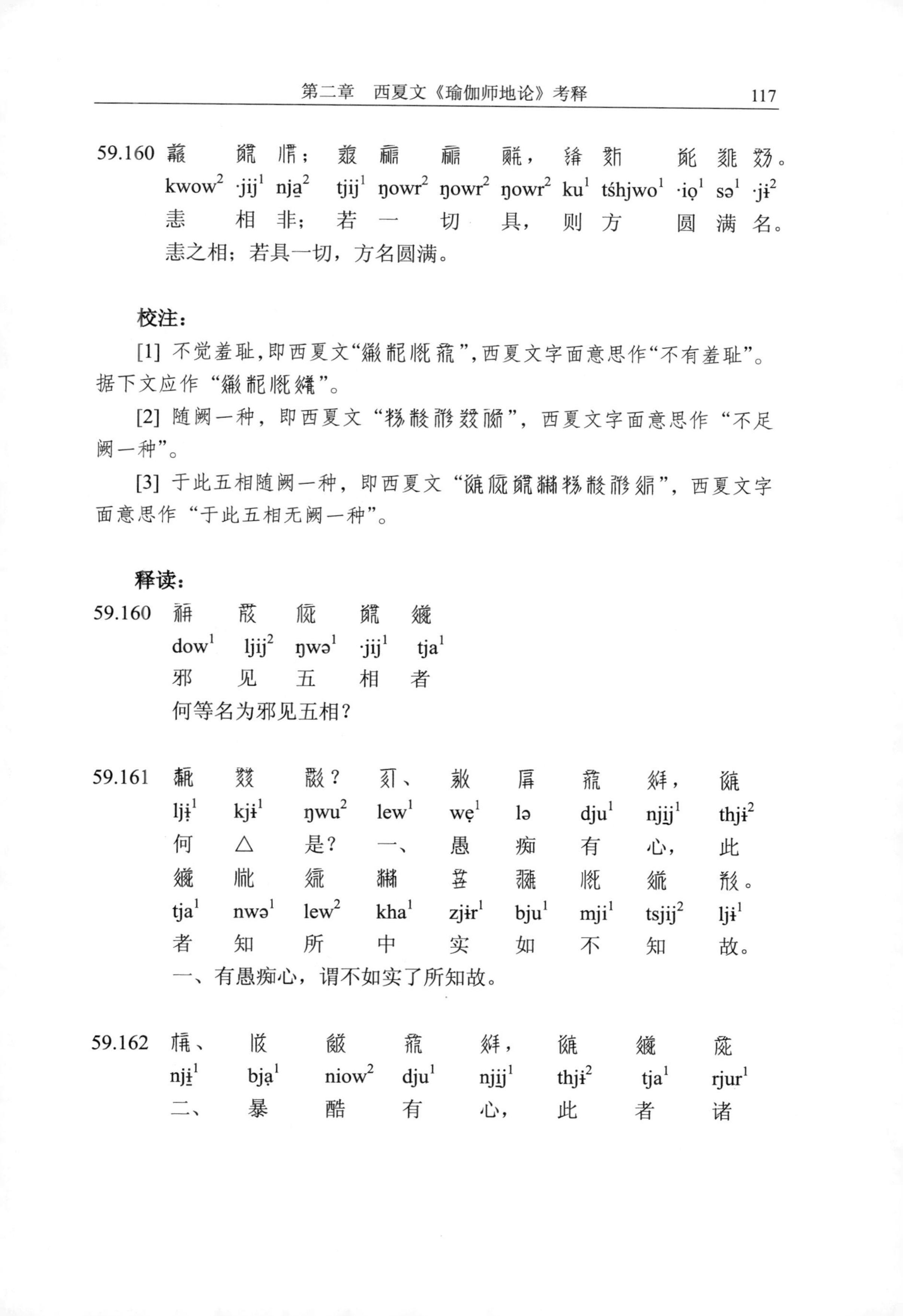

59.160 □　□　□；□　□　□　□，□　□　□　□　□。
kwow^{2} ·jij^{1} nja̱^{2} tjij^{1} ŋowr^{2} ŋowr^{2} ŋowr^{2} ku^{1} tśhjwo^{1} ·iọ^{1} sə^{1} ·jɨ^{2}
恚　相　非；若　一　切　具，则　方　圆　满　名。
恚之相；若具一切，方名圆满。

校注：

[1] 不觉羞耻，即西夏文“□□□□”，西夏文字面意思作“不有羞耻”。据下文应作“□□□□”。

[2] 随阙一种，即西夏文“□□□□□”，西夏文字面意思作“不足阙一种”。

[3] 于此五相随阙一种，即西夏文“□□□□□□□□”，西夏文字面意思作“于此五相无阙一种”。

释读：

59.160 □　□　□　□　□
dow^{1} ljij^{2} ŋwə^{1} ·jij^{1} tja^{1}
邪　见　五　相　者
何等名为邪见五相？

59.161 □　□　□？　□、　□　□　□　□，　□
ljɨ^{1} kjɨ^{1} ŋwu^{2} lew^{1} wẹ^{1} lə dju^{1} njij^{1} thjɨ^{2}
何　△　是？　一、　愚　痴　有　心，　此
□　□　□　□　□　□　□　□　□。
tja^{1} nwə^{1} lew^{2} kha^{1} zjɨr^{1} bju^{1} mji^{1} tsjij^{2} ljɨ^{1}
者　知　所　中　实　如　不　知　故。
一、有愚痴心，谓不如实了所知故。

59.162 □、　□　□　□　□，　□　□　□
njɨ^{1} bjạ^{1} niow^{2} dju^{1} njij^{1} thjɨ^{2} tja^{1} rjur^{1}
二、　暴　酷　有　心，　此　者　诸

[Tangut] [Tangut] [Tangut] [Tangut]。 [Tangut]、 [Tangut] [Tangut] [Tangut]
niow^{2} ·wji^{1} dzu^{1} ljɨ^{1} sọ^{1} dźjɨ zar^{2} sju^{2}
恶 作 乐 故。 三、 行 流 越
二、有暴酷心，谓乐作诸恶故。三、有越流行

59.163 [Tangut] [Tangut]， [Tangut] [Tangut] [Tangut] [Tangut] [Tangut] [Tangut] [Tangut]
dju^{1} njij^{1} thjɨ^{2} tja^{1} rjur^{1} tsji̱r^{1} kha^{1} mji^{1} ·wo^{2}
有 心， 此 者 诸 法 中 不 理
[Tangut] [Tangut] [Tangut] [Tangut] [Tangut] [Tangut]。 [Tangut]、 [Tangut]
bju^{1} phjo^{2} kar^{2} tjo̱^{1} ·ju^{2} ljɨ^{1} ljɨ̱r^{1} phjɨ^{1}
如 分 别 推 求 故。 四、 失
心，谓于诸法不如理分别推求故。四、

59.164 [Tangut] [Tangut] [Tangut]， [Tangut] [Tangut] [Tangut] [Tangut] [Tangut]
ljij^{2} dju^{1} njij^{1} thjɨ^{2} tja^{1} mji̱^{1} khjow^{1} bju̱^{1}
坏 有 心， 此 者 施 与 敬
[Tangut] [Tangut]、 [Tangut] [Tangut] [Tangut]， [Tangut] [Tangut] [Tangut]
dzu^{1} kjụ^{1} gjwij^{1} njɨ^{2} mjij^{1} thjo̱^{1} dźjɨ njɨ^{2}
爱 养、 祠 等 无， 妙 行 等
有失坏心，谓无施与爱养、祠祀等，

59.165 [Tangut] [Tangut] [Tangut] [Tangut] [Tangut]。 [Tangut]、 [Tangut] [Tangut] [Tangut]
ŋowr^{2} ŋowr^{2} lha^{1} ljij^{2} ljɨ^{1} ŋwə^{1} dzju̱^{2} ɣja^{2} dju^{1}
一 切 诽 谤 故。 五、 覆 蔽 有
[Tangut]， [Tangut] [Tangut] [Tangut] [Tangut] [Tangut] [Tangut] [Tangut]
njij^{1} thjɨ^{2} tja^{1} dow^{1} ljij^{2} dzju̱^{2} tśji̱r^{2} pho̱^{1}
心， 此 者 邪 见 覆 缠 蔽
诽谤一切妙行等故。五、有覆蔽心，谓邪见缠之所覆蔽，

59.166 [Tangut]， [Tangut] [Tangut] [Tangut] [Tangut]， [Tangut] [Tangut] [Tangut]
nioow^{1} ·ju^{1} zar^{2} mji^{1} dwewr^{2} dźjar^{2} lju^{2} ljị^{1}
故， 羞 耻 不 觉， 过 患 △

[illegible]	[illegible]	[illegible]	[illegible]	[illegible]	[illegible]。	[illegible]	[illegible]
nioow^{1}	lho	ka^{2}	mjɨ^{1}	nwə^{1}	ljɨ^{1}	thjɨ^{2}	ŋwə^{1}
及	出	离	不	知	故。	此	五

不觉羞耻，不知过患及出离故。于此五

59.167

[illegible]	[illegible]	[illegible]	[illegible]	[illegible]	[illegible]，	[illegible]	[illegible]
·jij^{1}	kha^{1}	·a	mə^{2}	zjij^{1}	mjij^{1}	ku^{1}	·iọ^{1}
相	中	一	种	阙	无，	即	圆
[illegible]	[illegible]	[illegible]	[illegible]	[illegible]；	[illegible]	[illegible]	[illegible]
sə^{1}	dow^{1}	ljij^{2}	·jij^{1}	nja̠^{2}	ŋowr^{2}	ŋowr^{2}	phia̠^{2}
满	邪	见	相	非；	一	切	分

相无阙一种[1]，即非圆满邪见之相；具一切分，

59.168

[illegible]，	[illegible]	[illegible]	[illegible]	[illegible]	[illegible]。
ŋowr^{2}	ku^{1}	tśhjwo^{1}	·iọ^{1}	sə^{1}	ŋwu^{2}
具，	则	故	圆	满	谓。

乃名圆满。

59.169

[illegible]	[illegible]，	[illegible]	[illegible]	[illegible]	[illegible]	[illegible]	[illegible]	[illegible]
nioow^{1}	tśjɨ̠^{1}	tjij^{1}	lạ^{1}	njɨ^{2}	ŋwu^{2}	rjur^{1}	dźiã^{2}	tśhju^{1}
复	次，	若	手	等	以	诸	众	生
[illegible]，	[illegible]	[illegible]	[illegible]	[illegible]。	[illegible]	[illegible]	[illegible]	
tśju̠^{1}	ku^{1}	sjwụ^{2}	sja^{1}	·jɨ^{2}	thjɨ^{2}	sju^{2}	ta̠r^{1}	
害，	则	生	杀	名。	是	如	块	

复次，若以手等害诸众生，名杀生[2]。如是以块

59.170

[illegible]	[illegible]	[illegible]	[illegible]	[illegible]	[illegible]、	[illegible]	[illegible]、	[illegible]
bo^{2}	bjɨr^{1}	phej^{1}	tśjɨ̠r^{2}	tji^{1}	phja^{1}	njɨ̣^{1}	njɨ̠^{2}	bjo^{2}
杖	刀	缠	缚	食	断、	告	骂、	罚
[illegible]、	[illegible]	[illegible]、	[illegible]	[illegible]、	[illegible]、	[illegible]	[illegible]	
tjị^{1}	ŋwə̠^{1}	tsə̣^{1}	ŋwụ^{1}	tsja^{1}	śiə^{1}	pha^{1}	śiə^{1}	
治、	咒	药、	厌	祷、	尸、	半	尸	

杖刀录断食、折挫、治罚、咒药、厌祷、尸、半尸

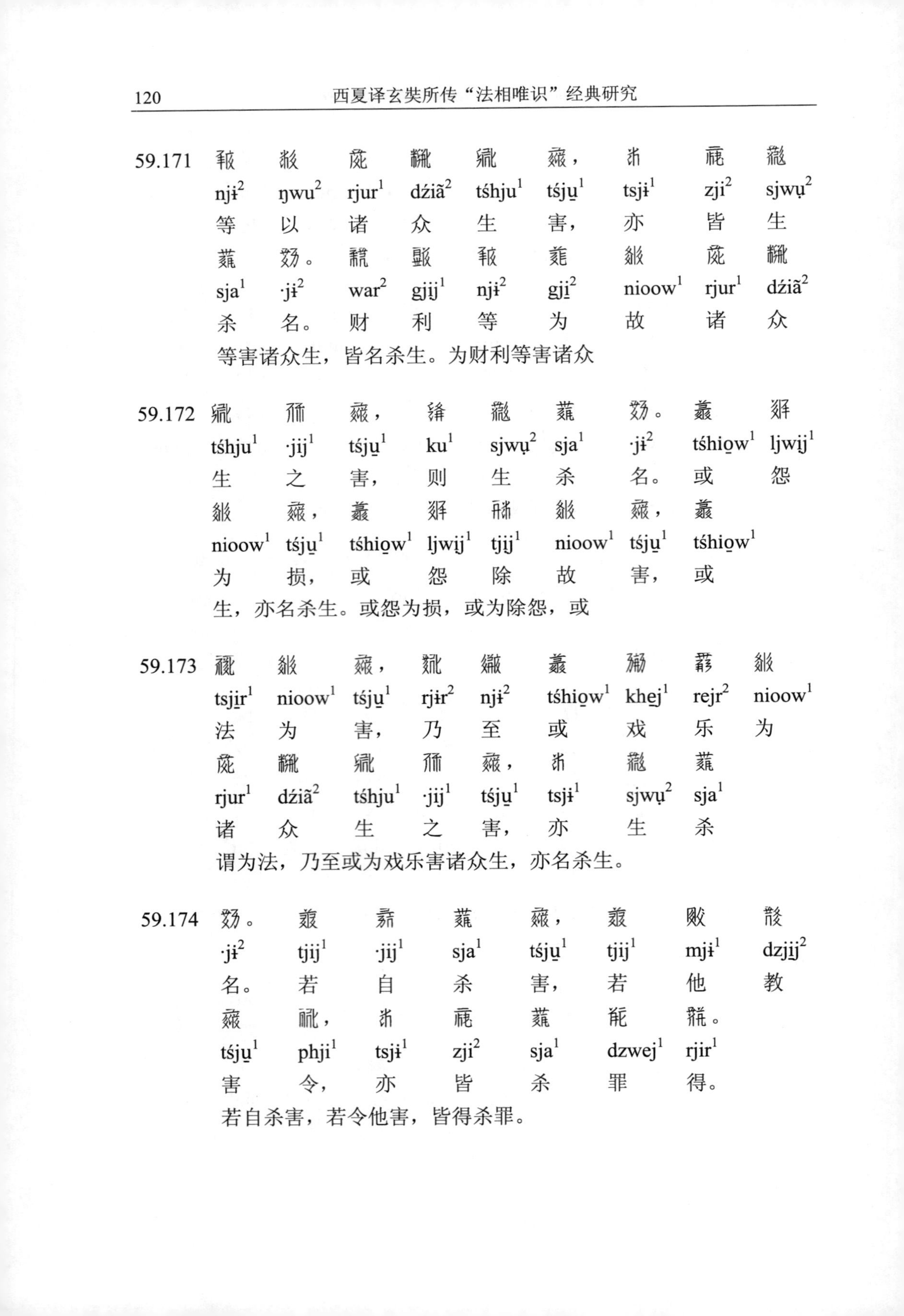

59.171
njɨ^{2} ŋwu^{2} rjur^{1} dźiã^{2} tśhju^{1} tśjṳ^{1} tsjɨ^{1} zji^{2} sjwụ^{2}
等 以 诸 众 生 害， 亦 皆 生
sja^{1} ·jɨ^{2} war^{2} gjiʒ^{1} njɨ^{2} gjḭ^{2} nioow^{1} rjur^{1} dźiã^{2}
杀 名。 财 利 等 为 故 诸 众

等害诸众生，皆名杀生。为财利等害诸众

59.172
tśhju^{1} ·jij^{1} tśjṳ^{1} ku^{1} sjwụ^{2} sja^{1} ·jɨ^{2} tśhiọw^{1} ljwij^{1}
生 之 害， 则 生 杀 名。 或 怨
nioow^{1} tśjṳ^{1} tśhiọw^{1} ljwij^{1} tjij^{1} nioow^{1} tśjṳ^{1} tśhiọw^{1}
为 损， 或 怨 除 故 害， 或

生，亦名杀生。或怨为损，或为除怨，或

59.173
tsjir^{1} nioow^{1} tśjṳ^{1} rjɨr^{2} njɨ^{2} tśhiọw^{1} khẹj^{1} rejr^{2} nioow^{1}
法 为 害， 乃 至 或 戏 乐 为
rjur^{1} dźiã^{2} tśhju^{1} ·jij^{1} tśjṳ^{1} tsjɨ^{1} sjwụ^{2} sja^{1}
诸 众 生 之 害， 亦 生 杀

谓为法，乃至或为戏乐害诸众生，亦名杀生。

59.174
·jɨ^{2} tjij^{1} ·jij^{1} sja^{1} tśjṳ^{1} tjij^{1} mjɨ^{1} dzjij^{2}
名。 若 自 杀 害， 若 他 教
tśjṳ^{1} phji^{1} tsjɨ^{1} zji^{2} sja^{1} dzwej^{1} rjir^{1}
害 令， 亦 皆 杀 罪 得。

若自杀害，若令他害，皆得杀罪。

校注：

[1] 于此五相无阙一种，即西夏文“[illegible]”，汉文本作“于此五相随阙一种”。

[2] 名杀生，即西夏文“[illegible]”，汉文本作“说名杀生”。

释读：

59.175

[illegible]	[illegible]，	[illegible]	[illegible]	[illegible]	[illegible]	[illegible]	[illegible]	[illegible]，
nioow1	tśjɨ̱1	tjij1	dźju1	sjwij1	ŋwu2	mjɨ1	war2	tśhiow1
复	次，	若	显	然	以	他	物	劫，
[illegible]	[illegible]	[illegible]	[illegible]	[illegible]。	[illegible]	[illegible]	[illegible]	[illegible]
ku1	mji1	khjow1	lhjwi1	·jɨ2	thjɨ2	sju2	nji2	nji2
则	不	与	取	名。	是	如	窃	窃

复次，若有显然劫他财物，名不与取。如是窃

59.176

[illegible]	[illegible]、	[illegible]	[illegible]	[illegible]	[illegible]、	[illegible]	[illegible]、
kjwir1	kjɨ̱r2	we2	tśhjwo1	tśhiow1	phie2	tśja1	ljɨ̱j2
盗	盗、	墙	攻	结	解、	道	伏、
[illegible]	[illegible]、	[illegible]	[illegible]	[illegible]	[illegible]	[illegible]。	[illegible]
war2	lhjwi1	tśhio̱w1	mjɨ1	we̱1	mji1	khjow1	tśhio̱w1
物	夺，	或	他	债	不	还。	或

盗、攻墙解结、伏道、窃夺，或有拒债，受寄不还[1]，或

59.177

[illegible]	[illegible]	[illegible]	[illegible]	[illegible]	[illegible]，	[illegible]	[illegible]	[illegible]
lạ1	ljo̱r1	dzew2	·wji1	ŋwu2	lhjwi1	tśhio̱w1	lhji	tśier1
诳	谄	矫	诈	而	取，	或	畏	方
[illegible]	[illegible]	[illegible]，	[illegible]	[illegible]	[illegible]	[illegible]	[illegible]	
·ju2	ŋwu2	lhjwi1	tśhio̱w1	pjụ1	wer1	śja2	ŋwu2	
便	而	取，	或	威	德	现	而	

行诳谄矫诈而取，或现怖畏方便而取，或现威德而

59.178

[illegible],	[illegible]	[illegible]	[illegible]	[illegible]	[illegible]	[illegible]	[illegible]
lhjwi^{1}	tśhio̱w^{1}	·jij^{1}	lhjwi^{1}	·jij^{1}	tśhio̱w^{1}	mjɨ^{1}	·jij^{1}
取，	或	自	取	之	或	他	之
[illegible],	[illegible]	[illegible]	[illegible]	[illegible]	[illegible]	[illegible]	[illegible]
dzji̱j^{2}	thjɨ^{2}	sju^{2}	ŋowr^{2}	ŋowr^{2}	zji^{2}	mji^{1}	khjow^{1}
令，	是	如	一	切	皆	不	与

取[2]，或自劫盗或复令他，如是一切皆不与

59.179

[illegible]	[illegible]。	[illegible]	[illegible]	[illegible]	[illegible],	[illegible]	[illegible]	[illegible]
lhjwi^{1}	·jɨ^{2}	tśhio̱w^{1}	·jij^{1}	nioow^{1}	lhjwi^{1}	tśhio̱w^{1}	mjɨ^{1}	nioow^{1}
取	谓。	或	自	为	取，	或	他	为
[illegible],	[illegible]	[illegible]	[illegible]	[illegible],	[illegible]	[illegible]	[illegible]	
lhjwi^{1}	tśhio̱w^{1}	kjạ^{1}	le^{2}	nioow^{1}	tśhio̱w^{1}	sja^{1}	gjị^{2}	
取，	或	怖	畏	故，	或	杀	缚	

取。或有自为，或有为他，或怖畏故，或为杀缚，

59.180

[illegible],	[illegible]	[illegible]	[illegible]	[illegible],	[illegible]	[illegible]	[illegible]	[illegible],
nioow^{1}	tśhio̱w^{1}	rjur^{1}	jar^{2}	nioow^{1}	tśhio̱w^{1}	wji^{1}	ɣiwej^{1}	nioow^{1}
故，	或	折	伏	故，	或	受	用	故，
[illegible]	[illegible]	[illegible]	[illegible],	[illegible]	[illegible]	[illegible]	[illegible],	
tśhio̱w^{1}	tshji^{2}	ljịj^{1}	nioow^{1}	tśhio̱w^{1}	zjị^{1}	sew^{1}	nioow^{1}	
或	给	侍	故，	或	憎	嫉	故，	

或为折伏，或为受用，或为给侍，或憎嫉故

59.181

[illegible]	[illegible]	[illegible]	[illegible],	[illegible]	[illegible]
mji^{1}	khjow^{1}	lhjwi^{1}	·jij^{1}	thjɨ^{2}	njɨ^{2}
不	与	取	之，	此	等
[illegible]	[illegible]	[illegible]	[illegible]	[illegible]	[illegible]。
zji^{2}	mji^{1}	khjow^{1}	lhjwi^{1}	dzwej^{1}	·jɨ^{2}
皆	不	与	取	罪	名。

不与而取，此等皆名不与取罪。

59.182									
	[illegible]	[illegible]，	[illegible]	[illegible]	[illegible]	[illegible]	[illegible]	[illegible]，	[illegible]
	nioow^1	tśjɨ̠^{1}	tjij^1	dźjij^1	lew^2	nja̱^{2}	·jij^1	dźjij^1	ku^1
	复	次，	若	行	应	不	之	行，	则
	[illegible]	[illegible]	[illegible]	[illegible]。	[illegible]	[illegible]	[illegible]、	[illegible]	[illegible]、
	kięj^2	dow^1	dźjɨ	·jɨ^2	tśhio̱w^1	war^2	nja̱^{2}	dzjɨj^1	nja̱^{2}
	欲	邪	行	名。	或	支	非、	时	非、

复次，若行不应行，名欲邪行。或于非支、非时、

59.183									
	[illegible]	[illegible]、	[illegible]	[illegible]、	[illegible]	[illegible]，	[illegible]	[illegible]	[illegible]
	do^2	nja̱^{2}	dza^2	nja̱^{2}	·wo^2	nja̱^{2}	thjɨ^2	sju^2	ŋowr^2
	处	非、	量	非、	理	非，	是	如	一
	[illegible]	[illegible]	[illegible]	[illegible]	[illegible]	[illegible]。	[illegible]	[illegible]	
	ŋowr^2	zji^2	kięj^2	dow^1	dźjɨ	ŋwu^2	tjij^1	mja^1	
	切	皆	欲	邪	行	是。	若	母	

非处、非量、非理，如是一切皆欲邪行。若于母

59.184									
	[illegible]	[illegible]	[illegible]	[illegible]	[illegible]	[illegible]	[illegible]，	[illegible]	[illegible]
	njɨ^2	mja^1	njɨ^2	·wejr^2	lew^2	do^2	·wji^1	lwər^2	rejr^2
	等	母	等	护	所	于	为，	契	经
	[illegible]	[illegible]	[illegible]，	[illegible]	[illegible]	[illegible]	[illegible]	[illegible]。	
	kha^1	·wa^2	tshjij^1	zji^2	dźjij^1	lew^2	nja̱^{2}	·jɨ^2	
	中	广	说，	皆	行	应	不	名。	

等母等所护，如经广说，名不应行。

59.185									
	[illegible]	[illegible]	[illegible]	[illegible]	[illegible]	[illegible]	[illegible]，	[illegible]	[illegible]
	go̱r^1	nioow^1	mji^1	go̱r^1	ŋowr^2	ŋowr^2	kha^1	·jij^1	wə̱^{1}
	男	及	不	男	一	切	中，	自	属
	[illegible]	[illegible]	[illegible]	[illegible]	[illegible]	[illegible]	[illegible]	[illegible]。	
	mjɨ^1	wə̱^{1}	lew^2	mjij^1	zji^2	dźjij^1	lew^2	nja̱^{2}	
	他	属	应	无	皆	行	应	不。	

一切男及不男，属自不属他[3]，皆不应行。

59.186	[illegible]	[illegible]	[illegible]	[illegible]，	[illegible]	[illegible]	[illegible]	[illegible]	[illegible]
	we̱1	ɣa1	nioow1	ljijr2	dzjij2	rjur1	phia̱2	·jij1	zji2
	产	门	除	外，	余	诸	分	之	皆
	[illegible]	[illegible]	[illegible]。	[illegible]	[illegible]	[illegible]	[illegible]，	[illegible]	
	war2	nja̱2	·jɨ2	tjij1	ror2	thjwɨ1	zjij1	·o1	
	支	非	名。	若	秽	下	时，	胎	

除产门外，诸余分[4]皆名非支。若秽下时，胎

59.187	[illegible]	[illegible]	[illegible]，	[illegible]	[illegible]	[illegible]	[illegible]，	[illegible]	[illegible]
	·io̱1	sə1	zjij1	gji2	ner2	dzji2	zjij1	kjɨ̱2	tsew2
	圆	满	时，	儿	乳	饮	时，	食	斋
	[illegible]	[illegible]	[illegible]，	[illegible]	[illegible]	[illegible]	[illegible]，	[illegible]	
	kie1	lhjɨj	zjij1	tjij1	ŋo2	thjwɨ1	zjij1	thjɨ2	
	戒	斋	时，	若	病	有	时，	此	

圆满时，饮儿乳时，受斋戒时，或有病时，

59.188	[illegible]	[illegible]	[illegible]	[illegible]	[illegible]	[illegible]	[illegible]	[illegible]	[illegible]，
	tja1	rjar1	ŋo2	nioow1	kię2	dźjij1	rjar1	mjij1	njɨ2
	者	病	匪	为	欲	习	宜	不	等，
	[illegible]	[illegible]	[illegible]	[illegible]。	[illegible]	[illegible]	[illegible]	[illegible]	
	zji2	dzjɨj1	nja̱2	·jɨ2	tjij1	rjur1	pjụ1	bju̱1	
	皆	时	非	名。	若	诸	尊	重	

谓病匪不宜习欲[5]，是名非时。若诸尊重

59.189	[illegible]	[illegible]	[illegible]	[illegible]，	[illegible]	[illegible]	[illegible]	[illegible]，	[illegible]
	ljwu2	dzjɨ̣2	tjị2	do2	tjij1	mjijr2	·jɨj2	kha1	tjij1
	会	集	处	所，	若	灵	庙	中，	若
	[illegible]	[illegible]	[illegible]	[illegible]，	[illegible]	[illegible]	[illegible]	[illegible]	
	ljij2	·ji1	·ju2	rjir2	tjij1	ljɨ̣2	·jijr1	bji2	
	大	众	面	前，	若	地	坚	下	

所集会处，或灵庙中，或大众前，或坚地

59.190 [illegible] [illegible] [illegible]，[illegible] [illegible] [illegible] [illegible]，[illegible] [illegible]
bjij^2 mjɨ^1 ka^1 mji^1 no^2 nej^2 twụ^1 thjɨ^2 sju^2
高 不 平，不 安 隐 各，是 如
[illegible] [illegible] [illegible] [illegible] [illegible] [illegible]。[illegible] [illegible]
njɨ^2 do^2 ·jij^1 do^2 nja̱^{2} ·jɨ^2 tsew^2 dza^2
等 处 之 处 非 名。限 量
高下不平，令不安隐，如是等处说名非处。

59.191 [illegible] [illegible] [illegible] [illegible]，[illegible] [illegible] [illegible] [illegible]，
gjịj^1 sju^2 bju^1 dźjịj^1 ku^1 dza^2 nja̱^{2} ·jɨ^2
超 过 而 行，则 量 非 名，
[illegible] [illegible] [illegible] [illegible]，[illegible] [illegible] [illegible] [illegible]，
thja^1 kha^1 dza^2 tja^1 ŋwə^1 tśięj^2 ɣa^2 njɨ^2
是 中 量 者，五 极 于 至，
过量而行，名为非量，是中量者，极至于五，

59.192 [illegible] [illegible] [illegible] [illegible] [illegible] [illegible]，[illegible] [illegible] [illegible]
thjɨ^2 su^1 bjɨ^1 bjij^2 ŋowr^2 ŋowr^2 zji^2 tsew^2 sju^2
此 如 以 上 一 切，皆 量 过
[illegible]。[illegible] [illegible] [illegible] [illegible] [illegible]，[illegible] [illegible]
·jɨ^2 rjur^1 tjɨ̣j^2 rjir^2 mji^1 bju^1 ku^1 ·wo^2
名。世 礼 与 不 依，故 理
于此以上一切[6]，皆名过量。不依世礼，故

59.193 [illegible] [illegible]。[illegible] [illegible] [illegible] [illegible]，[illegible] [illegible] [illegible]
nja̱^{2} ·jɨ^2 tjij^1 ·jij^1 kięj^2 dźjịj^1 tjij^1 mjɨ^1 rjir^2
非 名。若 自 欲 行，若 他 与
[illegible] [illegible] [illegible] [illegible]。[illegible] [illegible] [illegible] [illegible]
thjwɨ^2 ljị^2 lew^2 mjij^1 thjɨ^2 njɨ̱^{1} zji^2 kięj^2
结 合 应 不。此 二 皆 欲
名非理。若自行欲，若不应与他结合[7]。此二皆名欲

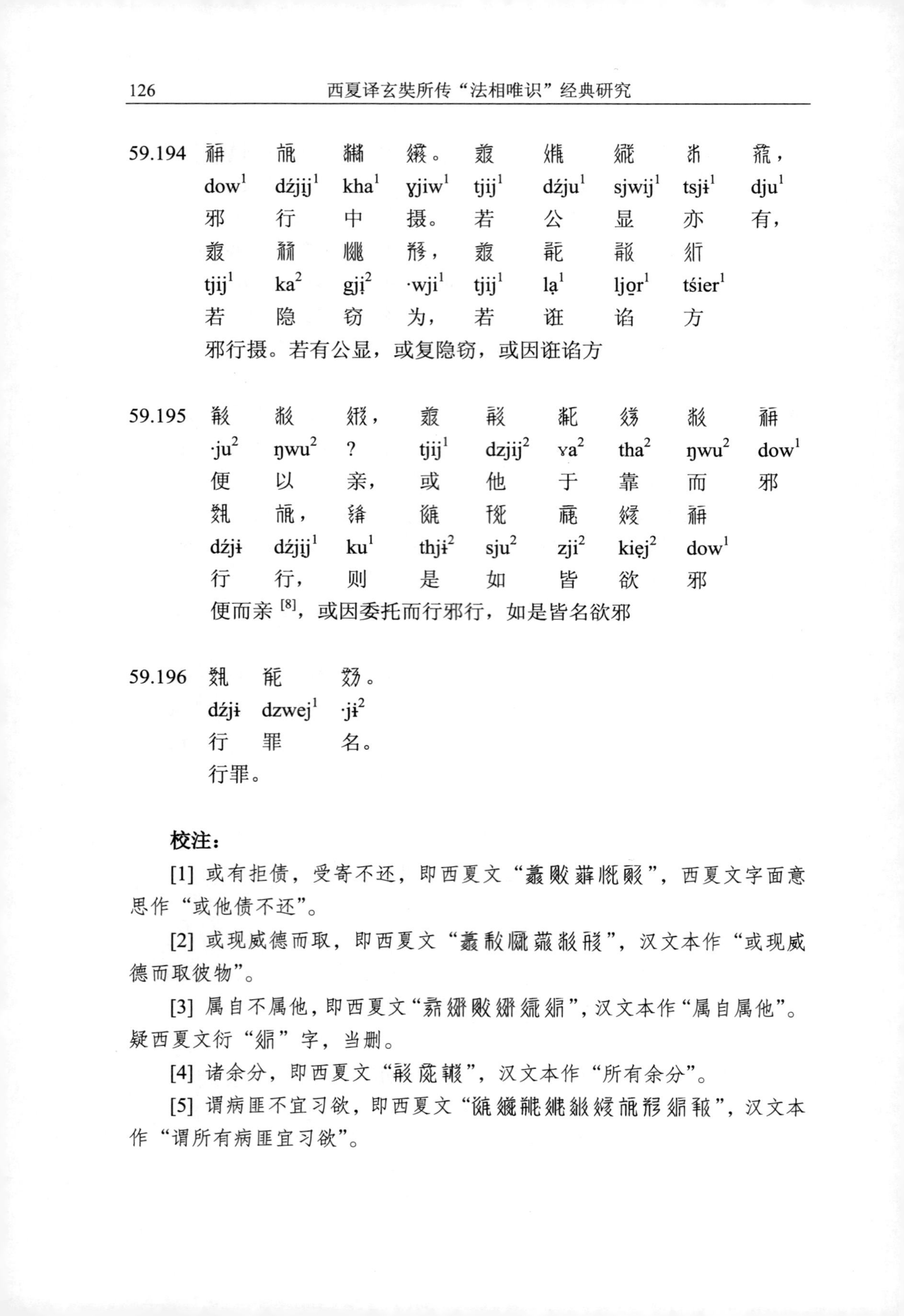

59.194 □ □ □ □。 □ □ □ □ □，
dow^{1} dźjij^{1} kha^{1} ɣjiw^{1} tjij^{1} dźju^{1} sjwij^{1} tsjɨ^{1} dju^{1}
邪 行 中 摄。 若 公 显 亦 有，
□ □ □ □， □ □ □ □
tjij^{1} ka^{2} gji̱^{2} ·wji^{1} tjij^{1} lạ^{1} ljo̱r^{1} tśier^{1}
若 隐 窃 为， 若 诳 谄 方
邪行摄。若有公显，或复隐窃，或因诳谄方

59.195 □ □ □， □ □ □ □ □ □
·ju^{2} ŋwu^{2} ? tjij^{1} dzjij^{2} ɣa^{2} tha^{2} ŋwu^{2} dow^{1}
便 以 亲， 或 他 于 靠 而 邪
□ □， □ □ □ □ □ □
dźjɨ dźjij^{1} ku^{1} thjɨ^{2} sju^{2} zji^{2} kię̣^{2} dow^{1}
行 行， 则 是 如 皆 欲 邪
便而亲[8]，或因委托而行邪行，如是皆名欲邪

59.196 □ □ □。
dźjɨ dzwej^{1} ·jɨ^{2}
行 罪 名。
行罪。

校注：

[1] 或有拒债，受寄不还，即西夏文“□□□□□”，西夏文字面意思作“或他债不还”。

[2] 或现威德而取，即西夏文“□□□□□□”，汉文本作“或现威德而取彼物”。

[3] 属自不属他，即西夏文“□□□□□□”，汉文本作“属自属他”。疑西夏文衍“□”字，当删。

[4] 诸余分，即西夏文“□□□”，汉文本作“所有余分”。

[5] 谓病匪不宜习欲，即西夏文“□□□□□□□□□□”，汉文本作“谓所有病匪宜习欲”。

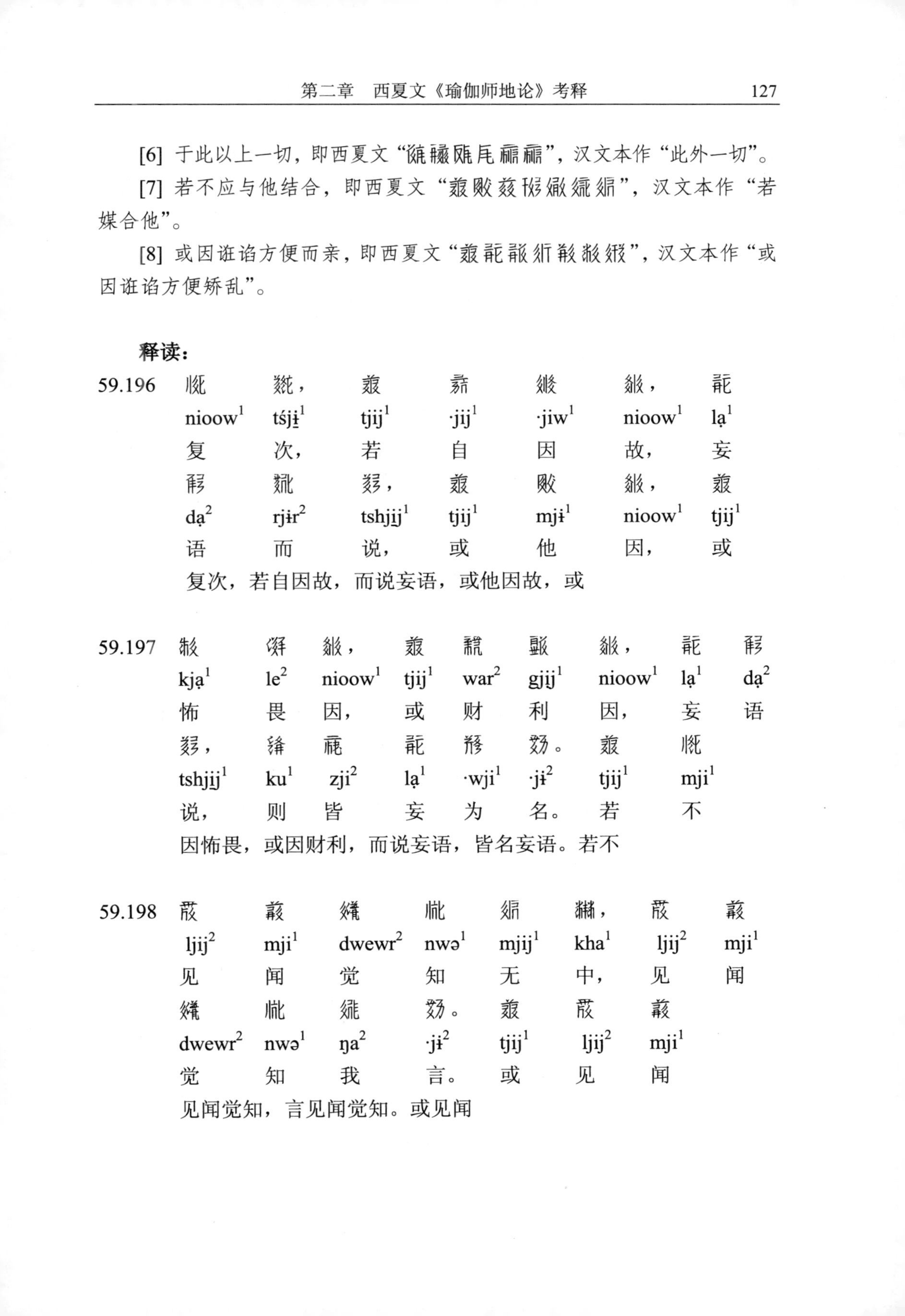

[6] 于此以上一切，即西夏文“□□□□□□”，汉文本作“此外一切”。

[7] 若不应与他结合，即西夏文“□□□□□□□”，汉文本作“若媒合他”。

[8] 或因诳谄方便而亲，即西夏文“□□□□□□□”，汉文本作“或因诳谄方便矫乱”。

释读：

59.196　□　□，　□　□　□　□，　□
nioow^1　tśjɨ̱^{1}　tjij^1　·jij^1　·jiw^1　nioow^1　lạ^1
复　次，　若　自　因　故，　妄
□　□　□，　□　□　□，　□
dạ^2　rjɨr^2　tshjij^1　tjij^1　mjɨ^1　nioow^1　tjij^1
语　而　说，　或　他　因，　或
复次，若自因故，而说妄语，或他因故，或

59.197　□　□　□，　□　□　□　□，　□　□
kjạ^1　le^2　nioow^1　tjij^1　war^2　gjịj^1　nioow^1　lạ^1　dạ^2
怖　畏　因，　或　财　利　因，　妄　语
□，　□　□　□　□　□。　□　□
tshjij^1　ku^1　zji^2　lạ^1　·wji^1　·jɨ^2　tjij^1　mji^1
说，　则　皆　妄　为　名。　若　不
因怖畏，或因财利，而说妄语，皆名妄语。若不

59.198　□　□　□　□　□　□，　□　□
ljij^2　mji^1　dwewr^2　nwə^1　mjij^1　kha^1　ljij^2　mji^1
见　闻　觉　知　无　中，　见　闻
□　□　□　□。　□　□　□
dwewr^2　nwə^1　ŋa^2　·jɨ^2　tjij^1　ljij^2　mji^1
觉　知　我　言。　或　见　闻
见闻觉知，言见闻觉知。或见闻

59.199 [illegible] [illegible] [illegible]， [illegible] [illegible] [illegible] [illegible] [illegible]
dwewr^{2} nwə^{1} kha^{1} mji^{1} ljij^{2} mji^{1} dwewr^{2} nwə^{1}
觉 知 中， 不 见 闻 觉 知
[illegible]， [illegible] [illegible] [illegible] [illegible] [illegible]。 [illegible] [illegible]
·jɨ^{2} ku^{1} zji^{2} lạ^{1} ·wji^{1} ·jɨ^{2} tjij^{1} ·jwɨr^{2}
言， 则 皆 妄 为 名。 若 文
觉知，言不见闻觉知，皆名妄语。若

59.200 [illegible] [illegible] [illegible]， [illegible] [illegible] [illegible] [illegible] [illegible]
dji^{2} ŋwu^{2} dźju^{1} tjij^{1} mjɨ^{2} mji^{2} ŋwu^{2} thjɨ^{2}
字 以 陈， 或 默 然 以 斯
[illegible] [illegible] [illegible]， [illegible] [illegible] [illegible] [illegible] [illegible]
·wo^{2} dźju^{1} ·wji^{1} tjij^{1} tsewr^{1} war^{2} mju^{2} ŋwu^{2}
义 表 为， 或 支 体 动 以
书陈说，或以默然表斯义，或动支体以

59.201 [illegible] [illegible] [illegible] [illegible]， [illegible] [illegible] [illegible] [illegible] [illegible]，
thja^{1} ·jij^{1} ·jij^{1} dźju^{1} tjij^{1} sjiw^{1} ljạ^{1} nioow^{1} tshjij^{1}
其 相 之 表， 或 新 证 故 说，
[illegible] [illegible] [illegible]， [illegible] [illegible] [illegible] [illegible]， [illegible]
tjij^{1} ·jij^{1} tshjij^{1} tjij^{1} mjɨ^{1} tshjij^{1} phji^{1} thjɨ^{2}
或 自 说， 若 他 说 令， 是
表其相，或为证说，或有自说，或令他说，

59.202 [illegible] [illegible] [illegible] [illegible] [illegible] [illegible] [illegible] [illegible] [illegible]。
sju^{2} ŋowr^{2} ŋowr^{2} zji^{2} tsjɨ^{1} lạ^{1} ·wji^{1} dzwej^{1} ·jɨ^{2}
如 一 切 皆 亦 妄 为 罪 谓。
[illegible] [illegible]， [illegible] [illegible] [illegible] [illegible] [illegible] [illegible] [illegible]
nioow^{1} tśjɨ^{1} tjij^{1} zjɨr^{1} dạ^{2} ŋwu^{2} mjɨ^{1} ·jij^{1} pjo^{1}
复 次， 若 实 事 以 他 之 毁
如是一切皆妄语罪。复次，若以实事毁

59.203 [Tangut]，[Tangut] [Tangut] [Tangut] [Tangut] [Tangut]，[Tangut] [Tangut] [Tangut]，
tsjij^{2} tśhjow^{1} ka^{2} phji^{1} gji̱^{2} nioow^{1} thjɨ^{2} dạ^{2} ·jɨ^{2}
呰， 乖 离 令 为 故， 此 言 曰，
[Tangut] [Tangut] [Tangut] [Tangut] [Tangut]。[Tangut] [Tangut] [Tangut]
ku^{1} dzu^{1} tśhjow^{1} dạ^{2} ·jɨ^{2} tjij^{1} mji^{1} zjɨr^{1}
则 爱 离 语 名。 或 不 实
呰于他，为乖离故，而发此言，名离间语[1]。或以不实

59.204 [Tangut] [Tangut] [Tangut] [Tangut] [Tangut] [Tangut] [Tangut]，[Tangut] [Tangut]
[dź?] tśier^{1} ·ju^{2} ŋwu^{2} bju^{1} gji̱^{2} we^{2} mjɨ^{1} ·jij^{1}
假 方 便 以 依 止 为， 他 之
[Tangut] [Tangut] [Tangut] [Tangut] [Tangut] [Tangut] [Tangut] [Tangut]，
ŋwo^{2} ljij^{2} gji̱^{2} nioow^{1} thjɨ^{2} sju^{2} dạ^{2} tshjij^{1}
损 坏 为 故 是 如 陈 说，
假合方便以为依止，为损坏他而有陈说，

59.205 [Tangut] [Tangut] [Tangut] [Tangut] [Tangut] [Tangut]，[Tangut] [Tangut]
tjij^{1} ? njij^{1} mji̱^{1} khjow^{1} bju^{1} tjij^{1} nwə^{1}
或 亲 近 施 与 依， 或 知
[Tangut] [Tangut] [Tangut] [Tangut]，[Tangut] [Tangut] [Tangut] [Tangut]，
sjij^{2} tshji^{2} ljij^{1} bju^{1} thjɨ^{2} sju^{2} dạ^{2} tshjij^{1}
友 侍 给 依， 是 如 陈 说，
或依亲近施与，或依知友给侍，而有陈说，

59.206 [Tangut] [Tangut] [Tangut] [Tangut] [Tangut]。[Tangut] [Tangut] [Tangut] [Tangut]，
ku^{1} dzu^{1} tśhjow^{1} dạ^{2} ·jɨ^{2} tjij^{1} ·jij^{1} gjij^{1} nioow^{1}
则 爱 离 语 名。 若 自 利 缘，
[Tangut] [Tangut] [Tangut] [Tangut]，[Tangut] [Tangut] [Tangut] [Tangut]，
tjij^{1} mjɨ^{1} ŋwo^{2} nioow^{1} tjij^{1} mjɨ^{1} dzjij^{2} nioow^{1}
若 他 损 缘， 或 他 教 由，
名离间语。若自利缘，或损他缘，或由他教，

59.207 □ □ □ □ □， □ □ □ □

tjij^{1} mjor^{1} tśhja^{2} ljij^{2} nioow^{1} tjij^{1} mjor^{1} kją^{1} le^{2}

或 现 德 破 故， 或 现 怖 畏

□， □ □， □ □ □ □， □

nioow^{1} dźjow^{1} phji^{1} tjij^{1} ·jij^{1} dą^{2} ·jɨ^{2} tjij^{1}

故， 离 令， 若 自 言 谓， 或

或现破德，或现怖畏，为乖离故，或自发言，或

59.208 □ □ □， □ □ □ □ □ □ □。

mjɨ^{1} ·jɨ^{2} phji^{1} thjɨ^{2} sju^{2} zji^{2} dzu^{1} tśhjow^{1} dzwej^{1} ·jɨ^{2}

他 谓 令， 是 如 皆 爱 离 罪 名。

令他发，如是皆名离间语罪。

校注：

[1] 名离间语，即西夏文“□□□□□”，西夏文字面作“名离爱语”。

释读：

59.208 □ □， □ □ □ □ □ □

nioow^{1} tśjɨ^{1} tjij^{1} mjor^{1} ·ju^{2} do^{1} ɣar^{1} dą^{2}

复 次， 若 对 面 辛 楚 言

复次，若有对面发辛楚言，

59.209 □， □ □ □ □ □。 □ □ □

śjwo^{1} ku^{1} bją^{1} niow^{2} dą^{2} ·jɨ^{2} tjij^{1} mjor^{1} ·ju^{2}

发， 则 粗 恶 语 名。 或 现 前

□， □ □ □ □ □， □ □

nja^{2} tjij^{1} ljij^{2} ·ji^{1} ·ju^{2} rjir^{2} tjij^{1} ka^{2}

不， 若 大 众 面 前， 或 幽

名粗恶语。或不现前，或对大众，或幽

59.210

□	□，	□	□	□	□	□	□	□
gji̠^{2}	do^{2}	tjij^{1}	zjɨr^{1}	dźjar^{2}	bju^{1}	tjij^{1}	zjɨr^{1}	dźjar^{2}
僻	处，	或	实	过	随	或	实	过
□	□，	□	□	□	□	□，	□	
nja̠^{2}	bju^{1}	tjij^{1}	·jwɨr^{2}	dji^{2}	ŋwu^{2}	dźju^{1}	tjij^{1}	
不	随，	或	文	字	以	示，	或	

僻处，或随实过不随实过，或书表示，或

59.211

□	□	□，	□	□	□，	□	□
[dź?]	·jij^{1}	śja^{2}	tjij^{1}	·jij^{1}	tshjij^{1}	tjij^{1}	mjɨ^{1}
假	相	现，	或	自	说，	或	他
□	□，	□	□	□	□，	□	□
tshjij^{1}	phji^{1}	tjij^{1}	mju^{2}	bjij^{1}	nioow^{1}	tjij^{1}	mji^{1}
说	令，	或	掉	举	因，	或	不

假现相，或依自说，或依他说，或因掉举，或

59.212

□	□，	□	□	□	□	□，
mjij^{1}	nioow^{1}	tjij^{1}	mə^{2}	djij^{1}	dźjar^{2}	lju^{2}
静	因，	或	种	族	过	失，
□	□	□	□	□，	□	□
bju^{1}	gji̠^{2}	dźjar^{2}	lju^{2}	bju^{1}	tjij^{1}	sjwɨj^{1}
依	止	过	失	依，	或	业

因不静，或依种族过失，依依止过失[1]，或依

59.213

□	□	□	□	□	□	□	□，
·wji^{1}	tśhjwɨj^{1}	kie^{1}	mjor^{1}	sjwij^{1}	dźjar^{2}	lju^{2}	bju^{1}
作	禁	戒	现	行	过	失	依，
□	□	□	□	□	□，	□	□
tjij^{1}	·jij^{1}	do^{1}	ɣar^{1}	da̠^{2}	śjwo^{1}	tjij^{1}	mjɨ^{1}
或	自	发	楚	言	起，	或	他

作业禁戒现行过失，或自发起辛楚之言，或

59.214 □ □，□ □ □ □ □ □ □ □。
śjwo^1 phji^1 thjɨ^2 sju^2 zji^2 bja̧^{1} niow^2 da̧^{2} dzwej^1 ·jɨ^2
发 令，是 如 皆 粗 恶 语 罪 名。
令他发，如是皆名粗恶语罪。

59.215 □ □，□ □ □ □ □ □ □，
nioow^1 tśjɨ̱^{1} tjij^1 mju^2 ·wji^1 ŋwu^2 ·jow^2 ŋwu̱^{1} śjwo^1
复 次，若 舞 为 而 歌 词 发，
□ □ □ □。□ □ □ □，
ku^1 ŋwu̱^{1} kia̱^{2} ·jɨ^2 tjij^1 tshow^1 ·wji^1 bju^1
则 语 绮 名。或 乐 作 依，
复次，若有依舞而发歌词，名为绮语。或依作乐，

59.216 □ □ □ □，□ □ □ □，□
tjij^1 zjɨ̣^{2} bju^1 ·wji^1 tjij^1 zjɨ̣^{2} mji^1 bju^1 ·jow^2
或 俱 依 作，或 俱 不 依，歌
□ □，□ □ □ □ □。□
ŋwu̱^{1} śjwo^1 ku^1 zji^2 ŋwu̱^{1} kia̱^{2} ·jɨ^2 tha^1
词 发，则 皆 语 绮 名。佛
或复俱依，或俱不依，而发歌词，皆名绮语。若佛

59.217 □ □ □ □ □ □ □ □ □
tsji̱r^1 rjɨr^2 nioow^1 ·wo^2 mjij^1 śio^1 sji^2 ·jwɨr^2 ljɨ̣^{1}
法 △ 外 义 无 引 能 书 论
□ □，□ □ □ □ □ □
ŋowr^2 ŋowr^2 dzu^1 ŋwe^1 njij^1 bju^1 ɣiwej^1 ·jij^1
所 有，爱 乐 心 以 受 持
法外能引无义所有书论，以爱乐心受持

59.218 [illegible] [illegible]， [illegible] [illegible] [illegible] [illegible] [illegible] [illegible] [illegible]

·jow^{2} śja^{2} ljij^{2} mə^{2} ɣię^{2} ŋwu^{2} do^{1} tshjɨ̱^{1} ·wji^{1}

赞 美， 大 音 声 以 读 颂 为

[illegible]， [illegible] [illegible] [illegible] [illegible] [illegible] [illegible] [illegible]

bju^{1} mjɨ^{1} ·wji^{1} ·wa^{2} tshjij^{1} phie^{2} nej̱^{2} phjo^{2}

依， 他 为 广 说 开 示 分

赞美，以大音声而为读颂[2]，广为他人开示分

59.219 [illegible]， [illegible] [illegible] [illegible] [illegible] [illegible]。 [illegible] [illegible] [illegible]

kar^{2} ku^{1} zji^{2} ŋwu̱^{1} kia̱^{2} ·jɨ^{2} tjij^{1} ɣwej^{1} ɣwej^{1}

别， 则 皆 语 绮 名。 若 斗 争

[illegible] [illegible] [illegible] [illegible] [illegible]， [illegible] [illegible] [illegible]

ɣwej^{1} dzej̱^{1} bju^{1} dạ^{2} ·jɨ^{2} tjij^{1} ljij^{2} ·ji^{1}

诤 讼 依 言 曰， 或 大 众

别，皆名绮语。若依斗讼诤竞发言，或乐处众

59.220 [illegible] [illegible] [illegible]、 [illegible] [illegible]、 [illegible] [illegible] [illegible] [illegible]

kha^{1} njij^{2} ljɨ̣^{1} bji^{2} ljɨ̣^{1} kjwir^{1} ljɨ̣^{1} ·wa^{2} tshjij^{1}

中 王 论、 臣 论、 贼 论 广 说

[illegible] [illegible] [illegible] [illegible] [illegible] [illegible] [illegible] [illegible]，

rjɨr^{2} njɨ^{2} lhjij ·io̱^{1} njɨ^{2} ljɨ̣^{1} tshjij^{1} dzu^{1}

乃 至 国 土 等 论 说 乐，

宣说王论、臣论、贼论，广说乃至国土等论，

59.221 [illegible] [illegible] [illegible] [illegible] [illegible]。 [illegible] [illegible] [illegible] [illegible]，

ku^{1} zji^{2} ŋwu̱^{1} kia̱^{2} ·jɨ^{2} tjij^{1} lạ^{1} dạ^{2} tshjij^{1}

则 皆 语 绮 名。 或 妄 语 说，

[illegible] [illegible] [illegible] [illegible] [illegible]， [illegible] [illegible] [illegible]

tjij^{1} dzu^{1} tśhjow^{1} ka^{2} dạ^{2} tjij^{1} bjạ^{1} niow^{2}

或 爱 分 离 语， 或 粗 恶

皆名绮语。若说妄语，或离间语[3]，或粗恶

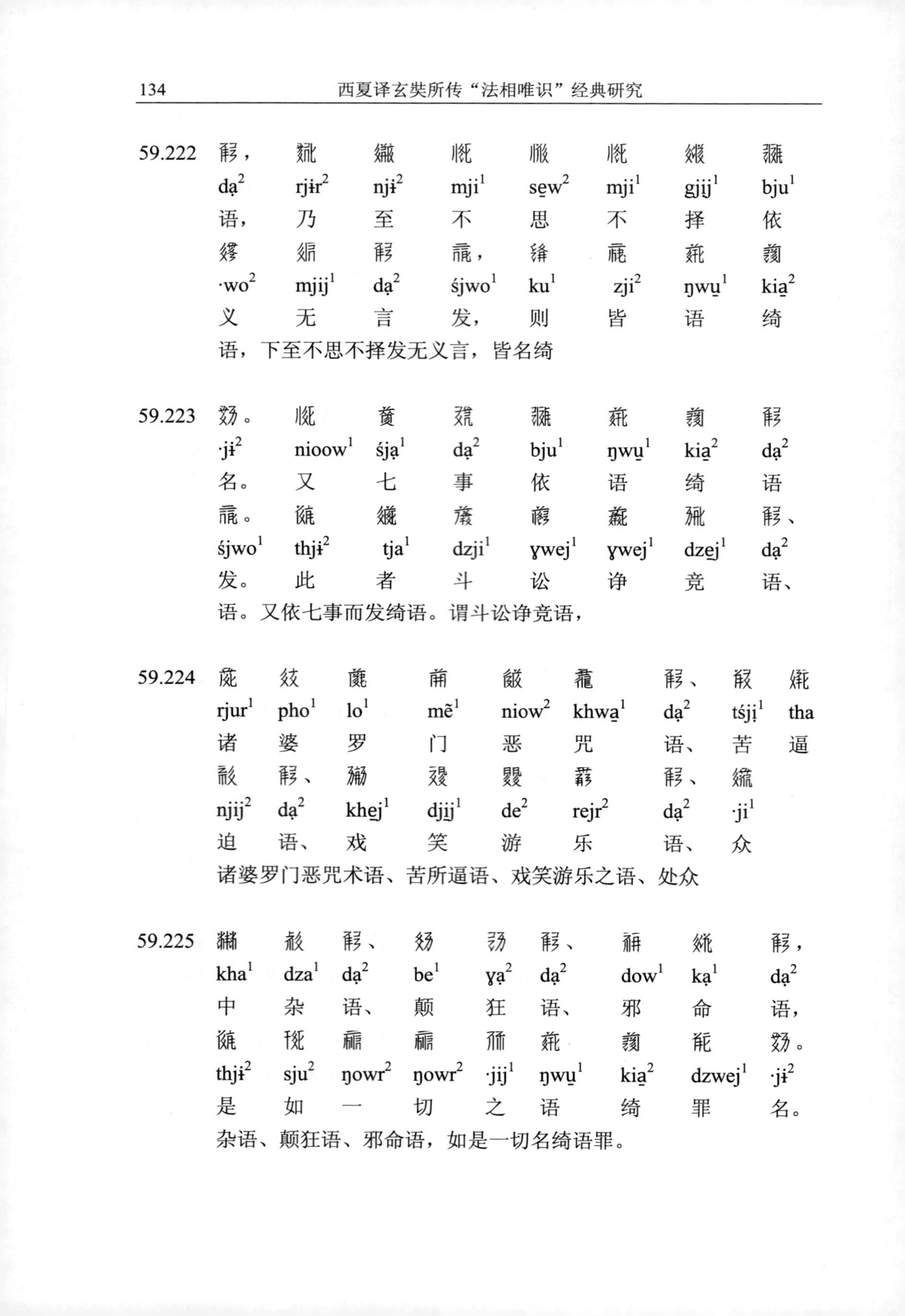

59.222 [illegible]
dạ^{2} rjɨr^{2} njɨ^{2} mji^{1} se̱w^{2} mji^{1} gjij^{1} bju^{1}
语， 乃 至 不 思 不 择 依
[illegible]
·wo^{2} mjij^{1} dạ^{2} śjwo^{1} ku^{1} zji^{2} ŋwu̱^{1} kia̱^{2}
义 无 言 发， 则 皆 语 绮
语，下至不思不择发无义言，皆名绮

59.223 [illegible]
·jɨ^{2} nioow^{1} śjạ^{1} dạ^{2} bju^{1} ŋwu̱^{1} kia̱^{2} dạ^{2}
名。 又 七 事 依 语 绮 语
[illegible]
śjwo^{1} thjɨ^{2} tja^{1} dzji^{1} ɣwej^{1} ɣwej^{1} dze̱j^{1} dạ^{2}
发。 此 者 斗 讼 诤 竞 语、
语。又依七事而发绮语。谓斗讼诤竞语，

59.224 [illegible]
rjur^{1} pho^{1} lo^{1} mẽ^{1} niow^{2} khwa̱^{1} dạ^{2} tśjị^{1} tha
诸 婆 罗 门 恶 咒 语、 苦 逼
[illegible]
njij^{2} dạ^{2} khe̱j^{1} djij^{1} de^{2} rejr^{2} dạ^{2} ·ji^{1}
迫 语、 戏 笑 游 乐 语、 众
诸婆罗门恶咒术语、苦所逼语、戏笑游乐之语、处众

59.225 [illegible]
kha^{1} dza^{1} dạ^{2} be^{1} ɣạ^{2} dạ^{2} dow^{1} kạ^{1} dạ^{2}
中 杂 语、 颠 狂 语、 邪 命 语，
[illegible]
thjɨ^{2} sju^{2} ŋowr^{2} ŋowr^{2} ·jij^{1} ŋwu̱^{1} kia̱^{2} dzwej^{1} ·jɨ^{2}
是 如 一 切 之 语 绮 罪 名。
杂语、颠狂语、邪命语，如是一切名绮语罪。

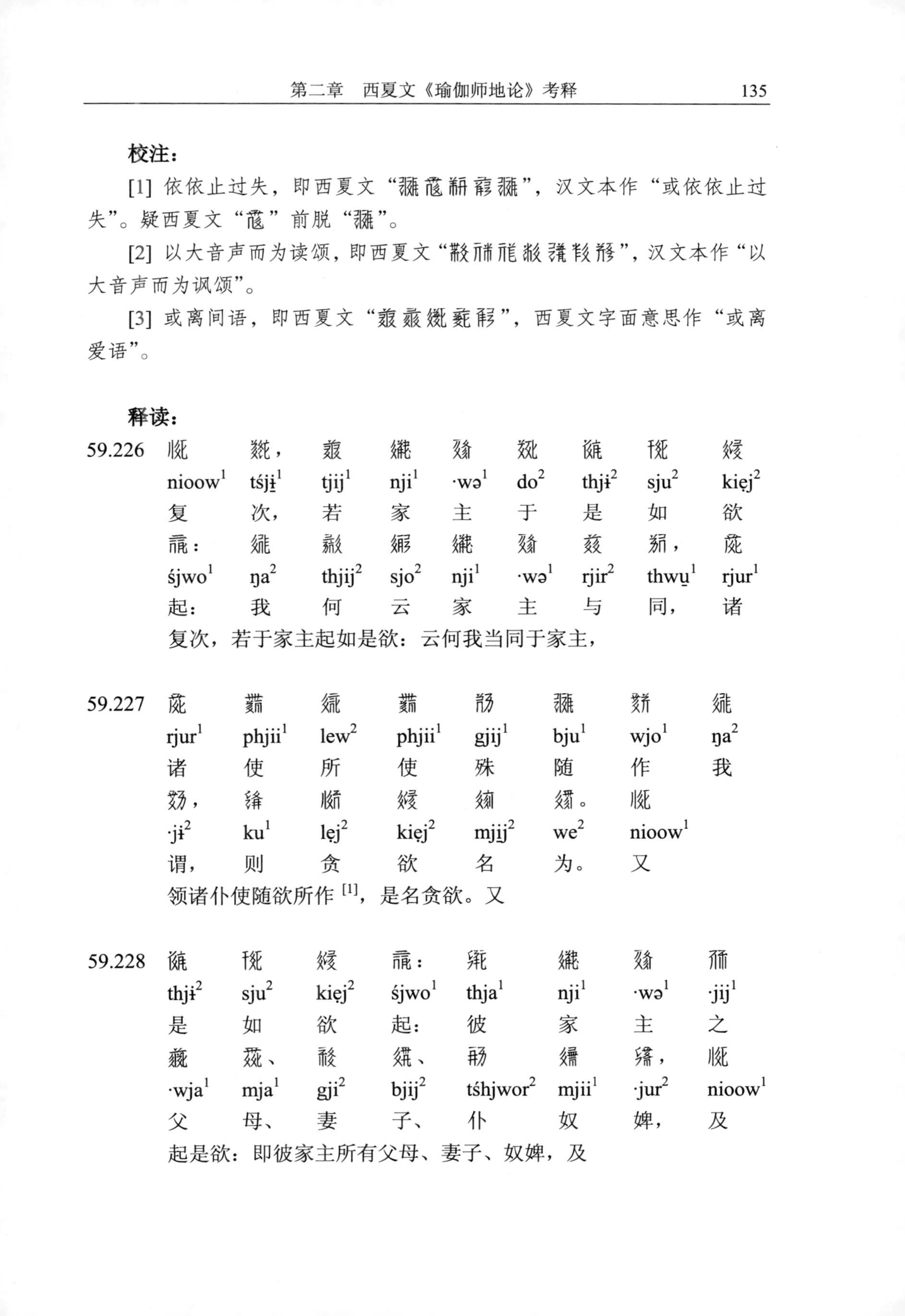

校注：

[1] 依依止过失，即西夏文“□□□□□”，汉文本作“或依依止过失”。疑西夏文“□”前脱“□”。

[2] 以大音声而为读颂，即西夏文“□□□□□□□”，汉文本作“以大音声而为讽颂”。

[3] 或离间语，即西夏文“□□□□□”，西夏文字面意思作“或离爱语”。

释读：

59.226	□	□，	□	□	□	□	□	□	□
	nioow^{1}	tśjɨ̱^{1}	tjij^{1}	nji^{1}	·wə^{1}	do^{2}	thjɨ^{2}	sju^{2}	kięj^{2}
	复	次，	若	家	主	于	是	如	欲
	□：	□	□	□	□	□	□	□，	□
	śjwo^{1}	ŋa^{2}	thjij^{2}	sjo^{2}	nji^{1}	·wə^{1}	rjir^{2}	thwu̱^{1}	rjur^{1}
	起：	我	何	云	家	主	与	同，	诸

复次，若于家主起如是欲：云何我当同于家主，

59.227	□	□	□	□	□	□	□	□
	rjur^{1}	phjii^{1}	lew^{2}	phjii^{1}	gjij^{1}	bju^{1}	wjo^{1}	ŋa^{2}
	诸	使	所	使	殊	随	作	我
	□，	□	□	□	□	□。	□	
	·jɨ^{2}	ku^{1}	lęj^{2}	kięj^{2}	mjij^{2}	we^{2}	nioow^{1}	
	谓，	则	贪	欲	名	为。	又	

领诸仆使随欲所作 [1]，是名贪欲。又

59.228	□	□	□	□：	□	□	□	□
	thjɨ^{2}	sju^{2}	kięj^{2}	śjwo^{1}	thja^{1}	nji^{1}	·wə^{1}	·jij^{1}
	是	如	欲	起：	彼	家	主	之
	□	□、	□	□、	□	□	□，	□
	·wja^{1}	mja^{1}	gji^{2}	bjij^{2}	tśhjwor^{2}	mjii^{1}	·jur^{2}	nioow^{1}
	父	母、	妻	子、	仆	奴	婢，	及

起是欲：即彼家主所有父母、妻子、奴婢，及

59.229	[illegible]	[illegible]	[illegible]，	[illegible]	[illegible]	[illegible]	[illegible]	[illegible]	[illegible]
	rjur^1	phjii^1	lew^2	·wa^2	tshjij^1	rjɨr^2	njɨ^2	śja̱^{1}	mə^2
	诸	作	使，	广	说	乃	至	七	种
	[illegible]	[illegible]	[illegible]。	[illegible]	[illegible]	[illegible]，	[illegible]	[illegible]	
	ɣjiw^1	ɣiwej^1	da̱^{2}	tji̱^{1}	dzji^2	njɨ^2	ɣa̱^{2}	lju̱^{2}	
	摄	受	事。	饮	食	等，	十	身	

诸作使，广说乃至七摄受事。谓饮食等，十

59.230	[illegible]	[illegible]，	[illegible]	[illegible]	[illegible]	[illegible]	[illegible]	[illegible]。	[illegible]
	·wu̱^{2}	da̱^{2}	zji^2	ŋa^2	·jij^1	djij^2	we^2	·jɨ^2	nioow^1
	资	事，	皆	我	之	当	为	谓。	又
	[illegible]	[illegible]	[illegible]：	[illegible]	[illegible]	[illegible]	[illegible]	[illegible]，	[illegible]
	thjɨ^2	kię^2	śjwo^1	ŋa^2	zji̱r^1	kię^2	nwə^1	lhə	khwa^1
	是	欲	起：	我	少	欲	知	足，	远

资身事 [2]，皆当属我。又起是欲：云何令他知我少欲知足，远

59.231	[illegible]	[illegible]	[illegible]，	[illegible]	[illegible]	[illegible]	[illegible]，	[illegible]
	ka^2	kjir^1	·jiw^2	khu^1	dźjij^1	no^2	dźjij^1	tśhja^2
	离	勇	猛，	精	进	安	住，	正
	[illegible]	[illegible]	[illegible]，	[illegible]	[illegible]，	[illegible]	[illegible]	[illegible]
	lə	sej^1	djɨj^2	sjij^2	zjɨr^1	rjur^1	rar^2	tśjo
	念	寂	定，	聪	慧，	诸	漏	永

离勇猛，精进安住，正念寂定，聪慧，诸漏永

59.232	[illegible]，	[illegible]	[illegible]	[illegible]	[illegible]	[illegible]	[illegible]	[illegible]	[illegible]
	sji^1	kie^1	mji̱^{1}	rejr^2	mji^1	dźjo^2	ŋa^2	tja^1	mjɨ^1
	尽，	戒	施	多	闻	有	我	者	他
	[illegible]	[illegible]	[illegible]？	[illegible]	[illegible]	[illegible]	[illegible]：	[illegible]	
	thjij^2	sjo^2	nwə^1	nioow^1	thjɨ^2	kię^2	śjwo^1	thjij^2	
	何	云	知？	又	起	是	欲：	何	

尽，施戒多闻？又起是欲：

59.233 [illegible] [illegible] [illegible] [illegible] [illegible] [illegible] [illegible]？ [illegible] [illegible]
sjo^{2} ŋa^{2} mjɨ^{1} ·jij^{1} kju̥^{1} tshwew^{1} ·jɨ^{2} thjɨ^{2} tja^{1}
云 我 他 之 供 养 谓？ 此 者
[illegible] [illegible] [illegible]， [illegible] [illegible] [illegible] [illegible]。 [illegible]
rjur^{1} lhjij njij^{2} rjɨr^{2} njɨ^{2} źji^{2} ·wə^{1} tjij^{1}
诸 国 王， 乃 至 商 主。 若
云何令他供养于我？谓诸国王，乃至商主。若

59.234 [illegible] [illegible]、 [illegible] [illegible] [illegible]、 [illegible] [illegible] [illegible] [illegible]、
phji^{1} tśhju̥^{1} phji^{1} tśhju̥^{1} dzji^{1} ·u^{2} pho^{1} so^{2} kja^{1}
苾 刍、 苾 刍 尼、 邬 波 索 迦、
[illegible] [illegible] [illegible] [illegible] [illegible]， [illegible] [illegible] [illegible]
·u^{2} pho^{1} sə^{1} kja^{1} njɨ^{2} zji^{2} ŋa^{2} ·jij^{1}
邬 波 斯 迦 等， 皆 我 之
苾刍、苾刍尼、邬波索迦、邬波斯迦等，皆

59.235 [illegible] [illegible]、 [illegible] [illegible]、 [illegible] [illegible]、 [illegible] [illegible] [illegible]
dzjwɨ̥^{1} gjiw^{1} pju̥^{1} bju̥^{1} tshji^{2} ljij^{1} kju̥^{1} tshwew^{1} kjo̥^{1}
恭 敬、 尊 重、 承 事、 供 养 愿
[illegible] [illegible]。 [illegible] [illegible] [illegible] [illegible]： [illegible] [illegible]
·wji^{1} ·jɨ^{2} nioow^{1} thjɨ^{2} kięj^{2} śjwo^{1} thjij^{2} sjo^{2}
为 谓。 又 是 欲 起： 何 云
当恭敬、尊重、承事、供养于我。又起是欲：云何

59.236 [illegible] [illegible]、 [illegible] [illegible]、 [illegible] [illegible]、 [illegible] [illegible]
gjij^{1} ·jur^{1} gjwi^{2} lew^{2} tji^{1} dzji^{2} dzuu^{2} gjwɨr^{1}
利 养、 衣 服、 饮 食、 坐 卧
[illegible]、 [illegible] [illegible] [illegible] [illegible]、 [illegible] [illegible]
lju̥^{2} ŋo^{2} dji^{2} sju^{2} tsə^{1} nioow^{1} ·wu̥^{2}
具、 病 缘 医 药、 及 资
令我当得利养、衣服、饮食、坐卧具[3]、病缘医药，及资

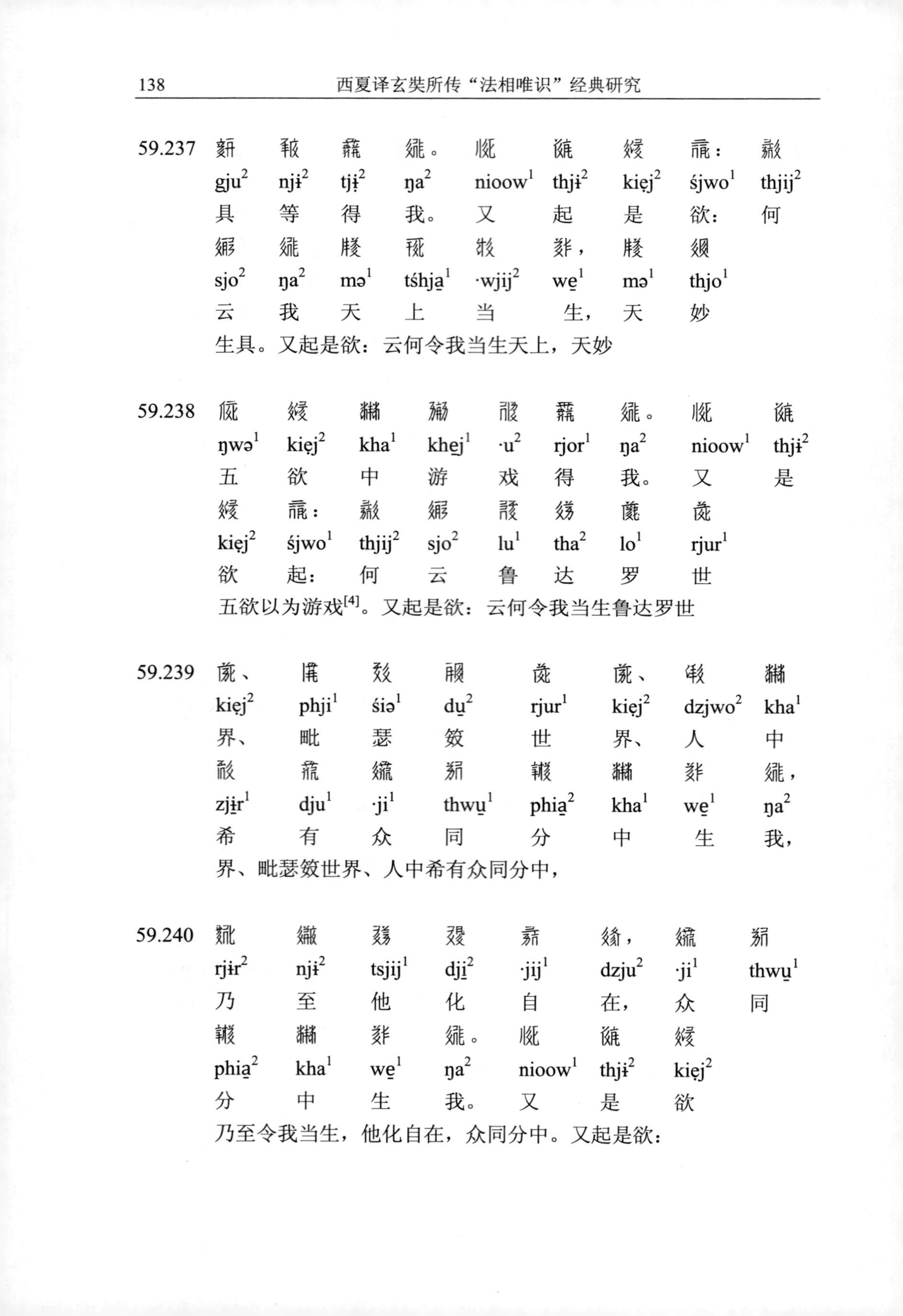

59.237 [illegible]
gju^{2} njɨ^{2} tjɨ̱^{2} ŋa^{2} nioow^{1} thjɨ^{2} kięj^{2} śjwo^{1} thjij^{2}
具　等　得　我。　又　起　是　欲：　何
[illegible]
sjo^{2} ŋa^{2} mə^{1} tśhja̱^{1} ·wjij^{2} we̱^{1} mə^{1} thjo^{1}
云　我　天　上　当　生，　天　妙
生具。又起是欲：云何令我当生天上，天妙

59.238 [illegible]
ŋwə^{1} kięj^{2} kha^{1} khe̱j^{1} ·u^{2} rjor^{1} ŋa^{2} nioow^{1} thjɨ^{2}
五　欲　中　游　戏　得　我。　又　是
[illegible]
kięj^{2} śjwo^{1} thjij^{2} sjo^{2} lu^{1} tha^{2} lo^{1} rjur^{1}
欲　起：　何　云　鲁　达　罗　世
五欲以为游戏[4]。又起是欲：云何令我当生鲁达罗世

59.239 [illegible]
kięj^{2} phji^{1} śiə^{1} du̱^{2} rjur^{1} kięj^{2} dzjwo^{2} kha^{1}
界、　毗　瑟　筊　世　界、　人　中
[illegible]
zjɨ̱r^{1} dju^{1} ·ji^{1} thwu̱^{1} phia̱^{2} kha^{1} we̱^{1} ŋa^{2}
希　有　众　同　分　中　生　我，
界、毗瑟筊世界、人中希有众同分中，

59.240 [illegible]
rjɨr^{2} njɨ^{2} tsjij^{1} dji̱^{2} ·jij^{1} dzju^{2} ·ji^{1} thwu̱^{1}
乃　至　他　化　自　在，　众　同
[illegible]
phia̱^{2} kha^{1} we̱^{1} ŋa^{2} nioow^{1} thjɨ^{2} kięj^{2}
分　中　生　我。　又　是　欲
乃至令我当生，他化自在，众同分中。又起是欲：

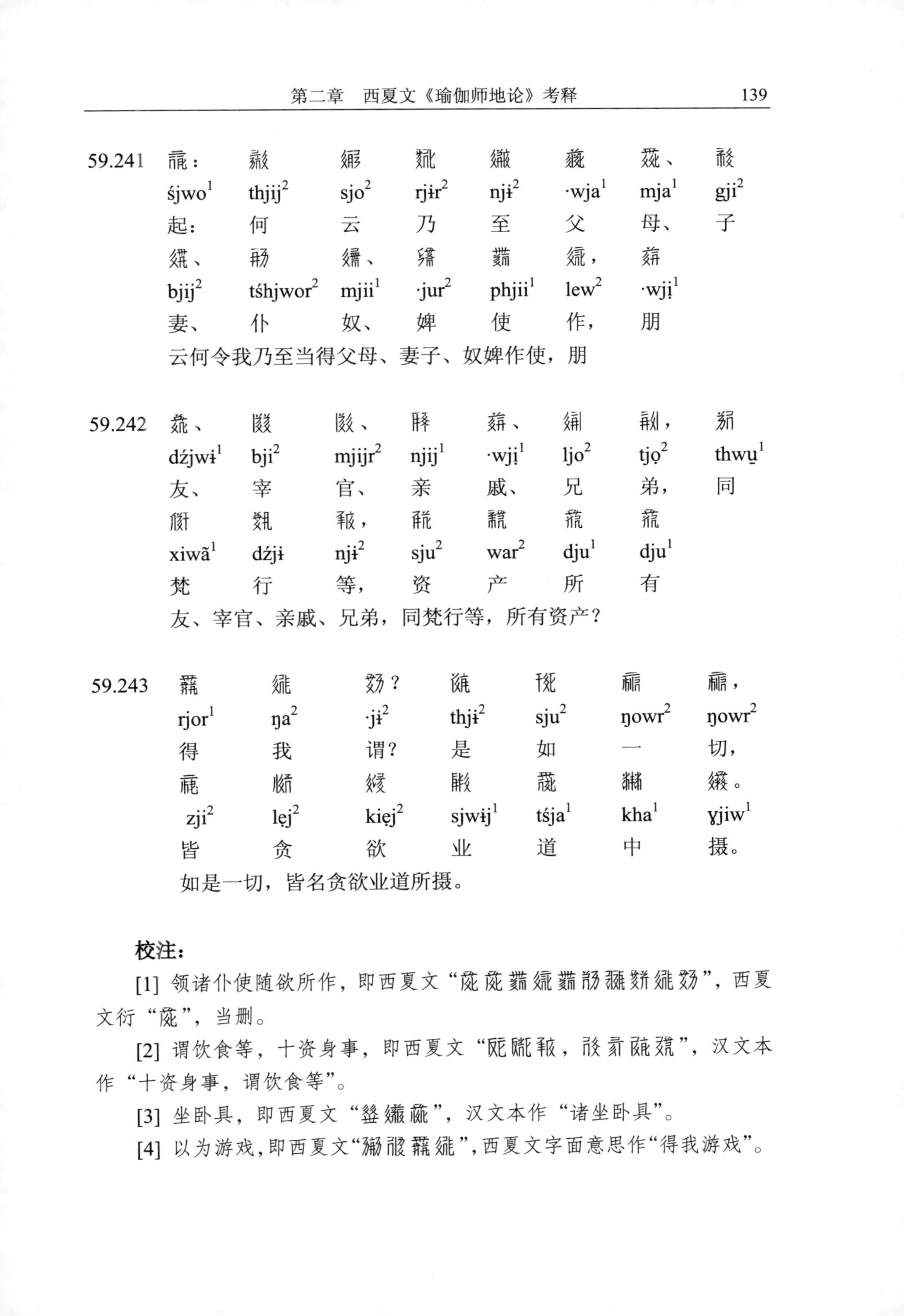

59.241 [Tangut script]

śjwo^{1} thjij^{2} sjo^{2} rjɨr^{2} njɨ^{2} ·wja^{1} mja^{1} gji^{2}

起：何 云 乃 至 父 母、子

[Tangut script]

bjij^{2} tśhjwor^{2} mjii^{1} ·jur^{2} phjii^{1} lew^{2} ·wji̱^{1}

妻、仆 奴、婢 使 作，朋

云何令我乃至当得父母、妻子、奴婢作使，朋

59.242 [Tangut script]

dźjwɨ^{1} bji^{2} mjijr^{2} njij^{1} ·wji̱^{1} ljo^{2} tjo̱^{2} thwu̱^{1}

友、宰 官、亲 戚、兄 弟，同

[Tangut script]

xiwã^{1} dźjɨ njɨ^{2} sju^{2} war^{2} dju^{1} dju^{1}

梵 行 等，资 产 所 有

友、宰官、亲戚、兄弟，同梵行等，所有资产？

59.243 [Tangut script]

rjor^{1} ŋa^{2} ·jɨ^{2} thjɨ^{2} sju^{2} ŋowr^{2} ŋowr^{2}

得 我 谓？是 如 一 切，

[Tangut script]

zji^{2} lẹj^{2} kiẹj^{2} sjwɨj^{1} tśja^{1} kha^{1} ɣjiw^{1}

皆 贪 欲 业 道 中 摄。

如是一切，皆名贪欲业道所摄。

校注：

[1] 领诸仆使随欲所作，即西夏文“[Tangut script]”，西夏文衍“[Tangut script]”，当删。

[2] 谓饮食等，十资身事，即西夏文“[Tangut script]，[Tangut script]”，汉文本作“十资身事，谓饮食等”。

[3] 坐卧具，即西夏文“[Tangut script]”，汉文本作“诸坐卧具”。

[4] 以为游戏，即西夏文“[Tangut script]”，西夏文字面意思作“得我游戏”。

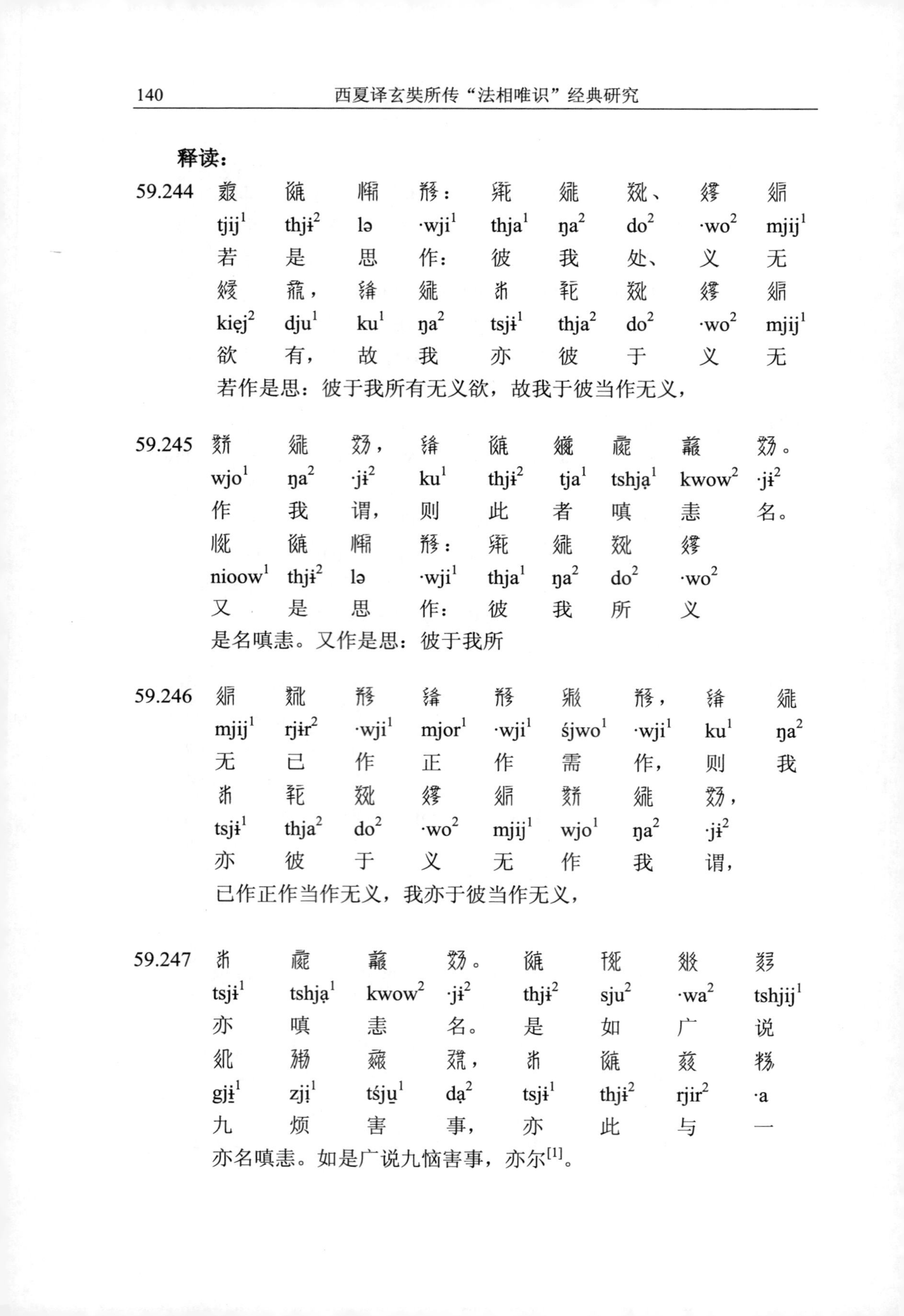

释读：

59.244 [illegible]
tjij^{1} thjɨ^{2} lə ·wji^{1} thja^{1} ŋa^{2} do^{2} ·wo^{2} mjij^{1}
若 是 思 作： 彼 我 处、 义 无
[illegible]
kięj^{2} dju^{1} ku^{1} ŋa^{2} tsjɨ^{1} thja^{2} do^{2} ·wo^{2} mjij^{1}
欲 有， 故 我 亦 彼 于 义 无
若作是思：彼于我所有无义欲，故我于彼当作无义，

59.245 [illegible]
wjo^{1} ŋa^{2} ·jɨ^{2} ku^{1} thjɨ^{2} tja^{1} tshją^{1} kwow^{2} ·jɨ^{2}
作 我 谓， 则 此 者 嗔 恚 名。
[illegible]
nioow^{1} thjɨ^{2} lə ·wji^{1} thja^{1} ŋa^{2} do^{2} ·wo^{2}
又 是 思 作： 彼 我 所 义
是名嗔恚。又作是思：彼于我所

59.246 [illegible]
mjij^{1} rjɨr^{2} ·wji^{1} mjor^{1} ·wji^{1} śjwo^{1} ·wji^{1} ku^{1} ŋa^{2}
无 已 作 正 作 需 作， 则 我
[illegible]
tsjɨ^{1} thja^{2} do^{2} ·wo^{2} mjij^{1} wjo^{1} ŋa^{2} ·jɨ^{2}
亦 彼 于 义 无 作 我 谓，
已作正作当作无义，我亦于彼当作无义，

59.247 [illegible]
tsjɨ^{1} tshją^{1} kwow^{2} ·jɨ^{2} thjɨ^{2} sju^{2} ·wa^{2} tshjij^{1}
亦 嗔 恚 名。 是 如 广 说
[illegible]
gjɨ̱^{1} zjị^{1} tśjṳ^{1} dą^{2} tsjɨ^{1} thjɨ^{2} rjir^{2} ·a
九 烦 害 事， 亦 此 与 一
亦名嗔恚。如是广说九恼害事，亦尔[1]。

59.248	□。	□	□	□	□：	□	□	□	□
	tjɨ̣j^2	nioow^1	thjɨ^2	lə	·wji^1	ŋa^2	thjij^2	sjo^2	thja^1
	样。	又	是	思	作：	我	何	云	彼
	□	□	□	□	□	□	□，	□	
	ljwịj^1	·o^1	niow^2	·wjị^1	·jij^1	ŋwo^2	tśju̱^{1}	·jij^1	
	怨	家	恶	友	之	损	害，	自	

又作是思：云何令我于能损害怨家恶友，

59.249	□	□，	□	□	□	□，	□	□
	dzju^2	bju^1	phej^1	tśju̱^{1}	thjɨ^1	[?jĩ]^2	tsewr^2	bo^2
	在	而，	缠	害	驱	摈，	鞭	挞
	□	□，	□	□	□	□	□，	
	ŋwu^2	tjwɨ^1	tjij^1	tjị^1	war^2	sar^2	ljịj^2	
	以	打，	或	财	产	散	坏，	

而得自在，缚害驱摈，或行鞭挞，或散财产，

59.250	□	□	□、	□	□、	□	□，	□
	tjij^1	gji^2	bjij^2	njij^1	low^2	·wjị^1	dźjwɨ^1	nioow^1
	或	子	妻、	朋	友、	眷	属，	及
	□	□	□	□	□	□	□。	□
	nji^1	tsjị̱r^2	njɨ^2	lhjwi^1	wjo^1	ŋa^2	·jɨ^2	thjɨ^2
	家	宅	等	夺	作	我	谓。	此

或夺妻妾、朋友、眷属，及家宅等。此

59.251	□	□	□	□，	□	□	□。	□	□
	zjị^1	tśju̱^{1}	njij^1	·jij^1	tshjạ^1	kwow^2	·jɨ^2	nioow^1	thjɨ^2
	烦	害	心	之，	嗔	恚	名。	又	是
	□	□：	□	□	□	□	□	□	
	lə	·wji^1	thjij^2	sjo^2	ŋa^2	·jij^1	ŋwo^2	tśju̱^{1}	
	思	起：	何	云	我	之	损	害	

恼害心，名嗔恚。[2]又起是思：云何令彼能损

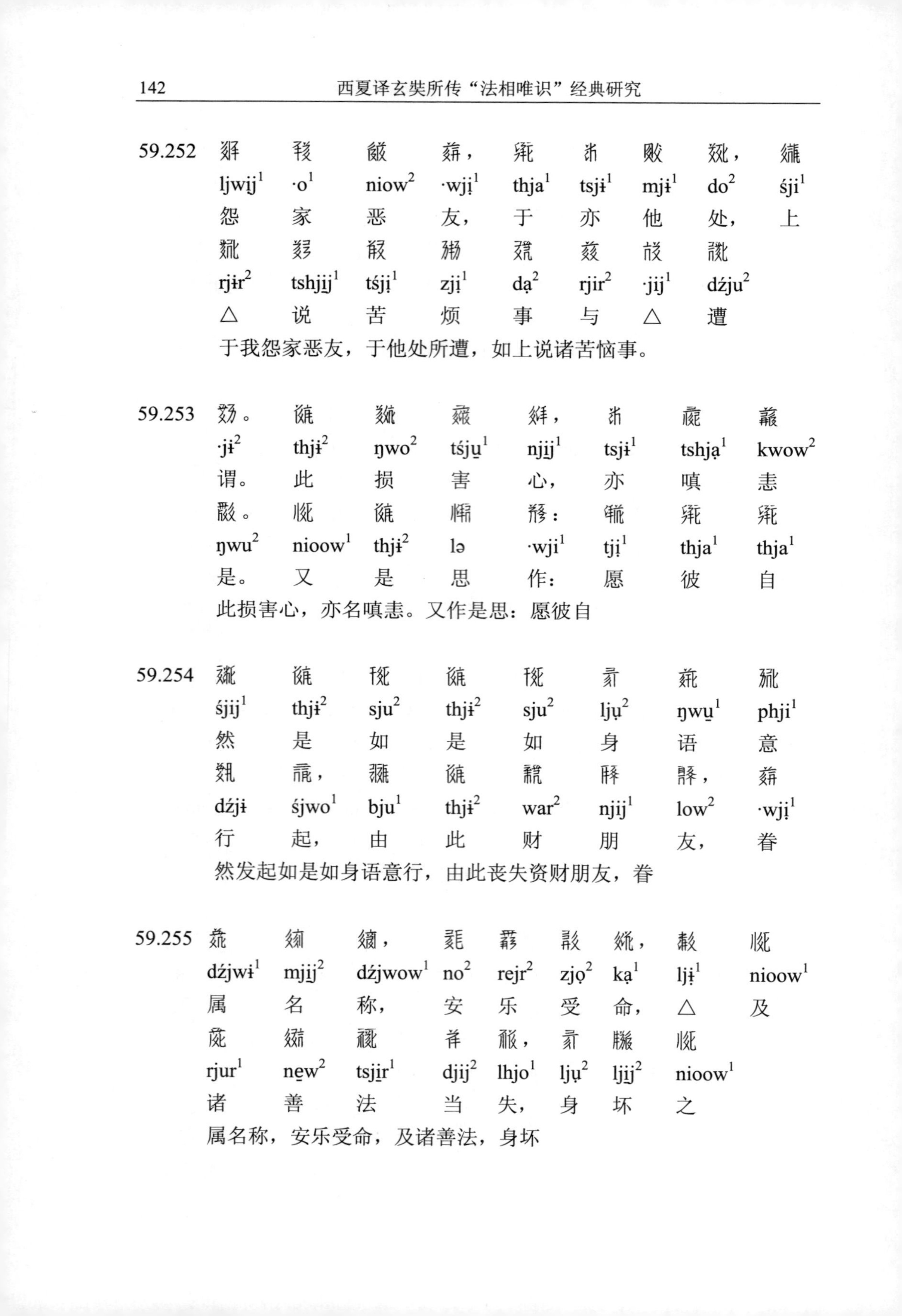

59.252 [illegible]

ljwij^1 ·o^1 niow^2 ·wjị^1 thja^1 tsjɨ^1 mjɨ^1 do^2 śji^1

怨 家 恶 友， 于 亦 他 处， 上

[illegible]

rjɨr^2 tshjịj^1 tśjị^1 zjị^1 dạ^2 rjir^2 ·jij^1 dźju^2

△ 说 苦 烦 事 与 △ 遭

于我怨家恶友，于他处所遭，如上说诸苦恼事。

59.253 [illegible]

·jɨ^2 thjɨ^2 ŋwo^2 tśju̱^{1} njịj^1 tsjɨ^1 tshjạ^1 kwow^2

谓。 此 损 害 心， 亦 嗔 恚

[illegible]

ŋwu^2 nioow^1 thjɨ^2 lə ·wji^1 tjị^1 thja^1 thja^1

是。 又 是 思 作： 愿 彼 自

此损害心，亦名嗔恚。又作是思：愿彼自

59.254 [illegible]

śjij^1 thjɨ^2 sju^2 thjɨ^2 sju^2 ljụ^2 ŋwu̱^{1} phji^1

然 是 如 是 如 身 语 意

[illegible]

dźjɨ śjwo^1 bju^1 thjɨ^2 war^2 njij^1 low^2 ·wjị^1

行 起， 由 此 财 朋 友， 眷

然发起如是如身语意行，由此丧失资财朋友，眷

59.255 [illegible]

dźjwɨ^1 mjịj^2 dźjwow^1 no^2 rejr^2 zjọ^2 kạ^1 ljị^1 nioow^1

属 名 称， 安 乐 受 命， △ 及

[illegible]

rjur^1 ne̱w^2 tsjɨ̱r^1 djij^2 lhjo^1 ljụ^2 ljij^2 nioow^1

诸 善 法 当 失， 身 坏 之

属名称，安乐受命，及诸善法，身坏

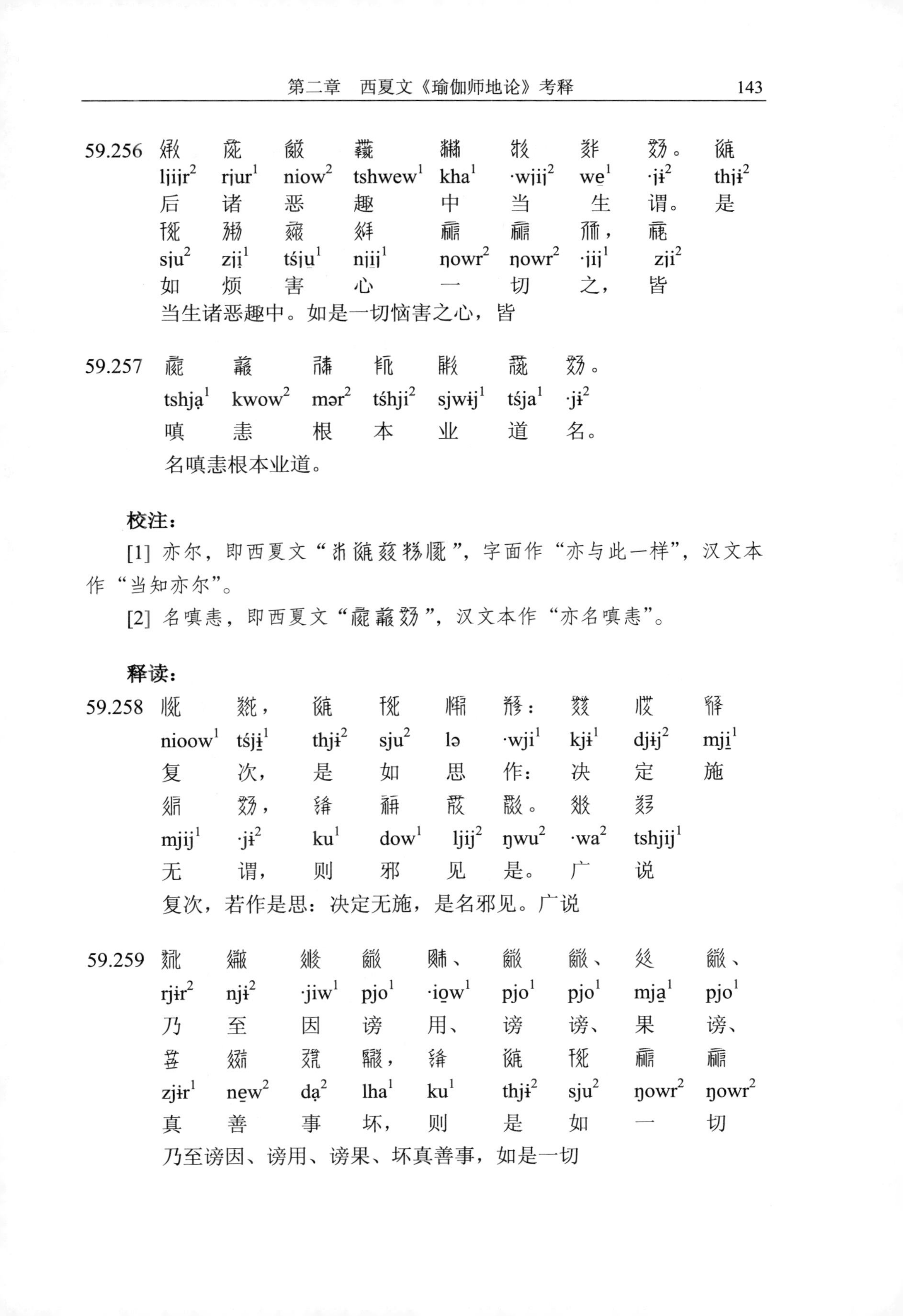

59.256 ljiir^{2} rjur^{1} niow^{2} tshwew^{1} kha^{1} ·wjij^{2} we̱^{1} ·jɨ^{2} thjɨ^{2}
后 诸 恶 趣 中 当 生 谓。 是
sju^{2} zji̱^{1} tśju̱^{1} njij^{1} ŋowr^{2} ŋowr^{2} ·jij^{1} zji^{2}
如 烦 害 心 一 切 之， 皆
当生诸恶趣中。如是一切恼害之心，皆

59.257 tshjạ^{1} kwow^{2} mər^{2} tśhji^{2} sjwɨj^{1} tśja^{1} ·jɨ^{2}
嗔 恚 根 本 业 道 名。
名嗔恚根本业道。

校注：

[1] 亦尔，即西夏文“[西夏文]”，字面作“亦与此一样”，汉文本作“当知亦尔”。

[2] 名嗔恚，即西夏文“[西夏文]”，汉文本作“亦名嗔恚”。

释读：

59.258 nioow^{1} tśjɨ̱^{1} thjɨ^{2} sju^{2} lə ·wji^{1} kjɨ^{1} djɨj^{2} mji̱^{1}
复 次， 是 如 思 作： 决 定 施
mjij^{1} ·jɨ^{2} ku^{1} dow^{1} ljij^{2} ŋwu^{2} ·wa^{2} tshjij^{1}
无 谓， 则 邪 见 是。 广 说
复次，若作是思：决定无施，是名邪见。广说

59.259 rjɨr^{2} njɨ^{2} ·jiw^{1} pjo^{1} ·io̱w^{1} pjo^{1} pjo^{1} mja̱^{1} pjo^{1}
乃 至 因 谤 用、 谤 谤、 果 谤、
zjɨr^{1} ne̱w^{2} dạ^{2} lha^{1} ku^{1} thjɨ^{2} sju^{2} ŋowr^{2} ŋowr^{2}
真 善 事 坏， 则 是 如 一 切
乃至谤因、谤用、谤果、坏真善事，如是一切

59.260									
	[Tangut]								。
	·jij^{1}	zji^{2}	dow^{1}	ljij^{2}	mər^{2}	tśhji^{2}	sjwɨj^{1}	tśja^{1}	·jɨ^{2}
	之	皆	邪	见	根	本	业	道	名。
	[Tangut]	：							
	·jɨr^{1}	dạ^{2}	tśhju̱^{2}	ljij^{2}	ŋowr^{2}	ŋowr^{2}	·jij^{1}	zji^{2}	
	问	曰：	倒	见	一	切	之	皆	

皆名邪见根本业道。问：一切倒见皆

59.261									
	[Tangut]		，						
	dow^{1}	ljij^{2}	·jɨ^{2}	wa^{2}	nioow^{1}	rjur^{1}	pjụ^{1}	thja^{1}	sjwɨj^{1}
	邪	见	名，	何	故	世	尊	于	业
	[Tangut]	，							
	tśja^{1}	kha^{1}	lew^{1}	thjɨ^{2}	sju^{2}	pjo^{1}	tsjij^{2}	ljij^{2}	
	道	中，	但	是	如	诽	谤	见	

名邪见，何故世尊于业道中，但说如是诽谤之见

59.262									
	[Tangut]				？		：		
	·wji^{1}	dow^{1}	ljij^{2}	·jɨ^{2}	ljɨ^{1}	hụ^{2}	dạ^{2}	thjɨ^{2}	dow^{1}
	作	邪	见	名	耶？	答	曰：	此	邪
	[Tangut]								
	ljij^{2}	tja^{1}	rjur^{1}	dow^{1}	ljij^{2}	kha^{1}	zji^{2}	bu̱^{2}	
	见	者	诸	邪	见	中	最	殊	

名为邪见？答：由此邪见诸邪见中最为殊

59.263								
	[Tangut]	。			？			
	gjij^{1}	we^{2}	thjij^{2}	sjo^{2}	ljɨ^{1}	thjɨ^{2}	dow^{1}	ljij^{2}
	胜	为。	何	云	故？	此	邪	见
	[Tangut]				，			
	ŋwu^{2}	bju^{1}	gjị^{2}	we^{2}	nioow^{1}	tjij^{1}	śia^{1}	
	以	依	止	为	故，	若	沙	

胜。何以故？由此邪见为依止故，有一沙

59.264 □，　□　□　□　□　□　□
mẽ^1　tjij^1　pho^1　lo^1　mẽ^1　lew^2　mjij^1
门，　若　婆　罗　门　所　无
□　□　□　□　□。　□　□
rjur^1　ne̱w^2　tśhji^2　phja^1　ljɨ^1　nioow^1　thjɨ^2
诸　善　根　断　故。　又　此
门，若婆罗门断诸善根。又此

59.265 □　□，　□　□　□　□　□　□　□。
dow^1　ljij^2　zji^2　kha^1　niow^2　sjwɨj^1　rjir^2　bju^1　śjij^1
邪　见，　最　中　恶　业　与　依　顺。
□　□　□　□，　□　□　□　□
dow^1　ljij^2　tśhju^1　mjijr^2　rjur^1　niow^2　tsji̱r^1　kha^1
邪　见　怀　者，　诸　恶　法　中
邪见，最顺恶业。怀邪见者，于诸恶法

59.266 □　□　□　□，　□　□　□　□　□，
phji^1　bju^1　śjij^1　dźji̱j^1　thjɨ^2　nioow^1　thjɨ^2　ljij^2　·wji^1
意　随　所　行，　是　故　此　见　为，
□　□　□　□　□　□　□　□。
thja^1　niow^2　sjwɨj^1　tśja^1　kha^1　dźji̱j^1　pha^1　tshjij^1
彼　恶　业　道　中　在　偏　说。
随意所行，是故此见，偏说在彼恶业道中。

59.267 □　□　□，　□　□　□　□　□
dzjij^2　ljij^2　tja^1　dow^1　ljij^2　·jij^1　·jij^1　rjir^2
余　见　者，　邪　见　自　相　与
□　□　□　□　□　□　□。
mji^1　bju^1　śjij^1　tja^1　nja̱^{2}　nwə^1　lew^2
不　相　应　者　非　知　当。
当知余见，非不邪见自相相应。

59.268 [illegible] [illegible] [illegible] [illegible] [illegible] [illegible] [illegible] [illegible] [illegible] [illegible] [illegible] [illegible]
·ju̱¹ khja² dzjij² ljɨ̣² mər² mja¹ ? ŋwə¹ ɣạ² gjɨ¹ tsew² ·we¹
瑜 伽 师 地 本 母 卷 五 十 九 第 鸟
瑜伽师地论卷第五十九 鸟[1]

59.269 [illegible] [illegible] [illegible] [illegible] [illegible] [illegible] [illegible] [illegible] [illegible]
du¹ dźju¹ ɣu¹ khieej¹ mjo² kjiw¹ ɣạ² lew¹ lhjị²
光 定 元 辛 未 年 十 一 月
光定元辛未年十一月[2]

校注：

[1] 西夏文“[illegible]”*·we¹，译作“鸟”。当与汉文千字文编号类似的的帙号。

[2] 光定元辛未年（1211）十一月，即西夏文“[illegible][illegible][illegible][illegible][illegible][illegible][illegible][illegible][illegible]”，汉文本无。

第四节 《瑜伽师地论》卷八十八译注

西夏文《瑜伽师地论》卷八十八，今藏俄罗斯科学院东方文献研究所，编号 инв. № 901，译自唐玄奘同名汉文本《瑜伽师地论》卷八十八。内容相当于汉文本的“建立总蕴”至结尾，西夏文本开头自“摄事分中契经事行择摄第一之四”至“二增上力”已佚。原书经过后人重装导致叶次错乱，下面的解读对西夏本的叶次进行了复原。[①]兹将西夏本的行数和重新整理的叶次列表如下：

第 1—22 行	第 23—30 行	第 31—59 行	第 60—85 行	第 86—113 行
第 9 叶	第 10 叶	第 1 叶	第 2 叶	第 3 叶
第 114—124 行	第 125—153 行	第 154—156 行	第 157—163 行	第 164—187 行
第 4 叶	第 8 叶	第 9 叶	第 6 叶	第 7 叶
第 188—198 行	第 199—219 行	第 220—235 行	第 236—251 行	第 252—270 行
第 5 叶	第 6 叶	第 4 叶	第 5 叶	第 10 叶
第 271—280 行				
第 11 叶				

解读参考弥勒菩萨说（唐）玄奘法师译《瑜伽师地论》精校标点本柒（卷七十九至卷八十九），宗教文化出版社 2008 年版。

释读：

88.1 …… [illegible]， [illegible] [illegible] [illegible] [illegible]， [illegible] [illegible] [illegible] [illegible]、 [illegible]

…… bju¹ gu² ŋur¹ thu¹ phjij¹ thjɨ² ŋur¹ rar² mjij¹ rar²

…… 依， 总 蕴 建 立， 此 蕴 漏 无、 漏

① 解读参见王龙《俄藏西夏文〈瑜伽师地论〉卷八十八考释》，《西夏研究》2017 年第 4 期。

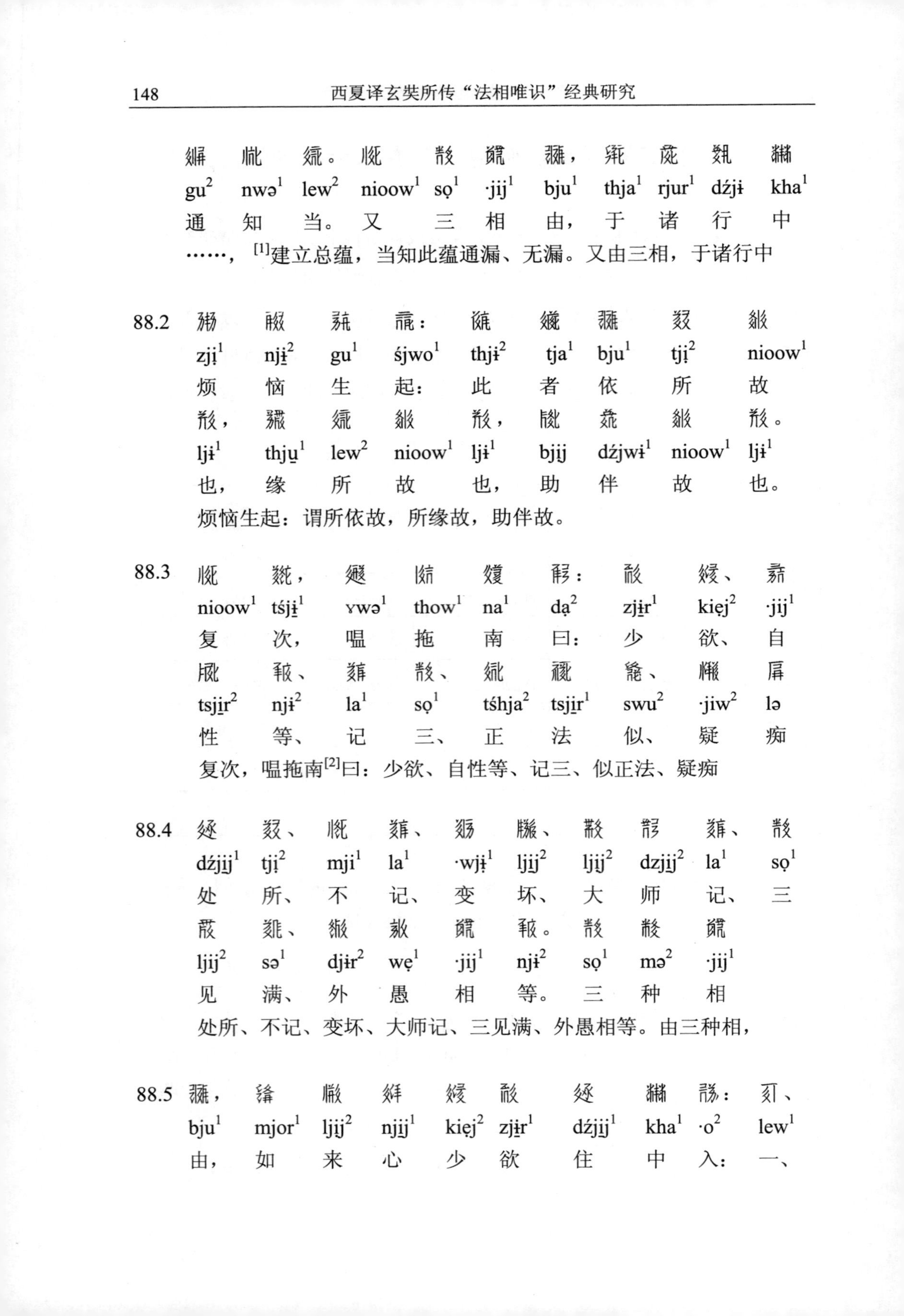

[illegible]
gu^{2} nwə^{1} lew^{2} nioow^{1} sọ^{1} ·jij^{1} bju^{1} thja^{1} rjur^{1} dźjɨ kha^{1}
通 知 当。又 三 相 由，于 诸 行 中
……，[1]建立总蕴，当知此蕴通漏、无漏。又由三相，于诸行中

88.2 [illegible]
zji̱^{1} njɨ̱^{2} gu^{1} śjwo^{1} thjɨ^{2} tja^{1} bju^{1} tji̱^{2} nioow^{1}
烦 恼 生 起： 此 者 依 所 故
[illegible]
ljɨ^{1} thju̱^{1} lew^{2} nioow^{1} ljɨ^{1} bjij dźjwɨ^{1} nioow^{1} ljɨ^{1}
也， 缘 所 故 也， 助 伴 故 也。
烦恼生起：谓所依故，所缘故，助伴故。

88.3 [illegible]
nioow^{1} tśjɨ̱^{1} ɣwə^{1} thow^{1} na^{1} dạ^{2} zjɨ̱r^{1} kię̣j^{2} ·jij^{1}
复 次， 嗢 拖 南 曰： 少 欲、 自
[illegible]
tsjɨ̱r^{2} njɨ^{2} la^{1} sọ^{1} tśhja^{2} tsjɨ̱r^{1} swu^{2} ·jiw^{2} lə
性 等、 记 三、 正 法 似、 疑 痴
复次，嗢拖南[2]曰：少欲、自性等、记三、似正法、疑痴

88.4 [illegible]
dźjij^{1} tji̱^{2} mji^{1} la^{1} ·wjɨ̱^{1} ljij^{2} ljij^{2} dzjij^{2} la^{1} sọ^{1}
处 所、 不 记、 变 坏、 大 师 记、 三
[illegible]
ljij^{2} sə^{1} djɨr^{2} wẹ^{1} ·jij^{1} njɨ^{2} sọ^{1} mə^{2} ·jij^{1}
见 满、 外 愚 相 等。 三 种 相
处所、不记、变坏、大师记、三见满、外愚相等。由三种相，

88.5 [illegible]
bju^{1} mjor^{1} ljij^{2} njij^{1} kię̣j^{2} zjɨ̱r^{1} dźjij^{1} kha^{1} ·o^{2} lew^{1}
由， 如 来 心 少 欲 住 中 入： 一、

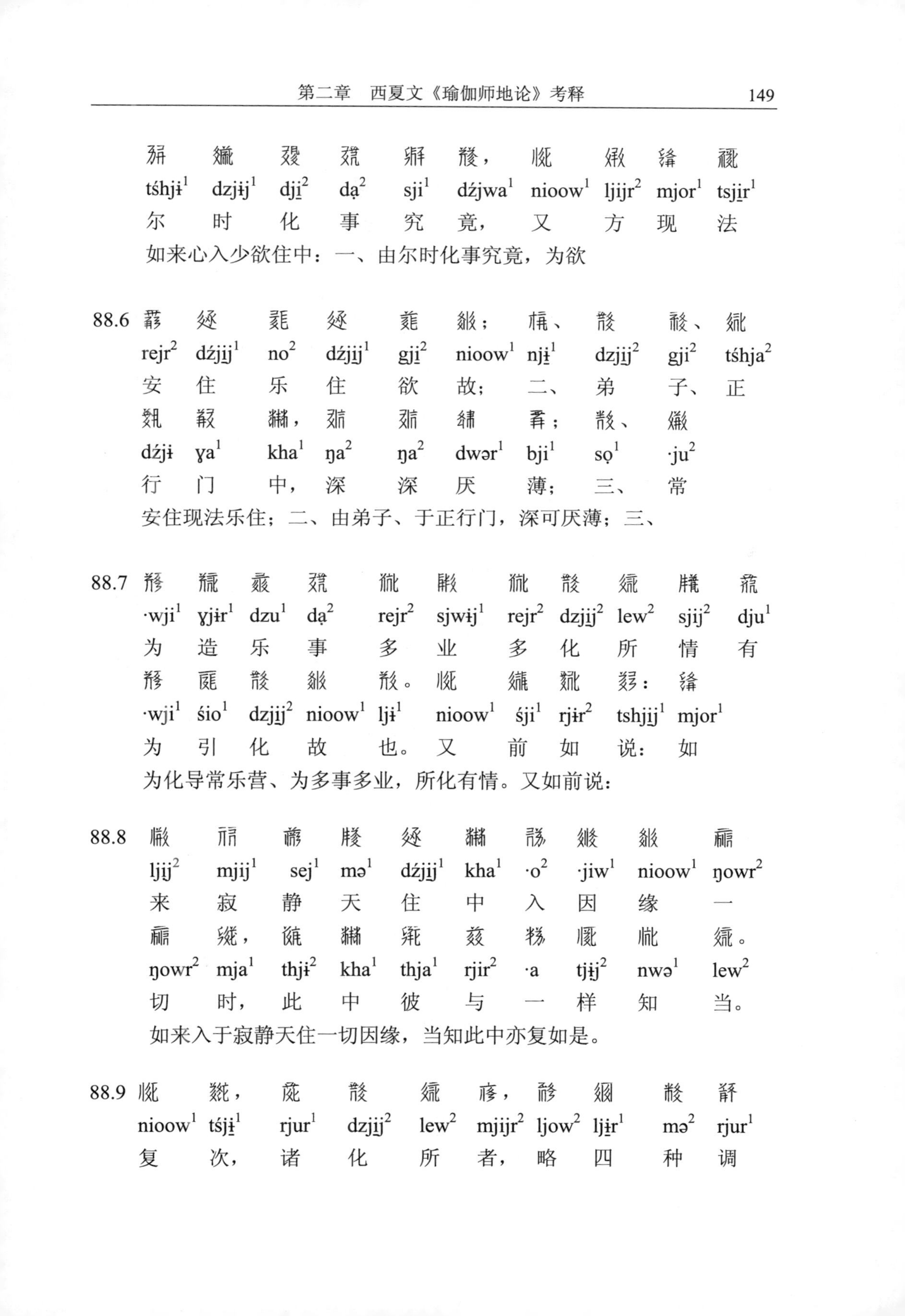

tśhjɨ^{1} dzjɨj^{1} dji̱^{2} dạ^{2} sji^{1} dźjwa^{1} nioow^{1} ljijr^{2} mjor^{1} tsji̱r^{1}
尔 时 化 事 究 竟， 又 方 现 法
如来心入少欲住中：一、由尔时化事究竟，为欲

88.6 rejr^{2} dźjij^{1} no^{2} dźjij^{1} gji̱^{2} nioow^{1} nji̱^{1} dzjij^{2} gji^{2} tśhja^{2}
安 住 乐 住 欲 故； 二、 弟 子、 正
dźjɨ ɣa^{1} kha^{1} ŋa^{2} ŋa^{2} dwər^{1} bji^{1} sọ^{1} ·ju^{2}
行 门 中， 深 深 厌 薄； 三、 常
安住现法乐住；二、由弟子、于正行门，深可厌薄；三、

88.7 ·wji^{1} ɣjɨr^{1} dzu^{1} dạ^{2} rejr^{2} sjwɨj^{1} rejr^{2} dzjij^{2} lew^{2} sjij^{2} dju^{1}
为 造 乐 事 多 业 多 化 所 情 有
·wji^{1} śio^{1} dzjij^{2} nioow^{1} ljɨ^{1} nioow^{1} śji^{1} rjɨr^{2} tshjij^{1} mjor^{1}
为 引 化 故 也。 又 前 如 说： 如
为化导常乐营、为多事多业，所化有情。又如前说：

88.8 ljij^{2} mjij^{1} sej^{1} mə^{1} dźjij^{1} kha^{1} ·o^{2} ·jiw^{1} nioow^{1} ŋowr^{2}
来 寂 静 天 住 中 入 因 缘 一
ŋowr^{2} mja^{1} thjɨ^{2} kha^{1} thja^{1} rjir^{2} ·a tjɨj^{2} nwə^{1} lew^{2}
切 时， 此 中 彼 与 一 样 知 当。
如来入于寂静天住一切因缘，当知此中亦复如是。

88.9 nioow^{1} tśji̱^{1} rjur^{1} dzjij^{2} lew^{2} mjijr^{2} ljow^{2} ljɨ̱r^{1} mə^{2} rjur^{1}
复 次， 诸 化 所 者， 略 四 种 调

[illegible] [illegible] [illegible] [illegible]： [illegible]、[illegible] [illegible] [illegible] [illegible] [illegible]，
[jar]2 lew2 tsjir2 dju1 lew1 wẹ1 lə śja1 ·wją2 tsjir2
伏 所 性 有： 一、愚 痴 逸 放 性，
复次，诸所化者，略有四种所调伏性[3]：一、愚痴放逸性，

88.10 [illegible]、[illegible] [illegible] [illegible] [illegible] [illegible]，[illegible]、[illegible] [illegible] [illegible] [illegible]。
njɨ1 zji2 bji2 dźju2 njij1 tsjir2 sọ1 tśhja2 dźjɨ njwi2 tsjir2
二、 极 下 劣 心 性， 三、 正 行 性 能。
二、极下劣心性，三、能正行性[4]。

校注：

[1] 西夏文本开头自“摄事分中契经事行择摄第一之四”至“二增上力”已佚。

[2] 嗢拖南，即西夏文“[illegible][illegible][illegible]” *ɣwə1 thow1 na1，嗢为温骨反，陀为徒何反。嗢陀南或云嗢柁南，柁唐贺反，旧翻为偈颂也，琳法师引瑜伽大论翻为足迹，又云集总散，义译也。

[3] 略有四种所调伏性，即西夏文“[illegible][illegible][illegible][illegible][illegible][illegible][illegible][illegible]”，汉文本作“略有三种所调伏性”。

[4] 能正行性，即西夏文“[illegible][illegible][illegible][illegible]”，汉文本作“能修正行性”。

释读：

88.11 [illegible] [illegible]，[illegible] [illegible] [illegible] [illegible] [illegible]，[illegible]
nioow1 tśjɨ1 ljɨr1 mə2 ·jij1 dju1 bju1 ljɨr1
复 次， 四 种 相 有 由， 四
[illegible] [illegible] [illegible] [illegible] [illegible] [illegible] [illegible]，
do2 dzjwɨ1 rejr2 dźjij1 śjwo1 ŋwu2 dźjij1
处 恭 敬 住 生 以 住，
复次，由四种相，于四处所生恭敬住，

88.12 [illegible] [illegible] [illegible] [illegible] [illegible]：[illegible]、[illegible] [illegible]
ku1 zji2 phju2 lją1 rjir1 lew1 rjir1 lew2
则 无 上 证 得： 一、 得 应

·wo^{2}	kha^{1}	kjir^{1}	dźja^{2}	kię j^{2}	ŋwe^{1}	śjwo^{1}	ljɨ^{1}
理	中，	猛	利	欲	乐	生	故；

速证无上[1]：一、于所应得[2]，生猛利乐欲故；

88.13

njɨ̱^{1}	rjir^{1}	tśier^{1}	·ju^{2}	tsji̱r^{1}	bju^{1}	tsji̱r^{1}	dźjɨ
二、	得	方	便	法	随	法	行
kha^{1}	kjir^{1}	dźja^{2}	dzu^{1}	ŋwe^{1}	śjwo^{1}	ljɨ^{1}	
中，	猛	利	爱	乐	生	故；	

二、于得方便法随法行，生猛利爱乐故；

88.14

sọ^{1}	ljịj^{2}	dzjịj^{2}	do^{2}	kjir^{1}	dźja^{2}	dzu^{1}	dzjwị^{1}	śjwo^{1}
三、	大	师	处，	猛	利	爱	敬	生
ljɨ^{1}	ljɨ̱r^{1}	rjɨr^{2}	tshjịj^{1}	tsji̱r^{1}	kha^{1}	kjir^{1}	dźja^{2}	sej^{1}
故；	四、	△	说	法	中，	猛	利	净

三、于大师所，生猛利爱敬故；四、于所说法，生猛利净

88.15

dźiej^{2}	śjwo^{1}	ljɨ^{1}
信	生	故。

信故。

校注：

[1] 速证无上，即西夏文“[illegible]”，西夏文字面作“证得无上”。

[2] 于所应得，即西夏文“[illegible]”，西夏文字面作“于理应得”。

释读：

88.16 [illegible]，[illegible]，[illegible]

nioow¹ tśjɨ̱¹ sọ¹ mə² zji² phju² dju¹ thjɨ² tja¹ thjo¹

复 次， 三 种 无 上 有， 此 者 妙

[illegible]、[illegible]、[illegible]

sjiij² zji² phju² tśhja² dźjɨ zji² phju² bie² lhew²

智 无 上、 正 行 无 上、 解 脱

复次，有三种无上，谓妙智无上、正行无上、解脱

88.17 [illegible]。[illegible]，[illegible]、

zji² phju² ŋwu² thjo¹ sjiij² zji² phju² tja¹ sji¹ sjiij²

无 上 谓。 妙 智 无 上 者， 尽 智、

[illegible]、[illegible]。[illegible]

we̱¹ mjij¹ sjiij² ɣiew¹ mjij¹ tśhja² ljij² sjiij² ŋwu² tśhja²

生 无 智、 学 无 正 见 智 谓。 正

无上。妙智无上者，谓尽智、无生智、无学正见智。正

88.18 [illegible]，[illegible]。[illegible]

dźjɨ zji² phju² tja¹ rejr² mjijr² dzjɨr¹ dźjɨ ŋwu² bie²

行 无 上 者， 乐 通 速 行 谓。 解

[illegible]，[illegible]

lhew² zji² phju² tja¹ mji¹ mju² njiij¹ bie² lhew²

脱 无 上 者， 不 动 心 解 脱

行无上者，谓乐速通行。解脱无上者，谓不动心解脱。

88.19 [illegible]。[illegible]、[illegible]、[illegible]

ŋwu² thjɨ² kha¹ sjiij² phja¹ mjor¹ tsjir¹ rejr² dźjij¹ ·jij¹

谓。 此 中 智、 断、 现 法 乐 住 之

[illegible]，[illegible]、[illegible]、[illegible]

tja̱¹ tshjij¹ ɣiew¹ dju¹ thjo¹ sjiij² tśhja² dźjɨ bie²

总 说， 学 有 妙 智、 正 行、 解

此中总说智、断、现法乐住[1]，有学妙智、正行、解

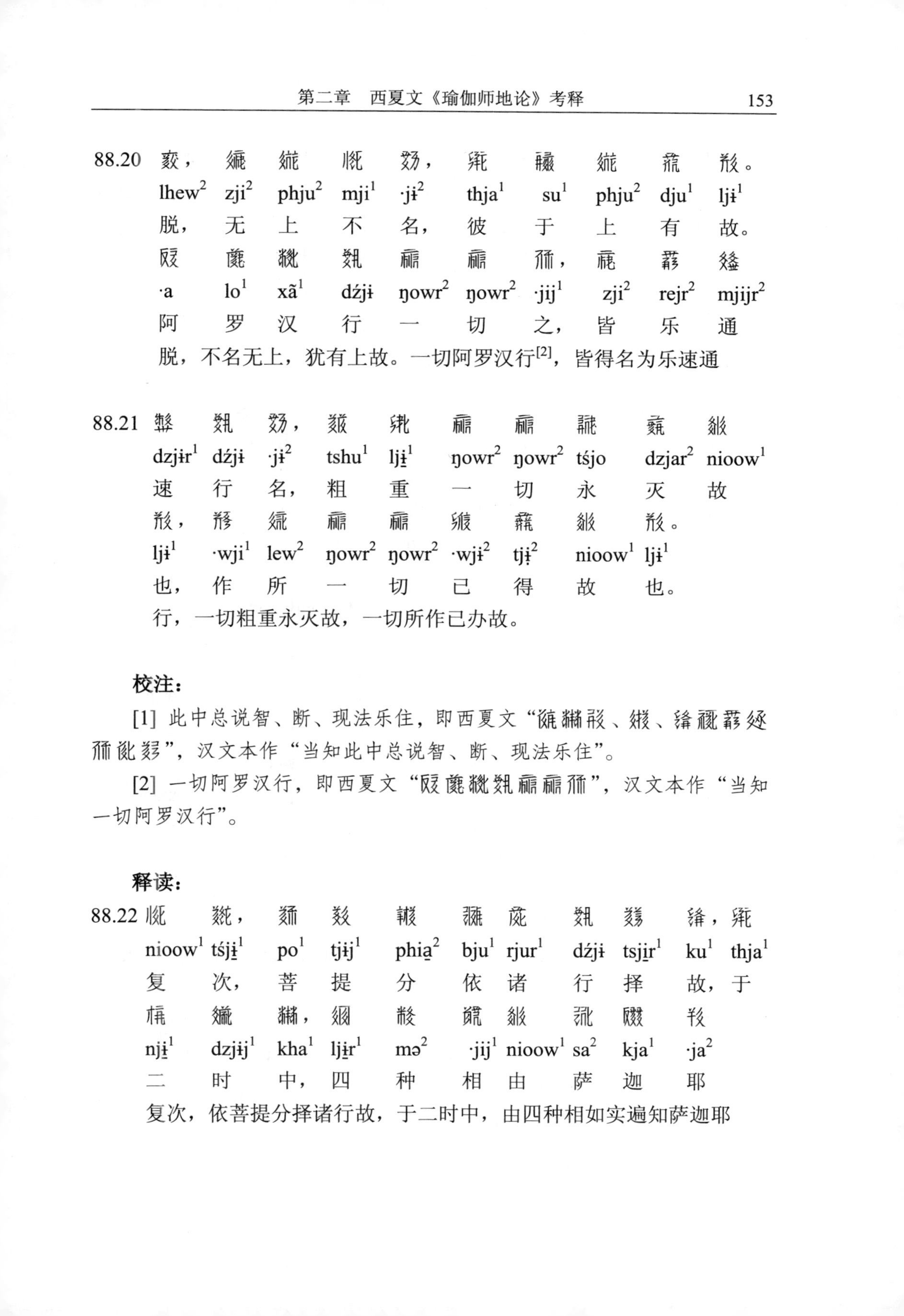

88.20 [illegible]

lhew^2 zji^2 phju^2 mji^1 ·jɨ^2 thja^1 su^1 phju^2 dju^1 ljɨ^1

脱，无 上 不 名，彼 于 上 有 故。

[illegible]

·a lo^1 xã^1 dźjɨ ŋowr^2 ŋowr^2 ·jij^1 zji^2 rejr^2 mjijr^2

阿 罗 汉 行 一 切 之，皆 乐 通

脱，不名无上，犹有上故。一切阿罗汉行[2]，皆得名为乐速通

88.21 [illegible]

dzjɨr^1 dźjɨ ·jɨ^2 tshu^1 ljɨ̣^{1} ŋowr^2 ŋowr^2 tśjo dzjar^2 nioow^1

速 行 名，粗 重 一 切 永 灭 故

[illegible]

ljɨ^1 ·wji^1 lew^2 ŋowr^2 ŋowr^2 ·wjɨ^2 tjɨ̣^{2} nioow^1 ljɨ^1

也，作 所 一 切 已 得 故 也。

行，一切粗重永灭故，一切所作已办故。

校注：

[1] 此中总说智、断、现法乐住，即西夏文“[illegible]”，汉文本作“当知此中总说智、断、现法乐住”。

[2] 一切阿罗汉行，即西夏文“[illegible]”，汉文本作“当知一切阿罗汉行”。

释读：

88.22 [illegible]

nioow^1 tśjɨ̣^{1} po^1 tjɨj^1 phia̱^{2} bju^1 rjur^1 dźjɨ tsjɨ̱r^1 ku^1 thja^1

复 次，菩 提 分 依 诸 行 择 故，于

[illegible]

njɨ̣^{1} dzjɨj^1 kha^1 ljɨ̣r^1 mə^2 ·jij^1 nioow^1 sa^2 kja^1 ·ja^2

二 时 中，四 种 相 由 萨 迦 耶

复次，依菩提分择诸行故，于二时中，由四种相如实遍知萨迦耶

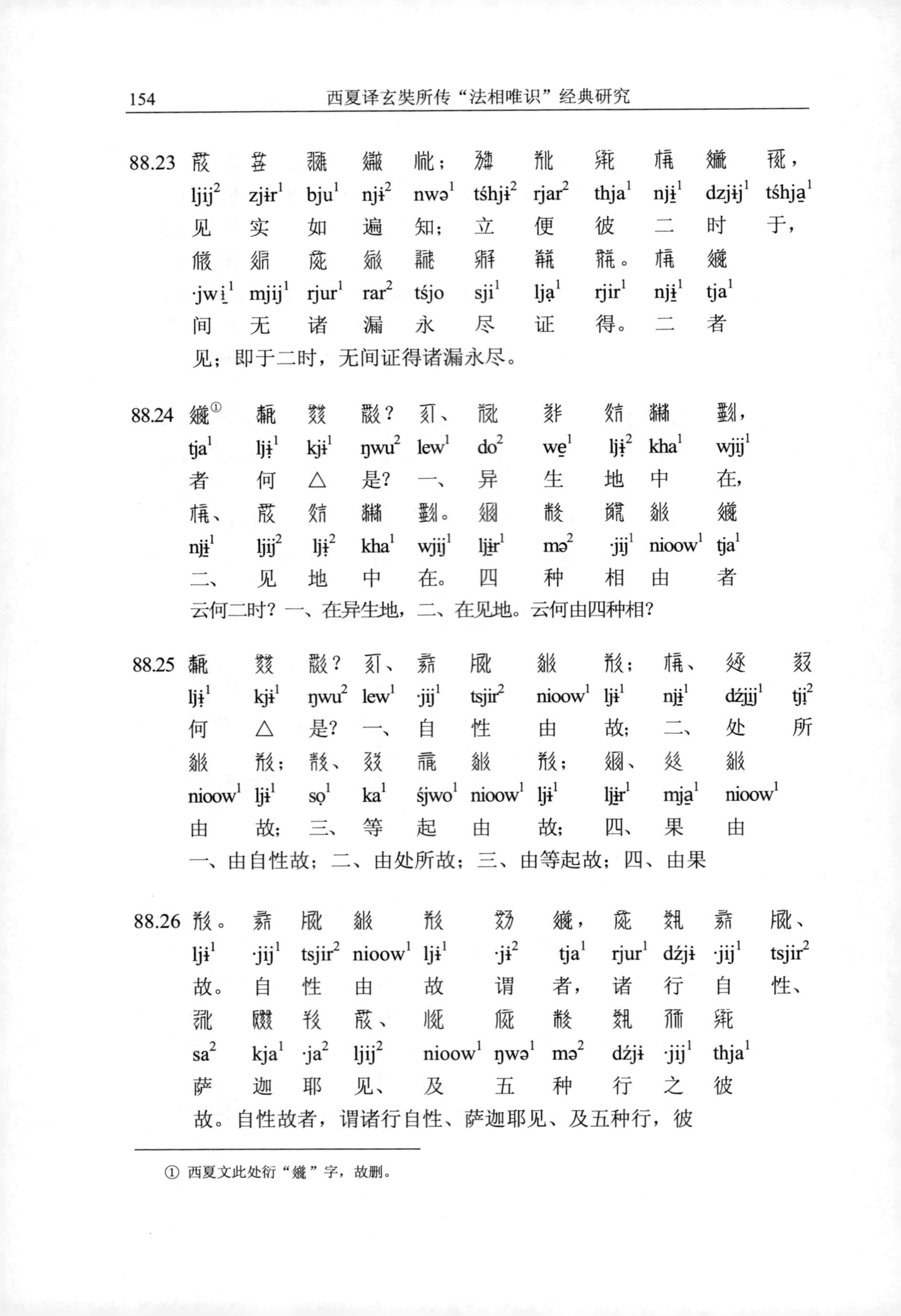

88.23 ljij^{2} zjɨr^{1} bju^{1} njɨ^{2} nwə^{1} tśhjɨ^{2} rjar^{2} thja^{1} nji̱^{1} dzjɨj^{1} tśhja̱^{1}
见 实 如 遍 知； 立 便 彼 二 时 于，
·jwi̱^{1} mjij^{1} rjur^{1} rar^{2} tśjo sji^{1} ljạ^{1} rjir^{1} nji̱^{1} tja^{1}
间 无 诸 漏 永 尽 证 得。 二 者
见；即于二时，无间证得诸漏永尽。

88.24 tja^{1} ljɨ̣^{1} kjɨ^{1} ŋwu^{2} lew^{1} do^{2} we̱^{1} ljɨ̣^{2} kha^{1} wjij^{1}
者 何 △ 是？ 一、 异 生 地 中 在，
nji̱^{1} ljij^{2} ljɨ̣^{2} kha^{1} wjij^{1} ljɨ̱r^{1} mə^{2} ·jij^{1} nioow^{1} tja^{1}
二、 见 地 中 在。 四 种 相 由 者
云何二时？一、在异生地，二、在见地。云何由四种相？

88.25 ljɨ̣^{1} kjɨ^{1} ŋwu^{2} lew^{1} ·jij^{1} tsjir^{2} nioow^{1} ljɨ^{1} nji̱^{1} dźjịj^{1} tji̱^{2}
何 △ 是？ 一、 自 性 由 故； 二、 处 所
nioow^{1} ljɨ^{1} sọ^{1} ka^{1} śjwo^{1} nioow^{1} ljɨ^{1} ljɨ̱r^{1} mja̱^{1} nioow^{1}
由 故； 三、 等 起 由 故； 四、 果 由
一、由自性故；二、由处所故；三、由等起故；四、由果

88.26 ljɨ^{1} ·jij^{1} tsjir^{2} nioow^{1} ljɨ^{1} ·jɨ^{2} tja^{1} rjur^{1} dźjɨ ·jij^{1} tsjir^{2}
故。 自 性 由 故 谓 者， 诸 行 自 性、
sa^{2} kja^{1} ·ja^{2} ljij^{2} nioow^{1} ŋwə^{1} mə^{2} dźjɨ ·jij^{1} thja^{1}
萨 迦 耶 见、 及 五 种 行 之 彼
故。自性故者，谓诸行自性、萨迦耶见、及五种行，彼

---

① 西夏文此处衍“[Tangut character]”字，故删。

88.27 [illegible]
tśhio̱w^{1} ŋa^{2} zow^{2} tśhio̱w^{1} tjij^{1} ŋa^{2} ·jij^{1} zow^{2} dźji̱j^{1} tjị^{2}
或 我 计，或 若 我 之 计。处 所
[illegible]
nioow^{1} ljɨ^{1} ·jɨ^{2} tja^{1} thjụ^{1} lew^{2} mjɨ̱^{2} ŋwu^{2} ka^{1} śjwo^{1}
由 故 谓 者，缘 所 境 谓。等 起
计为我，或计为我[1]。处所故者，谓所缘境。等起

88.28 [illegible]
nioow^{1} ljɨ^{1} ·jɨ^{2} tja^{1} ljij^{2} lhjwi^{1} kha^{1} ɣjiw^{1} lew^{2} bju^{1} mjij^{1}
由 故 谓 者，见 取 中 摄 所 明 无
[illegible]
tsjụ^{1} bju^{1} śjwo^{1} lhjij nioow^{1} we^{2} bju^{1} dzu^{1} ·jij^{1} ·jɨ^{2}
触 依 生 受、缘 为 依 爱 之 谓。
故者，谓见取所摄无明触生受、为缘爱。

88.29 [illegible]
thjɨ^{2} nioow^{1} ŋwə^{1} mə^{2} nioow^{1} śjwo^{1} tśjɨ̱^{1} bju^{1} dju^{1} thjɨ^{2} tja^{1}
此 复 五 种 缘 起 次 依 有：此 者
[illegible]
kiẹj^{2} mə^{2} mə^{2} tsjir^{2} nioow^{1} we^{2} bju^{1} tsjụ^{1} mə^{2} mə^{2} tsjir^{2}
界 种 种 性 缘 为 依 触 种 种 性
此复有五缘起次第：谓界种种性为缘生触种种性，

88.30 [illegible]
śjwo^{1} tsjụ^{1} mə^{2} mə^{2} tsjir^{2} nioow^{1} we^{2} bju^{1} lhjij mə^{2} mə^{2}
起，触 种 种 性 缘 为 依 受 种 种
[illegible]
tsjir^{2} śjwo^{1} lhjij mə^{2} mə^{2} tsji̱r^{2} nioow^{1} we^{2} bju^{1} dzu^{1}
性 生，受 种 种 性 缘 为 依 爱
触种种性为缘生受种种性，受种种性为缘

88.31 [illegible]
mə2 mə2 tsjir2 śjwo1 dzu1 mə2 mə2 tsjir2 śjwo1 dzu1 mə2 mə2
种 种 性 生，爱 种 种 性 生，爱 种 种
[illegible]
tsjir2 nioow1 we2 bju1 lhjwi1 mə2 mə2 tsjir2 śjwo1 thjɨ2 nioow1
性 缘 为 依 取 种 种 性 生。是 缘
生爱种种性，生爱种种性[2]，爱种种性为缘生取种种性。

88.32 [illegible]
śjwo1 tja1 kwər1 kjɨ1 djɨj2 mji1 ·ju2 mja̱1 nioow1 ljɨ1 ·jɨ2
生 者，体 决 定 无 常。果 由 故 谓
[illegible]
tja1 sọ1 dzjɨj1 bju1 sa2 kja1 ·ja2 ljij2 lə1 ɣię2 we2
者，三 时 依，萨 迦 耶 见 障 碍 为
夫缘生者，体必无常。由果故者，谓于三时，萨迦耶见能为障碍：

88.33 [illegible]
njwi2 lew1 ŋa2 mjij1 bju1 tsji̱r1 dźjar2 bio̱1 ze̱w2 zjij1 nji̱1
能：一、我 无 依 法 谛 察 忍 时，二、
[illegible]
mjor1 bio̱1 zjij1 sọ1 ·a lo1 xã1 rjir1 zjij1 ŋwu2
现 观 时，三、阿 罗 汉 得 时 是。
一、依无我谛察法忍时，二、现观时，三、得阿罗汉时。

88.34 [illegible]
thjɨ2 kha1 ljɨ1 dzjɨj1 thja1 śjwɨ̣2 lwu2 sa2 kja1 ·ja2 ljij2
此 中 一 时，彼 随 眠 萨 迦 耶 见
[illegible]
bu̱2 gjij1 ɣie1 bju1 ljɨ̣1 śjwo1 ·jiw2 śjwo1 tsji̱r1 dźjar2
增 上 力 由，惑 生 疑 生。法 谛
此中一时，由彼随眠萨迦耶见增上力故，生惑生疑[3]。

88.35 [illegible] [illegible] [illegible] [illegible] [illegible] [illegible] [illegible] [illegible] [illegible]。 [illegible] [illegible]、
bio̱^{1} ze̱w^2 rejr^2 djọ^2 dzjɨ̱^{2} ·jiw^1 nioow^1 we^2 bju^1 thja^1 ·jiw^2
察 忍 多 修 习 因 缘 为 故。 于 疑、
[illegible] [illegible] [illegible] [illegible] [illegible] [illegible] [illegible] [illegible]， [illegible] [illegible]
ljɨ̣j^1 ·jij^1 zjɨ̱r^1 zjij^1 tjij^1 [?jĩ]^2 kjɨ^1 njwi^2 thja^1 dźjar^2
惑 之 少 几 除 遣 虽 能， 于 谛
由多修习谛察法忍为因缘故。虽于疑、惑少能除遣，

88.36 [illegible] [illegible] [illegible] [illegible] [illegible]， [illegible] [illegible] [illegible] [illegible]， [illegible] [illegible]
mjor^1 bio̱^{1} djọ^2 dzjɨ̱^{2} zjij^1 phji^1 ŋwe^1 nioow^1 ku^1 thja^1 djij^2
现 观 修 习 时， 意 乐 由 故， 于 涅
[illegible] [illegible] [illegible] [illegible] [illegible] [illegible] [illegible] [illegible]。 [illegible] [illegible]
phã^1 ·jij^1 ŋwu^2 mja^1 mji^1 dju^1 ŋa^2 ·jɨ^2 thjɨ^2 śjwɨ̣^{2}
槃 之 以 当 无 有 我 谓。 此 随
然于修习谛现观时，由意乐故，恐于涅槃我当无有。由此

88.37 [illegible] [illegible] [illegible] [illegible] [illegible] [illegible] [illegible] [illegible] [illegible]， [illegible] [illegible]
lwu^2 sa^2 kja^1 ·ja^2 ljij^2 bu̱^{2} gjij^1 ɣie^1 nioow^1 thja^1 rjur^1
眠 萨 迦 耶 见 增 上 力 故， 于 诸
[illegible] [illegible] [illegible] [illegible] [illegible] [illegible]， [illegible] [illegible]、 [illegible] [illegible]、
dźjɨ kha^1 dow^1 phjo^2 kar^2 śjwo^1 bja^2 ŋa^2 ljij^2 ŋa^2
行 中 邪 分 别 起， 断 我、 坏 我、
随眠萨迦耶见增上力故，于诸行中起邪分别，谓我当断、当坏、

88.38 [illegible] [illegible] [illegible]， [illegible] [illegible] [illegible] [illegible] [illegible] [illegible] [illegible] [illegible]
mjij^1 ŋa^2 ·jɨ^2 tśhjɨ^2 rjar^2 thja^1 djij^2 phã^1 kha^1 bja^2 ljij^2
无 我 谓， 立 便 于 涅 槃 中 断 见
[illegible] [illegible] [illegible] [illegible] [illegible] [illegible]。 [illegible] [illegible] [illegible] [illegible]， [illegible]
ljɨ̣^{1} nioow^1 mji^1 dju^1 ljij^2 śjwo^1 thjɨ^2 ·jiw^1 nioow^1 bju^1 pa^2
△ 及 无 有 见 生。 此 因 缘 由， 般
当无，便于涅槃发生断见及无有见。由此因缘，于般

88.39 [illegible] [illegible] [illegible] [illegible] [illegible] [illegible] [illegible]， [illegible] [illegible] [illegible]
djij^{2} phã^{1} kha^{1} njij^{1} phji^{1} lhji^{1} lhjwo^{1} tshwew^{1} ·o^{2} mji^{1}
涅 槃 中 心 意 退 还， 趣 入 不
[illegible]。 [illegible] [illegible] [illegible] [illegible]， [illegible] [illegible] [illegible] [illegible]
ŋwe^{1} thja^{1} do^{2} dzjɨj^{1} kha^{1} thjɨ^{2} su^{1} gjij^{1} sju^{2}
乐。 彼 异 时 中， 此 从 过 超
涅槃其心退还，不乐趣入。彼于异时，虽从此过

88.40 [illegible] [illegible] [illegible] [illegible] [illegible] [illegible]， [illegible] [illegible] [illegible] [illegible] [illegible]
thja^{1} njij^{1} sej^{1} djọ^{2} kjɨ^{1} njwi^{2} nioow^{1} śjɨj^{2} dźjar^{2} kha^{1} mjor^{1}
其 心 净 修 虽 能， 又 圣 谛 于 现
[illegible] [illegible] [illegible]， [illegible] [illegible] [illegible] [illegible] [illegible] [illegible] [illegible]。 [illegible]
dźjar^{2} kjɨ^{1} rjir^{1} ŋa^{2} zjɨr^{1} mjor^{1} dźjar^{2} lją^{1} njwi^{2} ·jɨ^{2} thja^{1}
谛 已 得， 我 实 现 谛 证 能 谓。 彼
净修其心，又于圣谛已得现谛，谓我能实现谛[4]。彼

88.41 [illegible] [illegible] [illegible]， [illegible] [illegible] [illegible]， [illegible] [illegible] [illegible] [illegible] [illegible]。
thjɨ^{2} khwęj^{1} kha^{1} śjwɨ̣^{2} lwu^{2} nioow^{1} ku^{1} dźjow^{1} ka^{2} mjɨ^{1} njwi^{2}
此 慢 中， 随 眠 故， 则 分 离 未 能。
[illegible] [illegible] [illegible]， [illegible] [illegible] [illegible]， [illegible] [illegible] [illegible] [illegible]
nioow^{1} zjij^{1} zją^{1} phjɨ^{1} lə nioow^{1} ku^{1} ŋa^{2} bio̱^{1} khwęj^{1}
又 时 间， 忘 念 故， 则 我 观 慢
于此慢，由随眠故，仍未能离。又时间[5]，由忘念故，观我起慢，

88.42 [illegible]， [illegible] [illegible] [illegible] [illegible] [illegible] [illegible] [illegible] [illegible]： [illegible]
śjwo^{1} thjɨ^{2} nioow^{1} khwęj^{1} tśjɨ̱r^{2} do^{2} pha^{1} lej^{2} śjwo^{1} thjɨ^{2}
起， 此 因 慢 缠 差 别 转 起： 此
[illegible] [illegible] [illegible] [illegible]、 [illegible] [illegible]、 [illegible] [illegible] [illegible]。
tja^{1} tśhio̱w^{1} bu̱^{2} ŋa^{2} tśhio̱w^{1} ka^{1} tśhio̱w^{1} dźju^{2} ŋa^{2}
者 或 我 胜、 或 等、 或 劣 我。
因此慢缠差别而转：谓我为胜、或等、或劣。

88.43 [illegible]
śji^1 njɨ̱^{1} tsji̱r^2 ·u^2 śjwɨ̣^{2} lwu^2 ɣie^1 bju^1 ɣiẹ^2 lụ^2 ·wji^1
前 二 位 中， 随 眠 力 由， 障 碍 作
[illegible]
njwi^2 sọ^1 tsew^2 tsji̱r^2 ·u^2 sjwɨ^1 mẹ^2 ɣie^1 bju^1 ? ɣiẹ^2
能； 三 第 位 中， 习 气 力 由， 障 碍
前二位中[6]，由随眠力，能作障碍；于第三位，由习气力，能作障碍。

88.44 [illegible]
·wji^1 njwi^2 nioow^1 sọ^1 nioow^1 bju^1 rjur^1 dźjɨ we̱^{1} dzja^1
作 能。 又 三 缘 由， 诸 行 生 长：
[illegible]
lew^1 dzjụ^1 zjọ^2 sjwɨj^1 zjị^1 njɨ̱^{2} ɣie^1 bju^1 njɨ̱^{1} tji^1
一、 宿 世 业 烦 恼 力 由， 二、 愿
又由三缘，诸行生长：一、由宿世业烦恼力，二、由愿

88.45 [illegible]
ɣie^1 bju^1 sọ^1 mjor^1 dźjij^1 ·ji^1 ·jiw^1 nioow^1 ɣie^1 bju^1 do^2
力 由， 三、 现 在 众 因 缘 力 由。 差
[illegible]
do^2 we̱^{1} ljɨ̣^{2} kha^1 njɨ^2 nwə^1 njwi^2 ku^1 ljij^2 ljɨ̣^{2}
异 生 地 中 遍 知 能， 则 见 地
力，三、由现在众因缘力。于异生地能遍知故，于见地

88.46 [illegible]
kha^1 ·jwɨ̱^{1} mjij^1 ljij^2 tśja^1 do^2 phja^1 lew^2 rjur^1 rar^2 tśjo
中 间 无 见 道 处 断 所 诸 漏 永
[illegible]
sji^1 rjir^1 njwi^2 ljij^2 ljɨ̣^{2} kha^1 njɨ^2 nwə^1 njwi^2 ku^1
尽 得 能； 见 地 中 遍 知 能， 则
中无间能得见道所断，诸漏永尽；于见地中能遍知故，

88.47 □ □ □ □ □ □ □， □ □
tśji̱r^{2} dzjij^{2} tśhiow^{1} phja^{1} ·a lo^{1} xã^{1} ·jwi̱^{1} mjij^{1}
缠 余 结 断 阿 罗 汉， 间 无
□ □ □ □ □ □ □ □。
rjur^{1} rar^{2} tśjo sji^{1} lja̱^{1} rjir^{1} rjir^{1} njwi^{2}
诸 漏 永 尽 证 得 得 能。
缠断余结[7]得阿罗汉，无间证得诸漏永尽。

校注：

[1] 或计为我，即西夏文“□□□□□”，汉文本作“或为我所”。

[2] 生爱种种性，即西夏文“□□□□□”，汉文本无。

[3] 生惑生疑，即西夏文“□□□□”，汉文本作“有惑有疑”。

[4] 谓我能实现谛，即西夏文“□□□□□□□”，汉文本作“然谓我能证谛现谛”。

[5] 又时间，即西夏文“□□□”，汉文本作“又时时间”。

[6] 前二位中，即西夏文“□□□□”，汉文本作“前两位中”。

[7] 缠断余结，即西夏文“□□□□”，汉文本作“次断余结”。

释读：

88.48 □ □， □ □ □ □， □ □ □ □
nioow^{1} tśji̱^{1} ŋwə^{1} mə^{2} ·jij^{1} bju^{1} rjur^{1} dźjɨ kha^{1} ·wo^{2}
复 次， 五 种 相 由， 诸 行 中 理
□ □ □ □。 □ □ □ □ □？ □、
bju^{1} ·jɨr^{1} la^{1} njwi^{2} ŋwə^{1} tja^{1} ljɨ̣^{1} kjɨ^{1} ŋwu^{2} lew^{1}
如 问 记 能。 五 者 何 △ 是？ 一、
复次，由五种相，于诸行中如理问记。何等为五？一、

88.49 □ □ □ □； □、 □ □
·jij^{1} tsji̱r^{2} nioow^{1} ljɨ^{1} nji̱^{1} rar^{2} de̱j^{1}
自 性 故 也； 二、 流 转
□ □ □ □ □ □； □、

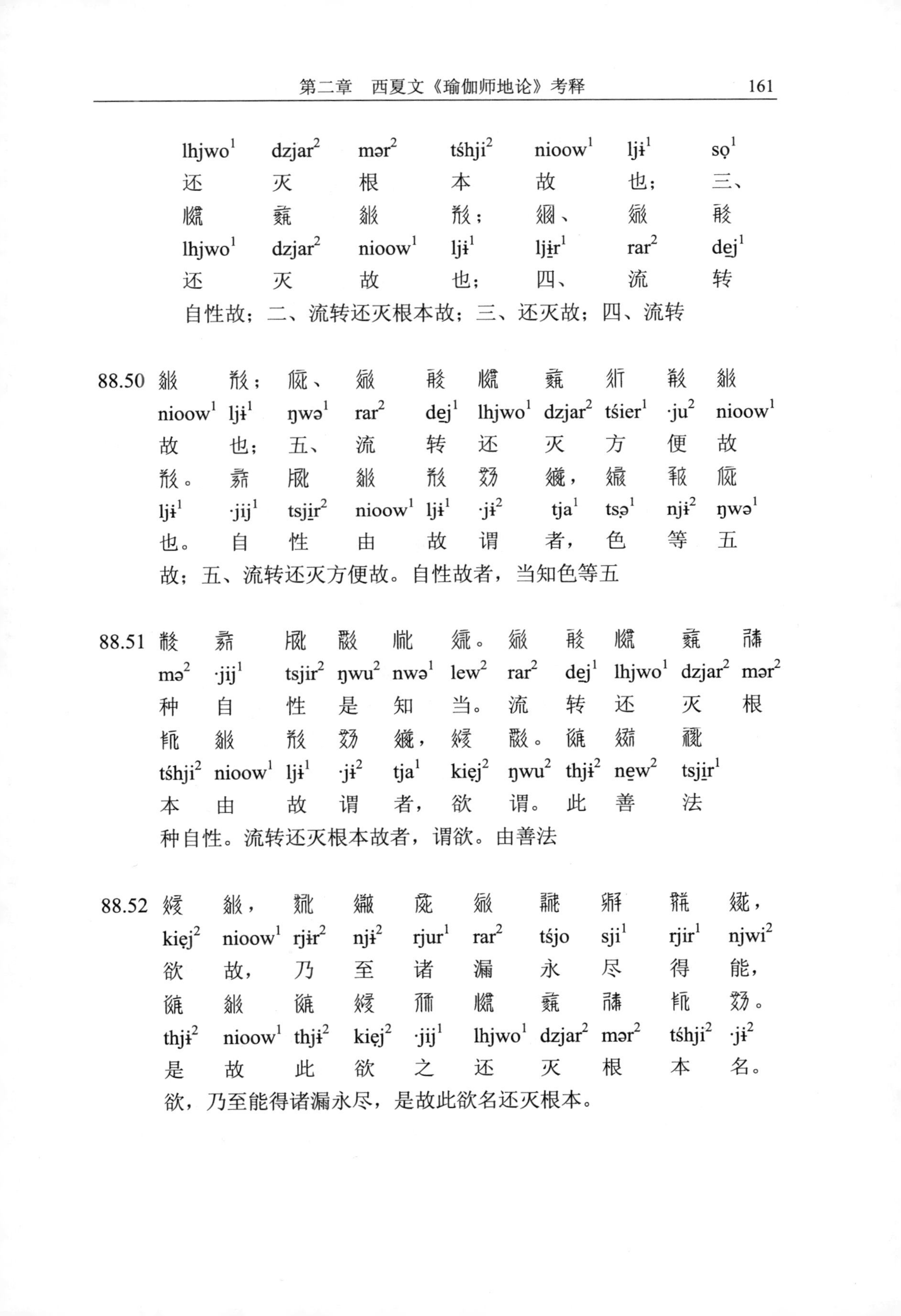

lhjwo^{1} dzjar^{2} mər^{2} tśhji^{2} nioow^{1} ljɨ^{1} sọ^{1}
还 灭 根 本 故 也； 三、
[illegible]
lhjwo^{1} dzjar^{2} nioow^{1} ljɨ^{1} ljɨ̱r^{1} rar^{2} dej̱^{1}
还 灭 故 也； 四、 流 转
自性故；二、流转还灭根本故；三、还灭故；四、流转

88.50 [illegible]
nioow^{1} ljɨ^{1} ŋwə^{1} rar^{2} dej̱^{1} lhjwo^{1} dzjar^{2} tśier^{1} ·ju^{2} nioow^{1}
故 也； 五、 流 转 还 灭 方 便 故
[illegible]
ljɨ^{1} ·jij^{1} tsjɨ̱r^{2} nioow^{1} ljɨ^{1} ·jɨ^{2} tja^{1} tsə̣^{1} njɨ^{2} ŋwə^{1}
也。 自 性 由 故 谓 者， 色 等 五
故；五、流转还灭方便故。自性故者，当知色等五

88.51 [illegible]
mə^{2} ·jij^{1} tsjɨr^{2} ŋwu^{2} nwə^{1} lew^{2} rar^{2} dej̱^{1} lhjwo^{1} dzjar^{2} mər^{2}
种 自 性 是 知 当。 流 转 还 灭 根
[illegible]
tśhji^{2} nioow^{1} ljɨ^{1} ·jɨ^{2} tja^{1} kię̣j^{2} ŋwu^{2} thjɨ^{2} new̱^{2} tsjɨ̱r^{1}
本 由 故 谓 者， 欲 谓。 此 善 法
种自性。流转还灭根本故者，谓欲。由善法

88.52 [illegible]
kię̣j^{2} nioow^{1} rjɨr^{2} njɨ^{2} rjur^{1} rar^{2} tśjo sji^{1} rjir^{1} njwi^{2}
欲 故， 乃 至 诸 漏 永 尽 得 能，
[illegible]
thjɨ^{2} nioow^{1} thjɨ^{2} kię̣j^{2} ·jij^{1} lhjwo^{1} dzjar^{2} mər^{2} tśhji^{2} ·jɨ^{2}
是 故 此 欲 之 还 灭 根 本 名。
欲，乃至能得诸漏永尽，是故此欲名还灭根本。

88.53 [illegible] [illegible] [illegible] [illegible]， [illegible] [illegible] [illegible] [illegible] [illegible] [illegible]
tjij1 thjɨ2 kięj2 bju1 thjɨ2 sju2 tjị1 śjwo1 ŋa2 dzjwo2
若 是 欲 由， 是 如 愿 生 我 人
[illegible] [illegible] [illegible] [illegible] [illegible]， [illegible] [illegible] [illegible] [illegible]
kha1 bji2 djij2 rjor2 ŋa2 rjɨr2 njɨ2 xiwã1 ·ji1
中 下 当 得 我， 乃 至 梵 众
若由是欲，如是愿我当得人中下类[1]，乃至当生梵众

88.54 [illegible] [illegible] [illegible] [illegible] [illegible] [illegible] [illegible] [illegible] [illegible] [illegible]， [illegible]
mə1 njɨ2 ·ji1 thwu̱1 phia̱2 kha1 ·wjij2 we̱1 ŋa2 ·jɨ2 thjɨ2
天 等 众 同 分 中 当 生 我 谓， 此
[illegible] [illegible] [illegible] [illegible]、 [illegible] [illegible]、 [illegible] [illegible] [illegible] [illegible]，
njij1 bju1 ? njij1 djọ2 dzjɨ̣2 rejr2 djọ2 dzjɨ̣2 nioow1
心 由 亲 近、 修 习、 多 修 习 故，
天等众同分中，由于此心亲近、修习、多修习故，

88.55 [illegible] [illegible] [illegible] [illegible]， [illegible] [illegible] [illegible] [illegible] [illegible] [illegible] [illegible]
thja1 kha1 we̱1 rjir1 ku1 thjɨ2 nioow1 thjɨ2 kięj2 ·jij1 rar2
彼 中 生 得， 则 是 故 此 欲 之 流
[illegible] [illegible] [illegible] [illegible]。 [illegible] [illegible] [illegible] [illegible] [illegible] [illegible]，
dej1 mər2 tśhji2 ·jɨ2 lhjwo1 dzjar2 nioow1 ljɨ1 ·jɨ2 tja1
转 根 本 名。 还 灭 由 故 谓 者，
得生于彼，是故此欲名流转根本。还灭故者，

88.56 [illegible] [illegible] [illegible] [illegible]， [illegible] [illegible] [illegible] [illegible] [illegible] [illegible] [illegible]
thja1 rjur1 dźjɨ kha1 lew1 kięj2 lęj2 lhjwi1 phja1 dzjar2 tjị2
于 诸 行 中， 唯 欲 贪 取 断 灭 可
[illegible]。 [illegible] [illegible] [illegible] [illegible] [illegible] [illegible] [illegible]， [illegible] [illegible]
·wjij2 tjij1 thjɨ2 rjur1 dźjɨ lhjwi1 tsjir2 ŋwu2 ku1 dzjar2
有。 若 即 诸 行 取 性 是， 则 灭
于诸行中，唯欲贪取得断灭故。若即诸行等是取性者，

88.57 [illegible]。[illegible]

tjị2 mji1 ·wjij2 ·a lo1 xã1 tsjɨ1 rjur1 dźjɨ mjor1

可 不 有。阿 罗 汉 犹 诸 行 现

[illegible]。[illegible]

rjir1 tjị2 ·wjij2 ljɨ1 tjij1 rjur1 dźjɨ njɨ2 nioow1 lhjwi1

得 可 有 故。若 诸 行 等 又 取

应不可灭。以阿罗汉犹有诸行现可得故。若诸行等[2]有取

88.58 [illegible]，[illegible]，[illegible]

tsji̱r2 dju1 ku1 dźiəj2 mə̣1 ŋwu2 dźiəj2 mə̣1 ŋwu2 ku1

性 有，则 为 无 是，为 无 是 故

[illegible]，[illegible]。[illegible]

·ju2 thjɨ2 tsjɨ1 dzjar2 tjị2 mji1 ·wjij2 thjɨ2 nioow1 lhjwi1

常，此 亦 灭 可 不 有。是 故 取

性者，应是无为，无为故常，亦不可灭。是故取

88.59 [illegible]，[illegible]，[illegible]

tsji̱r2 lew1 rjur1 dźjɨ ·a phia̱2 kha1 ɣjiw1 thjɨ2 ·a phia̱2

性，但 诸 行 一 分 中 摄，此 一 分

[illegible]，[illegible]，[illegible]

phja1 dzjar2 sji1 dźjwa1 mji1 śjwo1 phji1 rjir1 ku1 lhjwo1

断 灭，毕 竟 不 行 令 得，则 还

性，但是诸行一分所摄，即此一分已得断灭，毕竟不行，故

88.60 [illegible]。[illegible]，[illegible]

dzjar2 ·jɨ2 rar2 de̱j1 nioow1 ljɨ1 ·jɨ2 tja1 nioow1 sọ1 dzjar2

灭 故。流 转 由 故 谓 者，复 三 灭

[illegible]：[illegible]、[illegible]；[illegible]、[illegible]

mə2 dju1 lew1 kụ1 dju1 ·jiw1 nioow1 ljɨ1 nji̱1 tjij1 mə2

种 有：一、后 有 因 故 也；二、品 种

可还灭。流转故者，复有三种：一、后有因故；二、

88.61 [illegible] [illegible] [illegible] [illegible]；[illegible]、[illegible] [illegible] [illegible] [illegible] [illegible]。
djịj¹ pha¹ nioow¹ ljɨ¹ sọ¹ mjor¹ dźjij¹ ·jiw¹ nioow¹ ljɨ¹
类 别 故 也； 三、 现 在 因 故 也。
品类别故；三、现在因故。

校注：

[1] 如是愿我当得人中下类，即西夏文“[illegible]”，汉文本作“愿我当得人中下类”。

[2] 若诸行等，即西夏文“[illegible]”，汉文本作“若异诸行”。

释读：

88.61 [illegible] [illegible] [illegible] [illegible]，[illegible] [illegible]、[illegible] [illegible] [illegible] [illegible]
kụ¹ dju¹ ·jiw¹ tja¹ tjij¹ dzjwo² kụ¹ lja¹ bji̱² ŋwe¹
后 有 因 者， 如 人、 后 来 愿 乐
后有因者，如人[1]，愿乐当来

88.62 [illegible]，[illegible] [illegible] [illegible] [illegible]。[illegible] [illegible] [illegible] [illegible]：[illegible] [illegible]
nioow¹ rjur¹ sjwɨj¹ ·wji¹ ɣjɨr¹ thja¹ thjɨ² sju² lə tji̱¹ ŋa²
故， 诸 业 作 造。 彼 是 如 念： 愿 我
[illegible] [illegible] [illegible] [illegible] [illegible] [illegible] [illegible] [illegible]。[illegible] [illegible] [illegible]
kụ¹ zjọ² thjɨ² dźjɨ djij² śjij¹ ŋa² ·jɨ² thjɨ² ·jiw¹ nioow¹
来 世 此 行 当 成 我 谓。 是 因 缘
造作诸业。彼作是念：愿我来世当成此行。由是因缘，

88.63 [illegible]，[illegible] [illegible] [illegible] [illegible] [illegible] [illegible] [illegible] [illegible]，[illegible] [illegible]
bju¹ kụ¹ dju¹ rjur¹ dźjɨ śjwo¹ ·jiw¹ śio¹ njwi² mjor¹ dźjij¹
由， 后 有 诸 行 生 因 引 能， 现 在
[illegible] [illegible]，[illegible] [illegible] [illegible] [illegible] [illegible] [illegible] [illegible]。[illegible] [illegible]
mji¹ śio¹ thja¹ mjor¹ dźjij¹ kha¹ śio¹ mjɨ¹ njwi² ku¹ rjur¹
不 引， 彼 现 在 中 引 不 能。 则 诸
能引后有诸行生因，不引现在，彼于现在不能引故。

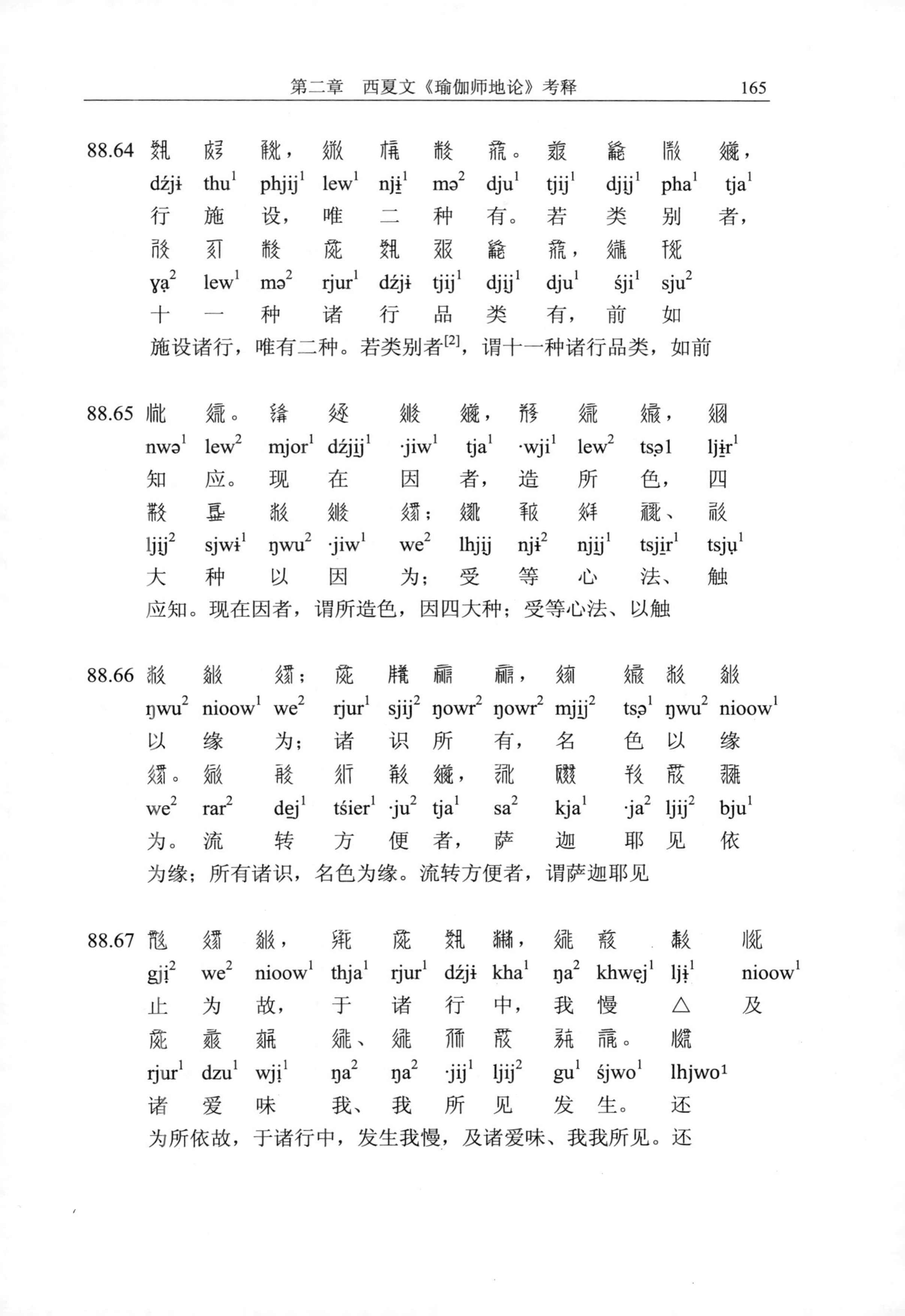

88.64 dźjɨ thu1 phjij1 lew1 njɨ̱1 mə2 dju1 tjij1 djij1 pha1 tja1
行 施 设， 唯 二 种 有。 若 类 别 者，
ɣạ2 lew1 mə2 rjur1 dźjɨ tjij1 djij1 dju1 śji1 sju2
十 一 种 诸 行 品 类 有， 前 如
施设诸行，唯有二种。若类别者[2]，谓十一种诸行品类，如前

88.65 nwə1 lew2 mjor1 dźjij1 ·jiw1 tja1 ·wji1 lew2 tsə̣1 ljɨ̱r1
知 应。 现 在 因 者， 造 所 色， 四
ljij2 sjwɨ1 ŋwu2 ·jiw1 we2 lhjij njɨ2 njij1 tsjɨ̱r1 tsjụ1
大 种 以 因 为； 受 等 心 法、 触
应知。现在因者，谓所造色，因四大种；受等心法、以触

88.66 ŋwu2 nioow1 we2 rjur1 sjij2 ŋowr2 ŋowr2 mjij2 tsə1 ŋwu2 nioow1
以 缘 为； 诸 识 所 有， 名 色 以 缘
we2 rar2 dẹj1 tśier1 ·ju2 tja1 sa2 kja1 ·ja2 ljij2 bju1
为。 流 转 方 便 者， 萨 迦 耶 见 依
为缘；所有诸识，名色为缘。流转方便者，谓萨迦耶见

88.67 gjị2 we2 nioow1 thja1 rjur1 dźjɨ kha1 ŋa2 khwẹj1 ljị1 nioow1
止 为 故， 于 诸 行 中， 我 慢 △ 及
rjur1 dzu1 wjị1 ŋa2 ŋa2 ·jij1 ljij2 gu1 śjwo1 lhjwo1
诸 爱 味 我、 我 所 见 发 生。 还
为所依故，于诸行中，发生我慢，及诸爱味、我我所见。还

88.68 [illegible]
dzjar^{2} tśier^{1} ·ju^{2} tja^{1} thjɨ^{2} rjur^{1} dźjɨ kha^{1} ŋa^{2} khwẹj^{1} khwa^{1}
灭 方 便 者， 此 诸 行 中， 我 慢 远
[illegible]
ka^{2} nioow^{1} dźjar^{2} lju^{2} ljị^{1} nioow^{1} thja^{1} lho ka^{2} ŋa^{2}
离， 及 过 患 △ 并 彼 出 离 我，
灭方便者，谓于诸行，远离我慢，及见过患并彼出离，

88.69 [illegible]
ŋa^{2} ·jij^{1} mjij^{1} ljij^{2} nioow^{1} rar^{2} dẹj^{1} tśier^{1} ·ju^{2} tja^{1} bju^{1}
我 所 无 见。 又 流 转 方 便 者， 明
[illegible]
mjij^{1} dzu^{1} tjij^{1} thja^{2} ·jij^{1} dzjɨj^{2} bju^{1} thja^{1} ·jij^{1} nwə^{1}
无 爱、 品， 其 之 宜 随， 其 相 知
无我我所。又流转方便者，谓无明爱、品，随其所应，当知其相。

88.70 [illegible]
lew^{2} lhjwo^{1} dzjar^{2} tśier^{1} ·ju^{2} tja^{1} thja^{1} ŋwer^{1} djị^{2} nioow^{1}
当。 还 灭 方 便 者， 彼 对 治。 又
[illegible]
njɨ̱^{1} nioow^{1} bju^{1} rjur^{1} bju^{1} zjɨr^{1} ɣiẹ^{2} mji^{1} dzjij^{2} gji^{2}
二 缘 由， 诸 聪 慧 声 闻 弟 子，
还灭方便者，谓彼对治。又由二缘，诸聪慧声闻弟子[3]，

88.71 [illegible]
ljịj^{2} dzjij^{2} tsji̱r^{1} sju^{2} niow^{2} ljij^{2} kha^{1} ljɨ^{1} tśhio̱w^{1} ŋwu̱^{1}
大 师 教 越， 恶 见 中 堕， 或 言
[illegible]
dạ^{2} śjwo^{1} njɨ̱^{1} nioow^{1} tja^{1} ljị^{1} kjɨ^{1} ŋwu^{2} lew^{1} rjur^{1}
说 起。 二 缘 者 何 △ 是？ 一、 世
越大师教，堕恶见中，或起言说。何等二缘？一、

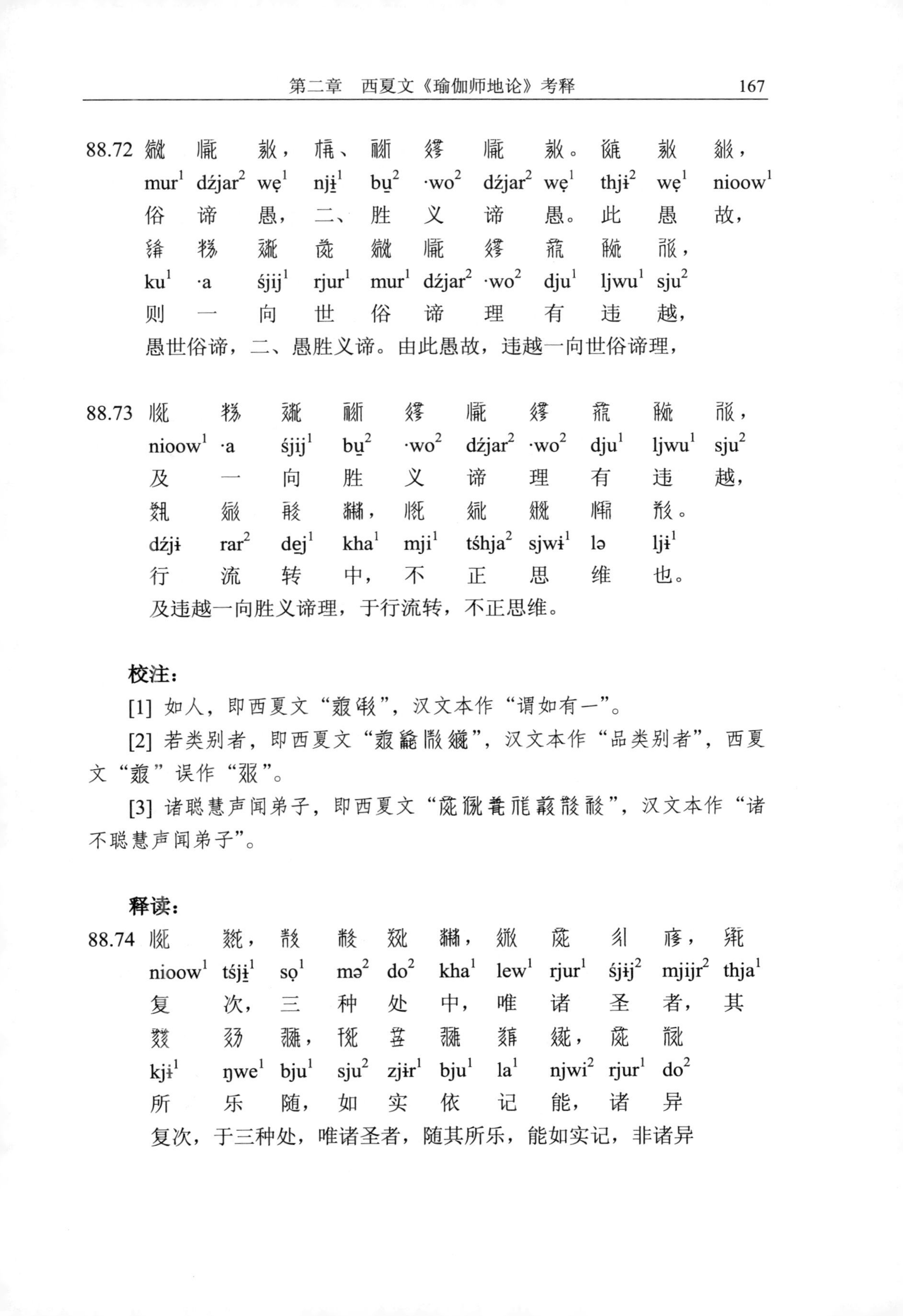

88.72 [illegible]
mur^{1} dźjar^{2} wẹ^{1} njɨ̱^{1} bu̱^{2} ·wo^{2} dźjar^{2} wẹ^{1} thjɨ^{2} wẹ^{1} nioow^{1}
俗 谛 愚， 二、 胜 义 谛 愚。 此 愚 故，
[illegible]
ku^{1} ·a śjij^{1} rjur^{1} mur^{1} dźjar^{2} ·wo^{2} dju^{1} ljwu^{1} sju^{2}
则 一 向 世 俗 谛 理 有 违 越，
愚世俗谛，二、愚胜义谛。由此愚故，违越一向世俗谛理，

88.73 [illegible]
nioow^{1} ·a śjij^{1} bu̱^{2} ·wo^{2} dźjar^{2} ·wo^{2} dju^{1} ljwu^{1} sju^{2}
及 一 向 胜 义 谛 理 有 违 越，
[illegible]
dźjɨ rar^{2} de̱j^{1} kha^{1} mji^{1} tśhja^{2} sjwɨ^{1} lə ljɨ^{1}
行 流 转 中， 不 正 思 维 也。
及违越一向胜义谛理，于行流转，不正思维。

校注：

[1] 如人，即西夏文“[illegible]”，汉文本作“谓如有一”。

[2] 若类别者，即西夏文“[illegible]”，汉文本作“品类别者”，西夏文“[illegible]”误作“[illegible]”。

[3] 诸聪慧声闻弟子，即西夏文“[illegible]”，汉文本作“诸不聪慧声闻弟子”。

释读：

88.74 [illegible]
nioow^{1} tśjɨ̱^{1} sọ^{1} mə^{2} do^{2} kha^{1} lew^{1} rjur^{1} śjɨj^{2} mjijr^{2} thja^{1}
复 次， 三 种 处 中， 唯 诸 圣 者， 其
[illegible]
kjɨ^{1} ŋwe^{1} bju^{1} sju^{2} zjɨr^{1} bju^{1} la^{1} njwi^{2} rjur^{1} do^{2}
所 乐 随， 如 实 依 记 能， 诸 异
复次，于三种处，唯诸圣者，随其所乐，能如实记，非诸异

88.75 [illegible]

we̱^{1} nja̱^{2} mjɨ^1 do^2 mji^1 tja^1 mji^1 wjij^1 thjɨ^2 tja^1 rjur^1

生 非， 他 处 闻 者 不 有。 此 者 诸

[illegible]

dźjɨ kha^1 ŋa^2 ŋa^2 ·jij^1 ljij^2 ŋwu^2 ŋa^2 tja^1 zjɨr^1

行 中 我、 我 之 见 是， 我 者 实

生，除从他闻。谓诸行中我、我所见，我

88.76 [illegible]

bju^1 nja̱^{2} tjij^1 thja^1 bju^1 gji̱^{2} ŋwu^2 ŋa^2 khwe̱j^1 lej^2 śjwo^1

如 非， 若 彼 依 止 以， 我 慢 转 起。

[illegible]

thja^1 kjɨ^1 ·a phja^1 thjɨ^2 ŋa^2 khwe̱j^1 ŋowr^2 ŋowr^2 mjij^2

彼 虽 已 断， 此 我 慢 一 切 未

非如实，若彼为依，有我慢转。彼虽已断，而此我慢一切未

88.77 [illegible]

phja^1 tjij^1 śjwo^1 bju^1 mjij^1 tsjɨ^1 ŋa^2 khwe̱j^1 mji^1 phja^1 śji^1

断， 若 起 依 无， 亦 我 慢 不 断， 前

[illegible]

sju^2 mjor^1 sjwij^1 tja^1 thjɨ^2 kha^1 njɨ̱^{1} mə^2 ŋa^2 khwe̱j^1

如 现 行 者。 此 中 二 种 我 慢

断，若无起依，我慢不断，如前现行[1]。当知此中二种我慢：

88.78 [illegible]

dju^1 nwə^1 lew^2 lew^1 rjur^1 dźjɨ kha^1 zow^2 zji̱j^1 mjor^1 sjwij^1

有 知 当： 一、 诸 行 中 执 着 现 行，

[illegible]

njɨ̱^{1} lə phjɨ^1 thja^1 śjij^1 mjor^1 sjwij^1 thjɨ^2 kha^1 zow^2

二、 念 失 自 然 现 行。 此 中 执

一、于诸行执着现行；二、由失念率尔现行。此中执

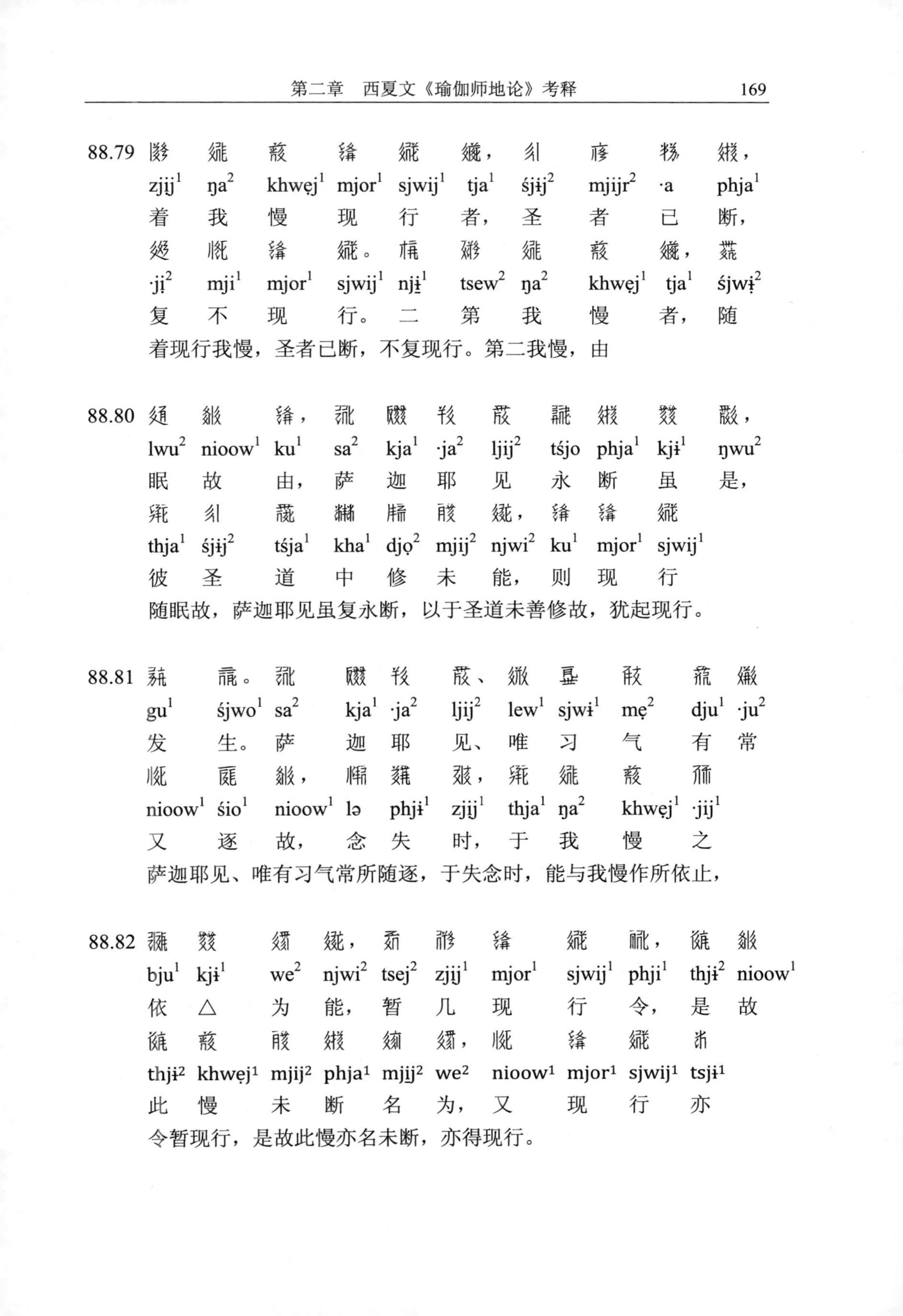

88.79 zjịj^{1} ŋa^{2} khwẹj^{1} mjor^{1} sjwij^{1} tja^{1} śjɨj^{2} mjijr^{2} ·a phja^{1}

着 我 慢 现 行 者， 圣 者 已 断，

·jị^{2} mji^{1} mjor^{1} sjwij^{1} njɨ̱^{1} tsew^{2} ŋa^{2} khwẹj^{1} tja^{1} śjwɨ̣^{2}

复 不 现 行。 二 第 我 慢 者， 随

着现行我慢，圣者已断，不复现行。第二我慢，由

88.80 lwu^{2} nioow^{1} ku^{1} sa^{2} kja^{1} ·ja^{2} ljij^{2} tśjo phja^{1} kjɨ^{1} ŋwu^{2}

眠 故 由， 萨 迦 耶 见 永 断 虽 是，

thja^{1} śjɨj^{2} tśja^{1} kha^{1} djọ^{2} mjij^{2} njwi^{2} ku^{1} mjor^{1} sjwij^{1}

彼 圣 道 中 修 未 能， 则 现 行

随眠故，萨迦耶见虽复永断，以于圣道未善修故，犹起现行。

88.81 gu^{1} śjwo^{1} sa^{2} kja^{1} ·ja^{2} ljij^{2} lew^{1} sjwɨ^{1} mẹ^{2} dju^{1} ·ju^{2}

发 生。 萨 迦 耶 见、 唯 习 气 有 常

nioow^{1} śio^{1} nioow^{1} lə phjɨ^{1} zjij^{1} thja^{1} ŋa^{2} khwẹj^{1} ·jij^{1}

又 逐 故， 念 失 时， 于 我 慢 之

萨迦耶见、唯有习气常所随逐，于失念时，能与我慢作所依止，

88.82 bju^{1} kjɨ^{1} we^{2} njwi^{2} tsej^{2} zjij^{1} mjor^{1} sjwij^{1} phji^{1} thjɨ^{2} nioow^{1}

依 △ 为 能， 暂 几 现 行 令， 是 故

thjɨ^{2} khwẹj^{1} mjij^{2} phja^{1} mjij^{2} we^{2} nioow^{1} mjor^{1} sjwij^{1} tsjɨ^{1}

此 慢 未 断 名 为， 又 现 行 亦

令暂现行，是故此慢亦名未断，亦得现行。

88.83 [illegible]
rjir¹ nioow¹ rjur¹ śjɨj² mjijr² tjij¹ rjur¹ dźjɨ kha¹ ·jij¹
得。 又 诸 圣 者， 若 诸 行 中 自
[illegible]
·jij¹ sjwɨ¹ lə tsjɨ¹ thja¹ ŋa² khwẹj¹ ·jij¹ ·jị² mjor¹
相 思 维， 尚 彼 我 慢 之 复 现
又诸圣者，若于诸行思维自相，尚令我慢不复现

88.84 [illegible]
sjwij¹ phji¹ nioow¹ gu² ·jij¹ bio̱¹ tja¹ ·jɨ² lew² wa²
行 令， 况 共 相 观 者 谓 应 何
[illegible]
·o¹ mji¹ tjij¹ [dź?] tsji̱r¹ kha¹ phji¹ ·wji¹ sjwɨ¹ lə
有 闻。 若 假 法 中 意 作 思 维，
行，况观共相。若于假法作意思维，

88.85 [illegible]
tśhja² lə dźji̱¹ ku¹ thja¹ ŋa² khwẹj¹ ·jij¹ mji¹ mjor¹
正 念 住， 则 彼 我 慢 之 不 现
[illegible]
sjwij¹ phji¹ njwi² tjij¹ [dź?] tsji̱r¹ kha¹ phji¹ ·wji¹ sjwɨ¹
行 令 能； 若 假 法 中 意 作 思
住正念者，亦令我慢不得现行；若于假法作意思

88.86 [illegible]
lə tśhja² lə mji¹ dźjij¹ ku¹ tśhjɨ¹ zjij¹ ŋa² khwẹj¹
惟， 正 念 不 住， 则 尔 时 我 慢，
[illegible]
tsej² zjij¹ mjor¹ sjwij¹ rjir¹ tjij¹ rjur¹ do² we̱¹ thja¹
暂 几 现 行 得。 若 诸 异 生， 彼
思维，不住正念，尔时我慢，暂得现行。若诸异生，

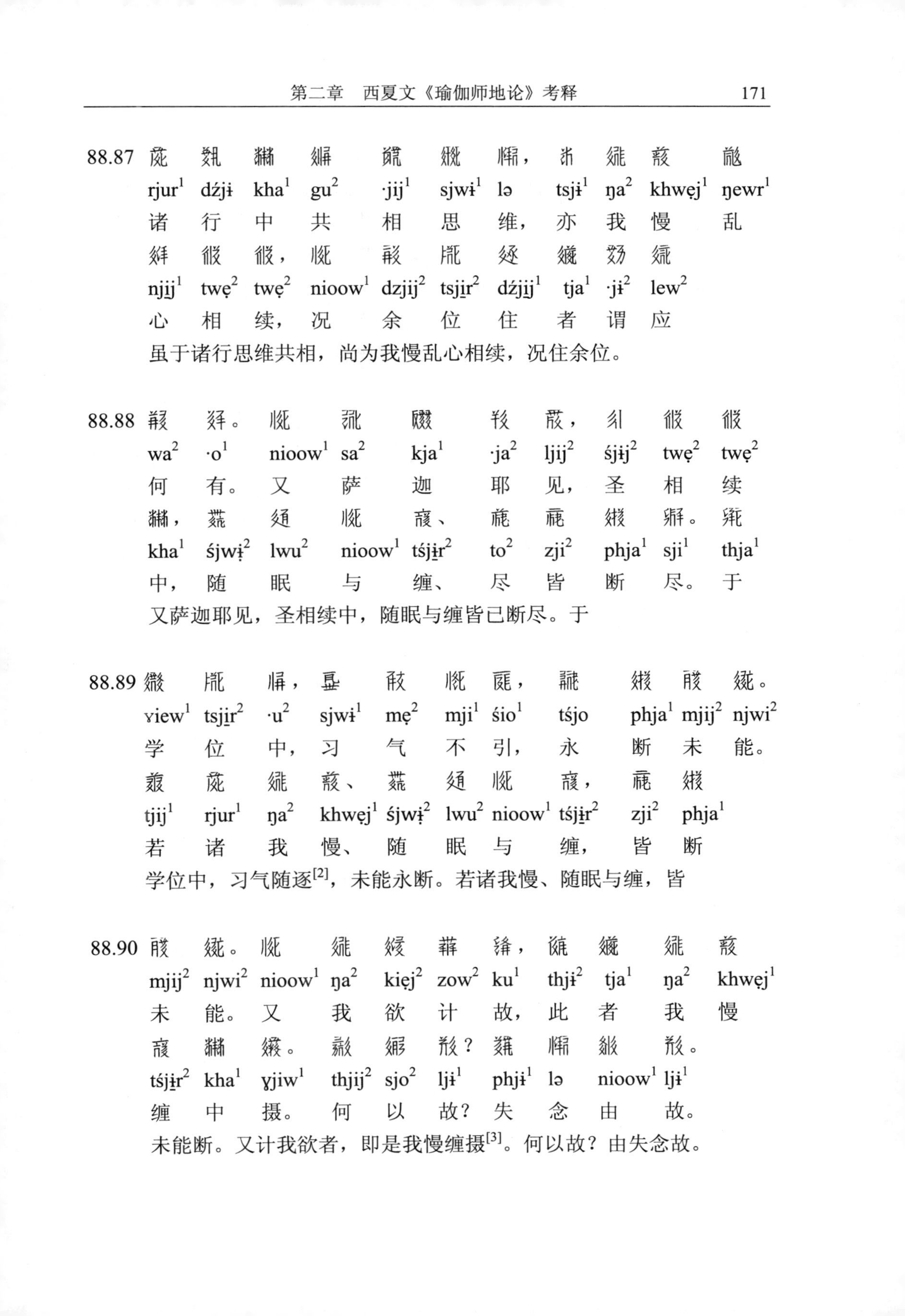

88.87
rjur^{1} dźjɨ kha^{1} gu^{2} ·jij^{1} sjwɨ^{1} lə tsjɨ^{1} ŋa^{2} khwẹj^{1} ŋewr^{1}
诸 行 中 共 相 思 维， 亦 我 慢 乱
njij^{1} twẹ^{2} twẹ^{2} nioow^{1} dzjij^{2} tsjɨ̠r^{2} dźjij^{1} tja^{1} ·jɨ^{2} lew^{2}
心 相 续， 况 余 位 住 者 谓 应
虽于诸行思维共相，尚为我慢乱心相续，况住余位。

88.88
wa^{2} ·o^{1} nioow^{1} sa^{2} kja^{1} ·ja^{2} ljij^{2} śjɨj^{2} twẹ^{2} twẹ^{2}
何 有。 又 萨 迦 耶 见， 圣 相 续
kha^{1} śjwɨ̣^{2} lwu^{2} nioow^{1} tśjɨ̠r^{2} to^{2} zji^{2} phja^{1} sji^{1} thja^{1}
中， 随 眠 与 缠、 尽 皆 断 尽。 于
又萨迦耶见，圣相续中，随眠与缠皆已断尽。于

88.89
ɣiew^{1} tsjɨ̠r^{2} ·u^{2} sjwɨ^{1} mẹ^{2} mji^{1} śio^{1} tśjo phja^{1} mjij^{2} njwi^{2}
学 位 中， 习 气 不 引， 永 断 未 能。
tjij^{1} rjur^{1} ŋa^{2} khwẹj^{1} śjwɨ̣^{2} lwu^{2} nioow^{1} tśjɨ̠r^{2} zji^{2} phja^{1}
若 诸 我 慢、 随 眠 与 缠， 皆 断
学位中，习气随逐[2]，未能永断。若诸我慢、随眠与缠，皆

88.90
mjij^{2} njwi^{2} nioow^{1} ŋa^{2} kiẹj^{2} zow^{2} ku^{1} thjɨ^{2} tja^{1} ŋa^{2} khwẹj^{1}
未 能。 又 我 欲 计 故， 此 者 我 慢
tśjɨ̠r^{2} kha^{1} ɣjiw^{1} thjij^{2} sjo^{2} ljɨ^{1} phjɨ^{1} lə nioow^{1} ljɨ^{1}
缠 中 摄。 何 以 故？ 失 念 由 故。
未能断。又计我欲者，即是我慢缠摄[3]。何以故？由失念故。

88.91 [illegible]

kięj2 kha1 djɨj2 kha1 rjur1 dzu1 wji̯1 ·jij1 dźjwow1 dji̯1 lew2

欲 于、定 于，诸 爱 味 之 漂 沦 所

[illegible]

we2 tja1 thjɨ2 kięj2 ɣa1 bju1 rjur1 ŋa2 khwęj1 tśjɨ̱r2

为 者，此 欲 门 依，诸 我 慢 缠

于欲、于定，为诸爱味所漂沦者，依此欲门，诸我慢缠

88.92 [illegible]

śjwɨ1 śjwɨ1 mjor1 śjwo1 mjij2 phja1 ·jɨ2 tja1 śjwi̯2 lwu2 nioow1

数 数 现 起。未 断 谓 者，随 眠 由

[illegible]

ljɨ1 mjij2 njɨ2 nwə1 tja1 thja1 tśjɨ̱r2 nioow1 ljɨ1 thja1 tśhjɨ1

故。未 遍 知 者，彼 缠 由 故，彼 尔

数数现起。言未断者，由随眠故。未遍知者，由彼缠故，彼于尔

88.93 [illegible]

dzjɨj1 phjɨ1 lə dju1 ljɨ1 mjij2 dzjar2 ·jɨ2 tja1 thjɨ2 tśjɨ̱r2

时 失 念 有 故。未 灭 言 者，此 缠

[illegible]

kha1 tsej2 zjij1 khwa1 ka2 kjɨ1 rjir1 tśhjɨ2 rjar2 mjor1 sjwij1

中 暂 几 远 离 虽 得，立 即 现 行。

时有忘念故。言未灭者，虽于此缠暂得远离，立即现行[4]。

88.94 [illegible]

mjij2 wja1 ·jɨ2 tja1 thja1 śjwi̯2 lwu2 ·jij1 tśjo mjij2 thu1 ljɨ1

未 吐 言 者，彼 随 眠 之 永 未 拔 故。

言未吐者，由彼随眠未永拔故。

校注：

[1] 如前现行，即西夏文“[illegible]”，汉文本作“如故现行”。

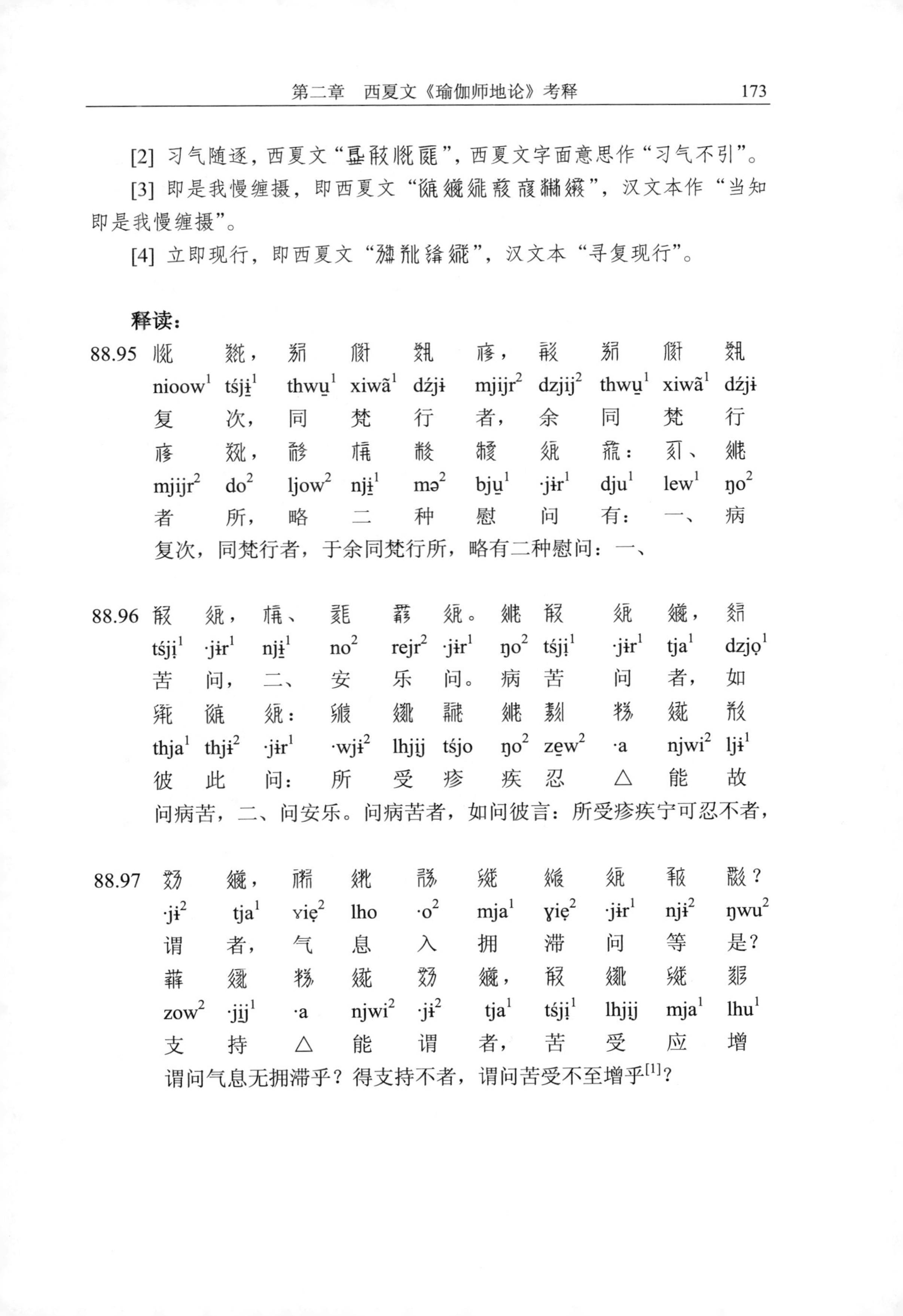

[2] 习气随逐，西夏文“□□□□”，西夏文字面意思作“习气不引”。

[3] 即是我慢缠摄，即西夏文“□□□□□□□”，汉文本作“当知即是我慢缠摄”。

[4] 立即现行，即西夏文“□□□□”，汉文本“寻复现行”。

释读：

88.95 □ □， □ □ □ □， □ □ □ □
nioow^{1} tśjɨ̱^{1} thwu̱^{1} xiwã^{1} dźjɨ mjijr^{2} dzjij^{2} thwu̱^{1} xiwã^{1} dźjɨ
复 次， 同 梵 行 者， 余 同 梵 行
□ □， □ □ □ □ □ □： □、 □
mjijr^{2} do^{2} ljow^{2} njɨ̱^{1} mə^{2} bju̱^{1} ·jɨr^{1} dju^{1} lew^{1} ŋo^{2}
者 所， 略 二 种 慰 问 有： 一、 病
复次，同梵行者，于余同梵行所，略有二种慰问：一、

88.96 □ □， □、 □ □ □。 □ □ □ □， □
tśjị^{1} ·jɨr^{1} njɨ̱^{1} no^{2} rejr^{2} ·jɨr^{1} ŋo^{2} tśjị^{1} ·jɨr^{1} tja^{1} dzjọ^{1}
苦 问， 二、 安 乐 问。 病 苦 问 者， 如
□ □ □： □ □ □ □ □ □ □ □
thja^{1} thjɨ^{2} ·jɨr^{1} ·wjɨ^{2} lhjịj tśjo ŋo^{2} ze̱w^{2} ·a njwi^{2} ljɨ^{1}
彼 此 问： 所 受 疹 疾 忍 △ 能 故
问病苦，二、问安乐。问病苦者，如问彼言：所受疹疾宁可忍不者，

88.97 □ □， □ □ □ □ □ □ □ □？
·jɨ^{2} tja^{1} ɣię̣^{2} lho ·o^{2} mja^{1} ɣię̣^{2} ·jɨr^{1} njɨ^{2} ŋwu^{2}
谓 者， 气 息 入 拥 滞 问 等 是？
□ □ □ □ □ □， □ □ □ □
zow^{2} ·jịj^{1} ·a njwi^{2} ·jɨ^{2} tja^{1} tśjị^{1} lhjịj mja^{1} lhu^{1}
支 持 △ 能 谓 者， 苦 受 应 增
谓问气息无拥滞乎？得支持不者，谓问苦受不至增乎[1]？

88.98 [illegible]
ljij^{1} ljɨ^{1} mja^{1} mji^{1} bja^{2} ljɨ^{1} mji^{1} dzu^{1} ljij^{1} mja^{1} ljij^{1}
上 故？ 应 无 间 故？ 不 爱 触 应 触
[illegible]
ljɨ^{1} mja^{1} ljwu^{1} nu^{1} ljɨ^{1} ljụ^{2} mja^{1} thja^{1} zjị^{1} thja^{1}
乎？ 应 违 虑 乎？ 身 应 彼 笮 彼
非无间乎？非不爱触之所触乎？非违虑乎？非笮身乎？

88.99 [illegible]
kjɨ^{1} thja^{1} zjị^{1} ŋwər^{2} tjij^{1} ·a rjir^{1} ·jɨr^{1} njɨ^{2} ŋwu^{2} no^{2}
△？ 彼 笮 释 除 已 得 问 等 乎？ 安
[illegible]
rejr^{2} ·jɨr^{1} tja^{1} tjɨ^{1} tjij^{1} dzjwo^{2} gjɨ^{2} thjɨ^{2} sju^{2} bju^{1}
乐 问 者， 倘 若 人 一 是 如 随
或被笮者得除释乎？问安乐者，谓如一人[2]随所

88.100 [illegible]
·jɨr^{1} ŋo^{2} ·a zjɨ̱r^{1} ·jɨ^{2} tja^{1} thjɨ^{2} tśjo ŋo^{2} ljij^{1} zjị^{1}
问： 病 △ 少 谓 者， 此 永 婴 疹 恼
[illegible]
mja^{1} dju^{1} ·jij^{1} ·jɨr^{1} zjị^{1} ·a zjɨ̱r^{1} ·jɨ^{2} tja^{1} thjɨ^{2} djɨr^{2}
应 有 之 问？ 恼 △ 少 谓 者， 此 外
问言：少病不者，此问不为婴疹恼耶？少恼不者，此

88.101 [illegible]
rjur^{1} xọ^{2} ŋjir^{1} mja^{1} tha njij^{2} ·jij^{1} lew^{2} dzuu^{2} wor^{1}
诸 灾 横 应 侵 逼 之 所？ 居 起
[illegible]
·a ·jij^{1} ·jɨ^{2} tja^{1} thjɨ^{2} gjɨ^{2} me^{2} no^{2} rejr^{2} ·a
轻 利 谓 者， 此 夜 寐 安 乐 △
问不为外诸灾横所侵逼耶？起居轻利不者，此问夜寐得安乐

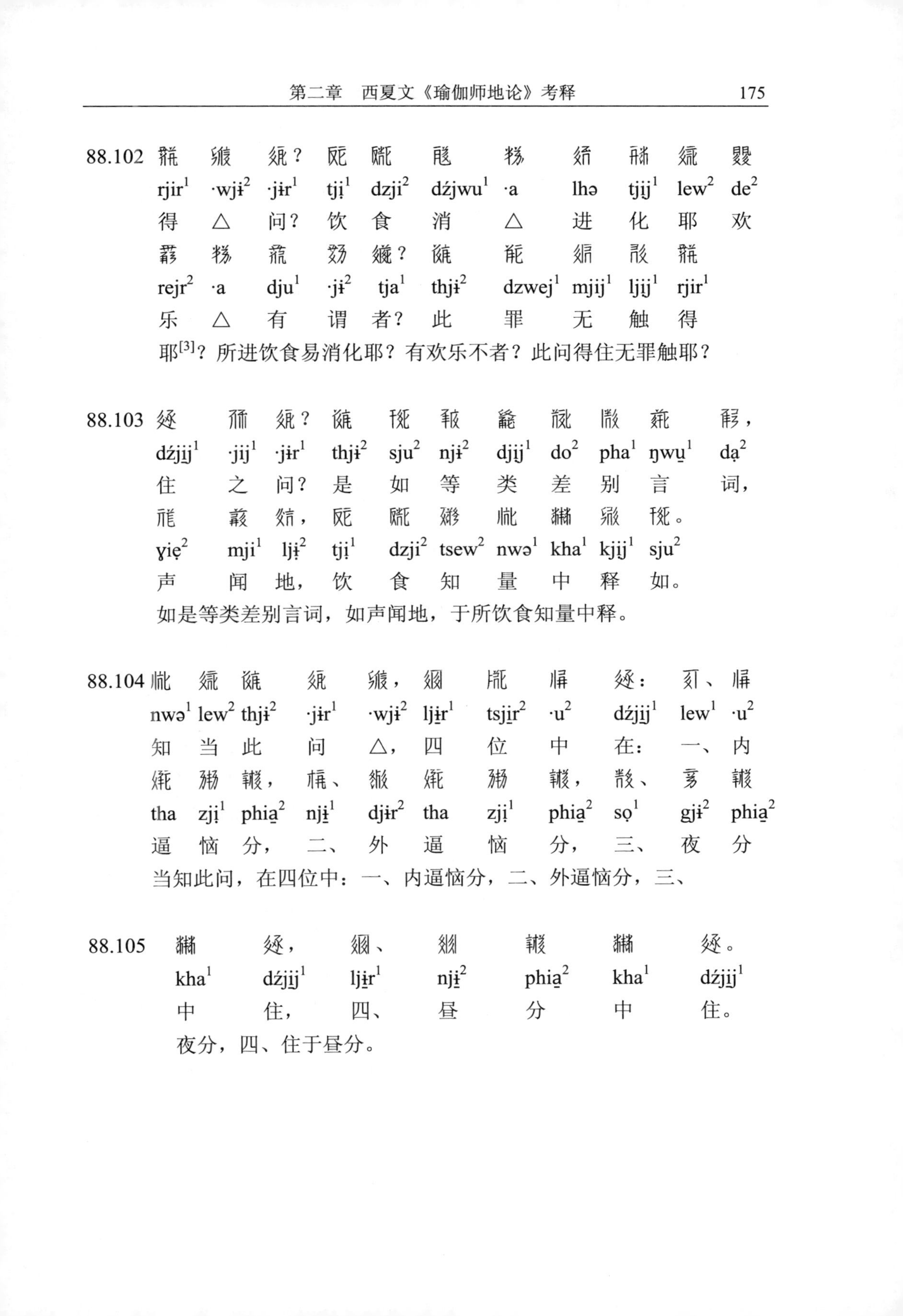

88.102 [illegible]

rjir^{1} ·wjɨ^{2} ·jɨr^{1} tjị^{1} dzji^{2} dźjwu^{1} ·a lhə tjij^{1} lew^{2} de^{2}

得 △ 问？饮 食 消 △ 进 化 耶 欢

[illegible]

rejr^{2} ·a dju^{1} ·jɨ^{2} tja^{1} thjɨ^{2} dzwej^{1} mjij^{1} ljij^{1} rjir^{1}

乐 △ 有 谓 者？此 罪 无 触 得

耶[3]？所进饮食易消化耶？有欢乐不者？此问得住无罪触耶？

88.103 [illegible]

dźjij^{1} ·jij^{1} ·jɨr^{1} thjɨ^{2} sju^{2} njɨ^{2} djij^{1} do^{2} pha^{1} ŋwu̱^{1} dạ^{2}

住 之 问？是 如 等 类 差 别 言 词，

[illegible]

ɣiẹ^{2} mji^{1} ljɨ̣^{2} tjị^{1} dzji^{2} tsew^{2} nwə^{1} kha^{1} kjij^{1} sju^{2}

声 闻 地，饮 食 知 量 中 释 如。

如是等类差别言词，如声闻地，于所饮食知量中释。

88.104 [illegible]

nwə^{1} lew^{2} thjɨ^{2} ·jɨr^{1} ·wjɨ^{2} ljɨ̣r^{1} tsji̱r^{2} ·u^{2} dźjij^{1} lew^{1} ·u^{2}

知 当 此 问 △，四 位 中 在：一、内

[illegible]

tha zjị^{1} phia̱^{2} njɨ̣^{1} djɨr^{2} tha zjị^{1} phia̱^{2} sọ^{1} gjɨ^{2} phia̱^{2}

逼 恼 分，二、外 逼 恼 分，三、夜 分

当知此问，在四位中：一、内逼恼分，二、外逼恼分，三、

88.105 [illegible]

kha^{1} dźjij^{1} ljɨ̣r^{1} njɨ̱^{2} phia̱^{2} kha^{1} dźjij^{1}

中 住，四、昼 分 中 住。

夜分，四、住于昼分。

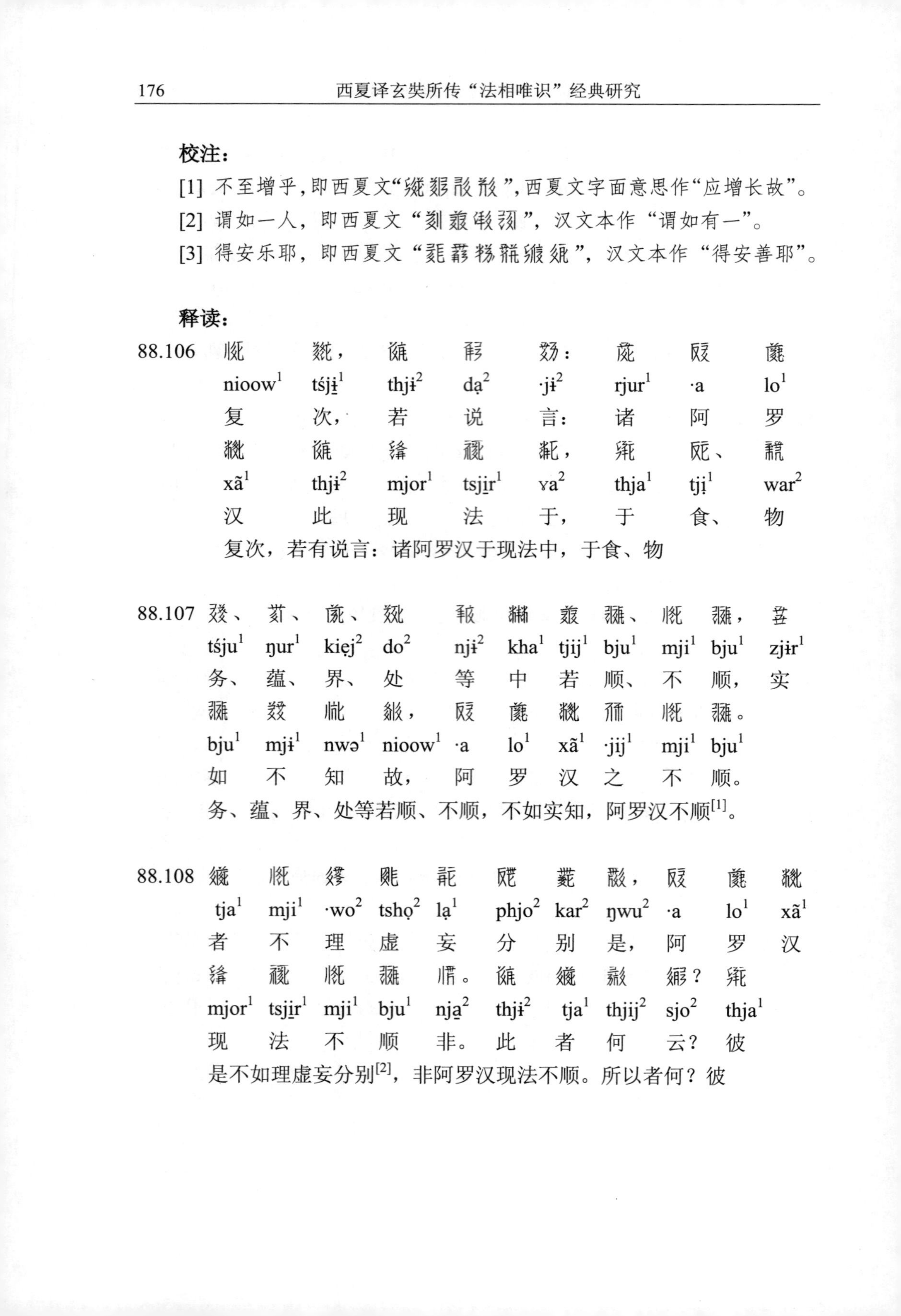

校注：

[1] 不至增乎，即西夏文“[illegible]”，西夏文字面意思作“应增长故”。

[2] 谓如一人，即西夏文“[illegible]”，汉文本作“谓如有一”。

[3] 得安乐耶，即西夏文“[illegible]”，汉文本作“得安善耶”。

释读：

88.106 [illegible]

nioow1 tśjɨ̱1 thjɨ2 dạ2 ·jɨ2 rjur1 ·a lo1

复 次， 若 说 言： 诸 阿 罗

[illegible]

xã1 thjɨ2 mjor1 tsjɨ̱r1 ɣa2 thja1 tjị1 war2

汉 此 现 法 于， 于 食、 物

复次，若有说言：诸阿罗汉于现法中，于食、物

88.107 [illegible]

tśju1 ŋur1 kiẹj2 do2 njɨ2 kha1 tjij1 bju1 mji1 bju1 zjɨr1

务、 蕴、 界、 处 等 中 若 顺、 不 顺， 实

[illegible]

bju1 mjɨ1 nwə1 nioow1 ·a lo1 xã1 ·jij1 mji1 bju1

如 不 知 故， 阿 罗 汉 之 不 顺。

务、蕴、界、处等若顺、不顺，不如实知，阿罗汉不顺[1]。

88.108 [illegible]

tja1 mji1 ·wo2 tshọ2 lạ1 phjo2 kar2 ŋwu2 ·a lo1 xã1

者 不 理 虚 妄 分 别 是， 阿 罗 汉

[illegible]

mjor1 tsjɨ̱r1 mji1 bju1 nja̱2 thjɨ2 tja1 thjij2 sjo2 thja1

现 法 不 顺 非。 此 者 何 云？ 彼

是不如理虚妄分别[2]，非阿罗汉现法不顺。所以者何？彼

88.109 [illegible]

tjị^{1} war^{2} tśju^{1} ŋur^{1} kięj^{2} njɨ^{2} do^{2} kha^{1} mjor^{1} ljij^{2} tjị^{2}

食、 物 务、 蕴、 界、 处 等 中 现 见 可

[illegible]

·wjij^{2} thjɨ^{2} ·jiw^{1} nioow^{1} bju^{1} rjur^{1} ·a lo^{1} xã^{1} ·wjɨ^{2}

有。 此 因 缘 由， 诸 阿 罗 汉 △

于食、物务、蕴、界、处等现可见故。由此因缘，诸阿罗汉

88.110 [illegible]

dzjar^{2} nioow^{1} ljijr^{2} rjur^{1} dźjɨ rjir^{2} mji^{1} bju^{1} zow^{2} zjịj^{1} mji^{1}

灭 后 方， 诸 行 与 不 顺， 执 着 不

[illegible]

tsjij^{2} thjɨ^{2} nioow^{1} rjur^{1} pjụ^{1} ·a lo^{1} xã^{1} ·jij^{1} mji^{1}

了。 是 故 世 尊： 阿 罗 汉 之 不

于其灭后，不顺诸行，不了执着。是故世尊言：阿罗汉是不

88.111 [illegible]

bju^{1} ·jɨ^{2} tja^{1} kjɨ^{1} djịj^{2} dwu̱^{2} dạ^{2} ŋwu^{2} thjɨ^{2} tja^{1} swu^{2}

顺 谓 者， 必 定 密 语 是。 此 者 似

[illegible]

tśhja^{2} tsji̱r^{1} ljij^{2} ŋwu^{2} nwə^{1} lew^{2} nji̱^{1} mə^{2} ·wo^{2} ɣwie^{1}

正 法 见 是 知 当， 二 种 义、 势

顺者，定是密语。当知此是似正法见，由二种义、势

88.112 [illegible]

ɣie^{1} nioow^{1} we^{2} bju^{1} rjur^{1} thwu̱^{1} xiwã^{1} dźjɨ tjij^{1} ljij^{2}

力 缘 为 由， 诸 同 梵 行， 或 大

[illegible]

ɣię^{2} mji^{1} thjɨ^{2} sju^{2} swu^{2} tśhja^{2} tsji̱r^{1} ljij^{2} gu^{1} śjwo^{1}

声 闻， 如 是 似 正 法 见 发 生

力为缘，诸同梵行，或大声闻，为欲断灭如是所生似正法见，

88.113 [Tangut script]

·jij^{1} phja^{1} dzjar^{2} kię̣j^{2} ku^{1} thjij^{2} kjir^{2} rjijr^{2} ·io̱w^{1} ŋwu^{2}

之 断 灭 欲，则 何 敢 功 用 是，

[Tangut script]

thja^{1} dzjwo^{2} tśhio̱w^{1} ·jij^{1} tshjij^{1} tśhio̱w^{1} mjɨ^{1} ·jij^{1} nej^{2}

彼 人 或 自 说、或 他 之 示、

何敢功用[3]，彼人或自说[4]、或示于他、

88.114 [Tangut script]

thjɨ^{2} ·jiw^{1} nioow^{1} bju^{1} zji^{2} bji^{2} tshwew^{1} kha^{1} nioow^{1} ljɨ^{1}

是 因 缘 由 极 下 趣 中 及 堕

phji^{1} tśhio̱w^{1} mjor^{1} ljij^{2} śjɨj^{2} tsji̱r^{1} dzu^{1} dzjwɨ̣^{1} nioow^{1} ku^{1}

令。或 如 来 圣 教 爱 敬 由，则

由是因缘堕极下趣。或由爱敬如来圣教，

88.115 [Tangut script]

thjɨ^{2} sju^{2} swu^{2} tśhja^{2} tsji̱r^{1} ljij^{2} nioow^{1} tha^{1} śjɨj^{2} tsji̱r^{1} ·jij^{1}

是 如 似 正 法 见 因，佛 圣 教 之

[Tangut script]

tśhjɨ^{2} rjar^{2} mji^{1} lha^{1} ljij^{2} phji^{1} nioow^{1} njɨ̱^{1} mə^{2} ·jiw^{1} bju^{1}

立 即 不 灭 隐 令。复 二 种 因 依，

如是似正法见[5]，令佛圣教速疾隐灭。复有二因，

88.116 [Tangut script]

thjɨ^{2} sju^{2} swu^{2} tśhja^{2} tsji̱r^{1} ljij^{2} śjwo^{1} njwi^{2} lew^{1} tja^{1} ·u^{2}

是 如 似 正 法 见 生 能：一 者、内

[Tangut script]

sa^{2} kja^{1} ·ja^{2} ljij^{2} tśjo phja^{1} mjɨ^{1} njwi^{2} njɨ̱^{1} tja^{1}

萨 迦 耶 见 永 断 未 能。二 者、

能生如是似正法见。一者、于内萨迦耶见未能永断。二者、

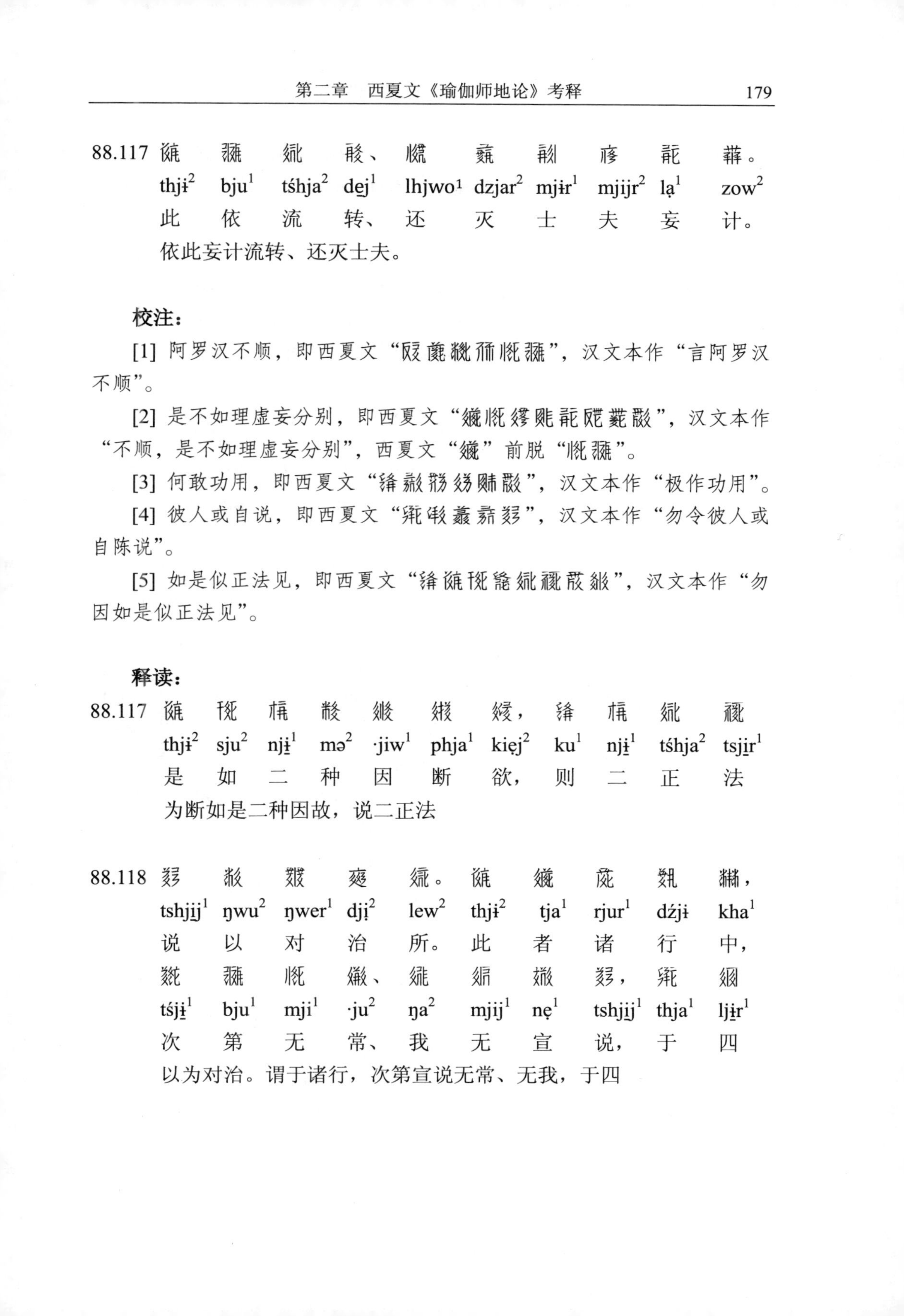

88.117 [illegible]
thjɨ^{2} bju^{1} tśhja^{2} dẹj^{1} lhjwo^{1} dzjar^{2} mjɨr^{1} mjijr^{2} lạ^{1} zow^{2}
此 依 流 转、还 灭 士 夫 妄 计。
依此妄计流转、还灭士夫。

校注：

[1] 阿罗汉不顺，即西夏文“[illegible]”，汉文本作“言阿罗汉不顺”。

[2] 是不如理虚妄分别，即西夏文“[illegible]”，汉文本作“不顺，是不如理虚妄分别”，西夏文“[illegible]”前脱“[illegible]”。

[3] 何敢功用，即西夏文“[illegible]”，汉文本作“极作功用”。

[4] 彼人或自说，即西夏文“[illegible]”，汉文本作“勿令彼人或自陈说”。

[5] 如是似正法见，即西夏文“[illegible]”，汉文本作“勿因如是似正法见”。

释读：

88.117 [illegible]
thjɨ^{2} sju^{2} njɨ̱^{1} mə^{2} ·jiw^{1} phja^{1} kięj^{2} ku^{1} njɨ̱^{1} tśhja^{2} tsjɨ̱r^{1}
是 如 二 种 因 断 欲，则 二 正 法
为断如是二种因故，说二正法

88.118 [illegible]
tshjịj^{1} ŋwu^{2} ŋwer^{1} djị^{2} lew^{2} thjɨ^{2} tja^{1} rjur^{1} dźjɨ kha^{1}
说 以 对 治 所。此 者 诸 行 中，
[illegible]
tśjɨ̱^{1} bju^{1} mji^{1} ·ju^{2} ŋa^{2} mjij^{1} nẹ^{1} tshjịj^{1} thja^{1} ljɨ̱r^{1}
次 第 无 常、我 无 宣 说，于 四
以为对治。谓于诸行，次第宣说无常、无我，于四

88.119 [西夏文]
kju^1 kha^1 tśhja^2 de̱j^1 lhjwo^1 dzjar^2 mjɨr^1 mjijr^2 tjo̱^{1} ·ju^2
句 中， 流 转、 还 灭 士 夫 推 求，
[西夏文]
zji^2 rjir^1 tjɨ̣^{2} mjij^1 tśhio̱w^1 dźiəj^2 lhe̱w^2 bju^1 tśhio̱w^1 dźiəj^2
都 得 可 不。 或 有 为 依， 或 为
句中，推求流转、还灭士夫，都不可得。谓依有为，或

88.120 [西夏文]
mə̣^{1} bju^1 ɣiẹ^2 mji^1 tjij^1 dwewr^2 tha^1 rjur^1 pjụ^1 ·jij^1 ŋa^2
无 依， 声 闻、 独 觉、 佛 世 尊 之 我，
[西夏文]
mjor^1 ljij^2 ·jɨ^2 ŋa^2 thjɨ^2 ŋa^2 njɨ̱^{1} mə^2 bju^1 [dź?]
如 来 名 我。 此 我， 二 种 依 假
依无为，声闻、独觉、佛世尊我，说名如来。此我[1]、二种假立：

88.121 [西夏文]
thu^1 phjij^1 gjij^2 bju^1 dju^1 kha^1 dźiəj^2 lhe̱w^2 [dź?]
设 立： 余 依 有 中， 为 有 假
[西夏文]①；[西夏文]
thu^1 gjij^2 bju^1 mjij^1 kha^1 dźiəj^2 mə̣^{1} [dź?] thu^1
立； 余 依 无 中， 为 无 假 立。
有余依中，假立有为；无余依中，假立无为。

88.122 [西夏文]
tjij^1 bu̱^{2} ·wo^2 bju^1 dźiəj^2 lhe̱w^2 nja̱^{2} dźiəj^2 mə̣^{1} nja̱^{2} nioow^1
若 胜 义 依； 为 有 非， 为 无 非； 亦
[西夏文]
dźiəj^2 mə̣^{1} nja̱^{2} dźiəj^2 lhe̱w^2 nja̱^{2} thjɨ^2 sju^2 tśhja^2 tsjɨ̱r^1
为 无 非， 为 有 非。 是 如 正 法
若依胜义；非有为，非无为；亦非无为，非有为。由说如是正法

① 西夏文此处衍“[西夏文]”字故删。

88.123 [illegible]
tshjij1 nioow1 ku1 tśhjiw1 mə2 ·jij1 kha1 dwewr2 tsjij2 śjwo1 zjij1
说 故， 则 六 种 相 中 觉 悟 生 时，
[illegible]
swu2 tśhja2 tsji̱r1 ljij2 tśjo phja1 nwə1 lew2 thjɨ2 tja1
似 正 法 见 永 断 知 当。 此 者
教故，于六种相觉悟生时，当知永断似正法见。谓

88.124 [illegible]
·a lo1 xã1 ɣjiw1 lew2 dzjar2 ljij2 tsji̱r1 bju1 mji1 ·ju2
阿 罗 汉、摄 所 灭 坏 法 依， 无 常
[illegible]
dwewr2 tsjij2 mjor1 tsji̱r1 kha1 nar2 ŋo2 njɨ2 ·ji1 tśjị1
觉 悟； 现 法 中 老 病 等 众 苦
阿罗汉、于依所摄灭坏法故，觉悟无常；于现法中为老病等众苦

88.125 [illegible]
gju2 kha1 tśjị1 ŋwu2 dwewr2 tsjij2 thja1 śjij1 dzjar2 phja1 kięj2
器 中， 苦 是 觉 悟； 任 运 灭、 断 界
[illegible]
ka2 kięj2 nioow1 dzjar2 kięj2 kha1 dzjar2 mjij1 sej1 gji1
离 界、 及 灭 界 中， 灭 寂 静 清
器故，觉悟是苦；于任运灭、断界、离界、及与灭界，觉悟为灭、寂静、清

88.126 [illegible]
śju̱1 nioow1 tśjo bu1 dwewr2 tsjij2 tjij1 thjɨ2 sju2 tśhja2 dwewr2
凉 及 永 没 觉 悟。 若 是 如 正 觉
[illegible]
tsjij2 ŋowr2 ku1 ·a lo1 xã1 ŋwu2 dow1 bu̱2 gjij1
悟 具， 则 阿 罗 汉 是 邪 增 上
凉、及与永没。若具如是正觉悟者，是阿罗汉邪增上

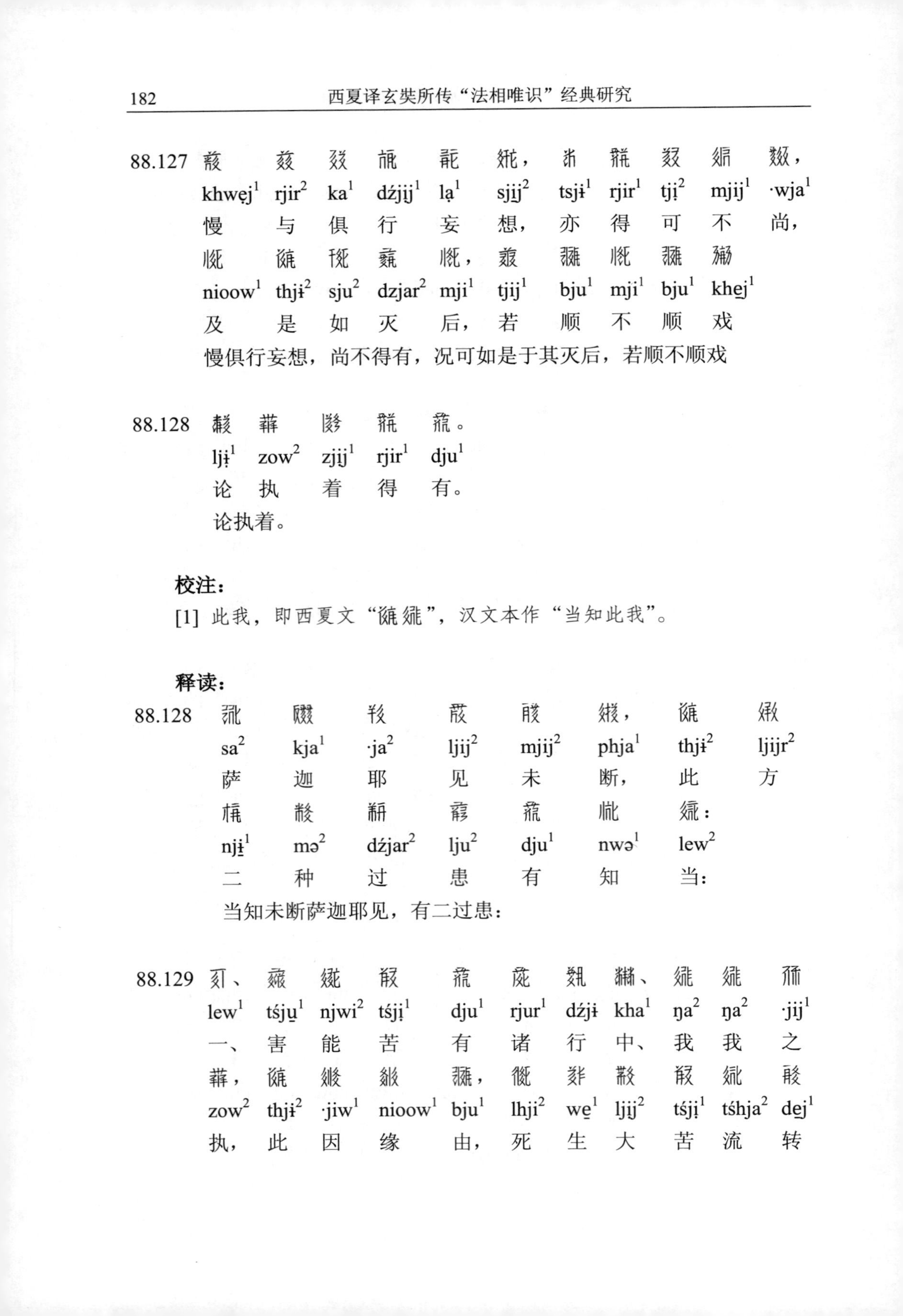

88.127 [illegible]
khwẹj^1 rjir^2 ka^1 dźjịj^1 lạ^1 sjịj^2 tsjɨ^1 rjir^1 tjị^2 mjij^1 ·wja^1
慢 与 俱 行 妄 想， 亦 得 可 不 尚，
[illegible]
nioow^1 thjɨ^2 sju^2 dzjar^2 mji^1 tjij^1 bju^1 mji^1 bju^1 khej^1
及 是 如 灭 后， 若 顺 不 顺 戏
慢俱行妄想，尚不得有，况可如是于其灭后，若顺不顺戏

88.128 [illegible]
ljị^1 zow^2 zjịj^1 rjir^1 dju^1
论 执 着 得 有。
论执着。

校注：

[1] 此我，即西夏文“[illegible]”，汉文本作“当知此我”。

释读：

88.128 [illegible]
sa^2 kja^1 ·ja^2 ljij^2 mjij^2 phja^1 thjɨ^2 ljijr^2
萨 迦 耶 见 未 断， 此 方
[illegible]
njɨ̱^{1} mə^2 dźjar^2 lju^2 dju^1 nwə^1 lew^2
二 种 过 患 有 知 当：
当知未断萨迦耶见，有二过患：

88.129 [illegible]
lew^1 tśju̱^{1} njwi^2 tśjị^1 dju^1 rjur^1 dźjɨ kha^1 ŋa^2 ŋa^2 ·jij^1
一、 害 能 苦 有 诸 行 中、 我 我 之
[illegible]
zow^2 thjɨ^2 ·jiw^1 nioow^1 bju^1 lhji^2 we̱^{1} ljij^2 tśjị^1 tśhja^2 de̱j^1
执， 此 因 缘 由， 死 生 大 苦 流 转

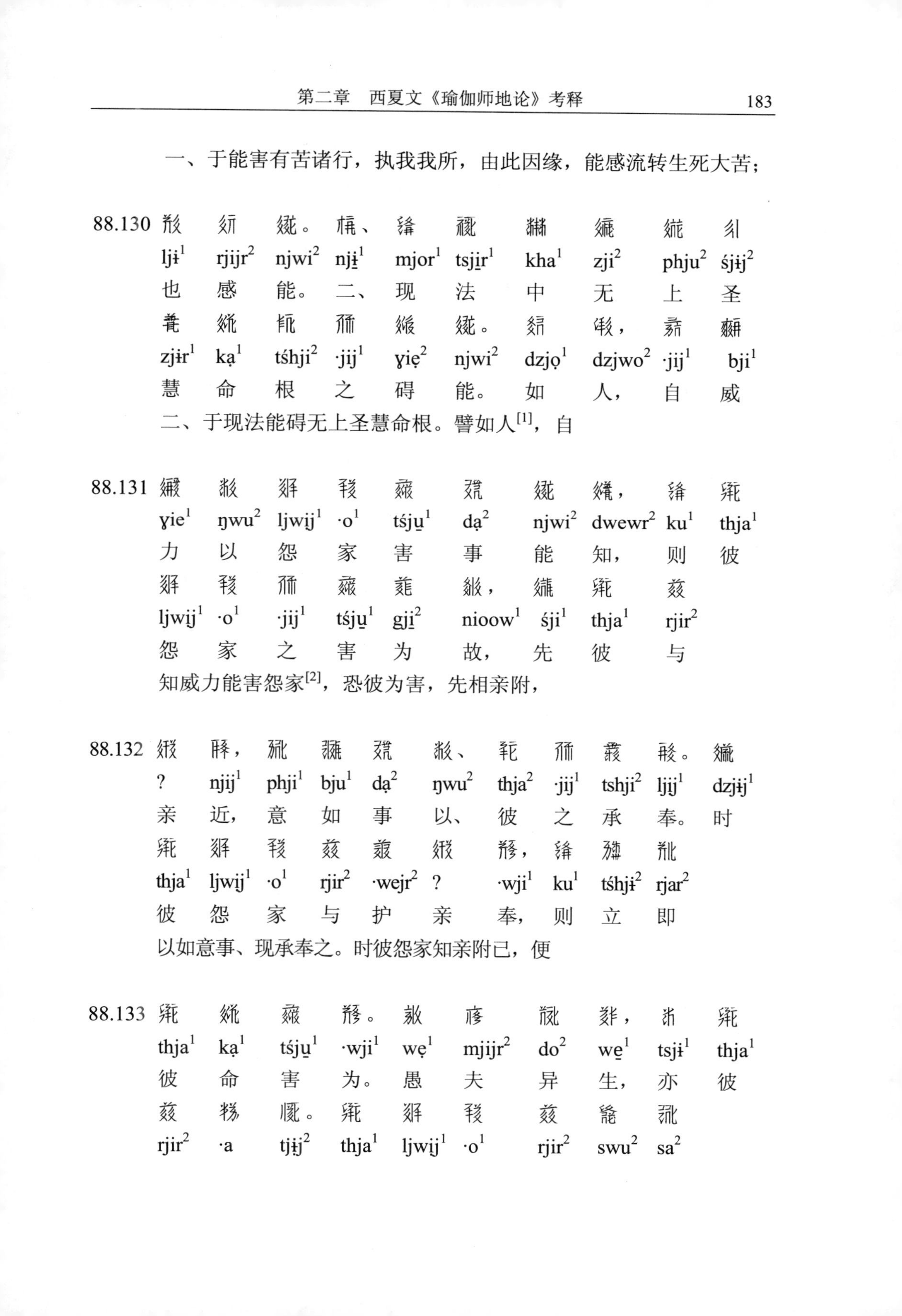

一、于能害有苦诸行，执我我所，由此因缘，能感流转生死大苦；

88.130 ljɨ^1 rjijr^2 njwi^2 njɨ̱^{1} mjor^1 tsjɨ̱r^1 kha^1 zji^2 phju^2 śjɨj^2

也 感 能。 二、 现 法 中 无 上 圣

zjɨr^1 ka̧^{1} tśhji^2 ·jij^1 ɣię^2 njwi^2 dzjo̧^{1} dzjwo^2 ·jij^1 bji^1

慧 命 根 之 碍 能。 如 人， 自 威

二、于现法能碍无上圣慧命根。譬如人[1]，自

88.131 ɣie^1 ŋwu^2 ljwij^1 ·o^1 tśju̱^{1} da̧^{2} njwi^2 dwewr^2 ku^1 thja^1

力 以 怨 家 害 事 能 知， 则 彼

ljwij^1 ·o^1 ·jij^1 tśju̱^{1} gji̱^{2} nioow^1 śji^1 thja^1 rjir^2

怨 家 之 害 为 故， 先 彼 与

知威力能害怨家[2]，恐彼为害，先相亲附，

88.132 ? njij^1 phji^1 bju^1 da̧^{2} ŋwu^2 thja^2 ·jij^1 tshji^2 ljij^1 dzjɨj^1

亲 近， 意 如 事 以、 彼 之 承 奉。 时

thja^1 ljwij^1 ·o^1 rjir^2 ·wejr^2 ? ·wji^1 ku^1 tśhjɨ^2 rjar^2

彼 怨 家 与 护 亲 奉， 则 立 即

以如意事、现承奉之。时彼怨家知亲附已，便

88.133 thja^1 ka̧^{1} tśju̱^{1} ·wji^1 wę^1 mjijr^2 do^2 we̱^{1} tsjɨ^1 thja^1

彼 命 害 为。 愚 夫 异 生， 亦 彼

rjir^2 ·a tjɨj^2 thja^1 ljwij^1 ·o^1 rjir^2 swu^2 sa^2

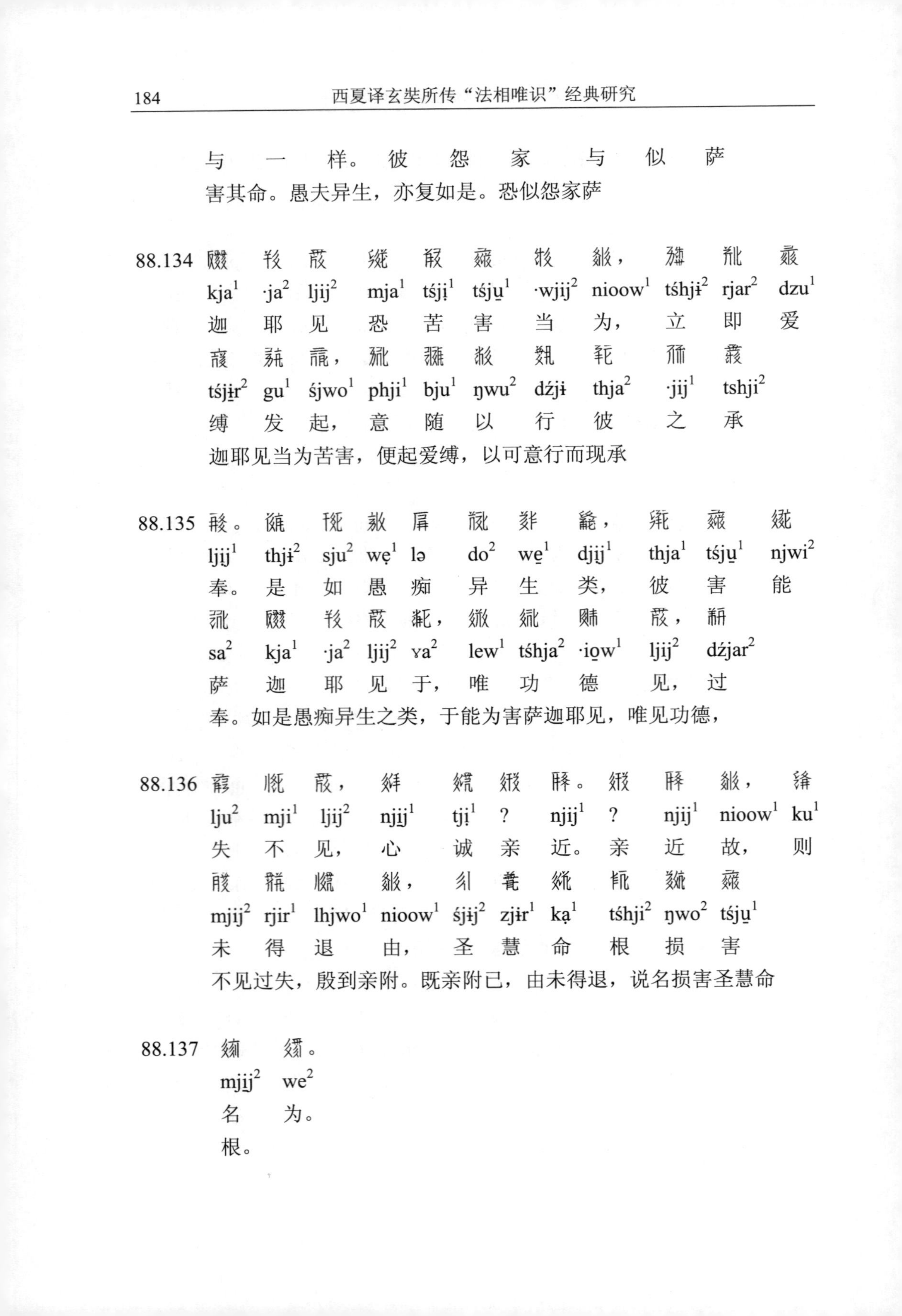

与 一 样。彼 怨 家 与 似 萨

害其命。愚夫异生，亦复如是。恐似怨家萨

88.134 [illegible]

kja^1 ·ja^2 ljij^2 mja^1 tśjị^1 tśju̱^{1} ·wjij^2 nioow^1 tśhjɨ^2 rjar^2 dzu^1

迦 耶 见 恐 苦 害 当 为， 立 即 爱

[illegible]

tśjɨ̱r^2 gu^1 śjwo^1 phji^1 bju^1 ŋwu^2 dźjɨ thja^2 ·jij^1 tshji^2

缚 发 起， 意 随 以 行 彼 之 承

迦耶见当为苦害，便起爱缚，以可意行而现承

88.135 [illegible]

ljij^1 thjɨ^2 sju^2 wẹ^1 lə do^2 we̱^{1} djij^1 thja^1 tśju̱^{1} njwi^2

奉。是 如 愚 痴 异 生 类， 彼 害 能

[illegible]

sa^2 kja^1 ·ja^2 ljij^2 ɣa^2 lew^1 tśhja^2 ·io̱w^1 ljij^2 dźjar^2

萨 迦 耶 见 于， 唯 功 德 见， 过

奉。如是愚痴异生之类，于能为害萨迦耶见，唯见功德，

88.136 [illegible]

lju^2 mji^1 ljij^2 njij^1 tjị^1 ? njij^1 ? njij^1 nioow^1 ku^1

失 不 见， 心 诚 亲 近。 亲 近 故， 则

[illegible]

mjij^2 rjir^1 lhjwo^1 nioow^1 śjɨj^2 zjɨr^1 kạ^1 tśhji^2 ŋwo^2 tśju̱^{1}

未 得 退 由， 圣 慧 命 根 损 害

不见过失，殷到亲附。既亲附已，由未得退，说名损害圣慧命

88.137 [illegible]

mjij^2 we^2

名 为。

根。

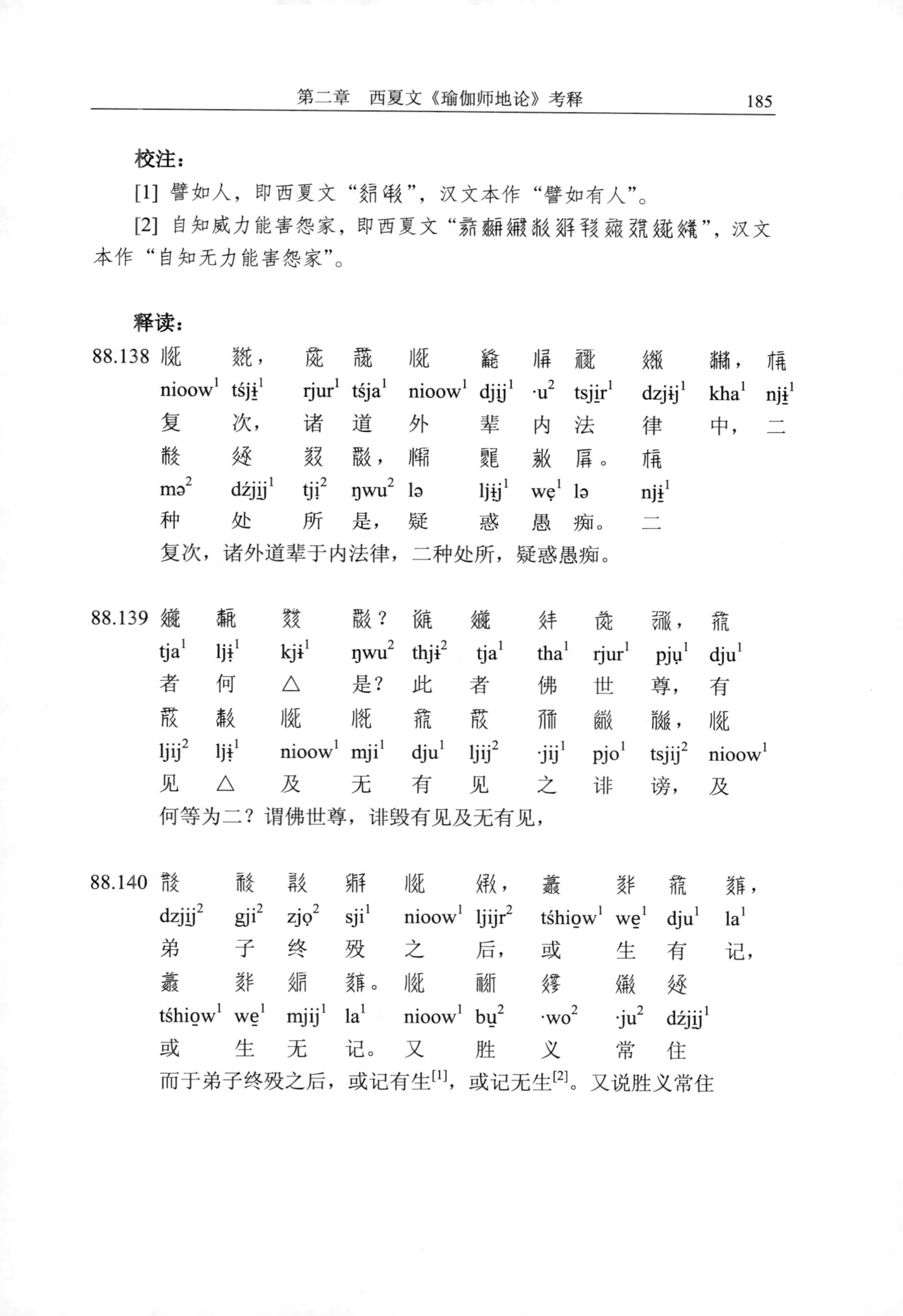

校注：

[1] 譬如人，即西夏文“□□”，汉文本作“譬如有人”。

[2] 自知威力能害怨家，即西夏文“□□□□□□□□□□”，汉文本作“自知无力能害怨家”。

释读：

88.138 □ □， □ □ □ □ □ □ □ □， □

nioow^{1} tśjɨ̱^{1} rjur^{1} tśja^{1} nioow^{1} djij^{1} ·u^{2} tsji̱r^{1} dzjɨj^{1} kha^{1} njɨ̱^{1}

复 次， 诸 道 外 辈 内 法 律 中， 二

□ □ □ □， □ □ □ □。 □

mə^{2} dźjij^{1} tji̱^{2} ŋwu^{2} lə ljɨ̣j^{1} wẹ^{1} lə njɨ̱^{1}

种 处 所 是， 疑 惑 愚 痴。 二

复次，诸外道辈于内法律，二种处所，疑惑愚痴。

88.139 □ □ □ □？ □ □ □ □ □， □

tja^{1} ljɨ̣^{1} kjɨ^{1} ŋwu^{2} thjɨ^{2} tja^{1} tha^{1} rjur^{1} pjụ^{1} dju^{1}

者 何 △ 是？ 此 者 佛 世 尊， 有

□ □ □ □ □ □ □ □ □， □

ljij^{2} ljɨ̣^{1} nioow^{1} mji^{1} dju^{1} ljij^{2} ·jij^{1} pjo^{1} tsjij^{2} nioow^{1}

见 △ 及 无 有 见 之 诽 谤， 及

何等为二？谓佛世尊，诽毁有见及无有见，

88.140 □ □ □ □ □ □， □ □ □ □，

dzjij^{2} gji^{2} zjọ^{2} sji^{1} nioow^{1} ljijr^{2} tśhio̱w^{1} we̱^{1} dju^{1} la^{1}

弟 子 终 殁 之 后， 或 生 有 记，

□ □ □ □。 □ □ □ □ □

tśhio̱w^{1} we̱^{1} mjij^{1} la^{1} nioow^{1} bu̱^{2} ·wo^{2} ·ju^{2} dźjij^{1}

或 生 无 记。 又 胜 义 常 住

而于弟子终殁之后，或记有生[1]，或记无生[2]。又说胜义常住

88.141 [illegible]

ŋa^{2} ·jij^{1} mjor^{1} tsjɨr^{1} kụ^{1} lja^{1} zji^{2} rjir^{1} tjị^{2} mjij^{1} tshjij^{1}

我 之，现 法、后 来 都 得 可 不 说。

[illegible]

rjur^{1} kha^{1} sọ^{1} mə^{2} dzjij^{2} dju^{1} mjor^{1} rjir^{1} tjị^{2} ·wjij^{2}

世 间 三 种 师 有 现 得 可 有；

之我，现法、当来都不可得。世间有三师而现可得[3]：

88.142 [illegible]

lew^{1} ·ju^{2} ljị^{1} dzjij^{2} njɨ^{1} phja^{1} ljị^{1} dzjij^{2} sọ^{1} mjor^{1} ljij^{2}

一、常 论 师，二、断 论 师，三、如 来

[illegible]

ŋwu^{2} thjɨ^{2} ·jiw^{2} lə mjijr^{2} njɨ^{1} mə^{2} ·jiw^{1} dju^{1}

是。此 疑 痴 者，二 种 因 有，

一、常论者，二、断论者，三者、如来。此疑痴者，有二种因，

88.143 [illegible]

śji^{1} swu^{2} tśhja^{2} tsjɨr^{1} ljij^{2} njɨ^{1} mə^{2} tsjɨr^{1} bju^{1} nwə^{1} lew^{2}

前 似 正 法 见，二 种 法 教 知 当；

[illegible]

thjɨ^{2} phja^{1} njwi^{2} ·jiw^{1} śji^{1} rjɨr^{2} tshjij^{1} njɨ^{1} mə^{2} ·jiw^{1}

此 断 能 因，前 △ 说 二 种 因

当知如前似正法见，二种法教；能断此因，亦如前说由二因

88.144 [illegible]

nioow^{1} bju^{1} nwə^{1} lew^{2} thjɨ^{2} rjɨr^{2} tshjij^{1} ŋa^{2} mjij^{1} tsjɨr^{1} tsjir^{2}

缘 由 知 当，此 所 说 我 无 法 性

[illegible]

tja^{1} thja^{1} rjur^{1} tśja^{1} nioow^{1} ·o^{2} gie^{1} tsjij^{2} gie^{1} thjɨ^{2}

者，彼 诸 道 外 入 难、了 难。此

缘，即此所说无我法性，彼诸外道难入、难了。

88.145 [illegible]

tja^1 thjɨ^2 ·jij^1 tsji̱r^2 nwə^1 tsjij^2 gie^1 ljɨ^1 thjɨ^2 ·jwɨr^1

者 此 自 性 知 了 难 故， 此 相

[illegible]

·jij^1 kjɨ^1 nwə^1 tsjij^2 tji̱^{2} ljɨ^2 thja^1 ·jwɨr^1 ·jij^1

貌 虽 知 了 可 易， 其 相 貌

谓此自性难了知故，虽此相貌易可了知，然其相貌

88.146 [illegible]

rjir^2 mji^1 swu^2 ljɨ^1

与 不 似 故。

不相似故。

校注：

[1] 或记有生，即西夏文“[illegible]”，汉文本作“记一有生”。

[2] 或记无生，即西夏文“[illegible]”，汉文本作“记一无生”。

[3] 世间有三师而现可得，即西夏文“[illegible]”，汉文本作“世有三师而现可得”。

释读：

88.146 [illegible]

thjɨ^2 kha^1 la̱^{1} ljo̱r^1 ·wo^2 mjij^1 ·jij^1 lja̱^{1} lew^2

此 中 虚 诳 义 无， 自 证 所

[illegible]

·wo^2 mji^1 gu^2 ·wo^2 ŋwu^2 tśhjwo^1 thja^1 ·jij^1

义， 不 共 义 是， 故 彼 自

当知此中无虚诳义，自所证义，是不共义，故彼

88.147 [illegible]

tsjir^2 tsjij^2 ·o^2 tji̱^{2} gie^1 thjɨ^2 ·jij^1 tsjir^2 tja^1 kwər^1

性， 悟 入 可 难。 此 自 性 者 体

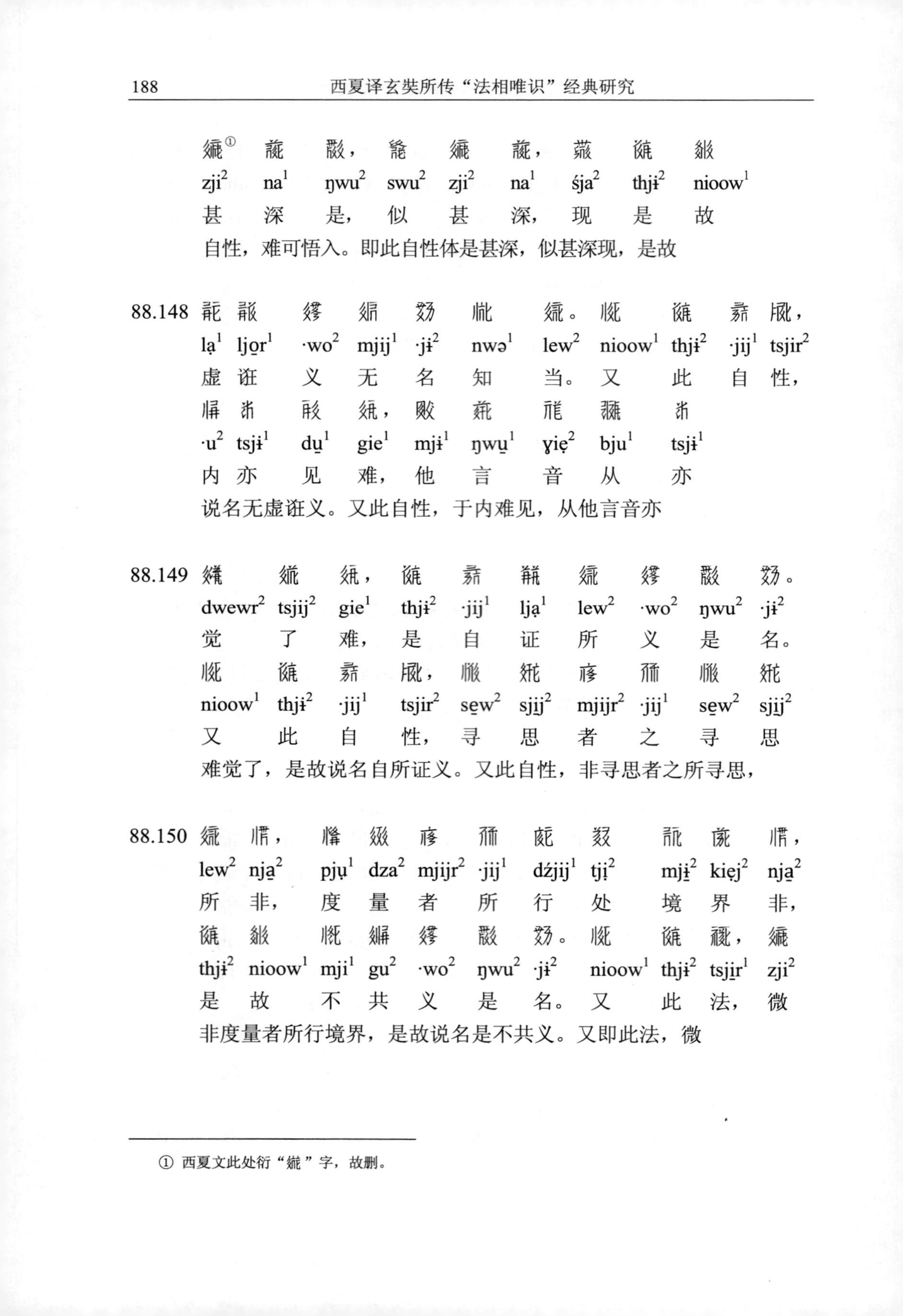

[illegible]①

zji^2 na^1 ŋwu^2 swu^2 zji^2 na^1 śja^2 thjɨ^2 nioow^1

甚 深 是， 似 甚 深， 现 是 故

自性，难可悟入。即此自性体是甚深，似甚深现，是故

88.148 [illegible]

lạ^1 ljo̱r^1 ·wo^2 mjij^1 ·jɨ^2 nwə^1 lew^2 nioow^1 thjɨ^2 ·jij^1 tsjir^2

虚 诳 义 无 名 知 当。 又 此 自 性，

[illegible]

·u^2 tsjɨ^1 du̱^{1} gie^1 mjɨ^1 ŋwu̱^{1} ɣiẹ^2 bju^1 tsjɨ^1

内 亦 见 难， 他 言 音 从 亦

说名无虚诳义。又此自性，于内难见，从他言音亦

88.149 [illegible]

dwewr^2 tsjij^2 gie^1 thjɨ^2 ·jij^1 lja̱^{1} lew^2 ·wo^2 ŋwu^2 ·jɨ^2

觉 了 难， 是 自 证 所 义 是 名。

[illegible]

nioow^1 thjɨ^2 ·jij^1 tsjir^2 se̱w^2 sjij^2 mjijr^2 ·jij^1 se̱w^2 sjij^2

又 此 自 性， 寻 思 者 之 寻 思

难觉了，是故说名自所证义。又此自性，非寻思者之所寻思，

88.150 [illegible]

lew^2 nja̱^{2} pju̱^{1} dza^2 mjijr^2 ·jij^1 dźjij^1 tji̱^{2} mji̱^{2} kiẹj^2 nja̱^{2}

所 非， 度 量 者 所 行 处 境 界 非，

[illegible]

thjɨ^2 nioow^1 mji^1 gu^2 ·wo^2 ŋwu^2 ·jɨ^2 nioow^1 thjɨ^2 tsji̱r^1 zji^2

是 故 不 共 义 是 名。 又 此 法， 微

非度量者所行境界，是故说名是不共义。又即此法，微

① 西夏文此处衍“[illegible]”字，故删。

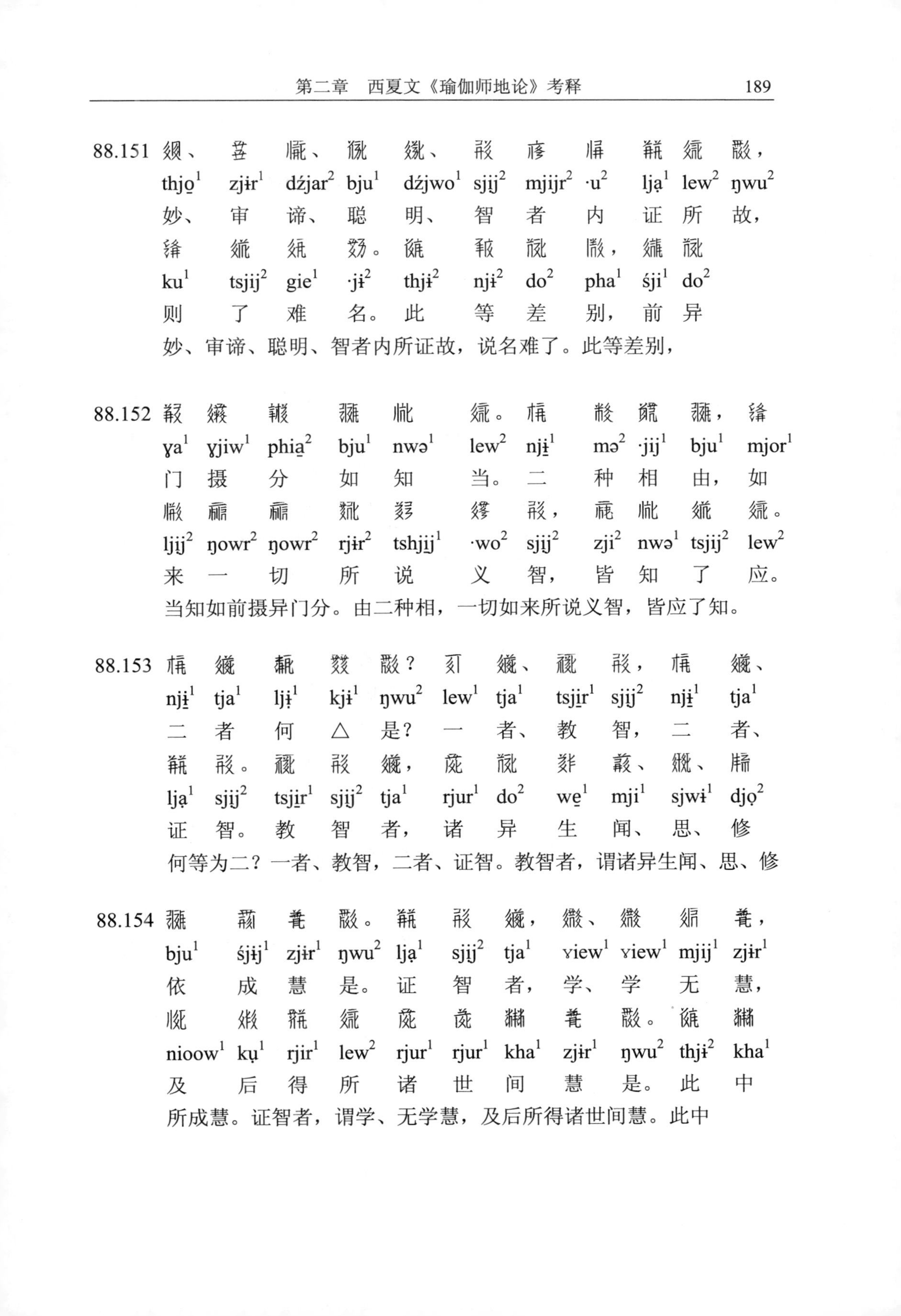

88.151 thjo̱^{1} zjɨr^1 dźjar^2 bju^1 dźjwo^1 sjij^2 mjijr^2 ·u^2 lja̱^{1} lew^2 ŋwu^2
妙、 审 谛、 聪 明、 智 者 内 证 所 故，
ku^1 tsjij^2 gie^1 ·jɨ^2 thjɨ^2 njɨ^2 do^2 pha^1 śji^1 do^2
则 了 难 名。 此 等 差 别， 前 异
妙、审谛、聪明、智者内所证故，说名难了。此等差别，

88.152 ɣa^1 ɣjiw^1 phia̱^{2} bju^1 nwə^1 lew^2 njɨ̱^{1} mə^2 ·jij^1 bju^1 mjor^1
门 摄 分 如 知 当。 二 种 相 由， 如
ljij^2 ŋowr^2 ŋowr^2 rjɨr^2 tshjij^1 ·wo^2 sjij^2 zji^2 nwə^1 tsjij^2 lew^2
来 一 切 所 说 义 智， 皆 知 了 应。
当知如前摄异门分。由二种相，一切如来所说义智，皆应了知。

88.153 njɨ̱^{1} tja^1 ljɨ̱^{1} kjɨ^1 ŋwu^2 lew^1 tja^1 tsjɨ̱r^1 sjij^2 njɨ̱^{1} tja^1
二 者 何 △ 是？ 一 者、 教 智， 二 者、
lja̱^{1} sjij^2 tsjɨ̱r^1 sjij^2 tja^1 rjur^1 do^2 we̱^{1} mji^1 sjwɨ^1 djo̱^{2}
证 智。 教 智 者， 诸 异 生 闻、 思、 修
何等为二？一者、教智，二者、证智。教智者，谓诸异生闻、思、修

88.154 bju^1 śjɨj^1 zjɨr^1 ŋwu^2 lja̱^{1} sjij^2 tja^1 ɣiew^1 ɣiew^1 mjij^1 zjɨr^1
依 成 慧 是。 证 智 者， 学、 学 无 慧，
nioow^1 ku̱^{1} rjir^1 lew^2 rjur^1 rjur^1 kha^1 zjɨr^1 ŋwu^2 thjɨ^2 kha^1
及 后 得 所 诸 世 间 慧 是。 此 中
所成慧。证智者，谓学、无学慧，及后所得诸世间慧。此中

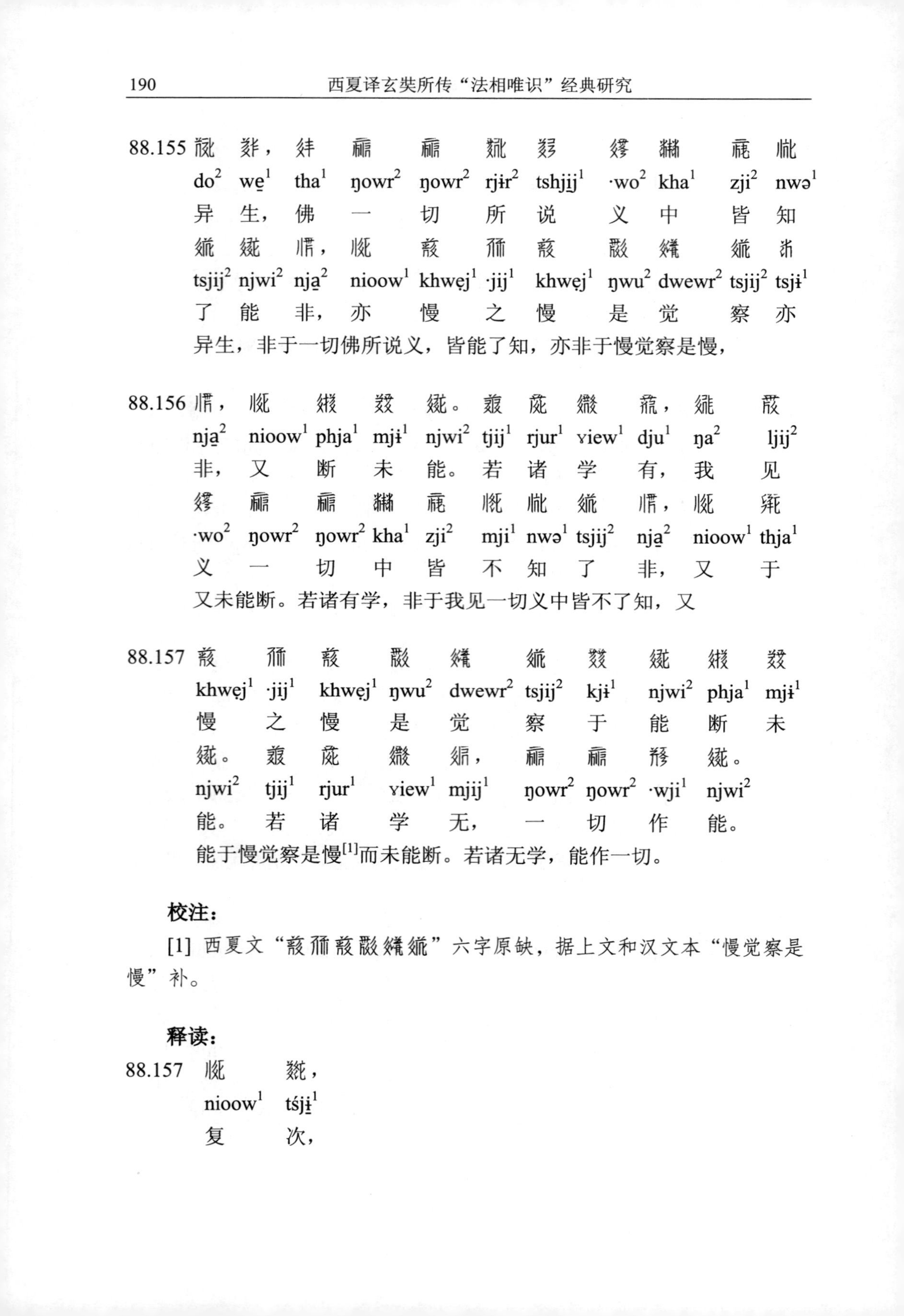

88.155 [illegible]

do² we̱¹ tha¹ ŋowr² ŋowr² rjɨr² tshji̱j¹ ·wo² kha¹ zji² nwə¹

异 生， 佛 一 切 所 说 义 中 皆 知

[illegible]

tsjij² njwi² nja̱² nioow¹ khwe̱j¹ ·jij¹ khwe̱j¹ ŋwu² dwewr² tsjij² tsjɨ¹

了 能 非， 亦 慢 之 慢 是 觉 察 亦

异生，非于一切佛所说义，皆能了知，亦非于慢觉察是慢，

88.156 [illegible]

nja̱² nioow¹ phja¹ mjɨ¹ njwi² tjij¹ rjur¹ ɣiew¹ dju¹ ŋa² ljij²

非， 又 断 未 能。 若 诸 学 有， 我 见

[illegible]

·wo² ŋowr² ŋowr² kha¹ zji² mji¹ nwə¹ tsjij² nja̱² nioow¹ thja¹

义 一 切 中 皆 不 知 了 非， 又 于

又未能断。若诸有学，非于我见一切义中皆不了知，又

88.157 [illegible]

khwe̱j¹ ·jij¹ khwe̱j¹ ŋwu² dwewr² tsjij² kjɨ¹ njwi² phja¹ mjɨ¹

慢 之 慢 是 觉 察 于 能 断 未

[illegible]

njwi² tjij¹ rjur¹ ɣiew¹ mjij¹ ŋowr² ŋowr² ·wji¹ njwi²

能。 若 诸 学 无， 一 切 作 能。

能于慢觉察是慢[1]而未能断。若诸无学，能作一切。

校注：

[1] 西夏文“[illegible]”六字原缺，据上文和汉文本“慢觉察是慢”补。

释读：

88.157 [illegible]

nioow¹ tśjɨ̱¹

复 次，

复次，

88.158 [西夏文]，[西夏文]；[西夏文]

rjur^1 tha^1 mjor^1 ljij^2 rjur^1 mur^1 dźjar^2 ljɨ̣^{1} nioow^1 bu̱^{2} ·wo^2

诸 佛 如 来， 世 俗 谛 △ 及 胜 义

dźjar^2 kha^1 zji^2 zjɨr^1 bju^1 nwə^1 njwi^2 thja^1 njɨ̱^{1} mə^2 ·wo^2

谛 中， 皆 实 如 知 能； 彼 二 种 道

诸佛如来，于世俗谛及胜义谛，皆如实知；正观于彼二种道

88.159 [西夏文]，[西夏文]。[西夏文]，[西夏文]，[西夏文]，[西夏文]

lji^2 tśhja^2 bio̱^{1} ku^1 la^1 sjwij^1 nja̱^{2} tjij^1 la^1 sjwij^1

理 正 观， 则 记 别 非。 若 记 别，

ku^1 ·wo^2 mjij^1 śio^1 njwi^2 mji^1 la^1 sjwij^1 nioow^1 mji^1

则 义 无 引 能， 不 记 别， 亦 不

理，不应记别。若记别者，能引无义，故不记别，亦不

88.160 [西夏文]。[西夏文]，[西夏文]、[西夏文]，[西夏文]，[西夏文]

zow^2 zjij^1 lew^2 thjɨ^2 tja^1 dzjar^2 nioow^1 tjij^1 dju^1 tjij^1 mjij^1

执 着 所。 此 者 灭 后， 若 有、 若 无，

dju^1 tsjɨ^1 ŋwu^2 mjij^1 tsjɨ^1 ŋwu^2 dju^1 nja̱^{2} mjij^1 nja̱^{2}

有 亦 是 无 亦 是， 有 非 无 非

执着。谓于灭后，若有、若无，亦有亦无，非有非无。

88.161 [西夏文]。[西夏文]，[西夏文]

ŋwu^2 tjij^1 mjor^1 ljij^2 thjɨ^2 sju^2 sjij^2 ljij^2 śji^1 we^2 bju^1

是。 若 如 来 是 如 智 见 先 为 依

mji^1 la^1 ·jij^1 nwə^1 mjij^1 ·jɨ^2 ku^1 la̱^{1} ljij^2 rjir^2 ka^1

不 记 之 知 无 谓， 则 妄 见 与 俱

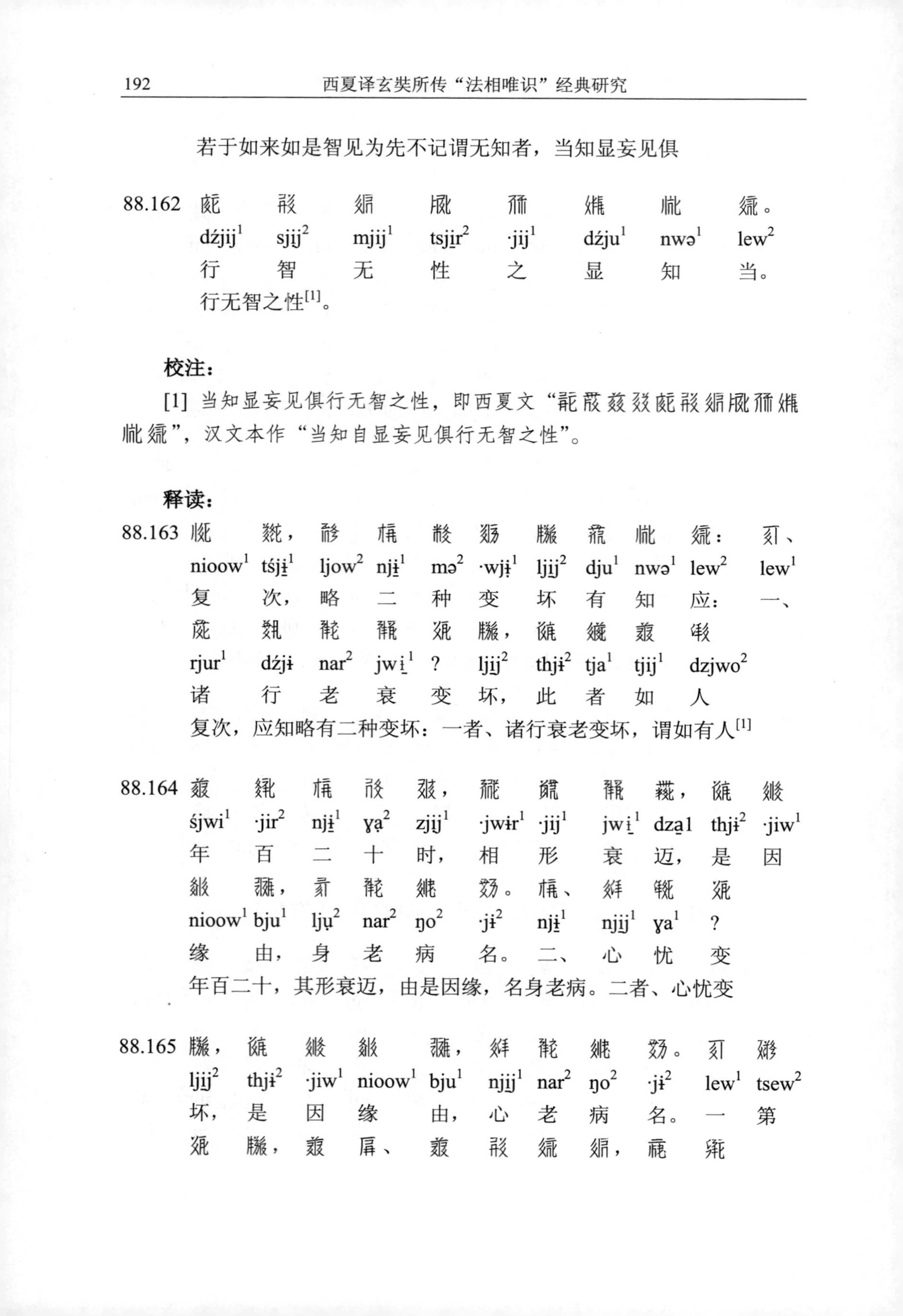

若于如来如是智见为先不记谓无知者，当知显妄见俱

88.162 [illegible]
dźjij^{1} sjij^{2} mjij^{1} tsji̱r^{2} ·jij^{1} dźju^{1} nwə^{1} lew^{2}
行 智 无 性 之 显 知 当。
行无智之性[1]。

校注：

[1] 当知显妄见俱行无智之性，即西夏文“[illegible]”，汉文本作“当知自显妄见俱行无智之性”。

释读：

88.163 [illegible]
nioow^{1} tśji̱^{1} ljow^{2} nji̱^{1} mə^{2} ·wji̱^{1} ljij^{2} dju^{1} nwə^{1} lew^{2} lew^{1}
复 次， 略 二 种 变 坏 有 知 应： 一、
[illegible]
rjur^{1} dźjɨ nar^{2} jwi̱^{1} ? ljij^{2} thjɨ^{2} tja^{1} tjij^{1} dzjwo^{2}
诸 行 老 衰 变 坏， 此 者 如 人
复次，应知略有二种变坏：一者、诸行衰老变坏，谓如有人[1]

88.164 [illegible]
śjwi^{1} ·jir^{2} nji̱^{1} ɣạ^{2} zjịj^{1} ·jwɨr^{1} ·jij^{1} jwi̱^{1} dza̱1 thjɨ^{2} ·jiw^{1}
年 百 二 十 时， 相 形 衰 迈， 是 因
[illegible]
nioow^{1} bju^{1} ljụ^{2} nar^{2} ŋo^{2} ·jɨ^{2} nji̱^{1} njij^{1} ɣa^{1} ?
缘 由， 身 老 病 名。 二、 心 忧 变
年百二十，其形衰迈，由是因缘，名身老病。二者、心忧变

88.165 [illegible]
ljij^{2} thjɨ^{2} ·jiw^{1} nioow^{1} bju^{1} njij^{1} nar^{2} ŋo^{2} ·jɨ^{2} lew^{1} tsew^{2}
坏， 是 因 缘 由， 心 老 病 名。 一 第
[illegible]

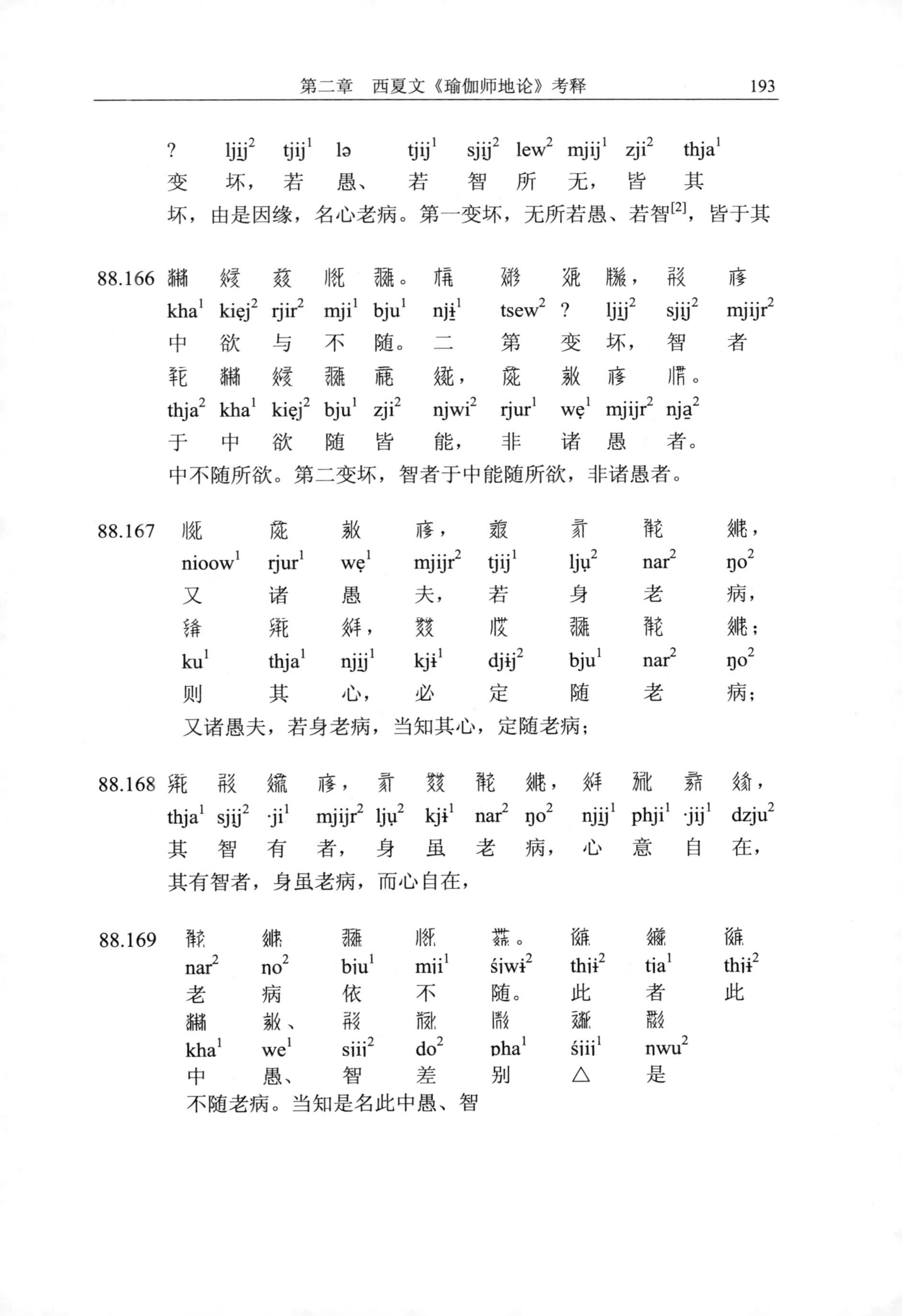

? ljij2 tjij1 lə tjij1 sjij2 lew2 mjij1 zji2 thja1
变 坏， 若 愚、 若 智 所 无， 皆 其
坏，由是因缘，名心老病。第一变坏，无所若愚、若智[2]，皆于其

88.166 [illegible]
kha1 kięj2 rjir2 mji1 bju1 njɨ1 tsew2 ? ljij2 sjij2 mjijr2
中 欲 与 不 随。 二 第 变 坏， 智 者
[illegible]
thja2 kha1 kięj2 bju1 zji2 njwi2 rjur1 wẹ1 mjijr2 nja̱2
于 中 欲 随 皆 能， 非 诸 愚 者。
中不随所欲。第二变坏，智者于中能随所欲，非诸愚者。

88.167 [illegible]
nioow1 rjur1 wẹ1 mjijr2 tjij1 ljụ2 nar2 ŋo2
又 诸 愚 夫， 若 身 老 病，
[illegible]
ku1 thja1 njij1 kjɨ1 djɨj2 bju1 nar2 ŋo2
则 其 心， 必 定 随 老 病；
又诸愚夫，若身老病，当知其心，定随老病；

88.168 [illegible]
thja1 sjij2 ·ji1 mjijr2 ljụ2 kjɨ1 nar2 ŋo2 njij1 phji1 ·jij1 dzju2
其 智 有 者， 身 虽 老 病， 心 意 自 在，
其有智者，身虽老病，而心自在，

88.169 [illegible]
nar2 ŋo2 bju1 mjɨ1 śjwɨ2 thjɨ2 tja1 thjɨ2
老 病 依 不 随。 此 者 此
[illegible]
kha1 wẹ1 sjij2 do2 pha1 śjij1 nwu2
中 愚、 智 差 别 △ 是
不随老病。当知是名此中愚、智

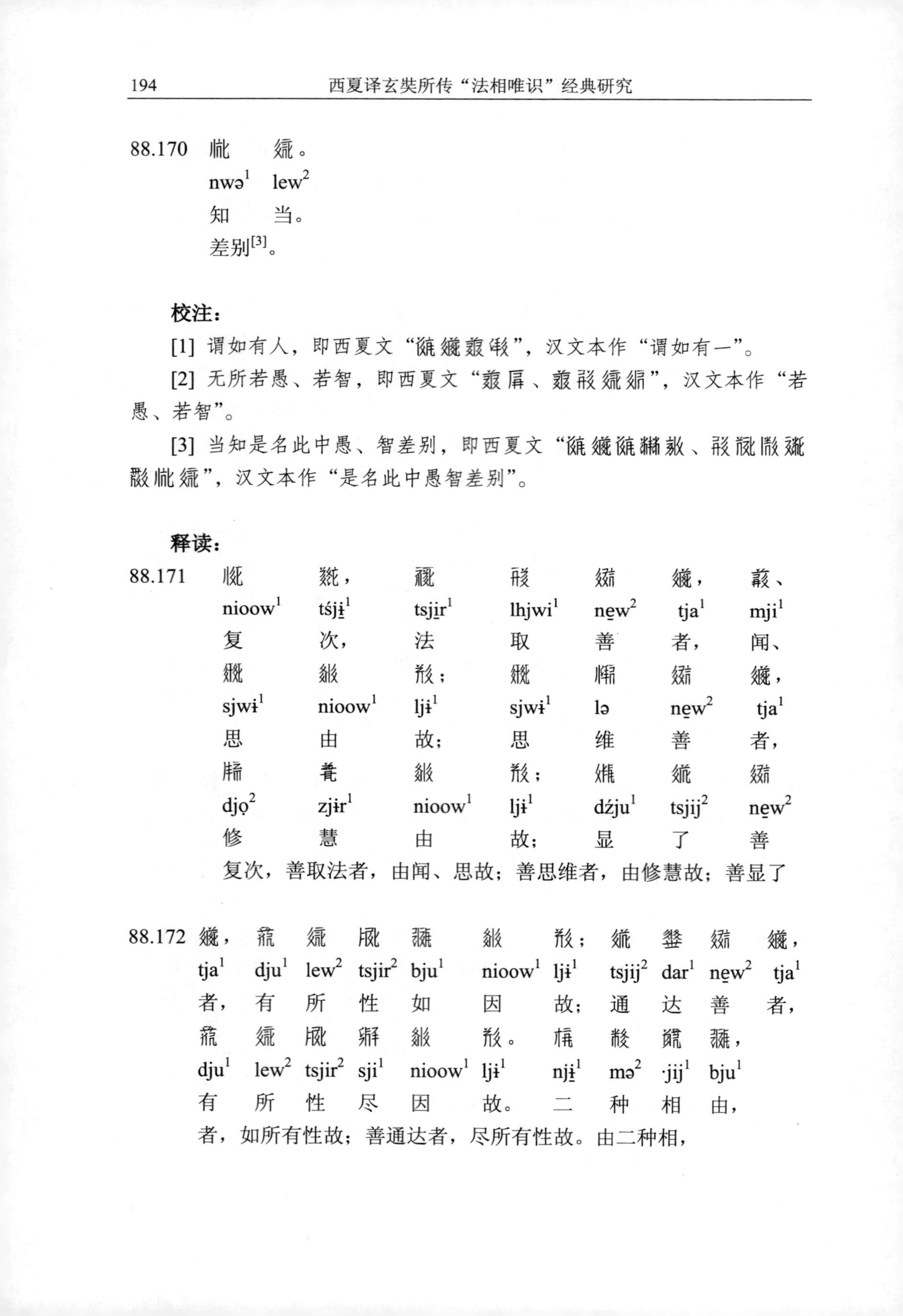

88.170 □ □。
nwə¹ lew²
知 当。
差别[3]。

校注：

[1] 谓如有人，即西夏文“□□□□”，汉文本作“谓如有一”。

[2] 无所若愚、若智，即西夏文“□□、□□□□”，汉文本作“若愚、若智”。

[3] 当知是名此中愚、智差别，即西夏文“□□□□□、□□□□□□□”，汉文本作“是名此中愚智差别”。

释读：

88.171 □ □， □ □ □ □， □、
nioow¹ tśjɨ¹ tsjir¹ lhjwi¹ new² tja¹ mji¹
复 次， 法 取 善 者， 闻、
□ □ □； □ □ □ □，
sjwɨ¹ nioow¹ ljɨ¹ sjwɨ¹ lə new² tja¹
思 由 故； 思 维 善 者，
□ □ □ □； □ □ □
djọ² zjɨr¹ nioow¹ ljɨ¹ dźju¹ tsjij² new²
修 慧 由 故； 显 了 善
复次，善取法者，由闻、思故；善思维者，由修慧故；善显了

88.172 □， □ □ □ □ □ □； □ □ □ □，
tja¹ dju¹ lew² tsjir² bju¹ nioow¹ ljɨ¹ tsjij² dar¹ new² tja¹
者， 有 所 性 如 因 故； 通 达 善 者，
□ □ □ □ □ □。 □ □ □ □，
dju¹ lew² tsjir² sji¹ nioow¹ ljɨ¹ njɨ¹ mə² ·jij¹ bju¹
有 所 性 尽 因 故。 二 种 相 由，
者，如所有性故；善通达者，尽所有性故。由二种相，

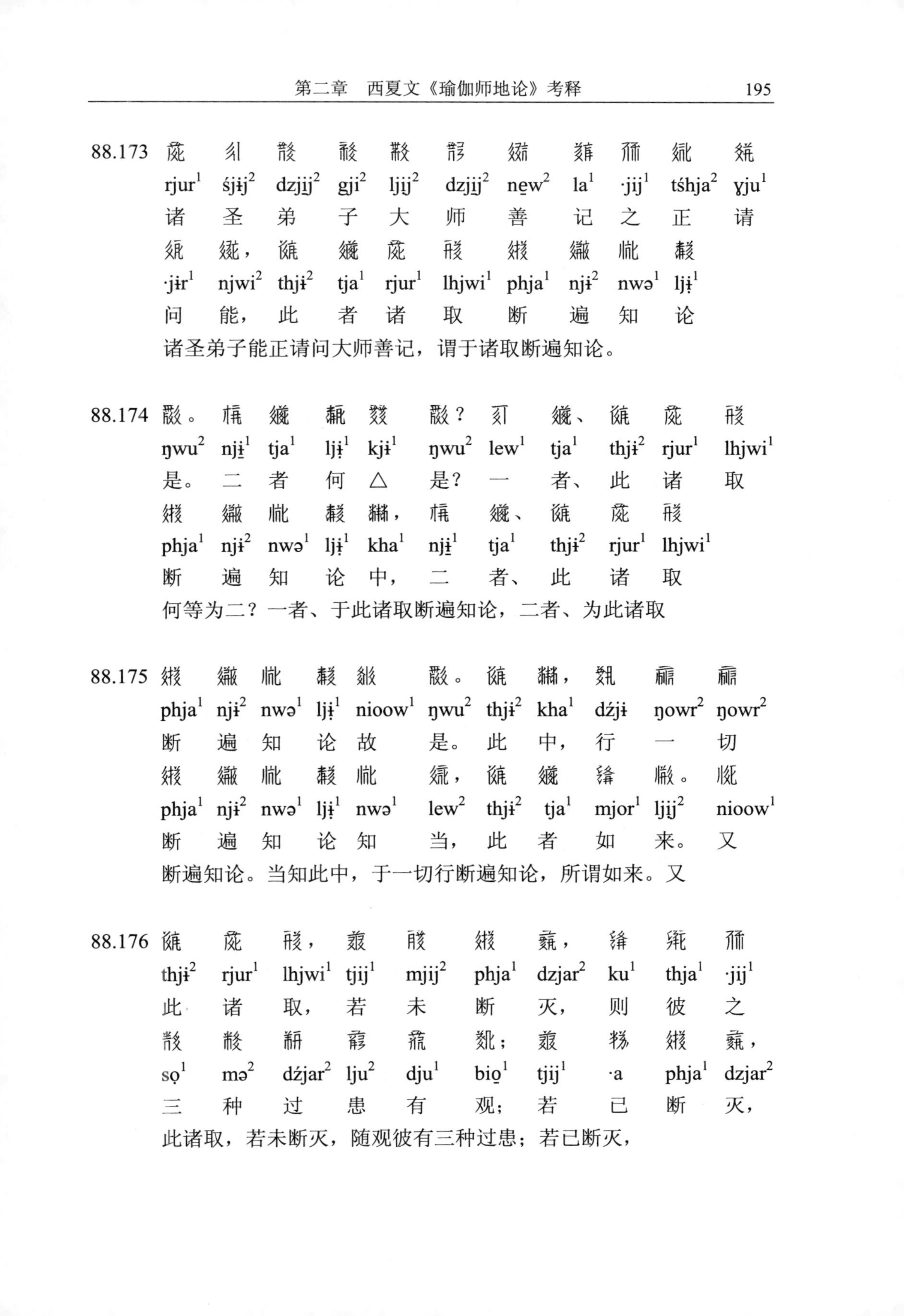

88.173
rjur^{1} śjɨj^{2} dzjij^{2} gji^{2} ljij^{2} dzjij^{2} ne̱w^{2} la^{1} ·jij^{1} tśhja^{2} ɣju^{1}
诸 圣 弟 子 大 师 善 记 之 正 请
·jɨr^{1} njwi^{2} thjɨ^{2} tja^{1} rjur^{1} lhjwi^{1} phja^{1} njɨ^{2} nwə^{1} ljɨ̣^{1}
问 能， 此 者 诸 取 断 遍 知 论
诸圣弟子能正请问大师善记，谓于诸取断遍知论。

88.174
ŋwu^{2} njɨ̱^{1} tja^{1} ljɨ̣^{1} kjɨ^{1} ŋwu^{2} lew^{1} tja^{1} thjɨ^{2} rjur^{1} lhjwi^{1}
是。 二 者 何 △ 是？ 一 者、 此 诸 取
phja^{1} njɨ^{2} nwə^{1} ljɨ̣^{1} kha^{1} njɨ̱^{1} tja^{1} thjɨ^{2} rjur^{1} lhjwi^{1}
断 遍 知 论 中， 二 者、 此 诸 取
何等为二？一者、于此诸取断遍知论，二者、为此诸取

88.175
phja^{1} njɨ^{2} nwə^{1} ljɨ̣^{1} nioow^{1} ŋwu^{2} thjɨ^{2} kha^{1} dźjɨ ŋowr^{2} ŋowr^{2}
断 遍 知 论 故 是。 此 中， 行 一 切
phja^{1} njɨ^{2} nwə^{1} ljɨ̣^{1} nwə^{1} lew^{2} thjɨ^{2} tja^{1} mjor^{1} ljij^{2} nioow^{1}
断 遍 知 论 知 当， 此 者 如 来。 又
断遍知论。当知此中，于一切行断遍知论，所谓如来。又

88.176
thjɨ^{2} rjur^{1} lhjwi^{1} tjij^{1} mjij^{2} phja^{1} dzjar^{2} ku^{1} thja^{1} ·jij^{1}
此 诸 取， 若 未 断 灭， 则 彼 之
sọ^{1} mə^{2} dźjar^{2} lju^{2} dju^{1} biọ^{1} tjij^{1} ·a phja^{1} dzjar^{2}
三 种 过 患 有 观； 若 已 断 灭，
此诸取，若未断灭，随观彼有三种过患；若已断灭，

88.177 [illegible]

ku^1 thja^1 sọ^1 mə^2 tśhja^2 ·io̱w^1 dju^1 bio̱^{1} lew^1 tja^1 rjur^1

则 彼 三 种 功 德 有 观。 一 者、 诸

[illegible]

dźjɨ kha^1 ·a śjwo^1 rjur^1 lhjwi^1 dźjɨ tjij^1 ? ljij^2 ku^1

行 中 所 生 诸 取， 行 若 变 坏， 则

随观彼有三种功德。一者、于诸行中所生诸取，行若变坏，

88.178 [illegible]

tśhjɨ^2 rjar^2 sjwɨ^1 njɨ^2 gu^1 śjwo^1 thjɨ^2 tja^1 lew^1 tsew^2

立 即 愁 等 发 生， 此 者 一 第

[illegible]

dźjar^2 lju^2 ŋwu^2 rjir^2 sji^2 rjur^1 dźjɨ ? ljij^2 dźjɨ

过 患 是， 得 能 诸 行 变 坏 △

便生愁等，应知是名第一过患，已得诸行变坏

88.179 [illegible]

·wji^1 njɨ̱^{1} tja^1 thja^1 rjur^1 dźjɨ kha^1 ·a śjwo^1 rjur^1

△。 二 者、 于 诸 行 中 所 生 诸

[illegible]

lhjwi^1 bju^1 phjij^1 ·o^2 rjur^1 dźjɨ mjij^2 rjir^2 gji̱^{2} nioow^1

取， 依 意 可 诸 行 未 得 为 故，

所作。二者、于诸行中所生诸取，为得未得可意诸行，

88.180 [illegible]

thja^1 kjụ^1 ·ju^2 zjij^1 lew^1 nja̱^{2} mə^2 mə^2 ·ji^1 rejr^2 do^2

于 追 求 时， 一 非 种 种 众 多 差

[illegible]

pha^1 mji^1 ne̱w^2 ·wa^2 dźjij^1 thjɨ^2 kjụ^1 ·ju^2 mji^1 ne̱w^2

别 不 善 广 行。 此 追 求 不 善

于追求时，广行非一种种众多差别不善。由此追求行不善

88.181 [illegible]
dźjij^{1} nioow^{1} ljɨ̱r^{1} mə^{2} tśjị^{1} dźjij^{1} lew^{1} kjɨ^{1} mjij^{2} mjor^{1}
行 故， 四 种 苦 住： 一、 △ 未 现
[illegible]
·ju^{2} ? njij^{1} bju^{1} śjwo^{1} njɨ̱^{1} tśhja^{2} mjor^{1} ·ju^{2} mjor^{1}
前 邻 近 所 起； 二、 正 现 前 现
故，住四种苦：一、将现前邻近所起；二、正现前现

88.182 [illegible]
dźjij^{1} bju^{1} śjwo^{1} sọ^{1} mjɨ^{1} tha njij^{2} bu̱^{2} gjij^{1} bju^{1}
在 所 起； 三、 他 逼 迫 增 上 所
[illegible]
śjwo^{1} ljɨ̱r^{1} ·jij^{1} dza^{1} la̱^{1} bu̱^{2} gjij^{1} bju^{1} śjwo^{1} thjɨ^{2}
起； 四、 自 杂 染 增 上 所 起。 是
在所起；三、他逼迫增上所起；四、自杂染增上所起。

88.183 [illegible]
tja^{1} njɨ̱^{1} tsew^{2} dźjar^{2} lju^{2} ŋwu^{2} nwə^{1} lew^{2} sọ^{1} tja^{1} thjɨ^{2}
者 二 第 过 患 是 知 应。 三 者、 是
[illegible]
sju^{2} niow^{2} mji^{1} ne̱w^{2} tsji̱r^{1} dzu^{1} mẹ^{2} ·jiw^{1} we^{2} bju^{1}
如 恶 不 善 法， 爱 习 因 为 由，
应知是名第二过患。三者、即由如是恶不善法，爱习为因，

88.184 [illegible]
lju̱^{2} ljij^{2} sjɨ^{1} nioow^{1} rjur^{1} niow^{2} tshwew^{1} kha^{1} śjɨ^{1} thjɨ^{2}
身 坏 死 后， 诸 恶 趣 中 往， 是
[illegible]
tja^{1} sọ^{1} tsew^{2} dźjar^{2} lju^{2} ŋwu^{2} nwə^{1} lew^{2} thjɨ^{2} rjir^{2}
者 三 第 过 患 是 知 应。 此 与
身坏死后，往诸恶趣，应知是名第三过患。与此

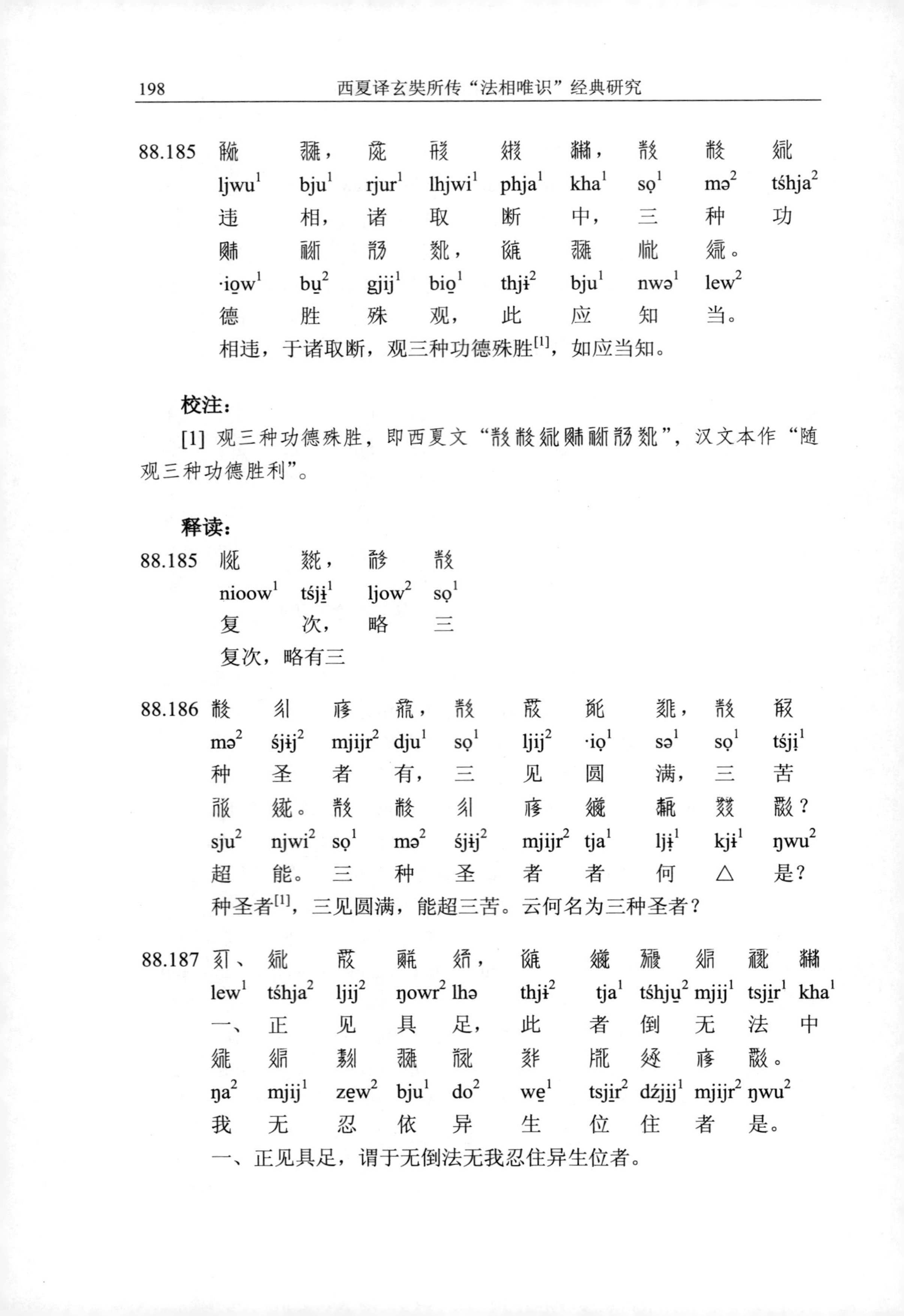

88.185 [illegible]
ljwu¹ bju¹ rjur¹ lhjwi¹ phja¹ kha¹ sọ¹ mə² tśhja²
违 相，诸 取 断 中，三 种 功
[illegible]
·io̱w¹ bu̱² gjij¹ bio̱¹ thjɨ² bju¹ nwə¹ lew²
德 胜 殊 观，此 应 知 当。
相违，于诸取断，观三种功德殊胜[1]，如应当知。

校注：

[1] 观三种功德殊胜，即西夏文“[illegible]”，汉文本作“随观三种功德胜利”。

释读：

88.185 [illegible]
nioow¹ tśjɨ̣¹ ljow² sọ¹
复 次，略 三
复次，略有三

88.186 [illegible]
mə² śjɨj² mjijr² dju¹ sọ¹ ljij² ·io̱¹ sə¹ sọ¹ tśji̱¹
种 圣 者 有，三 见 圆 满，三 苦
[illegible]
sju² njwi² sọ¹ mə² śjɨj² mjijr² tja¹ ljɨ̣¹ kjɨ¹ ŋwu²
超 能。三 种 圣 者 者 何 △ 是？
种圣者[1]，三见圆满，能超三苦。云何名为三种圣者？

88.187 [illegible]
lew¹ tśhja² ljij² ŋowr² lhə thjɨ² tja¹ tśhju̱² mjij¹ tsji̱r¹ kha¹
一、正 见 具 足，此 者 倒 无 法 中
[illegible]
ŋa² mjij¹ ze̱w² bju¹ do² we̱¹ tsji̱r² dźjij¹ mjijr² ŋwu²
我 无 忍 依 异 生 位 住 者 是。
一、正见具足，谓于无倒法无我忍住异生位者。

88.188

[illegible]									
nji̠^{1}	śjɨj^{2}	dźjar^{2}	ljij^{2}	dźjwa^{1}	tśhja^{2}	tsji̠r^{1}	to^{2}	ka^{2}	tshwew^{1}
二、	圣	谛	见	已，	正	性	生	离	趣
[illegible]									
·o^{2}	dźjwa^{1}	mjor^{1}	bio̠^{1}	·o^{2}	dźjwa^{1}	mja̠^{1}	njɨ^{2}	rjir^{1}	dźjwa^{1}
入	已，	现	观	入	已，	果	至	得	已，

二、已见圣谛，已能趣入正性离生，已入现观，已得至果，

88.189

[illegible]										
ɣiew^{1}	dju^{1}	tsji̠r^{2}	dźji̠j^{1}	mjijr^{2}	ŋwu^{2}	so̠^{1}	zji^{2}	ku̠^{1}	zji^{2}	dźjwa^{1}
学	有	位	住	者	是。	三、	最	后	究	竟
[illegible]										
phju^{2}	tsew^{2}	·a	lo^{1}	xã^{1}	mja̠^{1}	rjir^{1}	dźjwa^{1}	ɣiew^{1}	mjij^{1}	
一	第	阿	罗	汉	果	得	已，	学	无	

住有学位者。三、已得最后究竟第一阿罗汉果，住无学

88.190

[illegible]							
tsji̠r^{2}	dźji̠j^{1}	mjijr^{2}	ŋwu^{2}	so̠^{1}	ljij^{2}	·io̠^{1}	sə^{1}
位	住	者	是。	三	见	圆	满
[illegible]							
tja^{1}	ljị^{1}	kjɨ^{1}	ŋwu^{2}	lew^{1}	ɣu^{1}	śjɨj^{2}	mjijr^{2}
者	何	△	是？	一、	初	圣	者

位者。云何名为三见圆满？一、初圣者

88.191

[illegible]							
rar^{2}	mjij^{1}	rjir^{2}	bju^{1}	śjij^{1}	rar^{2}	mjij^{1}	ljij^{2}
漏	无	与	随	顺，	漏	无	见
[illegible]							
·io̠^{1}	sə^{1}	nji̠^{1}	mjij^{2}	ne̠w^{2}	sej^{1}	rar^{2}	mjij^{1}
圆	满；	二、	未	善	净	漏	无

随顺无漏，无漏见圆满[2]；二、未善净无漏

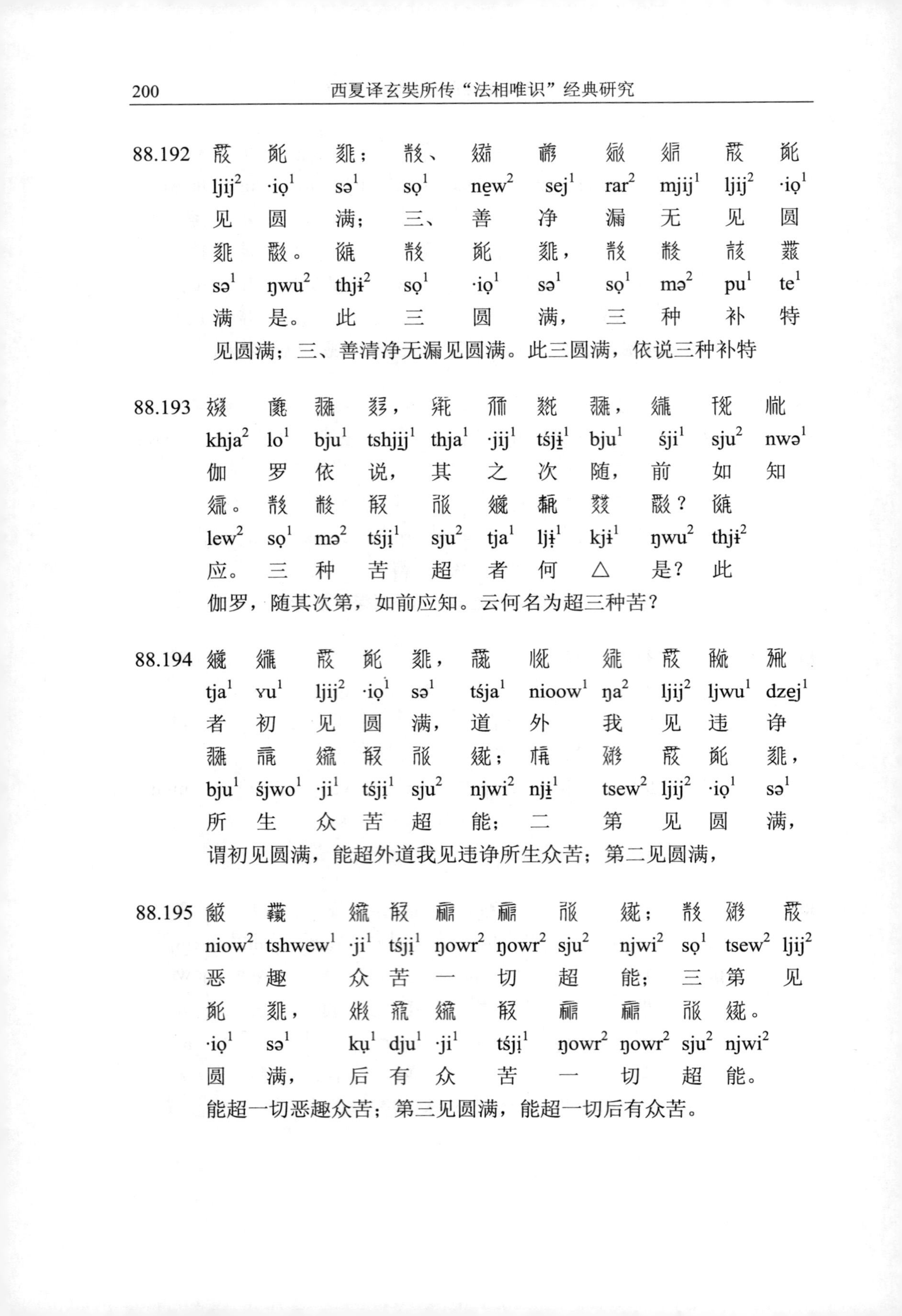

88.192
ljij^{2} ·iọ^{1} sə^{1} sọ^{1} ne̱w^{2} sej^{1} rar^{2} mjij^{1} ljij^{2} ·iọ^{1}
见 圆 满； 三、 善 净 漏 无 见 圆
sə^{1} ŋwu^{2} thjɨ^{2} sọ^{1} ·iọ^{1} sə^{1} sọ^{1} mə^{2} pu^{1} te^{1}
满 是。 此 三 圆 满， 三 种 补 特
见圆满；三、善清净无漏见圆满。此三圆满，依说三种补特

88.193
khja^{2} lo^{1} bju^{1} tshjij^{1} thja^{1} ·jij^{1} tśjɨ̱^{1} bju^{1} śji^{1} sju^{2} nwə^{1}
伽 罗 依 说， 其 之 次 随， 前 如 知
lew^{2} sọ^{1} mə^{2} tśjị^{1} sju^{2} tja^{1} ljɨ̱^{1} kjɨ^{1} ŋwu^{2} thjɨ^{2}
应。 三 种 苦 超 者 何 △ 是？ 此
伽罗，随其次第，如前应知。云何名为超三种苦？

88.194
tja^{1} ɣu^{1} ljij^{2} ·iọ^{1} sə^{1} tśja^{1} nioow^{1} ŋa^{2} ljij^{2} ljwu^{1} dze̱j^{1}
者 初 见 圆 满， 道 外 我 见 违 诤
bju^{1} śjwo^{1} ·ji^{1} tśjị^{1} sju^{2} njwi^{2} njɨ̱^{1} tsew^{2} ljij^{2} ·iọ^{1} sə^{1}
所 生 众 苦 超 能； 二 第 见 圆 满，
谓初见圆满，能超外道我见违诤所生众苦；第二见圆满，

88.195
niow^{2} tshwew^{1} ·ji^{1} tśjị^{1} ŋowr^{2} ŋowr^{2} sju^{2} njwi^{2} sọ^{1} tsew^{2} ljij^{2}
恶 趣 众 苦 一 切 超 能； 三 第 见
·iọ^{1} sə^{1} kụ^{1} dju^{1} ·ji^{1} tśjị^{1} ŋowr^{2} ŋowr^{2} sju^{2} njwi^{2}
圆 满， 后 有 众 苦 一 切 超 能。
能超一切恶趣众苦；第三见圆满，能超一切后有众苦。

88.196 [illegible]

thjɨ2 kha1 rjur1 tśja1 nioow1 ŋa2 ljij2 ljwu1 dze̱j1 bju1 śjwo1

此 中 诸 道 外 我 见 违 净 所 生

[illegible]

·ji1 tśji̱1 tja1 ljɨ̱1 kjɨ1 ŋwu2 thjɨ2 tja1 thjɨ2 tśhja2

众 苦 者 何 △ 是？ 此 者 此 正

此中云何名诸外道我见违净所生众苦？谓此正

88.197 [illegible]

tsji̱r1 phji1 de̱j2 ·ja2 djɨr2 nioow1 rjur1 kha1 mə2 mə2 do2

法 毗 奈 耶 外， 及 世 间 种 种 异

[illegible]

tśja1 ŋowr2 ŋowr2 sa2 kja1 ·ja2 ljij2 ŋwu2 mər2 tśhji2 we2

道 所 有， 萨 迦 耶 见 以 根 本 为，

法毗奈耶外，所有世间种种异道，萨迦耶见以为根本，

88.198 [illegible]

bju1 tśhji̱2 tśhju̱2 ljij2 tshwew1 ŋowr2 ŋowr2 gu1 śjwo1 thjɨ2 sju2

依 颠 倒 见 趣 一 切 发 生， 是 如

[illegible]

ŋowr2 ŋowr2 zji2 ŋa2 ljij2 ·jɨ2 thjɨ2 tja1 ŋa2 ljɨ̱1

一 切， 总 我 见 称。 此 者 我 论

所生一切颠倒见趣，如是一切，总称我见。谓我论

88.199 [illegible]

mjijr2 ŋa2 ljɨ̱1 rjir2 bju1 śjij1 ljij2 tshwew1 ŋowr2 ŋowr2

者， 我 论 与 相 应 见 趣 一 切。

[illegible]

tśhio̱w1 ŋowr2 ŋowr2 ·ju2 ljɨ̱1 mjijr2 tśhio̱w1 ·a phia̱2 ·ju2

或 一 切 常 论 者， 或 一 分 常

者，我论相应一切见趣。或一切常论者，或一分常

88.200 [illegible]

ljɨ̣^{1} mjijr^{2} tśhio̱w^{1} ·jiw^{1} mjij^{1} ljɨ̣^{1} mjijr^{2} tśhio̱w^{1} bju^{2} mjij^{1}

论 者， 或 因 无 论 者， 或 边 无

[illegible]

bju^{2} ljɨ̣^{1} mjijr^{2} tśhio̱w^{1} bja^{2} dzjar^{2} ljɨ̣^{1} mjijr^{2} tśhio̱w^{1}

边 论 者， 或 断 灭 论 者， 或

论者，或无因论者，或边无边论者，或断灭论者，或

88.201 [illegible]

mjor^{1} tsji̱r^{1} djịj^{2} phã^{1} ljɨ̣^{1} mjijr^{2} thja^{1} ljɨ̣^{1} rjir^{2} bju^{1}

现 法 涅 槃 论 者， 彼 论 与 相

[illegible]

śjij^{1} ljij^{2} tshwew^{1} ŋowr^{2} ŋowr^{2} tśhio̱w^{1} sjij^{2} dju^{1} ljɨ̣^{1} mjijr^{2}

应 见 趣 一 切。 或 情 有 论 者，

现法涅槃论者，彼论相应一切见趣。或有情论者，

88.202 [illegible]

thja^{1} ljɨ̣^{1} rjir^{2} bju^{1} śjij^{1} ljij^{2} tshwew^{1} ŋowr^{2} ŋowr^{2} thjɨ^{2} tja^{1}

彼 论 与 相 应 见 趣 一 切。 此 者

[illegible]

rjur^{1} dow^{1} ljij^{2} mjijr^{2} dji̱^{2} we̱^{1} sjij^{2} dju^{1} ŋowr^{2} ŋowr^{2}

诸 邪 见 者， 化 生 情 有 一 切

彼论相应一切见趣。谓诸邪见，拨无一切化生有情，

88.203 [illegible]

·jij^{1} lha^{1} ljij^{2} tsjij^{1} zjọ^{2} ·jij^{1} pjo^{1} tsjij^{2} tśhio̱w^{1} kạ^{1} ljɨ̣^{1}

之 拨 坏， 他 世 之 诽 谤。 或 命 论

[illegible]

mjijr^{2} thja^{1} ljɨ̣^{1} rjir^{2} bju^{1} śjij^{1} ljij^{2} tshwew^{1} ŋowr^{2} ŋowr^{2}

者， 彼 论 与 相 应 见 趣 一 切，

诽谤他世。或命论者，彼论相应一切见趣，

88.204 [illegible] [illegible] [illegible] [illegible] [illegible] [illegible] [illegible] [illegible] [illegible]
thjɨ^{2} tja^{1} kạ^{1} ljɨ^{1} mjijr^{2} kạ^{1} zow^{2} tśhio̱w^{1} ·jij^{1}
此 者 命 论 者 命 计 或 自
[illegible] [illegible] [illegible]， [illegible] [illegible] [illegible] [illegible] [illegible]。 [illegible]
lju̱^{2} ŋwu^{2} ·jɨ^{2} tśhio̱w^{1} lju̱^{2} rjir^{2} do^{2} njɨ^{2} tśhio̱w^{1}
身 是 谓， 或 身 与 异 等。 或
谓命论者计命即身，或异身等。或

88.205 [illegible] [illegible] [illegible] [illegible]， [illegible] [illegible] [illegible] [illegible] [illegible] [illegible] [illegible]
gju̱^{2} rjur^{1} ljɨ^{1} mjijr^{2} thja^{1} ljɨ^{1} rjir^{2} bju^{1} śjij^{1} ljij^{2} tshwew^{1}
吉 祥 论 者， 彼 论 与 相 应 见 趣
[illegible] [illegible]， [illegible] [illegible] [illegible] [illegible] [illegible] [illegible]、 [illegible] [illegible]、
ŋowr^{2} ŋowr^{2} thjɨ^{2} tja^{1} gjɨ^{2} gjij^{1} bio̱^{1} ·ju̱^{1} sej^{1} bji̱^{2}
一 切， 此 者 星 宿 观 看、 历 算、
吉祥论者，彼论相应一切见趣，谓观参星宿、历算、

88.206 [illegible] [illegible] [illegible] [illegible] [illegible] [illegible] [illegible]， [illegible] [illegible] [illegible]
phjo^{1} ·wjijr^{1} ·ju^{2} mə^{2} mə^{2} dow^{1} ljɨ^{1} lạ^{1} zow^{2} ŋwə̱^{1}
卜 筮 寻 种 种 邪 论， 妄 计 咒
[illegible]、 [illegible] [illegible] [illegible] [illegible]， [illegible] [illegible] [illegible] [illegible] [illegible]，
ŋwu̱^{1} mə̱^{1} rər^{2} gjwij^{1} njɨ^{2} dzu^{1} lew^{2} mjɨ̱^{2} rjir^{1} zjij^{1}
诵、 火 祠 祀 等， 爱 所 境 得 时，
卜筮种种邪论[3]，妄计诵咒、祠祀火等，得所爱境，

88.207 [illegible] [illegible] [illegible] [illegible]， [illegible] [illegible] [illegible] [illegible] [illegible]。 [illegible] [illegible]
gju̱^{2} rjur^{1} śjwo^{1} njwi^{2} ·wo^{2} mjij^{1} phja^{1} njwi^{2} ·jɨ^{2} nioow^{1} ·jij^{1}
吉 祥 生 能， 义 无 断 能 谓。 又 相
[illegible] [illegible] [illegible] [illegible] [illegible] [illegible]。 [illegible] [illegible] [illegible] [illegible]？
se̱w^{2} bju^{1} gju̱^{2} mji^{1} gju̱^{2} zow^{2} thja^{1} nioow^{1} thjij^{2} sjo^{2}
睹 依 祥 不 祥 计。 彼 复 何 云？
能生吉祥，能断无义。又计睹相为祥不祥。彼复云何？

88.208 [illegible]
thjɨ^{2} tja^{1} njɨ̱^{1} ɣạ^{2} gjwi^{2} sa^{2} kja^{1} ·ja^{2} ljij^{2} bju^{1} tjị^{2}
此 者 二 十 句 萨 迦 耶 见 依 止
[illegible]
we^{2} ŋwu^{2} śji^{1} bju^{2} kụ^{1} bju^{2} tśhjiw^{1} ɣạ^{2} njɨ̱^{1} mə^{2}
为，以 前 际、后 际 六 十 二 种
谓二十句萨迦耶见为所依止，发起妄计，前际、后际六十二种

88.209 [illegible]
rjur^{1} niow^{2} ljij^{2} tshwew^{1} lạ^{1} zow^{2} śio^{1} śjwo^{1} nioow^{1} ŋowr^{2} ŋowr^{2}
诸 恶 见 趣 妄 计 起 发，及 一 切
[illegible]
zji^{2} pjo^{1} dow^{1} ljij^{2} tsjɨ^{1} śjwo^{1} ljwu^{1} dze̱j^{1} bju^{1} śjwo^{1}
总 谤 邪 见 亦 起。违 诤 所 生
诸恶见趣，及起总谤一切邪见。云何违诤所生

88.210 [illegible]
·ji^{1} tśjị^{1} tja^{1} ljɨ^{1} kjɨ^{1} thjɨ^{2} tja^{1} thja^{1} ljij^{2} kiẹj^{2}
众 苦 者 何 云？此 者 彼 见 欲
[illegible]
·jij^{1} gu^{2} ljwu^{1} nu^{1} dźjwɨ^{1} bju^{1} dze̱j^{1} ljɨ^{1} śjwo^{1}
展 转 相 违 互 相 诤 论 兴，
众苦？谓彼展转见欲相违，互兴诤论，

88.211 [illegible]
mə^{2} mə^{2} njij^{1} ɣa^{1} zjị^{1} tśjị^{1} na^{1} dzu^{1} dzju̱^{2} tśjị^{1}
种 种 心 忧 恼 苦，深 爱 藏 苦，
[illegible]
dźjwɨ^{1} bu̱^{2} dźju^{2} tśjị^{1} wo^{2} zow^{2} zjij^{1} tśjị^{1} gu^{1} śjwo^{1}
互 胜 劣 苦，坚 执 着 苦 发 起。
发起种种心忧恼苦，深爱藏苦，互胜劣苦，坚执着苦。

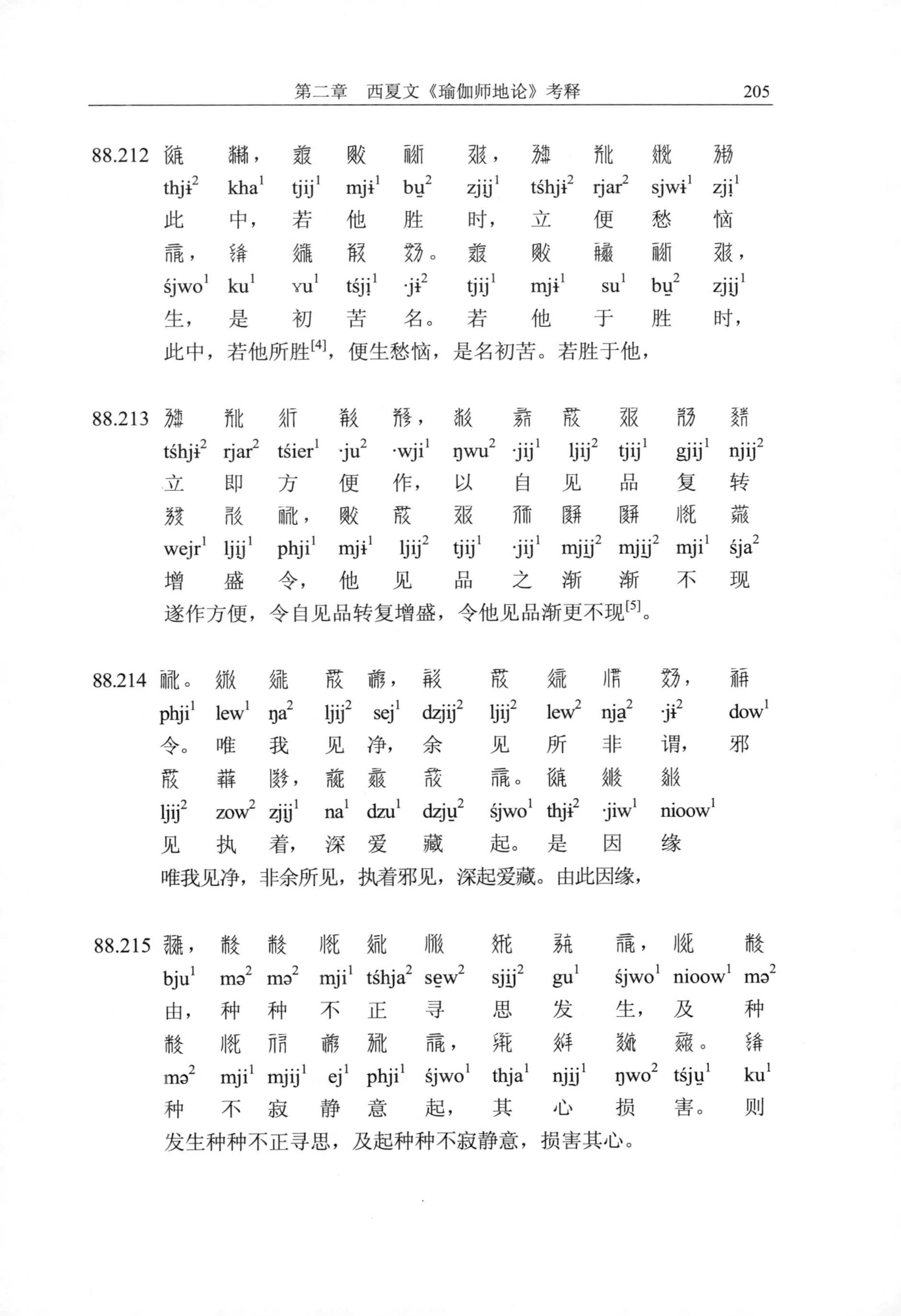

88.212

thjɨ^{2} kha^{1} tjij^{1} mjɨ^{1} bu̱^{2} zjij^{1} tśhjɨ^{2} rjar^{2} sjwɨ^{1} zjị^{1}

此　中，若　他　胜　时，立　便　愁　恼

śjwo^{1} ku^{1} ɣu^{1} tśjị^{1} ·jɨ^{2} tjij^{1} mjɨ^{1} su^{1} bu̱^{2} zjij^{1}

生，是　初　苦　名。若　他　于　胜　时，

此中，若他所胜[4]，便生愁恼，是名初苦。若胜于他，

88.213

tśhjɨ^{2} rjar^{2} tśier^{1} ·ju^{2} ·wji^{1} ŋwu^{2} ·jij^{1} ljij^{2} tjij^{1} gjij^{1} njij^{2}

立　即　方　便　作，以　自　见　品　复　转

wejr^{1} ljij^{1} phji^{1} mjɨ^{1} ljij^{2} tjij^{1} ·jij^{1} mjij^{2} mjij^{2} mji^{1} śja^{2}

增　盛　令，他　见　品　之　渐　渐　不　现

遂作方便，令自见品转复增盛，令他见品渐更不现[5]。

88.214

phji^{1} lew^{1} ŋa^{2} ljij^{2} sej^{1} dzjij^{2} ljij^{2} lew^{2} nja̱^{2} ·jɨ^{2} dow^{1}

令。唯　我　见　净，余　见　所　非　谓，邪

ljij^{2} zow^{2} zjij^{1} na^{1} dzu^{1} dzju̱^{2} śjwo^{1} thjɨ^{2} ·jiw^{1} nioow^{1}

见　执　着，深　爱　藏　起。是　因　缘

唯我见净，非余所见，执着邪见，深起爱藏。由此因缘，

88.215

bju^{1} mə^{2} mə^{2} mji^{1} tśhja^{2} se̱w^{2} sjij^{2} gu^{1} śjwo^{1} nioow^{1} mə^{2}

由，种　种　不　正　寻　思　发　生，及　种

mə^{2} mji^{1} mjij^{1} ej^{1} phji^{1} śjwo^{1} thja^{1} njij^{1} ŋwo^{2} tśju̱^{1} ku^{1}

种　不　寂　静　意　起，其　心　损　害。则

发生种种不正寻思，及起种种不寂静意，损害其心。

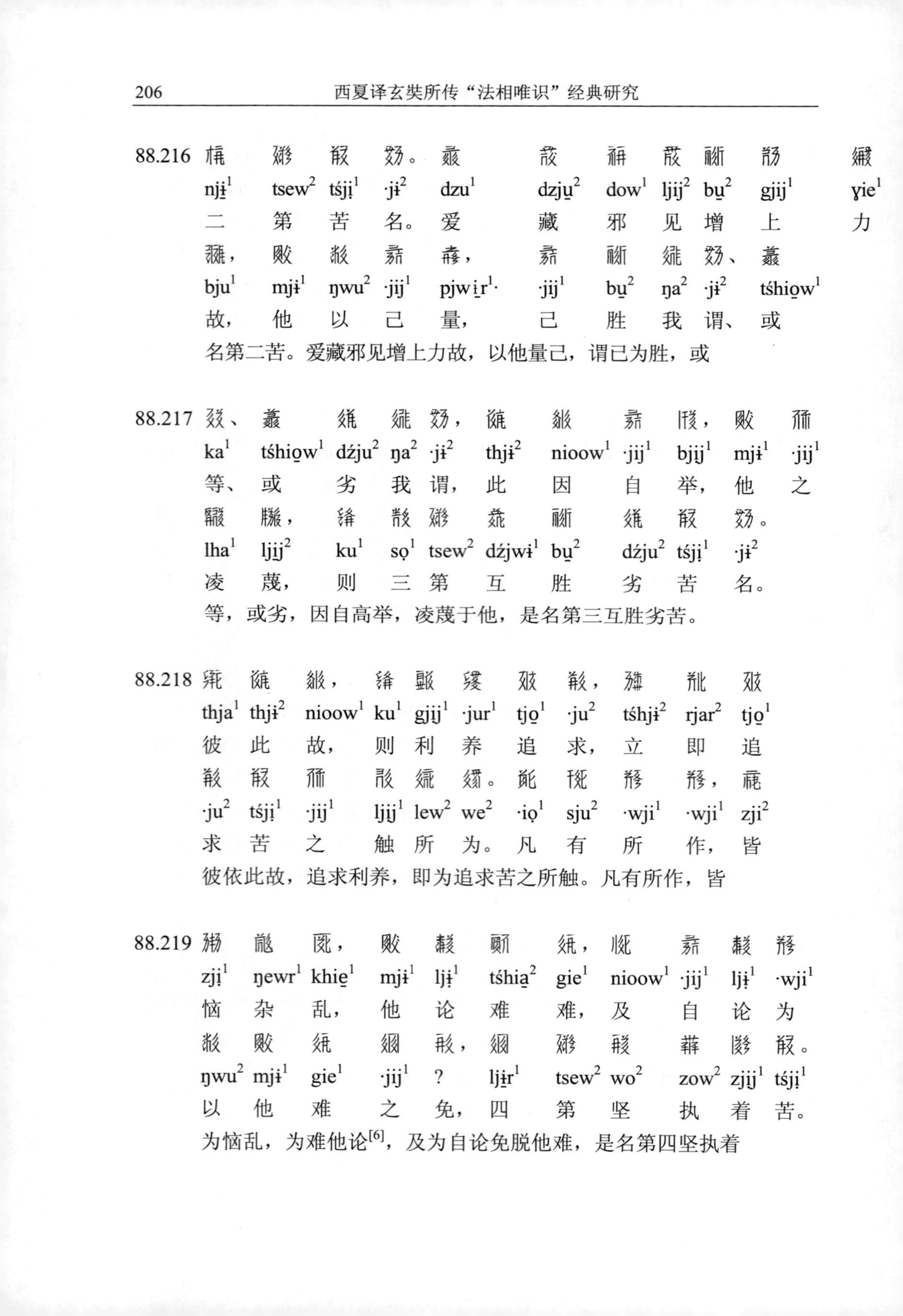

88.216 njɨ^{1} tsew^{2} tśjị^{1} ·jɨ^{2} dzu^{1} dzju̱^{2} dow^{1} ljij^{2} bu̱^{2} gjij^{1} ɣie^{1}

二 第 苦 名。爱 藏 邪 见 增 上 力

bju^{1} mjɨ^{1} ŋwu^{2} ·jij^{1} pjwɨ̱r^{1}· ·jij^{1} bu̱^{2} ŋa^{2} ·jɨ^{2} tśhio̱w^{1}

故，他 以 己 量， 己 胜 我 谓、或

名第二苦。爱藏邪见增上力故，以他量己，谓已为胜，或

88.217 ka^{1} tśhio̱w^{1} dźju^{2} ŋa^{2} ·jɨ^{2} thjɨ^{2} nioow^{1} ·jij^{1} bjij^{1} mjɨ^{1} ·jij^{1}

等、或 劣 我 谓，此 因 自 举，他 之

lha^{1} ljij^{2} ku^{1} so̱^{1} tsew^{2} dźjwɨ^{1} bu̱^{2} dźju^{2} tśjị^{1} ·jɨ^{2}

凌 蔑， 则 三 第 互 胜 劣 苦 名。

等，或劣，因自高举，凌蔑于他，是名第三互胜劣苦。

88.218 thja^{1} thjɨ^{2} nioow^{1} ku^{1} gjij^{1} ·jur^{1} tjo̱^{1} ·ju^{2} tśhjɨ^{2} rjar^{2} tjo̱^{1}

彼 此 故， 则 利 养 追 求，立 即 追

·ju^{2} tśjị^{1} ·jij^{1} ljij^{1} lew^{2} we^{2} ·io̱^{1} sju^{2} ·wji^{1} ·wji^{1} zji^{2}

求 苦 之 触 所 为。凡 有 所 作，皆

彼依此故，追求利养，即为追求苦之所触。凡有所作，皆

88.219 zjị^{1} ŋewr^{1} khie̱^{1} mjɨ^{1} ljị^{1} tśhia̱^{2} gie^{1} nioow^{1} ·jij^{1} ljị^{1} ·wji^{1}

恼 杂 乱， 他 论 难 难，及 自 论 为

ŋwu^{2} mjɨ^{1} gie^{1} ·jij^{1} ? ljɨr^{1} tsew^{2} wo^{2} zow^{2} zjij^{1} tśjị^{1}

以 他 难 之 免，四 第 坚 执 着 苦。

为恼乱，为难他论[6]，及为自论免脱他难，是名第四坚执着

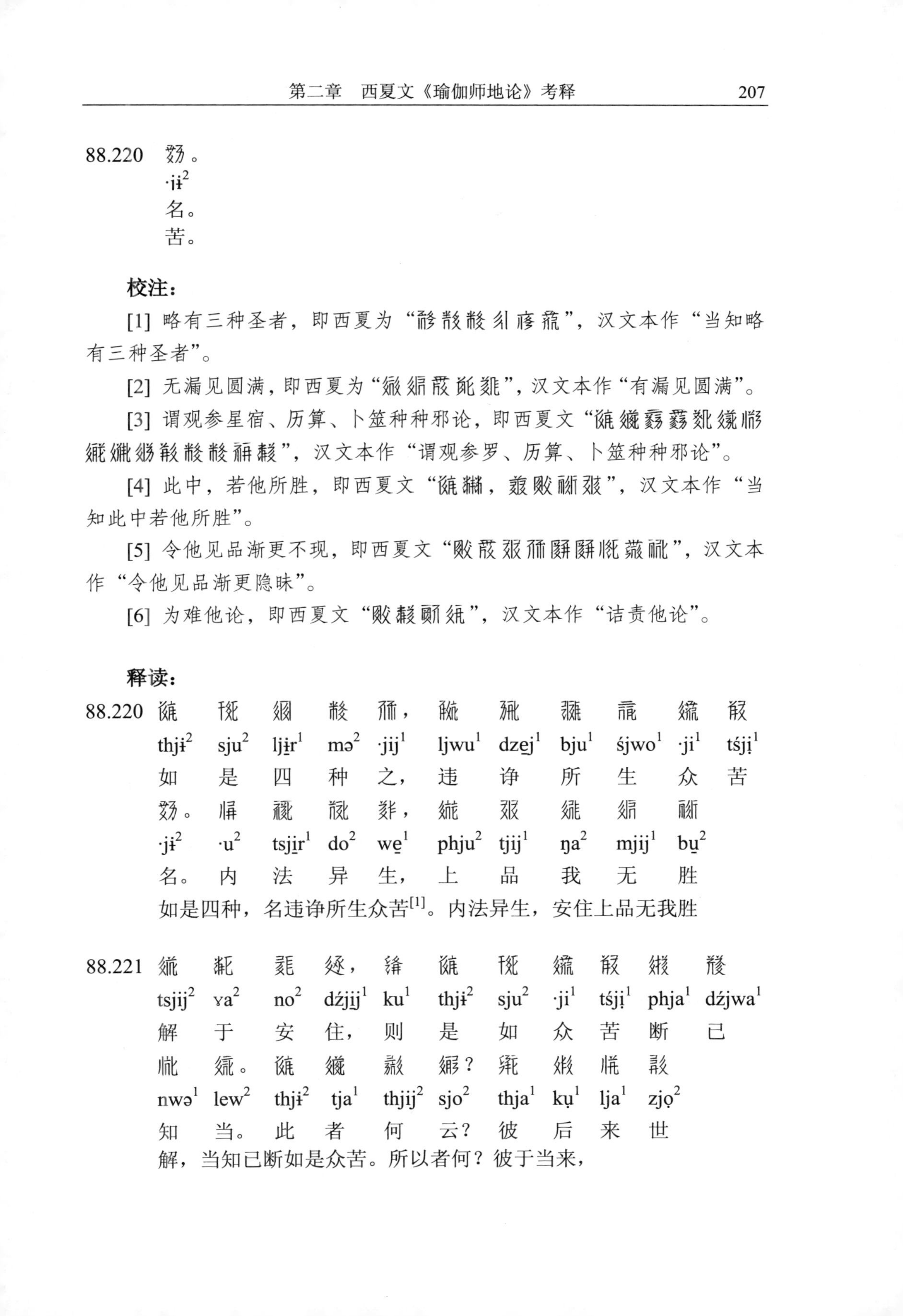

88.220 □。
·ji²
名。
苦。

校注：

[1] 略有三种圣者，即西夏为“□□□□□□”，汉文本作“当知略有三种圣者”。

[2] 无漏见圆满，即西夏为“□□□□□”，汉文本作“有漏见圆满”。

[3] 谓观参星宿、历算、卜筮种种邪论，即西夏文“□□□□□□□□□□□□□□”，汉文本作“谓观参罗、历算、卜筮种种邪论”。

[4] 此中，若他所胜，即西夏文“□□，□□□□”，汉文本作“当知此中若他所胜”。

[5] 令他见品渐更不现，即西夏文“□□□□□□□□□”，汉文本作“令他见品渐更隐昧”。

[6] 为难他论，即西夏文“□□□□”，汉文本作“诘责他论”。

释读：

88.220 □ □ □ □ □， □ □ □ □ □ □
thjɨ² sju² ljɨ̱r¹ mə² ·jij¹ ljwu¹ dzej¹ bju¹ śjwo¹ ·ji¹ tśjị¹
如 是 四 种 之， 违 诤 所 生 众 苦
□。 □ □ □ □， □ □ □ □ □
·jɨ² ·u² tsjɨ̱r¹ do² we̱¹ phju² tjij¹ ŋa² mjij¹ bu̱²
名。 内 法 异 生， 上 品 我 无 胜
如是四种，名违诤所生众苦[1]。内法异生，安住上品无我胜

88.221 □ □ □ □， □ □ □ □ □ □ □
tsjij² ɣa² no² dźjij¹ ku¹ thjɨ² sju² ·ji¹ tśjị¹ phja¹ dźjwa¹
解 于 安 住， 则 是 如 众 苦 断 已
□ □。 □ □ □ □？ □ □ □ □
nwə¹ lew² thjɨ² tja¹ thjij² sjo² thja¹ kụ¹ lja¹ zjọ²
知 当。 此 者 何 云？ 彼 后 来 世
解，当知已断如是众苦。所以者何？彼于当来，

88.222 [illegible]

ɣa^{2} phji^{1} ŋwe^{1} nioow^{1} ku^{1} thjɨ^{2} sju^{2} njɨ^{2} rjur^{1} niow^{2} ljij^{2}

于， 意 乐 故， 则 是 如 等 诸 恶 见

[illegible]

tshwew^{1} ·jij^{1} tjij^{1} ·jijr^{2} dźjo̱w^{2} njwi^{2} thjɨ^{2} nioow^{1} tjij^{1} ɣu^{1}

趣 之 除 遣 堪 能， 是 故 若 初

由意乐故，于如是等诸恶见趣堪能除遣，是故若

88.223 [illegible]

ljij^{2} ·io̱^{1} sə^{1} dźjij^{1} ku^{1} ɣu^{1} tśjị^{1} sju^{2} njwi^{2} nioow^{1} thjɨ^{2}

见 圆 满 住， 则 初 苦 超 能。 又 此

[illegible]

ɣu^{1} ljij^{2} ·io̱^{1} sə^{1} ? njij^{1} djo̱^{2} dzjɨ̱^{2} bju^{1} ·u^{2}

初 见 圆 满， 亲 近、 修 习 依、 内

住初见圆满，能超初苦。又即依此初见圆满，亲近、修习[2]、于内

88.224 [illegible]

rjur^{1} dźjɨ kha^{1} tsjɨ̱r^{1} sjij^{2} gu^{1} śjwo^{1} mjor^{1} mji^{1} ljij^{2}

诸 行 中， 法 智 发 生， 现 不 见

[illegible]

kha^{1} djij^{1} sjij^{2} gu^{1} śjwo^{1} thjwɨ^{2} ljɨ^{2} ·a tśiow^{1} we^{2}

中， 类 智 发 生， 结 合 一 聚 为

诸行，发生法智，于不现见，发生类智，结合为一聚[3]，

88.225 [illegible]

phji^{1} mjɨ^{1} mji^{1} thju̱^{1} sjij^{2} ŋwu^{2} mjor^{1} bio̱^{1} ·o^{2} thjɨ^{2}

令， 他 不 缘 智 以 现 观 入， 此

[illegible]

tja^{1} mji^{1} ·ju^{2} dźjɨ ŋwu^{2} tśhio̱w^{1} dzjij^{2} ·a mə^{2} zjij^{1}

者 无 常 行 是， 或 余 一 种 几

以不缘他智而入现观，谓以无常行，或随余一

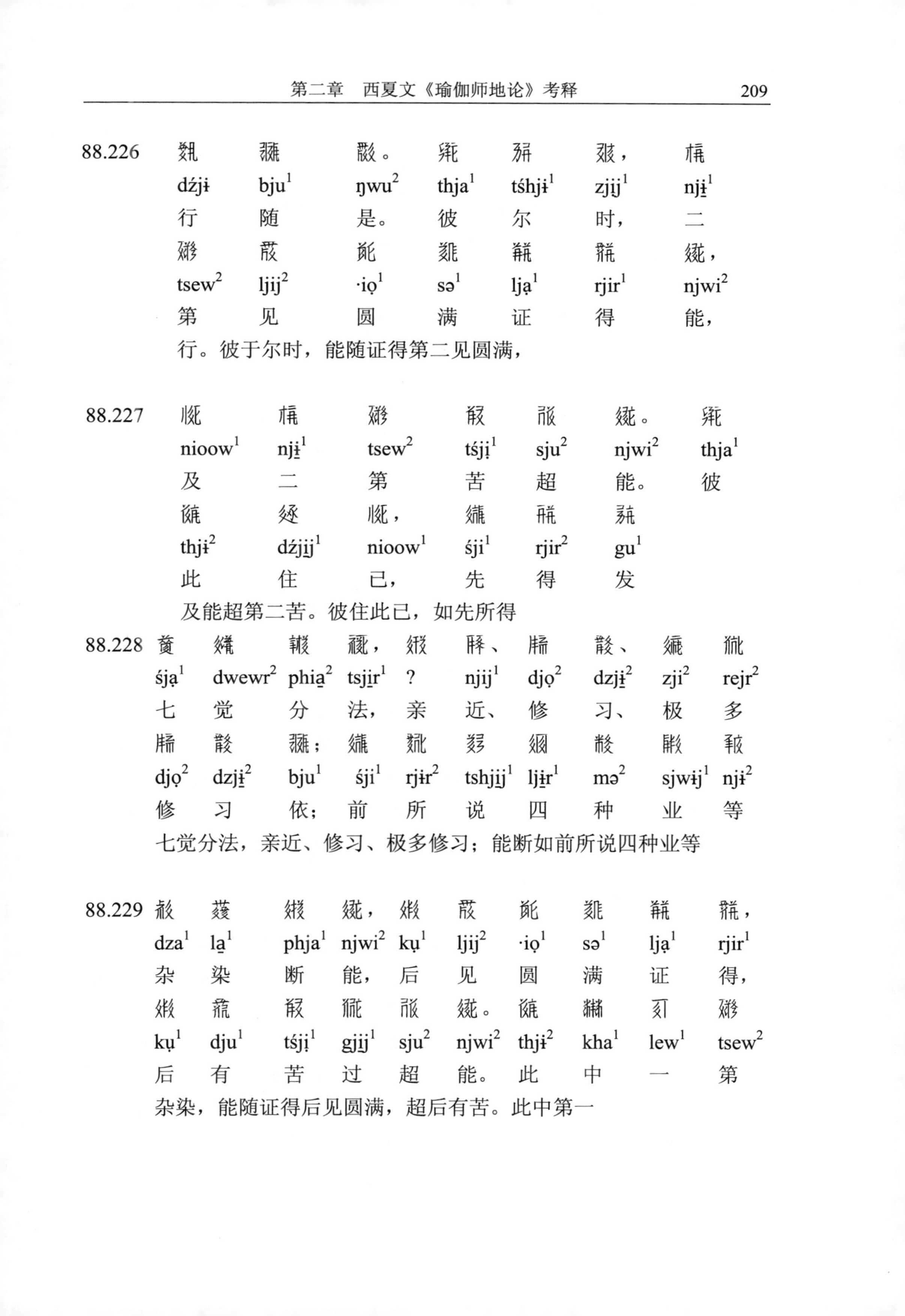

88.226

dźjɨ	bju1	ŋwu2	thja1	tśhjɨ1	zjij1	njɨ̱1
行	随	是。	彼	尔	时，	二
tsew2	ljij2	·iọ1	sə1	ljạ1	rjir1	njwi2
第	见	圆	满	证	得	能，

行。彼于尔时，能随证得第二见圆满，

88.227

nioow1	njɨ̱1	tsew2	tśjị1	sju2	njwi2	thja1
及	二	第	苦	超	能。	彼
thjɨ2	dźjij1	nioow1	śji1	rjir2	gu1	
此	住	已，	先	得	发	

及能超第二苦。彼住此已，如先所得

88.228

śjạ1	dwewr2	phia̱2	tsji̱r1	?	njij1	djọ2	dzjɨ̱2	zji2	rejr2
七	觉	分	法，	亲	近、	修	习、	极	多
djọ2	dzjɨ̱2	bju1	śji1	rjɨr2	tshjij1	ljɨ̱r1	mə2	sjwɨj1	njɨ2
修	习	依；	前	所	说	四	种	业	等

七觉分法，亲近、修习、极多修习；能断如前所说四种业等

88.229

dza1	la̱1	phja1	njwi2	kụ1	ljij2	·iọ1	sə1	ljạ1	rjir1
杂	染	断	能，	后	见	圆	满	证	得，
kụ1	dju1	tśjị1	gjij1	sju2	njwi2	thjɨ2	kha1	lew1	tsew2
后	有	苦	过	超	能。	此	中	一	第

杂染，能随证得后见圆满，超后有苦。此中第一

88.230 [illegible]

pu¹ te¹ khja² lo¹ njɨ̱¹ tśjị¹ kjɨ¹ rjir² nioow¹ mjor¹

补 特 伽 罗， 二 苦 △ 残， 及 现

[illegible]

dźjij¹ bju¹ gji² ljụ² tśjị¹ kjɨ¹ rjir² njɨ̱¹ tsew²

在 所 依 身 苦 △ 残。 二 第

补特伽罗，犹残二苦，及残现在所依身苦。第二

88.231 [illegible]

pu¹ te¹ khja² lo¹ lew¹ lew¹ tśjị¹ ljị¹ nioow¹ ljụ²

补 特 伽 罗， 唯 一 苦 △ 及 身

[illegible]

bju¹ tśjị¹ kjɨ¹ rjir² sọ¹ tsew² pu¹ te¹ khja² lo¹

依 苦 △ 残。 三 第 补 特 伽 罗，

补特伽罗，唯残一苦，及依身苦。第三补特伽罗，

88.232 [illegible]

tśjị¹ ŋowr² ŋowr² phja¹ lew¹ ljụ² bju¹ tśjị¹ tsej² zjij¹ kjɨ¹

苦 一 切 断， 但 身 依 苦， 暂 时 在

[illegible]

rjir² dzjọ¹ ·wjɨ̱¹ dji̱² sju² nioow¹ phjo² kar² sa² kja¹

余， 譬 幻 化 如。 又 分 别 萨 迦

一切苦断，但依身苦，暂时余在，譬如幻化。又依分别萨迦

88.233 [illegible]

·ja² ljij² bju¹ njɨ̱¹ ɣạ² gjwi² thu¹ phjij¹ ka¹ we̱¹ bju¹

耶 见 依， 二 十 句 建 立， 俱 生 依

[illegible]

nja̱² nioow¹ ·u² tsji̱r¹ mjijr² thjɨ² sju² dźjɨ mjij¹ njɨ²

不。 又 内 法 者， 是 如 行 无， 遍

耶见，立二十句，不依俱生。又内法者，无如是行，依遍

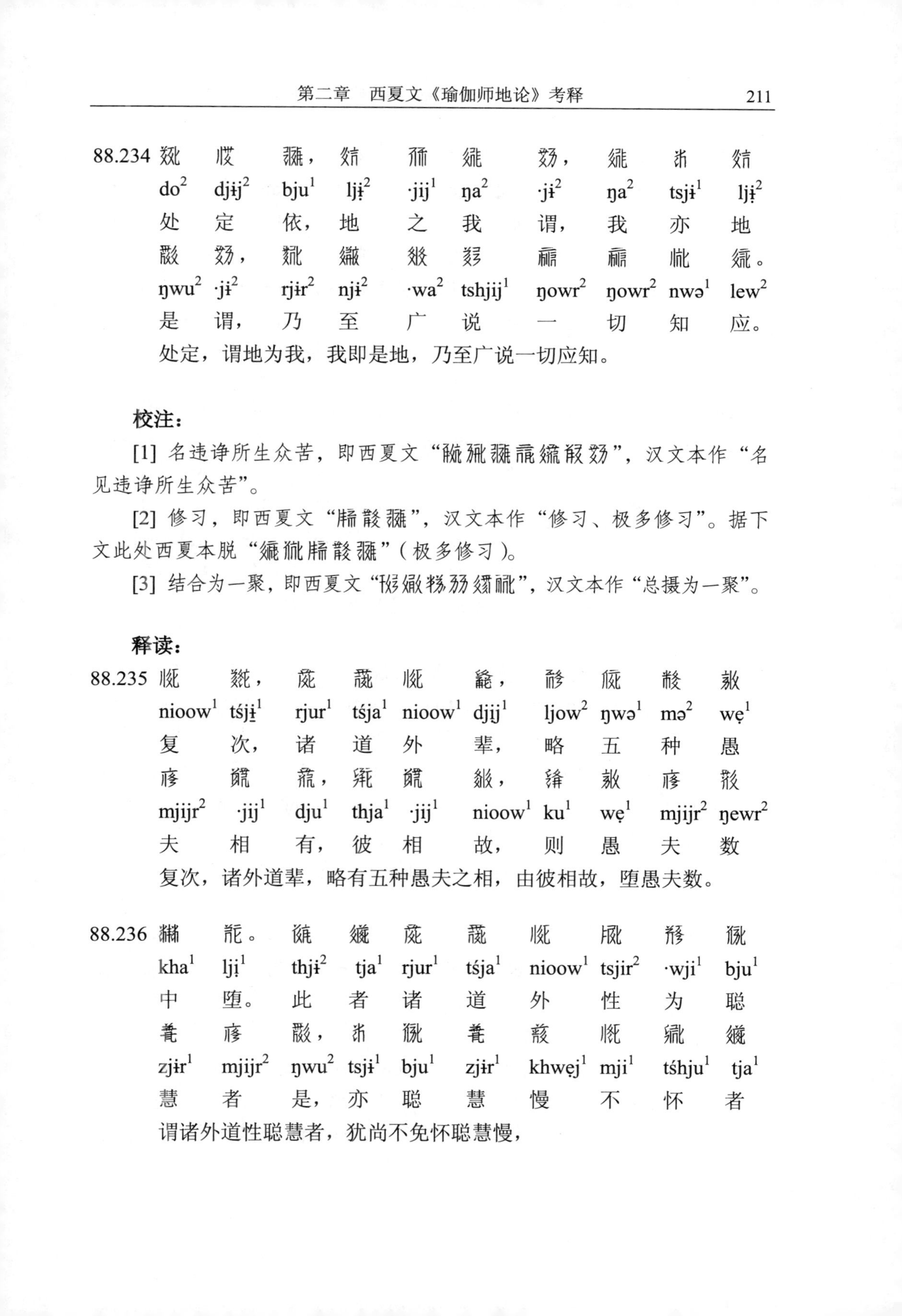

88.234 [illegible]

do^{2} djɨj^{2} bju^{1} ljɨ̣^{2} ·jij^{1} ŋa^{2} ·jɨ^{2} ŋa^{2} tsjɨ^{1} ljɨ̣^{2}

处 定 依，地 之 我 谓，我 亦 地

[illegible]

ŋwu^{2} ·jɨ^{2} rjɨr^{2} njɨ^{2} ·wa^{2} tshjij^{1} ŋowr^{2} ŋowr^{2} nwə^{1} lew^{2}

是 谓，乃 至 广 说 一 切 知 应。

处定，谓地为我，我即是地，乃至广说一切应知。

校注：

[1] 名违诤所生众苦，即西夏文“[illegible]”，汉文本作“名见违诤所生众苦”。

[2] 修习，即西夏文“[illegible]”，汉文本作“修习、极多修习”。据下文此处西夏本脱“[illegible]”（极多修习）。

[3] 结合为一聚，即西夏文“[illegible]”，汉文本作“总摄为一聚”。

释读：

88.235 [illegible]

nioow^{1} tśjɨ̣^{1} rjur^{1} tśja^{1} nioow^{1} djij^{1} ljow^{2} ŋwə^{1} mə^{2} wẹ^{1}

复 次，诸 道 外 辈，略 五 种 愚

[illegible]

mjijr^{2} ·jij^{1} dju^{1} thja^{1} ·jij^{1} nioow^{1} ku^{1} wẹ^{1} mjijr^{2} ŋewr^{2}

夫 相 有，彼 相 故，则 愚 夫 数

复次，诸外道辈，略有五种愚夫之相，由彼相故，堕愚夫数。

88.236 [illegible]

kha^{1} lji^{1} thjɨ^{2} tja^{1} rjur^{1} tśja^{1} nioow^{1} tsjir^{2} ·wji^{1} bju^{1}

中 堕。此 者 诸 道 外 性 为 聪

[illegible]

zjɨr^{1} mjijr^{2} ŋwu^{2} tsjɨ^{1} bju^{1} zjɨr^{1} khwẹj^{1} mji^{1} tśhju^{1} tja^{1}

慧 者 是，亦 聪 慧 慢 不 怀 者

谓诸外道性聪慧者，犹尚不免怀聪慧慢，

88.237 [illegible]
mjij[1] nioow[1] zjɨr[1] nja̱[2] tja[1] ·jɨ[2] lew[2] wa[2] ·o[1] thjɨ[2] tja[1]
无，又 慧 非 者 谓 所 何 有，此 者
[illegible]
lew[1] tsew[2] wẹ[1] mjijr[2] ·jij[1] ŋwu[2] nioow[1] rjur[1] tśja[1] nioow[1]
一 第 愚 夫 相 是。又 诸 道 外，
况非慧[1]，是名第一愚夫之相。又诸外道，

88.238 [illegible]
rjɨr[2] rejr[2] gjịj[1] ·jur[1] dzjwị[1] rejr[2] lẹj[2] kjụ[1] gji̱[2] nioow[1]
△ 多 利 养 恭 敬 贪 希 求 故，
[illegible]
·jij[1] ·jow[2] mjɨ[1] pjo[1] thjɨ[2] tja[1] nji̱[1] tsew[2] wẹ[1] mjijr[2]
自 赞 他 毁，此 者 二 第 愚 夫
多为贪求利养恭敬，自赞毁他，是名第二愚夫

88.239 [illegible]
·jij[1] ŋwu[2] nioow[1] rjur[1] tśja[1] nioow[1] ·jij[1] tjij[1] rjur[1] śjɨj[2]
相 是。又 诸 道 外 之，若 诸 圣
[illegible]
mjijr[2] tśhja[2] tsji̱r[1] tśhja[2] ·jwɨr[2] tśhja[2] dzji̱j[2] tshjij[1] ·wji[1] zjịj[1]
者 正 法、正 教、正 诫 说 为 时，
之相。又诸外道，若诸圣者为说正法、正教、正诫，

88.240 [illegible]
tśhjɨ[2] rjar[2] ljwu[1] nu[1] kiej[1] nạ[2] pjo[1] tsjij[2] thjɨ[2] tja[1] sọ[1]
即 便 违 逆、呵 骂、毁 呰，此 者 三
[illegible]
tsew[2] wẹ[1] mjijr[2] ·jij[1] ŋwu[2] nioow[1] rjur[1] tśja[1] nioow[1] ·jij[1]
第 愚 夫 相 是。又 诸 道 外 之，
即便违逆、呵骂、毁呰，是名第三愚夫之相。又诸外道，

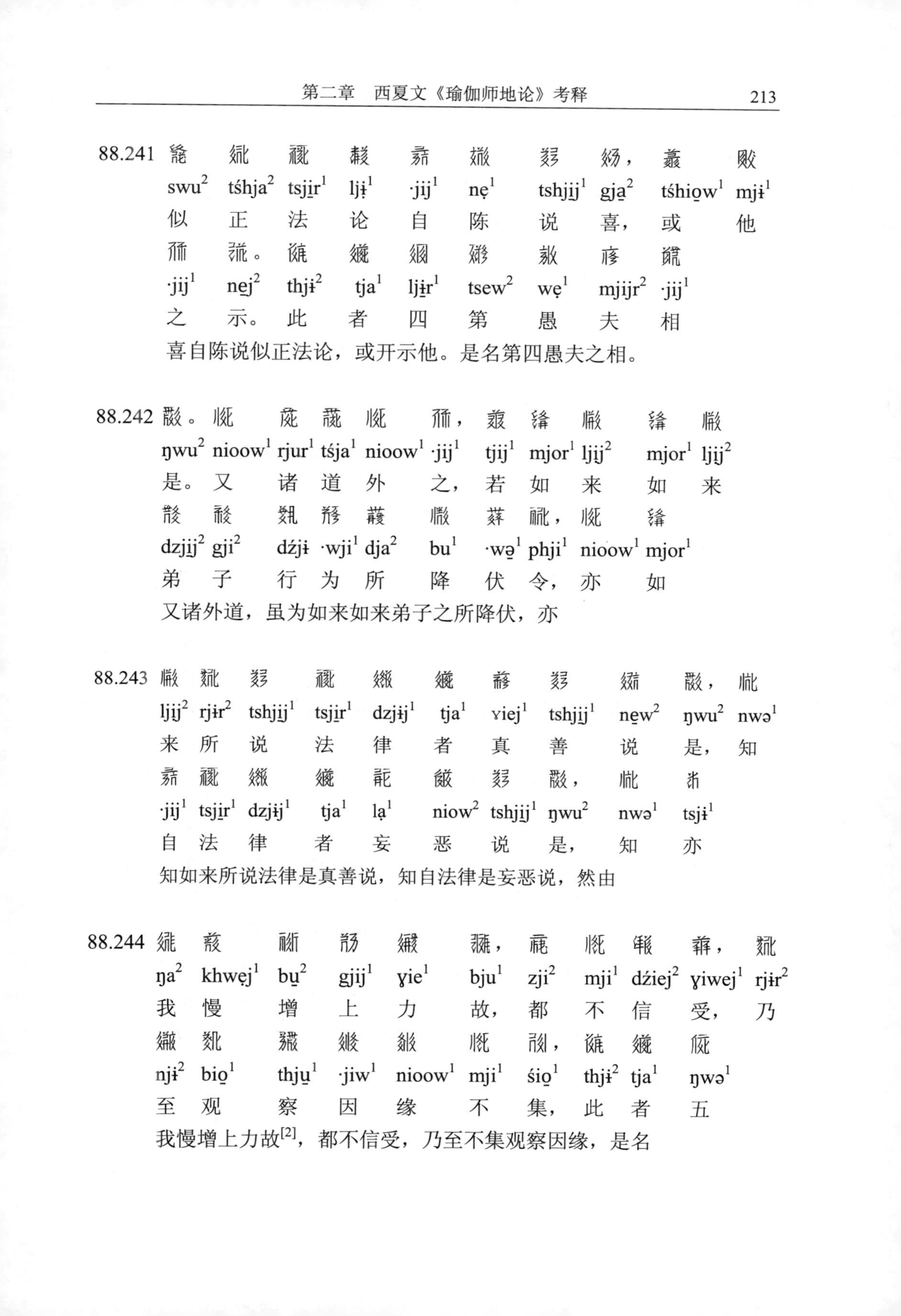

88.241
swu^{2} tśhja^{2} tsjir^{1} ljɨ^{1} ·jij^{1} nẹ^{1} tshjij^{1} gja^{2} tśhio̱w^{1} mjɨ^{1}
似 正 法 论 自 陈 说 喜， 或 他
·jij^{1} ne̱j^{2} thjɨ^{2} tja^{1} ljɨ̱r^{1} tsew^{2} wẹ^{1} mjijr^{2} ·jij^{1}
之 示。 此 者 四 第 愚 夫 相
喜自陈说似正法论，或开示他。是名第四愚夫之相。

88.242
ŋwu^{2} nioow^{1} rjur^{1} tśja^{1} nioow^{1} ·jij^{1} tjij^{1} mjor^{1} ljij^{2} mjor^{1} ljij^{2}
是。 又 诸 道 外 之， 若 如 来 如 来
dzjij^{2} gji^{2} dźjɨ ·wji^{1} dja^{2} bu^{1} ·wə̱^{1} phji^{1} nioow^{1} mjor^{1}
弟 子 行 为 所 降 伏 令， 亦 如
又诸外道，虽为如来如来弟子之所降伏，亦

88.243
ljij^{2} rjɨr^{2} tshjij^{1} tsjir^{1} dzjɨj^{1} tja^{1} ɣiej^{1} tshjij^{1} ne̱w^{2} ŋwu^{2} nwə^{1}
来 所 说 法 律 者 真 善 说 是， 知
·jij^{1} tsjir^{1} dzjɨj^{1} tja^{1} lạ^{1} niow^{2} tshjij^{1} ŋwu^{2} nwə^{1} tsjɨ^{1}
自 法 律 者 妄 恶 说 是， 知 亦
知如来所说法律是真善说，知自法律是妄恶说，然由

88.244
ŋa^{2} khwẹj^{1} bu̱^{2} gjij^{1} ɣie^{1} bju^{1} zji^{2} mji^{1} dźiej^{2} ɣiwej^{1} rjɨr^{2}
我 慢 增 上 力 故， 都 不 信 受， 乃
njɨ^{2} bio̱^{1} thju̱^{1} ·jiw^{1} nioow^{1} mji^{1} śio̱^{1} thjɨ^{2} tja^{1} ŋwə^{1}
至 观 察 因 缘 不 集， 此 者 五
我慢增上力故[2]，都不信受，乃至不集观察因缘，是名

88.245 [illegible] [illegible] [illegible] [illegible] [illegible]。
tsew^{2} wẹ^{1} mjijr^{2} ·jij^{1} ŋwu^{2}
第 愚 夫 相 是。
第五愚夫之相。

校注：

[1] 犹尚不免怀聪慧慢，况非慧，即西夏文“[illegible][illegible][illegible][illegible][illegible][illegible][illegible][illegible]，[illegible][illegible][illegible][illegible][illegible][illegible][illegible][illegible]”，汉文本作“犹尚不免怀聪慧慢，况非聪慧”，西夏文第二句“[illegible]”前脱“[illegible]”字。

[2] 然由我慢增上力故，即西夏文“[illegible][illegible][illegible][illegible][illegible][illegible][illegible][illegible]”，西夏文疑衍“[illegible]”字。

释读：

88.246 [illegible] [illegible]，[illegible] [illegible] [illegible] [illegible] [illegible] [illegible] [illegible]，[illegible]
nioow^{1} tśjɨ̱^{1} mjor^{1} ljij^{2} tśhjiw^{1} phia̱^{2} śjɨj^{1} ·jiw^{2} nioow^{1} mji^{1}
复 次，如 来 六 分 成 就 故，无
[illegible] [illegible] [illegible] [illegible] [illegible] [illegible] [illegible]。[illegible] [illegible]
bja^{2} ljɨ̣^{1} ka^{2} tśjij^{2} njij^{2} mjij^{2} rjir^{1} tśhjiw^{1} tja^{1}
间 论 师 子 王 名 得。六 者
复次，如来成就六分，得名无间论师子王。

88.247 [illegible] [illegible] [illegible]？[illegible] [illegible] [illegible] [illegible] [illegible] [illegible] [illegible] [illegible]
ljɨ̣^{1} kjɨ^{1} ŋwu^{2} thjɨ^{2} tja^{1} zji^{2} ɣu^{1} tśja^{1} nioow^{1} ljɨ̣^{1} dwər^{2}
何 △ 是？此 者 最 初 道 外 论 敌
[illegible] [illegible]，[illegible] [illegible] [illegible] [illegible] [illegible] [illegible] [illegible] [illegible]
mjijr^{2} śjɨ^{1} rjɨr^{2} njɨ^{2} thja^{1} phji^{1} bju^{1} ·wo^{2} ŋowr^{2} ŋowr^{2}
者 往，乃 至 其 意 随 义 一 切
何等为六？所谓最初往诣外道敌论者所，乃至恣其问一切义，

88.248 [illegible]，[illegible]，[illegible]

·jɨr1 phji1 tśhia̱2 ·jɨr1 ŋowr2 ŋowr2 lew1 rjur1 sjij2 dju1 ·jij1

问 令， 难 问 一 切， 唯 诸 情 有 之

[illegible]。[illegible]，[illegible]

njij2 śjow1 ku1 dạ2 djij2 ljɨ̣1 dze̱j1 nioow1 nja̱2 thja1 mji1

哀 愍。 则 事 △ 论 诤 因 非， 其 不

凡所难问[1]，非为诤论，唯除哀愍诸有情故[2]。其未信者

88.249 [illegible]，[illegible]

dźiej2 mjijr2 ·jij1 dźiej2 śjwo1 phji1 dja2 dźiej2 mjijr2 ·jij1 bjij1

信 者 之 信 生 令， 已 信 者 之 倍

[illegible]。[illegible]，[illegible]，

lhu1 ljij1 phji1 nioow1 ljɨ̣1 śjwo1 zjij1 rjur1 tśhji2 mjij1 sej1

增 长 令。 又 论 兴 时， 诸 根 寂 静，

令彼生信，若已信者令倍增长。又兴论时，诸根寂静，

88.250 [illegible]，[illegible]

ljụ2 tsə̣1 la̱1 mji1 ? kja̱1 le2 sjwɨ1 mẹ2 nioow1

形 色 容 无 变， 怖 畏 习 气 随

[illegible]。[illegible]

śio1 nja̱2 nioow1 rjur1 mə1 rjur1 kha1 ·jij1 bṳ2 ·wə̱1

逐 无。 又 诸 天 世 间 之 胜 伏

形色无变，亦无怖畏习气随逐。又终不为诸天世间之所胜伏，

88.251 [illegible]，[illegible]

lew2 mji1 we2 rjur1 ŋowr2 ŋowr2 kha1 ljɨ̣1 dwər2 mjijr2 mjij1

所 不 为， 世 一 切 间 论 敌 者 无

[illegible]，[illegible]

·a rer2 sju2 njwi2 ku1 lew1 ·a rer2 tshjij1 thjɨ1

一 翻 越 能， 则 唯 一 翻 说 言

一切世间无敌论者能越一翻，唯说一翻

88.252 [illegible]
zji^{2} [jar]^{2} ·wə̱^{1} njwi^{2} nioow^{1} rjur^{1} rjur^{1} kha^{1} zji^{2} bju^{1} zjɨr^{1}
皆 摧 伏 能。又 诸 世 间 极 聪 慧
[illegible]
mjijr^{2} zji^{2} le^{2} mjij^{1} mjijr^{2} tjij^{1} mjor^{1} ljịj^{2} rjir^{2} gu^{2}
者、极 畏 无 者，若 如 来 与 共
皆能摧伏。又诸世间极聪慧者、极无畏者，若与如来共

88.253 [illegible]
ljɨ̣^{1} śjwo^{1} zjij^{1} nwə ŋwo^{2} ŋowr^{2} ŋowr^{2} zji^{2} tju^{1} tjij^{2} lhə
论 兴 时，辩 才 所 有 皆 謇 讷 悉，
[illegible]
bu̱^{2} gjij^{1} kja̱^{1} le^{2} lju̱^{2} njij^{1} tha njij^{2} dzew^{2} dzji^{1}
增 上 怖 畏 身 心 逼 迫，矫 术
兴论时，所有辩才皆悉謇讷，增上怖畏逼切身心，矫术

88.254 [illegible]
la̱^{1} ljo̱r^{1} ŋwu̱^{1} ljɨ̣^{1} zji^{2} thu^{1} tśju^{1} njwi^{2} nioow^{1} ·a
虚 诈 言 论 皆 设 不 能。又 一
[illegible]
ljwu^{2} ·u^{2} dzuu^{2} gu^{2} dźjij^{1} ljij^{2} ·ji^{1} zji^{2} tha^{1} ·jij^{1}
会 中 坐 同，处 大 众，皆 佛 之
虚诈言论[3]皆不能设。又同一会坐[4]，处中大众，皆于佛所

88.255 [illegible]
mjɨ^{1} su^{1} bu̱^{2} njij^{1} śjwo^{1} thja^{1} tśja^{1} nioow^{1} ljɨ̣^{1} dwər^{2} mjijr^{2} ·jij^{1}
他 如 胜 心 起，彼 道 外 论 敌 者 之
[illegible]
mjɨ^{1} ·jij^{1} bu̱^{2} lew^{2} we^{2} njij^{1} śjwo^{1} nioow^{1} tha^{1} rjur^{1} pju̱^{1}
他 之 胜 所 为 心 起。又 佛 世 尊
起胜他心，于彼外道敌论者所起他胜心。又佛世尊

88.256

[illegible]	[illegible]	[illegible]	[illegible]	[illegible]，	[illegible]	[illegible]	[illegible]	[illegible]
ŋwu̱^{1}	dạ^{2}	pjụ^{1}	wer^{1}	dju^{1}	thja^{1}	ljɨ̣^{1}	dwər^{2}	mjijr^{2}
言	辞	威	肃	有，	其	论	敌	者
[illegible]	[illegible]	[illegible]	[illegible]	[illegible]	[illegible]	[illegible]	[illegible]。	
ŋwu̱^{1}	dạ^{2}	to^{2}	to^{2}	pjụ^{1}	wer^{1}	mji^{1}	dju^{1}	
言	辞	出	出	威	肃	无	有。	

言辞威肃，其敌论者所出言词无有威肃。

校注：

[1] 凡所难问，即西夏文“[illegible]”，汉文本作“凡所兴论”。

[2] 非为诤论，唯除哀愍诸有情故，即西夏文“[illegible]，[illegible]”，西夏文字面意思作“唯除哀愍诸有情故，非为诤论”，二句语序颠倒。

[3] 矫术虚诈言论，即西夏文“[illegible]”，汉文本作“一切矫术虚诈言论”。

[4] 又同一会坐，即西夏文“[illegible]”，汉文本作“又复一切同一会坐”。

释读：

88.257

[illegible]	[illegible]，	[illegible]	[illegible]	[illegible]	[illegible]，	[illegible]	[illegible]	[illegible]	[illegible]
nioow^{1}	tśjɨ̱^{1}	njɨ̱^{1}	mə^{2}	ljɨ̣^{1}	dju^{1}	njɨ̱^{1}	tja^{1}	ljɨ̣^{1}	kjɨ^{1}
复	次，	二	种	论	有，	二	者	何	△
[illegible]？	[illegible]、	[illegible]	[illegible]	[illegible]，	[illegible]、	[illegible]	[illegible]	[illegible]	[illegible]。
ŋwu^{2}	lew^{1}	ŋa^{2}	dju^{1}	ljɨ̣^{1}	njɨ̱^{1}	ŋa^{2}	mjij^{1}	ljɨ̣^{1}	ŋwu^{2}
是？	一、	我	有	论，	二、	我	无	论	是。

复次，有二种论，何等为二？一、有我论，二、无我论。

88.258

[illegible]	[illegible]	[illegible]	[illegible]	[illegible]	[illegible]，	[illegible]	[illegible]	[illegible]	[illegible]
ŋa^{2}	mjij^{1}	ljɨ̣^{1}	tja^{1}	ɣie^{1}	dźjij^{2}	ŋa^{2}	dju^{1}	ljɨ̣^{1}	tja^{1}
我	无	论	者	力	有，	我	有	论	者
[illegible]	[illegible]。	[illegible]	[illegible]	[illegible]	[illegible]	[illegible]	[illegible]	[illegible]	[illegible]

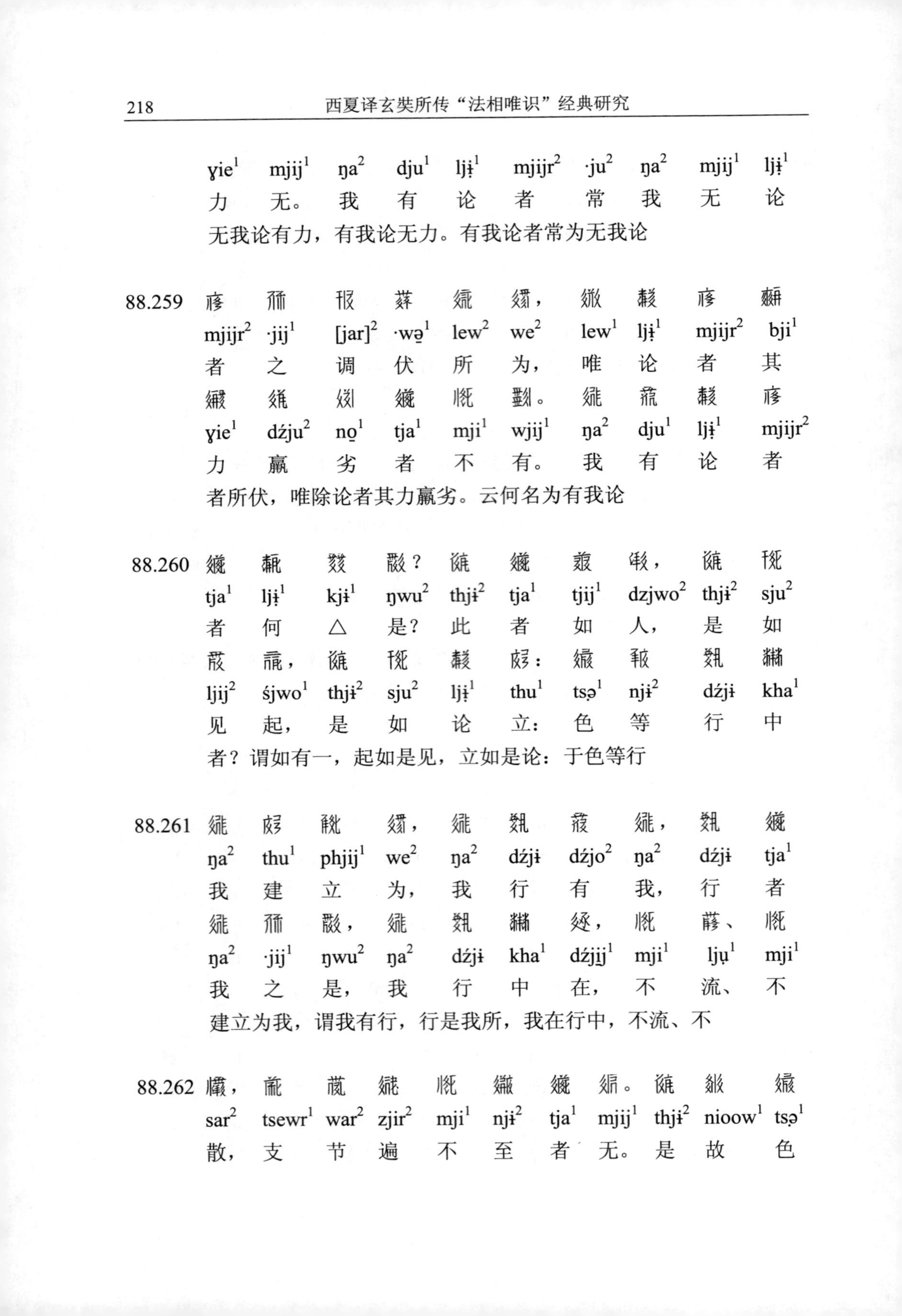

ɣie^1 mjij^1 ŋa^2 dju^1 ljɨ̣^{1} mjijr^2 ·ju^2 ŋa^2 mjij^1 ljɨ̣^{1}
力 无。 我 有 论 者 常 我 无 论
无我论有力，有我论无力。有我论者常为无我论

88.259 [illegible]
mjijr^2 ·jij^1 [jar]^2 ·wə̣^{1} lew^2 we^2 lew^1 ljɨ̣^{1} mjijr^2 bji^1
者 之 调 伏 所 为， 唯 论 者 其
[illegible]
ɣie^1 dźju^2 no̱^{1} tja^1 mji^1 wjij^1 ŋa^2 dju^1 ljɨ̣^{1} mjijr^2
力 羸 劣 者 不 有。 我 有 论 者
者所伏，唯除论者其力羸劣。云何名为有我论

88.260 [illegible]
tja^1 ljɨ̣^{1} kjɨ^1 ŋwu^2 thjɨ^2 tja^1 tjij^1 dzjwo^2 thjɨ^2 sju^2
者 何 △ 是？ 此 者 如 人， 是 如
[illegible]
ljij^2 śjwo^1 thjɨ^2 sju^2 ljɨ̣^{1} thu^1 tsə̣^{1} njɨ^2 dźjɨ kha^1
见 起， 是 如 论 立： 色 等 行 中
者？谓如有一，起如是见，立如是论：于色等行

88.261 [illegible]
ŋa^2 thu^1 phjij^1 we^2 ŋa^2 dźjɨ dźjo^2 ŋa^2 dźjɨ tja^1
我 建 立 为， 我 行 有 我， 行 者
[illegible]
ŋa^2 ·jij^1 ŋwu^2 ŋa^2 dźjɨ kha^1 dźjịj^1 mji^1 ljụ^1 mji^1
我 之 是， 我 行 中 在， 不 流、 不
建立为我，谓我有行，行是我所，我在行中，不流、不

88.262 [illegible]
sar^2 tsewr^1 war^2 zjir^2 mji^1 njɨ^2 tja^1 mjij^1 thjɨ^2 nioow^1 tsə̣^{1}
散， 支 节 遍 不 至 者 无。 是 故 色

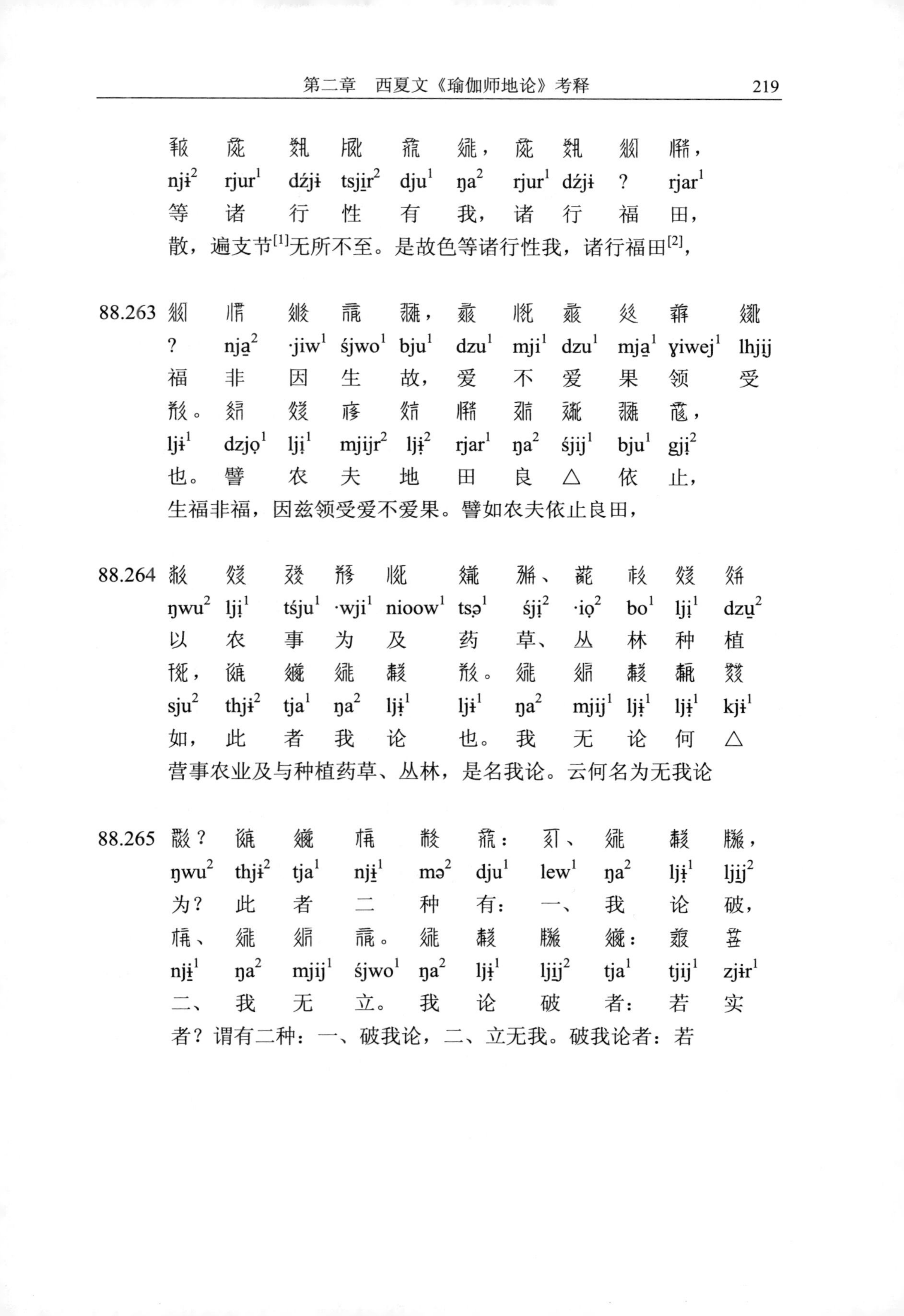

□ □ □ □ □ □，□ □ □ □，
njɨ^{2} rjur^{1} dźjɨ tsjɨ̱r^{2} dju^{1} ŋa^{2} rjur^{1} dźjɨ ? rjar^{1}
等 诸 行 性 有 我，诸 行 福 田，
散，遍支节[1]无所不至。是故色等诸行性我，诸行福田[2]，

88.263 □ □ □ □ □，□ □ □ □ □ □
? nja̱^{2} ·jiw^{1} śjwo^{1} bju^{1} dzu^{1} mji^{1} dzu^{1} mja̱^{1} ɣiwej^{1} lhjịj
福 非 因 生 故，爱 不 爱 果 领 受
□。□ □ □ □ □ □ □ □，
ljɨ^{1} dzjọ^{1} ljị^{1} mjijr^{2} ljɨ̣^{2} rjar^{1} ŋa^{2} śjij^{1} bju^{1} gjị^{2}
也。譬 农 夫 地 田 良 △ 依 止，
生福非福，因兹领受爱不爱果。譬如农夫依止良田，

88.264 □ □ □ □ □ □ □、□ □ □ □
ŋwu^{2} ljị^{1} tśju^{1} ·wji^{1} nioow^{1} tsə̣^{1} śjị^{2} ·iọ^{2} bo^{1} ljị^{1} dzu̱^{2}
以 农 事 为 及 药 草、从 林 种 植
□，□ □ □ □ □。□ □ □ □ □
sju^{2} thjɨ^{2} tja^{1} ŋa^{2} ljɨ̣^{1} ljɨ^{1} ŋa^{2} mjij^{1} ljɨ̣^{1} ljɨ̣^{1} kjɨ^{1}
如，此 者 我 论 也。我 无 论 何 △
营事农业及与种植药草、丛林，是名我论。云何名为无我论

88.265 □？□ □ □ □ □：□、□ □ □，
ŋwu^{2} thjɨ^{2} tja^{1} njɨ̱^{1} mə^{2} dju^{1} lew^{1} ŋa^{2} ljɨ̣^{1} ljij^{2}
为？此 者 二 种 有：一、我 论 破，
□、□ □ □。□ □ □ □：□ □
njɨ̱^{1} ŋa^{2} mjij^{1} śjwo^{1} ŋa^{2} ljɨ̣^{1} ljij^{2} tja^{1} tjij^{1} zjɨr^{1}
二、我 无 立。我 论 破 者：若 实
者？谓有二种：一、破我论，二、立无我。破我论者：若

88.266 [illegible]

ŋa^{2} wji^{1} ·io̱w^{1} dju^{1} dzu^{1} dzu^{1} nja̱^{2} rjur^{1} mja̱^{1} sjwɨj^{1} kha^{1}

我 作 用 有，爱 爱 非 诸 果 业 中

[illegible]

·jij^{1} dzju^{2} rjir^{1} zow^{2} ku^{1} thjɨ^{2} ŋa^{2} tśjo rejr^{2} tśji̱^{1}

自 在 得 计，则 此 我 恒 乐 苦

计实我能有作用，于爱非爱诸果业中得自在者，此我恒时厌苦，

88.267 [illegible]

dwər^{1} thjɨ^{2} bju^{1} thjɨ^{2} ŋa^{2} lew^{1} ? śjwo^{1} ? nja̱^{2} mji^{1}

厌；是 故 此 我，唯 福 生 福 非 不

[illegible]

śjwo^{1} lew^{2} nioow^{1} ŋa^{2} wji^{1} ·io̱w^{1} mjor^{1} ·ju^{2} śja^{2} zjij^{1}

生 应。又 我 作 用 常 前 现 时，

是故此我，唯应生福，不生非福。又我作用常现在前，

88.268 [illegible]

·u^{2} djɨr^{2} rjur^{1} dźjɨ tjij^{1} ljij^{1} ? zjij^{1} ɣa^{1} sjwɨ^{1} ŋo^{2}

内 外 诸 行 若 变 异 时，愁 忧 悲

[illegible]

djij^{2} śjwo^{1} lew^{2} nja̱^{2} nioow^{1} ŋa^{2} tja^{1} ·ju^{2} ŋwu^{2} dwewr^{2}

叹 发 生 不。又 我 者 常 是，觉

内外诸行若变异时，不应发生愁忧悲叹。又我是常，以觉

88.269 [illegible]

ŋwu^{2} śji^{1} we^{2} ku^{1} tjij^{1} gu^{1} śjwo^{1} zjij^{1} ·ju^{2} dzjɨj^{1}

以 先 为，则 若 生 起 时，常 时

[illegible]

dźjij^{1} lew^{2} ljij^{1} ? mji^{1} dju^{1} lew^{2} thjɨ^{2} sju^{2} tjɨj^{2}

行 应，变 异 无 有 所，是 如 法

为先，凡所生起，常应行时[3]，无有变易，然不可得。如是

88.270 □ □ □ □ □ □ □ □。□ □ □
mjij^{1} thjɨ^{2} tja^{1} ŋa^{2} dju^{1} ljɨ̣^{1} ljij^{2} ·jɨ^{2} ŋa^{2} mjij^{1} śjwo^{1}
不 是 者 我 有 论 破 名。我 无 立
□：□ □ □ □ □ □ □，□ □
tja^{1} dźjɨ ŋowr^{2} ŋowr^{2} ·ji^{1} nioow^{1} bju^{1} śjwo^{1} tjij^{1} ?
者：行 一 切 众 缘 从 生，若 福
名为破有我论。立无我者：以一切行从众缘生，若遇福

88.271 □ □ □，□ □ □ □ □；□ □ □
nioow^{1} rjir^{2} ber^{2} ku^{1} tśhjɨ^{2} rjar^{2} ? śjwo^{1} thjɨ^{2} rjir^{2} ljwu^{1}
缘 与 遇，则 立 即 福 生；此 与 违
□ □ □ □。□ □ □ □，□ □
ku^{1} ? nja̱^{2} śjwo^{1} thjɨ^{2} nioow^{1} we^{2} bju^{1} dzu^{1} dzu^{1}
则 福 非 生。此 缘 为 由，爱 爱
缘，福便生起；与此相违，生起非福。由此为缘，能招一切爱

88.272 □ □ □ □ □ □ □。□ □ □ □，
nja̱^{2} mja̱^{1} ŋowr^{2} ŋowr^{2} bju^{2} rjijr^{2} njwi^{2} ·ji^{1} nioow^{1} ɣa^{2} bju^{1}
非 果 一 切 招 唤 能。众 缘 于 依，
□ □ □ □ □。□ □ □ □ □ □
ku^{1} zji^{2} mji^{1} ·ju^{2} ŋwu^{2} lew^{1} thjɨ^{2} sju^{2} ·jiw^{1} mja̱^{1} kha^{1}
则 皆 无 常 是。唯 是 如 因 果 中
非爱果。依众缘故，皆是无常。唯于如是因果所

88.273 □ □ □ □ □ □ □、□ □ □ □
ɣjiw^{1} lew^{2} rjur^{1} dźjɨ tśhja^{2} de̱j^{1} bju^{1} [dź?] ŋa^{2} njɨ^{2} thu^{1}
摄 所 诸 行 流 转 依、假 我 等 建
□，□ □ □ □，□ □ □ □ □
phjij^{1} tjij^{1} ·wo^{2} bju^{1} tshjij^{1} ku^{1} rjur^{1} tsji̱r^{1} ŋowr^{2} ŋowr^{2}
立，若 义 依 说，则 诸 法 一 切
摄诸行流转、假立我等，若依说义[4]，一切诸法

88.274 [illegible]
zji^{2} ŋa^{2} njɨ^{2} mjij^{1} thjɨ^{2} tja^{1} ŋa^{2} mjij^{1} ljɨ̣^{1} śjwo^{1} ·jɨ^{2}
皆 我 等 无， 此 者 我 无 论 立 名。
皆无我等，如是名为立无我论。

校注：

[1] 遍支节，即西夏文“[illegible]”，汉文本作“遍随支节”。

[2] 诸行福田，即西夏文“[illegible]”，汉文本作“依诸行田”。

[3] 常应行时，即西夏文“[illegible]”，汉文本作“常应随转”。

[4] 若依说义，即西夏文“[illegible]”，汉文本作“若依胜义”。

释读：

88.274 [illegible]
nioow^{1} tśjɨ̣^{1} ŋwə^{1} mə^{2} ·jij^{1} bju^{1} ɣiew^{1} dju^{1} ɣiew^{1} mjij^{1}
复 次， 五 种 相 由， 学 有、 学 无
复次，由五种相，有学、无学

88.275 [illegible]
njɨ̣^{1} mə^{2} do^{2} pha^{1} thjɨ^{2} tja^{1} rjur^{1} ɣiew^{1} mjij^{1} śjɨj^{1}
二 种 差 别： 此 者 诸 学 无 成
[illegible]
·jiw^{2} sjij^{2} ·jij^{1} phju^{2} mjij^{1} ·jɨ^{2} ɣiew^{1} dju^{1} ŋowr^{2} ŋowr^{2}
就 智 之， 上 无 名； 学 有 一 切
二种差别：谓诸无学所成就智，说名无上；一切有学

88.276 [illegible]
śjɨj^{1} ·jiw^{2} sjij^{2} ·jij^{1} phju^{2} dju^{1} ·jɨ^{2} sjij^{2} phju^{2} mjij^{1}
成 就 智 之， 上 有 名。 智 上 无
[illegible]
sju^{2} tśhja^{2} dźjɨ bie^{2} lhew^{2} phju^{2} mjij^{1} tsjɨ^{1} thjɨ^{2} rjir^{2}
如， 正 行 解 脱 上 无 亦 此 与
所成就智，说名有上。如智无上，当知正行及与解脱无上

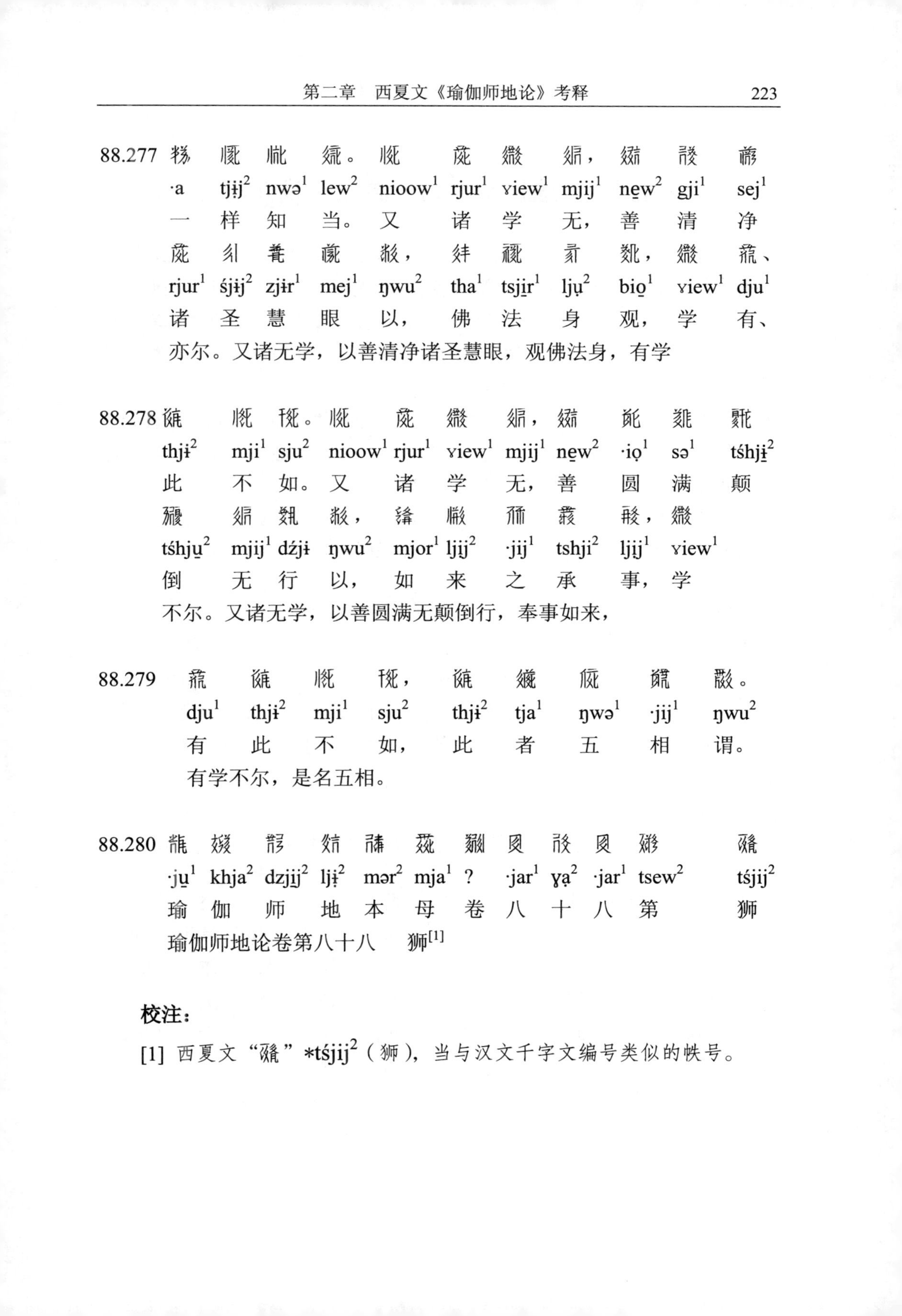

88.277 [illegible]
·a tjɨj^{2} nwə^{1} lew^{2} nioow^{1} rjur^{1} ɣiew^{1} mjij^{1} ne̱w^{2} gji^{1} sej^{1}
一 样 知 当。 又 诸 学 无， 善 清 净
[illegible]
rjur^{1} śjɨj^{2} zjɨr^{1} mej^{1} ŋwu^{2} tha^{1} tsjɨ̱r^{1} ljụ^{2} biọ^{1} ɣiew^{1} dju^{1}
诸 圣 慧 眼 以， 佛 法 身 观， 学 有、
亦尔。又诸无学，以善清净诸圣慧眼，观佛法身，有学

88.278 [illegible]
thjɨ^{2} mji^{1} sju^{2} nioow^{1} rjur^{1} ɣiew^{1} mjij^{1} ne̱w^{2} ·iọ^{1} sə^{1} tśhjɨ̱^{2}
此 不 如。 又 诸 学 无， 善 圆 满 颠
[illegible]
tśhju̱^{2} mjij^{1} dźjɨ ŋwu^{2} mjor^{1} ljij^{2} ·jij^{1} tshji^{2} ljij^{1} ɣiew^{1}
倒 无 行 以， 如 来 之 承 事， 学
不尔。又诸无学，以善圆满无颠倒行，奉事如来，

88.279 [illegible]
dju^{1} thjɨ^{2} mji^{1} sju^{2} thjɨ^{2} tja^{1} ŋwə^{1} ·jij^{1} ŋwu^{2}
有 此 不 如， 此 者 五 相 谓。
有学不尔，是名五相。

88.280 [illegible]
·ju̱^{1} khja^{2} dzjij^{2} ljɨ^{2} mər^{2} mja^{1} ? ·jar^{1} ɣạ^{2} ·jar^{1} tsew^{2} tśjij^{2}
瑜 伽 师 地 本 母 卷 八 十 八 第 狮
瑜伽师地论卷第八十八　狮[1]

校注：

[1] 西夏文“[illegible]”*tśjij^{2}（狮），当与汉文千字文编号类似的帙号。

第五节 《瑜伽师地论》卷九十残叶译注

西夏文《瑜伽师地论》卷九十，今藏于英国国家图书馆，编号为Or.12380-2（K.K.II.0283.b），写本，基本形制为19.7×11.2厘米。西夏文仅存6行，相应的汉文本见《大正藏》第30册第812页中栏，即“二者引彼空住。诸阿罗汉观无我住，如是名为尊胜空住。由阿罗汉法尔尊胜观无我住，于诸住中最为尊胜。如是或尊胜所住，或即住尊胜，由此因缘，是故说名尊胜空住。引彼空住者，谓如有一。若行若住，如实了知烦恼有无。知有烦恼，便修断行；知无烦恼，便生欢喜。生欢喜故，乃至令心证三摩地由心证得三摩地故，如实观察诸法无我”。

解读参考弥勒菩萨说（唐）玄奘法师译《瑜伽师地论》精校标点本伍（卷五十一至卷六十三），宗教文化出版社2008年版。

释读：

90.1 …… [illegible] [illegible] [illegible]。[illegible] [illegible] [illegible] [illegible] [illegible] [illegible]
…… ŋa^{1} dźjij^{1} ŋwu^{2} rjur^{1} ·a lo^{1} xã^{1} ŋa^{2} mjij^{1}
…… 空 住 是。诸 阿 罗 汉 我 无
[illegible] [illegible] [illegible]，[illegible] [illegible] [illegible] [illegible] …… [illegible]
dźjij^{1} bio^{1} ku^{1} thjɨ^{2} tja^{1} pju̱^{1} bu̱^{2} …… ·a
住 观 故，是 名 尊 胜 …… 阿
……[1]空住。诸阿罗汉观无我住，如是名为尊胜[空住][2]。由阿

90.2 [illegible] [illegible] [illegible] [illegible] [illegible] [illegible] [illegible] [illegible] [illegible] [illegible]
lo^{1} xã^{1} mər^{2} ɣa^{2} pju̱^{1} bu̱^{2} ŋa^{2} mjij^{1} dźjij^{1} bio^{1}
罗 汉 本 上 尊 胜 我 无 住 观
[illegible]，[illegible] [illegible] [illegible] [illegible] [illegible] [illegible]，[illegible] [illegible] [illegible]
nioow^{1} dźjij^{1} dźjij^{1} kha^{1} zji^{2} pju̱^{1} bu̱^{2} thjɨ^{2} sju^{2} tśhio̱w^{1}
由，诸 住 中 最 尊 胜，是 如 或
罗汉法尔尊胜观无我住，于诸住中最为尊胜。如是或

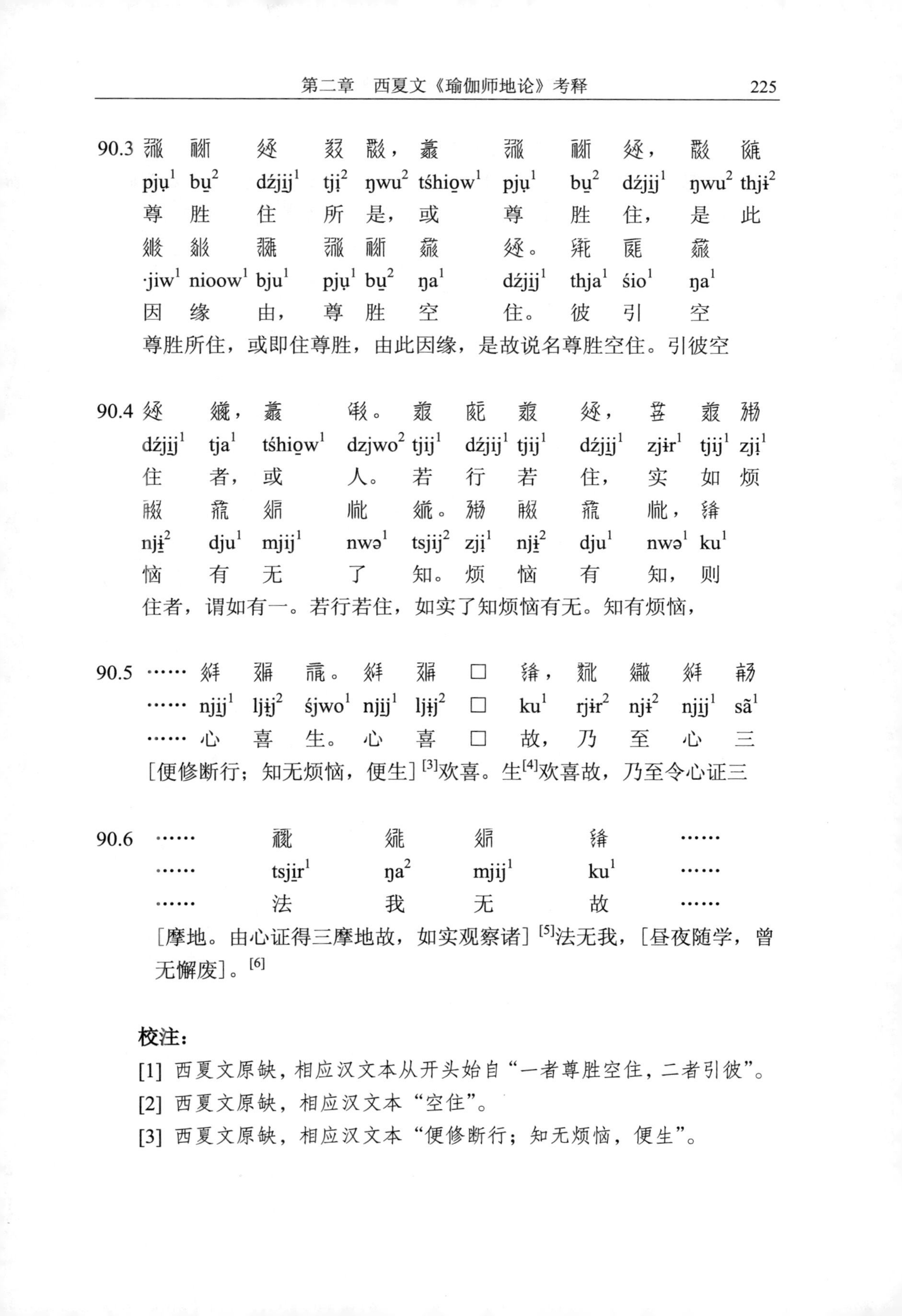

90.3 [illegible]

pjụ¹ bu̱² dźjij¹ tji̱² ŋwu² tśhio̱w¹ pjụ¹ bu̱² dźjij¹ ŋwu² thjɨ̱²

尊 胜 住 所 是，或 尊 胜 住，是 此

[illegible]

·jiw¹ nioow¹ bju¹ pjụ¹ bu̱² ŋa¹ dźjij¹ thja¹ śio¹ ŋa¹

因 缘 由，尊 胜 空 住。彼 引 空

尊胜所住，或即住尊胜，由此因缘，是故说名尊胜空住。引彼空

90.4 [illegible]

dźjij¹ tja¹ tśhio̱w¹ dzjwo² tjij¹ dźjij¹ tjij¹ dźjij¹ zjɨr¹ tjij¹ zji̱¹

住 者，或 人。若 行 若 住，实 如 烦

[illegible]

njɨ̱² dju¹ mjij¹ nwə¹ tsjij² zji̱¹ njɨ̱² dju¹ nwə¹ ku¹

恼 有 无 了 知。烦 恼 有 知，则

住者，谓如有一。若行若住，如实了知烦恼有无。知有烦恼，

90.5 …… [illegible]

…… njij¹ ljɨ̱j² śjwo¹ njij¹ ljɨ̱j² □ ku¹ rjɨr² njɨ² njij¹ sã¹

…… 心 喜 生。心 喜 □ 故，乃 至 心 三

[便修断行；知无烦恼，便生][3]欢喜。生[4]欢喜故，乃至令心证三

90.6 …… [illegible] ……

…… tsji̱r¹ ŋa² mjij¹ ku¹ ……

…… 法 我 无 故 ……

[摩地。由心证得三摩地故，如实观察诸][5]法无我，[昼夜随学，曾无懈废]。[6]

校注：

[1] 西夏文原缺，相应汉文本从开头始自“一者尊胜空住，二者引彼”。

[2] 西夏文原缺，相应汉文本“空住”。

[3] 西夏文原缺，相应汉文本“便修断行；知无烦恼，便生”。

[4] 西夏文原缺，相应汉文本“生”。

[5] 西夏文原缺，相应汉文本“摩地。由心证得三摩地故，如实观察诸”。

[6] 西夏文原缺，相应汉文本“昼夜随学，曾无懈废”至结尾。

第三章　西夏文《显扬圣教论》考释

《显扬圣教论》（梵名 Āryavācāprakaraṇa-śāstra），亦称《广苞众义论》《总苞众义论》《显扬论》。印度无著造，唐代玄奘译，凡二十卷，为阐述大乘佛教瑜伽行派重要论书《瑜伽师地论》理论的著作，是法相宗所依据的论书之一。本论为阐扬《瑜伽师地论》的内容而作，共分十一品，二百五十二颂半。把大、小乘各种法数加以汇拢，力求构成一个整体，以证明唯识无境这一理论，亦是了解瑜伽行派理论的工具书。《摄事品第一》论述了五位法、六谛、四静虑、四无色定、三十七道品、十地、十波罗蜜以及四无量、八解脱乃至如来十力、四无畏等果位诸德。《摄净义品第二》论述了二谛、瑜伽分别及论法三方面的问题。《成善巧品第三》论述了蕴、界、处等七种善巧及身者愚、等起愚等七种愚。《成无常品第四》论述无常，明悟入无常之性的念住等因行。《成苦品第五》论述三苦乃至五十五苦及能了知苦的十八种智。《成空品第六》以自相、甚深相、差别相三相说明“空”义，列举了三空乃至十六空等。《成无性品第七》论述三性三无性及熏习等义。《成现观品第八》首先论述了现观处与现观人的差别，然后列举了十六行智、三心相见道、六种及十八现观。《成瑜伽品第九》论述瑜伽。《成不思议品第十》列举了我、有情、世界等九事而说不可思议之义。《摄胜决择品第十一》先论述八识心王，又以所缘、相应等五相叙述建立此识的原因；然后说明各心所、色、不相应行、六因四缘五果、十五低处等法数；又举二十种烦恼的现行相来说明业、生、二谛、四谛、二十七种方便、四念住等，进而说明证入的功德、种性的意义、如来的出现、如来之身及三藏，等等。本论系统运用大、小乘各种法数，以证明“唯识无境”这一基本学说，故历来被视为学习瑜伽行派理论的工具书。本论原本共包括颂文二百五十二颂半与解释颂文的长行。亦有颂文别行成卷者，名作《显扬圣教论颂》，唐玄奘译，一卷。据载，本论曾有唐窥基、神泰、新罗璟兴等人所撰之疏，但均失传。

西夏文《显扬圣教论》（[illegible]），1909 年出土于内蒙古额济纳旗的黑水城遗址，今藏于俄罗斯科学院东方文献研究所，俄藏编号 инв. № 4916，迄今未获刊布。著录首见戈尔巴乔娃和克恰诺夫的《西夏文写本和刊本》第 80 号，名为“圣法宣荣本母”[①]；西田龙雄在《西夏文佛经目录》第 255 号中著录为“圣法显盛本母”，指出译自无著造，唐玄奘二十卷《显扬圣教论》汉文本。格林斯蒂德曾在《西夏文大藏经》中刊布了此经。[②]克恰诺夫在《西夏佛典目录》中对其形制作了较为详细的描述，著录为“圣法显盛本母”，并指出№ 4916 号内容译自《大正大藏经》第 1602 号《显扬圣教论》卷十七。[③]对照上海古籍出版社蒋维崧、严克勤两位先生从俄国摄回的照片，我们可对 инв. № 4916 版本情况有大致的了解，即：存卷十七，写本，麻纸卷子装，21×740 厘米，无边栏。行 18 字，草书，卷尾有经题，卷首残损严重。译自唐玄奘汉文本《显扬圣教论》卷十七，包括汉文本卷十七的“成现观品”第八之余、《显扬圣教论》“成瑜伽品”第九、《显扬圣教论》“成不思议品”第十和《显扬圣教论》“摄胜决择品”第十一之一。西夏文本内容相当于汉本的“问：信现观以何为体”至结尾，西夏文本自开头始至“或彼俱行菩提分法为体”已佚。

此为草书写本，西夏文极难辨认，且残损严重，本书对草书加以隶定、录文，并根据汉文本和上下文对残损部分的西夏文加以拟补，拟补部分用[]标示，实在难以拟补的用□标示。

解读参考弥勒菩萨说（唐）玄奘法师译，林崇安编《显扬圣教论简本》，台北：内观教育基金会出版 2003 年版。

---

① 参见 З.И. Горбачева и Е.И. Кычанов, *Тангутские рукописи и ксилографы*, Москва: Издательство восточной литературы, 1963. стр. 96。

② 参见［日］西田龙雄《西夏文华严经》（Ⅲ），京都大学文学部 1977 年版。

③ 参见 Е.И. Кычанов, *Каталог тангутских буддийских памятников*, Киото: Университет Киото, 1999. стр. 450。

第一节　《显扬圣教论》“成现观品”第八之余译注

释读：

17.1

……	[[illegible]	[illegible]：	[illegible]	[illegible]	[illegible]	[illegible]	[illegible]	[illegible]
……	ljɨ̣^{1}	dạ^{2}	mjor^{1}	bio̱^{1}	do^{2}	pha^{1}	nioow^{1}	tśhjiw^{1}
……	论	曰：	现	观	差	别	复	六
[illegible]	[illegible]	[illegible]	[illegible]，	[illegible]、	[illegible]	[illegible]	[illegible]；	[illegible]、
mə^{2}	dju^{1}	nwə^{1}	lew^{2}	lew^{1}	sjwɨ^{1}	mjor^{1}	bio̱^{1}	njɨ̱^{1}
种	有	知	当，	一、	思	现	观；	二、

……[1] 论曰：当知现观差别复有六种，一、思现观；二、

17.2

[illegible]	[illegible]	[illegible]；	[illegible]、	[illegible]	[illegible]	[illegible]；
dźiej^{2}	mjor^{1}	bio̱^{1}	so̱^{1}	kie^{1}	mjor^{1}	bio̱^{1}
信	现	观；	三、	戒	现	观；
[illegible]、	[illegible]	[illegible]	[illegible]	[illegible]	[illegible]	[illegible]；
ljɨr^{1}	mjor^{1}	bio̱^{1}	sjij^{2}	dźjar^{2}	mjor^{1}	bio̱^{1}
四、	现	观	智	谛	现	观；

现观；三、戒现观；四、现观智谛现观；

17.3

[illegible]、	[illegible]	[illegible]	[illegible]	[illegible]	[illegible]	[illegible]	[illegible]；	[illegible]、
ŋwə^{1}	mjor^{1}	bio̱^{1}	bju^{2}	sjij^{2}	dźjar^{2}	mjor^{1}	bio̱^{1}	tśhjiw^{1}
五、	现	观	边	智	谛	现	观；	六、
[illegible]	[illegible]	[illegible]	[illegible]]。	[[illegible]	[illegible]：	[illegible]	[illegible]	
zji^{2}	dźjwa^{1}	mjor^{1}	bio̱^{1}	·jɨr^{1}	dạ^{2}	sjwɨ^{1}	mjor^{1}	
究	竟	现	观。	问	曰：	思	现	

五、现观边智谛现观；六、究竟现观。[2]问：思现

17.4

[illegible]	[illegible]	[illegible]	[illegible]	[illegible]	[illegible]]？	[[illegible]	[illegible]：	[illegible]
bio̱^{1}	tja^{1}	wa^{2}	ŋwu^{2}	kwər^{1}	we^{2}	hụ^{2}	dạ^{2}	phju^{2}
观	者	何	以	体	为？	答	曰：	上

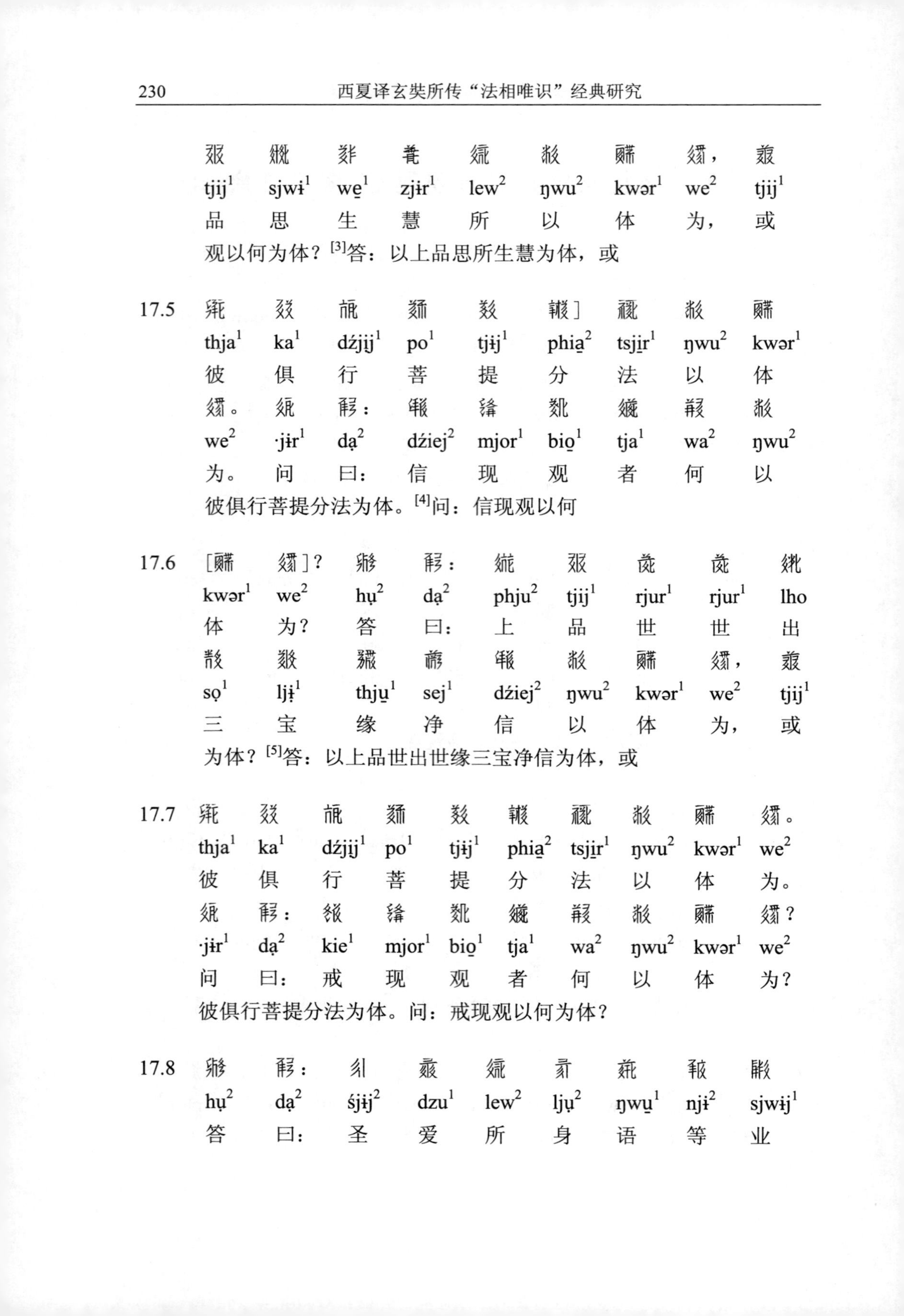

[illegible]
tjij1 sjwɨ1 we̱1 zjɨr1 lew2 ŋwu2 kwər1 we2 tjij1
品 思 生 慧 所 以 体 为， 或
观以何为体？[3]答：以上品思所生慧为体，或

17.5 [illegible]
thja1 ka1 dźjij1 po1 tjɨj1 phia̱2 tsji̱r1 ŋwu2 kwər1
彼 俱 行 菩 提 分 法 以 体
[illegible]
we2 ·jɨr1 da̱2 dźiej2 mjor1 bio̱1 tja1 wa2 ŋwu2
为。 问 曰： 信 现 观 者 何 以
彼俱行菩提分法为体。[4]问：信现观以何

17.6 [illegible]
kwər1 we2 hu̱2 da̱2 phju2 tjij1 rjur1 rjur1 lho
体 为？ 答 曰： 上 品 世 世 出
[illegible]
so̱1 ljɨ̣1 thju̱1 sej1 dźiej2 ŋwu2 kwər1 we2 tjij1
三 宝 缘 净 信 以 体 为， 或
为体？[5]答：以上品世出世缘三宝净信为体，或

17.7 [illegible]
thja1 ka1 dźjij1 po1 tjɨj1 phia̱2 tsji̱r1 ŋwu2 kwər1 we2
彼 俱 行 菩 提 分 法 以 体 为。
[illegible]
·jɨr1 da̱2 kie1 mjor1 bio̱1 tja1 wa2 ŋwu2 kwər1 we2
问 曰： 戒 现 观 者 何 以 体 为？
彼俱行菩提分法为体。问：戒现观以何为体？

17.8 [illegible]
hu̱2 da̱2 śjɨj2 dzu1 lew2 lju̱2 ŋwu̱1 njɨ2 sjwɨj1
答 曰： 圣 爱 所 身 语 等 业

[illegible] [illegible] [illegible]， [illegible] [illegible] [illegible] [illegible] [illegible] [illegible]
ŋwu2 kwər1 we2 tjij1 thja1 ka1 dźjij1 po1 tjɨj1
以 体 为， 或 彼 俱 行 菩 提
答：以圣所爱身语等业为体，或彼俱行菩提

17.9 [illegible] [illegible] [illegible] [illegible] [illegible]。 [illegible] [illegible]： [illegible] [illegible]
phia̱2 tsji̱r1 ŋwu2 kwər1 we2 ·jɨr1 dạ2 mjor1 bio̱1
分 法 以 体 为。 问 曰： 现 观
[illegible] [illegible] [illegible] [illegible] [illegible] [illegible] [illegible] [illegible]
sjij2 dźjar2 mjor1 bio̱1 tja1 wa2 ŋwu2 kwər1
智 谛 现 观 者 何 以 体
分法为体。问：现观智谛现观以何为[6]体？

17.10 [[illegible]]？ [[illegible]] [illegible]： [illegible] [illegible] [illegible] [illegible] [illegible] [illegible]
we2 hụ2 dạ2 thjɨ2 mji1 thu1 phjij1 dźjar2 thju̱1
为？ 答 曰： 此 非 安 立 谛 缘
[illegible] [illegible] [illegible] [illegible] [illegible]， [illegible] [illegible] [illegible] [illegible]
śjij2 zjɨr1 ŋwu2 kwər1 we2 tjij1 thja1 ka1 dźjij1
圣 慧 以 体 为， 或 彼 俱 行
答[7]：以缘非安立谛圣慧为体，或彼俱行

17.11 [[illegible] [illegible] [illegible] [illegible] [illegible] [illegible] [illegible]]。 [illegible] [illegible]：
po1 tjɨj1 phia̱2 tsji̱r1 ŋwu2 kwər1 we2 ·jɨr1 dạ2
菩 提 分 法 以 体 为。 问 曰：
[illegible] [illegible] [illegible] [illegible] [illegible] [illegible] [illegible] [illegible]
mjor1 bio̱1 bju2 sjij2 dźjar2 mjor1 bio̱1 tja1
现 观 边 智 谛 现 观 者
菩提分法为体[8]。问：现观边智谛现观

17.12 [[illegible] [illegible] [illegible] [illegible]]？ [[illegible] [illegible]： [illegible] [illegible] [illegible]
wa2 ŋwu2 kwər1 we2 hụ2 dạ2 thjɨ2 thu1 phjij1
何 以 体 为？ 答 曰： 此 安 立

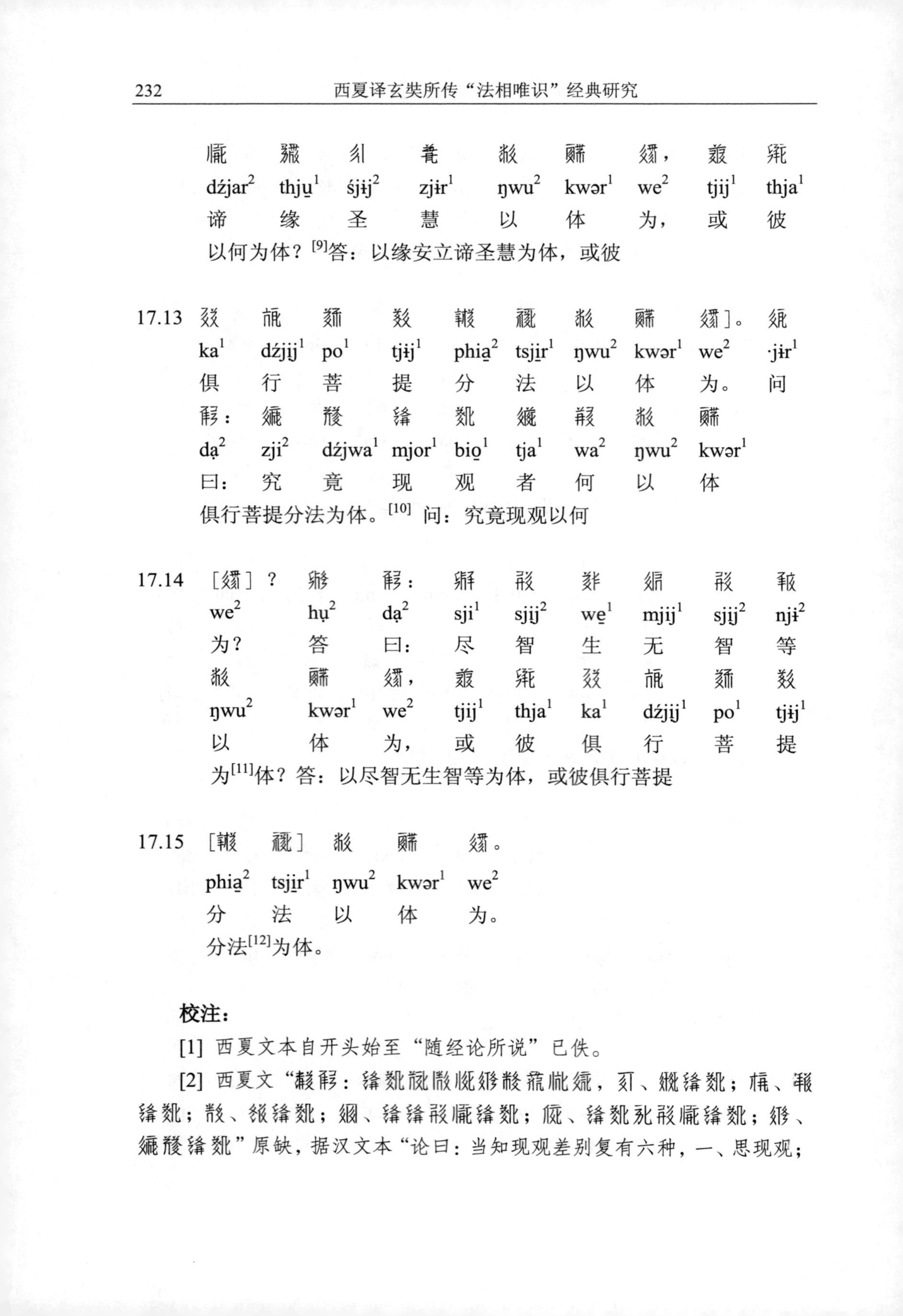

□ □ □ □ □ □ □， □ □
dźjar^{2} thju̱^{1} śjɨj^{2} zjɨr^{1} ŋwu^{2} kwər^{1} we^{2} tjij^{1} thja^{1}
谛 缘 圣 慧 以 体 为， 或 彼
以何为体？[9]答：以缘安立谛圣慧为体，或彼

17.13 □ □ □ □ □ □ □ □ □]。 □
ka^{1} dźjij^{1} po^{1} tjɨj^{1} phia̱^{2} tsjɨ̱r^{1} ŋwu^{2} kwər^{1} we^{2} ·jɨr^{1}
俱 行 菩 提 分 法 以 体 为。 问
□： □ □ □ □ □ □ □ □
dạ^{2} zji^{2} dźjwa^{1} mjor^{1} bio̱^{1} tja^{1} wa^{2} ŋwu^{2} kwər^{1}
曰： 究 竟 现 观 者 何 以 体
俱行菩提分法为体。[10] 问：究竟现观以何

17.14 [□] ？ □ □： □ □ □ □ □ □
we^{2} hụ^{2} dạ^{2} sji^{1} sjij^{2} we̱^{1} mjij^{1} sjij^{2} njɨ^{2}
为？ 答 曰： 尽 智 生 无 智 等
□ □ □， □ □ □ □ □ □
ŋwu^{2} kwər^{1} we^{2} tjij^{1} thja^{1} ka^{1} dźjij^{1} po^{1} tjɨj^{1}
以 体 为， 或 彼 俱 行 菩 提
为[11]体？答：以尽智无生智等为体，或彼俱行菩提

17.15 [□ □] □ □ □。
phia̱^{2} tsjɨ̱r^{1} ŋwu^{2} kwər^{1} we^{2}
分 法 以 体 为。
分法[12]为体。

校注：

[1] 西夏文本自开头始至“随经论所说”已佚。

[2] 西夏文“□□：□□□□□□□□□□，□、□□□；□、□□□；□、□□□；□、□□□□□□；□、□□□□□□□；□、□□□□”原缺，据汉文本“论曰：当知现观差别复有六种，一、思现观；

二、信现观；三、戒现观；四、现观智谛现观；五、现观边智谛现观；六、究竟现观”及下文拟补。

[3] 西夏文“[illegible]：[illegible]，[illegible]”原缺，据汉文本“问：思现观以何为体？”及下文拟补。

[4] 西夏文“[illegible]：[illegible]，[illegible]”缺，据汉文本“答：以上品思所生慧为体，或彼俱行菩提分法为体”及下文拟补。

[5] 西夏文“[illegible]”二字原残，据汉文本“为体”及上、下文拟补。

[6] 西夏文“[illegible]”原残，据汉文本“为”及上、下文拟补。

[7] 西夏文“[illegible]”原残，据汉文本“答”及上、下文拟补。

[8] 西夏文“[illegible]”七字原残，据汉文本“菩提分法为体”及上、下文拟补。

[9] 西夏文“[illegible]”四字原残，据汉文本“以何为体？”及上、下文拟补。

[10] 西夏文“[illegible]：[illegible]，[illegible]”原缺，据汉文本“答：以缘安立谛圣慧为体，或彼俱行菩提分法为体”及下文拟补。

[11] 西夏文“[illegible]”原残，据汉文本“为”及上、下文拟补。

[12] 西夏文“[illegible]”二字原残，据汉文本“分法”及上、下文拟补。

释读：

17.16

[illegible]	[illegible]	[illegible]	[illegible]	[illegible]	[illegible]	[illegible]	[illegible]	[illegible]
nioow¹	thjɨ²	mjor¹	bio̱¹	do²	pha¹	śjij¹	ɣa̱²	·jar¹
又	此	现	观	差	别	△	十	八
[illegible]	[illegible]，	[illegible]	[illegible]	[illegible]	[illegible]	[illegible]	[illegible]	[[illegible]]
mə²	dju¹	thjɨ²	tja¹	mji¹	bju¹	·a	śjwo¹	sjij²
种	有，	此	者	闻	依	所	生	智

又此现观差别有十八种，谓闻所生智[1]

17.17

[illegible]	[illegible]，	[illegible]	[illegible]	[illegible]	[illegible]	[illegible]	[illegible]	[illegible]，
mjor¹	bio̱¹	sjwɨ¹	bju¹	·a	śjwo¹	sjij²	mjor¹	bio̱¹
现	观，	思	依	所	生	智	现	观，
[illegible]	[illegible]	[illegible]	[illegible]	[illegible]	[illegible]	[illegible]，	[illegible]	

djọ² bju¹ ·a śjwo¹ sjịj² mjor¹ bio̱¹ tsji̱r¹
修 依 所 生 智 现 观， 决
现观，思所生智现观，修所生智现观，

17.18 [[Tangut]] [Tangut] [Tangut] [Tangut] [Tangut] [Tangut]， [Tangut] [Tangut] [Tangut]
gjịj¹ śjij¹ phia̱² sjịj² mjor¹ bio̱¹ ljij² tśja¹ mjor¹
择 顺 分 智 现 观， 见 道 现
[Tangut]， [Tangut] [Tangut] [Tangut] [Tangut]， [Tangut] [Tangut] [Tangut]
bio̱¹ djọ² tśja¹ mjor¹ bio̱¹ zji² dźjwa¹ tśja¹
观， 修 道 现 观， 究 竟 道
顺决择[2]分智现观，见道现观，修道现观，究竟道

17.19 [[Tangut] [Tangut]]， [[Tangut] [Tangut]] [Tangut] [Tangut] [Tangut] [Tangut] [Tangut]
mjor¹ bio̱¹ mji¹ ne̱w² gji¹ sej¹ rjur¹ mur¹ sjịj²
现 观， 不 善 清 净 世 俗 智
[Tangut] [Tangut]， [Tangut] [Tangut] [Tangut] [Tangut] [Tangut] [Tangut]
mjor¹ bio̱¹ ne̱w² gji¹ sej¹ rjur¹ mur¹ sjịj²
现 观， 善 清 净 世 俗 智
现观[3]，不善[4]清净世俗智现观，善清净世俗智

17.20 [[Tangut] [Tangut]]， [[Tangut] [Tangut] [Tangut] [Tangut]] [Tangut]， [Tangut] [Tangut]
mjor¹ bio̱¹ bu̱² ·wo² sjịj² mjor¹ bio̱¹ mji¹ ne̱w²
现 观， 胜 义 智 现 观， 不 善
[Tangut] [Tangut] [Tangut] [Tangut] [Tangut] [[Tangut] [Tangut] [Tangut] [Tangut]]，
gji¹ sej¹ dźjɨ phjo² kar² dju¹ sjịj² mjor¹ bio̱¹
清 净 行 分 别 有 智 现 观，
现观[5]，胜义智现[6]观，不善清净行有分别智现观[7]，

17.21 [[Tangut] [Tangut] [Tangut] [Tangut] [Tangut] [Tangut] [Tangut] [Tangut] [Tangut]
ne̱w² gji¹ sej¹ dźjɨ phjo² kar² dju¹ sjịj² mjor¹
善 清 净 行 分 别 有 智 现
[Tangut]]， [Tangut] [Tangut] [Tangut] [Tangut] [Tangut] [Tangut] [Tangut] [Tangut]

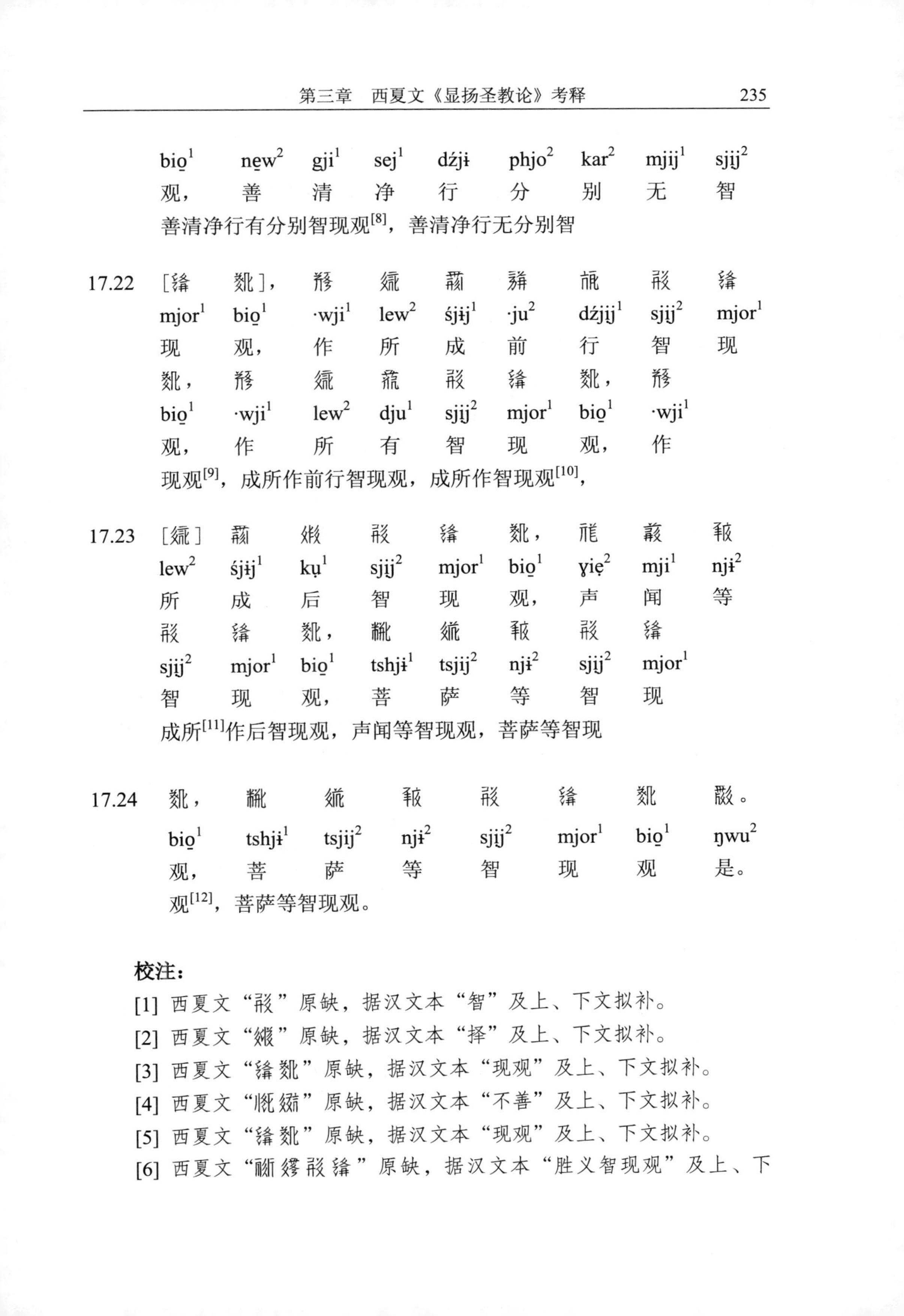

bio̱^{1}　ne̱w^{2}　gji^{1}　sej^{1}　dźjɨ　phjo^{2}　kar^{2}　mjij^{1}　sjij^{2}
观，　善　清　净　行　分　别　无　智
善清净行有分别智现观[8]，善清净行无分别智

17.22　[□　□]，　□　□　□　□　□　□　□
mjor^{1}　bio̱^{1}　·wji^{1}　lew^{2}　śjɨj^{1}　·ju^{2}　dźjij^{1}　sjij^{2}　mjor^{1}
现　观，　作　所　成　前　行　智　现
□，　□　□　□　□　□　□，　□
bio̱^{1}　·wji^{1}　lew^{2}　dju^{1}　sjij^{2}　mjor^{1}　bio̱^{1}　·wji^{1}
观，　作　所　有　智　现　观，　作
现观[9]，成所作前行智现观，成所作智现观[10]，

17.23　[□]　□　□　□　□　□，　□　□　□
lew^{2}　śjɨj^{1}　kụ^{1}　sjij^{2}　mjor^{1}　bio̱^{1}　ɣiẹ^{2}　mji^{1}　njɨ^{2}
所　成　后　智　现　观，　声　闻　等
□　□　□，　□　□　□　□　□
sjij^{2}　mjor^{1}　bio̱^{1}　tshjɨ^{1}　tsjij^{2}　njɨ^{2}　sjij^{2}　mjor^{1}
智　现　观，　菩　萨　等　智　现
成所[11]作后智现观，声闻等智现观，菩萨等智现

17.24　□，　□　□　□　□　□　□　□。
bio̱^{1}　tshjɨ^{1}　tsjij^{2}　njɨ^{2}　sjij^{2}　mjor^{1}　bio̱^{1}　ŋwu^{2}
观，　菩　萨　等　智　现　观　是。
观[12]，菩萨等智现观。

校注：

[1] 西夏文“□”原缺，据汉文本“智”及上、下文拟补。

[2] 西夏文“□”原缺，据汉文本“择”及上、下文拟补。

[3] 西夏文“□□”原缺，据汉文本“现观”及上、下文拟补。

[4] 西夏文“□□”原缺，据汉文本“不善”及上、下文拟补。

[5] 西夏文“□□”原缺，据汉文本“现观”及上、下文拟补。

[6] 西夏文“□□□□”原缺，据汉文本“胜义智现观”及上、下

文拟补。

[7] 西夏文“[illegible]”原缺，据汉文本“有分别智现观”及上、下文拟补。

[8] 西夏文“[illegible]”原缺，据汉文本“善清净行有分别智现观”及上、下文拟补。

[9] 西夏文“[illegible]”原缺，据汉文本“现观”及上、下文拟补。

[10] 成所作智现观，西夏文作“[illegible]”，西夏文字面作“有所作智现观”，据汉文本西夏文“[illegible]”疑误作“[illegible]”。

[11] 西夏文“[illegible]”原缺，据汉文本“所”及上、下文拟补。

[12] 菩萨等智现观，即西夏文“[illegible]”，汉文本无。

释读：

17.24

[illegible]	[illegible]，	[illegible]	[illegible]	[illegible]	[illegible]	[illegible]	[illegible]	[illegible]	[[illegible]]，
nioow^{1}	tśjɨ̱^{1}	thjɨ^{2}	sju^{2}	mjor^{1}	bio̱^{1}	·jwɨr^{1}	·jij^{1}	bu̱^{2}	gjịj^{1}
复	次，	是	如	现	观	相	貌	胜	利，

复次，如是现观相貌胜利[1]，

17.25

[illegible]	[illegible]	[illegible]	[illegible]	[illegible]	[illegible]	[illegible]	[illegible]。	[illegible]
rjur^{1}	lwər^{2}	ljị^{1}	bju^{1}	rejr^{2}	mə^{2}	nwə^{1}	lew^{2}	·jɨr^{1}
诸	经	论	随	多	种	知	应。	问
[illegible]：	[illegible]	[illegible]	[illegible]	[illegible]	[illegible]	[illegible]	[illegible]？	[illegible]
dạ^{2}	sjwɨ^{1}	mjor^{1}	bio̱^{1}	·jwɨr^{1}	·jij^{1}	wa^{2}	dju^{1}	hụ^{2}
曰：	思	现	观	相	貌	何	有？	答

随诸经论多种应知。问：思现观有何相貌？答[2]：

17.26

[[illegible]]：	[illegible]	[illegible]	[illegible]	[illegible]	[illegible]	[illegible]，	[illegible]	[illegible]
dạ^{2}	tjij^{1}	sjwɨ^{1}	mjor^{1}	bio̱^{1}	śjɨj^{1}	·jiw^{2}	ku^{1}	rjur^{1}
曰：	若	思	现	观	成	就，	则	诸
[illegible]	[illegible]	[illegible]，	[illegible]	[illegible]	[illegible]	[illegible]，	[illegible]	
dźjɨ	mji^{1}	·ju^{2}	rjur^{1}	dźjɨ	zji^{2}	tśjị^{1}	rjur^{1}	
行	无	常，	诸	行	皆	苦，	诸	

若有成就思现观者，能正了知诸行无常，诸行皆苦，诸

17.27

[illegible]	[illegible]	[illegible]	[illegible]	[illegible]，	[illegible]	[illegible]	[illegible]	[illegible]
tsji̱r¹	rjur¹	tsji̱r¹	ŋa²	mjij¹	dji̱j²	phã¹	mjij¹	sej¹
法	诸	法	我	无，	涅	槃	寂	静
[illegible]	[illegible]	[illegible]	[illegible]，	[illegible]	[illegible]	[[illegible]	[illegible]]	
tśhja²	nwə¹	tsjij²	njwi²	do²	we̱¹	tsji̱r²	dźjij¹	
正	知	了	能，	异	生	位	住	

法诸法无我[3]，涅槃寂静，虽住异生位

17.28

□	□	□	□	[illegible]	[illegible]	[illegible]	[illegible]，	[illegible]
□	□	□	□	nwə¹	tsjij²	njwi²	ljɨ¹	śia¹
□	□	□	□	解	了	能	也，	沙
[illegible]、	[illegible]	[illegible]	[illegible]、	[illegible]	[illegible]、	[illegible]、	[illegible]	□
mẽ¹	pho¹	lo¹	mẽ¹	rjur¹	mə¹	ljij²	xiwã¹	□
门、	婆	罗	门、	诸	天、	魔、	梵	□

已能如是决定解了一切[4]，沙门[5]、婆罗门[6]、诸天、魔、梵

17.29

□	□	□，	□	□	□	[illegible]	[illegible]	[illegible]。	[illegible]	[illegible]：	[illegible]	[illegible]	[illegible]	
□	□	□	□	□	□	?	mjijr²	mjij¹	·jɨr¹	dạ²	dźiej²	mjor¹	bio̱¹	
□	□	□，	□	□	□	夺	者	无。	问	曰：	信	现	观	

及余世间[7]，决定无能如法引夺[8]。问：信现观

17.30

[[illegible]	[illegible]]	[illegible]	[illegible]？	[illegible]	[illegible]：	[illegible]	[illegible]
·jwɨr¹	·jij¹	wa²	dju¹	hụ²	dạ²	tjij¹	dźiej²
相	貌	何	有？	答	曰：	若	信
[illegible]	[illegible]	[illegible]	[illegible]，	[illegible]	[illegible]	[illegible]	[illegible]
mjor¹	bio̱¹	śjɨj¹	·jiw²	ku¹	tśhio̱w¹	do²	we̱¹
现	观	成	就，	则	或	异	生

有何相貌[9]？答：若有成就信现观者，或住异生

17.31	□	□，	□	□	□	□	□
	tsji̱r^{2}	dźjij^{1}	tśhio̱w^{1}	do^{2}	we̱^{1}	nja̱^{2}	tsji̱r^{2}
	位	住，	或	异	生	非	位
	□，	□	□	□	□，	□	□
	dźjij^{1}	tjij^{1}	mjor^{1}	tsji̱r^{1}	ɣa^{2}	tjij^{1}	mjor^{1}
	住，	若	现	法	于，	若	现

位，或住非异生位，若于现法，若现

17.32	□	□	□	□	□	□，	□	□	□
	kụ^{1}	tsji̱r^{1}	tśjo	mji^{1}	nẹ^{1}	tshjij^{1}	do^{2}	djij^{1}	·ji^{1}
	后	法	终	不	宣	说，	异	类	众
	□	□	□	□	□，	□	□	□	
	kha^{1}	pha^{1}	ljij^{2}	dzjij^{2}	dju^{1}	pha^{1}	tsji̱r^{1}	tshjij^{1}	
	中	别	大	师	有，	别	法	说	

后法终不宣说，于异众中别有大师，别

17.33	□	□	□，	□	□	□	□	□	□。
	njwi^{2}	mjijr^{2}	dju^{1}	pha^{1}	tśhja^{2}	dźjɨ	sẽ1	dju^{1}	ljɨ^{1}
	能	者	有，	别	正	行	僧	有	也。

有善说法[10]，别有正行僧。

校注：

[1] 西夏文“□”原缺，据汉文本“利”及上、下文拟补。

[2] 西夏文“□”原缺，据上、下文拟补。

[3] 诸法诸法无我，即西夏文“□□□□□□”，汉文本作“诸法无我”，西夏文衍“□□”，当删。

[4] 西夏文原缺，相应汉文本为“虽住异生位已能如是决定解了一切”，据汉文本“位住”补“□□”。

[5] 沙门，即西夏文“□□”*śia^{1} mẽ^{1}，音译梵文 śrmaṇa，又作娑门、桑门、丧门、沙门那，译曰息、息心、静志、净志、乏道、贫道等，新作室摩那拏、舍啰磨拏、室啰磨拏、沙迦懑囊，译曰功劳、勤息，劳劬修佛

道之义也，又勤修息烦恼之义也。原不论外道佛徒，总为出家者之都名。

[6] 婆罗门，即西夏文“[illegible]”*pho^{1} lo^{1} mẽ^{1}，音译梵文 Brāmaṇa，天竺四姓之一。具云婆罗贺摩拏，又云没啰憾摩。译为外意、净行、净志、静志等。奉事大梵天而修净行之一族。

[7] 西夏文原缺，相应汉文本为“及余世间”。

[8] 西夏文原缺，相应汉文本为“决定无能如法引夺”。

[9] 西夏文“[illegible]”原缺，据汉文本“相貌”及上、下文拟补。

[10] 别有善说法，即西夏文“[illegible]”，西夏文字面作“别有能说法”，西夏文“[illegible]”和“[illegible]”二者音同，仅为初、校译本的不同。

释读：

17.33	[illegible]	[illegible]：	[illegible]	[illegible]	[illegible]	[illegible]	[illegible]
	·jɨr^{1}	dạ^{2}	kie^{1}	mjor^{1}	bio̱^{1}	·jwɨr^{1}	·jij^{1}
	问	曰：	戒	现	观	相	貌

问：戒现观有何[1]相貌？

17.34	[[illegible]]	[illegible]？	[illegible]	[illegible]：	[illegible]	[illegible]	[illegible]	[illegible]	[illegible]
	wa^{2}	dju^{1}	hụ^{2}	dạ^{2}	tjij^{1}	kie^{1}	mjor^{1}	bio̱^{1}	śjɨj^{1}
	何	有？	答	曰：	若	戒	现	观	成
	[illegible]，	[illegible]	[illegible]	[illegible]	[illegible]	[illegible]	[illegible]	[illegible]	
	·jiw^{2}	ku^{1}	rjɨr^{2}	njɨ^{2}	sju^{2}	dzju^{2}	·jij^{1}	tśjo	
	就，	则	乃	至	畜	生	之	终	

答：若有成就戒现观者，乃至畜生，终

17.35	[[illegible]	[illegible]]	[illegible]，	[illegible]	[illegible]	[illegible]	[illegible]	[illegible]
	mji^{1}	ŋwo^{2}	tśjụ^{1}	mji^{1}	khjow^{1}	lhjwi^{1}	dow^{1}	dźjɨ
	不	损	害，	不	与	取	邪	行
	[illegible]	[illegible]，	[illegible]	[illegible]	[illegible]	[illegible]	[illegible]，	□
	mji^{1}	dźjij^{1}	nwə^{1}	bju^{1}	lạ^{1}	mji^{1}	·wji^{1}	□
	不	行，	知	而	妄	不	为，	□

不故害[2]其命，及不与取行邪佚行，知而妄语，

17.36

□	□	□	□	□	[illegible]	[illegible]	[illegible]
□	□	□	□	□	thow^{1}	śja^{1}	·wją^{2}
□	□	□	□	□	陀	放	逸
[illegible]	[illegible]	[illegible]。	[illegible]	[illegible]：	[illegible]	[illegible]	
do^{2}	·o^{2}	thji^{1}	·jɨr^{1}	dạ^{2}	mjor^{1}	bio̱^{1}	
处	酒	饮。	问	曰：	现	观	

饮窣罗迷隶耶末[3]陀放逸处酒。问：现观

17.37

[[illegible]	[illegible]	[illegible]	[illegible]	[illegible]	[illegible]]	[illegible]	[illegible]？
sjij^{2}	dźjar^{2}	mjor^{1}	bio̱^{1}	·jwɨr^{1}	·jij^{1}	wa^{2}	dju^{1}
智	谛	现	观	相	貌	何	有？
[illegible]	[illegible]：	[illegible]	[illegible]	[illegible]	[illegible]	[illegible]	[illegible]
hụ^{2}	dạ^{2}	tjij^{1}	mjor^{1}	bio̱^{1}	sjij^{2}	dźjar^{2}	mjor^{1}
答	曰：	若	现	观	智	谛	现

智谛现观有何相貌[4]？答：若有成就现

17.38

[[illegible]	[illegible]	[illegible]]，	[illegible]	[illegible]	[illegible]	[illegible]	[illegible]	[illegible]
bio̱^{1}	śjɨj^{1}	·jiw^{2}	ku^{1}	tśjo	dow^{1}	ljij^{2}	bju^{1}	·a
观	成	就，	则	终	异	见	依	所
[illegible]	[illegible]	[illegible]	[illegible]	[illegible]	[illegible]	[illegible]，	[illegible]	[illegible]
śjwo^{1}	rjɨr^{2}	·wji^{1}	sjwɨj^{1}	mji^{1}	bju^{1}	gji^{2}	·jij^{1}	ljạ^{1}
起	△	作	业	不	依	止，	自	证

观[5]智谛现观者，终不依止异见起所作业，及于自所证

17.39

[[illegible]]	□	[[illegible]]	[illegible]	[illegible]	[illegible]，	[illegible]	[illegible]	[illegible]
lew^{2}	□	·jiw^{2}	ljɨj^{1}	mji^{1}	śjwo^{1}	wẹ^{1}	tjị^{2}	ŋowr^{2}
所	□	疑	惑	不	起，	生	处	一
[illegible]	[illegible]	[illegible]	[illegible]	[illegible]	[illegible]	[illegible]	[illegible]	
ŋowr^{2}	gju̱^{2}	rjur^{1}	·jij^{1}	zow^{2}	gji^{1}	sej^{1}	lhjụ^{2}	
切	吉	祥	相	计	清	净	获	

起疑[6]、起惑，及染着一切生处计行吉相而得清净，

17.40 [illegible] [illegible] [illegible] [illegible]， [illegible] [illegible] [illegible] [illegible] [illegible]

rjir^{1} mji^{1} la̱^{1} zjij^{1} so̱^{1} ·ụ^{2} pjo^{1} tsjij^{2} niow^{2}

得 不 染 着， 三 乘 诽 谤 恶

[illegible] [illegible] [illegible] [illegible]， [illegible] [illegible] [illegible] [illegible]

tshwew^{1} sjwɨj^{1} mji^{1} ·wji^{1} nioow^{1} ·wja^{1} sja^{1} mja^{1}

趣 业 不 造， 复 父 害 母

诽谤三乘造恶趣业，况复能起害父害母

17.41 [illegible] [illegible] [illegible] [illegible] [illegible] [illegible] [illegible] [illegible] [illegible]

tśju̱^{1} njɨ^{2} rjur^{1} mji^{1} bja^{2} sjwɨj^{1} ·wji^{1} tjị^{2} ljọ^{2}

害 等 诸 无 间 业 为 处 何

[illegible]， [illegible] [illegible] [illegible] [illegible] [illegible] [illegible] [illegible] [illegible]

·wjij^{2} rjɨr^{2} njɨ^{2} ·jar^{1} tsew^{2} dju^{1} kha^{1} tśjo mji^{1}

有， 乃 至 八 第 有 中 终 不

等诸无间业，乃至终不生第八

17.42 [illegible]。

we̱^{1}

生。

有。

校注：

[1] 西夏文“[illegible]”原缺，据汉文本“何”及上、下文拟补。

[2] 西夏文“[illegible]”原缺，据汉文本“终不故害其命”及下文“[illegible]”（终不故害众生之命）拟补。

[3] 西夏文原缺，相应汉文本为“窣罗迷隶耶末”。

[4] 西夏文“[illegible]”原缺，据汉文本“现观智谛现观有何相貌”拟补。

[5] 西夏文“[illegible]”原缺，据汉文本“成就现观”拟补。

[6] 西夏文原缺，据汉文本“起疑”补“[illegible]”“[illegible]”。

释读：

17.42	·jɨr^{1}	dạ^{2}	piow^{1}	mjor^{1}	bio̱^{1}	sjịj^{2}	dźjar^{2}	mjor^{1}	bio̱^{1}
	问	曰：	边	现	观	智	谛	现	观
	·jwɨr^{1}	·jij^{1}	wa^{2}	dju^{1}	hụ^{2}	dạ^{2}	tjij^{1}	piow^{1}	
	相	貌	何	有？	答	曰：	若	边	

问：现观边智谛[1]现观有何相貌？答：若

17.43	mjor^{1}	bio̱^{1}	sjịj^{2}	dźjar^{2}	mjor^{1}	bio̱^{1}	śjɨj^{1}	·jiw^{2}	ku^{1}
	现	观	智	谛	现	观	成	就，	则
	·jij^{1}	ljạ^{1}	lew^{2}	nioow^{1}	mjɨ^{1}	tśhia̱^{2}	·jɨr^{1}	zjij^{1}	
	自	证	所，	及	他	问	难	时	

有成就现观边智谛现观者，于自所证，若他问难

17.44	□	□	□	□。	[·jɨr^{1}	dạ^{2}]：	zji^{2}
	□	□	□	□	问	曰：	究
	dźjwa^{1}	mjor^{1}	bio̱^{1}	tja^{1}	·jwɨr^{1}	·jij^{1}	wa^{2}
	竟	现	观	者	相	貌	何

终不怯怖[2]。问[3]：究竟现观有[4]何相貌？

17.45	[dju^{1}]?	[hụ^{2}]	dạ^{2}	tjij^{1}	zji^{2}	dźjwa^{1}	mjor^{1}	bio̱^{1}	śjɨj^{1}
	有？	答	曰：	若	究	竟	现	观	成
	·jiw^{2}	ku^{1}	tśjo	ŋwə^{1}	mə^{2}	ljij^{1}	do^{2}	mji^{1}	
	就，	则	终	五	种	犯	处	不	

答[5]：若有成就究竟现观者，终不堕于五种犯处，

17.46 □，□ □ □ □ □ □ □ □，
ljɨ̣^{1} tśjo phji^{1} bju^{1} tshjɨ^{1} tśhju^{1} mji^{1} ŋwo^{2} tśju̱^{1}
堕，终 意 随 众 生 不 故 害，
□ □ □ □ □ □ □ □
mji^{1} khjow^{1} mji^{1} lhjwi^{1} dow^{1} tjụ^{2} xiwã^{1} dźjɨ
不 与 不 取 淫 佚 梵 行
终不故害众生之命，及不与取习近淫佚非梵行

17.47 □ □ □ □，□ □ □ □ □ □
nja̱^{2} tsji̱r^{1} mji^{1} dzjɨ̱^{2} lạ^{1} dạ^{2} ·wji^{1} ljị^{1} war^{2} ·we^{1}
非 法 不 习，妄 语 作 财 物 贮
□ □ □ □，□ □ □ □ □
tśhjɨ^{1} du̱^{1} rjur^{1} kięj^{2} mji^{1} zjij^{1} nioow^{1} zjɨ̱r^{1} tjị^{2}
尔 积 诸 欲，不 执 又 少 可
法，故说妄语贮积财物受用诸欲，

17.48 □ □ □ □ □ □ □，□ □
mjij^{1} ljị^{1} dạ^{2} tśjo mji^{1} kjạ^{1} le^{2} tśjị^{1} rejr^{2}
不 论 事 终 不 怖 畏，苦 乐
□ □ □ □ □ □ □ □ □
·wji^{1} tsjij^{1} tśjị^{1} rejr^{2} ·wji^{1} ·jij^{1} tsjij^{1} tśjị^{1} rejr^{2}
作 他 苦 乐 作 自 他 苦 乐
又终不怖畏不可记论事，终不计执自作苦乐、他作苦乐、

17.49 □ □ □ □ □ □ □ □ □
·wji^{1} ·jij^{1} tsjij^{1} ·wji^{1} nja̱^{2} ·jiw^{1} mjij^{1} tśjị^{1} rejr^{2}
作 自 他 作 非 因 无 苦 乐
□ □ □ □ □。□ □ □ □，
śjwo^{1} tśjo mji^{1} zow^{2} zjij^{1} rjur^{1} thjɨ^{2} sju^{2} njɨ^{2}
生 终 不 计 执。诸 是 如 等，
自他作苦乐，非自、非他作无因生苦乐。诸如是等，

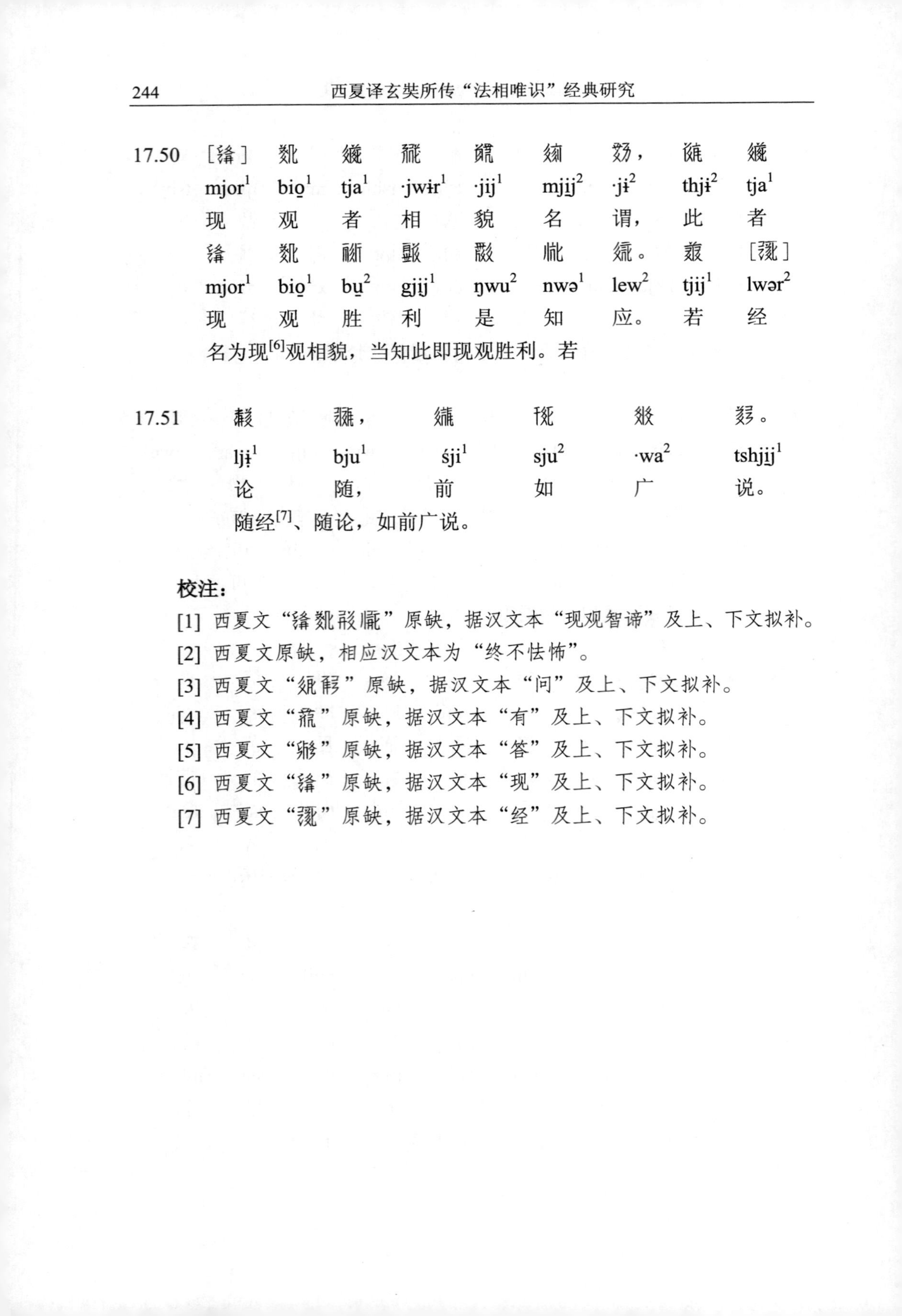

17.50 ［[illegible]］ [illegible] [illegible] [illegible] [illegible] [illegible] [illegible]， [illegible] [illegible]
mjor¹ bio̱¹ tja¹ ·jwɨr¹ ·jij¹ mjij² ·jɨ² thjɨ² tja¹
现 观 者 相 貌 名 谓， 此 者
[illegible] [illegible] [illegible] [illegible] [illegible] [illegible] [illegible]。 [illegible] ［[illegible]］
mjor¹ bio̱¹ bu̱² gjij¹ ŋwu² nwə¹ lew² tjij¹ lwər²
现 观 胜 利 是 知 应。 若 经
名为现[6]观相貌，当知此即现观胜利。若

17.51 [illegible] [illegible]， [illegible] [illegible] [illegible] [illegible]。
ljɨ̣¹ bju¹ śji¹ sju² ·wa² tshjij¹
论 随， 前 如 广 说。
随经[7]、随论，如前广说。

校注：

[1] 西夏文"[illegible]"原缺，据汉文本"现观智谛"及上、下文拟补。

[2] 西夏文原缺，相应汉文本为"终不怯怖"。

[3] 西夏文"[illegible]"原缺，据汉文本"问"及上、下文拟补。

[4] 西夏文"[illegible]"原缺，据汉文本"有"及上、下文拟补。

[5] 西夏文"[illegible]"原缺，据汉文本"答"及上、下文拟补。

[6] 西夏文"[illegible]"原缺，据汉文本"现"及上、下文拟补。

[7] 西夏文"[illegible]"原缺，据汉文本"经"及上、下文拟补。

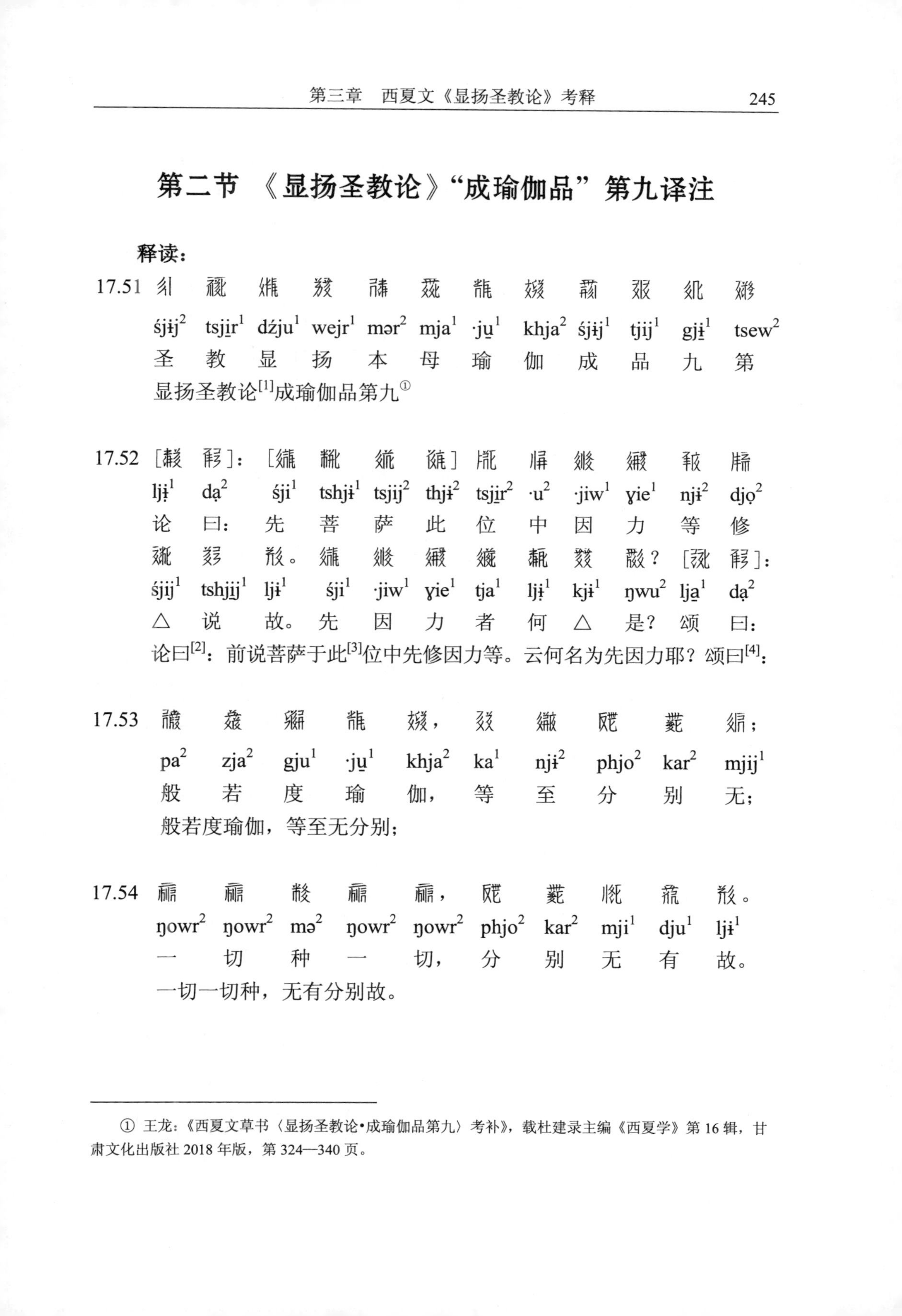

第二节 《显扬圣教论》“成瑜伽品”第九译注

释读：

17.51 [illegible]

śjɨj^{2} tsji̱r^{1} dźju^{1} wejr^{1} mər^{2} mja^{1} ·ju̱^{1} khja^{2} śjɨj^{1} tjij^{1} gjɨ̱^{1} tsew^{2}

圣 教 显 扬 本 母 瑜 伽 成 品 九 第

显扬圣教论[1]成瑜伽品第九①

17.52 [illegible]：[illegible]

ljɨ̣^{1} dạ^{2} śji^{1} tshjɨ^{1} tsjij^{2} thjɨ^{2} tsji̱r^{2} ·u^{2} ·jiw^{1} ɣie^{1} njɨ^{2} djọ^{2}

论 曰： 先 菩 萨 此 位 中 因 力 等 修

[illegible]。[illegible]？[illegible]：

śjij^{1} tshji̱j^{1} ljɨ^{1} śji^{1} ·jiw^{1} ɣie^{1} tja^{1} ljɨ̣^{1} kjɨ^{1} ŋwu^{2} ljạ^{1} dạ^{2}

△ 说 故。 先 因 力 者 何 △ 是？ 颂 曰：

论曰[2]：前说菩萨于此[3]位中先修因力等。云何名为先因力耶？颂曰[4]：

17.53 [illegible]，[illegible]；

pa^{2} zja^{2} gju^{1} ·ju̱^{1} khja^{2} ka^{1} njɨ^{2} phjo^{2} kar^{2} mjij^{1}

般 若 度 瑜 伽， 等 至 分 别 无；

般若度瑜伽，等至无分别；

17.54 [illegible]，[illegible]。

ŋowr^{2} ŋowr^{2} mə^{2} ŋowr^{2} ŋowr^{2} phjo^{2} kar^{2} mji^{1} dju^{1} ljɨ^{1}

一 切 种 一 切， 分 别 无 有 故。

一切一切种，无有分别故。

① 王龙：《西夏文草书〈显扬圣教论•成瑜伽品第九〉考补》，载杜建录主编《西夏学》第 16 辑，甘肃文化出版社 2018 年版，第 324—340 页。

17.55

[Tangut]	[Tangut]：	[Tangut]	[Tangut]	[Tangut]	[Tangut]	[Tangut]	[Tangut]，	[Tangut]	[Tangut]
ljɨ̣^{1}	dạ^{2}	sã^{1}	mo^{2}	pa^{2}	tji^{2}	bju^{1}	gjị^{2}	ku^{1}	pa^{2}
论	曰：	三	摩	钵	底	依	止，	故	般
[Tangut]	[Tangut]	[Tangut]	[Tangut]	[Tangut]	[Tangut]	[Tangut]	[Tangut]	[Tangut]	[Tangut]
zja^{2}	po^{1}	lo^{1}	bjị^{2}	tow^{1}	·ju̱^{1}	khja^{2}	bu̱^{2}	dźjɨ	gu^{1}
若	波	罗	蜜	多	瑜	伽	胜	行	发

论曰：依止三摩钵底[5]，发起般若波罗蜜多瑜伽胜行，

17.56

[Tangut]，	[Tangut]	[Tangut]	[Tangut]	[Tangut]	[Tangut]	[Tangut]	[Tangut]	[Tangut]，	[Tangut]
śjwo^{1}	thjɨ^{2}	tśhja^{2}	zjɨr^{1}	bju^{1}	tjij^{1}	rewr^{2}	njɨ^{2}	njwi^{2}	ljij^{2}
起，	此	正	慧	依	彼	岸	到	能，	大
[Tangut]	[Tangut]	[Tangut]	[Tangut]	[Tangut]	[Tangut]	[Tangut]，	[Tangut]	[Tangut]	
po^{1}	tjɨj^{1}	zji^{2}	bu̱^{2}	tśier^{1}	·ju^{2}	ŋwu^{2}	ku^{1}	·ju̱^{1}	
菩	提	最	胜	方	便	是，	故	瑜	

即此正慧能到彼岸，是大菩提最胜方便，故名瑜

17.57

[Tangut]	[Tangut]	[Tangut]。	[Tangut]	[Tangut]	[Tangut]	[Tangut]，	[Tangut]	[Tangut]	[Tangut]
khja^{2}	mjij^{2}	·jɨ^{2}	thjɨ^{2}	bju^{1}	gjị^{2}	tjị^{2}	ka^{1}	njɨ^{2}	phjo^{2}
伽	名	谓。	此	依	止	所，	等	至	分
[Tangut]	[Tangut]	[Tangut]，	[Tangut]	[Tangut]	[Tangut]	[Tangut]	[Tangut]	[Tangut]	
kar^{2}	mji^{1}	dju^{1}	tsji̱r^{1}	ŋowr^{2}	ŋowr^{2}	ljị^{1}	nioow^{1}	mə^{2}	
别	无	有，	法	一	切	△	及	种	

伽。此所依止，等至无有分别，于一切法及

17.58

[Tangut]	[Tangut]，	[Tangut]	[Tangut]	[Tangut]	[Tangut]。	[Tangut]	[Tangut]	[Tangut]
ŋowr^{2}	ŋowr^{2}	phjo^{2}	kar^{2}	mjij^{1}	ljɨ^{1}	ŋowr^{2}	ŋowr^{2}	nioow^{1}
一	切，	分	别	无	故。	一	切	及
[Tangut]	[Tangut]	[Tangut]	[Tangut]	[Tangut]	[Tangut]	[Tangut]？	[Tangut]	[Tangut]：
mə^{2}	ŋowr^{2}	ŋowr^{2}	tja^{1}	ljị^{1}	kjɨ^{1}	ŋwu^{2}	lja̱^{1}	dạ^{2}
种	一	切	者	何	△	是？	颂	曰：

一切种，无分别故。云何一切及一切种？颂曰：

17.59 [illegible] [illegible] [illegible] [illegible] [illegible]，[illegible] [illegible] [illegible] [illegible] [illegible]；
ŋowr^{2} ŋowr^{2} mə^{2} ŋowr^{2} ŋowr^{2} sọ^{1} ·jij^{1} nioow^{1} sọ^{1} dziej^{2}
一　切　种　一　切，三　相　与　三　轮；
一切一切种，三相与三轮；

17.60 [illegible] [illegible] [illegible] [illegible] [illegible]，[illegible] [illegible] [illegible] [illegible] [illegible]。
mjij^{2} ·jij^{1} dza^{1} la̱^{1} ljɨ̱^{1} zjɨ̱^{2} nja̱^{2} njɨ̱^{1} mə^{2} ŋwu^{2}
名　相　杂　染　△，俱　非　二　种　是。
谓名相杂染[6]，及俱非二种。

校注：

[1] 论，即西夏文“[illegible][illegible]”，字面意思作“本母”，佛教术语，即佛教三藏之一的“论”，聂鸿音先生认为该词译自藏文 de-snod-ma-mo（本母藏）。①

[2] 西夏文“[illegible][illegible]”原缺，据汉文本“论曰”及上、下文拟补。

[3] 西夏文“[illegible][illegible][illegible][illegible]”原缺，据汉文本“先菩萨此”拟补。

[4] 西夏文“[illegible][illegible]”原残，据残存笔画和汉文本“颂曰”拟补。

[5] 三摩钵底，即西夏文“[illegible][illegible][illegible][illegible]”*sã^{1} mo^{2} pa^{2} tji^{2}，音译梵文为 Samāpatti，禅定之一种。又曰三摩钵提、三摩拔提、三摩跋提。又希麟续音义曰：“三摩钵底，梵语也，此云等至，琳菀两法师云谓由加行伏沉掉，力至其受位，身心安和也。亦云等持。”②

[6] 谓名相杂染，即西夏文“[illegible][illegible][illegible][illegible][illegible]”，汉文本作“谓名相染净”。

释读：

17.61 [[illegible] [illegible]]：[[illegible] [illegible] [illegible]]，[illegible] [illegible] [illegible]，[illegible]、
ljɨ̱^{1} da̱^{2} ŋowr^{2} ŋowr^{2} tja^{1} sọ^{1} dziej^{2} ŋwu^{2} lew^{1}
[论　曰]：[一　切　者]，三　轮　谓，一、

① 参见聂鸿音《西夏佛教术语的来源》，《固原师专学报》（社会科学版）2002 年第 2 期。
② 蓝吉富：现代佛学大系 56《实用佛学辞典》（上、中、下），弥勒出版社 1984 年版，第 243 页。

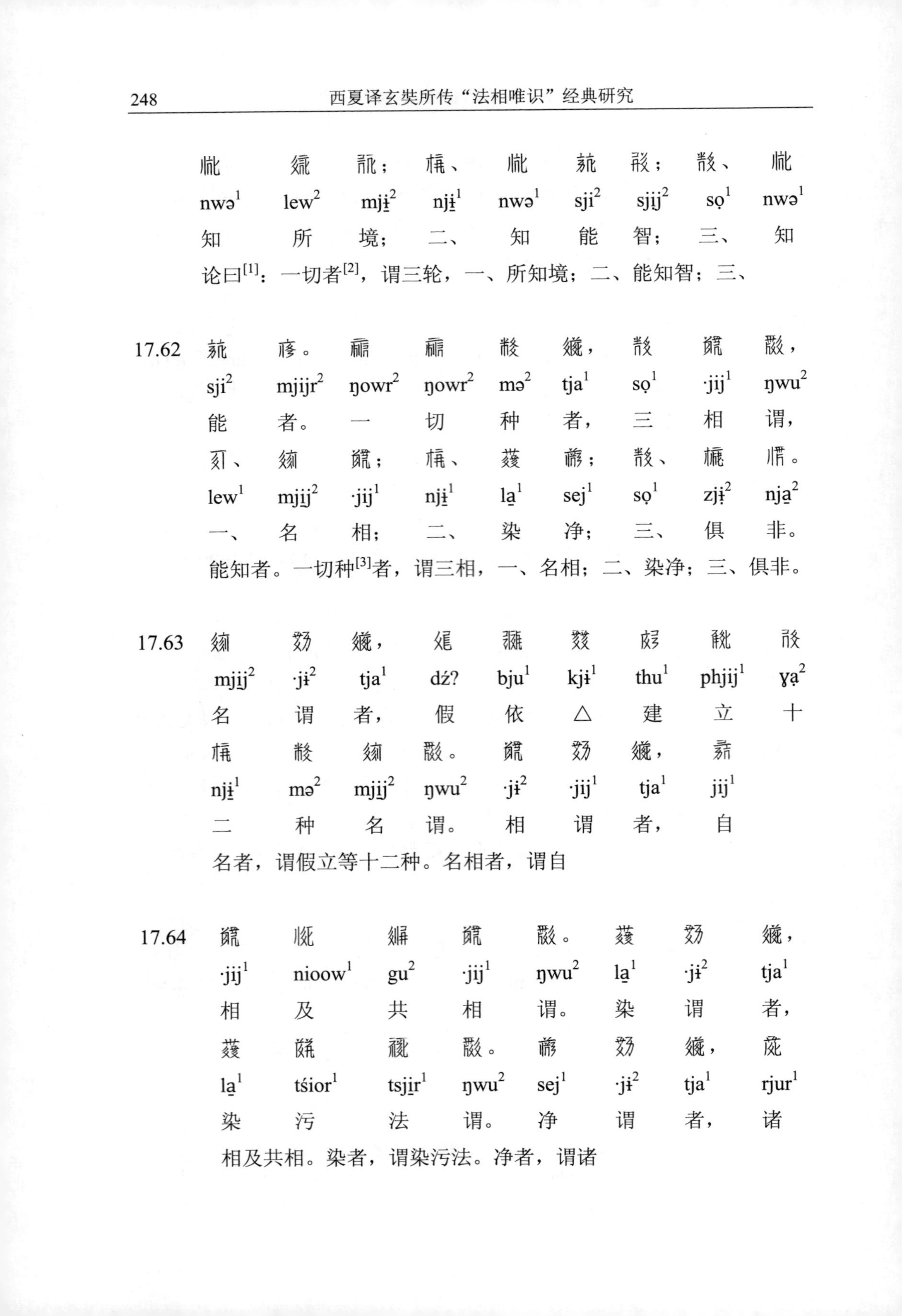

[illegible]

nwə^{1}　lew^{2}　mjɨ̱^{2}　njɨ̱^{1}　nwə^{1}　sji^{2}　sjịj^{2}　sọ^{1}　nwə^{1}

知　所　境；　二、　知　能　智；　三、　知

论曰[1]：一切者[2]，谓三轮，一、所知境；二、能知智；三、

17.62 [illegible]

sji^{2}　mjijr^{2}　ŋowr^{2}　ŋowr^{2}　mə^{2}　tja^{1}　sọ^{1}　·jij^{1}　ŋwu^{2}

能　者。　一　切　种　者，　三　相　谓，

[illegible]

lew^{1}　mjij^{2}　·jij^{1}　njɨ̱^{1}　la̱^{1}　sej^{1}　sọ^{1}　zjɨ̣^{2}　nja̱^{2}

一、　名　相；　二、　染　净；　三、　俱　非。

能知者。一切种[3]者，谓三相，一、名相；二、染净；三、俱非。

17.63 [illegible]

mjij^{2}　·jɨ^{2}　tja^{1}　dź?　bju^{1}　kjɨ^{1}　thu^{1}　phjij^{1}　ɣạ^{2}

名　谓　者，　假　依　△　建　立　十

[illegible]

njɨ̱^{1}　mə^{2}　mjij^{2}　ŋwu^{2}　·jɨ^{2}　·jij^{1}　tja^{1}　jij^{1}

二　种　名　谓。　相　谓　者，　自

名者，谓假立等十二种。名相者，谓自

17.64 [illegible]

·jij^{1}　nioow^{1}　gu^{2}　·jij^{1}　ŋwu^{2}　la̱^{1}　·jɨ^{2}　tja^{1}

相　及　共　相　谓。　染　谓　者，

[illegible]

la̱^{1}　tśior^{1}　tsji̱r^{1}　ŋwu^{2}　sej^{1}　·jɨ^{2}　tja^{1}　rjur^{1}

染　污　法　谓。　净　谓　者，　诸

相及共相。染者，谓染污法。净者，谓诸

17.65 [illegible] [illegible] [illegible]。[illegible] [illegible] [illegible] [illegible]，[illegible] [illegible]
ne̱w^{2} tsji̱r^{1} ŋwu^{2} zjɨ̱^{2} nja̱^{2} ·jɨ^{2} tja^{1} pho̱^{1} mjij^{1}
善 法 谓。俱 非 谓 者，覆 无
[illegible] [illegible] [illegible] [illegible]。[illegible] [illegible]，[illegible] [illegible]
la^{1} mjij^{1} tsji̱r^{1} ŋwu^{2} nioow^{1} tśjɨ̱^{1} thjɨ^{2} sju^{2}
记 无 法 谓。复 次，是 如
善法。俱非者，谓无覆无记法。复次，如是

17.66 [illegible] [illegible] [illegible] [illegible] [illegible] [illegible]，[illegible] [illegible] [illegible]
lew^{2} tshjij^{1} phjo^{2} kar^{2} mjij^{1} ku^{1} wa^{2} njɨ^{2} tsji̱r^{1}
所 说 分 别 无 故，何 等 法
[illegible] [illegible] [illegible] [illegible] [illegible] [illegible]？[illegible] [illegible]：
ɣa^{2} phjo^{2} kar^{2} mjij^{1} tshjij^{1} ljɨ^{1} lja̱^{1} dạ^{2}
于 分 别 无 说 耶？颂 曰：
所说无分别者，于何等法说无分别耶？颂曰：

17.67 [illegible] [illegible] [illegible] [illegible] [illegible]，[illegible] [illegible] [illegible] [illegible] [illegible]；
tsji̱r^{1} ljɨ̱^{1} nioow^{1} tsji̱r^{1} ŋa^{1} njɨ̱^{1} mə^{2} khe̱j^{1} ljɨ̱^{1} mjij^{1}
法 △ 及 法 空，二 种 戏 论 无；
于法及法空，无二种戏论；

17.68 [illegible] [illegible] [illegible] [illegible] [illegible]，[illegible] [illegible] [illegible] [illegible] [illegible]。
phjo^{2} kar^{2} mjij^{1} sji^{1} mjij^{1} thjɨ^{2} ·wo^{2} dju^{1} mji^{1} bju^{1}
分 别 无 穷 无，此 理 有 非 应。
无分别无穷，此有非应理[4]。

校注：

[1] 西夏文“[illegible]”原缺，据汉文本“论曰”及上、下文拟补。

[2] 西夏文“[illegible]”原缺，据汉文本“一切者”及上、下文拟补。

[3] 西夏文“[illegible]”，原误作“[illegible]”，衍“[illegible]”字，故删。

[4] 此有非应理，即西夏文“[illegible]”，汉文本作“此上非应理”，据汉文本西夏文“[illegible]”疑误作“[illegible]”。

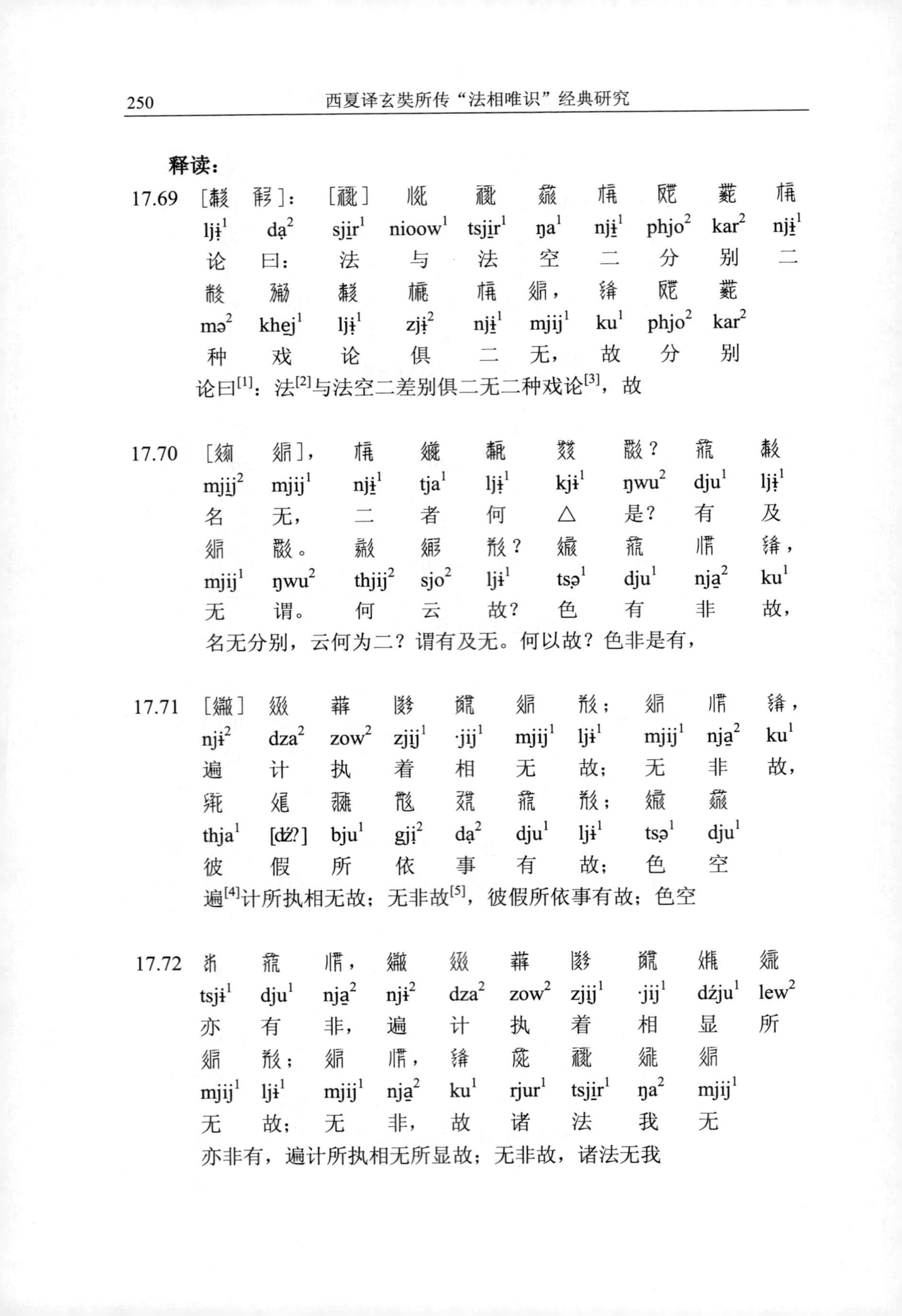

释读：

17.69 [illegible]

ljɨ^{1} dạ^{2} sji̱r^{1} nioow^{1} tsji̱r^{1} ŋa^{1} njɨ̱^{1} phjo^{2} kar^{2} njɨ̱^{1}

论 曰： 法 与 法 空 二 分 别 二

[illegible]

mə^{2} khej̣^{1} ljɨ^{1} zjɨ^{2} njɨ̱^{1} mjij^{1} ku^{1} phjo^{2} kar^{2}

种 戏 论 俱 二 无， 故 分 别

论曰[1]：法[2]与法空二差别俱二无二种戏论[3]，故

17.70 [illegible]

mji̱j^{2} mjij^{1} njɨ̱^{1} tja^{1} ljɨ^{1} kjɨ^{1} ŋwu^{2} dju^{1} ljɨ^{1}

名 无， 二 者 何 △ 是？ 有 及

[illegible]

mjij^{1} ŋwu^{2} thjij^{2} sjo^{2} ljɨ^{1} tsə̣^{1} dju^{1} nja̱^{2} ku^{1}

无 谓。 何 云 故？ 色 有 非 故，

名无分别，云何为二？谓有及无。何以故？色非是有，

17.71 [illegible]

njɨ^{2} dza^{2} zow^{2} zjij^{1} ·jij^{1} mjij^{1} ljɨ^{1} mjij^{1} nja̱^{2} ku^{1}

遍 计 执 着 相 无 故； 无 非 故，

[illegible]

thja^{1} [dź?] bju^{1} gjị^{2} dạ^{2} dju^{1} ljɨ^{1} tsə̣^{1} dju^{1}

彼 假 所 依 事 有 故； 色 空

遍[4]计所执相无故；无非故[5]，彼假所依事有故；色空

17.72 [illegible]

tsjɨ^{1} dju^{1} nja̱^{2} njɨ^{2} dza^{2} zow^{2} zjij^{1} ·jij^{1} dźju^{1} lew^{2}

亦 有 非， 遍 计 执 着 相 显 所

[illegible]

mjij^{1} ljɨ^{1} mjij^{1} nja̱^{2} ku^{1} rjur^{1} tsji̱r^{1} ŋa^{2} mjij^{1}

无 故； 无 非， 故 诸 法 我 无

亦非有，遍计所执相无所显故；无非故，诸法无我

17.73 [illegible] [illegible] [illegible] [illegible]。 [illegible] [illegible] [illegible] [illegible]， [illegible] [illegible]
dźju^1 lew^2 dju^1 ljɨ^1 tsə̣^{1} tsə̣^{1} dju^1 sju^2 thjɨ^2 bju^1
显 所 有 故。 色 色 空 如， 是 依
[illegible] [illegible] [illegible] [illegible] [illegible] [illegible] [illegible] [illegible] [illegible] [illegible]，
dzjij^2 tsji̠r^1 ŋowr^2 ŋowr^2 ljɨ̣^{1} nioow^1 tsji̠r^1 dju^1 ŋowr^2 ŋowr^2
余 法 一 切 △ 及 法 空 一 切，
有所显故。如于色色空，如是[6]于余一切法及一切法空，

17.74 [illegible] [illegible] [illegible] [illegible] [illegible] [illegible]， [illegible] [illegible] [illegible]
thja^1 rjir^2 ·a tjɨ̣j^2 nwə^1 lew^2 rjur^1 tsji̠r^1 nioow^1
彼 与 一 样 知 当， 诸 法 及
[illegible] [illegible] [illegible] [illegible] [illegible] [illegible]， [illegible] [illegible] [illegible]
tsji̠r^1 dju^1 rjir^2 ka^2 rjɨr^2 nioow^1 dzjij^2 mjɨ̠^{2} dju^1
法 空 与 离 以 外， 余 境 有
当知亦尔，非离诸法及法空外，有余境

17.75 [illegible] [illegible] [illegible] [illegible] [illegible]。 [illegible] [illegible] [illegible] [illegible]
rjir^1 tjɨ̣^{2} ·wjij^2 nja̠^{2} ljɨ^1 thjɨ^2 nioow^1 lew^1 njɨ̠^{1}
得 可 在 非 故。 是 故 但 二
[illegible] [illegible] [illegible] [illegible] [illegible] [illegible] [illegible]， [illegible] [illegible]
phjo^2 kar^2 mjij^1 tshjij^1 phjo^2 kar^2 mjij^1 rjɨr^2 nioow^1
分 别 无 说 分 别 无， △ 外
是可得者[7]。是故但说二无分别非无分别、

17.76 [[illegible]] [illegible] [illegible] [illegible] [illegible] [illegible] [illegible] [illegible]， [illegible]
phjo^2 kar^2 mjij^1 nja̠^{2} mji^1 sji^1 dźjar^2 dju^1 thjɨ^2
分 别 无 非 无 穷 过 有， 此
[illegible] [illegible] [illegible] [illegible] [illegible] [illegible] [illegible]。 [illegible] [illegible]，
tśhja̠^{1} nioow^1 nwə^1 lew^2 mjɨ̠^{2} mjij^1 ljɨ^1 nioow^1 tśjɨ̠^{1}
上 更 知 所 境 无 故。 复 次，
更无分别有无穷过，此上更无所知境故。复次，

17.77 [[illegible] [illegible]]：

lja̱¹ dạ²

颂 曰：

颂曰[8]：

校注：

[1] 西夏文“[illegible]”原缺，据汉文本“论曰”及上、下文拟补。

[2] 西夏文“[illegible]”原缺，据汉文本“法”及上、下文拟补。

[3] 法与法空二差别俱二无二种戏论，即西夏文“[illegible]”，汉文本作“法与法空俱无二种戏论”。

[4] 西夏文“[illegible]”原缺，据汉文本“遍”及上、下文拟补。

[5] 无非故，即西夏文“[illegible]”，汉文本作“亦非是无”。下同。

[6] 如是，即西夏文“[illegible]”，原文误作“[illegible]”。

[7] 有余境是可得者，即西夏文“[illegible]”，汉文本作“更有余境是可得者”，疑西夏文句首脱“[illegible]”。

[8] 西夏文“[illegible]”原缺，据汉文本“颂曰”及上、下文拟补。

释读：

17.78 [illegible] [illegible] [illegible] [illegible] [illegible]，[illegible] [illegible] [illegible] [illegible] [illegible]；

tjij¹ lhjwi¹ lew² zji² mjij¹ zjɨr¹ mjij¹ nioow¹ gju¹ mjij¹

若 取 所 都 无，慧 无 亦 度 无；

若都无所取，无慧亦无度；

17.79 [illegible] [illegible] [illegible] [illegible] [illegible]，[illegible] [illegible] [illegible] [illegible] [illegible]。

zjị² śjɨj¹ ŋwu̱¹ ka² lhjwi¹ bju¹ śjij¹ mja¹ mji¹ śjwo¹

俱 成 言 离 取，随 顺 应 无 用。

俱成取离言，为顺应无用[1]。

17.80 [illegible] [illegible]：[illegible] [illegible] [illegible] [illegible] [illegible] [illegible] [illegible]

ljɨ¹ dạ² tjij¹ thjɨ² njɨ̱¹ mə² phjo² kar² mji¹

论 曰：若 此 二 种 分 别 无

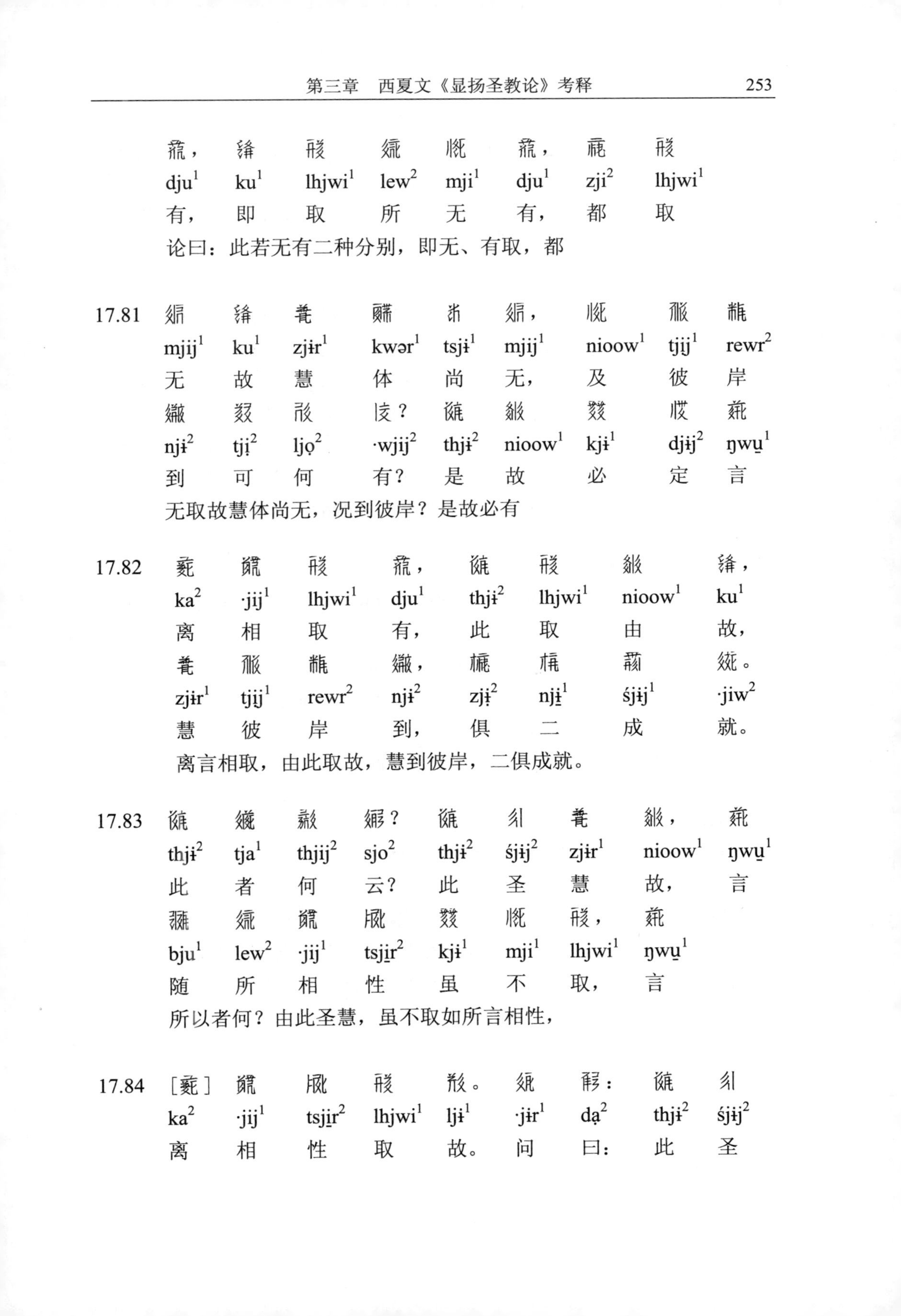

dju^{1} ku^{1} lhjwi^{1} lew^{2} mji^{1} dju^{1} zji^{2} lhjwi^{1}
有，即 取 所 无 有，都 取
论曰：此若无有二种分别，即无、有取，都

17.81 mjij^{1} ku^{1} zjɨr^{1} kwər^{1} tsjɨ^{1} mjij^{1} nioow^{1} tjij^{1} rewr^{2}
无 故 慧 体 尚 无，及 彼 岸
njɨ^{2} tji̠^{2} ljọ^{2} ·wjij^{2} thjɨ^{2} nioow^{1} kjɨ^{1} djɨj^{2} ŋwu̱^{1}
到 可 何 有？是 故 必 定 言
无取故慧体尚无，况到彼岸？是故必有

17.82 ka^{2} ·jij^{1} lhjwi^{1} dju^{1} thjɨ^{2} lhjwi^{1} nioow^{1} ku^{1}
离 相 取 有，此 取 由 故，
zjɨr^{1} tjij^{1} rewr^{2} njɨ^{2} zjɨ̣^{2} njɨ̱^{1} śjɨj^{1} ·jiw^{2}
慧 彼 岸 到，俱 二 成 就。
离言相取，由此取故，慧到彼岸，二俱成就。

17.83 thjɨ^{2} tja^{1} thjij^{2} sjo^{2} thjɨ^{2} śjɨj^{2} zjɨr^{1} nioow^{1} ŋwu̱^{1}
此 者 何 云？此 圣 慧 故，言
bju^{1} lew^{2} ·jij^{1} tsji̱r^{2} kjɨ^{1} mji^{1} lhjwi^{1} ŋwu̱^{1}
随 所 相 性 虽 不 取，言
所以者何？由此圣慧，虽不取如所言相性，

17.84 ka^{2} ·jij^{1} tsji̱r^{2} lhjwi^{1} ljɨ^{1} ·jɨr^{1} dạ^{2} thjɨ^{2} śjɨj^{2}
离 相 性 取 故。问 曰：此 圣

[illegible] [illegible] [illegible] [illegible] [illegible] [illegible] [illegible]， [illegible] [illegible]
zjɨr¹ ŋwu̱¹ bju¹ ·jij¹ tsji̱r² mji¹ lhjwi¹ ku¹ tśhja²
慧 言 随 相 性 不 取， 则 正
而取离[2]言相性故。问：若此圣慧不取如言相性者，

17.85 [[illegible] [illegible]] [illegible] [illegible] [illegible] [illegible]。 [illegible] [illegible]： [illegible]
tsji̱r¹ tshji̱j¹ nẹ¹ tjị² mja¹ mjij¹ hụ² dạ² mji¹
法 宣 说 可 应 无。 答 曰： 不
[illegible]， [illegible] [illegible] [illegible] [illegible]。 [illegible] [illegible] [illegible] [illegible]？
ljɨ¹ bju¹ śjij¹ nioow¹ ljɨ¹ thjɨ² tja¹ thjij² sjo²
然， 随 顺 故 也。 此 者 何 云？
宣说正法[3]应无所用。答：不然，为随顺故。所以者何？

17.86 [[illegible]] [illegible] [illegible] [illegible] [illegible] [illegible] [illegible]， [illegible]
ŋwu̱¹ ka² ·jij¹ lhjwi¹ bju¹ śjij¹ kięj² ·jiw¹
言 离 相 取 随 顺 欲， 故
[illegible] [illegible] [illegible] [illegible] [illegible] [illegible] [illegible]。
ku¹ ljij² tśhja² tsji̱r¹ nẹ¹ tshji̱j¹ ljɨ¹
如 来 正 法 宣 说 也。
为欲随顺离言[4]相取，是故如来宣说正法。

校注：

[1] 为顺应无用，即西夏文“[illegible][illegible][illegible][illegible][illegible]”，汉文本作“为顺非无用”，西夏文“[illegible]”疑误，应作“[illegible]”。

[2] 西夏文“[illegible]”原缺，据汉文本“离”及上、下文拟补。

[3] 西夏文“[illegible][illegible]”原缺，据汉文本“法宣”及上、下文拟补。

[4] 西夏文“[illegible]”原缺，据汉文本“言”及上、下文拟补。

第三节　《显扬圣教论》“成不思议品”第十译注

释读：

17.87

[illegible]	[illegible]	[illegible]	[illegible]	[illegible]	[illegible]	[illegible]
śjɨj^{2}	tsjɨr^{1}	dźju^{1}	wejr^{1}	mər^{2}	mja^{1}	sew^{2}
圣	教	显	扬	本	母	思
[illegible]	[illegible]	[illegible]	[illegible]	[illegible]	[illegible]	
tshjiij^{1}	mjij^{1}	śjɨj^{1}	tjij^{1}	ɣa̱^{2}	tsew^{2}	
议	不	成	品	十	第	

显扬圣教论成不思议品第十[①]

17.88

[illegible]	[illegible]：	[illegible]	[illegible]	[illegible]	[illegible]	[illegible]	[illegible]	[illegible]
ljɨ^{1}	da̱^{2}	śji^{1}	sjwɨ^{1}	lə	ku^{1}	tśhjɨ^{1}	mja^{1}	nioow^{1}
论	曰：	先	思	维	则	尔	后	及
[illegible]	[illegible]	[illegible]	[illegible]	[illegible]	[illegible]	[illegible]	[illegible]	[illegible]
ku^{1}	bio̱^{1}	·o^{2}	thjɨ^{2}	nioow^{1}	se̱w^{2}	tshjij^{1}	tji̱^{2}	mjij^{1}
现	观	入，	是	故	思	议	可	不

论曰：要先思维方入现观，是故应离不可思议

17.89

[illegible]	[illegible]	[illegible]	[illegible]	[illegible]	[illegible]	[illegible]。	[illegible]	[illegible]
do^{2}	tśier^{1}	·ju^{2}	sjwɨ^{1}	lə	ka^{2}	lew^{2}	se̱w^{2}	tshjij^{1}
处	方	便	思	维	离	应。	思	议
[illegible]	[illegible]	[illegible]	[illegible]	[illegible]	[illegible]	[illegible]？	[illegible]	[illegible]：
tji̱^{2}	mjij^{1}	do^{2}	tja^{1}	ljɨ^{1}	kjɨ^{1}	ŋwu^{2}	lja̱^{1}	da̱^{2}
可	不	处	者	何	△	是？	颂	曰：

处方便思维。云何名为不可思议处？颂曰：

17.90

[illegible]	[illegible]	[illegible]	[illegible]	[illegible]，	[illegible]	[illegible]	[illegible]	[illegible]	[illegible]；
gjɨ^{1}	da̱^{2}	se̱w^{2}	tshjij^{1}	mjij^{1}	ŋwə^{1}	do^{2}	bju^{1}	gji̱^{2}	·jiw^{1}
九	事	思	议	不，	五	处	依	止	由；

九事不思议，由依止五处；

① 王龙：《西夏文草书〈显扬圣教论·成不思议品第十〉考补》，《西夏研究》2019 年第 1 期。

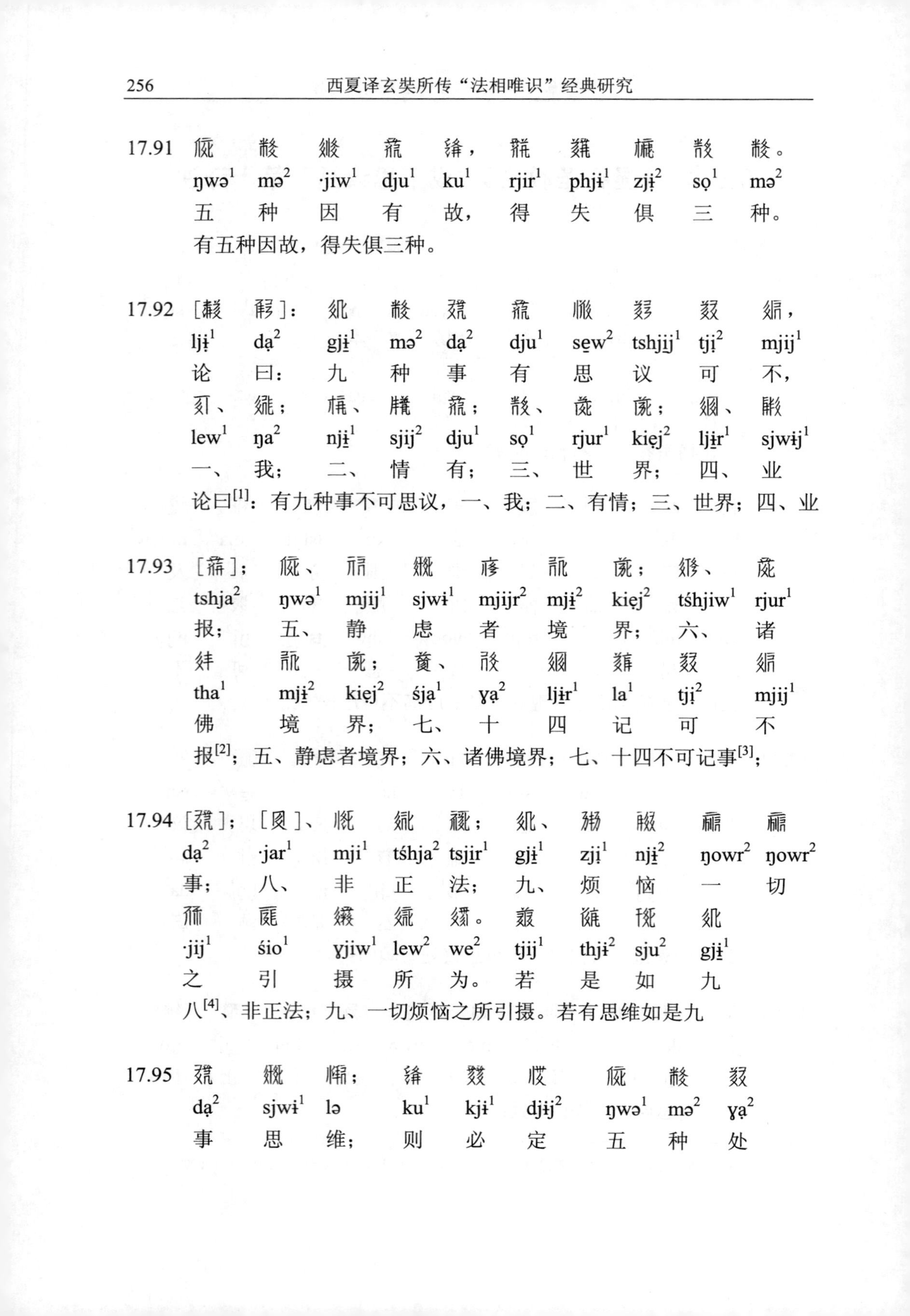

17.91 [illegible]

ŋwə^{1} mə^{2} ·jiw^{1} dju^{1} ku^{1} rjir^{1} phjɨ^{1} zjɨ̣^{2} sọ^{1} mə^{2}

五 种 因 有 故， 得 失 俱 三 种。

有五种因故，得失俱三种。

17.92 [illegible]

ljɨ̣^{1} dạ^{2} gjɨ̠^{1} mə^{2} dạ^{2} dju^{1} se̠w^{2} tshjij^{1} tjị^{2} mjij^{1}

论 曰： 九 种 事 有 思 议 可 不，

[illegible]

lew^{1} ŋa^{2} njɨ̠^{1} sjij^{2} dju^{1} sọ^{1} rjur^{1} kięj^{2} ljɨ̠r^{1} sjwɨj^{1}

一、 我； 二、 情 有； 三、 世 界； 四、 业

论曰[1]：有九种事不可思议，一、我；二、有情；三、世界；四、业

17.93 [illegible]

tshja^{2} ŋwə^{1} mjij^{1} sjwɨ^{1} mjijr^{2} mjɨ̠^{2} kięj^{2} tśhjiw^{1} rjur^{1}

报； 五、 静 虑 者 境 界； 六、 诸

[illegible]

tha^{1} mjɨ̠^{2} kięj^{2} śjạ^{1} ɣạ^{2} ljɨ̠r^{1} la^{1} tjị^{2} mjij^{1}

佛 境 界； 七、 十 四 记 可 不

报[2]；五、静虑者境界；六、诸佛境界；七、十四不可记事[3]；

17.94 [illegible]

dạ^{2} ·jar^{1} mji^{1} tśhja^{2} tsjɨ̠r^{1} gjɨ̠^{1} zji̠^{1} njɨ̠^{2} ŋowr^{2} ŋowr^{2}

事； 八、 非 正 法； 九、 烦 恼 一 切

[illegible]

·jij^{1} śio^{1} ɣjiw^{1} lew^{2} we^{2} tjij^{1} thjɨ^{2} sju^{2} gjɨ̠^{1}

之 引 摄 所 为。 若 是 如 九

八[4]、非正法；九、一切烦恼之所引摄。若有思维如是九

17.95 [illegible]

dạ^{2} sjwɨ^{1} lə ku^{1} kjɨ^{1} djɨj^{2} ŋwə^{1} mə^{2} ɣạ^{2}

事 思 维； 则 必 定 五 种 处

[illegible] [illegible] [illegible] [illegible] [illegible] [illegible] [illegible] [illegible] [illegible]；
dźjij^{1}　bju^{1}　gjị^{2}　tśhjɨ^{1}　mja^{1}　nioow^{1}　sjwɨ^{1}　lə　śjwo^{1}
在　依　止　所　尔　时　思　维　起；
事；必定依止五种处所方起思维；

17.96 [illegible]、[illegible]；[illegible]、[illegible]；[illegible]、[illegible] [illegible]；[illegible]、
lew^{1}　ljij^{2}　njɨ̠^{1}　ze̠w^{2}　sọ^{1}　tśhji̠^{1}　kiọ^{1}　ljɨ̠r^{1}
一、　见；　二、　忍；　三、　观　察；　四、
[illegible] [illegible]；[illegible]、[illegible] [illegible]。[illegible] [illegible] [illegible]，
gjij^{1}　·jur^{1}　ŋwə^{1}　ŋewr^{1}　khie̠^{1}　ljij^{2}　bju^{1}　gjị^{2}
利　养；　五、　散　乱。　见　依　止，
一、见；二、忍；三、推寻[5]；四、利养；五、散乱。依止于见，

17.97 [illegible] [illegible] [illegible] [illegible] [illegible] [illegible] [illegible]；[illegible] [illegible]
ku^{1}　ŋa^{2}　nioow^{1}　sjij^{2}　dju^{1}　sjwɨ^{1}　lə　ze̠w^{2}　bju^{1}
则　我　及　情　有　思　维；　忍　依
[illegible] [illegible]，[illegible] [illegible] [illegible] [illegible]；[illegible] [illegible]
gjị^{2}　ku^{1}　rjur^{1}　kiẹj^{2}　sjwɨ^{1}　lə　tśhji̠^{1}　kiọ^{1}
止　故，　世　界　思　维；　观　察
思维我及有情；依止于忍，思维世界；

17.98 [illegible] [illegible]，[illegible] [illegible] [illegible] [illegible] [illegible] [illegible] [illegible]
bju^{1}　gjị^{2}　ku^{1}　sjwɨj^{1}　tshja^{2}　mjij^{1}　sjwɨ^{1}　mjijr^{2}　mjɨ̠^{2}
依　止，　则　业　报　静　虑　者　境
[illegible]、[illegible] [illegible] [illegible] [illegible] [illegible] [illegible] [illegible]
kiẹj^{2}　rjur^{1}　tha^{1}　mjɨ̠^{2}　kiẹj^{2}　nioow^{1}　ɣạ^{2}　ljɨ̠r^{1}
界、　诸　佛　境　界　及　十　四
依止推寻，思维业报、静虑者境界、诸佛境界及十四

17.99 [illegible] [illegible] [illegible] [illegible] [illegible] [illegible] [illegible]；[illegible] [illegible]
mə^{2}　la^{1}　tjị^{2}　mjij^{1}　dạ^{2}　sjwɨ^{1}　lə　gjij^{1}　·jur^{1}
种　记　可　不　事　思　维；　利　养

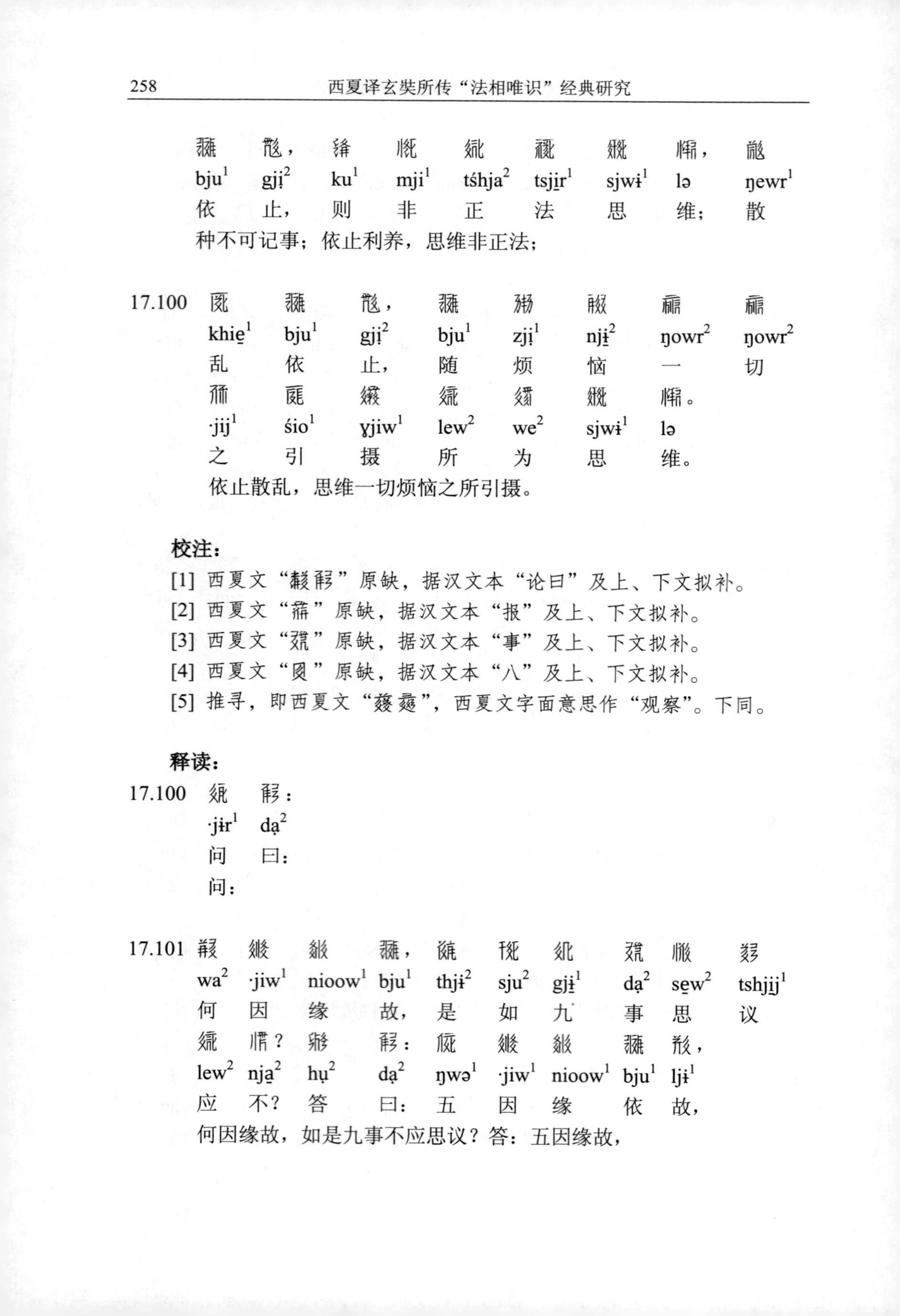

□ □， □ □ □ □ □ □， □
bju¹ gji̱² ku¹ mji¹ tśhja² tsji̱r¹ sjwɨ¹ lə ŋewr¹
依 止， 则 非 正 法 思 维； 散
种不可记事；依止利养，思维非正法；

17.100 □ □ □， □ □ □ □ □
khie̱¹ bju¹ gji̱² bju¹ zji̱¹ nji̱² ŋowr² ŋowr²
乱 依 止， 随 烦 恼 一 切
□ □ □ □ □ □ □。
·jij¹ śio¹ ɣjiw¹ lew² we² sjwɨ¹ lə
之 引 摄 所 为 思 维。
依止散乱，思维一切烦恼之所引摄。

校注：

[1] 西夏文“□□”原缺，据汉文本“论曰”及上、下文拟补。
[2] 西夏文“□”原缺，据汉文本“报”及上、下文拟补。
[3] 西夏文“□”原缺，据汉文本“事”及上、下文拟补。
[4] 西夏文“□”原缺，据汉文本“八”及上、下文拟补。
[5] 推寻，即西夏文“□□”，西夏文字面意思作“观察”。下同。

释读：

17.100 □ □：
·jɨr¹ dạ²
问 曰：
问：

17.101 □ □ □ □， □ □ □ □ □ □
wa² ·jiw¹ nioow¹ bju¹ thjɨ² sju² gjɨ̱¹ dạ² se̱w² tshjij¹
何 因 缘 故， 是 如 九 事 思 议
□ □？ □ □： □ □ □ □ □，
lew² nja̱² hụ² dạ² ŋwə¹ ·jiw¹ nioow¹ bju¹ ljɨ¹
应 不？ 答 曰： 五 因 缘 依 故，
何因缘故，如是九事不应思议？答：五因缘故，

17.102	[illegible]、	[illegible]	[illegible]	[illegible]	[illegible]	[illegible]	[illegible]	[illegible]，	[illegible]
	lew^{1}	ŋa^{2}	nioow^{1}	sjij^{2}	dju^{1}	·jij^{1}	·jij^{1}	mjij^{1}	ku^{1}
	一、	我	及	情	有	自	相	无，	则
	[illegible]	[illegible]	[illegible]	[illegible]；	[illegible]、	[illegible]	[illegible]	[illegible]	[illegible]
	se̱w^{2}	tshjij^{1}	lew^{2}	nja̱^{2}	njɨ̱^{1}	rjur^{1}	kie̱j^{2}	ku^{1}	śjɨj^{1}
	思	议	应	不；	二、	世	界	现	成

一、我及有情无自相故，不应思议；二、世界现成

17.103	[illegible]	[illegible]，	[illegible]	[illegible]	[illegible]	[illegible]	[illegible]；	[illegible]、
	·jij^{1}	bju^{1}	se̱w^{2}	tshjij^{1}	lew^{2}	mjij^{1}	nja̱^{2}	so̱^{1}
	相	故，	思	议	应	无	不；	三、
	[illegible]	[illegible]	[illegible]	[illegible]	[illegible]	[illegible]	[illegible]	[illegible]
	sjwɨj^{1}	tshja^{2}	nioow^{1}	njɨ̱^{1}	mjɨ̱^{2}	kie̱j^{2}	zji^{2}	na^{1}
	业	报	及	二	境	界	甚	深

相故，不应思议[1]；三、业报及二境界甚深

17.104	[illegible]	[illegible]，	[illegible]	[illegible]	[illegible]	[illegible]；	[illegible]、	[illegible]	[illegible]
	·jij^{1}	bju^{1}	se̱w^{2}	tshjij^{1}	lew^{2}	nja̱^{2}	ljɨ̱r^{1}	la^{1}	tji̱^{2}
	相	故，	思	议	应	不；	四、	记	可
	[illegible]	[illegible]	[illegible]	[illegible]	[illegible]	[illegible]	[illegible]，	[illegible]	[illegible]
	mjij^{1}	da̱^{2}	lew^{1}	djɨj^{2}	·jij^{1}	nja̱^{2}	bju^{1}	se̱w^{2}	tshjij^{1}
	不	事	一	定	相	非	故，	思	议

相故，不应思议；四、不可记事非一定相故，

17.105	[illegible]	[illegible]；	[illegible]、	[illegible]	[illegible]	[illegible]	[illegible]	[illegible]	[illegible]
	lew^{2}	nja̱^{2}	ŋwə^{1}	mji^{1}	tśhja^{2}	tsjɨr^{1}	nioow^{1}	rjur^{1}	zji̱^{1}
	应	不；	五、	非	正	法	及	诸	烦
	[illegible]	[illegible]	[illegible]	[illegible]	[illegible]	[illegible]	[illegible]	[illegible]	
	njɨ̱^{2}	·jij^{1}	śio^{1}	ɣjiw^{1}	lew^{2}	we^{2}	gjij^{1}	mjij^{1}	
	恼	之	引	摄	所	为	义	无	

不应思议；五、非正法及诸烦恼之所引摄能引无义

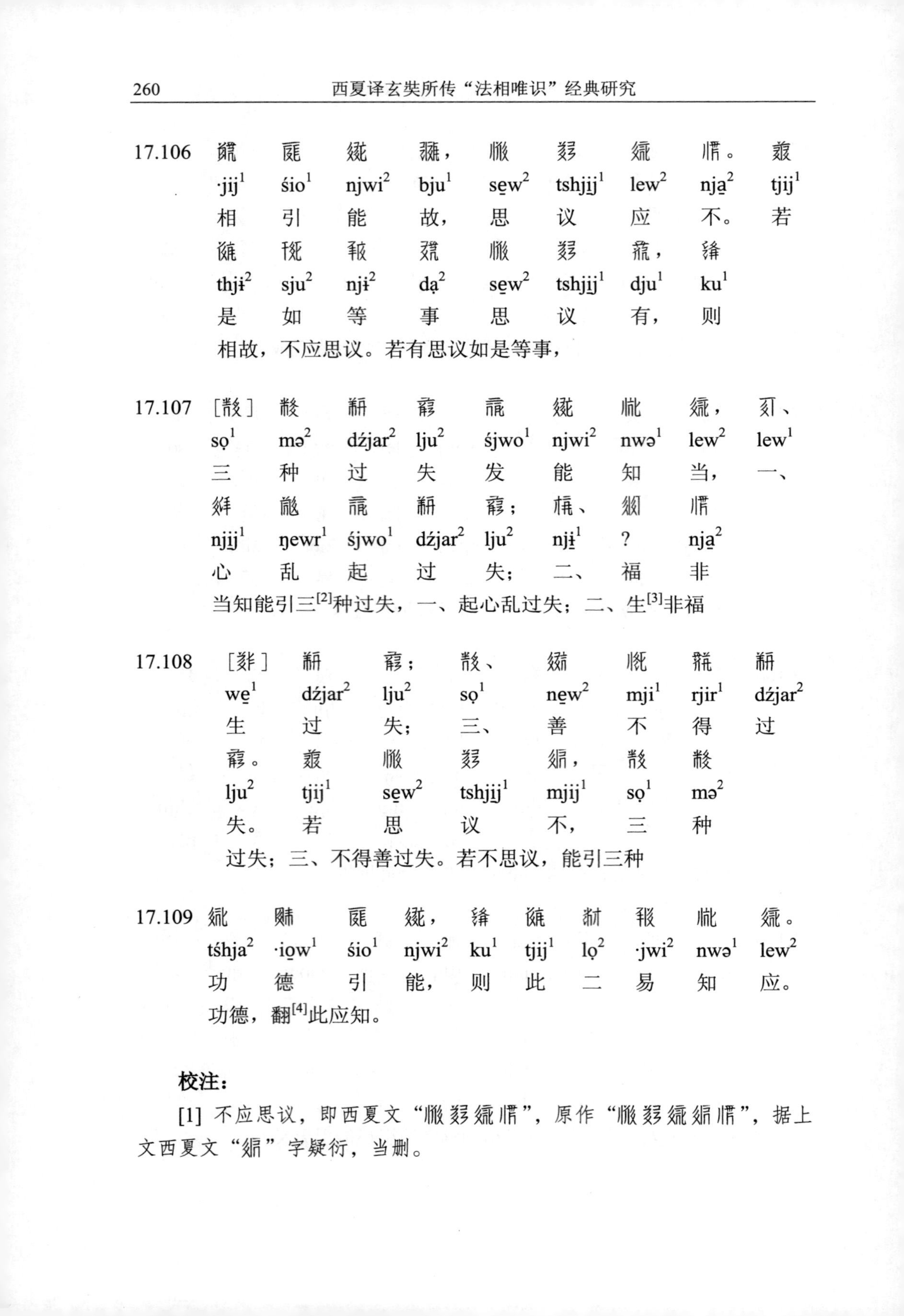

17.106 [illegible]

·jij¹ śio¹ njwi² bju¹ sew² tshjij¹ lew² nja² tjij¹

相 引 能 故， 思 议 应 不。 若

[illegible]

thjɨ² sju² njɨ² dą² sew² tshjij¹ dju¹ ku¹

是 如 等 事 思 议 有， 则

相故，不应思议。若有思议如是等事，

17.107 [illegible]

sọ¹ mə² dźjar² lju² śjwo¹ njwi² nwə¹ lew² lew¹

三 种 过 失 发 能 知 当， 一、

[illegible]

njij¹ ŋewr¹ śjwo¹ dźjar² lju² njɨ¹ ? nja²

心 乱 起 过 失； 二、 福 非

当知能引三[2]种过失，一、起心乱过失；二、生[3]非福

17.108 [illegible]

we¹ dźjar² lju² sọ¹ new² mji¹ rjir¹ dźjar²

生 过 失； 三、 善 不 得 过

[illegible]

lju² tjij¹ sew² tshjij¹ mjij¹ sọ¹ mə²

失。 若 思 议 不， 三 种

过失；三、不得善过失。若不思议，能引三种

17.109 [illegible]

tśhja² ·iow¹ śio¹ njwi² ku¹ tjij¹ lọ² ·jwi² nwə¹ lew²

功 德 引 能， 则 此 二 易 知 应。

功德，翻[4]此应知。

校注：

[1] 不应思议，即西夏文“[illegible]”，原作“[illegible]”，据上文西夏文“[illegible]”字疑衍，当删。

[2] 西夏文“[illegible]”原缺，据汉文本“三”拟补。

[3] 西夏文“[illegible]”原缺，据汉文本“生”拟补。

[4] 西夏文“[illegible][illegible]”，字面意思作“易二”，汉文本作“翻”。

释读：

17.109 [illegible] [illegible]， [illegible] [illegible]：
nioow^{1} tśjɨ̱^{1} lja̱^{1} dạ^{2}
复 次， 颂 曰：
复次，颂曰：

17.110 [illegible] [illegible] [illegible] [illegible] [illegible]， [illegible] [illegible] [illegible] [illegible] [illegible]；
mji^{1} sjwɨ^{1} lew^{2} mji^{1} la^{1} ljɨ̱r^{1} ·jiw^{1} bju^{1} nwə^{1} lew^{2}
不 思 应 不 记， 四 因 由 知 当；
不应思不记，当知由四因；

17.111 [illegible] [illegible] [illegible] [illegible] [illegible]， [illegible] [illegible] [illegible] [illegible] [illegible]。
djɨj^{2} lew^{1} nja̱^{2} zji^{2} na^{1} ·wo^{2} mjij^{1} ·jij^{1} śio^{1} dźjij^{1}
定 一 非 甚 深， 义 无 相 引 住。
非定一甚深，引无义相住。

17.112 [illegible] [illegible]： [illegible] [illegible] [illegible] [illegible]， [illegible] [illegible] [illegible]
ljɨ̣^{1} dạ^{2} tjij^{1} ljow^{2} tshjij^{1} ku^{1} ljɨ̱r^{1} mə^{2} ·jiw^{1}
论 曰： 若 略 说 故， 四 种 因
[illegible]， [illegible] [illegible] [illegible] [illegible] [illegible] [illegible] [illegible] [illegible]
bju^{1} se̱w^{2} tshjij^{1} tjị^{2} mjij^{1} dạ^{2} ɣa^{2} ·jij^{1} mji^{1}
由， 思 议 可 不 事 于 自 不
论曰：又若略说，由四种因，于不可思议事自不

17.113 [illegible] [illegible] [illegible]， [illegible] [illegible] [illegible] [illegible] [illegible] [illegible]
sjwɨ^{1} lə lew^{2} nioow^{1} mjɨ^{1} ·wji^{1} la^{1} sjwij^{1} mji^{1}
思 维 应， 亦 他 为 记 别 不

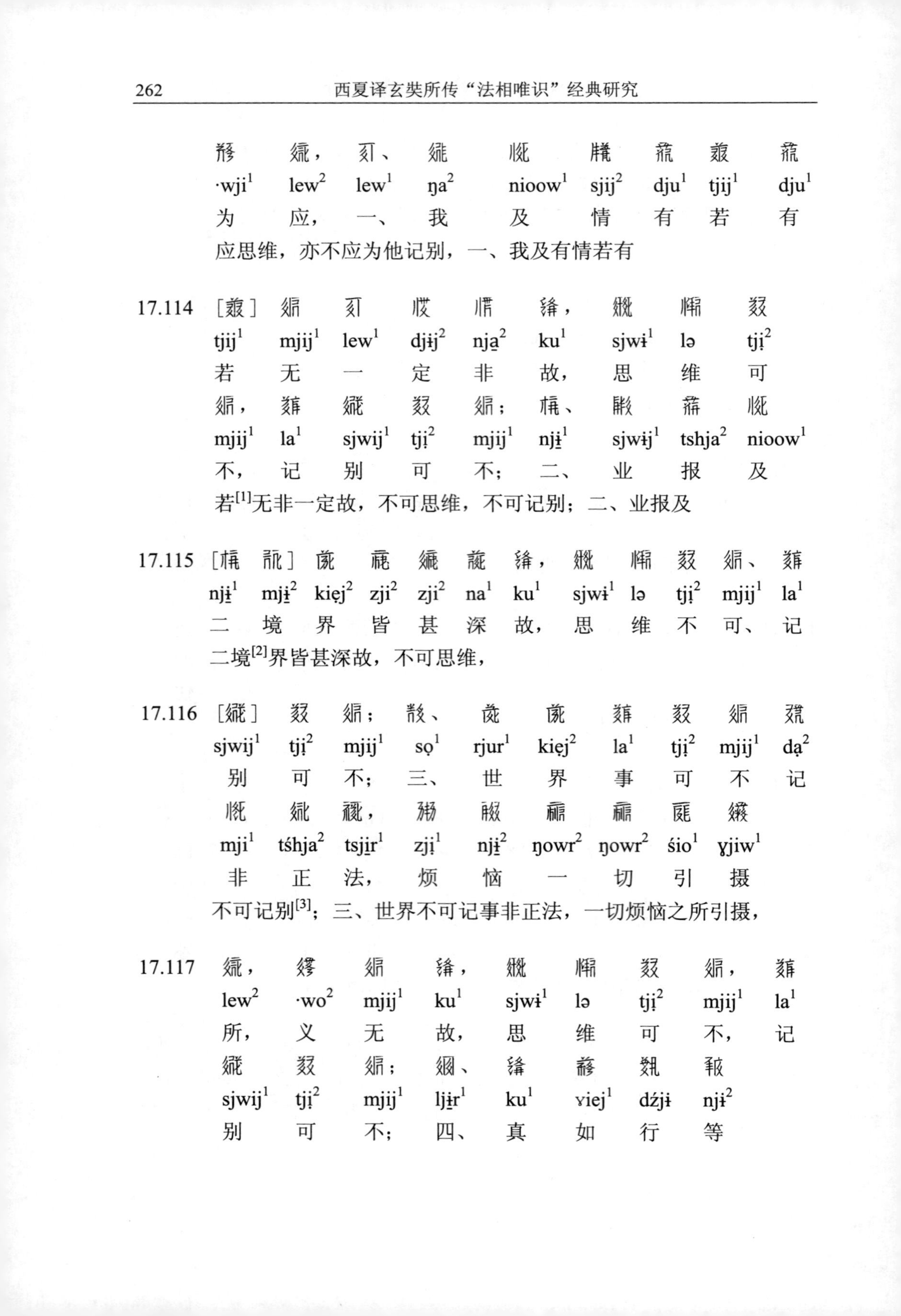

[illegible]
·wji¹ lew² lew¹ ŋa² nioow¹ sjij² dju¹ tjij¹ dju¹
为 应， 一、 我 及 情 有 若 有
应思维，亦不应为他记别，一、我及有情若有

17.114 [illegible]
tjij¹ mjij¹ lew¹ djɨj² nja̱² ku¹ sjwɨ¹ lə tji̱²
若 无 一 定 非 故， 思 维 可
[illegible]
mjij¹ la¹ sjwij¹ tji̱² mjij¹ nji̱¹ sjwɨj¹ tshja² nioow¹
不， 记 别 可 不； 二、 业 报 及
若[1]无非一定故，不可思维，不可记别；二、业报及

17.115 [illegible]
nji̱¹ mji̱² kię̱j² zji² zji² na¹ ku¹ sjwɨ¹ lə tji̱² mjij¹ la¹
二 境 界 皆 甚 深 故， 思 维 不 可、 记
二境[2]界皆甚深故，不可思维，

17.116 [illegible]
sjwij¹ tji̱² mjij¹ so̱¹ rjur¹ kię̱j² la¹ tji̱² mjij¹ da̱²
别 可 不； 三、 世 界 事 可 不 记
[illegible]
mji¹ tśhja² tsji̱r¹ zji̱¹ nji̱² ŋowr² ŋowr² śio¹ ɣjiw¹
非 正 法， 烦 恼 一 切 引 摄
不可记别[3]；三、世界不可记事非正法，一切烦恼之所引摄，

17.117 [illegible]
lew² ·wo² mjij¹ ku¹ sjwɨ¹ lə tji̱² mjij¹ la¹
所， 义 无 故， 思 维 可 不， 记
[illegible]
sjwij¹ tji̱² mjij¹ ljɨ̱r¹ ku¹ ɣiej¹ dźjɨ njɨ²
别 可 不； 四、 真 如 行 等

无义故[4]，不可思维，不可记别；四、真如于行等

17.118 [illegible] [illegible] [illegible] [illegible] [illegible] [illegible]，[illegible] [illegible] [illegible]
tsji̱r^1 ɣa^2 ka^2 mji^1 ka^2 nja̱^{2} thja^1 ·jij^1 tsji̱r^1
法 于 即 不 离 不， 其 相 法
[illegible] [illegible] [illegible] [illegible]，[illegible] [illegible] [illegible] [illegible]，[illegible]
ɣa^2 no^2 dźjij^1 ku^1 sjwɨ^1 lə tjị^{2} mjij^1 la^1
于 安 住 故， 思 维 可 不， 记
法不即不离，其相法尔安住故，不可思维，

17.119 [illegible] [illegible] [illegible]。
sjwij^1 tjị^{2} mjij^1
别 可 不。
不可记别。

校注：

[1] 西夏文“[illegible]”原缺，据汉文本“若”及上、下文拟补。

[2] 西夏文“[illegible][illegible]”原缺，据汉文本“二境”及上、下文拟补。

[3] 西夏文“[illegible]”原缺，据汉文本“别”及上、下文拟补。

[4] 无义故，即西夏文“[illegible][illegible][illegible]”，汉文本作“引无义故”，西夏文“[illegible]”前疑脱“[illegible]”字。

释读：

17.119 [illegible] [illegible]，[illegible] [illegible]：
nioow^1 tśjɨ̱^{1} lja̱^{1} dạ^2
复 次， 颂 曰：
复次，颂曰：

17.120 [illegible] [illegible] [illegible] [illegible] [illegible]，[illegible] [illegible] [illegible] [illegible] [illegible]；
ŋa^2 dju^1 mjij^1 mji^1 sjwɨ^1 njɨ̱^{1} mə^2 dźjar^2 lju^2 śjɨj^1
我 有 无 不 思， 二 种 过 失 成；
不思我有无，成二过失故；

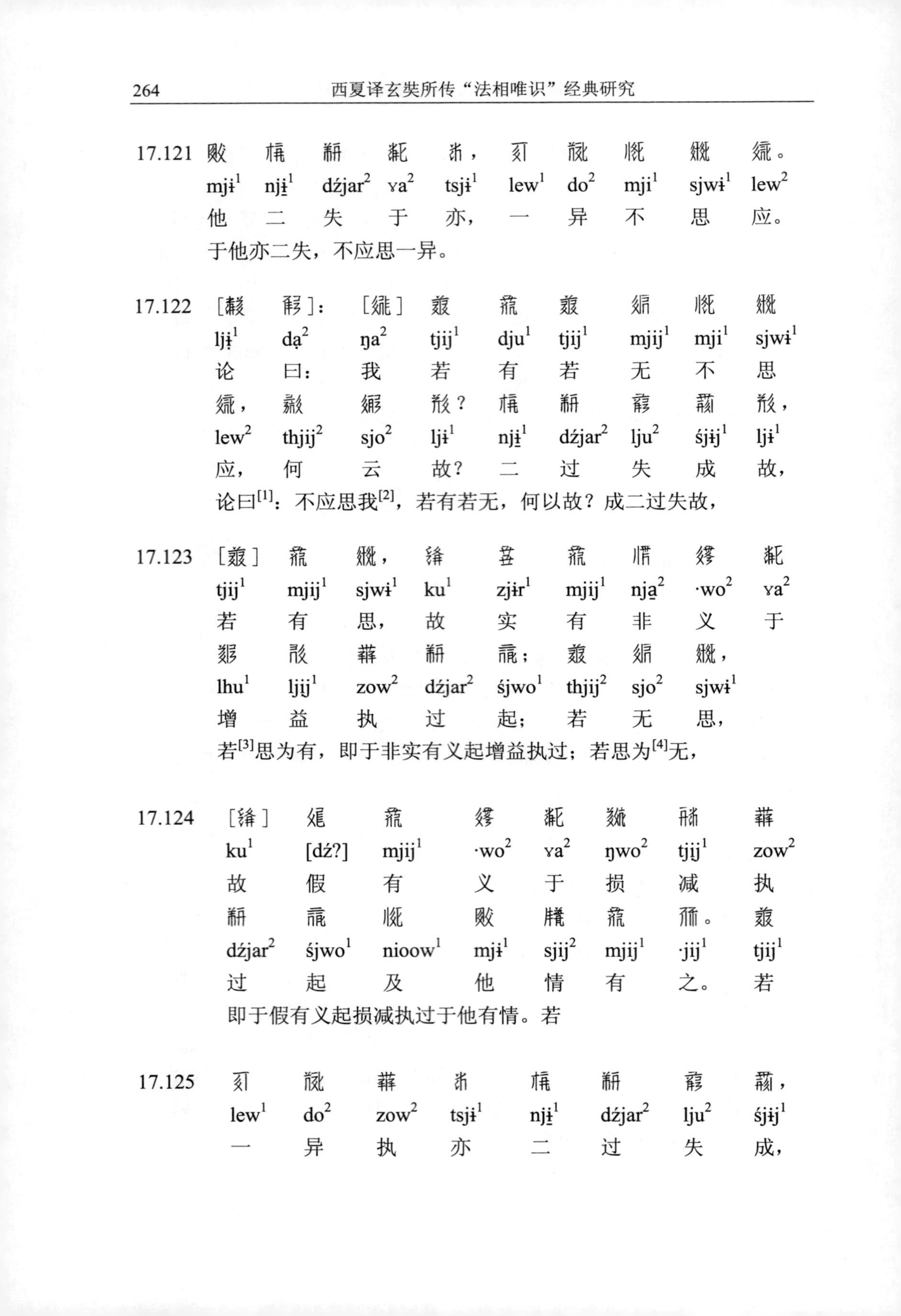

17.121 [illegible]

mjɨ1 njɨ̱1 dźjar2 ɣa2 tsjɨ1 lew1 do2 mji1 sjwɨ1 lew2

他 二 失 于 亦， 一 异 不 思 应。

于他亦二失，不应思一异。

17.122 [illegible]

ljɨ̣1 dạ2 ŋa2 tjij1 dju1 tjij1 mjij1 mji1 sjwɨ1

论 曰： 我 若 有 若 无 不 思

[illegible]

lew2 thjij2 sjo2 ljɨ1 njɨ̱1 dźjar2 lju2 śjɨj1 ljɨ1

应， 何 云 故？ 二 过 失 成 故，

论曰[1]：不应思我[2]，若有若无，何以故？成二过失故，

17.123 [illegible]

tjij1 mjij1 sjwɨ1 ku1 zjɨr1 mjij1 nja̱2 ·wo2 ɣa2

若 有 思， 故 实 有 非 义 于

[illegible]

lhu1 ljij1 zow2 dźjar2 śjwo1 thjij2 sjo2 sjwɨ1

增 益 执 过 起； 若 无 思，

若[3]思为有，即于非实有义起增益执过；若思为[4]无，

17.124 [illegible]

ku1 [dź?] mjij1 ·wo2 ɣa2 ŋwo2 tjij1 zow2

故 假 有 义 于 损 减 执

[illegible]

dźjar2 śjwo1 nioow1 mjɨ1 sjij2 mjij1 ·jij1 tjij1

过 起 及 他 情 有 之。 若

即于假有义起损减执过于他有情。若

17.125 [illegible]

lew1 do2 zow2 tsjɨ1 njɨ̱1 dźjar2 lju2 śjɨj1

一 异 执 亦 二 过 失 成，

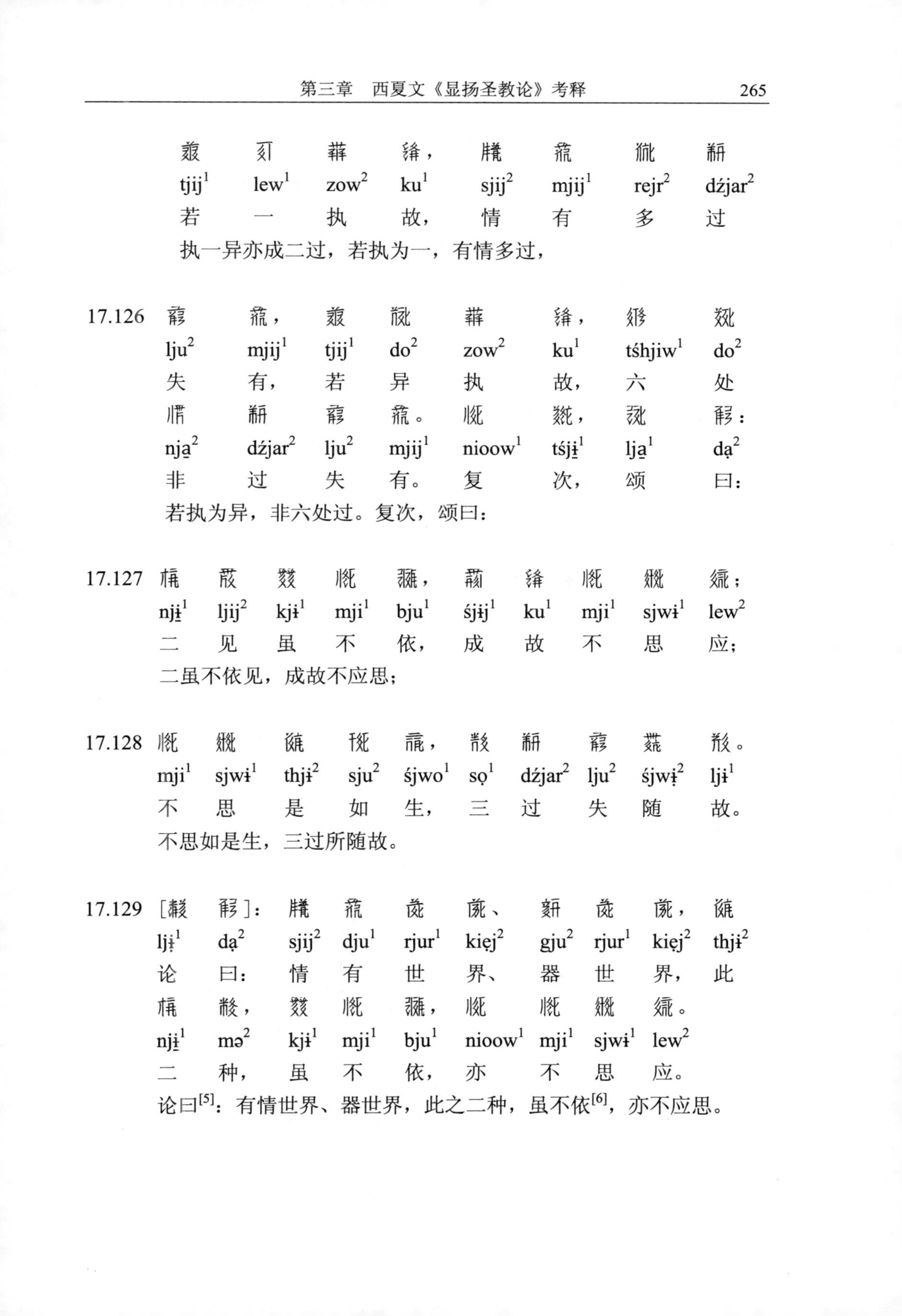

□ □ □ □， □ □ □ □
tjij^{1} lew^{1} zow^{2} ku^{1} sjij^{2} mjij^{1} rejr^{2} dźjar^{2}
若 一 执 故， 情 有 多 过
执一异亦成二过，若执为一，有情多过，

17.126 □ □， □ □ □ □， □ □
lju^{2} mjij^{1} tjij^{1} do^{2} zow^{2} ku^{1} tśhjiw^{1} do^{2}
失 有， 若 异 执 故， 六 处
□ □ □ □。 □ □， □ □：
nja̱^{2} dźjar^{2} lju^{2} mjij^{1} nioow^{1} tśjɨ̱^{1} lja̱^{1} dạ^{2}
非 过 失 有。 复 次， 颂 曰：
若执为异，非六处过。复次，颂曰：

17.127 □ □ □ □ □， □ □ □ □ □；
njɨ̱^{1} ljij^{2} kjɨ^{1} mji^{1} bju^{1} śjɨj^{1} ku^{1} mji^{1} sjwɨ^{1} lew^{2}
二 见 虽 不 依， 成 故 不 思 应；
二虽不依见，成故不应思；

17.128 □ □ □ □ □， □ □ □ □ □。
mji^{1} sjwɨ^{1} thjɨ^{2} sju^{2} śjwo^{1} sọ^{1} dźjar^{2} lju^{2} śjwɨ̣^{2} ljɨ^{1}
不 思 是 如 生， 三 过 失 随 故。
不思如是生，三过所随故。

17.129 [□ □]： □ □ □ □、 □ □ □， □
ljɨ̣^{1} dạ^{2} sjij^{2} dju^{1} rjur^{1} kięj^{2} gju^{2} rjur^{1} kięj^{2} thjɨ^{2}
论 曰： 情 有 世 界、 器 世 界， 此
□ □， □ □ □， □ □ □ □。
njɨ̱^{1} mə^{2} kjɨ^{1} mji^{1} bju^{1} nioow^{1} mji^{1} sjwɨ^{1} lew^{2}
二 种， 虽 不 依， 亦 不 思 应。
论曰[5]：有情世界、器世界，此之二种，虽不依[6]，亦不应思。

17.130 [□　□] □？ □ □ □ □ □ □ □ □。

thjij^{2} sjo^{2} ljɨ^{1} ku^{1} śjɨj^{1} ·jij^{1} rjur^{1} gu^{2} nwə^{1} tsjij^{2} ljɨ^{1}

何　云　故？ 现　成　相　世　共　知　了　故。

何以[7]故？世共了知现成相故。

校注：

[1] 西夏文“□□”原缺，据汉文本“论曰”及上、下文拟补。

[2] 西夏文“□”原缺，据汉文本“我”及上、下文拟补。

[3] 西夏文“□”原缺，据汉文本“若”及上、下文拟补。

[4] 西夏文“□”原缺，据汉文本及上、下文拟补。

[5] 西夏文“□□”原缺，据汉文本“论曰”及上、下文拟补。

[6] 虽不依，即西夏文“□□□”，汉文本作“虽不依见”，西夏文“□”后疑脱“□”字。

[7] 西夏文“□□”原缺，据汉文本“何以”及上、下文拟补。

释读：

17.130 □ □： □ □ □ □

·jɨr^{1} dạ^{2} wa^{2} ·jiw^{1} thjɨ^{2} dạ^{2}

问　曰：　何　故　此　事

问：何故

17.131 □ □ □ □ □， □ □ □ □

mji^{1} sjwɨ^{1} thjɨ^{2} sju^{2} śjwo^{1} thjɨ^{2} sju^{2} śjwo^{1} nja̱^{2}

不　思　是　如　生，　是　如　不　非

□？ □ □： □ □ □ □ □， □

ljɨ^{1} hụ^{2} dạ^{2} tjij^{1} thjɨ^{2} sju^{2} sjwɨ^{1} ku^{1} tśhio̱w^{1}

耶？　答　曰：　若　是　如　思　者，　或

不思此事如是生，非不如是耶？答：若如是思者，或

17.132 □ □ □， □ □ □ □， □

thjɨ^{2} sju^{2} ŋwu^{2} tśhio̱w^{1} thjɨ^{2} sju^{2} do^{2} tśhio̱w^{1}

是　如　谓，　或　是　如　异，　或

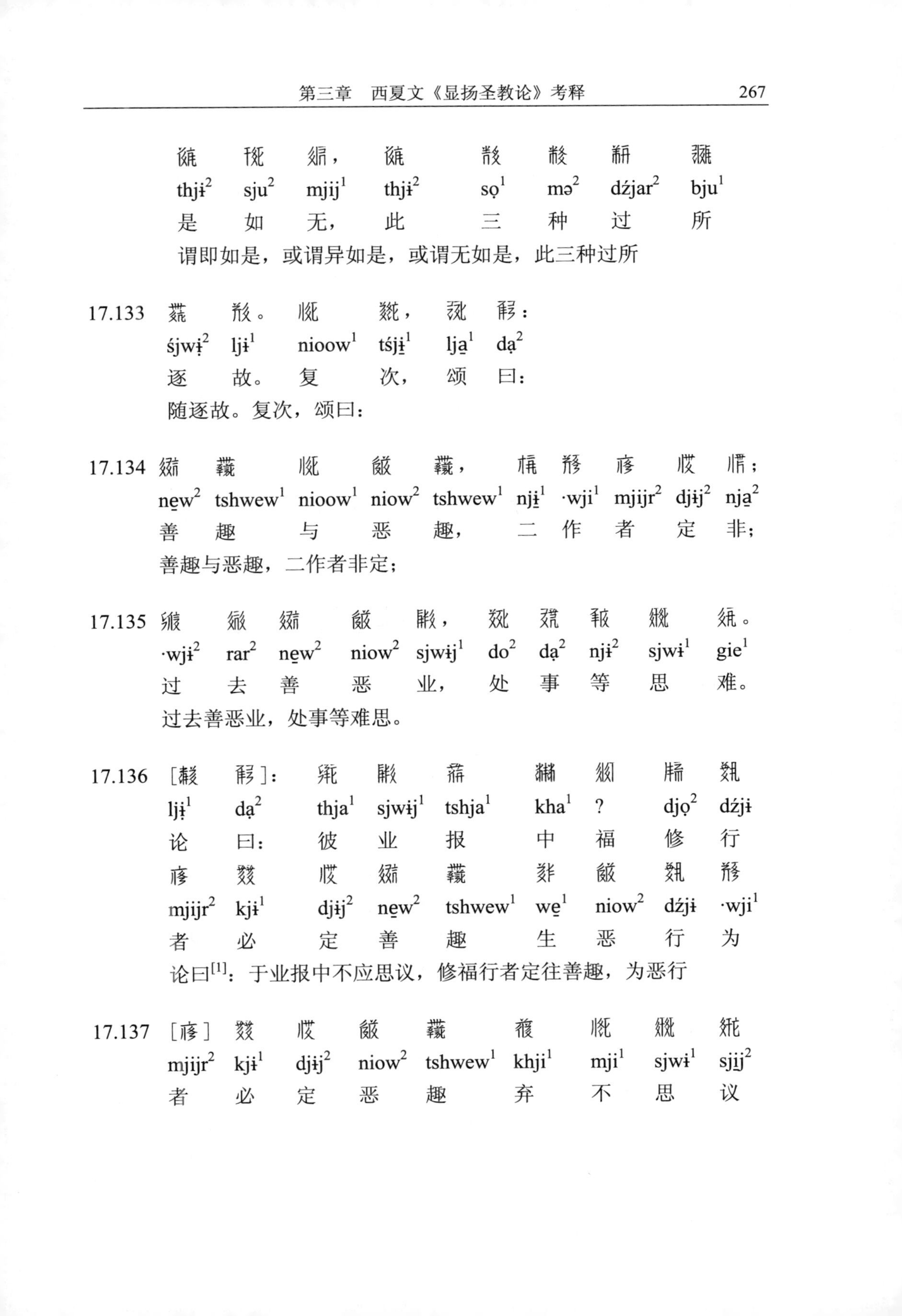

[illegible]
thjɨ^{2}　sju^{2}　mjij^{1}　thjɨ^{2}　sọ^{1}　mə^{2}　dźjar^{2}　bju^{1}
是　如　无，　此　三　种　过　所
谓即如是，或谓异如是，或谓无如是，此三种过所

17.133 [illegible]
śjwɨ̣^{2}　ljɨ̣^{1}　nioow^{1}　tśjɨ̱^{1}　lja̱^{1}　dạ^{2}
逐　故。　复　次，　颂　曰：
随逐故。复次，颂曰：

17.134 [illegible]
ne̱w^{2}　tshwew^{1}　nioow^{1}　niow^{2}　tshwew^{1}　njɨ̣^{1}　·wji^{1}　mjijr^{2}　djɨj^{2}　nja̱^{2}
善　趣　与　恶　趣，　二　作　者　定　非；
善趣与恶趣，二作者非定；

17.135 [illegible]
·wjɨ^{2}　rar^{2}　ne̱w^{2}　niow^{2}　sjwɨj^{1}　do^{2}　dạ^{2}　njɨ^{2}　sjwɨ^{1}　gie^{1}
过　去　善　恶　业，　处　事　等　思　难。
过去善恶业，处事等难思。

17.136 [illegible]
ljɨ̣^{1}　dạ^{2}　thja^{1}　sjwɨj^{1}　tshja^{1}　kha^{1}　?　djọ^{2}　dźjɨ
论　曰：　彼　业　报　中　福　修　行
[illegible]
mjijr^{2}　kjɨ^{1}　djɨj^{2}　ne̱w^{2}　tshwew^{1}　we̱^{1}　niow^{2}　dźjɨ　·wji^{1}
者　必　定　善　趣　生　恶　行　为
论曰[1]：于业报中不应思议，修福行者定往善趣，为恶行

17.137 [illegible]
mjijr^{2}　kjɨ^{1}　djɨj^{2}　niow^{2}　tshwew^{1}　khji^{1}　mji^{1}　sjwɨ^{1}　sji̱j^{2}
者　必　定　恶　趣　弃　不　思　议

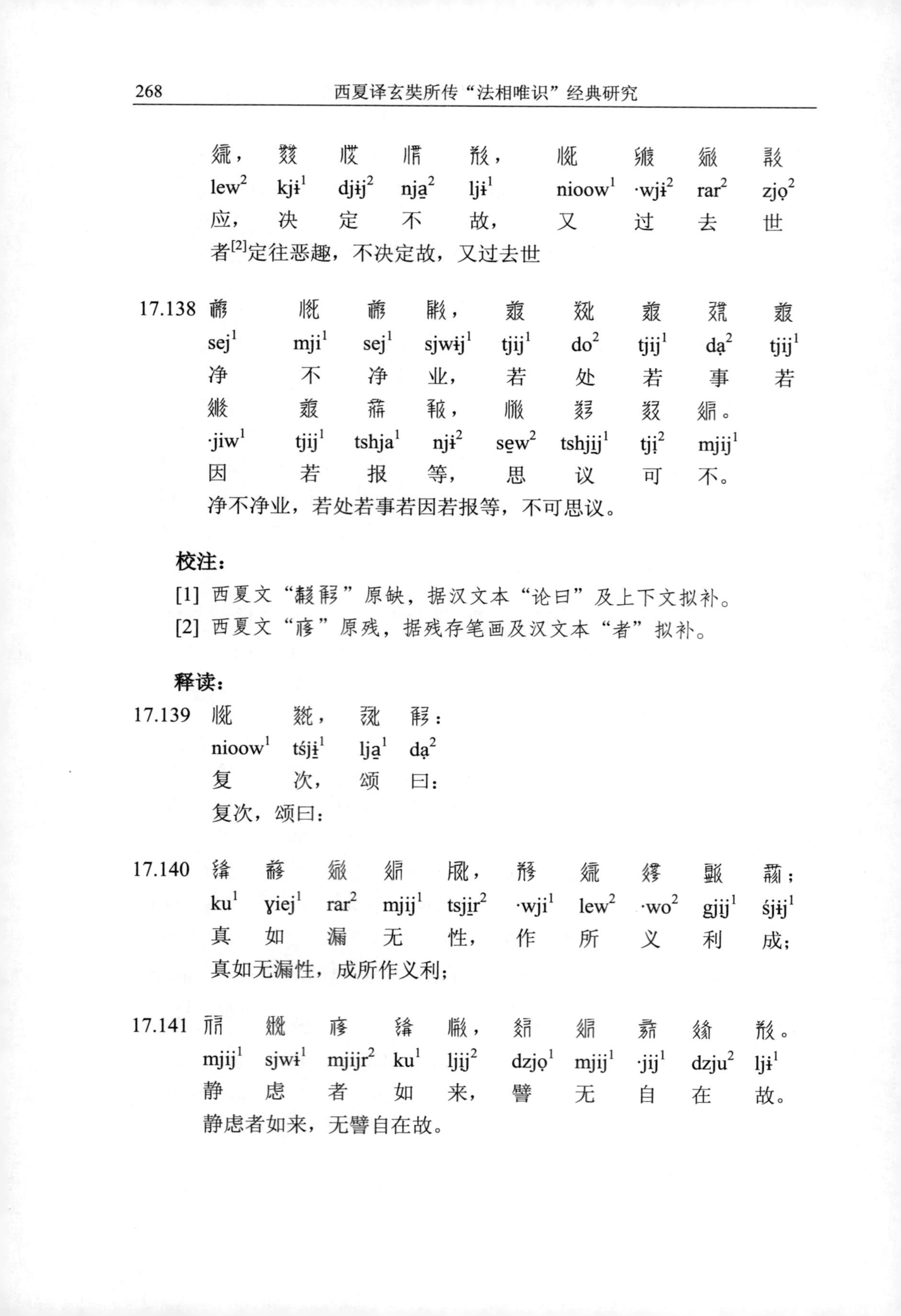

[illegible]
lew² kjɨ¹ djɨj² nja̱² ljɨ¹ nioow¹ ·wjɨ² rar² zjọ²
应， 决 定 不 故， 又 过 去 世
者[2]定往恶趣，不决定故，又过去世

17.138 [illegible]
sej¹ mji¹ sej¹ sjwɨj¹ tjij¹ do² tjij¹ dạ² tjij¹
净 不 净 业， 若 处 若 事 若
[illegible]
·jiw¹ tjij¹ tshja¹ njɨ² se̱w² tshjij¹ tji̱² mjij¹
因 若 报 等， 思 议 可 不。
净不净业，若处若事若因若报等，不可思议。

校注：

[1] 西夏文“[illegible]”原缺，据汉文本“论曰”及上下文拟补。
[2] 西夏文“[illegible]”原残，据残存笔画及汉文本“者”拟补。

释读：

17.139 [illegible]
nioow¹ tśjɨ̱¹ lja̱¹ dạ²
复 次， 颂 曰：
复次，颂曰：

17.140 [illegible]
ku¹ ɣiej¹ rar² mjij¹ tsji̱r² ·wji¹ lew² ·wo² gjij¹ śjɨj¹
真 如 漏 无 性， 作 所 义 利 成；
真如无漏性，成所作义利；

17.141 [illegible]
mjij¹ sjwɨ¹ mjijr² ku¹ ljij² dzjọ¹ mjij¹ ·jij¹ dzju² ljɨ¹
静 虑 者 如 来， 譬 无 自 在 故。
静虑者如来，无譬自在故。

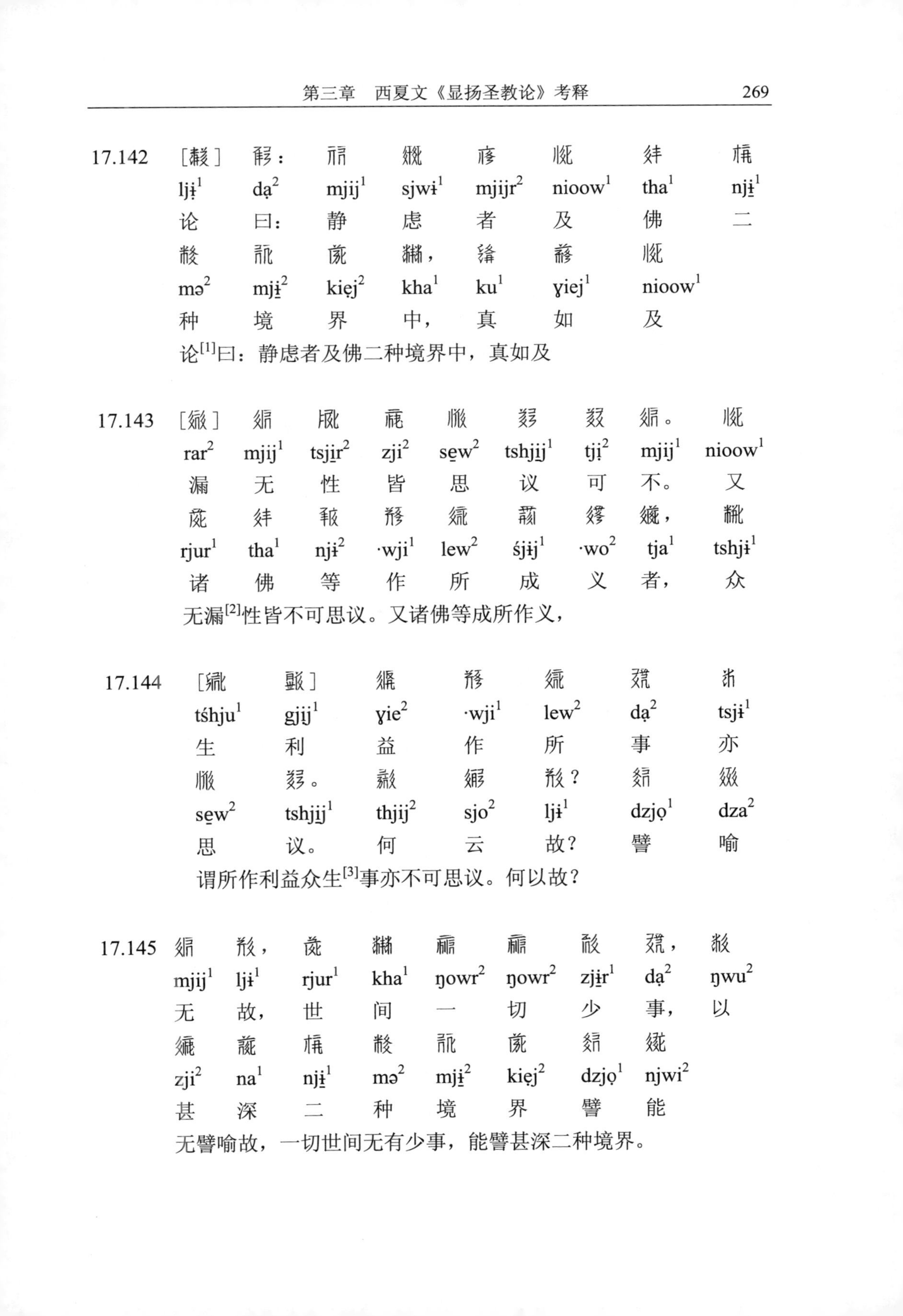

17.142 [illegible]
ljɨ^{1} dạ^{2} mjij^{1} sjwɨ^{1} mjijr^{2} nioow^{1} tha^{1} njɨ̱^{1}
论 曰： 静 虑 者 及 佛 二
[illegible]
mə^{2} mjɨ̱^{2} kięj^{2} kha^{1} ku^{1} ɣiej^{1} nioow^{1}
种 境 界 中， 真 如 及
论[1]曰：静虑者及佛二种境界中，真如及

17.143 [illegible]
rar^{2} mjij^{1} tsjɨ̱r^{2} zji^{2} sew̱^{2} tshjij^{1} tjị^{2} mjij^{1} nioow^{1}
漏 无 性 皆 思 议 可 不。 又
[illegible]
rjur^{1} tha^{1} njɨ^{2} ·wji^{1} lew^{2} śjɨj^{1} ·wo^{2} tja^{1} tshjɨ^{1}
诸 佛 等 作 所 成 义 者， 众
无漏[2]性皆不可思议。又诸佛等成所作义，

17.144 [illegible]
tśhju^{1} gjij^{1} ɣie^{2} ·wji^{1} lew^{2} dạ^{2} tsjɨ^{1}
生 利 益 作 所 事 亦
[illegible]
sew̱^{2} tshjij^{1} thjij^{2} sjo^{2} ljɨ^{1} dzjọ^{1} dza^{2}
思 议。 何 云 故？ 譬 喻
谓所作利益众生[3]事亦不可思议。何以故？

17.145 [illegible]
mjij^{1} ljɨ^{1} rjur^{1} kha^{1} ŋowr^{2} ŋowr^{2} zjɨ̱r^{1} dạ^{2} ŋwu^{2}
无 故， 世 间 一 切 少 事， 以
[illegible]
zji^{2} na^{1} njɨ̱^{1} mə^{2} mjɨ̱^{2} kięj^{2} dzjọ^{1} njwi^{2}
甚 深 二 种 境 界 譬 能
无譬喻故，一切世间无有少事，能譬甚深二种境界。

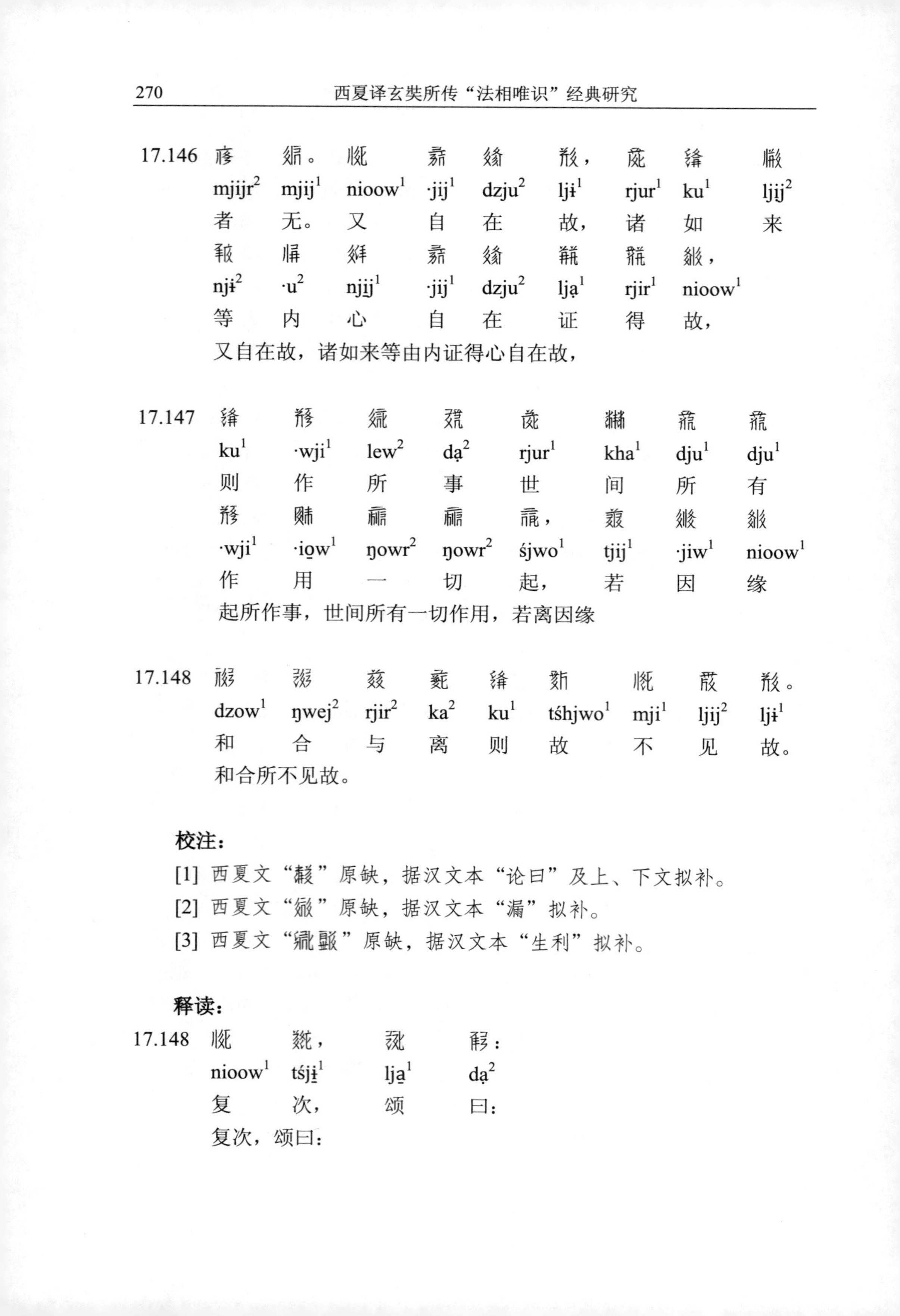

17.146 [illegible]
mjijr^{2} mjij^{1} nioow^{1} ·jij^{1} dzju^{2} ljɨ^{1} rjur^{1} ku^{1} ljij^{2}
者 无。又 自 在 故，诸 如 来
[illegible]
njɨ^{2} ·u^{2} njij^{1} ·jij^{1} dzju^{2} lja̱^{1} rjir^{1} nioow^{1}
等 内 心 自 在 证 得 故，
又自在故，诸如来等由内证得心自在故，

17.147 [illegible]
ku^{1} ·wji^{1} lew^{2} dạ^{2} rjur^{1} kha^{1} dju^{1} dju^{1}
则 作 所 事 世 间 所 有
[illegible]
·wji^{1} ·io̱w^{1} ŋowr^{2} ŋowr^{2} śjwo^{1} tjij^{1} ·jiw^{1} nioow^{1}
作 用 一 切 起，若 因 缘
起所作事，世间所有一切作用，若离因缘

17.148 [illegible]
dzow^{1} ŋwej^{2} rjir^{2} ka^{2} ku^{1} tśhjwo^{1} mji^{1} ljij^{2} ljɨ^{1}
和 合 与 离 则 故 不 见 故。
和合所不见故。

校注：

[1] 西夏文“[illegible]”原缺，据汉文本“论曰”及上、下文拟补。
[2] 西夏文“[illegible]”原缺，据汉文本“漏”拟补。
[3] 西夏文“[illegible]”原缺，据汉文本“生利”拟补。

释读：

17.148 [illegible]
nioow^{1} tśjɨ̱^{1} lja̱^{1} dạ^{2}
复 次，颂 曰：
复次，颂曰：

17.149 [illegible]，[illegible]；

tśja^{1} nioow^{1} nẹ^{1} tshjij^{1} lew^{2} ·wo^{2} gjij^{1} mjij^{1} śio^{1} njwi^{2}

道 外 宣 说 所， 义 利 无 引 能；

外道所宣说，能引无义利；

17.150 [illegible]，[illegible]。

·wo^{2} mji^{1} bju^{1} ljɨ̱r^{1} khwa^{1} la^{1} mjij^{1} mji^{1} sjwɨ^{1} lew^{2}

理 非 依 四 远， 记 无 不 思 应。

非理远四处，无记不应思。

17.151 [illegible]：[illegible]

ljɨ̣^{1} dạ^{2} la^{1} tjị^{2} mjij^{1} dạ^{2} ŋowr^{2} ŋowr^{2} mji^{1} sjwɨ^{1}

论 曰： 记 应 不 事 一 切 不 思

[illegible]，[illegible]、

lew^{2} rjur^{1} dow^{1} tśja^{1} nioow^{1} rjɨr^{2} tshjij^{1} nioow^{1} ljɨ^{1}

应， 诸 邪 道 外 △ 说 因 故、

论曰：一切不应记事不应思议，诸邪外道之所说故、

17.152 [illegible]、[illegible]

rjur^{1} ·wo^{2} mjij^{1} gjij^{1} śjwo^{1} njwi^{2} nioow^{1} ljɨ^{1} tśhja^{2} ·wo^{2} dju^{1}

诸 义 无 利 起 能 因 故、 正 理 有

[illegible]、[illegible]

mji^{1} bju^{1} ljɨ̱r^{1} ljɨ̱r^{1} tśhja^{2} sjwɨ^{1} sjij^{2} do^{2} khwa^{1} ka^{2}

不 依 故、 四 正 思 维 处 远 离

能引诸无义利故、不如正理故、远离四种正思维处

17.153 [illegible]，[illegible]、[illegible]

nioow^{1} thjɨ^{2} tja^{1} sjwɨ^{1} sjij^{2} do^{2} mja̱^{1} sjwɨ^{1} sjij^{2}

故， 此 者 思 维 处、 果 思 维

[illegible]、[illegible]、[illegible]

do^{2} dza^{1} la̱^{1} sjwɨ^{1} sjij^{2} do^{2} gji^{1} sej^{1} sjwɨ^{1}

处、 杂 染 思 维 处、 清 净 思

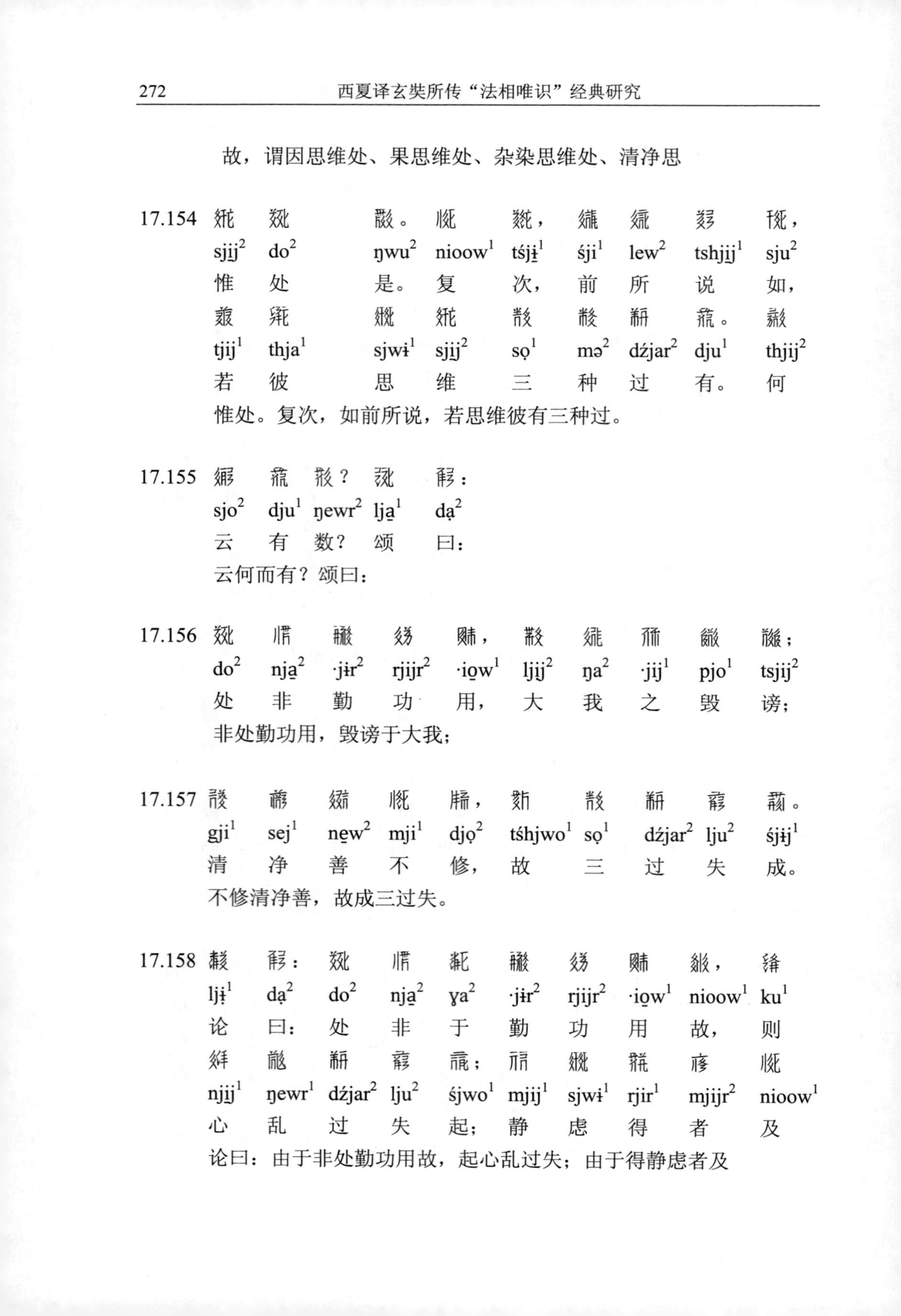

故，谓因思维处、果思维处、杂染思维处、清净思

17.154 [illegible]
sjij^{2} do^{2} ŋwu^{2} nioow^{1} tśjɨ̱^{1} śji^{1} lew^{2} tshjij^{1} sju^{2}
惟 处 是。复 次，前 所 说 如，
[illegible]
tjij^{1} thja^{1} sjwɨ^{1} sjij^{2} sọ^{1} mə^{2} dźjar^{2} dju^{1} thjij^{2}
若 彼 思 维 三 种 过 有。何
惟处。复次，如前所说，若思维彼有三种过。

17.155 [illegible]
sjo^{2} dju^{1} ŋewr^{2} lja̱^{1} dạ^{2}
云 有 数？颂 曰：
云何而有？颂曰：

17.156 [illegible]
do^{2} nja̱^{2} ·jɨr^{2} rjijr^{2} ·io̱w^{1} ljij^{2} ŋa^{2} ·jij^{1} pjo^{1} tsjij^{2}
处 非 勤 功 用，大 我 之 毁 谤；
非处勤功用，毁谤于大我；

17.157 [illegible]
gji^{1} sej^{1} ne̱w^{2} mji^{1} djọ^{2} tśhjwo^{1} sọ^{1} dźjar^{2} lju^{2} śjɨj^{1}
清 净 善 不 修，故 三 过 失 成。
不修清净善，故成三过失。

17.158 [illegible]
ljɨ^{1} dạ^{2} do^{2} nja̱^{2} ɣa^{2} ·jɨr^{2} rjijr^{2} ·io̱w^{1} nioow^{1} ku^{1}
论 曰：处 非 于 勤 功 用 故，则
[illegible]
njij^{1} ŋewr^{1} dźjar^{2} lju^{2} śjwo^{1} mjij^{1} sjwɨ^{1} rjir^{1} mjijr^{2} nioow^{1}
心 乱 过 失 起；静 虑 得 者 及
论曰：由于非处勤功用故，起心乱过失；由于得静虑者及

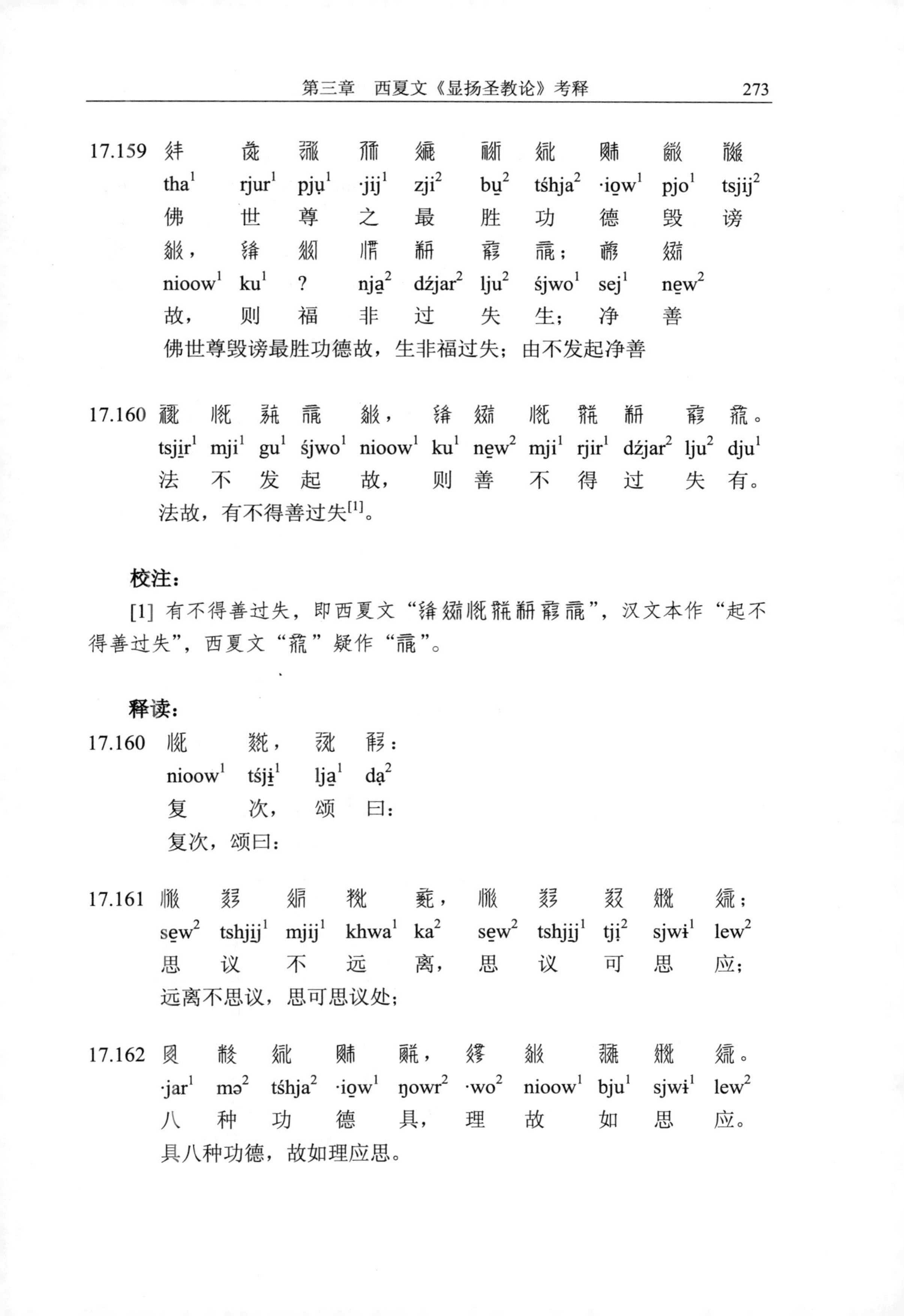

17.159 □ □ □ □ □ □ □ □ □ □
tha1 rjur1 pjụ1 ·jij1 zji2 bu̱2 tśhja2 ·io̱w1 pjo1 tsjij2
佛 世 尊 之 最 胜 功 德 毁 谤
□，□ □ □ □ □ □；□ □
nioow1 ku1 ? nja̱2 dźjar2 lju2 śjwo1 sej1 ne̱w2
故，则 福 非 过 失 生；净 善
佛世尊毁谤最胜功德故，生非福过失；由不发起净善

17.160 □ □ □ □ □，□ □ □ □ □ □ □。
tsji̱r1 mji1 gu1 śjwo1 nioow1 ku1 ne̱w2 mji1 rjir1 dźjar2 lju2 dju1
法 不 发 起 故，则 善 不 得 过 失 有。
法故，有不得善过失[1]。

校注：

[1] 有不得善过失，即西夏文“□□□□□□□”，汉文本作“起不得善过失”，西夏文“□”疑作“□”。

释读：

17.160 □ □，□ □：
nioow1 tśjɨ̱1 lja̱1 dạ2
复 次，颂 曰：
复次，颂曰：

17.161 □ □ □ □ □，□ □ □ □ □；
se̱w2 tshji̱j1 mjij1 khwa1 ka2 se̱w2 tshji̱j1 tjị2 sjwɨ1 lew2
思 议 不 远 离，思 议 可 思 应；
远离不思议，思可思议处；

17.162 □ □ □ □ □，□ □ □ □ □。
·jar1 mə2 tśhja2 ·io̱w1 ŋowr2 ·wo2 nioow1 bju1 sjwɨ1 lew2
八 种 功 德 具，理 故 如 思 应。
具八种功德，故如理应思。

17.163 [illegible]

ljɨ¹ dạ² se̠w² tshjij¹ tjị² mjij¹ do² ɣa² se̠w² tshjij¹

论 曰： 思 议 可 不 处 于 思 议

[illegible]

nioow¹ ku¹ thjɨ² sju² dźjar² lju² dju¹ khwa¹ ka² lew²

因 故 是 如 过 失 有， 远 离 应

论曰：由于不可思议处思议者有如是过失[1]，故[2]应远离；

17.164 [illegible]

nioow¹ se̠w² tshjij¹ tjij¹ ɣa² ·wo² bju¹ sjwɨ¹ lə tjij¹

故； 思 议 可 于 理 如 思 维， 若

[illegible]

thjɨ² sju² sjwɨ¹ sjij² ku¹ ·jar¹ tśhja² ·io̠w¹ ŋowr² ljɨ¹

是 如 思 议， 则 八 功 德 具 故。

于可思议处如理思维，若如是思，具八功德。

17.165 [illegible]

·jar¹ tja¹ ljɨ¹ kjɨ¹ ŋwu² thjɨ² tja¹ tśhja² dzju̠² tshjij¹

八 者 何 △ 是？ 此 者 正 藏 说

[illegible]

ljij² tshjij¹ zji² nwə¹ tsjij² njwi² ·wo² bju¹ sjwɨ¹

大 说 皆 知 了 能、 义 依 思

何等为八[3]？所谓能善了知、暗说大说、依义思

17.166 [illegible]

lə ·jwɨr² dji² mji¹ bju¹ zjɨ̠r¹ sej¹ dźiej² ŋwu²

惟 文 字 不 依、 少 净 信 以

[illegible]

dźiej² tsjij² zjɨ̠r¹ zjɨr¹ bio̠¹ thju̠¹ gjwɨ¹ lwo² sjwɨ¹

信 解、 少 慧 观 察、 坚 固 思

维[4]不依文字、少以净信信解、少以慧观观察、坚固思

17.167 [illegible]、[illegible] [illegible] [illegible] [illegible]、[illegible] [illegible] [illegible] [illegible]，[illegible]
sjij² zjɨr¹ dźjar² sjwɨ¹ lə ju² ·jɨr² sjwɨ¹ lə thja¹
维、审 谛 思 维、常 勤 思 维，彼
[illegible] [illegible] [illegible] [illegible] [illegible] [illegible] [illegible] [illegible]，[illegible] [illegible]
sjwɨ¹ lə ɣa² zji² dźjwa¹ nioow¹ njwi² zja̱¹ low² lhjwo¹
思 维 于 究 竟 及 能 中，懈 退
维、审谛思维、常勤思维，于所思维又能究竟中[5]，

17.168 [illegible]。
mjij¹
无。
无懈退。

校注：

[1] 由于不可思议处思议者有如是过失，即西夏文“[illegible]”，汉文本作“由于不可思议处强思议者有如是过失”。

[2] 西夏文原缺，相应汉文本为“故”。

[3] 西夏文“[illegible] [illegible]”原缺，据汉文本及上、下文拟补。

[4] 西夏文“[illegible]”原缺，据汉文本“维”及上、下文拟补。

[5] 于所思维又能究竟中，即西夏文“[illegible]”，汉文本作“于所思维善能究竟中”，西夏文“[illegible]”疑误，应作“[illegible]”。

释读：

17.168 [illegible] [illegible]，[illegible] [illegible]：
nioow¹ tśjɨ̱¹ lja̱¹ da̱²
复 次，颂 曰：
复次，颂曰：

17.169 [illegible] [illegible] [illegible] [illegible] [illegible]，[illegible] [illegible] [illegible] [illegible] [illegible]；
rjur¹ tha¹ ne̱¹ tshjij¹ tja¹ njɨ² tśji¹ njɨ² ljwu¹ mjij¹
诸 佛 宣 说 者，遍 知 等 违 无；
诸佛之所说，遍知等无违；

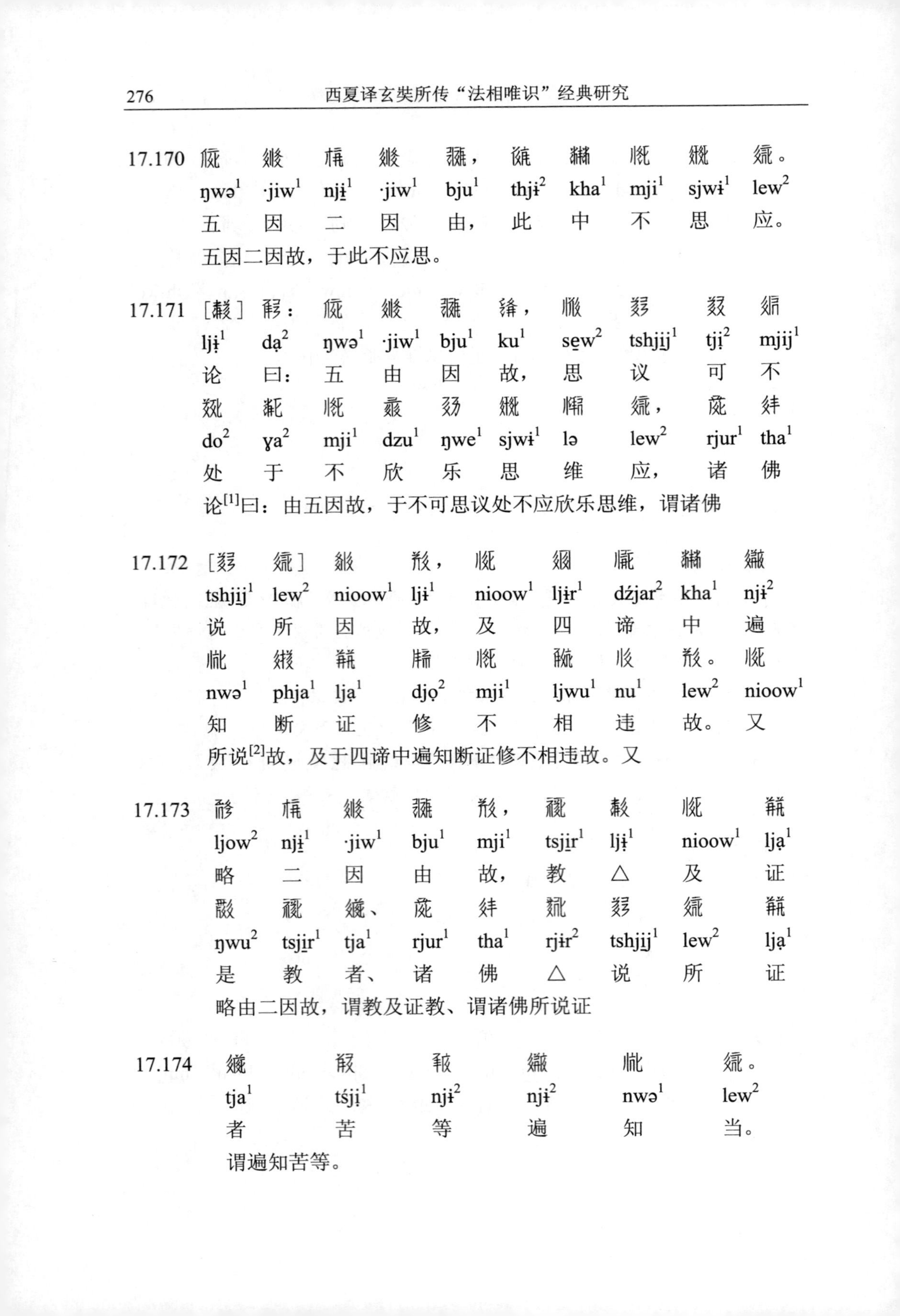

17.170 [illegible]
ŋwə1 ·jiw1 nji̠1 ·jiw1 bju1 thji̠2 kha1 mji1 sjwɨ1 lew2
五 因 二 因 由， 此 中 不 思 应。
五因二因故，于此不应思。

17.171 [illegible]
lji̠1 dạ2 ŋwə1 ·jiw1 bju1 ku1 se̠w2 tshjij1 tji̠2 mjij1
论 曰： 五 由 因 故， 思 议 可 不
[illegible]
do2 ɣa2 mji1 dzu1 ŋwe1 sjwɨ1 lə lew2 rjur1 tha1
处 于 不 欣 乐 思 维 应， 诸 佛
论[1]曰：由五因故，于不可思议处不应欣乐思维，谓诸佛

17.172 [illegible]
tshjij1 lew2 nioow1 lji̠1 nioow1 lji̠r1 dźjar2 kha1 njɨ2
说 所 因 故， 及 四 谛 中 遍
[illegible]
nwə1 phja1 ljạ1 djọ2 mji1 ljwu1 nu1 lew2 nioow1
知 断 证 修 不 相 违 故。 又
所说[2]故，及于四谛中遍知断证修不相违故。又

17.173 [illegible]
ljow2 nji̠1 ·jiw1 bju1 mji1 tsji̠r1 lji̠1 nioow1 ljạ1
略 二 因 由 故， 教 △ 及 证
[illegible]
ŋwu2 tsji̠r1 tja1 rjur1 tha1 rjɨr2 tshjij1 lew2 ljạ1
是 教 者、 诸 佛 △ 说 所 证
略由二因故，谓教及证教、谓诸佛所说证

17.174 [illegible]
tja1 tśji̠1 njɨ2 njɨ2 nwə1 lew2
者 苦 等 遍 知 当。
谓遍知苦等。

校注：

[1] 西夏文“[illegible]”原缺，据汉文本“论”拟补。

[2] 西夏文“[illegible][illegible]”原缺，据汉文本“所说”拟补。

第四节 《显扬圣教论》“摄胜决择品”第十一之一译注

释读：

17.175

[illegible]	[illegible]	[illegible]	[illegible]	[illegible]	[illegible]	[illegible]	[illegible]
śjɨj^{2}	tsji̠r^{1}	dźju^{1}	wejr^{1}	mər^{2}	mja^{1}	bu̠^{2}	tsji̠r^{1}
圣	教	显	扬	本	母	胜	决
[illegible]	[illegible]	[illegible]	[illegible]	[illegible]	[illegible]	[illegible]	[illegible]
gjiij^{1}	ɣjiw^{1}	tjij^{1}	ɣa̠^{2}	lew^{1}	tsew^{2}	·jij^{1}	lew^{1}
择	摄	品	十	一	第	之	一

显扬圣教论摄胜决择品第十一之一

17.176

[illegible]	[illegible]：	[illegible]	[illegible]	[illegible]	[illegible]	[illegible]	[illegible]	[illegible]
ljɨ̣^{1}	da̠^{2}	thjɨ^{2}	sju^{2}	se̠w^{2}	tshjij^{1}	mjij^{1}	do^{2}	khwa^{1}
论	曰：	是	如	思	议	不	处	远
[illegible]	[illegible]	[illegible]	[illegible]	[illegible]	[illegible]	[illegible]，	[illegible]	
ka^{2}	tśier^{1}	·ju^{2}	tsjɨ^{1}	sjwɨ^{1}	lə	dźjwa^{1}	nioow^{1}	
离	方	便	亦	思	维	已，	又	

论曰：如是远离不思议处方便思已，于

17.177

[illegible]	[illegible]	[illegible]	[illegible]	[illegible]	[illegible]	[illegible]	[illegible]	[illegible]
gjɨ^{1}	mə^{2}	da̠^{2}	ɣa̠^{2}	ɣa̠^{2}	·jij^{1}	ŋwu^{2}	mə^{2}	mə^{2}
九	种	事	于	十	相	以	种	种
[illegible]	[illegible]	[illegible]	[illegible]	[illegible]	[illegible]。	[illegible]	[illegible]	
zji^{2}	bu̠^{2}	tsji̠r^{1}	gjiij^{1}	gu^{1}	śjwo^{1}	ɣa̠^{2}	tja^{1}	
最	胜	决	择	发	起。	十	者	

九种事应以十相发起种种最胜决择。

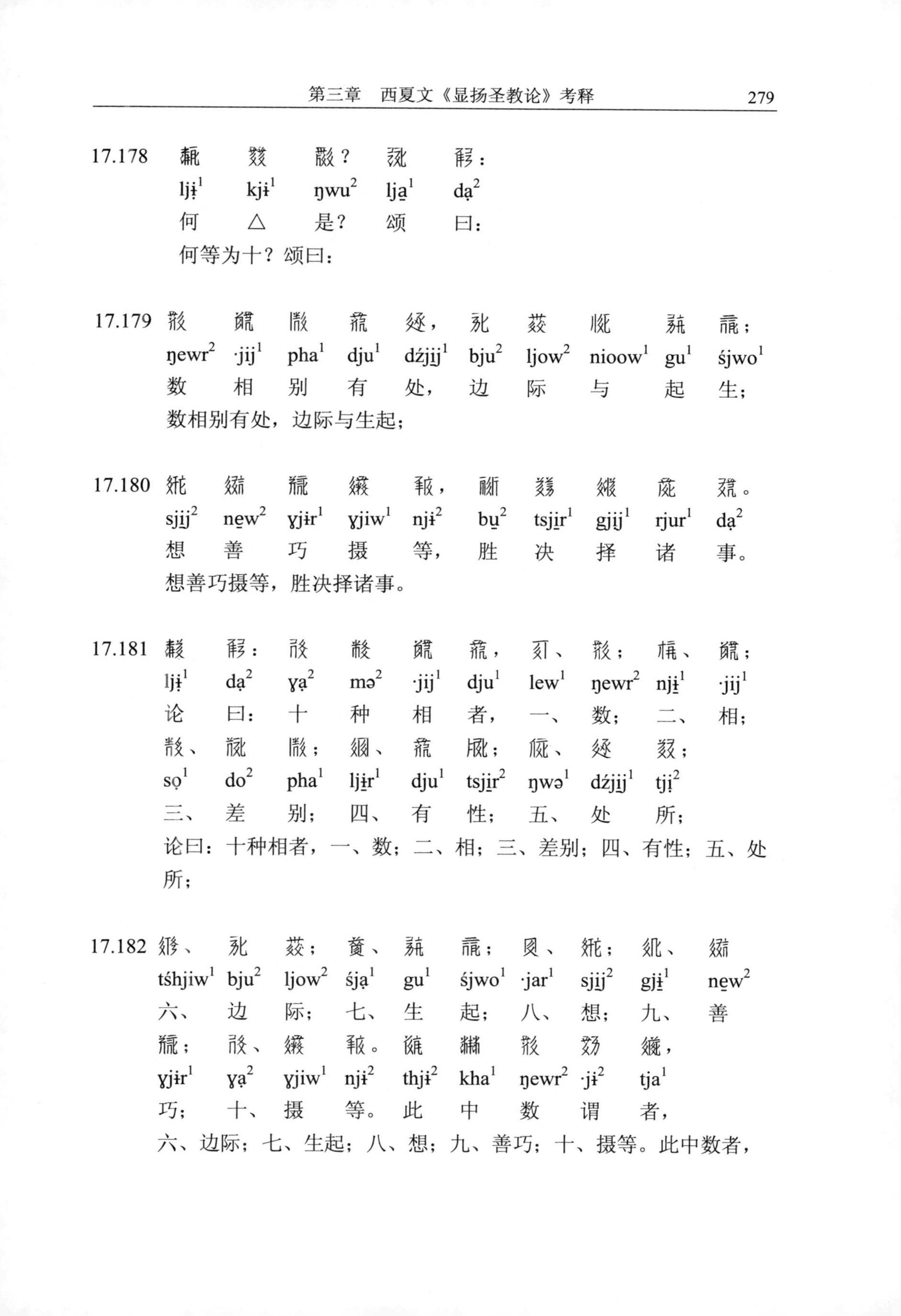

17.178 ljɨ^{1} kjɨ^{1} ŋwu^{2} lja̱^{1} dạ^{2}

何 △ 是？ 颂 曰：

何等为十？颂曰：

17.179 ŋewr^{2} ·jij^{1} pha^{1} dju^{1} dźjij^{1} bju^{2} ljow^{2} nioow^{1} gu^{1} śjwo^{1}

数 相 别 有 处， 边 际 与 起 生；

数相别有处，边际与生起；

17.180 sjij^{2} ne̱w^{2} ɣjɨr^{1} ɣjiw^{1} njɨ^{2} bu̱^{2} tsji̱r^{1} gjij^{1} rjur^{1} dạ^{2}

想 善 巧 摄 等， 胜 决 择 诸 事。

想善巧摄等，胜决择诸事。

17.181 ljɨ̣^{1} dạ^{2} ɣạ^{2} mə^{2} ·jij^{1} dju^{1} lew^{1} ŋewr^{2} njɨ̱^{1} ·jij^{1}

论 曰： 十 种 相 者， 一、 数； 二、 相；

sọ^{1} do^{2} pha^{1} ljɨ̱r^{1} dju^{1} tsji̱r^{2} ŋwə^{1} dźjij^{1} tjị^{2}

三、 差 别； 四、 有 性； 五、 处 所；

论曰：十种相者，一、数；二、相；三、差别；四、有性；五、处所；

17.182 tśhjiw^{1} bju^{2} ljow^{2} śjạ^{1} gu^{1} śjwo^{1} ·jar^{1} sjij^{2} gjɨ̱^{1} ne̱w^{2}

六、 边 际； 七、 生 起； 八、 想； 九、 善

ɣjɨr^{1} ɣạ^{2} ɣjiw^{1} njɨ^{2} thjɨ^{2} kha^{1} ŋewr^{2} ·jɨ^{2} tja^{1}

巧； 十、 摄 等。 此 中 数 谓 者，

六、边际；七、生起；八、想；九、善巧；十、摄等。此中数者，

17.183 [illegible] [illegible]。 [illegible] [illegible] [illegible] [illegible] [illegible] [illegible] [illegible]。 [illegible]
tsə^{1} ŋewr^{2} ɣạ^{2} ŋwə^{1} dju^{1} thjɨ^{2} sju^{2} njɨ^{2} ŋwu^{2} ·jij^{1}
色 数。 十 五 有 是 如 等 是。 相
[illegible] [illegible]， [illegible] [illegible] [illegible] [illegible] [illegible]、 [illegible] [illegible]、
·jɨ^{2} tja^{1} [dź?] bju^{1} thu^{1} phjij^{1} ·jij^{1} ·jij^{1} ·jij^{1}
谓 者， 假 依 建 立 相、 自 相、

谓色数。有十五如是等。相者，谓假立相、自相、

17.184 [illegible] [illegible] [illegible]。 [illegible] [illegible] [illegible] [illegible] [illegible] [illegible] [illegible]，
gu^{2} ·jij^{1} ŋwu^{2} thjɨ^{2} kha^{1} dạ^{2} tsjɨ^{1} ·jij^{1} mjij^{2} ·jɨ^{2}
共 相 是。 此 中 事 亦 相 名 谓，
[illegible] [illegible] [illegible] [illegible]； [illegible] [illegible] [illegible] [illegible] [illegible]、
·jij^{1} lew^{2} ŋwu^{2} ljɨ^{1} mjij^{2} tsjɨ^{1} ·jij^{1} mjij^{2} nioow^{1}
相 所 是 故； 名 亦 相 名 故、

共相。此中事亦名相，是所相故；名亦名相、

17.185 [[illegible] [illegible]] [illegible] [illegible] [illegible]， [illegible] [illegible] [illegible] [illegible] [illegible]。
bju^{1} śjij^{1} mjij^{2} ·jij^{1} nioow^{1} ka^{2} ·jij^{1} sji^{2} gju^{2} ŋwu^{2}
相 应 名 相 故， 离 相 能 具 是。
[illegible] [illegible] [illegible] [illegible] [illegible] [illegible] [illegible] [illegible] [illegible]
dzjọ^{1} mə^{1} tsə^{1} rjir^{2} bju^{1} śjij^{1} mjor^{1} low^{2} dju^{1}
如 火 色 与 相 应 表 暖 有

相[1]应亦名相，离是能相具故[2]。如与火色相应表知[3]有暖，

17.186 [[illegible]] [illegible]， [illegible] [illegible] [illegible] [illegible] [illegible] [illegible] [illegible] [illegible]
tśji^{1} ljɨ^{1} thjɨ^{2} sju^{2} njɨ^{2} tshjɨ^{1} tśhju^{1} tsjɨ^{1} ·jij^{1} mjij^{2}
知 故， 是 如 等 众 生 亦 相 名
[illegible]， [illegible] [illegible] [illegible] [illegible]； [illegible] [illegible] [illegible] [illegible]
·jɨ^{2} ·jij^{1} mjijr^{2} ŋwu^{2} ljɨ^{1} lhjwi^{1} tsjɨ^{1} ·jij^{1} mjij^{2}
谓， 相 者 是 故； 取 亦 相 名

如是等众生亦名相，是相者故；取亦名相，

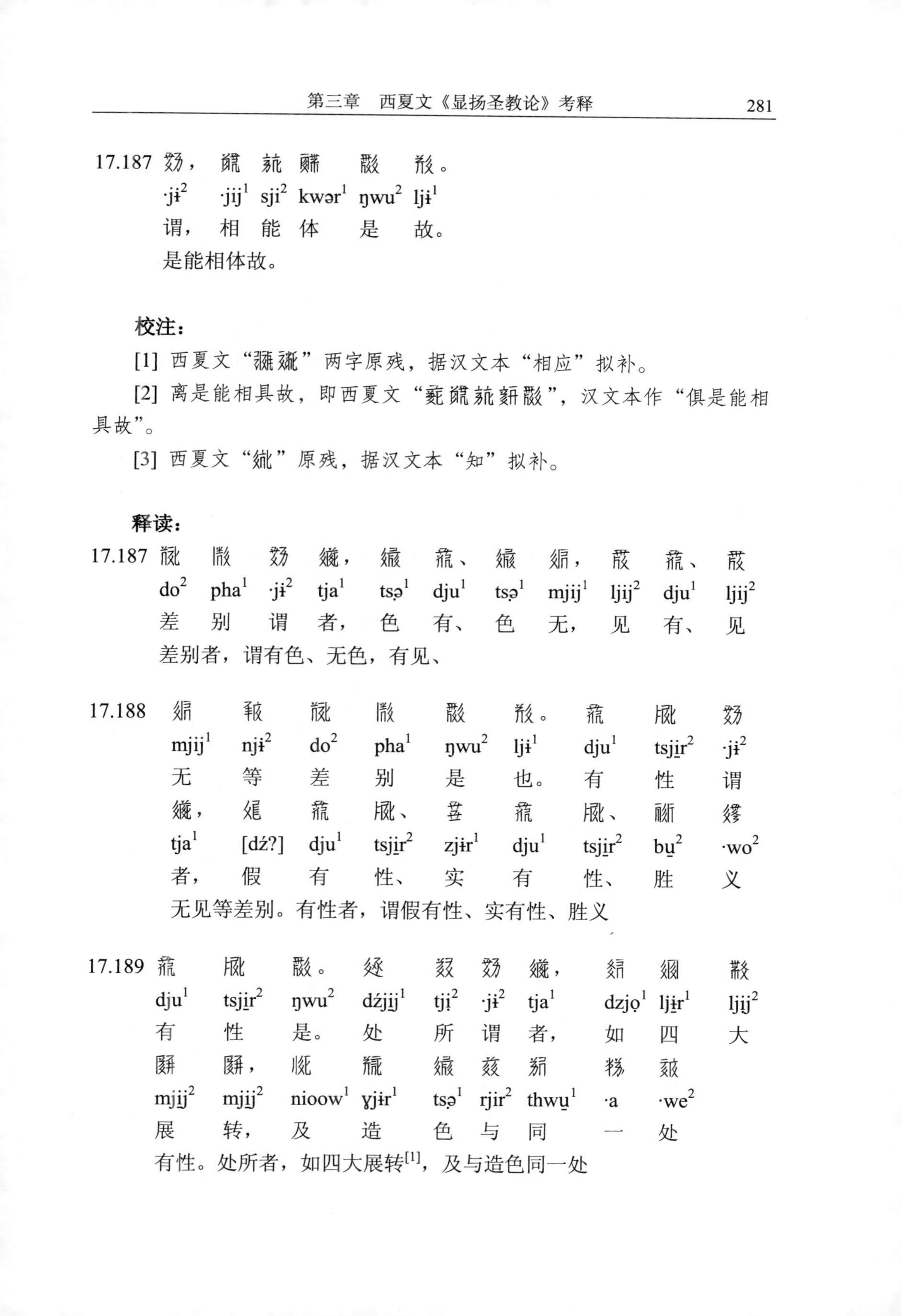

17.187 □，　□　□　□　□　□。
·jɨ² ·jij¹ sji² kwər¹ ŋwu² ljɨ¹
谓，　相　能　体　是　故。
是能相体故。

校注：

[1] 西夏文“□□”两字原残，据汉文本“相应”拟补。

[2] 离是能相具故，即西夏文“□□□□□”，汉文本作“俱是能相具故”。

[3] 西夏文“□”原残，据汉文本“知”拟补。

释读：

17.187 □　□　□　□，　□　□、　□　□，　□　□、　□
do² pha¹ ·jɨ² tja¹ tsə¹ dju¹ tsə̣¹ mjij¹ ljij² dju¹ ljij²
差　别　谓　者，　色　有、　色　无，　见　有、　见
差别者，谓有色、无色，有见、

17.188 □　□　□　□　□　□。　□　□　□
mjij¹ njɨ² do² pha¹ ŋwu² ljɨ¹ dju¹ tsjɨ̠r² ·jɨ²
无　等　差　别　是　也。　有　性　谓
□，　□　□　□、　□　□　□、　□　□
tja¹ [dź?] dju¹ tsjɨ̠r² zjɨr¹ dju¹ tsjɨ̠r² bu̠² ·wo²
者，　假　有　性、　实　有　性、　胜　义
无见等差别。有性者，谓假有性、实有性、胜义

17.189 □　□　□。　□　□　□　□，　□　□　□
dju¹ tsjɨ̠r² ŋwu² dźjij¹ tji̠² ·jɨ² tja¹ dzjọ¹ ljɨr¹ ljij²
有　性　是。　处　所　谓　者，　如　四　大
□　□，　□　□　□　□　□　□　□
mjij² mjij² nioow¹ ɣjɨr¹ tsə̣¹ rjir² thwu̠¹ ·a ·we²
展　转，　及　造　色　与　同　一　处
有性。处所者，如四大展转[1]，及与造色同一处

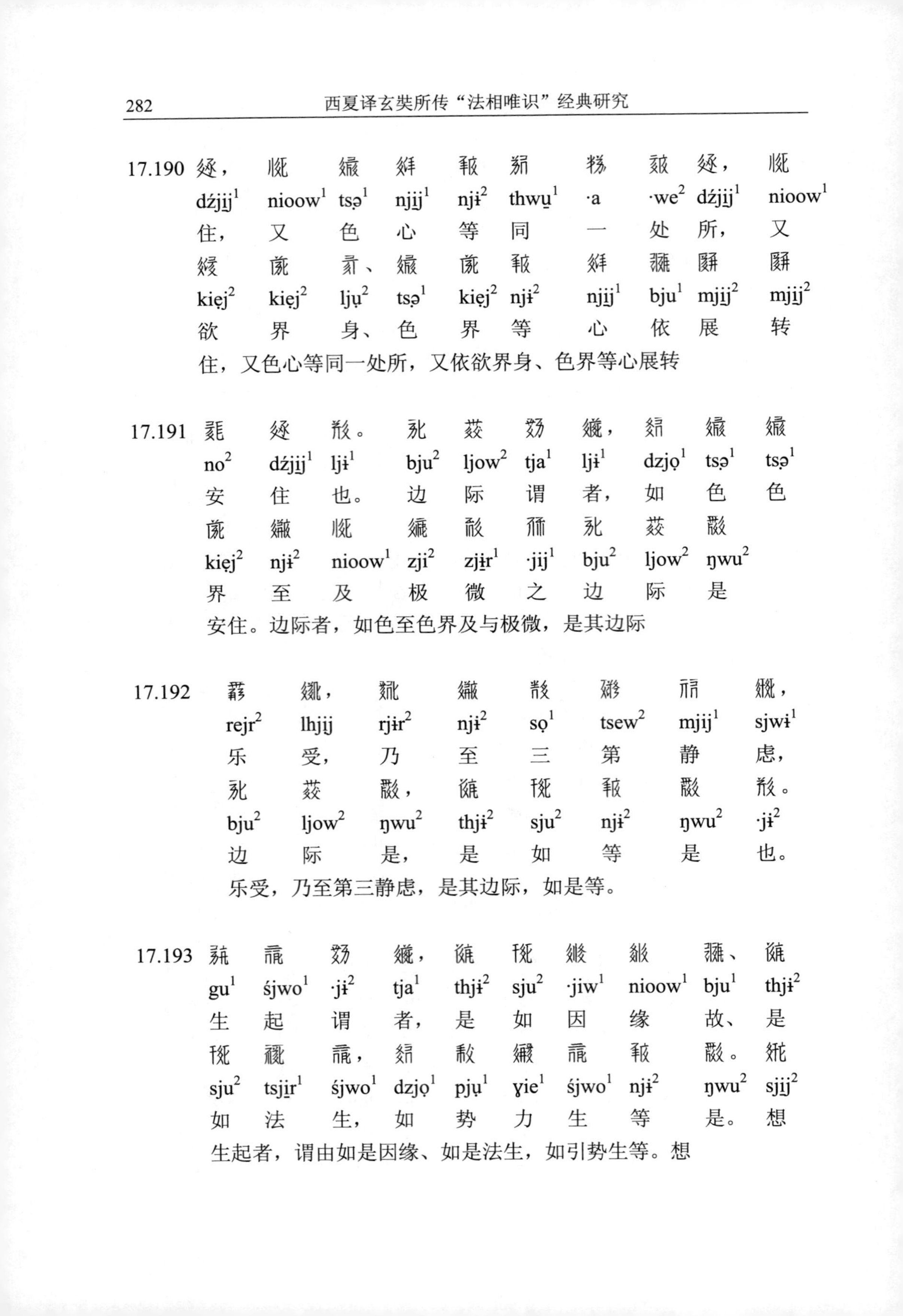

17.190 dźjij^1 nioow^1 tsə̣^{1} njij^1 njɨ^2 thwu̱^{1} ·a ·we^2 dźjij^1 nioow^1

住， 又 色 心 等 同 一 处 所， 又

kię̣j^2 kię̣j^2 ljụ^2 tsə̣^{1} kię̣j^2 njɨ^2 njij^1 bju^1 mjij^2 mjij^2

欲 界 身、 色 界 等 心 依 展 转

住，又色心等同一处所，又依欲界身、色界等心展转

17.191 no^2 dźjij^1 ljɨ^1 bju^2 ljow^2 tja^1 ljɨ^1 dzjọ^1 tsə̣^{1} tsə̣^{1}

安 住 也。 边 际 谓 者， 如 色 色

kię̣j^2 njɨ^2 nioow^1 zji^2 zjɨ̱r^1 ·jij^1 bju^2 ljow^2 ŋwu^2

界 至 及 极 微 之 边 际 是

安住。边际者，如色至色界及与极微，是其边际

17.192 rejr^2 lhjij rjɨr^2 njɨ^2 sọ^1 tsew^2 mjij^1 sjwɨ^1

乐 受， 乃 至 三 第 静 虑，

bju^2 ljow^2 ŋwu^2 thjɨ^2 sju^2 njɨ^2 ŋwu^2 ·jɨ^2

边 际 是， 是 如 等 是 也。

乐受，乃至第三静虑，是其边际，如是等。

17.193 gu^1 śjwo^1 ·jɨ^2 tja^1 thjɨ^2 sju^2 ·jiw^1 nioow^1 bju^1 thjɨ^2

生 起 谓 者， 是 如 因 缘 故、 是

sju^2 tsji̱r^1 śjwo^1 dzjọ^1 pjụ^1 ɣie^1 śjwo^1 njɨ^2 ŋwu^2 sjij^2

如 法 生， 如 势 力 生 等 是。 想

生起者，谓由如是因缘、如是法生，如引势生等。想

17.194 [illegible] [illegible]，[illegible] [illegible] [illegible] [illegible] [illegible] [illegible]。[illegible]
·jɨ^2 tja^1 gjwi^2 ·jij^1 lhạ^2 mer^2 njɨ^2 ŋwu^2 ne̱w^2
谓 者， 句 之 迷 惑 等 是。 善
[illegible] [illegible] [illegible]，[illegible] [illegible] [illegible] [illegible] [illegible]。
ɣjɨr^1 ·jɨ^2 tja^1 ŋur^1 ne̱w^2 ɣjɨr^1 njɨ^2 ŋwu^2
巧 谓 者， 蕴 善 巧 等 是。
者，谓句迷惑等。善巧者，谓蕴善巧等。

17.195 [illegible] [illegible] [illegible] [illegible]，[illegible] [illegible]。[illegible] [illegible] [illegible]、
ɣjiw^1 njɨ^2 ·jɨ^2 tja^1 tjij^1 ɣjiw^1 tjij^1 bju^1 śjij^1
摄 等 谓 者， 若 摄。 若 相 应、
[illegible] [illegible]、[illegible] [illegible]、[illegible] [illegible] [illegible]。[illegible] [illegible]
tjij^1 bju^1 tjij^1 nioow^1 tjij^1 tśhia̱^{2} ·jɨr^1 thjɨ^2 sju^2
若 依、 若 缘、 若 问 难。 是 如
摄等者，谓若摄。若相应、若依、若缘、若问论[2]。如是

17.196 [illegible] [illegible] [illegible] [illegible] [illegible] [illegible]，[illegible] [illegible] [illegible]、
tśhia̱^{2} ·jɨr^1 nioow^1 rejr^2 mə^2 dju^1 thjɨ^2 lew^1 dźjɨ
难 问 复 多 种 有， 此 一 行、
[illegible] [illegible] [illegible]、[illegible] [illegible] [illegible]、[illegible] [illegible]、[illegible]
śji^1 śjij^1 gjwi^2 kụ^1 śjij^1 gjwi^2 ljɨ̱r^1 gjwi^2 dạ^2
前 顺 句、 后 顺 句、 四 句、 事
问论复有多种，谓一行、顺前句、顺后句、四句、

17.197 [illegible] [illegible] [illegible]。[illegible] [illegible] [illegible] [illegible]
mjij^1 gjwi^2 ŋwu^2 tjij^1 thjɨ^2 sju^2 nioow^1
无 句 是。 若 是 如 知
[illegible] [illegible]，[illegible] [illegible] [illegible] [illegible] [illegible]。
tsjij^2 njwi^2 tśhia̱^{2} ·jɨr^1 njwi^2 mjɨ̱^{2} ·jɨ^2
了 能， 难 问 能 名 谓。
无事句。若能如是善了知者，名善问记[3]。

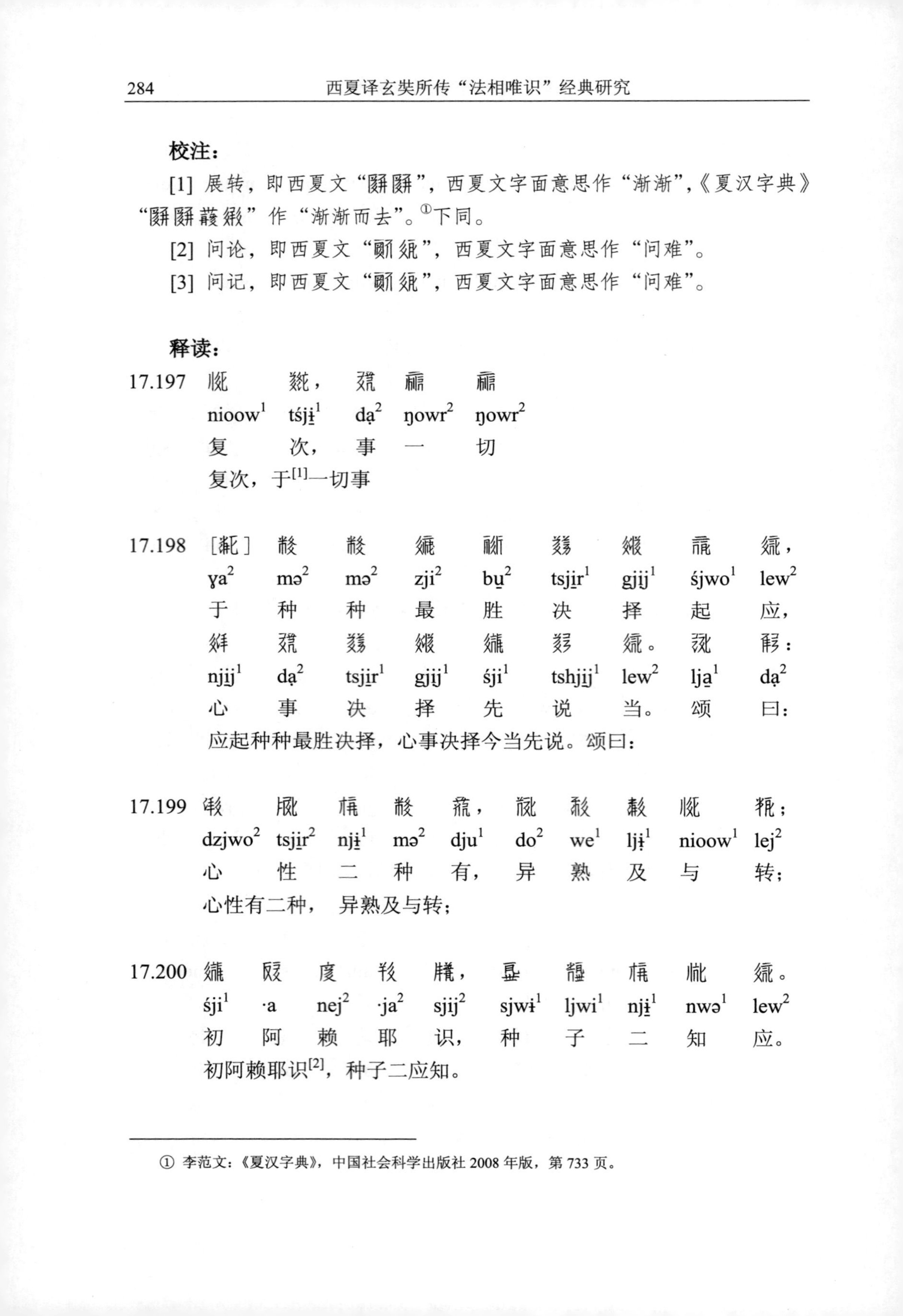

校注：

[1] 展转，即西夏文“[illegible]”，西夏文字面意思作“渐渐”，《夏汉字典》“[illegible]”作“渐渐而去”。①下同。

[2] 问论，即西夏文“[illegible]”，西夏文字面意思作“问难”。

[3] 问记，即西夏文“[illegible]”，西夏文字面意思作“问难”。

释读：

17.197 [illegible]
nioow¹ tśjɨ¹ dạ² ŋowr² ŋowr²
复 次， 事 一 切
复次，于[1]一切事

17.198 [illegible]
ɣa² mə² mə² zji² bu̱² tsji̱r¹ gjịj¹ śjwo¹ lew²
于 种 种 最 胜 决 择 起 应，
[illegible]
njịj¹ dạ² tsji̱r¹ gjịj¹ śji¹ tshjịj¹ lew² lja̱¹ dạ²
心 事 决 择 先 说 当。 颂 曰：
应起种种最胜决择，心事决择今当先说。颂曰：

17.199 [illegible]
dzjwo² tsji̱r² njɨ̱¹ mə² dju¹ do² we¹ ljɨ̣¹ nioow¹ lej²
心 性 二 种 有， 异 熟 及 与 转；
心性有二种， 异熟及与转；

17.200 [illegible]
śji¹ ·a nej² ·ja² sjij² sjwɨ¹ ljwi¹ njɨ̱¹ nwə¹ lew²
初 阿 赖 耶 识， 种 子 二 知 应。
初阿赖耶识[2]，种子二应知。

① 李范文：《夏汉字典》，中国社会科学出版社 2008 年版，第 733 页。

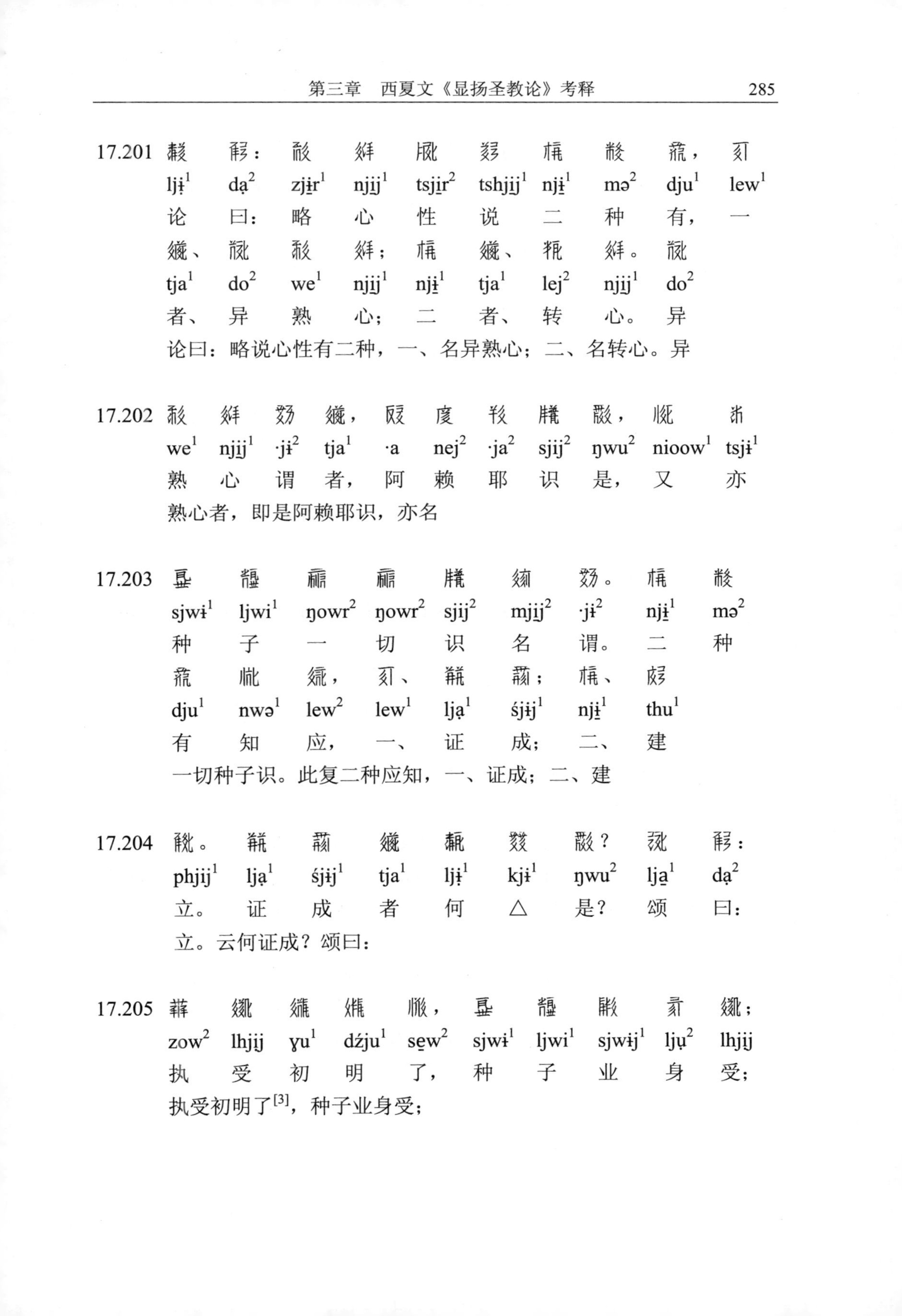

17.201 [illegible]
ljɨ^{1} dạ^{2} zjɨ̱r^{1} njij^{1} tsji̱r^{2} tshjij^{1} njɨ̱^{1} mə^{2} dju^{1} lew^{1}
论 曰： 略 心 性 说 二 种 有， 一
[illegible]
tja^{1} do^{2} we^{1} njij^{1} njɨ̱^{1} tja^{1} lej^{2} njij^{1} do^{2}
者、 异 熟 心； 二 者、 转 心。 异
论曰：略说心性有二种，一、名异熟心；二、名转心。异

17.202 [illegible]
we^{1} njij^{1} ·jɨ^{2} tja^{1} ·a nej^{2} ·ja^{2} sjij^{2} ŋwu^{2} nioow^{1} tsjɨ^{1}
熟 心 谓 者， 阿 赖 耶 识 是， 又 亦
熟心者，即是阿赖耶识，亦名

17.203 [illegible]
sjwɨ^{1} ljwi^{1} ŋowr^{2} ŋowr^{2} sjij^{2} mjij^{2} ·jɨ^{2} njɨ̱^{1} mə^{2}
种 子 一 切 识 名 谓。 二 种
[illegible]
dju^{1} nwə^{1} lew^{2} lew^{1} ljạ^{1} śjɨj^{1} njɨ̱^{1} thu^{1}
有 知 应， 一、 证 成； 二、 建
一切种子识。此复二种应知，一、证成；二、建

17.204 [illegible]
phjij^{1} ljạ^{1} śjɨj^{1} tja^{1} ljɨ^{1} kjɨ^{1} ŋwu^{2} lja̱^{1} dạ^{2}
立。 证 成 者 何 △ 是？ 颂 曰：
立。云何证成？颂曰：

17.205 [illegible]
zow^{2} lhjij ɣu^{1} dźju^{1} se̱w^{2} sjwɨ^{1} ljwi^{1} sjwɨj^{1} ljụ^{2} lhjij
执 受 初 明 了， 种 子 业 身 受；
执受初明了[3]，种子业身受；

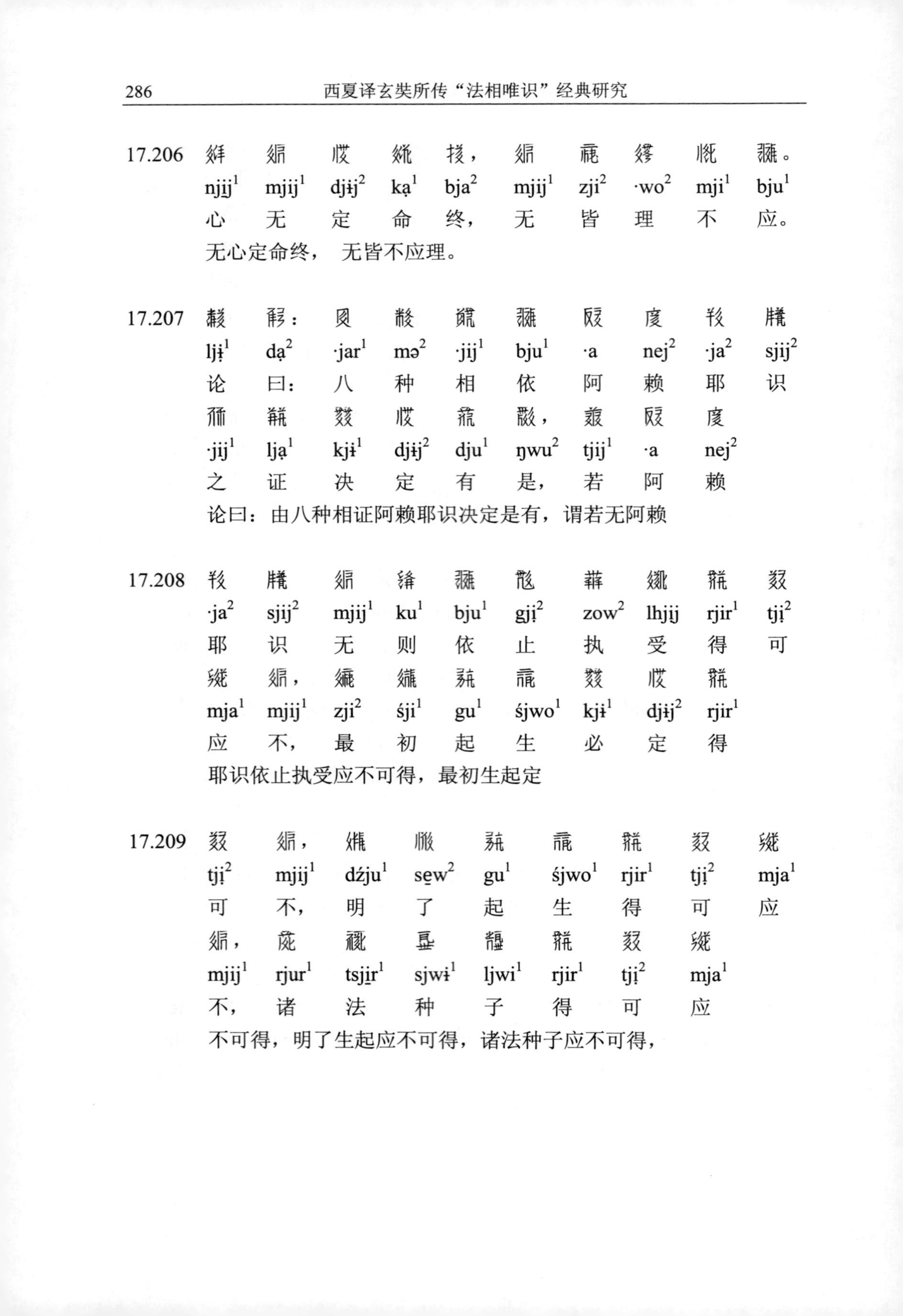

17.206 [illegible]

njij^{1} mjij^{1} djɨj^{2} kạ^{1} bja^{2} mjij^{1} zji^{2} ·wo^{2} mji^{1} bju^{1}

心 无 定 命 终， 无 皆 理 不 应。

无心定命终， 无皆不应理。

17.207 [illegible]

ljɨ^{1} dạ^{2} ·jar^{1} mə^{2} ·jij^{1} bju^{1} ·a nej^{2} ·ja^{2} sjij^{2}

论 曰： 八 种 相 依 阿 赖 耶 识

[illegible]

·jij^{1} ljạ^{1} kjɨ^{1} djɨj^{2} dju^{1} ŋwu^{2} tjij^{1} ·a nej^{2}

之 证 决 定 有 是， 若 阿 赖

论曰：由八种相证阿赖耶识决定是有，谓若无阿赖

17.208 [illegible]

·ja^{2} sjij^{2} mjij^{1} ku^{1} bju^{1} gjị^{2} zow^{2} lhjij rjir^{1} tjị^{2}

耶 识 无 则 依 止 执 受 得 可

[illegible]

mja^{1} mjij^{1} zji^{2} śji^{1} gu^{1} śjwo^{1} kjɨ^{1} djɨj^{2} rjir^{1}

应 不， 最 初 起 生 必 定 得

耶识依止执受应不可得，最初生起定

17.209 [illegible]

tjị^{2} mjij^{1} dźju^{1} se̱w^{2} gu^{1} śjwo^{1} rjir^{1} tjị^{2} mja^{1}

可 不， 明 了 起 生 得 可 应

[illegible]

mjij^{1} rjur^{1} tsji̱r^{1} sjwɨ^{1} ljwi^{1} rjir^{1} tjị^{2} mja^{1}

不， 诸 法 种 子 得 可 应

不可得，明了生起应不可得，诸法种子应不可得，

17.210 緕， 緰 軞 膨 緓 羄 叕 繈 緕， 軞

mjij^{1} ljɨ̠r^{1} mə^{2} sjwɨj^{1} ·jiw^{1} rjir^{1} tji̠^{2} mja^{1} mjij^{1} mə^{2}

不， 四 种 业 用 得 可 应 不， 种

軞 豙 繖 羄 叕 繈 緕， 楀 緁

mə^{2} lju̠^{2} lhjij rjir^{1} tji̠^{2} mja^{1} mjij^{1} njɨ̠^{1} njij^{1}

种 身 受 得 可 应 不， 二 心

四种业用应不可得，种种身受应不可得，二

17.211 緕 㦲 羄 叕 繈 緕， 絍

mjij^{1} djɨj^{2} rjir^{1} tji̠^{2} mja^{1} mjij^{1} ka̠^{1}

无 定 得 可 应 不， 命

拸 豥 膸 羄 叕 繈 緕。

bja^{2} zjij^{1} sjij^{2} rjir^{1} tji̠^{2} mja^{1} mjij^{1}

终 时 识 得 可 应 不。

无心定应不可得，命终时识应不可得。

校注：

[1] 西夏文“ 䪜”原缺，据汉文本“于”补。

[2] 阿赖耶识，即西夏文“豭度 豥膸”*·ja nej^{2} ·ja^{2} sjij^{2}。音译梵文 alaya，又作“阿罗耶识”“阿黎耶识”“阿剌耶识”等。旧译作“无没识”，新译作“藏识”，或作“第八识”“本识”“宅识”。为佛法唯识学中的“八识心王”中所说的第八识。

[3] 明了，西夏文译作“㷮㸙”，考他处“明了”又译作“㷮繈”。

释读：

17.211 緩 䚃： 藙

·jɨr^{1} da̠^{2} tjij^{1}

问 曰： 若

问：

17.212 [illegible]

·a　nej^{2}　·ja^{2}　sjij^{2}　mjij^{1}　ku^{1}　bju^{1}　gjị^{2}　zow^{2}

阿　赖　耶　识　无　则　依　止　执

[illegible]？

lhjịj　rjir^{1}　tjị^{2}　mjij^{1}　śjij^{1}　tja^{1}　ljɨ̣^{1}　kjɨ^{1}　ŋwu^{2}

受　得　可　不　△　者　何　△　是？

何故若无阿赖耶识依止执受不可得耶？

17.213 [illegible]：[illegible]。[illegible]

hụ^{2}　dạ^{2}　ŋwə^{1}　·jiw^{1}　bju^{1}　ljɨ^{1}　ŋwə^{1}　tja^{1}　ljɨ̣^{1}

答　曰：　五　因　由　故。　五　者　何

[illegible]？[illegible]

kjɨ^{1}　ŋwu^{2}　·a　nej^{2}　·ja^{2}　sjij^{2}　śji^{1}　dźjij^{1}　·jiw^{1}

△　是？　阿　赖　耶　识　先　行　故

答：由五因故。何等为五？谓阿赖耶识先行因生，

17.214 [illegible]

mej^{1}　njɨ^{2}　lej^{2}　sjij^{2}　śjwo^{1}　mjor^{1}　·jiw^{1}　nioow^{1}　bju^{1}

眼　等　转　识　起　现　缘　因　依

[illegible]，[illegible]：[illegible]

śjwo^{1}　lwər^{2}　rejr^{2}　kha^{1}　tshjij^{1}　tśhji^{2}　mjɨ^{2}　phji^{1}

生，　如　经　中　言：　根　境　意

眼等转识现缘因起，如经言：根境

17.215 [illegible]，[illegible]，[illegible]

·wji^{1}　ɣie^{1}　tśhjwo^{1}　rjur^{1}　lej^{2}　sjij^{2}　śjwo^{1}　rjɨr^{2}　njɨ^{2}

作　力　故，　诸　转　识　生，　乃　至

[illegible]，[illegible]；[illegible]

·wạ^{2}　tshjij^{1}　ɣu^{1}　·jiw^{1}　mjij^{2}　·jɨ^{2}　nioow^{1}　tśhjiw^{1}　sjij^{2}

广　说，　初　因　名　谓；　又　六　识

作意力故，诸转识生，乃至广说，是名初因；又六识

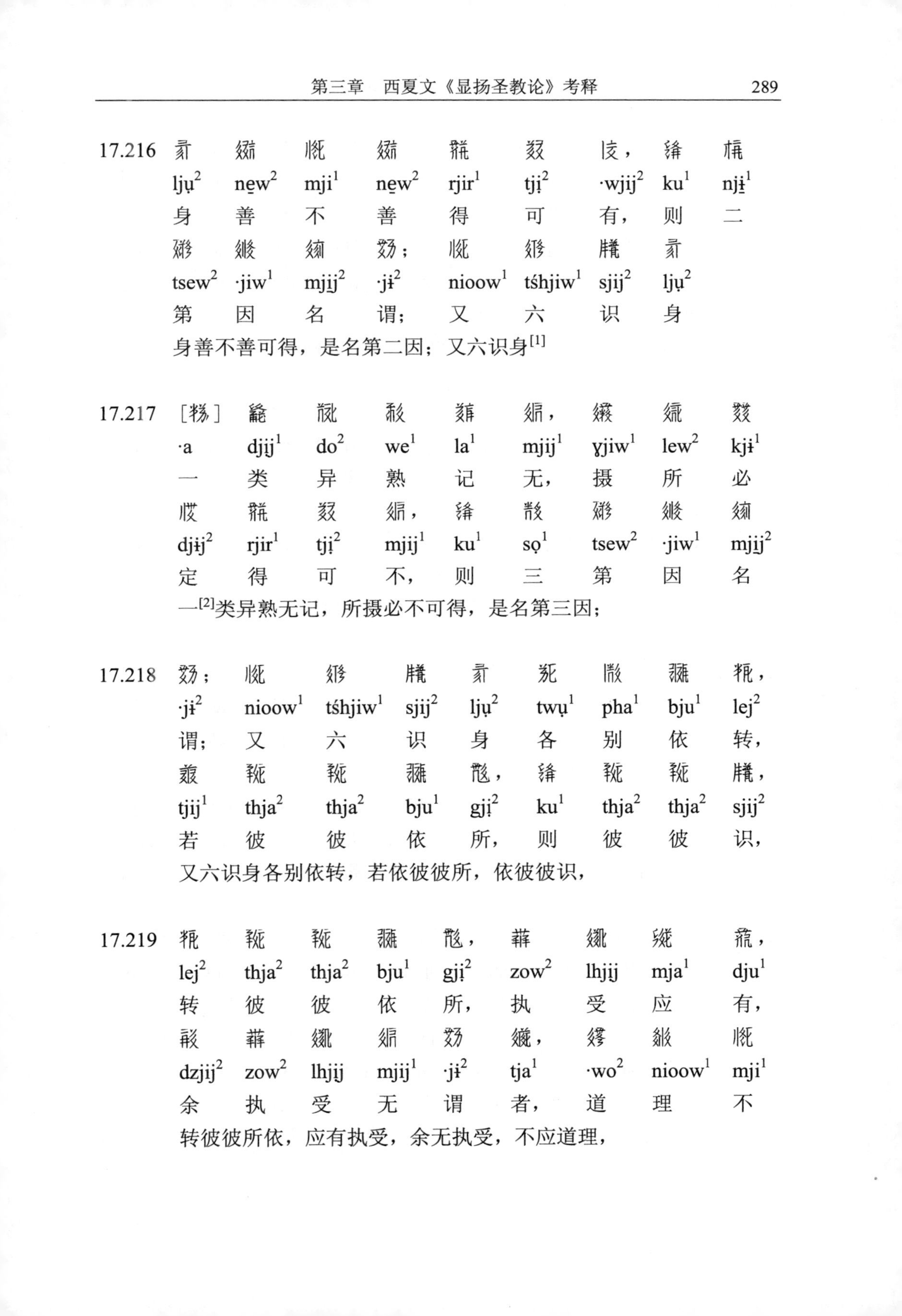

17.216
ljụ^2 ne̱w^2 mji^1 ne̱w^2 rjir^1 tjị^2 ·wjij^2 ku^1 njɨ̱^{1}
身 善 不 善 得 可 有， 则 二
tsew^2 ·jiw^1 mjij^2 ·jɨ^2 nioow^1 tśhjiw^1 sjij^2 ljụ^2
第 因 名 谓； 又 六 识 身
身善不善可得，是名第二因；又六识身[1]

17.217
·a djij^1 do^2 we^1 la^1 mjij^1 ɣjiw^1 lew^2 kjɨ^1
一 类 异 熟 记 无， 摄 所 必
djɨj^2 rjir^1 tjị^2 mjij^1 ku^1 sọ^1 tsew^2 ·jiw^1 mjij^2
定 得 可 不， 则 三 第 因 名
一[2]类异熟无记，所摄必不可得，是名第三因；

17.218
·jɨ^2 nioow^1 tśhjiw^1 sjij^2 ljụ^2 twụ^1 pha^1 bju^1 lej^2
谓； 又 六 识 身 各 别 依 转，
tjij^1 thja^2 thja^2 bju^1 gjị^2 ku^1 thja^2 thja^2 sjij^2
若 彼 彼 依 所， 则 彼 彼 识，
又六识身各别依转，若依彼彼所，依彼彼识，

17.219
lej^2 thja^2 thja^2 bju^1 gjị^2 zow^2 lhjịj mja^1 dju^1
转 彼 彼 依 所， 执 受 应 有，
dzjij^2 zow^2 lhjịj mjij^1 ·jɨ^2 tja^1 ·wo^2 nioow^1 mji^1
余 执 受 无 谓 者， 道 理 不
转彼彼所依，应有执受，余无执受，不应道理，

17.220	[Tangut]，	[Tangut]	[Tangut]	[Tangut]	[Tangut]，	[Tangut]	[Tangut]	[Tangut]	[Tangut]
	bju^{1}	zow^{2}	djij^{2}	rjar^{1}	dju^{1}	tsjɨ^{1}	·wo^{2}	nioow^{1}	mji^{1}
	应，	执	当	许	有，	亦	理	故	不
	[Tangut]，	[Tangut]	[Tangut]	[Tangut]	[Tangut]，	[Tangut]	[Tangut]	[Tangut]	[Tangut]
	bju^{1}	sjij^{2}	khwa^{1}	ka^{2}	ku^{1}	ljɨ̱r^{1}	tsew^{2}	·jiw^{1}	mjịj^{2}
	应，	识	远	离	故，	四	第	因	名

虽许能执，亦不应理，识远离故，是名第四因。

17.221	[Tangut]。	[Tangut]	[Tangut]	[Tangut]	[Tangut]	[Tangut]	[Tangut]，	[Tangut]	[Tangut]
	·jɨ^{2}	nioow^{1}	bju^{1}	gjḭ^{2}	tjḭ^{2}	śjwɨ^{1}	śjwɨ^{1}	zow^{2}	lhjịj
	谓。	又	依	止	处	数	数，	执	受
	[Tangut]	[Tangut]	[Tangut]	[Tangut]。	[Tangut]	[Tangut]	[Tangut]	[Tangut]？	[Tangut]
	dźjar^{2}	lju^{2}	mja^{1}	śjɨj^{1}	thjɨ^{2}	tja^{1}	thjij^{2}	sjo^{2}	mej^{1}
	过	失	应	成。	此	者	何	云？	眼

又所依止应成数数，执受过失。所以者何？眼

17.222	[Tangut]	[Tangut]	[Tangut]	[Tangut]	[Tangut]	[Tangut]	[Tangut]	[Tangut]，	[Tangut]
	sjij^{2}	ljɨ^{1}	dzjɨj^{1}	lej^{2}	ljɨ^{1}	dzjɨj^{1}	mji^{1}	lej^{2}	dzjij^{2}
	识	一	时	转	一	时	不	转，	余
	[Tangut]	[Tangut]	[Tangut]	[Tangut]	[Tangut]，	[Tangut]	[Tangut]	[Tangut]	[Tangut]
	sjij^{2}	tsjɨ^{1}	thja^{1}	rjir^{2}	djij^{1}	ŋwə^{1}	tsew^{2}	·jiw^{1}	mjịj^{2}
	识	亦	彼	一	类，	五	第	因	名

识一时转一时不转，余识亦尔，是名第五因。

17.223	[Tangut]。	[Tangut]	[Tangut]	[Tangut]	[Tangut]	[Tangut]	[Tangut]	[Tangut]	[Tangut]，
	·jɨ^{2}	thjɨ^{2}	sju^{2}	śji^{1}	sjwɨj^{1}	·jiw^{1}	mjor^{1}	·jiw^{1}	nioow^{1}
	谓。	是	如	先	业	因	现	缘	因，
	[Tangut]	[Tangut]	[Tangut]，	[Tangut]	[Tangut]	[Tangut]	[Tangut]，	[Tangut]	[Tangut]
	bju^{1}	śjwo^{1}	ljɨ^{1}	ne̱w^{2}	mji^{1}	ne̱w^{2}	ljɨ^{1}	·a	djij^{1}
	所	生	故，	善	不	善	故，	一	类

如是先业因现缘，因所生故，善不善故，一类

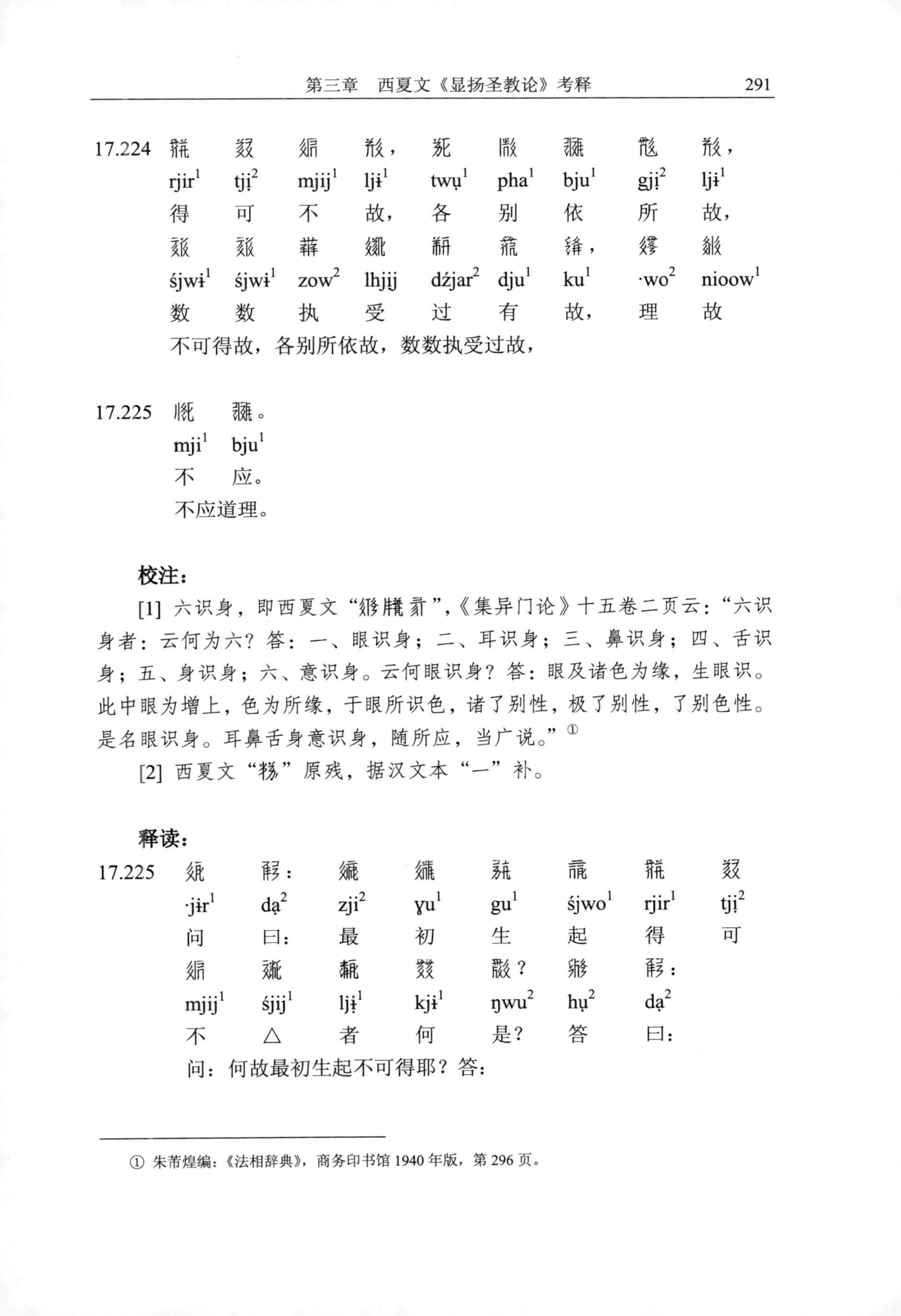

17.224

rjir^1	tji̡^{2}	mjij^1	ljɨ^1	twụ^1	pha^1	bju^1	gji̡^{2}	ljɨ^1
得	可	不	故，	各	别	依	所	故，
śjwɨ^1	śjwɨ^1	zow^2	lhjij	dźjar^2	dju^1	ku^1	·wo^2	nioow^1
数	数	执	受	过	有	故，	理	故

不可得故，各别所依故，数数执受过故，

17.225

mji^1	bju^1
不	应。

不应道理。

校注：

[1] 六识身，即西夏文“[illegible]”，《集异门论》十五卷二页云：“六识身者：云何为六？答：一、眼识身；二、耳识身；三、鼻识身；四、舌识身；五、身识身；六、意识身。云何眼识身？答：眼及诸色为缘，生眼识。此中眼为增上，色为所缘，于眼所识色，诸了别性，极了别性，了别色性。是名眼识身。耳鼻舌身意识身，随所应，当广说。”①

[2] 西夏文“[illegible]”原残，据汉文本“一”补。

释读：

17.225

·jɨr^1	dạ^2	zji^2	ɣu^1	gu^1	śjwo^1	rjir^1	tji̡^{2}
问	曰：	最	初	生	起	得	可
mjij^1	śjij^1	lji̡^{1}	kjɨ^1	ŋwu^2	hụ^2	dạ^2	
不	△	者	何	是？	答	曰：	

问：何故最初生起不可得耶？答：

① 朱芾煌编：《法相辞典》，商务印书馆 1940 年版，第 296 页。

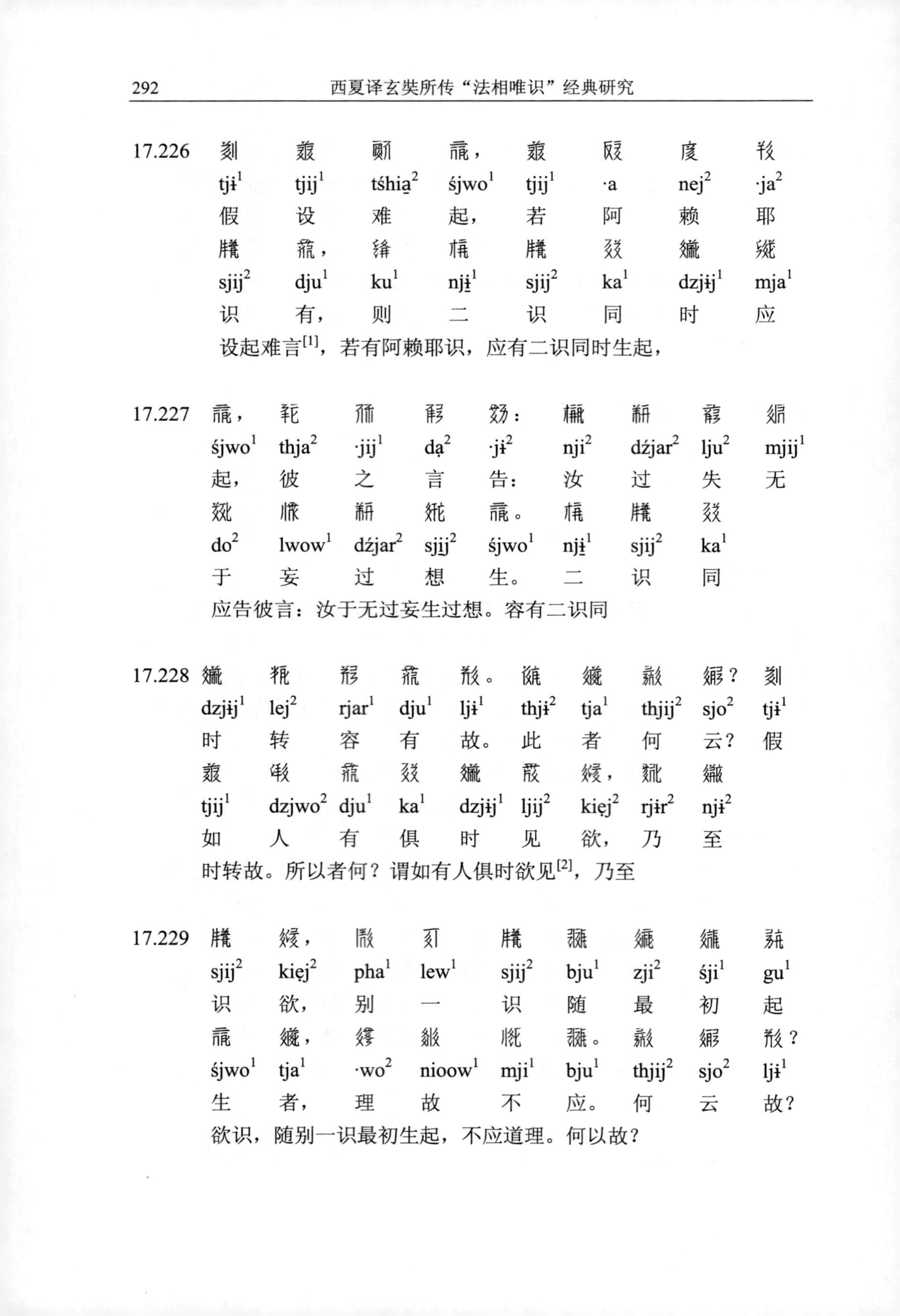

17.226 [illegible]
tjɨ^{1} tjij^{1} tśhia̱^{2} śjwo^{1} tjij^{1} ·a nej^{2} ·ja^{2}
假 设 难 起， 若 阿 赖 耶
[illegible]
sjij^{2} dju^{1} ku^{1} njɨ̱^{1} sjij^{2} ka^{1} dzjɨj^{1} mja^{1}
识 有， 则 二 识 同 时 应
设起难言[1]，若有阿赖耶识，应有二识同时生起，

17.227 [illegible]
śjwo^{1} thja^{2} ·jij^{1} dạ^{2} ·jɨ^{2} nji^{2} dźjar^{2} lju^{2} mjij^{1}
起， 彼 之 言 告： 汝 过 失 无
[illegible]
do^{2} lwow^{1} dźjar^{2} sjij^{2} śjwo^{1} njɨ̱^{1} sjij^{2} ka^{1}
于 妄 过 想 生。 二 识 同
应告彼言：汝于无过妄生过想。容有二识同

17.228 [illegible]
dzjɨj^{1} lej^{2} rjar^{1} dju^{1} ljɨ^{1} thjɨ^{2} tja^{1} thjij^{2} sjo^{2} tjɨ^{1}
时 转 容 有 故。 此 者 何 云？ 假
[illegible]
tjij^{1} dzjwo^{2} dju^{1} ka^{1} dzjɨj^{1} ljij^{2} kię̱j^{2} rjɨr^{2} njɨ^{2}
如 人 有 俱 时 见 欲， 乃 至
时转故。所以者何？谓如有人俱时欲见[2]，乃至

17.229 [illegible]
sjij^{2} kię̱j^{2} pha^{1} lew^{1} sjij^{2} bju^{1} zji^{2} śji^{1} gu^{1}
识 欲， 别 一 识 随 最 初 起
[illegible]
śjwo^{1} tja^{1} ·wo^{2} nioow^{1} mji^{1} bju^{1} thjij^{2} sjo^{2} ljɨ^{1}
生 者， 理 故 不 应。 何 云 故？
欲识，随别一识最初生起，不应道理。何以故？

17.230 [illegible] [illegible]，[illegible] [illegible] [illegible] [illegible] [illegible] [illegible]，[illegible] [illegible]
tśhjɨ¹ zjọ² phji¹ ·wji¹ do² pha¹ mji¹ dju¹ tśhji² ljị¹
尔 时， 意 作 差 别 无 有， 根 及
[illegible] [illegible] [illegible] [illegible] [illegible] [illegible]，[illegible] [illegible] [illegible]
mjɨ̠² kięj² mji¹ ljij² mjor¹ śja² wa² ·jiw¹ nioow¹
境 界 不 坏 现 前， 何 因 缘
尔时，作意无有差别，根及境界不坏现前，何因缘

17.231 [illegible] [illegible] [illegible] [illegible] [illegible]？
bju¹ sjij² ka¹ mji¹ lej²
故 识 俱 不 转？
故识不俱转？

校注：

[1] 设起难言，即西夏文“[illegible][illegible][illegible][illegible]”，汉文本作“设有难言”。

[2] 谓如有人俱时欲见，即西夏文“[illegible][illegible][illegible][illegible][illegible][illegible][illegible][illegible]”，汉文本作“谓如有一俱时欲见”。

释读：

17.231 [illegible] [illegible]：[illegible] [illegible] [illegible] [illegible] [illegible] [illegible]
·jɨr¹ dạ² dźju¹ se̱w² gu¹ śjwo¹ rjir¹ tji²
问 曰： 明 了 生 起 得 可
[illegible] [illegible] [illegible] [illegible] [illegible]？[illegible] [illegible]：
mjij¹ śjij¹ ljị¹ kjɨ¹ ŋwu² hụ² dạ²
不 △ 者 何 是？ 答 曰：
问：何故明了生起不可得耶？答：

17.232 [illegible] [illegible] [illegible] [illegible] [illegible] [illegible] [illegible] [illegible]，[illegible] [illegible]
tjij¹ zow² kjɨ¹ djɨj² sjij² ka¹ mji¹ śjwo¹ ? njɨ²
若 执 必 定 识 俱 不 生， 眼 等

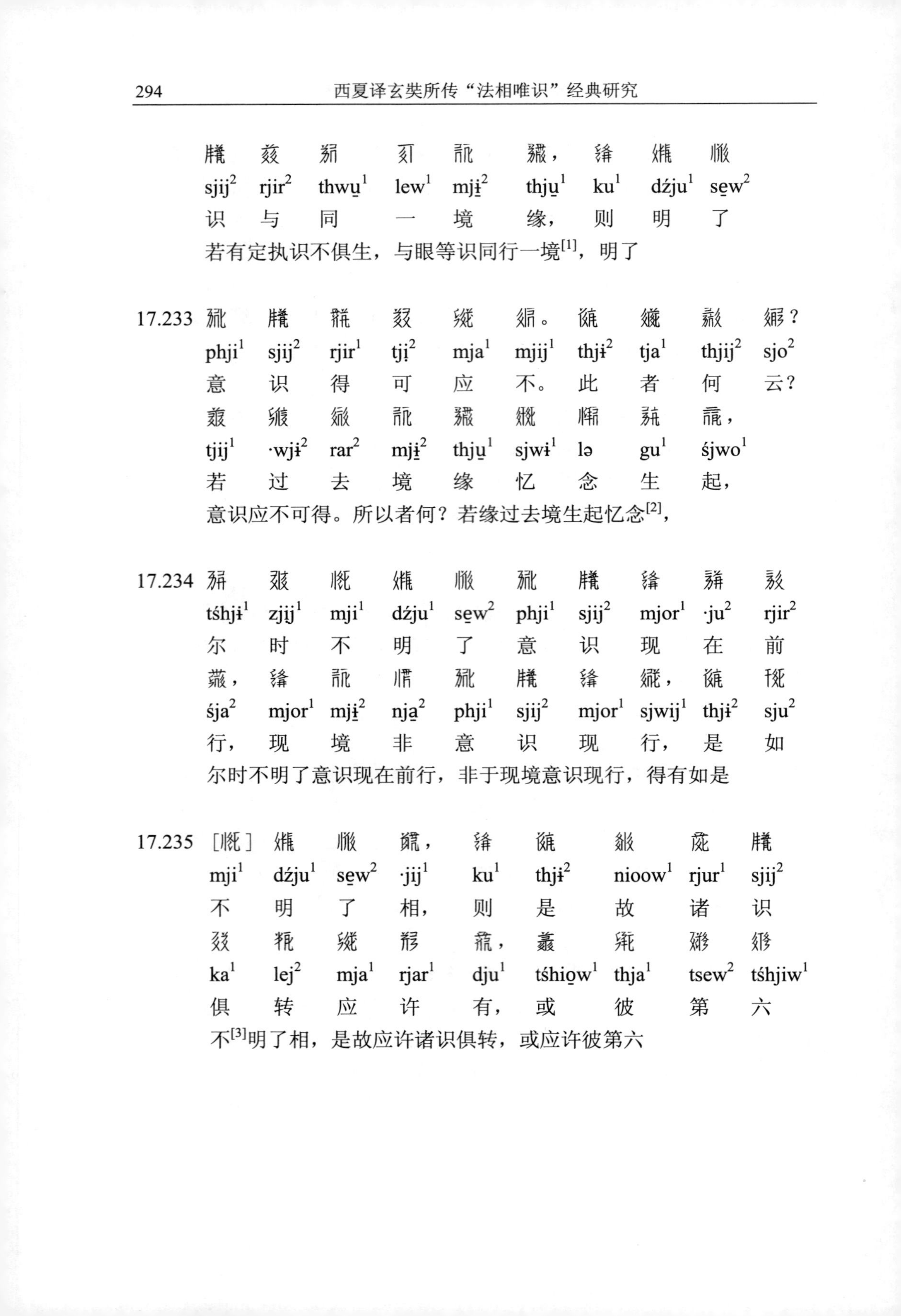

[illegible]

sjij^{2} rjir^{2} thwu̱^{1} lew^{1} mjɨ̱^{2} thju̱^{1} ku^{1} dźju^{1} se̱w^{2}

识 与 同 一 境 缘， 则 明 了

若有定执识不俱生，与眼等识同行一境[1]，明了

17.233 [illegible]

phji^{1} sjij^{2} rjir^{1} tjị^{2} mja^{1} mjij^{1} thjɨ^{2} tja^{1} thjij^{2} sjo^{2}

意 识 得 可 应 不。 此 者 何 云？

[illegible]

tjij^{1} ·wjɨ^{2} rar^{2} mjɨ̱^{2} thju̱^{1} sjwɨ^{1} lə gu^{1} śjwo^{1}

若 过 去 境 缘 忆 念 生 起，

意识应不可得。所以者何？若缘过去境生起忆念[2]，

17.234 [illegible]

tśhjɨ^{1} zjij^{1} mji^{1} dźju^{1} se̱w^{2} phji^{1} sjij^{2} mjor^{1} ·ju^{2} rjir^{2}

尔 时 不 明 了 意 识 现 在 前

[illegible]

śja^{2} mjor^{1} mjɨ̱^{2} nja̱^{2} phji^{1} sjij^{2} mjor^{1} sjwij^{1} thjɨ^{2} sju^{2}

行， 现 境 非 意 识 现 行， 是 如

尔时不明了意识现在前行，非于现境意识现行，得有如是

17.235 [illegible]

mji^{1} dźju^{1} se̱w^{2} ·jij^{1} ku^{1} thjɨ^{2} nioow^{1} rjur^{1} sjij^{2}

不 明 了 相， 则 是 故 诸 识

[illegible]

ka^{1} lej^{2} mja^{1} rjar^{1} dju^{1} tśhio̱w^{1} thja^{1} tsew^{2} tśhjiw^{1}

俱 转 应 许 有， 或 彼 第 六

不[3]明了相，是故应许诸识俱转，或应许彼第六

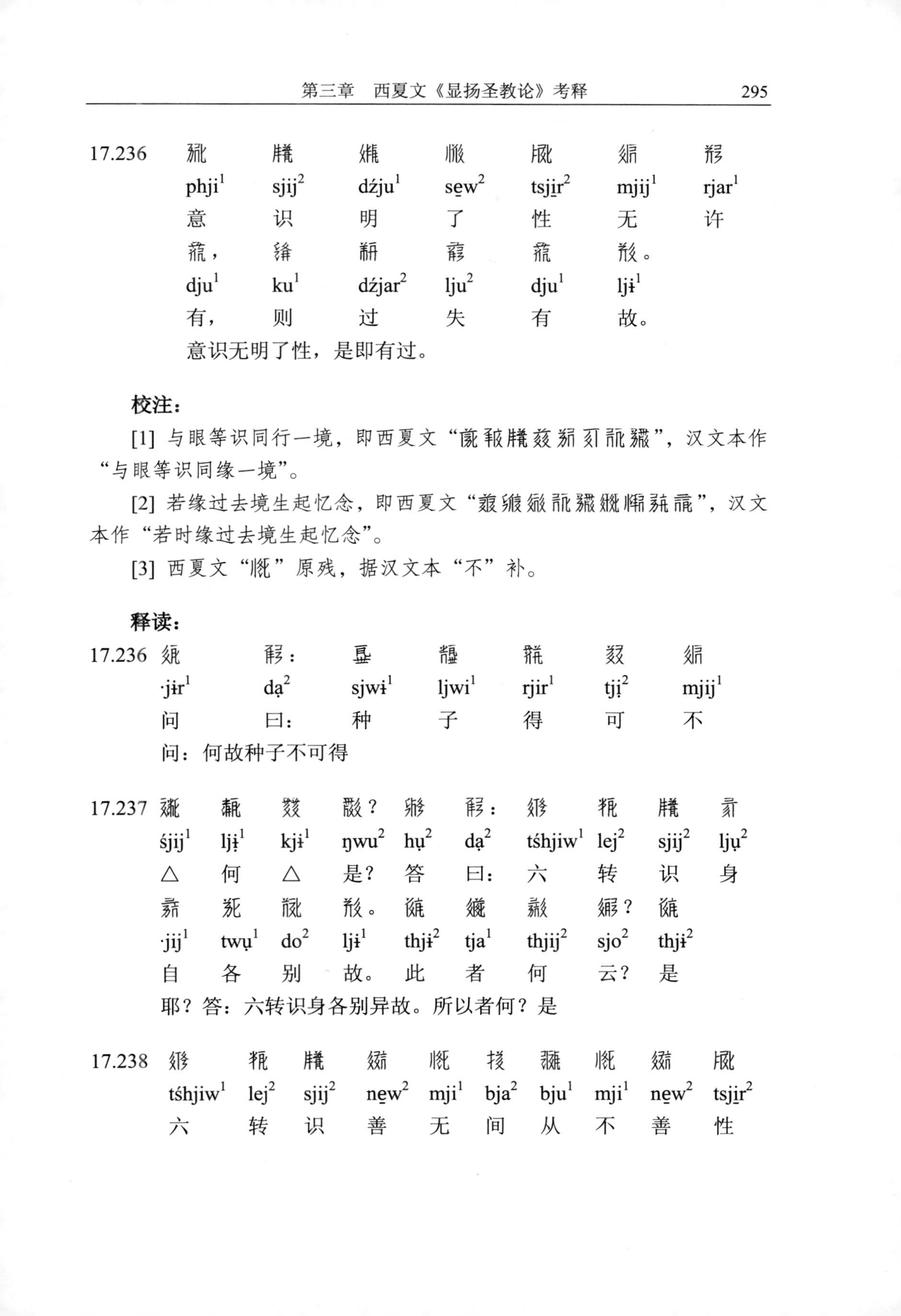

17.236 [illegible]

phji¹ sjij² dźju¹ se̱w² tsji̱r² mjij¹ rjar¹

意 识 明 了 性 无 许

[illegible]

dju¹ ku¹ dźjar² lju² dju¹ ljɨ¹

有， 则 过 失 有 故。

意识无明了性，是即有过。

校注：

[1] 与眼等识同行一境，即西夏文“[illegible]”，汉文本作“与眼等识同缘一境”。

[2] 若缘过去境生起忆念，即西夏文“[illegible]”，汉文本作“若时缘过去境生起忆念”。

[3] 西夏文“[illegible]”原残，据汉文本“不”补。

释读：

17.236 [illegible]

·jɨr¹ dạ² sjwɨ¹ ljwi¹ rjir¹ tjị² mjij¹

问 曰： 种 子 得 可 不

问：何故种子不可得

17.237 [illegible]

śjij¹ ljị¹ kjɨ¹ ŋwu² hụ² dạ² tśhjiw¹ lej² sjij² ljụ²

△ 何 △ 是？ 答 曰： 六 转 识 身

[illegible]

·jij¹ twụ¹ do² ljɨ¹ thjɨ² tja¹ thjij² sjo² thjɨ²

自 各 别 故。 此 者 何 云？ 是

耶？答：六转识身各别异故。所以者何？是

17.238 [illegible]

tśhjiw¹ lej² sjij² ne̱w² mji¹ bja² bju¹ mji¹ ne̱w² tsji̱r²

六 转 识 善 无 间 从 不 善 性

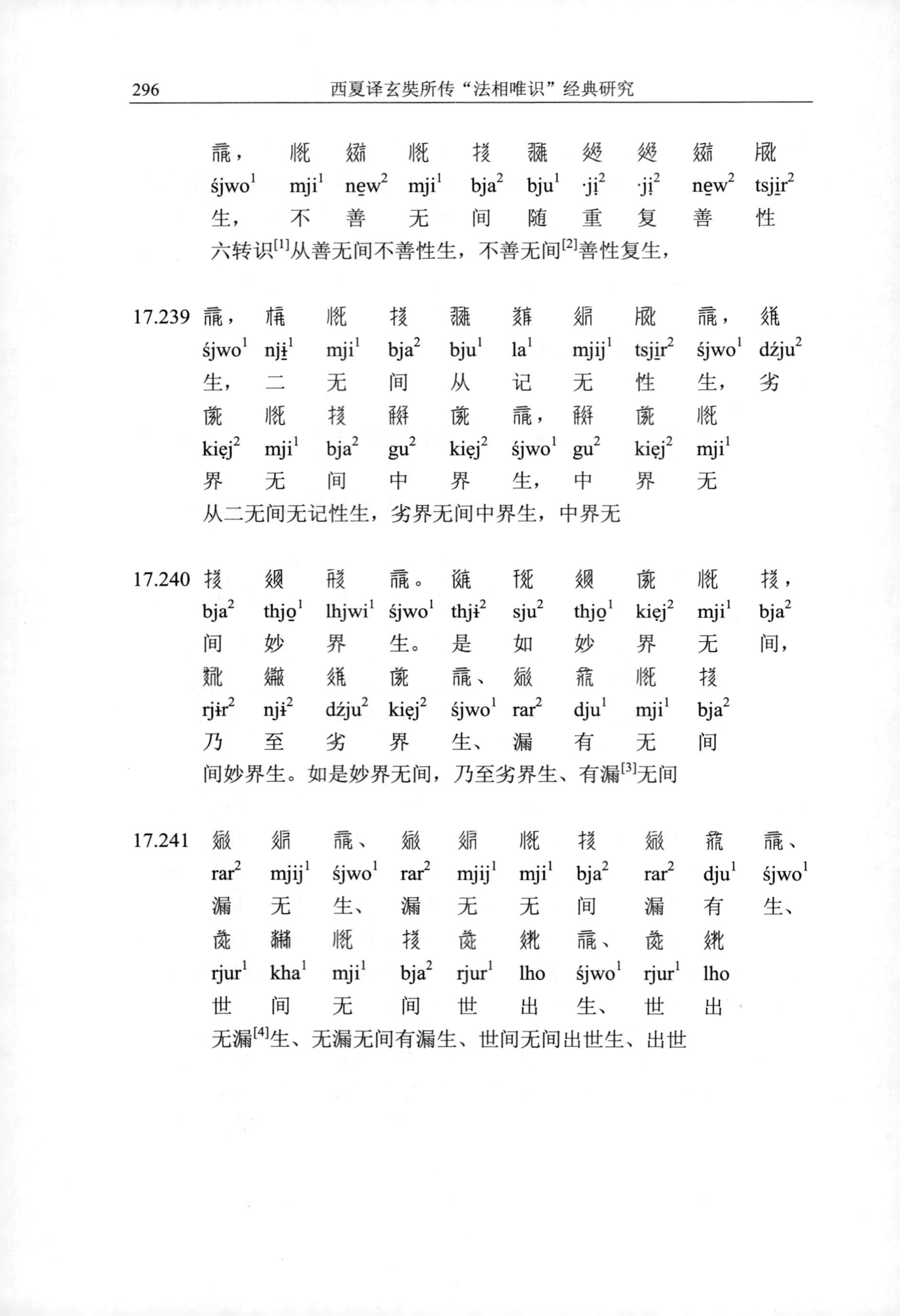

[illegible]
śjwo1 mji1 ne̱w2 mji1 bja2 bju1 ·ji̱2 ·ji̱2 ne̱w2 tsji̱r2
生， 不 善 无 间 随 重 复 善 性
六转识[1]从善无间不善性生，不善无间[2]善性复生，

17.239 [illegible]
śjwo1 njɨ̱1 mji1 bja2 bju1 la1 mjij1 tsji̱r2 śjwo1 dźju2
生， 二 无 间 从 记 无 性 生， 劣
[illegible]
kięj2 mji1 bja2 gu2 kięj2 śjwo1 gu2 kięj2 mji1
界 无 间 中 界 生， 中 界 无
从二无间无记性生，劣界无间中界生，中界无

17.240 [illegible]
bja2 thjo̱1 lhjwi1 śjwo1 thjɨ2 sju2 thjo̱1 kięj2 mji1 bja2
间 妙 界 生。 是 如 妙 界 无 间，
[illegible]
rjɨr2 njɨ2 dźju2 kięj2 śjwo1 rar2 dju1 mji1 bja2
乃 至 劣 界 生、 漏 有 无 间
间妙界生。如是妙界无间，乃至劣界生、有漏[3]无间

17.241 [illegible]
rar2 mjij1 śjwo1 rar2 mjij1 mji1 bja2 rar2 dju1 śjwo1
漏 无 生、 漏 无 无 间 漏 有 生、
[illegible]
rjur1 kha1 mji1 bja2 rjur1 lho śjwo1 rjur1 lho
世 间 无 间 世 出 生、 世 出
无漏[4]生、无漏无间有漏生、世间无间出世生、出世

17.242 [illegible]

mji^{1} bju^{1} rjur^{1} kha^{1} śjwo^{1} thjɨ^{2} sju^{2} ·jij^{1} tja^{1} sjwɨ^{1}

无 间 世 间 生， 是 如 相 者 种

[illegible]

ljwi^{1} kwər^{1} nja̱^{2} ·wo^{2} nioow^{1} bju^{1} śjij^{1} nioow^{1} thja^{1}

子 体 非， 理 故 应 正。 又 彼

无间世间生，非如是相为种子体，应正道理。又彼

17.243 [illegible]

rjur^{1} sjij^{2} khwa^{1} dzjɨj^{1} dzjwɨr^{1} bju^{1} twę^{2} wę^{2} rejr^{2} zar^{2}

诸 识 长 时 间 断， 相 续 经 久

[illegible]

rar^{2} de̱j^{1} mji^{1} djɨj^{2} djɨj^{2} ku^{1} thjɨ^{2} nioow^{1} lej^{2} sjij^{2}

流 转 不 止 息， 则 是 故 转 识

诸识长时间断，相续经久流转不息，是故转识

17.244 [illegible]

sjwɨ^{1} ljwi^{1} ·jij^{1} njwi^{2} ·jɨ^{2} tja^{1} ·wo^{2} nioow^{1} mji^{1} bju^{1}

种 子 持 能 谓 者， 理 故 不 应。

能持种子，不应道理。

校注：

[1] 六转识，即西夏文“[illegible]”，眼等六根、缘色等六境，所起了别辨认种种行相之六种心，即眼识、耳识、鼻识、舌识、身识、意识。

[2] 无间，即西夏文“[illegible]”，即阿鼻梵文 Avici，译曰无间。如无间地狱，无间修，等无间缘等。

[3] 有漏，即西夏文“[illegible]”，“漏者烦恼之异名，含有烦恼之事物，谓之有漏”。

[4] 无漏，即西夏文“[illegible]”，梵文 Anāsrava，“漏者烦恼之异名，漏泄之义，贪嗔等之烦恼，日夜由眼耳等六根门漏泄流注而不止，谓之漏。又漏为漏落之义，烦恼能令人漏落于三恶道谓之漏。因之谓有烦恼之法云

有漏，离烦恼之法云无漏”①。

释读：

17.245 [illegible] [illegible]： [illegible] [illegible] [illegible] [illegible] [illegible] [illegible] [illegible]
·jɨr^{1} dạ^{2} rjir^{1} sjwɨj^{1} rjir^{1} tjị^{2} mjij^{1} śjij^{1} ljɨ̣^{1}
问 曰： 诸 业 得 可 不 △ 何
[illegible] [illegible]？ [illegible] [illegible]： [illegible] [illegible] [illegible] [illegible] [illegible]
kjɨ^{1} ŋwu^{2} hụ^{2} dạ^{2} tjij^{1} rjur^{1} sjij^{2} mjij^{1} ku^{1}
△ 是？ 答 曰： 若 诸 识 无 则
问：何故诸业不可得耶？答：若无诸识

17.246 ［[illegible]］ [illegible] [illegible] [illegible] [illegible] [illegible] [illegible] [illegible]， [illegible]
ka^{1} dzjɨj^{1} gu^{1} śjwo^{1} rjir^{1} sjwɨj^{1} ka^{1} lej^{2} ·wo^{2}
同 时 生 起 诸 业 俱 转， 理
[illegible] [illegible] [illegible]。 [illegible] [illegible] [illegible] [illegible]？ [illegible] [illegible]
nioow^{1} mji^{1} bju^{1} thjɨ^{2} tja^{1} thjij^{2} sjo^{2} sjwɨj^{1} ljow^{2}
故 不 应。 此 者 何 云？ 业 略
同[1]时生起诸业俱转，不应道理。所以者何？若略说业

17.247 [illegible] [illegible] [illegible] [illegible]， [illegible]、 [illegible] [illegible] [illegible] [illegible]； [illegible]、
tshjij^{1} ljɨ̱r^{1} mə^{2} dju^{1} lew^{1} gju^{2} dźju^{1} se̱w^{2} sjwɨj^{1} njɨ̱^{1}
说 四 种 有， 一、 器 了 别 业； 二、
[illegible] [illegible] [illegible] [illegible]； [illegible]、 [illegible] [illegible] [illegible] [illegible]；
bju^{1} dźju^{1} se̱w^{2} sjwɨj^{1} sọ^{1} ŋa^{2} dźju^{1} se̱w^{2} sjwɨj^{1}
依 了 别 业； 三、 我 了 别 业；
有四种，一、器了别业；二、依了别业；三、我了别业；

17.248 [illegible]、 [illegible] [illegible] [illegible] [illegible]。 [illegible] [illegible] [illegible] [illegible] [illegible]
ljɨ̱r^{1} mjɨ̱^{2} dźju^{1} se̱w^{2} sjwɨj^{1} thjɨ^{2} sju^{2} ljɨ̱r^{1} mə^{2} dźju^{1}
四、 境 了 别 业。 是 如 四 种 了

①丁福保编：《佛学大辞典》，文物出版社 1984 年版，第 758 页。

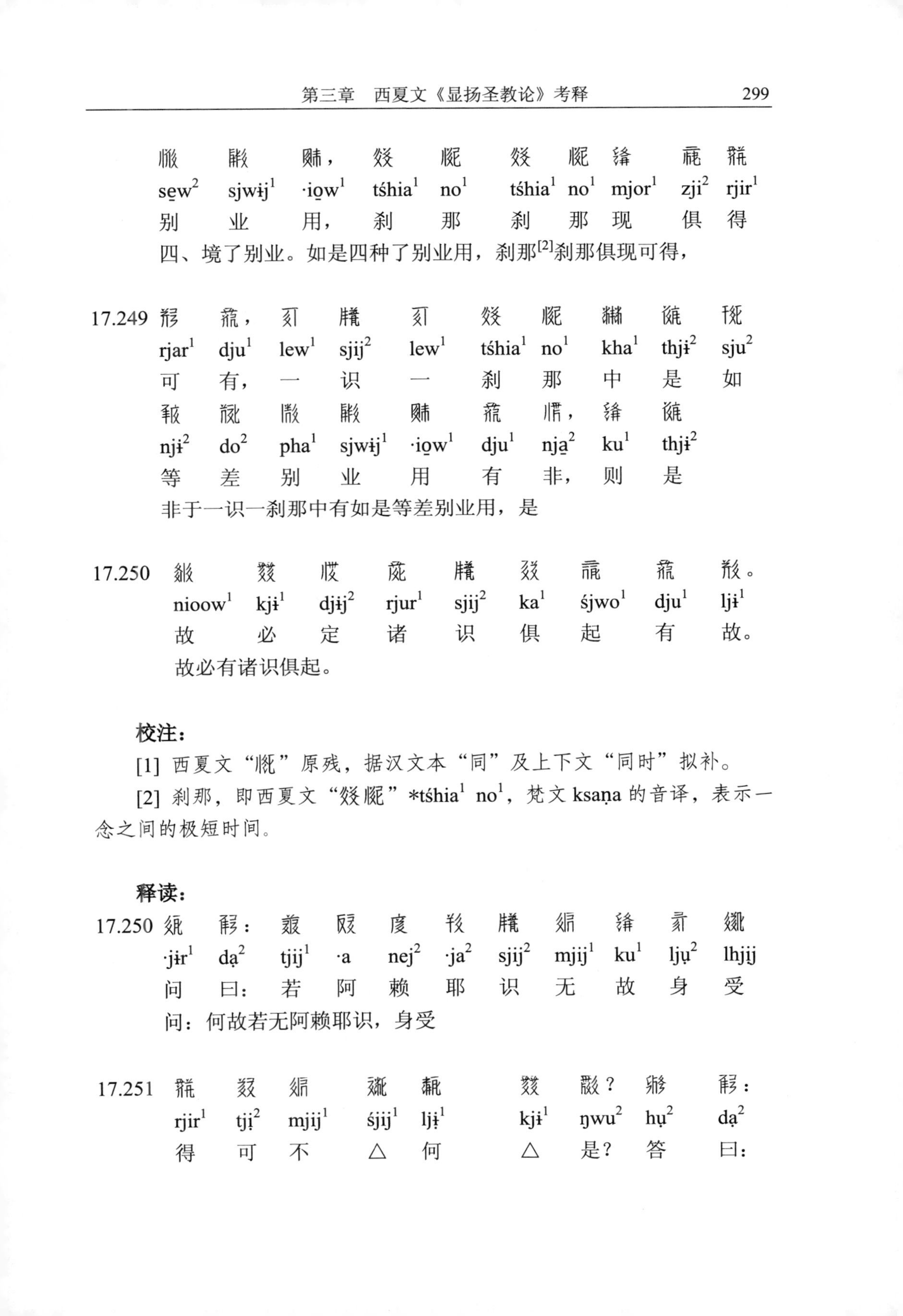

se̱w^{2} sjwɨj^{1} ·io̱w^{1}, tśhia^{1} no^{1} tśhia^{1} no^{1} mjor^{1} zji^{2} rjir^{1}

别 业 用， 刹 那 刹 那 现 俱 得

四、境了别业。如是四种了别业用，刹那[2]刹那俱现可得，

17.249 rjar^{1} dju^{1}, lew^{1} sjij^{2} lew^{1} tśhia^{1} no^{1} kha^{1} thjɨ^{2} sju^{2}

可 有， 一 识 一 刹 那 中 是 如

njɨ^{2} do^{2} pha^{1} sjwɨj^{1} ·io̱w^{1} dju^{1} nja̱^{2}, ku^{1} thjɨ^{2}

等 差 别 业 用 有 非， 则 是

非于一识一刹那中有如是等差别业用，是

17.250 nioow^{1} kjɨ^{1} djɨj^{2} rjur^{1} sjij^{2} ka^{1} śjwo^{1} dju^{1} ljɨ^{1}

故 必 定 诸 识 俱 起 有 故。

故必有诸识俱起。

校注：

[1] 西夏文“”原残，据汉文本“同”及上下文“同时”拟补。

[2] 刹那，即西夏文“”*tśhia^{1} no^{1}，梵文 kṣaṇa 的音译，表示一念之间的极短时间。

释读：

17.250 ·jɨr^{1} da̱^{2}: tjij^{1} ·a nej^{2} ·ja^{2} sjij^{2} mjij^{1} ku^{1} lju̱^{2} lhjij

问 曰： 若 阿 赖 耶 识 无 故 身 受

问：何故若无阿赖耶识，身受

17.251 rjir^{1} tji^{2} mjij^{1} śjij^{1} ljɨ^{1} kjɨ^{1} ŋwu^{2}? hu̱^{2} da̱^{2}:

得 可 不 △ 何 △ 是？ 答 曰：

[illegible]	[illegible]	[illegible]	[illegible]	[illegible]	[illegible]	[illegible]	[illegible]、
tjɨ^{1}	tjij^{1}	dzjwo^{2}	dju^{1}	tśhio̱w^{1}	·wo^{2}	bju^{1}	sjwɨ^{1}
假	如	人	有	或	理	如	思、

不可得耶？答：谓如有人或如理思维[1]、

17.252

[illegible]	[illegible]	[illegible]	[illegible]	[illegible]	[illegible]	[illegible]，	[illegible]	[illegible]	[illegible]
tśhio̱w^{1}	·wo^{2}	rjir^{2}	mji^{1}	bju^{1}	sjwɨ^{1}	lə	se̱w^{2}	me̱j^{2}	ŋowr^{2}
或	理	与	不	如	思	维，	推	寻	一
[illegible]，	[illegible]	[illegible]	[illegible]	[illegible]、	[illegible]	[illegible]	[illegible]	[illegible]，	
ŋowr^{2}	tjij^{1}	njịj^{1}	djɨj^{2}	dźjịj^{1}	tjij^{1}	djɨj^{2}	mji^{1}	dźjịj^{1}	
切，	若	心	定	在、	若	定	不	在，	

或不如理思维，所有推寻，若心在定、若不在定，

17.253

[illegible]	[illegible]	[illegible]	[illegible]	[illegible]	[illegible]	[illegible]	[illegible]。	[illegible]
ljṳ^{2}	lhjịj	gu^{1}	śjwo^{1}	lew^{1}	nja̱^{2}	·ji^{1}	rejr^{2}	tjij^{1}
身	受	起	生	一	非	众	多。	若
[illegible]	[illegible]	[illegible]，	[illegible]	[illegible]	[illegible]	[illegible]	[illegible]。	[illegible]
thjɨ^{2}	sjịj^{2}	mjij^{1}	ku^{1}	rjir^{1}	tjị^{2}	mja^{1}	mjij^{1}	thjɨ^{2}
此	识	无，	则	得	可	应	不。	是

身受生起非一众多。若无此识，应不可得。

17.254

[illegible]	[illegible]	[illegible]	[illegible]	[illegible]	[illegible]	[illegible]，	[illegible]
sju^{2}	ljṳ^{2}	lhjịj	mjor^{1}	rjir^{1}	tjị^{2}	·wjij^{2}	ku^{1}
如	身	受	现	得	可	有，	则
[illegible]	[illegible]	[illegible]	[illegible]	[illegible]	[illegible]	[illegible]	[illegible]。
kjɨ^{1}	djɨj^{2}	·a	nej^{2}	·ja^{2}	sjịj^{2}	dju^{1}	ljɨ^{1}
必	定	阿	赖	耶	识	有	故。

如是身受既现可得，是故定有阿赖耶识。

校注：

[1] 谓如有人或如理思维，西夏文作“[illegible]”，汉文本作“谓如有一或如理思维”。

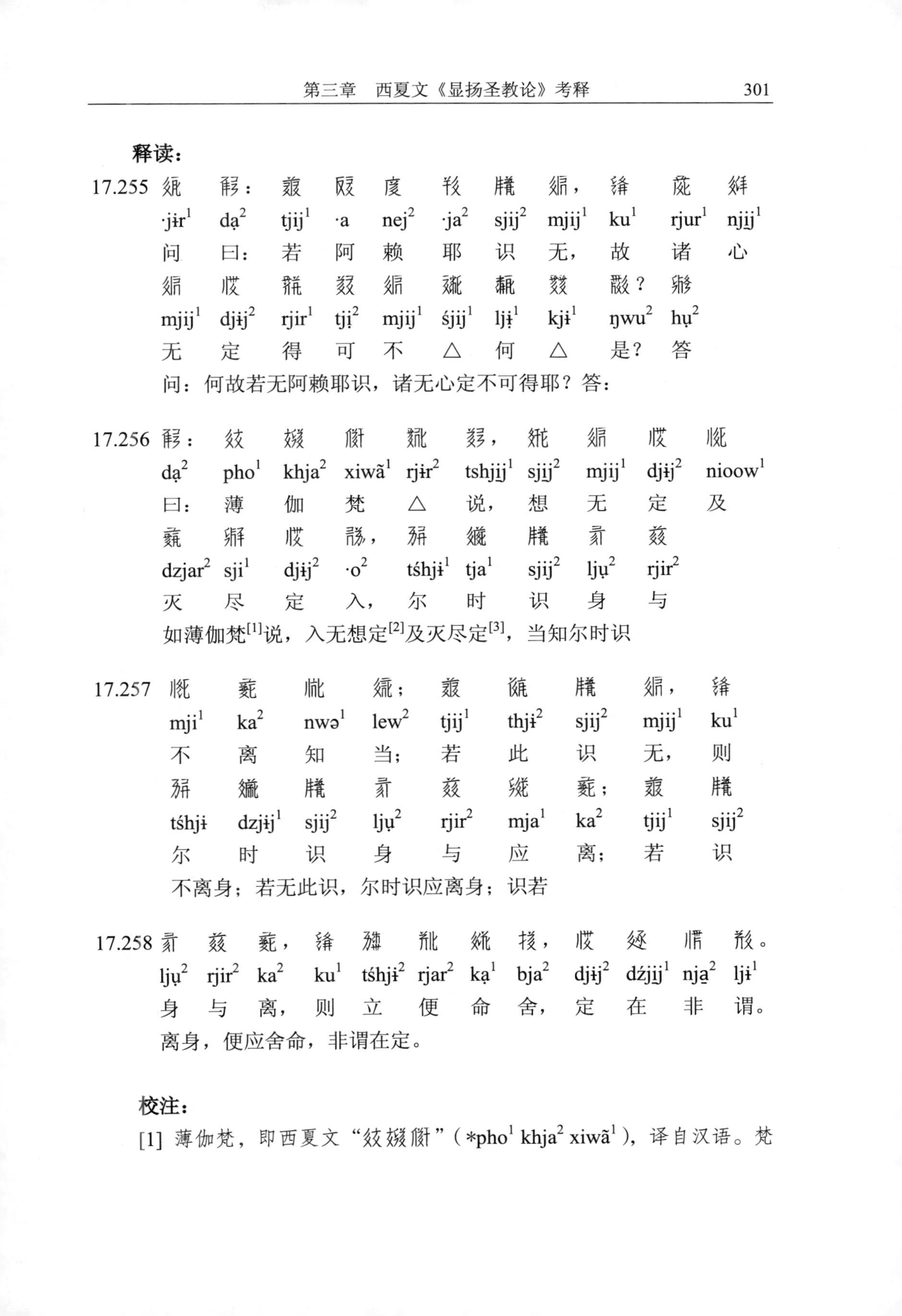

释读：

17.255 [illegible]

·jɨr1 dạ2 tjij1 ·a nej2 ·ja2 sjij2 mjij1 ku1 rjur1 njij1

问 曰： 若 阿 赖 耶 识 无， 故 诸 心

[illegible]

mjij1 djɨj2 rjir1 tji̱2 mjij1 śjij1 ljɨ̣1 kjɨ1 ŋwu2 hụ2

无 定 得 可 不 △ 何 △ 是？ 答

问：何故若无阿赖耶识，诸无心定不可得耶？答：

17.256 [illegible]

dạ2 pho1 khja2 xiwã1 rjɨr2 tshjij1 sjij2 mjij1 djɨj2 nioow1

曰： 薄 伽 梵 △ 说， 想 无 定 及

[illegible]

dzjar2 sji1 djɨj2 ·o2 tśhjɨ1 tja1 sjij2 ljụ2 rjir2

灭 尽 定 入， 尔 时 识 身 与

如薄伽梵[1]说，入无想定[2]及灭尽定[3]，当知尔时识

17.257 [illegible]

mji1 ka2 nwə1 lew2 tjij1 thjɨ2 sjij2 mjij1 ku1

不 离 知 当； 若 此 识 无， 则

[illegible]

tśhjɨ dzjɨj1 sjij2 ljụ2 rjir2 mja1 ka2 tjij1 sjij2

尔 时 识 身 与 应 离； 若 识

不离身；若无此识，尔时识应离身；识若

17.258 [illegible]

ljụ2 rjir2 ka2 ku1 tśhjɨ2 rjar2 kạ1 bja2 djɨj2 dźjij1 nja̱2 ljɨ1

身 与 离， 则 立 便 命 舍， 定 在 非 谓。

离身，便应舍命，非谓在定。

校注：

[1] 薄伽梵，即西夏文“[illegible]”（*pho1 khja2 xiwã1），译自汉语。梵

文 Bhagavan，汉语音译有“薄伽梵”“婆伽婆”，意译有“世尊”“佛”等多种译法。在译自藏文的西夏文佛经中，此词常依藏文 bcom-ldan-’das“坏有出”译为“[illegible][illegible][illegible]”。

[2] 入无想定，即西夏文“[illegible][illegible][illegible]”，又称无相三昧，古印度宗教修行禅定的境界之一，指已离遍净欲、未离上界欲的补特伽罗，发起作意，使心、心所不恒相续，六种转识暂得息灭之定。

[3] 灭尽定，即西夏文“[illegible][illegible][illegible]”，梵文 nirodha-samāpatti，又名灭受想定（sabbavedayitanirodhasamapatti）、想知灭定、灭正受，佛教术语，为三昧的一种，八解脱与九次第定之一。

释读：

17.258

[illegible]	[illegible]：	[illegible]	[illegible]	[illegible]
·jɨr^1	dạ^2	tjij^1	·a	nej^2
问	曰：	若	阿	赖

问：何故若无阿赖

17.259

[illegible]	[illegible]	[illegible]	[illegible]	[illegible]	[illegible]	[illegible]	[illegible]	[illegible]	[illegible]
·ja^2	sjij^2	mjij^1	ku^1	kạ^1	bja^2	·jij^1	zjij^1	sjij^2	rjir^1
耶	识	无	故	命	终	临	时	识	得
[illegible]	[illegible]	[illegible]	[illegible]	[illegible]	[illegible]？	[illegible]	[illegible]：	[illegible]	
tjị^2	mjij^1	śjij^1	ljɨ^1	kjɨ^1	ŋwu^2	hụ^2	dạ^2	tjɨ^1	
可	不	△	何	△	是？	答	曰：	假	

耶识临命终时识不可得耶[1]？答：

17.260

[illegible]	[illegible]	[illegible]	[illegible]	[illegible]	[illegible]	[illegible]	[illegible]	[illegible]，	[illegible]
tjij^1	dzjwo^2	dju^1	kjɨ^1	mjij^2	kạ^1	bja^2	·jij^1	zjij^1	tjij^1
如	人	有	△	未	命	终	临	时，	或
[illegible]	[illegible]	[illegible]	[illegible]	[illegible]	[illegible]	[illegible]	[illegible]	[illegible]	
ljụ^2	phju^2	khwə^1	ɣa^2	sjij^2	mjij^2	mjij^2	dźjɨr^1	dạ^2	
身	上	分	从	识	渐	渐	舍	冷	

谓如有人临命终时[2]，或从身上分识渐舍冷

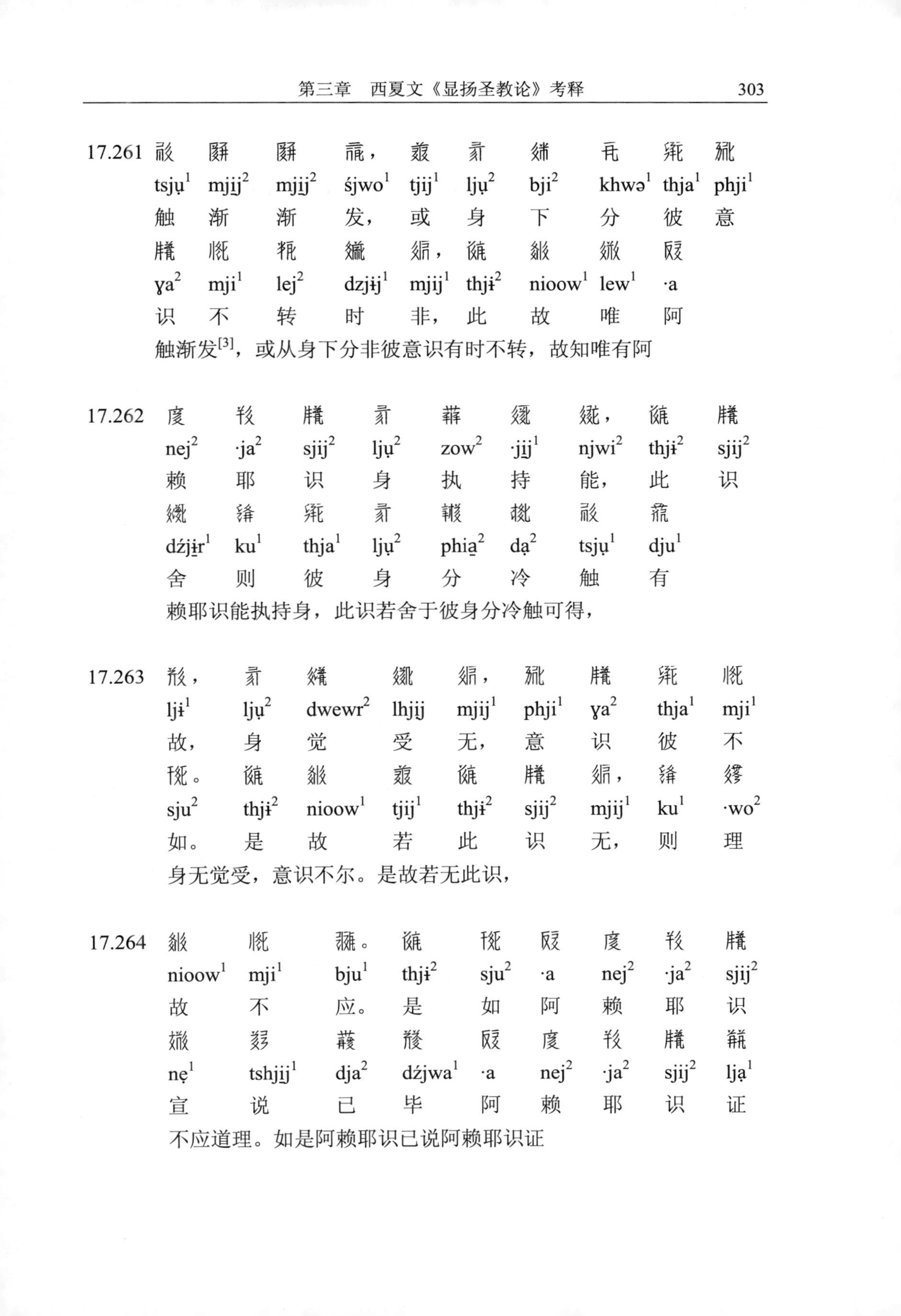

17.261 [illegible]

tsjụ1 mjij2 mjij2 śjwo1 tjij1 ljụ2 bji2 khwə1 thja1 phji1

触 渐 渐 发， 或 身 下 分 彼 意

[illegible]

ɣa2 mji1 lej2 dzjɨj1 mjij1 thjɨ2 nioow1 lew1 ·a

识 不 转 时 非， 此 故 唯 阿

触渐发[3]，或从身下分非彼意识有时不转，故知唯有阿

17.262 [illegible]

nej2 ·ja2 sjij2 ljụ2 zow2 ·jij1 njwi2 thjɨ2 sjij2

赖 耶 识 身 执 持 能， 此 识

[illegible]

dźjɨ̠r1 ku1 thja1 ljụ2 phia̠2 da̠2 tsjụ1 dju1

舍 则 彼 身 分 冷 触 有

赖耶识能执持身，此识若舍于彼身分冷触可得，

17.263 [illegible]

ljɨ1 ljụ2 dwewr2 lhjij mjij1 phji1 ɣa2 thja1 mji1

故， 身 觉 受 无， 意 识 彼 不

[illegible]

sju2 thjɨ2 nioow1 tjij1 thjɨ2 sjij2 mjij1 ku1 ·wo2

如。 是 故 若 此 识 无， 则 理

身无觉受，意识不尔。是故若无此识，

17.264 [illegible]

nioow1 mji1 bju1 thjɨ2 sju2 ·a nej2 ·ja2 sjij2

故 不 应。 是 如 阿 赖 耶 识

[illegible]

nẹ1 tshjij1 dja2 dźjwa1 ·a nej2 ·ja2 sjij2 lja̠1

宣 说 已 毕 阿 赖 耶 识 证

不应道理。如是阿赖耶识已说阿赖耶识证

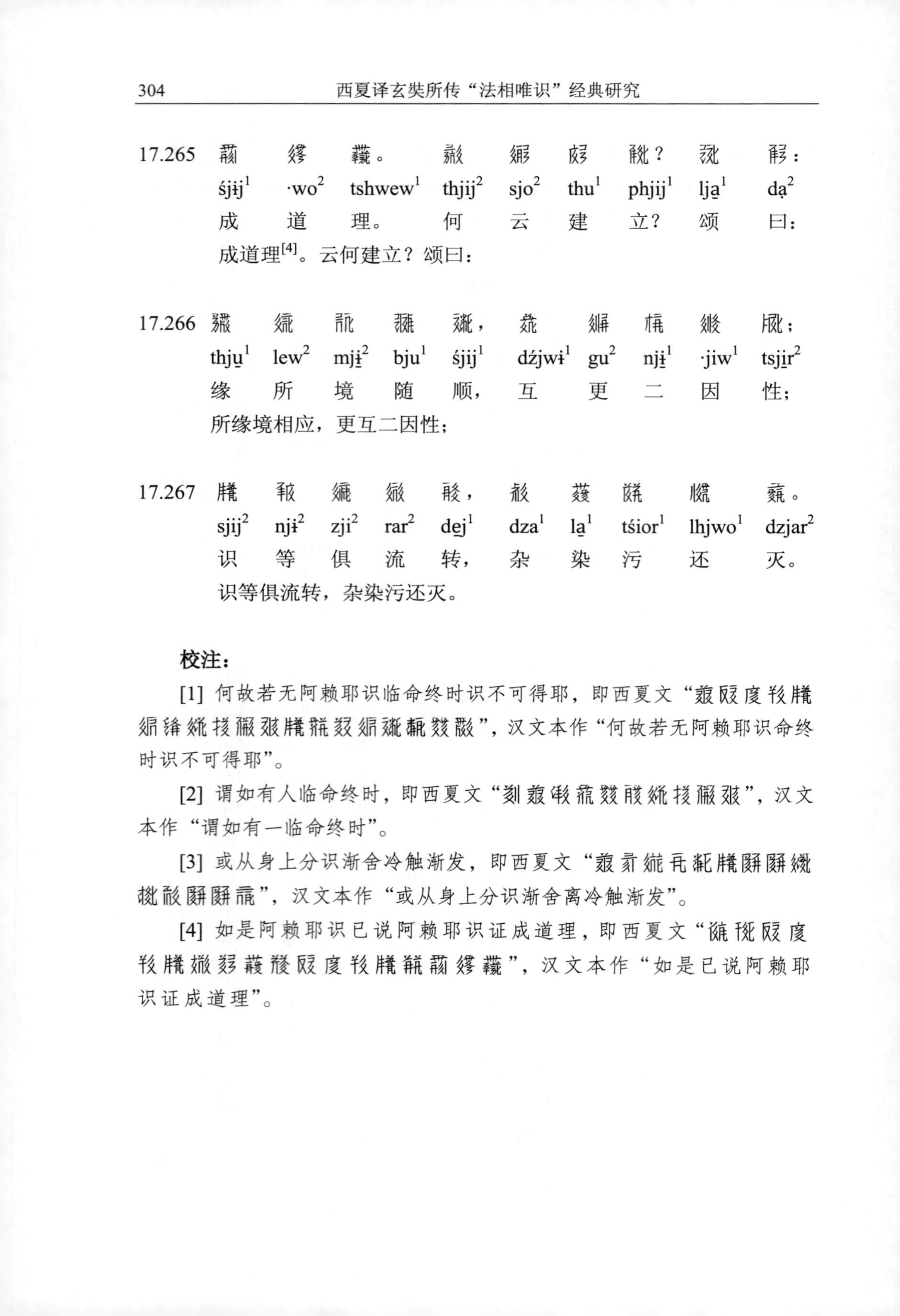

17.265 [illegible]

śjɨj^{1} ·wo^{2} tshwew^{1} thjij^{2} sjo^{2} thu^{1} phjij^{1} lja̱^{1} dạ^{2}

成 道 理。 何 云 建 立？ 颂 曰：

成道理[4]。云何建立？颂曰：

17.266 [illegible]

thju̱^{1} lew^{2} mjɨ̱^{2} bju^{1} śjij^{1} dźjwɨ^{1} gu^{2} njɨ̱^{1} ·jiw^{1} tsjɨ̱r^{2}

缘 所 境 随 顺， 互 更 二 因 性；

所缘境相应，更互二因性；

17.267 [illegible]

sjij^{2} njɨ^{2} zji^{2} rar^{2} de̱j^{1} dza^{1} la̱^{1} tśior^{1} lhjwo^{1} dzjar^{2}

识 等 俱 流 转， 杂 染 污 还 灭。

识等俱流转，杂染污还灭。

校注：

[1] 何故若无阿赖耶识临命终时识不可得耶，即西夏文“[illegible]”，汉文本作“何故若无阿赖耶识命终时识不可得耶”。

[2] 谓如有人临命终时，即西夏文“[illegible]”，汉文本作“谓如有一临命终时”。

[3] 或从身上分识渐舍冷触渐发，即西夏文“[illegible]”，汉文本作“或从身上分识渐舍离冷触渐发”。

[4] 如是阿赖耶识已说阿赖耶识证成道理，即西夏文“[illegible]”，汉文本作“如是已说阿赖耶识证成道理”。

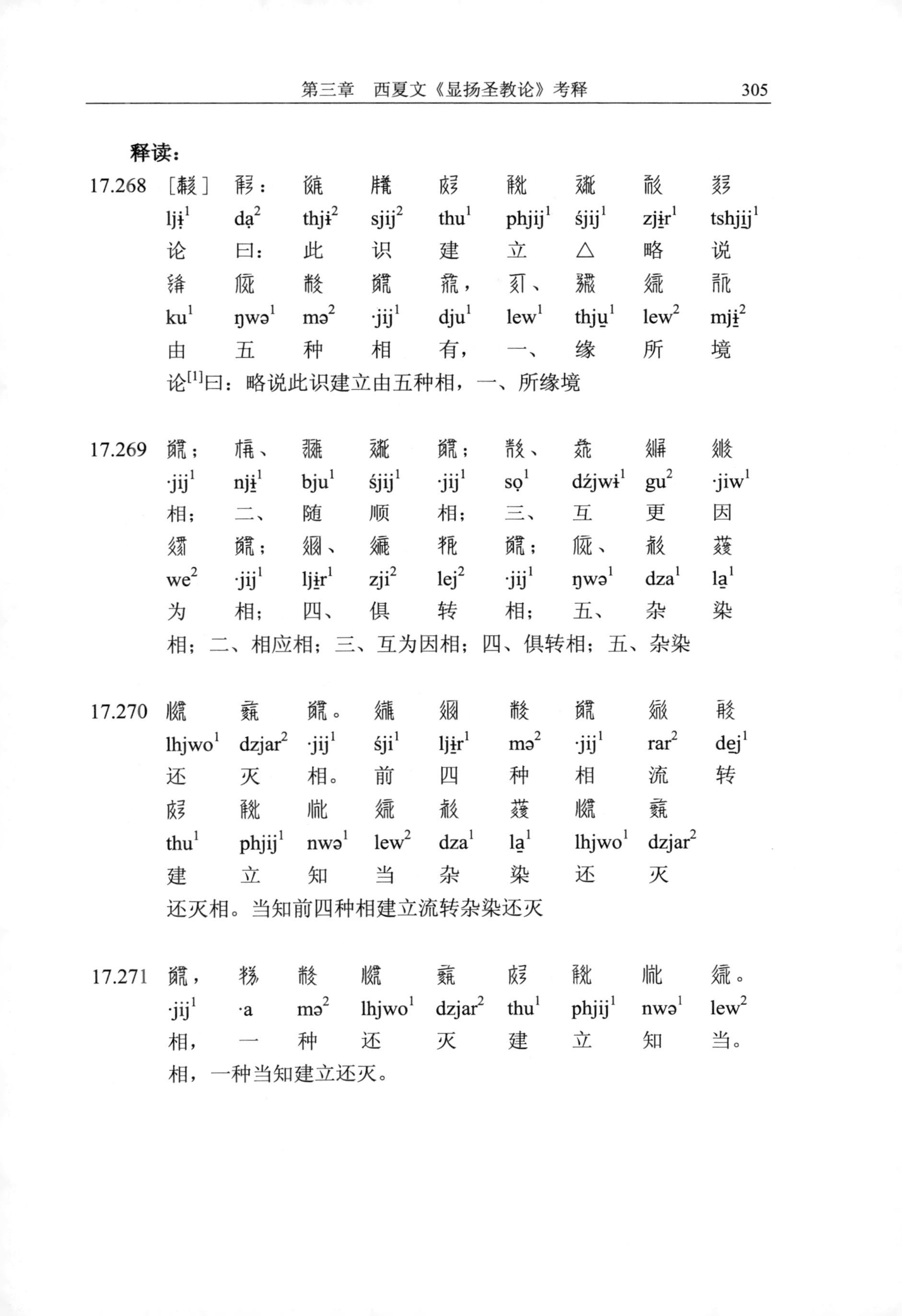

释读：

17.268

ljɨ̣[1]	dạ[2]	thjɨ[2]	sjij[2]	thu[1]	phjij[1]	śjij[1]	zjɨr[1]	tshjij[1]
论	曰：	此	识	建	立	△	略	说
ku[1]	ŋwə[1]	mə[2]	·jij[1]	dju[1]	lew[1]	thju̱[1]	lew[2]	mjɨ̱[2]
由	五	种	相	有，	一、	缘	所	境

论[1]曰：略说此识建立由五种相，一、所缘境

17.269

·jij[1]	njɨ[1]	bju[1]	śjij[1]	·jij[1]	sọ[1]	dźjwɨ[1]	gu[2]	·jiw[1]
相；	二、	随	顺	相；	三、	互	更	因
we[2]	·jij[1]	ljɨr[1]	zji[2]	lej[2]	·jij[1]	ŋwə[1]	dza[1]	la̱[1]
为	相；	四、	俱	转	相；	五、	杂	染

相；二、相应相；三、互为因相；四、俱转相；五、杂染

17.270

lhjwo[1]	dzjar[2]	·jij[1]	śji[1]	ljɨr[1]	mə[2]	·jij[1]	rar[2]	de̱j[1]
还	灭	相。	前	四	种	相	流	转
thu[1]	phjij[1]	nwə[1]	lew[2]	dza[1]	la̱[1]	lhjwo[1]	dzjar[2]	
建	立	知	当	杂	染	还	灭	

还灭相。当知前四种相建立流转杂染还灭

17.271

·jij[1]	·a	mə[2]	lhjwo[1]	dzjar[2]	thu[1]	phjij[1]	nwə[1]	lew[2]
相，	一	种	还	灭	建	立	知	当。

相，一种当知建立还灭。

17.272 [illegible] [illegible]： [illegible] [illegible] [illegible] [illegible] [illegible] [illegible] [illegible]
·jɨr^{1} dạ^{2} thju̱^{1} lew^{2} mjɨ̱^{2} ·jij^{1} thu^{1} phjij^{1} śjij^{1}
问 曰： 缘 所 境 相 建 立 △
[illegible] [illegible] [illegible]？ [illegible] [illegible]： [illegible] [illegible] [illegible]
ljɨ̣^{1} kjɨ^{1} ŋwu^{2} hụ^{2} dạ^{2} tjij^{1} thjɨ^{2} sjij^{2}
何 △ 是？ 答 曰： 若 此 识
问：所缘境相建立云何？答：若

17.273 [illegible] [illegible] [illegible] [illegible] [illegible] [illegible] [illegible] [illegible] [illegible]
zjɨr^{1} tshjij^{1} ku^{1} njɨ̱^{1} mə^{2} thju̱^{1} lew^{2} mjɨ̱^{2} dźju^{1}
略 说 由 二 种 缘 所 境 了
[illegible] [illegible] [illegible] [illegible] [illegible]， [illegible]、 [illegible] [illegible] [illegible]
se̱w^{2} nioow^{1} bju^{1} lej^{2} ljɨ^{1} lew^{1} ·u^{2} zow^{2} lhjịj
别 由 依 转 故， 一、 内 执 受
略说此识由了别二种所缘境故转，一、由了别内执受

17.274 [illegible] [illegible] [illegible] [illegible]； [illegible]、 [illegible] [illegible] [illegible] [illegible]
dźju^{1} se̱w^{2} nioow^{1} ljɨ^{1} njɨ̱^{1} djɨr^{2} phjo^{2} kar^{2} mjij^{1}
了 别 由 故； 二、 外 分 别 无
[illegible] [illegible] [illegible] [illegible] [illegible] [illegible]。 [illegible] [illegible] [illegible]
·jij^{1} gju^{2} dźju^{1} se̱w^{2} nioow^{1} ljɨ^{1} ·u^{2} zow^{2} lhjịj
相 器 了 别 由 故。 内 执 受
故；二、由了别外无分别相器故。了别内执受

17.275 [illegible] [illegible] [illegible] [illegible]， [illegible] [illegible] [illegible] [illegible] [illegible]
dźju^{1} se̱w^{2} ·jɨ^{2} tja^{1} njɨ^{2} dza^{2} zow^{2} lew^{2} ·jij^{1}
了 别 谓 者， 遍 计 执 所 自
[illegible] [illegible] [illegible] [illegible] [illegible] [illegible] [illegible] [illegible] [illegible]
tsji̱r^{2} lạ^{1} zow^{2} sjwɨ^{1} mẹ^{2} nioow^{1} rjur^{1} tsə̣^{1} tśhji^{2}
性 妄 执 习 气 及 诸 色 根
者，谓了别遍计所执自性，妄执习气及诸色根

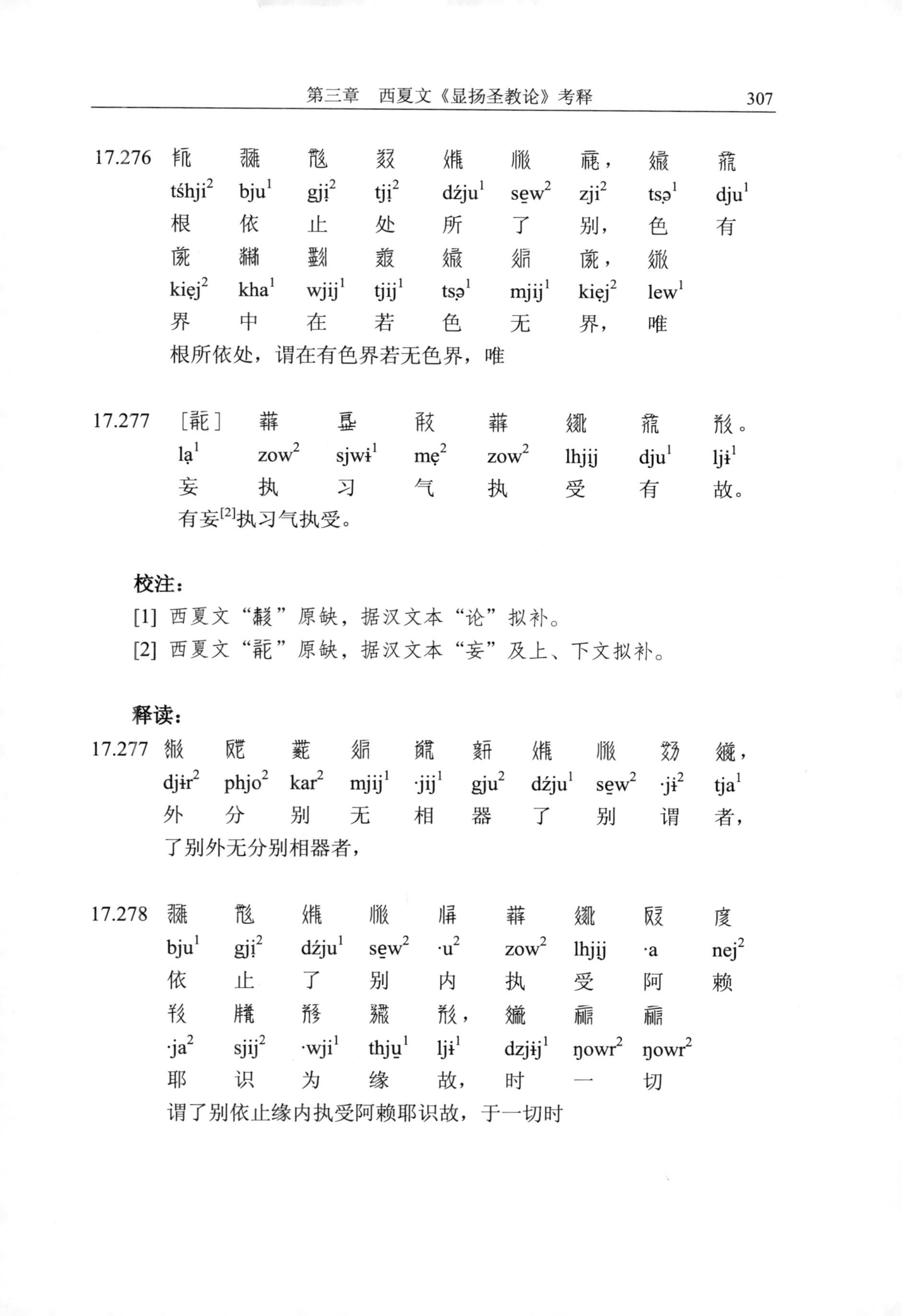

17.276

tśhji²	bju¹	gjị²	tjị²	dźju¹	sew̱²	zji²,	tsə̣¹	dju¹
根	依	止	处	所	了	别，	色	有
kiẹj²	kha¹	wjij¹	tjij¹	tsə̣¹	mjij¹	kiẹj²,	lew¹	
界	中	在	若	色	无	界，	唯	

根所依处，谓在有色界若无色界，唯

17.277

lạ¹	zow²	sjwɨ¹	mẹ²	zow²	lhjịj	dju¹	ljɨ¹。
妄	执	习	气	执	受	有	故。

有妄[2]执习气执受。

校注：

[1] 西夏文“[illegible]”原缺，据汉文本“论”拟补。

[2] 西夏文“[illegible]”原缺，据汉文本“妄”及上、下文拟补。

释读：

17.277

djɨr²	phjo²	kar²	mjij¹	·jij¹	gju²	dźju¹	sew̱²	·jɨ²	tja¹,
外	分	别	无	相	器	了	别	谓	者，

了别外无分别相器者，

17.278

bju¹	gjị²	dźju¹	sew̱²	·u²	zow²	lhjịj	·a	nej²
依	止	了	别	内	执	受	阿	赖
·ja²	sjij²	·wji¹	thju̱¹	ljɨ¹,	dzjɨj¹	ŋowr²	ŋowr²	
耶	识	为	缘	故，	时	一	切	

谓了别依止缘内执受阿赖耶识故，于一切时

17.279 [illegible]（Tangut line，标点：第5字后“，”，第9字后“，”）

kha[1] gju[2] rjur[1] kięj[2] ·jij[1] ljwu[1] bja[2] mji[1] dju[1]

中 器 世 界 相， 间 断 无 有，

[illegible]（Tangut line，标点：第5字后“，”）

dzjọ[1] tjij[1] ljo̱r[1] śjwo[1] zjij[1] ·u[2] tjij[1] djọ[2]

如 灯 焰 生 时， 内 炷 执

无有间断，器世界相，譬如灯焰生时，内执炷

17.280 [illegible]（Tangut line，标点：第1字后“、”，第6字后“。”）

njọ[1] ku[1] djɨr[2] bji[1] pjɨr[1] to[2] thjɨ[2] sju[2] ·a

腻、 则 外 光 明 发。 是 如 阿

[illegible]（Tangut line，标点：第3字后“，”，第8字后“、”）

nej[2] ·ja[2] sjij[2] ·u[2] zow[2] lhjij mjɨ̱[2] thju̱[1]

赖 耶 识， 内 执 受 境 缘、

腻、外发光明。如是阿赖耶识，内缘执受境、

17.281 [illegible]（Tangut line，标点：第6字后“，”）

djɨr[2] gju[2] rjur[1] kięj[2] mjɨ̱[2] thju̱[1] śjwo[1] śjij[1] ·wo[2]

外 器 世 界 境 缘， 生 起 道

[illegible]（Tangut line，标点：第7字后“。”）

pjụ[1] thja[1] rjir[2] ·a tjɨ̱j[2] nwə[1] lew[2] nioow[1]

理 彼 与 一 样 知 应。 又

外缘器世界境，生起道理应知亦尔。又

17.282 [illegible]（Tangut line，标点：第7字后“，”）

tsjɨ[1] thjɨ[2] sjij[2] mjɨ̱[2] thju̱[1] zji[2] sjij[1] rjur[1] rjur[1]

亦 此 识 境 缘 微 细， 世 诸

[illegible]（Tangut line，标点：第7字后“。”）

bju[1] dźjwo[1] mjijr[2] nwə[1] tsjij[2] kjɨ[1] mjij[1] nioow[1] tsjɨ[1]

聪 慧 者 知 了 △ 无。 又 即

即此识缘境微细，世诸聪慧者难了知故[1]。又即[2]

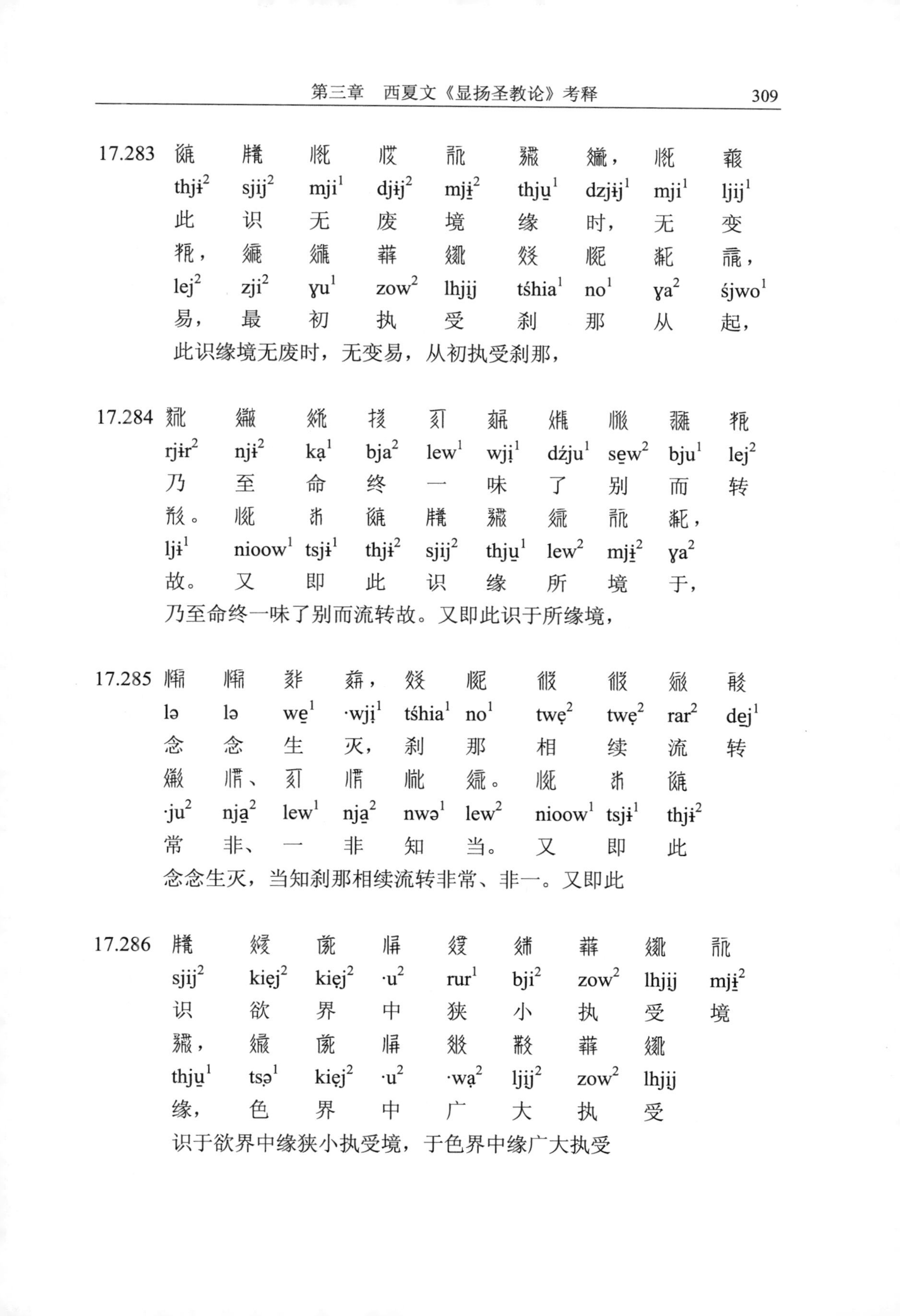

17.283
thjɨ2 sjij2 mji1 djɨj2 mjɨ̱2 thju̱1 dzjɨj1 mji1 ljij1
此 识 无 废 境 缘 时， 无 变
lej2 zji2 ɣu1 zow2 lhjij tśhia1 no1 ɣa2 śjwo1
易， 最 初 执 受 刹 那 从 起，
此识缘境无废时，无变易，从初执受刹那，

17.284
rjɨr2 njɨ2 kạ1 bja2 lew1 wjị1 dźju1 sẹw2 bju1 lej2
乃 至 命 终 一 味 了 别 而 转
ljɨ1 nioow1 tsjɨ1 thjɨ2 sjij2 thju̱1 lew2 mjɨ̱2 ɣa2
故。 又 即 此 识 缘 所 境 于，
乃至命终一味了别而流转故。又即此识于所缘境，

17.285
lə lə wẹ1 ·wjị1 tśhia1 no1 twẹ2 twẹ2 rar2 dẹj1
念 念 生 灭， 刹 那 相 续 流 转
·ju2 nja̱2 lew1 nja̱2 nwə1 lew2 nioow1 tsjɨ1 thjɨ2
常 非、 一 非 知 当。 又 即 此
念念生灭，当知刹那相续流转非常、非一。又即此

17.286
sjij2 kięj2 kięj2 ·u2 rur1 bji2 zow2 lhjij mjɨ̱2
识 欲 界 中 狭 小 执 受 境
thju̱1 tsə̣1 kięj2 ·u2 ·wạ2 ljij2 zow2 lhjij
缘， 色 界 中 广 大 执 受
识于欲界中缘狭小执受境，于色界中缘广大执受

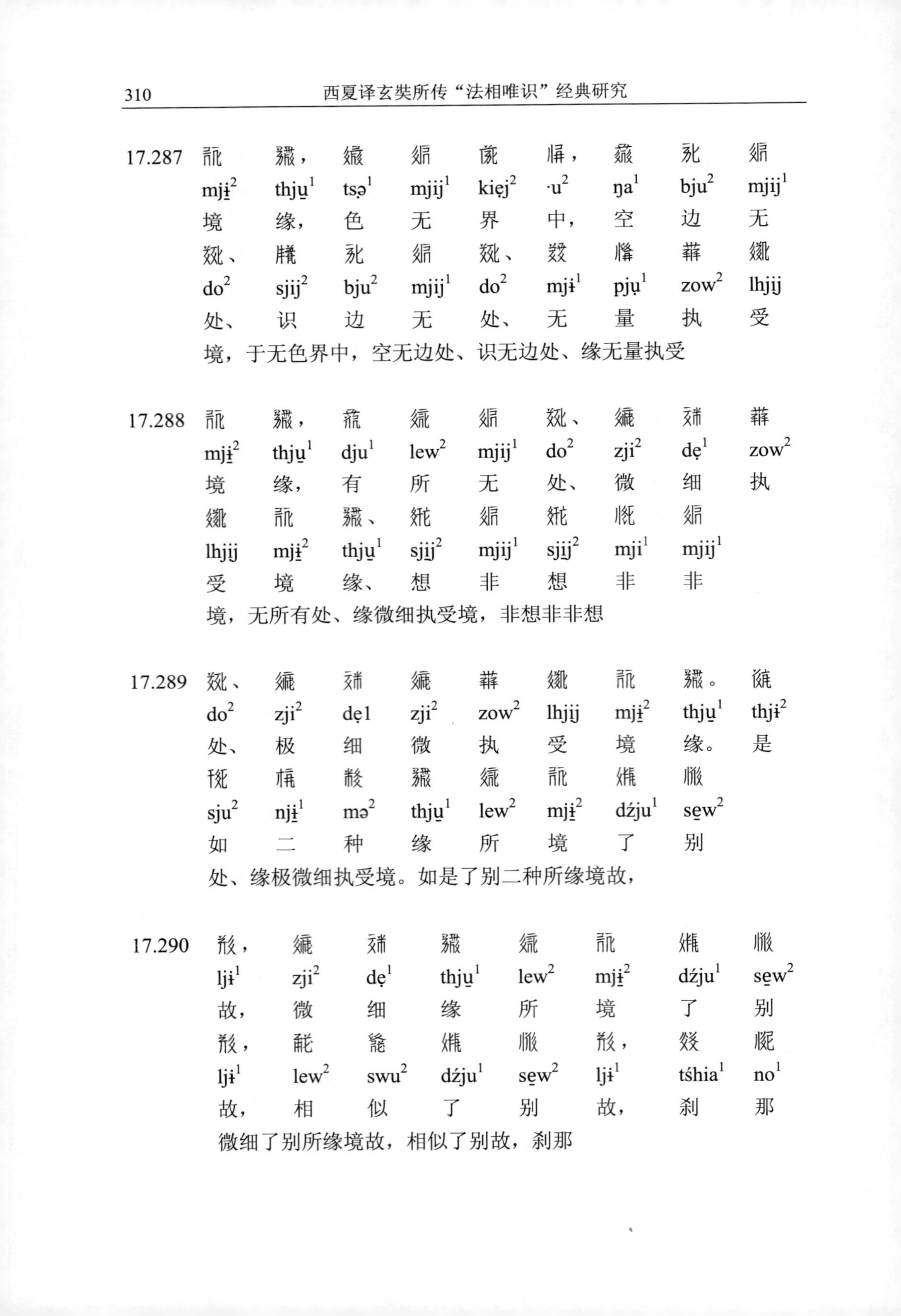

17.287 [illegible]

mjɨ̠^{2} thju̱^{1} tsə̣^{1} mjij^{1} kięj^{2} ·u^{2} ŋa^{1} bju^{2} mjij^{1}

境 缘， 色 无 界 中， 空 边 无

[illegible]

do^{2} sjij^{2} bju^{2} mjij^{1} do^{2} mjɨ^{1} pjụ^{1} zow^{2} lhjij

处、 识 边 无 处、 无 量 执 受

境，于无色界中，空无边处、识无边处、缘无量执受

17.288 [illegible]

mjɨ̠^{2} thju̱^{1} dju^{1} lew^{2} mjij^{1} do^{2} zji^{2} dẹ^{1} zow^{2}

境 缘， 有 所 无 处、 微 细 执

[illegible]

lhjij mjɨ̠^{2} thju̱^{1} sjij^{2} mjij^{1} sjij^{2} mji^{1} mjij^{1}

受 境 缘、 想 非 想 非 非

境，无所有处、缘微细执受境，非想非非想

17.289 [illegible]

do^{2} zji^{2} dẹ1 zji^{2} zow^{2} lhjij mjɨ̠^{2} thju̱^{1} thjɨ^{2}

处、 极 细 微 执 受 境 缘。 是

[illegible]

sju^{2} njɨ̠^{1} mə^{2} thju̱^{1} lew^{2} mjɨ̠^{2} dźju^{1} se̱w^{2}

如 二 种 缘 所 境 了 别

处、缘极微细执受境。如是了别二种所缘境故，

17.290 [illegible]

ljɨ^{1} zji^{2} dẹ^{1} thju̱^{1} lew^{2} mjɨ̠^{2} dźju^{1} se̱w^{2}

故， 微 细 缘 所 境 了 别

[illegible]

ljɨ^{1} lew^{2} swu^{2} dźju^{1} se̱w^{2} ljɨ^{1} tśhia^{1} no^{1}

故， 相 似 了 别 故， 刹 那

微细了别所缘境故，相似了别故，刹那

17.291

[Tangut]	[Tangut]	[Tangut]，	[Tangut]	[Tangut]	[Tangut]	[Tangut]	[Tangut]	[Tangut]
dźju^{1}	se̱w^{2}	ljɨ^{1}	rur^{1}	bji^{2}	zow^{2}	lhjij	thju̱^{1}	lew^{2}
了	别	故，	狭	小	执	受	缘	所
[Tangut]	[Tangut]	[Tangut]	[Tangut]，	[Tangut]	[Tangut]	[Tangut]	[Tangut]	
mjɨ̠^{2}	dźju^{1}	se̱w^{2}	ljɨ^{1}	·wạ^{2}	ljij^{2}	zow^{2}	lhjij	
境	了	别	故，	广	大	执	受	

了别故，了别狭小执受所缘境故，了别广大执受

17.292

[Tangut]	[Tangut]	[Tangut]	[Tangut]	[Tangut]	[Tangut]，	[Tangut]	[Tangut]	[Tangut]
thju̱^{1}	lew^{2}	mjɨ̠^{2}	dźju^{1}	se̱w^{2}	ljɨ^{1}	mjɨ^{1}	pjụ^{1}	zow^{2}
缘	所	境	了	别	故，	无	量	执
[Tangut]	[Tangut]	[Tangut]	[Tangut]	[Tangut]	[Tangut]	[Tangut]，	[Tangut]	[Tangut]
lhjij	thju̱^{1}	lew^{2}	mjɨ̠^{2}	dźju^{1}	se̱w^{2}	ljɨ^{1}	zji^{2}	dẹ^{1}
受	缘	所	境	了	别	故，	微	细

所缘境故，了别无量执受所缘境故，了别微细

17.293

[Tangut]	[Tangut]	[Tangut]	[Tangut]	[Tangut]	[Tangut]	[Tangut]	[Tangut]，	[Tangut]
zow^{2}	lhjij	thju̱^{1}	lew^{2}	mjɨ̠^{2}	dźju^{1}	se̱w^{2}	ljɨ^{1}	zji^{2}
执	受	缘	所	境	了	别	故，	极
[Tangut]	[Tangut]	[Tangut]	[Tangut]	[Tangut]	[Tangut]	[Tangut]	[Tangut]	[Tangut]
zji^{2}	dẹ^{1}	zow^{2}	lhjij	thju̱^{1}	lew^{2}	mjɨ̠^{2}	dźju^{1}	se̱w^{2}
微	细	执	受	缘	所	境	了	别

执受所缘境故，了别极微细执受所缘境故，

17.294

[Tangut]，	[Tangut]	[Tangut]	[Tangut]	[Tangut]	[Tangut]	[Tangut]	[Tangut]
ljɨ^{1}	thja^{1}	bju^{1}	·a	nej^{2}	·ja^{2}	sjij^{2}	thju̱^{1}
故，	彼	依	阿	赖	耶	识	缘
[Tangut]	[Tangut]	[Tangut]	[Tangut]	[Tangut]	[Tangut]	[Tangut]。	
lew^{2}	mjɨ̠^{2}	·jij^{1}	thu^{1}	phjij^{1}	mjij^{2}	·jɨ^{2}	
所	境	相	建	立	名	谓。	

是名建立阿赖耶识所缘境相。

校注：

[1] 世诸聪慧者难了知故，即西夏文“[illegible]”，汉文本作“世聪慧者难了知故”。

[2] 又即，原作“[illegible]”，据下文“[illegible]”（又即）西夏文“[illegible]”前脱“[illegible]”。

释读：

17.295	[illegible]	[illegible]：	[illegible]	[illegible]	[illegible]	[illegible]	[illegible]	[illegible]	[illegible]	[illegible]
	·jɨr1	dạ2	bju1	śjij1	lej2	·jij1	thu1	phjij1	śjij1	ljɨ̣1
	问	曰：	随	顺	转	相	建	立	△	何
	[illegible]	[illegible]？	[illegible]	[illegible]：	[illegible]	[illegible]	[illegible]	[illegible]	[illegible]	
	kjɨ1	ŋwu2	hụ2	dạ2	thjɨ2	·a	nej2	·ja2	sjij2	
	△	是？	答	曰：	此	阿	赖	耶	识	

问：相应转相建立云何？答：此阿赖耶识

17.296	[illegible]	[illegible]	[illegible]	[illegible]	[illegible]	[illegible]	[illegible]	[illegible]	[illegible]
	·ju2	njɨ2	dźjij1	ŋwə1	mə2	njij1	·jij1	tsji̱r1	rjir2
	恒	遍	行	五	种	心	之	法	与
	[illegible]	[illegible]	[illegible]，	[illegible]	[illegible]	[illegible]	[illegible]、	[illegible]、	
	bju1	śjij1	ljɨ1	thjɨ2	tja1	phji1	·wji1	tsjụ1	
	随	顺	故，	此	者	意	作、	触、	

恒与遍行五种心法相应，所谓作意[1]、触[2]、

17.297	[illegible]、	[illegible]、	[illegible]	[illegible]。	[illegible]	[illegible]	[illegible]	[illegible]	[illegible]
	lhji̱j	sji̱j2	sjwɨ1	ŋwu2	thjɨ2	sju2	ŋwə1	tsji̱r1	tsjɨ1
	受、	想、	思	是。	是	如	五	法	亦
	[illegible]	[illegible]	[illegible]	[illegible]，	[illegible]	[illegible]	[illegible]	[illegible]	
	do2	we1	kha1	ɣjiw1	zji2	kha1	zji2	dẹ1	
	异	熟	中	摄，	最	中	极	细	

受[3]、想[4]、思[5]。如是五法亦异熟摄，最极微细，

17.298	[illegible],	[illegible]	[illegible]	[illegible]	[illegible]	[illegible]	[illegible]	[illegible]	[illegible]
	ŋwu^2	rjur^1	bju^1	dźjwo^1	mjijr^2	tsjɨ^1	nwə^1	tsjij^2	gie^1
	是，	世	聪	慧	者	亦	知	了	难
	[illegible]。	[illegible]	[illegible]	[illegible]	[illegible]，	[illegible]	[illegible]	[illegible]，	
	ljɨ^1	thjɨ^2	sju^2	njij^1	tsji̱r^1	·ju^2	·a	djij^1	
	故。	是	如	心	法，	常	一	类，	

世聪慧者亦难了故。如是心法，亦常一类，

17.299	[illegible]	[illegible]	[illegible]	[illegible]	[illegible]。	[illegible]	[illegible]	[illegible]	[illegible]
	mjɨ̱^{2}	thju̱^{1}	bju^1	lej^2	ljɨ^1	nioow^1	tsjɨ^1	thjɨ^2	sjij^2
	境	缘	而	转	故。	又	即	此	识
	[illegible]	[illegible]	[illegible]，	[illegible]	[illegible]	[illegible]	[illegible]	[illegible]	
	rjir^2	bju^1	śjij^1	lhjij	·a	śjij^1	mji^1	tśjị^1	
	与	随	顺，	受	一	向	不	苦	

缘境而转。又即此识相应，受一向不苦

17.300	[illegible]	[illegible]	[illegible]	[illegible]	[illegible]	[illegible]	[illegible]，	[illegible]	[illegible]
	mji^1	rejr^2	la^1	mjij^1	tsji̱r^2	kha^1	ɣjiw^1	dzjij^2	njij^1
	不	乐	记	无	性	中	摄，	余	心
	[illegible]	[illegible]	[illegible]	[illegible]	[illegible]	[illegible]	[illegible]	[illegible]	[illegible]
	·jij^1	tsji̱r^1	thjɨ^2	·jij^1	tsjɨ^1	thja^1	rjir^2	·a	tjɨj^2
	所	法	此	相	亦	彼	与	一	样

不乐无记性摄，当知余心所法行相亦尔。

17.301	[illegible]	[illegible]。	[illegible]	[illegible]	[illegible]	[illegible]	[illegible]	[illegible]	[illegible]
	nwə^1	lew^2	thjɨ^2	sju^2	njɨ^2	dźjij^1	njij^1	tsji̱r^1	bju^1
	知	当。	是	如	遍	行	心	法	随
	[illegible]	[illegible]，	[illegible]	[illegible]	[illegible]	[illegible]	[illegible]	[illegible]	[illegible]，
	śjij^1	ljɨ^1	·a	djij^1	do^2	we^1	bju^1	śjij^1	ljɨ^1
	顺	故，	一	类	异	熟	随	顺	故，

如是遍行心法相应故，一类异熟相应故，

17.302	[illegible]	[illegible]	[illegible]	[illegible]	[illegible]	[illegible]	[illegible]，	[illegible]	[illegible]
	zji^2	kha^1	zji^2	dẹ^1	bju^1	śjij^1	ljɨ^1	tśjo	·ju^2
	最	极	微	细	随	顺	故，	恒	常
	[illegible]	[illegible]	[illegible]	[illegible]	[illegible]	[illegible]	[illegible]	[illegible]	
	·a	dji̱j^1	mjɨ̱^{2}	thju̱^{1}	rjir^2	bju^1	śjij^1	gu^1	
	一	类	境	缘	与	相	应	起	

最极微细相应故，恒常一类缘境而起相应故，

17.303	[illegible]	[illegible]，	[illegible]	[illegible]	[illegible]	[illegible]	[illegible]	[illegible]	[illegible]
	śjwo^1	ljɨ^1	mji^1	tśjị^1	mji^1	rejr^2	rjir^2	bju^1	śjij^1
	生	故，	不	苦	不	乐	与	随	顺
	[illegible]，	[illegible]	[illegible]	[illegible]	[illegible]	[illegible]	[illegible]	[illegible]	[illegible]，
	ljɨ^1	·a	śjij^1	la^1	mjij^1	rjir^2	bju^1	śjij^1	ljɨ^1
	故，	一	向	记	无	与	随	顺	故，

不苦不乐相应故，一向无记相应故，

17.304	[illegible]	[illegible]	[illegible]	[illegible]	[illegible]	[illegible]	[illegible]
	thjɨ^2	tja^1	·a	nej^2	·ja^2	sjij^2	bju^1
	此	者	阿	赖	耶	识	随
	[illegible]	[illegible]	[illegible]	[illegible]	[illegible]	[illegible]	[illegible]。
	śjij^1	lej^2	·jij^1	thu^1	phjij^1	mji̱j^2	·jɨ^2
	顺	转	相	建	立	名	谓。

是名建立阿赖耶识相应转相。

校注：

[1] 作意，即西夏文“[illegible]”，心所名。相应于一切之心而起者，具使心惊觉而趣所缘之境之作用。《俱舍论》四曰：“作意，谓能令心惊觉。”《成唯识论》三曰：“作意，谓能惊心为性，于所缘境引心为业。”①

[2] 触，即西夏文“[illegible]”，梵语 sparśa，音译作“萨婆罗奢”，五境之一，身根所触有坚湿暖动等十一种。

① 丁福保编《佛学大辞典》，文物出版社 1984 年版，第 576 页。

[3] 受，即西夏文“[illegible]”，梵文 Vedānā，领纳所触之境之心所法也。

[4] 想，即西夏文“[illegible]”，心性作用之一。浮事物之相于心上，以为起言语之因者。与一切之心相应而起。《俱舍论》四曰：“想，谓于境取差别相。”《唯识论》三曰：“想，谓于境取像为性，施设种种名言为业，谓要安立境分齐相，方能随起种种名言。”①

[5] 思，即西夏文“[illegible]”，心所法名，俱舍七十五法中十大地法之一。唯识百法中五遍行之一。梵文 cint，以使心造作之作用而名。《俱舍论》四曰：“思谓能令心有造作。”《唯识论》三曰：“思谓令心造作为性，于善品等役心为业。”《大乘义章》二曰：“思愿造作名思。”梵语杂名曰：“思，指底。”②

释读：

17.305

[illegible]	[illegible]：	[illegible]	[illegible]	[illegible]	[illegible]	[illegible]	[illegible]	[illegible]
·jɨr^{1}	dạ^{2}	dźjwɨ^{1}	·jiw^{1}	we^{2}	·jij^{1}	thu^{1}	phjij^{1}	śjij^{1}
问	曰：	互	因	为	相	建	立	△
[illegible]	[illegible]	[illegible]？	[illegible]	[illegible]：	[illegible]	[illegible]	[illegible]	[illegible]
ljɨ̣^{1}	kjɨ^{1}	ŋwu^{2}	hụ^{2}	dạ^{2}	·a	nej^{2}	·ja^{2}	sjij^{2}
何	△	是？	答	曰：	阿	赖	耶	识

问：互为因相建立云何？答：阿赖耶识

17.306

[illegible]	[illegible]	[illegible]	[illegible]	[illegible]	[illegible]	[illegible]	[illegible]，
thja^{1}	lej^{2}	sjij^{2}	rjir^{2}	njɨ̱^{1}	mə^{2}	·jiw^{1}	we^{2}
彼	转	识	与	二	种	因	为，
[illegible]、	[illegible]	[illegible]	[illegible]	[illegible]	[illegible]；	[illegible]、	[illegible]
lew^{1}	sjwɨ^{1}	ljwi^{1}	śjwo^{1}	·jiw^{1}	we^{2}	njɨ̱^{1}	bju^{1}
一、	种	子	生	因	为；	二、	依

与彼转识为二种因，一、为种子生因；二、为所

① 丁福保编《佛学大辞典》，文物出版社 1984 年版，第 1211 页。

② 丁福保编《佛学大辞典》，文物出版社 1984 年版，第 489 页。

17.307	□	□	□。	□	□	□	□，	□
	gji̠^{2}	·jiw^{1}	we^{2}	sjwɨ^{1}	ljwi^{1}	·jiw^{1}	we^{2}	thjɨ^{2}
	止	因	为。	种	子	因	为，	此
	□	□	□	□	□	□	□	
	tja^{1}	thja^{1}	rjur^{1}	ne̠w^{2}	mji^{1}	ne̠w^{2}	la^{1}	
	者	彼	诸	善	不	善	记	

依止因。种子生因者，谓诸善不善

17.308	□	□	□	□	□，	□	□	□	□
	mjij^{1}	lej^{2}	sjij^{2}	śjwo^{1}	zjij^{1}	ŋowr^{2}	ŋowr^{2}	zji^{2}	·a
	无	转	识	生	时，	一	切	皆	阿
	□	□	□	□	□	□	□	□。	□
	nej^{2}	·ja^{2}	sjij^{2}	sjwɨ^{1}	ljwi^{1}	bju^{1}	śjwo^{1}	ljɨ^{1}	bju^{1}
	赖	耶	识	种	子	而	生	故。	依

无记转识生时[1]，一切皆因阿赖耶识种子而生。

17.309	□	□	□	□	□，	□	□	□	□
	śjwo^{1}	ljɨ^{1}	bju^{1}	gji̠^{2}	·jiw^{1}	thjɨ^{2}	tja^{1}	·a	nej^{2}
	生	故	依	止	因，	此	者	阿	赖
	□	□	□	□	□	□	□	□	□
	·ja^{2}	sjij^{2}	zow^{2}	lew^{2}	tsə̣^{1}	·jij^{1}	bju^{1}	tji̠^{2}	we^{2}
	耶	识	执	所	色	相	依	止	为

所依止因者[2]，谓由阿赖耶识所执色相[3]为依止故，

17.310	□，	□	□	□	□	□	□	□	□
	ku^{1}	ŋwə^{1}	sjij^{2}	lju̠^{2}	lej^{2}	zow^{2}	lhjij	mjij^{1}	nja̠^{2}
	故，	五	识	身	转	执	受	无	非
	□。	□	□	□	□	□，	□	□	
	ljɨ^{1}	nioow^{1}	thjɨ^{2}	sjij^{2}	dju^{1}	ku^{1}	phji^{1}	tśhji^{2}	
	故。	又	此	识	有	故，	意	根	

五识身转非无执受。又由有此识故，

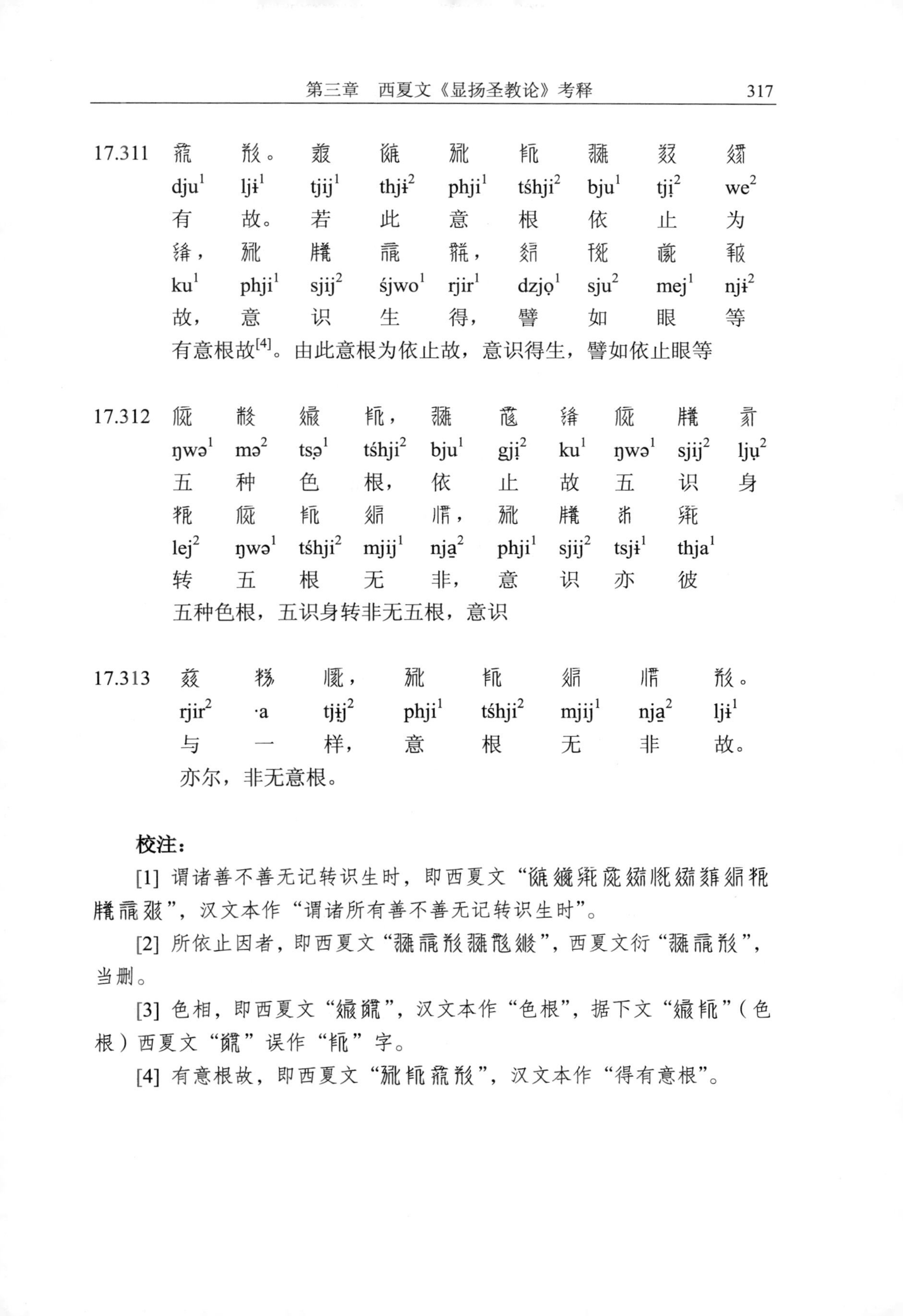

17.311

□	□。	□	□	□	□	□	□	□
dju^{1}	ljɨ^{1}	tjij^{1}	thjɨ^{2}	phji^{1}	tśhji^{2}	bju^{1}	tjị^{2}	we^{2}
有	故。	若	此	意	根	依	止	为
□，	□	□	□	□，	□	□	□	□
ku^{1}	phji^{1}	sjij^{2}	śjwo^{1}	rjir^{1}	dzjọ^{1}	sju^{2}	mej^{1}	njɨ^{2}
故，	意	识	生	得，	譬	如	眼	等

有意根故[4]。由此意根为依止故，意识得生，譬如依止眼等

17.312

□	□	□	□，	□	□	□	□	□	□
ŋwə^{1}	mə^{2}	tsə̣^{1}	tśhji^{2}	bju^{1}	gjị^{2}	ku^{1}	ŋwə^{1}	sjij^{2}	ljụ^{2}
五	种	色	根，	依	止	故	五	识	身
□	□	□	□	□，	□	□	□	□	
lej^{2}	ŋwə^{1}	tśhji^{2}	mjij^{1}	nja̱^{2}	phji^{1}	sjij^{2}	tsjɨ^{1}	thja^{1}	
转	五	根	无	非，	意	识	亦	彼	

五种色根，五识身转非无五根，意识

17.313

□	□	□，	□	□	□	□	□。
rjir^{2}	·a	tjɨ̣j^{2}	phji^{1}	tśhji^{2}	mjij^{1}	nja̱^{2}	ljɨ^{1}
与	一	样，	意	根	无	非	故。

亦尔，非无意根。

校注：

[1] 谓诸善不善无记转识生时，即西夏文“□□□□□□□□□□□□□”，汉文本作“谓诸所有善不善无记转识生时”。

[2] 所依止因者，即西夏文“□□□□□□”，西夏文衍“□□□”，当删。

[3] 色相，即西夏文“□□”，汉文本作“色根”，据下文“□□”（色根）西夏文“□”误作“□”字。

[4] 有意根故，即西夏文“□□□□”，汉文本作“得有意根”。

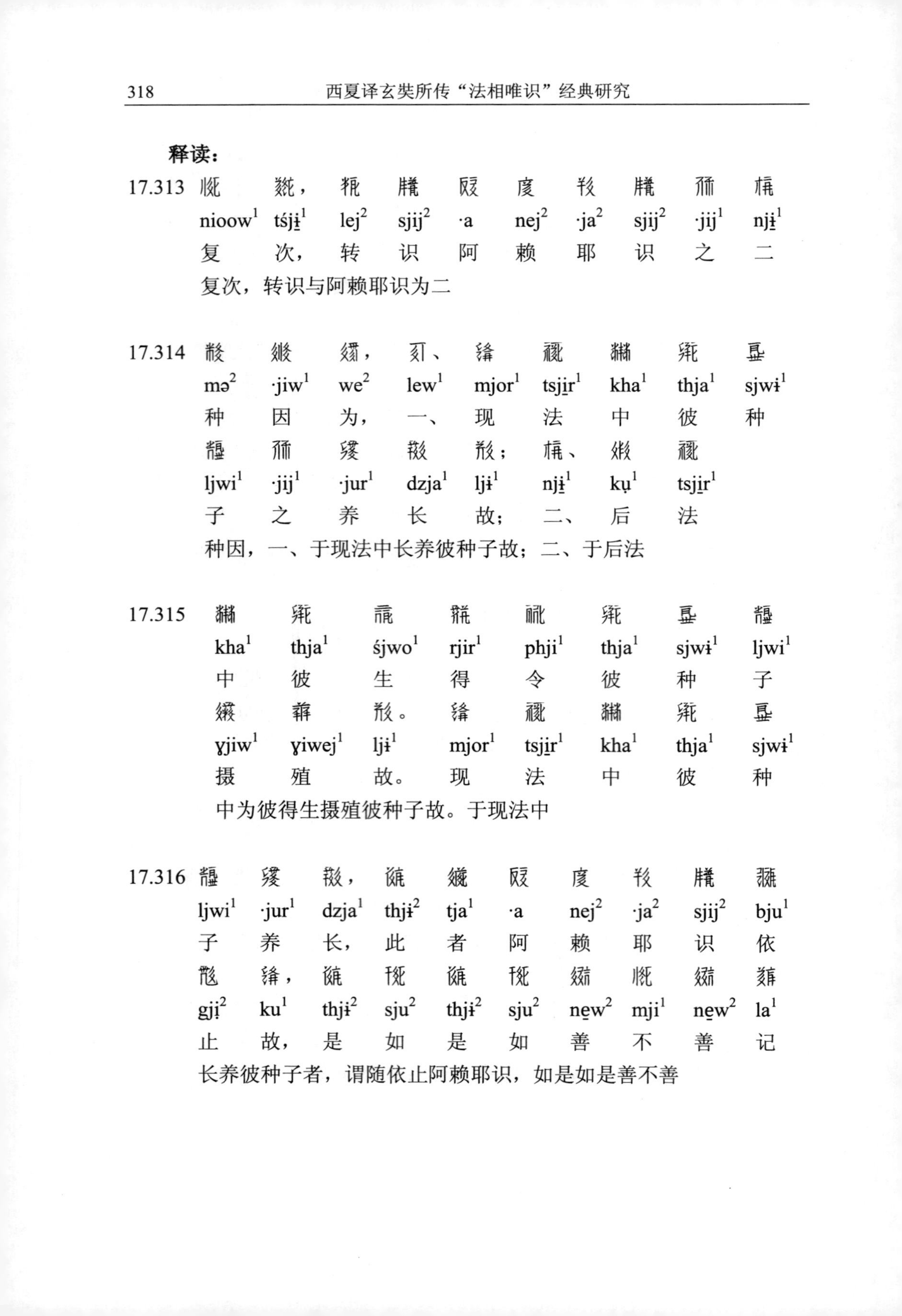

释读：

17.313 [illegible]

nioow^{1} tśjɨ̱^{1} lej^{2} sjij^{2} ·a nej^{2} ·ja^{2} sjij^{2} ·jij^{1} njɨ̱^{1}

复 次， 转 识 阿 赖 耶 识 之 二

复次，转识与阿赖耶识为二

17.314 [illegible]

mə^{2} ·jiw^{1} we^{2} lew^{1} mjor^{1} tsji̱r^{1} kha^{1} thja^{1} sjwɨ^{1}

种 因 为， 一、 现 法 中 彼 种

[illegible]

ljwi^{1} ·jij^{1} ·jur^{1} dzja^{1} ljɨ^{1} njɨ̱^{1} kụ^{1} tsji̱r^{1}

子 之 养 长 故； 二、 后 法

种因，一、于现法中长养彼种子故；二、于后法

17.315 [illegible]

kha^{1} thja^{1} śjwo^{1} rjir^{1} phji^{1} thja^{1} sjwɨ^{1} ljwi^{1}

中 彼 生 得 令 彼 种 子

[illegible]

ɣjiw^{1} ɣiwej^{1} ljɨ^{1} mjor^{1} tsji̱r^{1} kha^{1} thja^{1} sjwɨ^{1}

摄 殖 故。 现 法 中 彼 种

中为彼得生摄殖彼种子故。于现法中

17.316 [illegible]

ljwi^{1} ·jur^{1} dzja^{1} thjɨ^{2} tja^{1} ·a nej^{2} ·ja^{2} sjij^{2} bju^{1}

子 养 长， 此 者 阿 赖 耶 识 依

[illegible]

gjị^{2} ku^{1} thjɨ^{2} sju^{2} thjɨ^{2} sju^{2} ne̱w^{2} mji^{1} ne̱w^{2} la^{1}

止 故， 是 如 是 如 善 不 善 记

长养彼种子者，谓随依止阿赖耶识，如是如是善不善

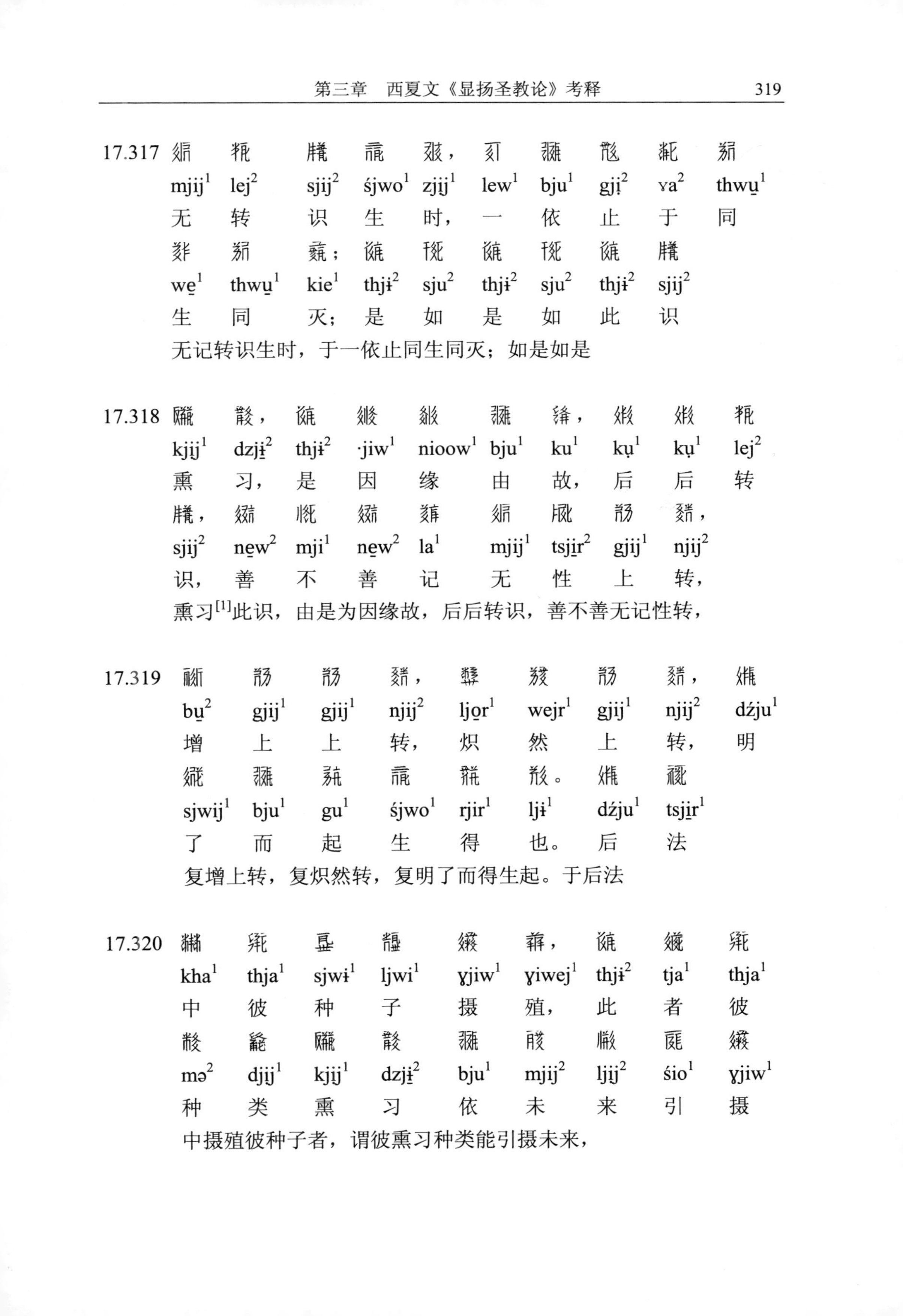

17.317 mjij^1 lej^2 sjij^2 śjwo^1 zjij^1 lew^1 bju^1 gji̱^{2} ɣa^2 thwu̱^{1}

无 转 识 生 时，一 依 止 于 同

we̱^{1} thwu̱^{1} kie^1 thjɨ^2 sju^2 thjɨ^2 sju^2 thjɨ^2 sjij^2

生 同 灭；是 如 是 如 此 识

无记转识生时，于一依止同生同灭；如是如是

17.318 kjij^1 dzjɨ̱^{2} thjɨ^2 ·jiw^1 nioow^1 bju^1 ku^1 kụ^1 kụ^1 lej^2

熏 习，是 因 缘 由 故，后 后 转

sjij^2 ne̱w^2 mji^1 ne̱w^2 la^1 mjij^1 tsji̱r^2 gjij^1 njij^2

识，善 不 善 记 无 性 上 转，

熏习[1]此识，由是为因缘故，后后转识，善不善无记性转，

17.319 bu̱^{2} gjij^1 gjij^1 njij^2 ljo̱r^1 wejr^1 gjij^1 njij^2 dźju^1

增 上 上 转，炽 然 上 转，明

sjwij^1 bju^1 gu^1 śjwo^1 rjir^1 ljɨ^1 dźju^1 tsji̱r^1

了 而 起 生 得 也。后 法

复增上转，复炽然转，复明了而得生起。于后法

17.320 kha^1 thja^1 sjwɨ^1 ljwi^1 ɣjiw^1 ɣiwej^1 thjɨ^2 tja^1 thja^1

中 彼 种 子 摄 殖，此 者 彼

mə^2 djij^1 kjij^1 dzjɨ̱^{2} bju^1 mjij^2 ljij^2 śio^1 ɣjiw^1

种 类 熏 习 依 未 来 引 摄

中摄殖彼种子者，谓彼熏习种类能引摄未来，

17.321

[illegible]	[illegible]，	[illegible]	[illegible]	[illegible]	[illegible]	[illegible]	[illegible]	[illegible]
njwi²	tja¹	thjɨ²	do²	we¹	·a	nej²	·ja²	sjij²
能	者，	此	异	熟	阿	赖	耶	识
[illegible]。	[illegible]	[illegible]	[illegible]	[illegible]	[illegible]	[illegible]	[illegible]，	[illegible]
ŋwu²	thjɨ²	sju²	sjwɨ¹	ljwi¹	·jiw¹	ŋwu²	ljɨ¹	bju¹
是。	是	如	种	子	因	为	故，	依

即此异熟阿赖耶识。如是种子因故，依

17.322

[illegible]	[illegible]	[illegible]	[illegible]，	[illegible]	[illegible]	[illegible]	[illegible]
gjị²	·jiw¹	ŋwu²	ljɨ¹	sjwɨ¹	ljwi¹	·jur¹	dzja¹
止	因	为	故，	种	子	养	长
[illegible]，	[illegible]	[illegible]	[illegible]	[illegible]	[illegible]，	[illegible]	[illegible]
ljɨ¹	sjwɨ¹	ljwi¹	ɣjiw¹	ɣiwej¹	ljɨ¹	thjɨ²	tja¹
故，	种	子	摄	殖	故，	此	者

止因故，长养种子故，摄殖种子故，是

17.323

[illegible]	[illegible]	[illegible]	[illegible]	[illegible]	[illegible]	[illegible]	[illegible]
·a	nej²	·ja²	lej²	sjij²	·jij¹	dźjwɨ¹	·jiw¹
阿	赖	耶	转	识	之	互	因
[illegible]	[illegible]	[illegible]	[illegible]	[illegible]	[illegible]	[illegible]。	
·jij¹	we²	thu¹	phjij¹	śjij¹	mjij²	·jɨ²	
相	为	建	立	△	名	谓。	

名建立阿赖耶识转识互为因相。

校注：

[1] 熏习，即西夏文“[illegible][illegible]”，同“薰习”，指身、口所现之善恶行法或意所现之善恶思想起时，其气氛留于真如或阿赖耶识。如香之于衣也。其身、口、意所现者，谓之现行法。气氛留于真如或阿赖耶识者，谓之种子或习气。因而，现行法于真如或阿赖耶识留其种子或习气之作用，谓之薰习。

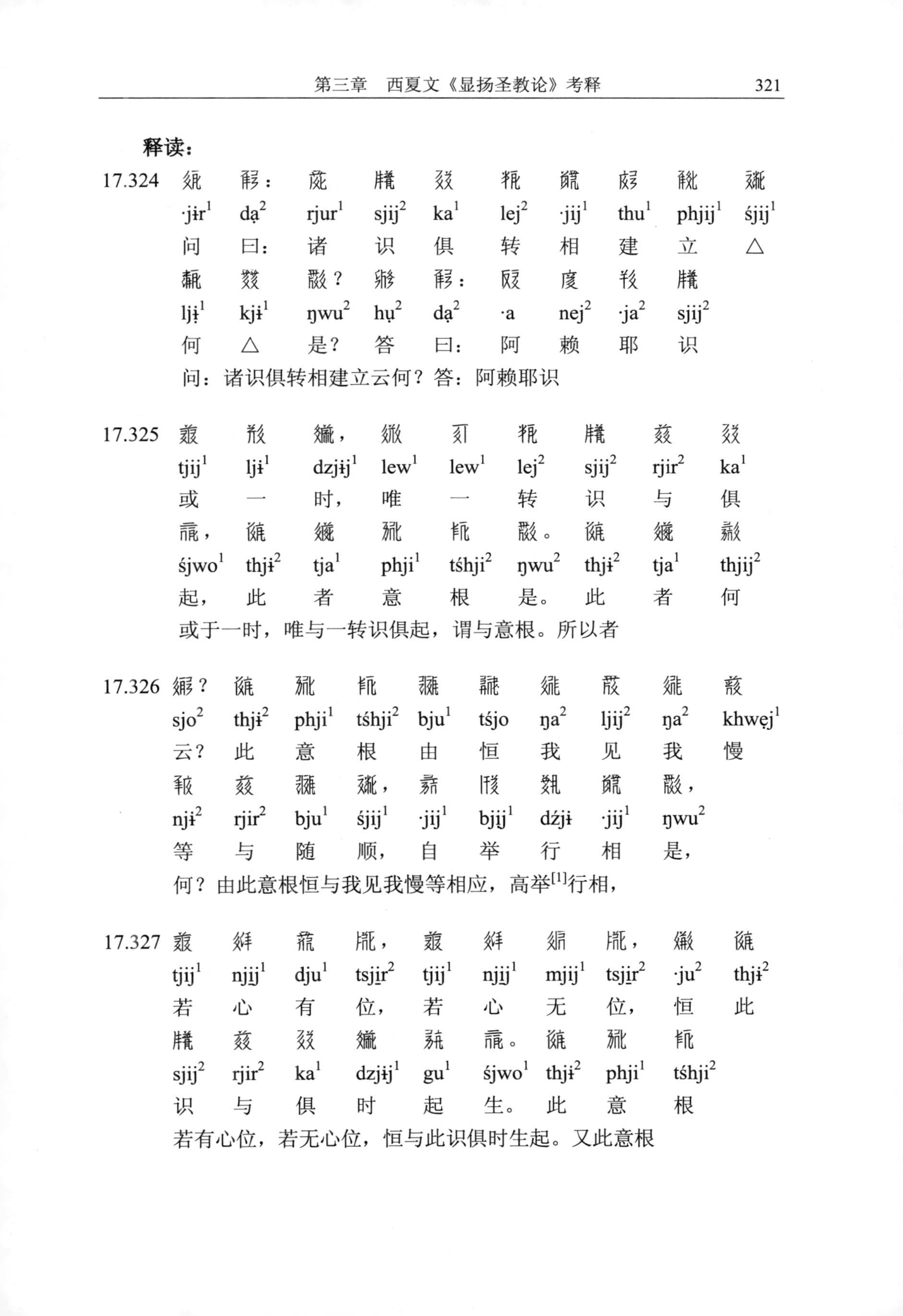

释读：

17.324 □ □： □ □ □ □ □ □ □ □

·jɨr^{1} dạ^{2} rjur^{1} sjij^{2} ka^{1} lej^{2} ·jij^{1} thu^{1} phjij^{1} śjij^{1}

问 曰： 诸 识 俱 转 相 建 立 △

□ □ □？ □ □： □ □ □ □

ljɨ̣^{1} kjɨ^{1} ŋwu^{2} hụ^{2} dạ^{2} ·a nej^{2} ·ja^{2} sjij^{2}

何 △ 是？ 答 曰： 阿 赖 耶 识

问：诸识俱转相建立云何？答：阿赖耶识

17.325 □ □ □， □ □ □ □ □ □

tjij^{1} ljɨ^{1} dzjɨj^{1} lew^{1} lew^{1} lej^{2} sjij^{2} rjir^{2} ka^{1}

或 一 时， 唯 一 转 识 与 俱

□， □ □ □ □ □。 □ □ □

śjwo^{1} thjɨ^{2} tja^{1} phji^{1} tśhji^{2} ŋwu^{2} thjɨ^{2} tja^{1} thjij^{2}

起， 此 者 意 根 是。 此 者 何

或于一时，唯与一转识俱起，谓与意根。所以者

17.326 □？ □ □ □ □ □ □ □ □ □

sjo^{2} thjɨ^{2} phji^{1} tśhji^{2} bju^{1} tśjo ŋa^{2} ljij^{2} ŋa^{2} khwẹj^{1}

云？ 此 意 根 由 恒 我 见 我 慢

□ □ □ □， □ □ □ □ □，

njɨ^{2} rjir^{2} bju^{1} śjij^{1} ·jij^{1} bjij^{1} dźjɨ ·jij^{1} ŋwu^{2}

等 与 随 顺， 自 举 行 相 是，

何？由此意根恒与我见我慢等相应，高举[1]行相，

17.327 □ □ □ □， □ □ □ □， □ □

tjij^{1} njij^{1} dju^{1} tsji̠r^{2} tjij^{1} njij^{1} mjij^{1} tsji̠r^{2} ·ju^{2} thjɨ^{2}

若 心 有 位， 若 心 无 位， 恒 此

□ □ □ □ □ □。 □ □ □

sjij^{2} rjir^{2} ka^{1} dzjɨj^{1} gu^{1} śjwo^{1} thjɨ^{2} phji^{1} tśhji^{2}

识 与 俱 时 起 生。 此 意 根

若有心位，若无心位，恒与此识俱时生起。又此意根

17.328 [illegible] [illegible] [illegible] [illegible] [illegible] [illegible] [illegible] [illegible] [illegible]，
·ju² ·a nej² ·ja² sjij² mjɨ̱² kięj² ·jij¹ mej¹
恒 阿 赖 耶 识 境 界 之 缘，
[illegible] [illegible] [illegible] [illegible]， [illegible] [illegible] [illegible] [illegible]
ŋa² zow² nioow¹ khwęj¹ ·jij¹ bjij¹ dźjɨ ·jij¹
执 我 及 慢， 自 举 行 相
恒缘阿赖耶识为其境界，执我及慢，高举行相

17.329 [illegible] [illegible]。 [illegible] [illegible] [illegible] [illegible] [illegible] [illegible]
bju¹ śjwo¹ nioow¹ tsjɨ¹ thjɨ² sjij² ljɨ¹ dzjɨj¹
而 起。 又 即 此 识 一 时
[illegible] [illegible] [illegible] [illegible] [illegible] [illegible]， [illegible] [illegible]
njɨ̱¹ lej² sjij² rjir² ka¹ śjwo¹ thjɨ² tja¹
二 转 识 与 俱 起， 此 者
而起。又即此识于一时与二转识俱起[2]，谓

17.330 [illegible] [illegible] [illegible] [illegible] [illegible] [illegible]； [illegible] [illegible] [illegible]
phji¹ ljɨ¹ nioow¹ phji¹ sjij² ŋwu² ljɨ¹ dzjɨj¹ sọ¹
意 △ 及 意 识 是； 一 时 三
[illegible] [illegible] [illegible] [illegible] [illegible]， [illegible] [illegible] [illegible] [illegible]
lej² sjij² rjir² ka¹ śjwo¹ thjɨ² tja¹ ŋwə¹ sjij²
转 识 与 俱 起， 此 者 五 识
意及意识；于一时与三转识俱起[3]，谓五识

17.331 [illegible] [illegible] [illegible] [illegible] [illegible] [illegible] [illegible] [illegible] [illegible]
ljụ² ·a gjɨ² śjwo¹ zjij¹ śji¹ njɨ̱¹ nioow¹ thjɨ²
身 △ 一 起 时 前 二 及 此
[illegible] [illegible]； [illegible] [illegible] [illegible] [illegible] [illegible] [illegible]
lew¹ ŋwu² ljɨ¹ dzjɨj¹ ljɨ̱r¹ lej² sjij² rjir²
一 是； 一 时 四 转 识 与
身随一起时前二及此一；于一时与四转识

17.332	[illegible]	[illegible]，	[illegible]	[illegible]	[illegible]	[illegible]	[illegible]	[illegible]
	ka^{1}	śjwo^{1}	thjɨ^{2}	tja^{1}	ŋwə^{1}	sjij^{2}	lju̠^{2}	nji̠^{1}
	俱	起，	此	者	五	识	身	二
	[illegible]	[illegible]	[illegible]	[illegible]	[illegible]	[illegible]	[illegible]	[illegible]。
	śjwo^{1}	zjij^{1}	śji^{1}	nji̠^{1}	nioow^{1}	thjɨ^{2}	nji̠^{1}	ŋwu^{2}
	起	时	前	二	及	此	二	是。

俱起[4]，谓五识身随二起时前二及此二。

17.333	[illegible]	[illegible]	[illegible]	[illegible]，	[illegible]	[illegible]	[illegible]	[illegible]	[illegible]
	thjɨ^{2}	sju^{2}	ljɨ^{1}	dzjɨj^{1}	rjɨr^{2}	njɨ^{2}	śja̠^{1}	lej^{2}	sjij^{2}
	是	如	一	时，	乃	至	七	转	识
	[illegible]	[illegible]	[illegible]，	[illegible]	[illegible]	[illegible]	[illegible]	[illegible]	
	rjir^{2}	ka^{1}	śjwo^{1}	thjɨ^{2}	tja^{1}	ŋwə^{1}	sjij^{2}	lju̠^{2}	
	与	俱	起，	此	者	五	识	身	

如是于一时间，乃至与七转识俱起[5]，谓五识身

17.334	[illegible]	[illegible]	[illegible]	[illegible]	[illegible]	[illegible]	[illegible]	[illegible]	[illegible]	[illegible]。
	dzow^{1}	ŋwej^{2}	śjwo^{1}	zjij^{1}	śji^{1}	nji̠^{1}	nioow^{1}	thjɨ^{2}	ŋwə^{1}	ŋwu^{2}
	和	合	起	时	前	二	及	此	五	是。

和合起时前二及此五。

校注：

[1] 高举，西夏文译作“[illegible]”，他处又与汉文本“贡高”对译，如《大宝积经》卷一“三律仪会”第一之一“若有贡高，则有言说”，西夏文译作“[illegible]，[illegible]”。

[2] 又即此识于一时与二转识俱起，即西夏文“[illegible]”，汉文本作“又即此识于一时间或与二转识俱起”。

[3] 于一时与三转识俱起，即西夏文“[illegible]”，汉文本作“于一时间或与三转识俱起”。

[4] 于一时与四转识俱起，即西夏文“[illegible]”，汉文本作“于一时间或与四转识俱起”。

[5] 乃至与七转识俱起，即西夏文“[illegible][illegible][illegible][illegible][illegible][illegible][illegible][illegible]”，汉文本作“或乃至与七转识俱起”。

释读：

17.334 [illegible] [illegible]，[illegible] [illegible] [illegible] [illegible] [illegible]
nioow^{1} tśjɨ̱^{1} śji^{1} rjɨr^{2} tshjij̱^{1} phji^{1} sjij^{2}
复 次， 前 △ 说 意 识
复次，前说意识

17.335 [illegible] [illegible] [illegible] [illegible] [illegible]，[illegible] [illegible] [illegible] [illegible]，[illegible]
la̱^{1} tśior^{1} phji^{1} bju^{1} śjwo^{1} phji^{1} mjij^{2} kie^{1} zjij̱^{1} ·jij^{1}
染 污 意 依 生， 意 未 灭 时， 相
[illegible] [illegible] [illegible] [illegible] [illegible] [illegible] [illegible] [illegible]；[illegible]
dźju^{1} se̱w^{2} tśjɨ̱r^{2} ɣa^{2} bie^{2} lhew^{2} mji^{1} rjir^{1} tjij^{1}
了 别 缚 于 解 脱 不 得； 若
依染污意生，意未灭时，于相了别缚不得解脱；若

17.336 [illegible] [illegible] [illegible] [illegible] [illegible]，[illegible] [illegible] [illegible] [illegible]
phji^{1} bju^{1} ·wjɨ^{2} kie^{1} ljijr^{2} nioow^{1} ·jij^{1} tśjɨ̱r^{2} bie^{2}
意 依 已 灭 △， 即 相 缚 解
[illegible]。[illegible] [illegible] [illegible] [illegible] [illegible] [illegible] [illegible] [illegible]
lhew^{2} nioow^{1} thjɨ^{2} phji^{1} sjij^{2} mjɨ^{1} mjɨ̱^{2} thju̱^{1} nioow^{1}
脱。 又 此 意 识 他 境 缘 及
意灭已，相缚解脱。又此意识能缘他境及

17.337 [illegible] [illegible] [illegible] [illegible]。[illegible] [illegible] [illegible] [illegible]，[illegible]
·jij^{1} mjɨ̱^{2} thju̱^{1} njwi^{2} mjɨ^{1} mjɨ̱^{2} thju̱^{1} tj̱a^{1} tjij^{1}
自 境 缘 能。 缘 他 境 者， 或
[illegible] [illegible] [illegible] [illegible] [illegible] [illegible] [illegible] [illegible] [illegible]。
gu^{2} tjij^{1} bu^{1} ŋwə^{1} sjij^{2} ljụ^{2} mjɨ̱^{2} thju̱^{1} ŋwu^{2}
总 或 别 五 识 身 境 缘 是。
缘自境。缘他境者，谓或总或别缘五识身境。

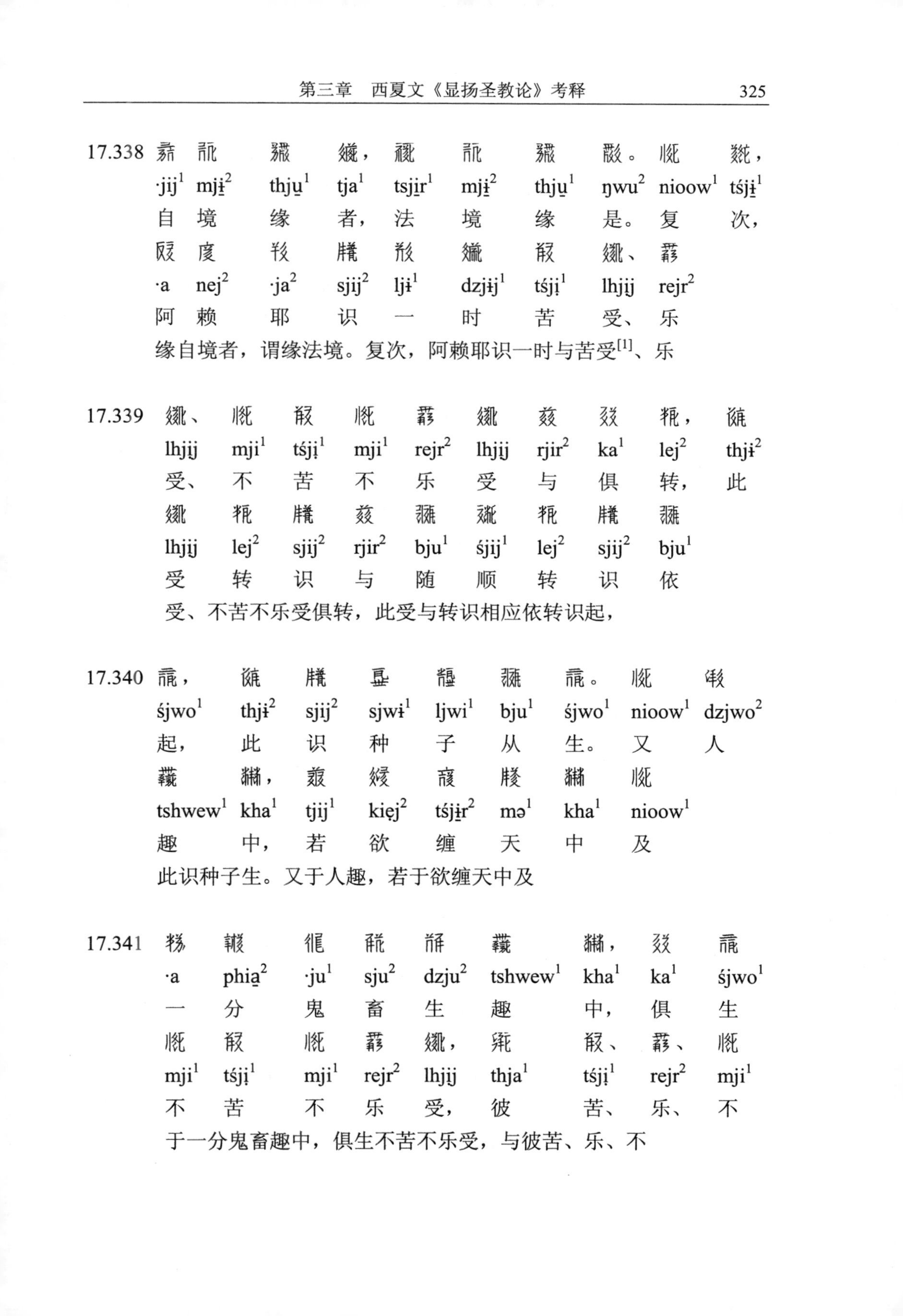

17.338 [illegible]
·jij^{1} mjɨ̱^{2} thju̱^{1} tja^{1} tsji̱r^{1} mjɨ̱^{2} thju̱^{1} ŋwu^{2} nioow^{1} tśjɨ̱^{1}
自 境 缘 者，法 境 缘 是。复 次，
[illegible]
·a nej^{2} ·ja^{2} sjij^{2} lj ɨ^{1} dzjɨj^{1} tśjị^{1} lhjịj rejr^{2}
阿 赖 耶 识 一 时 苦 受、乐
缘自境者，谓缘法境。复次，阿赖耶识一时与苦受[1]、乐

17.339 [illegible]
lhjịj mji^{1} tśjị^{1} mji^{1} rejr^{2} lhjịj rjir^{2} ka^{1} lej^{2} thjɨ^{2}
受、不 苦 不 乐 受 与 俱 转，此
[illegible]
lhjịj lej^{2} sjij^{2} rjir^{2} bju^{1} śjij^{1} lej^{2} sjij^{2} bju^{1}
受 转 识 与 随 顺 转 识 依
受、不苦不乐受俱转，此受与转识相应依转识起，

17.340 [illegible]
śjwo^{1} thjɨ^{2} sjij^{2} sjwɨ^{1} ljwi^{1} bju^{1} śjwo^{1} nioow^{1} dzjwo^{2}
起，此 识 种 子 从 生。又 人
[illegible]
tshwew^{1} kha^{1} tjij^{1} kiẹj^{2} tśjɨ̱r^{2} mə^{1} kha^{1} nioow^{1}
趣 中，若 欲 缠 天 中 及
此识种子生。又于人趣，若于欲缠天中及

17.341 [illegible]
·a phia̱^{2} ·ju^{1} sju^{2} dzju^{2} tshwew^{1} kha^{1} ka^{1} śjwo^{1}
一 分 鬼 畜 生 趣 中，俱 生
[illegible]
mji^{1} tśjị^{1} mji^{1} rejr^{2} lhjịj thja^{1} tśjị^{1} rejr^{2} mji^{1}
不 苦 不 乐 受，彼 苦、乐、不
于一分鬼畜生趣中，俱生不苦不乐受，与彼苦、乐、不

17.342 [illegible]，
tśji̱¹ mji¹ rejr² lej² sjij² lju̱² rjir² bju¹ śjij¹
苦 不 乐 转 识 身 与 随 顺，
[illegible]。[illegible]
dza¹ twe̱² twe̱² lhjij ljɨ¹ dzjɨj¹ ka¹ lej² dji̱¹
杂 相 续 受 一 时 俱 转。 地
苦不乐转识身相应，杂相续受一时俱转。地

17.343 [illegible]
·jɨj² tshwew¹ kha¹ mjɨ¹ ·jwi̱¹ lhjwi¹ lew² mji¹ tśji̱¹
狱 趣 中 他 映 夺 所 不 苦
[illegible]
mji¹ rejr² lhjij thja¹ lej² sjij² rjir² bju¹
不 乐 受 彼 转 识 与 相
狱趣中他所映夺不苦不乐受与彼转识相

17.344 [illegible]，[illegible]
śjij¹ tśji̱¹ dźjij¹ dza¹ mjij¹ twe̱² twe̱² lhjij rjir² ka¹
应， 苦 纯 杂 无 相 续 受 与 俱
[illegible]，[illegible]，[illegible]
lej² thjɨ² lhjij thja¹ ·jwi̱¹ ? ku¹ ·jij¹ tśhja²
转， 此 受 彼 映 夺 故， 相 可
应[2]，纯苦无杂相续受俱转，当知此受被映夺故，相

17.345 [illegible]。[illegible]
gie¹ ljɨ¹ dzjo̱¹ dji̱¹ ·jɨj² ·u² ·a śjij¹ tśji̱¹
难 了。 如 地 狱 中 一 向 苦
[illegible]，[illegible]
lhjij rjir² ka¹ lej² thjɨ² sju² bji² so̱¹ mjij¹
受 与 俱 转， 是 如 下 三 静
难可了。如于地狱一向[3]与苦受俱转，如是于下三静

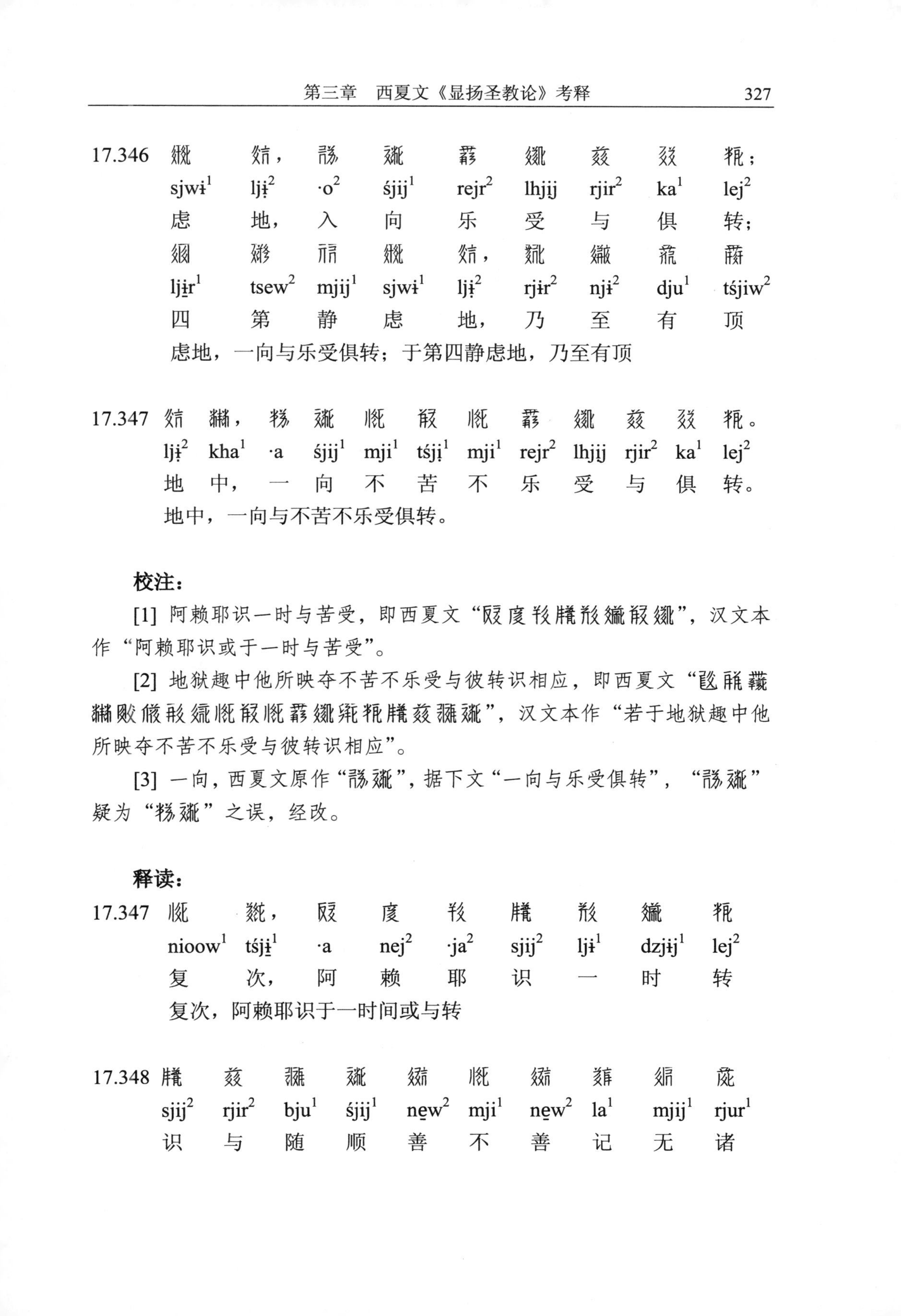

17.346 [illegible]

sjwɨ¹ ljɨ̣² ·o² śjij¹ rejr² lhjij rjir² ka¹ lej²

虑 地， 入 向 乐 受 与 俱 转；

[illegible]

ljɨ̣r¹ tsew² mjij¹ sjwɨ¹ ljɨ̣² rjɨr² njɨ² dju¹ tśjiw²

四 第 静 虑 地， 乃 至 有 顶

虑地，一向与乐受俱转；于第四静虑地，乃至有顶

17.347 [illegible]

ljɨ̣² kha¹ ·a śjij¹ mji¹ tśjị¹ mji¹ rejr² lhjij rjir² ka¹ lej²

地 中， 一 向 不 苦 不 乐 受 与 俱 转。

地中，一向与不苦不乐受俱转。

校注：

[1] 阿赖耶识一时与苦受，即西夏文“[illegible]”，汉文本作“阿赖耶识或于一时与苦受”。

[2] 地狱趣中他所映夺不苦不乐受与彼转识相应，即西夏文“[illegible]”，汉文本作“若于地狱趣中他所映夺不苦不乐受与彼转识相应”。

[3] 一向，西夏文原作“[illegible]”，据下文“一向与乐受俱转”，“[illegible]”疑为“[illegible]”之误，经改。

释读：

17.347 [illegible]

nioow¹ tśjɨ̣¹ ·a nej² ·ja² sjij² ljɨ¹ dzjɨj¹ lej²

复 次， 阿 赖 耶 识 一 时 转

复次，阿赖耶识于一时间或与转

17.348 [illegible]

sjij² rjir² bju¹ śjij¹ ne̲w² mji¹ ne̲w² la¹ mjij¹ rjur¹

识 与 随 顺 善 不 善 记 无 诸

[illegible] [illegible] [illegible] [illegible] [illegible]， [illegible] [illegible] [illegible] [illegible]
njij¹ tsjir¹ rjir² ka¹ lej² thjɨ² sju² ·a nej²
心 法 与 俱 转， 是 如 阿 赖
识相应善不善无记诸心法俱转，如是阿赖

17.349 [illegible] [illegible] [illegible] [illegible] [illegible] [illegible] [illegible] [illegible] [illegible] [illegible]，
·ja² sjij² rjur¹ lej² sjij² rjir² ljɨ¹ dzjɨj¹ ka¹ lej²
耶 识 诸 转 识 与 一 时 俱 转，
[illegible] [illegible] [illegible] [illegible] [illegible] [illegible] [illegible] [illegible] [illegible]
nioow¹ tsjɨ¹ lhjij ljɨ¹ nioow¹ new² mji¹ new² la¹
又 亦 受 △ 及 善 不 善 记
耶识与诸转识一时俱转，亦与受及善不善

17.350 [illegible] [illegible] [illegible] [illegible] [illegible] [illegible]， [illegible] [illegible] [illegible]
mjij¹ njij¹ tsjir¹ rjir² ka¹ lej² thja¹ rjir² bju¹
无 心 法 与 俱 转， 彼 与 随
[illegible] [illegible] [illegible]。 [illegible] [illegible] [illegible]？ [illegible] [illegible] [illegible]
śjij¹ mji¹ tshjij¹ thjij² sjo² ljɨ¹ thja¹ rjir² lew¹
顺 不 说。 何 云 故？ 彼 与 一
无记心法俱转[1]，不说与彼相应[2]。何以故？由不与彼

17.351 [illegible] [illegible] [illegible] [illegible] [illegible] [illegible]， [illegible] [illegible] [illegible]
nioow¹ thwu¹ lej² tsjɨ¹ nja² ljɨ¹ mjij¹ sju² mej¹
缘 同 转 亦 不 故， 犹 如 眼
[illegible] [illegible] [illegible]， [illegible] [illegible] [illegible]， [illegible] [illegible] [illegible]
sjij² mej¹ rjir² kjɨ¹ ka¹ lej² mji¹ bju¹ śjij¹
识 眼 与， 虽 俱 转， 不 相 应
同一缘转故，犹如眼识与眼，虽复俱转，然不相应；

17.352 [illegible]

ljɨ^{1}	thjɨ^{2}	tsjɨ^{1}	sju^{2}	rjir^{2}	·a	tjɨ̱j^{2}	thja^{1}	tsji̱r^{1}
故；	此	亦	如	与	一	样，	彼	法
rjir^{2}	zji̱r^{1}	phia̱^{2}	lew^{2}	swu^{2}	ku^{1}	tśhjwo^{1}	dzjọ^{1}	tjị^{2}
与	少	分	相	似	则	故	喻	处

此亦如是，由与彼法少分相似故得为喻，

17.353 [illegible]

·wjij^{2}	dzjọ^{1}	dza^{2}	śia̱^{2}	śjij^{1}	thja^{1}	bju^{1}	nwə^{1}	lew^{2}
有，	譬	喻	意	应	彼	随	知	当。
dzjọ^{1}	rjur^{1}	nji̱j^{1}	tsji̱r^{1}	nji̱j^{1}	tsji̱r^{1}	kwər^{1}	·wo^{2}	do^{2}
如	诸	心	法，	心	法	体	义	差

喻应随意知[3]。如诸心法[4]，心法体义

17.354 [illegible]

bu^{1}	kjɨ^{1}	mjij^{1}	·jwɨr^{1}	·jij^{1}	do^{2}	ljɨ^{1}	lew^{1}	ljụ^{2}
别	虽	无，	相	貌	异	故，	一	身
ka^{1}	lej^{2}	dźjwɨ^{1}	mji^{1}	ljwu^{1}	nu^{1}	thjɨ^{2}	nioow^{1}	thjɨ^{2}
俱	转，	互	不	相	违。	是	因	此

虽无差别，相貌异故[5]，一身俱转，互不相违。如是此

17.355 [illegible]

sjij^{2}	rjur^{1}	lej^{2}	sjij^{2}	rjir^{2}	ka^{1}	lej^{2}	mji^{1}	ljwu^{1}
识	诸	转	识	与，	俱	转	不	违
nu^{1}	nwə^{1}	lew^{2}	dzjọ^{1}	sju^{2}	lhjwɨ^{2}	rar^{2}	bju^{1}	
背	知	当。	譬	如	暴	流	依	

识与诸转识，当知俱转亦不相违。又如依止暴流

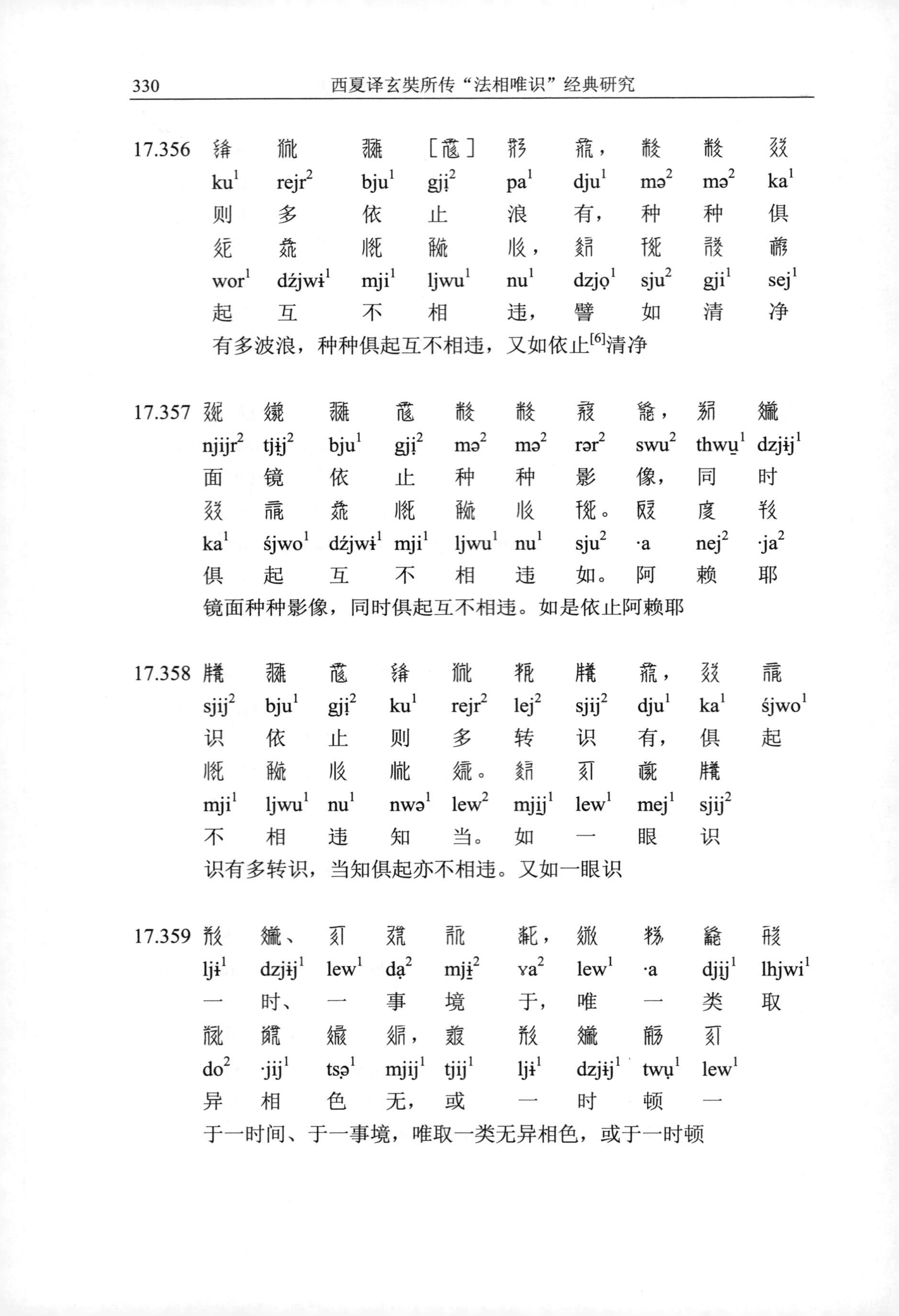

17.356
ku^{1} rejr^{2} bju^{1} gji̠^{2} pa^{1} dju^{1} mə^{2} mə^{2} ka^{1}
则 多 依 止 浪 有， 种 种 俱
wor^{1} dźjwɨ^{1} mji^{1} ljwu^{1} nu^{1} dzjo̠^{1} sju^{2} gji^{1} sej^{1}
起 互 不 相 违， 譬 如 清 净
有多波浪，种种俱起互不相违，又如依止[6]清净

17.357
njijr^{2} tjɨj^{2} bju^{1} gji̠^{2} mə^{2} mə^{2} rər^{2} swu^{2} thwu̠^{1} dzjɨj^{1}
面 镜 依 止 种 种 影 像， 同 时
ka^{1} śjwo^{1} dźjwɨ^{1} mji^{1} ljwu^{1} nu^{1} sju^{2} ·a nej^{2} ·ja^{2}
俱 起 互 不 相 违 如。 阿 赖 耶
镜面种种影像，同时俱起互不相违。如是依止阿赖耶

17.358
sjij^{2} bju^{1} gji̠^{2} ku^{1} rejr^{2} lej^{2} sjij^{2} dju^{1} ka^{1} śjwo^{1}
识 依 止 则 多 转 识 有， 俱 起
mji^{1} ljwu^{1} nu^{1} nwə^{1} lew^{2} mjij^{1} lew^{1} mej^{1} sjij^{2}
不 相 违 知 当。 如 一 眼 识
识有多转识，当知俱起亦不相违。又如一眼识

17.359
ljɨ^{1} dzjɨj^{1} lew^{1} da̠^{2} mjɨ̠^{2} ɣa^{2} lew^{1} ·a djij^{1} lhjwi^{1}
一 时、 一 事 境 于， 唯 一 类 取
do^{2} ·jij^{1} tsə̣^{1} mjij^{1} tjij^{1} ljɨ^{1} dzjɨj^{1} twu̠^{1} lew^{1}
异 相 色 无， 或 一 时 顿 一
于一时间、于一事境，唯取一类无异相色，或于一时顿

17.360 [illegible] [illegible] [illegible] [illegible] [illegible] [illegible]。 [illegible] [illegible]

nja̱^{2} mə^{2} mə^{2} ·jij^{1} tsə̣^{1} lhjwi^{1} mej^{1} sjij^{2}

非 种 种 相 色 取。 眼 识

[illegible] [illegible] [illegible]， [illegible] [illegible] [illegible] [illegible] [illegible]

tsə̣^{1} thju̱^{1} sju^{2} thjɨ^{2} sju^{2} rjɨr^{2} njɨ^{2} ljụ^{2}

色 缘 如， 是 如 乃 至 身

取非一种种相色。如眼识色缘[7]，如是乃至身

17.361 [illegible] [illegible] [illegible]， [illegible] [illegible] [illegible] [illegible] [illegible] [illegible]，

sjij^{2} tsjụ^{1} ɣa^{2} ljɨ^{1} dzjɨj^{1} lew^{1} dạ^{2} mjɨ̱^{2} ɣa^{2}

识 触 于， 一 时 一 事 境 于，

[illegible] [illegible] [illegible] [illegible]， [illegible] [illegible] [illegible] [illegible]

tjij^{1} lew^{1} ·jij^{1} lhjwi^{1} tjij^{1} rejr^{2} mə^{2} mjɨ̱^{2}

若 一 相 取， 若 多 种 境

识于触，于一时一事境，或取一相，或复顿取多种境

17.362 [illegible] [illegible] [illegible]。 [illegible] [illegible] [illegible] [illegible] [illegible] [illegible]， [illegible] [illegible]

·jij^{1} twụ^{1} lhjwi^{1} thjɨ^{2} sju^{2} phjo^{2} kar^{2} phji^{1} sjij^{2} ljɨ^{1} dzjɨj^{1}

相 顿 取。 是 如 分 别 意 识， 一 时

[illegible] [illegible] [illegible] [illegible]， [illegible] [illegible] [illegible] [illegible] [illegible] [illegible]

tjij^{1} lew^{1} mjɨ̱^{2} lhjwi^{1} tjij^{1} ·ji^{1} rejr^{2} mjɨ̱^{2} kięj^{2} twụ^{1}

或 一 境 取， 若 众 多 境 界 顿

相。如是分别意识，于一时间或取一境，或复顿取众多境界，

17.363 [illegible]， [illegible] [illegible] [illegible] [illegible] [illegible] [illegible]。

lhjwi^{1} dźjwɨ^{1} mji^{1} ljwu^{1} nu^{1} nwə^{1} lew^{2}

取， 互 不 相 违 知 当。

当知亦不相违。

校注：

[1] 亦与受及善不善无记心法俱转，即西夏文“[illegible] [illegible] [illegible] [illegible] [illegible] [illegible] [illegible] [illegible]

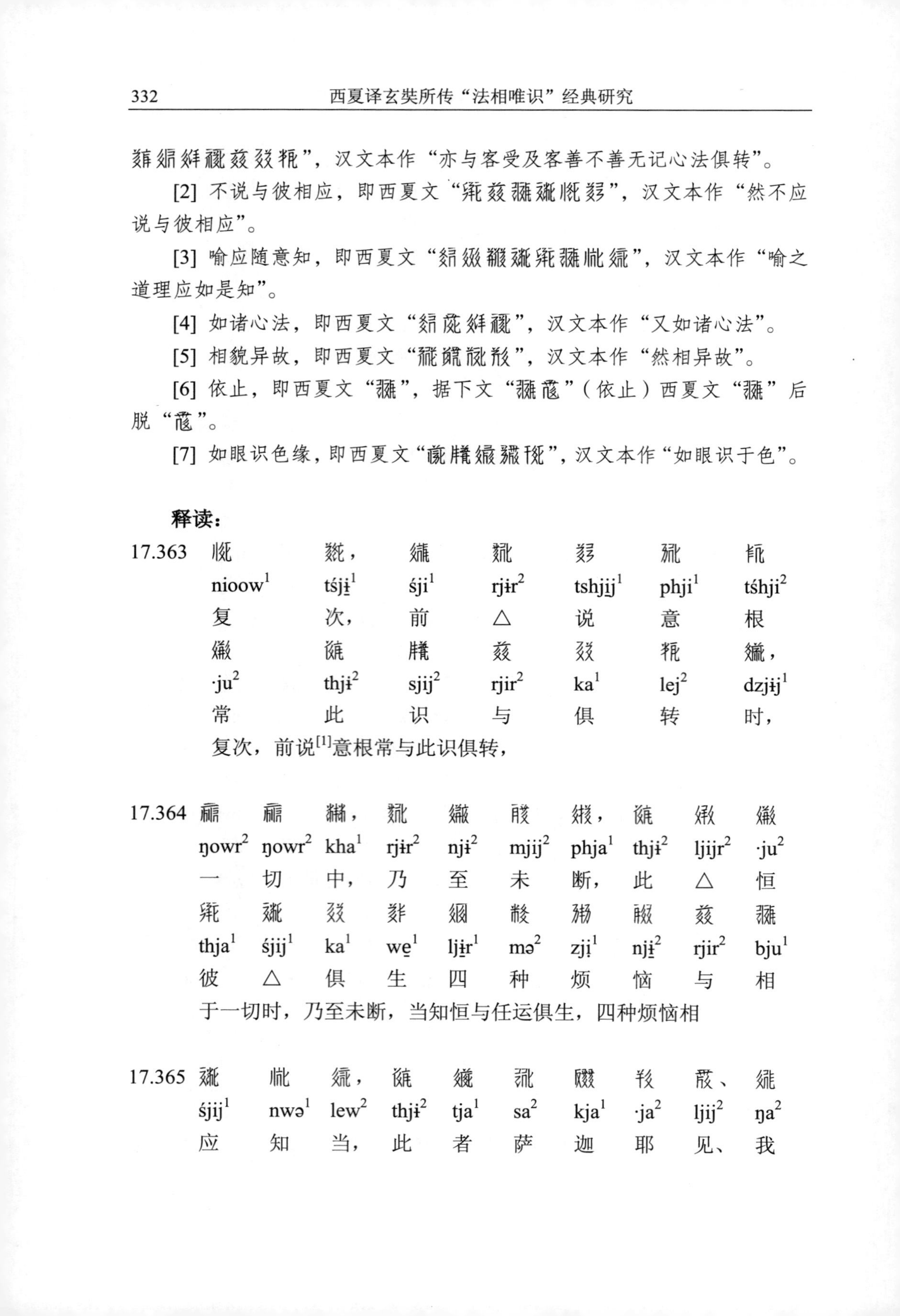

□□□□□□□”，汉文本作“亦与客受及客善不善无记心法俱转”。

[2] 不说与彼相应，即西夏文“□□□□□□”，汉文本作“然不应说与彼相应”。

[3] 喻应随意知，即西夏文“□□□□□□□□”，汉文本作“喻之道理应如是知”。

[4] 如诸心法，即西夏文“□□□□”，汉文本作“又如诸心法”。

[5] 相貌异故，即西夏文“□□□□”，汉文本作“然相异故”。

[6] 依止，即西夏文“□”，据下文“□□”（依止）西夏文“□”后脱“□”。

[7] 如眼识色缘，即西夏文“□□□□□”，汉文本作“如眼识于色”。

释读：

17.363							
	□	□，	□	□	□	□	□
	nioow^{1}	tśjɨ̱^{1}	śji^{1}	rjɨr^{2}	tshjij^{1}	phji^{1}	tśhji^{2}
	复	次，	前	△	说	意	根
	□	□	□	□	□	□	□，
	·ju^{2}	thjɨ^{2}	sjij^{2}	rjir^{2}	ka^{1}	lej^{2}	dzjɨj^{1}
	常	此	识	与	俱	转	时，

复次，前说[1]意根常与此识俱转，

17.364									
□	□	□，	□	□	□	□，	□	□	□
ŋowr^{2}	ŋowr^{2}	kha^{1}	rjɨr^{2}	njɨ^{2}	mjij^{2}	phja^{1}	thjɨ^{2}	ljijr^{2}	·ju^{2}
一	切	中，	乃	至	未	断，	此	△	恒
□	□	□	□	□	□	□	□	□	□
thja^{1}	śjij^{1}	ka^{1}	we̱^{1}	ljɨ̱r^{1}	mə^{2}	zji̱^{1}	njɨ̱^{2}	rjir^{2}	bju^{1}
彼	△	俱	生	四	种	烦	恼	与	相

于一切时，乃至未断，当知恒与任运俱生，四种烦恼相

17.365									
□	□	□，	□	□	□	□	□	□、	□
śjij^{1}	nwə^{1}	lew^{2}	thjɨ^{2}	tja^{1}	sa^{2}	kja^{1}	·ja^{2}	ljij^{2}	ŋa^{2}
应	知	当，	此	者	萨	迦	耶	见、	我

[illegible]、 [illegible] [illegible]、 [illegible] [illegible] [illegible]， [illegible] [illegible] [illegible] [illegible]，
khwẹj^1 ŋa^2 dzu^1 bju^1 mjij^1 ŋwu^2 thjɨ^2 ljɨ̱r^1 zjị^1 njɨ̱^{2}
慢、 我 爱、 明 无 是， 此 四 烦 恼，
应，所谓萨迦耶见[2]、我慢[3]、我爱、无明，此四烦恼，

17.366 [illegible] [illegible] [illegible] [illegible]， [illegible] [illegible] [illegible] [illegible] [illegible]， [illegible]
tjij^1 djɨj^2 ljɨ̣^{2} dźjij^1 tjij^1 djɨj^2 ljɨ̣^{2} mji^1 dźjij^1 ·ju^2
若 定 地 在， 若 定 地 不 在， 恒
[illegible] [illegible] [illegible] [illegible] [illegible] [illegible] [illegible] [illegible] [illegible]
dźjij^1 mji^1 bja^2 ne̱w^2 njɨ^2 rjir^2 mji^1 ljwu^1 nu^1
行 不 断 善 等 与 不 相 违
若在定地，若不定地，当知恒行不与不断善等相违[4]，

17.367 [illegible] [illegible] [illegible] [illegible] [illegible] [illegible] [illegible] [illegible]。 [illegible] [illegible]
pho̱^{1} dju^1 la^1 mjij^1 tsji̱r^2 ŋwu^2 nwə^1 lew^2 thjɨ^2 bju^1
覆 有 记 无 性 是 知 当。 是 如
[illegible] [illegible] [illegible] [illegible] [illegible] [illegible]、 [illegible] [illegible] [illegible]
lej^2 sjij^2 rjir^2 ka^1 lej^2 ljɨ^1 rjur^1 lhjij rjir^2
转 识 与 俱 转 故、 诸 受 与
是有覆无记性。如是与转识俱转故、诸受

17.368 [illegible] [illegible] [illegible]、 [illegible] [illegible] [illegible] [illegible] [illegible] [illegible]，
ka^1 lej^2 ljɨ^1 ne̱w^2 njɨ^2 rjir^2 ka^1 lej^2 ljɨ^1
俱 转 故、 善 等 与 俱 转 故，
[illegible] [illegible] [illegible] [illegible] [illegible] [illegible] [illegible] [illegible] [illegible]
thjɨ^2 tja^1 ·a nej^2 ·ja^2 sjij^2 ka^1 lej^2 ·jij^1
此 者 阿 赖 耶 识 俱 转 相
俱转故、善等俱转故，是

17.369 [illegible] [illegible] [illegible] [illegible] [illegible]。
thu^1 phjij^1 śjij^1 mjij^2 ŋwu^2
建 立 △ 名 是。
名建立阿赖耶识俱转相。

校注：

[1] 前说，即西夏文“[illegible]”，汉文本作“如前所说”

[2] 萨迦耶见，即西夏文“[illegible]”*sa^{2} kja^{1} ·ja^{2} ljij^{2}，巴利文为Sakkāya-diṭṭhi，梵文为satkāya-dṛṣṭi，音译为“萨迦耶达利瑟致”，意译为“有身见”“身见”“虚伪身见”“移转身见”，佛教术语，被列为五见、十随眠之一。

[3] 我慢，即西夏文“[illegible]”，简称“慢”，意译为骄傲、傲慢、虚荣。以无明产生的萨迦耶见为根源，导致对于自我产生错误的认知，因而产生的心态与见解，都可被称为“慢”。《俱舍论》将其列入八不定地法中。

[4] 当知恒行不与不断善等相违，即西夏文“[illegible]”，汉文本作“当知恒行不与善等相违”。

释读：

17.370	[illegible]	[illegible]：	[illegible]	[illegible]	[illegible]	[illegible]	[illegible]	[illegible]	[illegible]	[illegible]
	·jɨr^{1}	dạ^{2}	·a	nej^{2}	·ja^{2}	sjij^{2}	dza^{1}	la̱^{1}	lhjwo^{1}	dzjar^{2}
	问	曰：	阿	赖	耶	识	杂	染	还	灭
	[illegible]	[illegible]	[illegible]	[illegible]	[illegible]	[illegible]	[illegible]？	[illegible]		
	·jij^{1}	thu^{1}	phjij^{1}	śjij^{1}	ljɨ̣^{1}	kjɨ^{1}	ŋwu^{2}	hụ^{2}		
	相	建	立	△	何	△	是？	答		

问：阿赖耶识杂染还灭相建立云何？答：

17.371	[illegible]：	[illegible]	[illegible]	[illegible]	[illegible]	[illegible]	[illegible]	[illegible]	[illegible]	[illegible]
	dạ^{2}	tjij^{1}	zji̱r^{1}	tshji̱j^{1}	ku^{1}	·a	nej^{2}	·ja^{2}	sjij^{2}	ŋowr^{2}
	曰：	若	略	说	则	阿	赖	耶	识	一
	[illegible]	[illegible]	[illegible]	[illegible]	[illegible]	[illegible]	[illegible]	[illegible]	[illegible]	[illegible]。
	ŋowr^{2}	dza^{1}	la̱^{1}	tsji̱r^{1}	·jij^{1}	mər^{2}	tśhji^{2}	tja^{1}	nwə^{1}	lew^{2}
	切	杂	染	法	之	根	本	者	知	当。

若略说阿赖耶识，当知是一切杂染法根本。

17.372 [illegible]
thjɨ^{2} tja^{1} thjij^{2} sjo^{2}? thjɨ^{2} ·a nej^{2} ·ja^{2} sjij^{2} nioow^{1}
此 者 何 云？ 此 阿 赖 耶 识 亦
[illegible]
sjij^{2} dju^{1} rjur^{1} kha^{1} gu^{1} śjwo^{1} sjij^{2} mər^{2} tśhji^{2}
情 有 世 间 生 起 具 根 本
所以者何？此阿赖耶识亦是有情世间生起根本，

17.373 [illegible]
ŋwu^{2} rjur^{1} tśhji^{2} mər^{2} gjị^{2} tjị^{2} nioow^{1} lej^{2} sjij^{2}
是， 诸 根 本 依 处 及 转 识
[illegible]
njɨ^{2} śjwo^{1} njwi^{2} ljɨ^{1} nioow^{1} tsjɨ^{1} gju^{2} rjur^{1}
等 生 能 故； 又 亦 器 世
能生诸根根所依处及转识等故；亦是器世

17.374 [illegible]
kięj^{2} gu^{1} śjwo^{1} sjij^{2} mər^{2} tśhji^{2} tja^{1} gju^{2} rjur^{1} kha^{1}
界 生 起 具 根 本 者， 器 世 间
[illegible]
śjwo^{1} njwi^{2} ljɨ^{1} nioow^{1} tsjɨ^{1} thjɨ^{2} sjij^{2} sjij^{2} dju^{1}
生 能 故； 又 亦 此 识 情 有
间[1] 生起根本，能生器世间故；又即此识亦是一切有情

17.375 [illegible]
ŋowr^{2} ŋowr^{2} dźjwɨ^{1} gu^{2} gu^{1} śjwo^{1} sjij^{2} mər^{2} tśhji^{2} tja^{1}
一 切 互 相 生 起 具 根 本 者，
[illegible]
sjij^{2} dju^{1} ŋowr^{2} ŋowr^{2} dźjwɨ^{1} ·jij^{1} bu̱^{2} gjij^{1} nioow^{1} we^{2}
情 有 一 切 互 之 胜 殊 缘 为
互相生起根本，一切有情互为增上[2]缘故。

17.376 [Tangut]。 [Tangut] [Tangut] [Tangut] [Tangut]？ [Tangut] [Tangut] [Tangut] [Tangut] [Tangut]

lji^1 thji^2 tja^1 thjij^2 sjo^2 tshji^1 tśhju^1 dzjij^2 tshji^1 tśhju^1

故。 此 者 何 云？ 众 生 余 众 生

[Tangut] [Tangut] [Tangut] [Tangut] [Tangut]， [Tangut] [Tangut] [Tangut] [Tangut]

ɣa^2 ljij^2 mji^1 nji^2 zjij^1 thja^1 tśji̩^{1} rejr^2 nji^2

于 见 闻 等 时， 彼 苦 乐 等

所以者何？无有众生于余众生见闻等时，不受用彼起苦乐等受，

17.377 [Tangut] [Tangut] [Tangut] [Tangut]， [Tangut] [Tangut] [Tangut]， [Tangut] [Tangut] [Tangut]

mji^1 lhji̩j tja^1 mjij^1 thji^2 ·wo^2 bju^1 ku^1 tshji^1 tśhju^1

不 受 者 无， 此 义 由， 则 众 生

[Tangut] [Tangut] [Tangut] [Tangut] [Tangut] [Tangut] [Tangut] [Tangut] [Tangut]。

kię̩j^2 dźjwi^1 ·jij^1 bu̱^{2} gjij^1 nioow^1 we^2 nwə^1 lew^2

界 互 之 胜 殊 缘 为 知 当。

由此义故，当知众生界互为增上缘。

校注：

[1] 世间，即西夏文“[Tangut][Tangut]”，西夏文字面意思作“世界”，据下文“[Tangut][Tangut]”（世间）西夏文“[Tangut]”误作“[Tangut]”。

[2] 增上，即西夏文“[Tangut][Tangut]”，西夏文字面意思作“殊胜”。下同。

释读：

17.378 [Tangut] [Tangut]， [Tangut] [Tangut] [Tangut] [Tangut] [Tangut] [Tangut] [Tangut] [Tangut]

nioow^1 tśji̱^{1} ·a nej^2 ·ja^2 sjij^2 sjwi^1 ljwi^1 ŋowr^2 ŋowr^2

复 次， 阿 赖 耶 识 种 子 一 切

[Tangut] [Tangut]， [Tangut] [Tangut] [Tangut] [Tangut] [Tangut] [Tangut] [Tangut]

ŋowr^2 ku^1 mjor^1 dźjij^1 zjọ^2 ɣa^2 tśji̩^{1} dźjar^2 kwər^1

具 故， 现 在 世 于 苦 谛 体

复次，阿赖耶识具一切种子故，于现在世是苦谛[1]体，

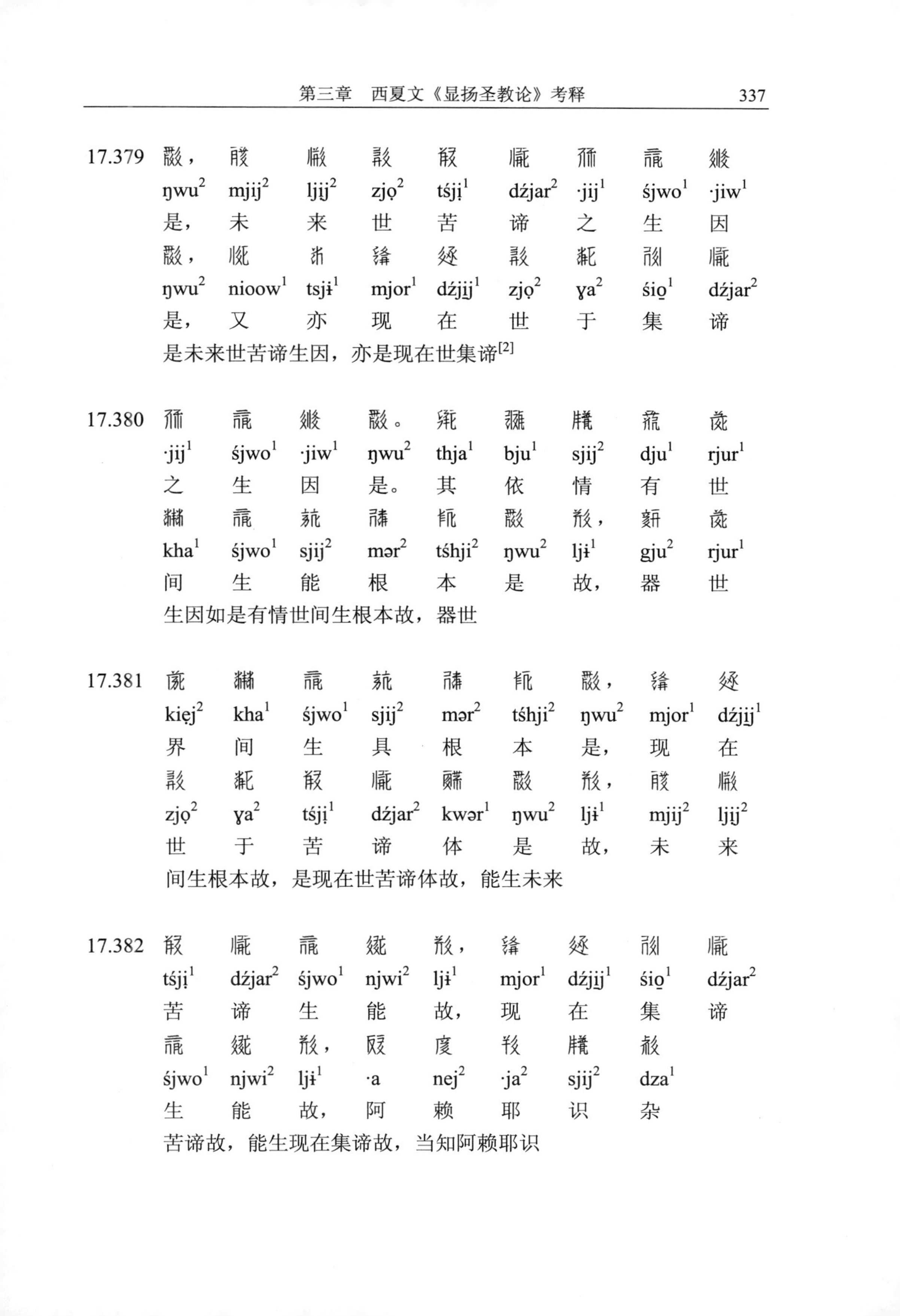

17.379
ŋwu² mjij² ljij² zjọ² tśjị¹ dźjar² ·jij¹ śjwo¹ ·jiw¹
是， 未 来 世 苦 谛 之 生 因
ŋwu² nioow¹ tsjɨ¹ mjor¹ dźjij¹ zjọ² ɣa² śio̱¹ dźjar²
是， 又 亦 现 在 世 于 集 谛
是未来世苦谛生因，亦是现在世集谛[2]

17.380
·jij¹ śjwo¹ ·jiw¹ ŋwu² thja¹ bju¹ sjij² dju¹ rjur¹
之 生 因 是。 其 依 情 有 世
kha¹ śjwo¹ sjij² mər² tśhji² ŋwu² ljɨ¹ gju² rjur¹
间 生 能 根 本 是 故， 器 世
生因如是有情世间生根本故，器世

17.381
kiẹj² kha¹ śjwo¹ sjij² mər² tśhji² ŋwu² mjor¹ dźjij¹
界 间 生 具 根 本 是， 现 在
zjọ² ɣa² tśjị¹ dźjar² kwər¹ ŋwu² ljɨ¹ mjij² ljij²
世 于 苦 谛 体 是 故， 未 来
间生根本故，是现在世苦谛体故，能生未来

17.382
tśjị¹ dźjar² śjwo¹ njwi² ljɨ¹ mjor¹ dźjij¹ śio̱¹ dźjar²
苦 谛 生 能 故， 现 在 集 谛
śjwo¹ njwi² ljɨ¹ ·a nej² ·ja² sjij² dza¹
生 能 故， 阿 赖 耶 识 杂
苦谛故，能生现在集谛故，当知阿赖耶识

17.383 [illegible]

la̠^{1} ŋowr^2 ŋowr^2 ·jij^1 mər^2 tśhji^2 tja^1 nwə^1 lew^2

染 一 切 之 根 本 者 知 当。

是一切杂染根本。

校注：

[1] 苦谛，即西夏文“[illegible]”，四谛之一。三界生死之果报，毕竟苦患，无有安乐之性，此理决定真实，谓之苦谛。

[2] 集谛，即西夏文“[illegible]”，四谛之一。是真理的意思，汉文旧译“谛”。佛教认为“苦”生于“集”，是一条真理，故名“集谛”。

释读：

17.384 [illegible]

nioow^1 tśjɨ̠^{1} ·a nej^2 ·ja^2 sjij^2 bie^2 lhew^2 śjij^1 phia̠^{2}

复 次，阿 赖 耶 识 解 脱 顺 分

[illegible]

nioow^1 tsji̠r^1 gjij^1 śjij^1 phia̠^{2} njɨ^2 ne̠w^2 tśhji^2 sjwɨ^1

及 决 择 顺 分 等 善 根 种

复次，阿赖耶识所有摄持，顺解脱分及顺决择分等善根种

17.385 [illegible]

ljwi^1 zji^2 ɣjiw^1 ·jij^1 lew^2 thjɨ^2 śio̠^{1} dźjar^2 ·jij^1

子 皆 摄 持 所，此 集 谛 之

[illegible]

·jiw^1 nja̠^{2} bie^2 lhew^2 śjij^1 phia̠^{2} ne̠w^2 tśhji^2 njɨ^2

因 非，解 脱 顺 分 善 根 等

子，此非集谛因由，顺解脱分善根等

17.386 [illegible]

rar^2 de̠j^1 rjir^2 ljwu^1 nu^1 ljɨ^1 dzjij^2 rjur^1 rjur^1

流 转 与 相 违 故，余 诸 世

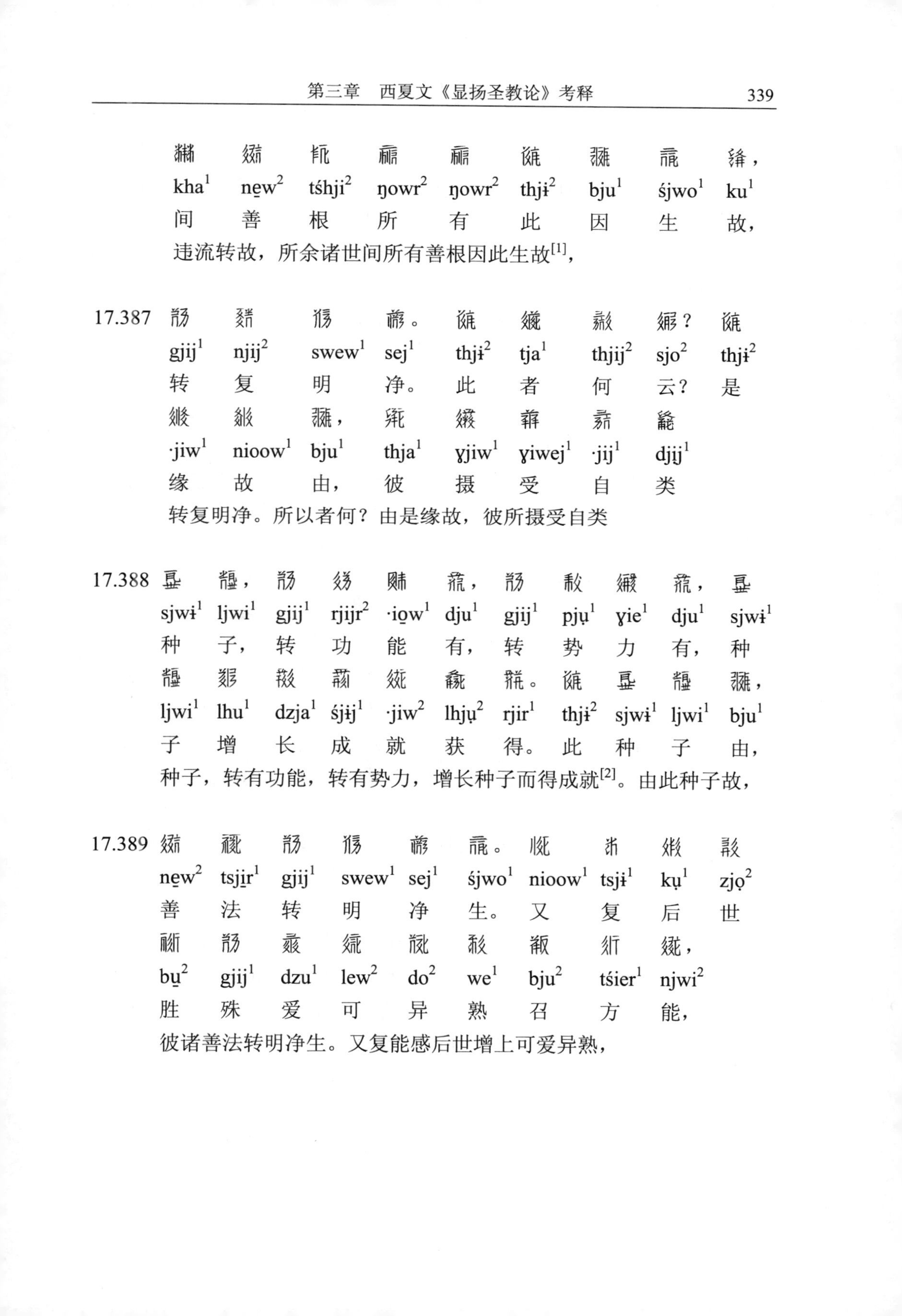

[illegible]
kha^1 ne̱w^2 tśhji^2 ŋowr^2 ŋowr^2 thjɨ^2 bju^1 śjwo^1 ku^1
间 善 根 所 有 此 因 生 故，
违流转故，所余诸世间所有善根因此生故[1]，

17.387 [illegible]
gjij^1 njij^2 swew^1 sej^1 thjɨ^2 tja^1 thjij^2 sjo^2 thjɨ^2
转 复 明 净。 此 者 何 云？ 是
[illegible]
·jiw^1 nioow^1 bju^1 thja^1 ɣjiw^1 ɣiwej^1 ·jij^1 djij^1
缘 故 由， 彼 摄 受 自 类
转复明净。所以者何？由是缘故，彼所摄受自类

17.388 [illegible]
sjwɨ^1 ljwi^1 gjij^1 rjijr^2 ·io̱w^1 dju^1 gjij^1 pjụ^1 ɣie^1 dju^1 sjwɨ^1
种 子， 转 功 能 有， 转 势 力 有， 种
[illegible]
ljwi^1 lhu^1 dzja^1 śjɨj^1 ·jiw^2 lhjụ^2 rjir^1 thjɨ^2 sjwɨ^1 ljwi^1 bju^1
子 增 长 成 就 获 得。 此 种 子 由，
种子，转有功能，转有势力，增长种子而得成就[2]。由此种子故，

17.389 [illegible]
ne̱w^2 tsji̱r^1 gjij^1 swew^1 sej^1 śjwo^1 nioow^1 tsjɨ^1 kụ^1 zjọ^2
善 法 转 明 净 生。 又 复 后 世
[illegible]
bu̱^{2} gjij^1 dzu^1 lew^2 do^2 we^1 bju^2 tśier^1 njwi^2
胜 殊 爱 可 异 熟 召 方 能，
彼诸善法转明净生。又复能感后世增上可爱异熟，

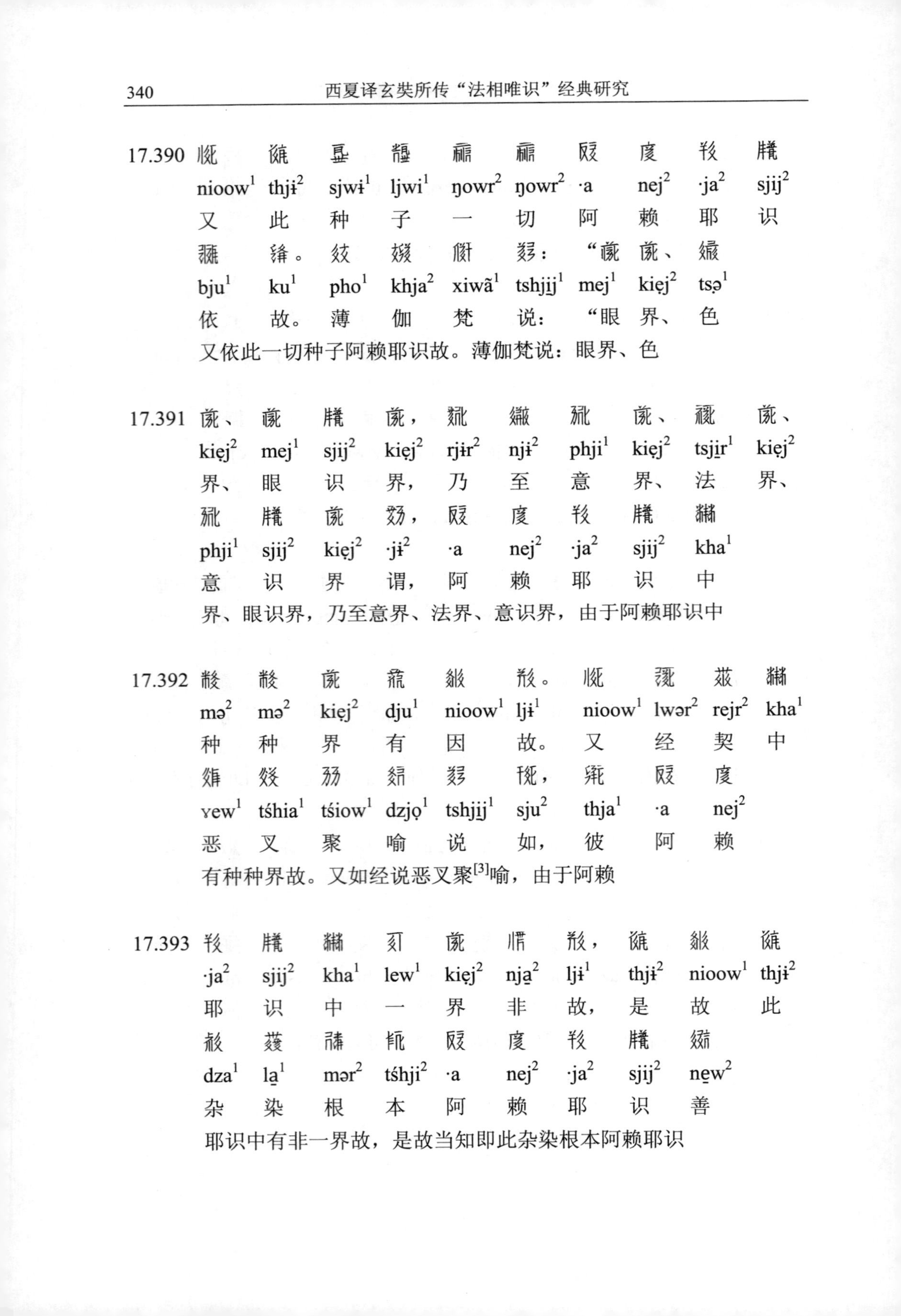

17.390 □ □ □ □ □ □ □ □ □ □
nioow^1 thjɨ^2 sjwɨ^1 ljwi^1 ŋowr^2 ŋowr^2 ·a nej^2 ·ja^2 sjij^2
又 此 种 子 一 切 阿 赖 耶 识
□ □。□ □ □ □：“□ □、□
bju^1 ku^1 pho^1 khja^2 xiwã^1 tshjij^1 mej^1 kięj^2 tsə̣^{1}
依 故。薄 伽 梵 说：“眼 界、色
又依此一切种子阿赖耶识故。薄伽梵说：眼界、色

17.391 □、□ □ □，□ □ □ □、□ □、
kięj^2 mej^1 sjij^2 kięj^2 rjɨr^2 njɨ^2 phji^1 kięj^2 tsji̱r^1 kięj^2
界、眼 识 界，乃 至 意 界、法 界、
□ □ □ □，□ □ □ □ □
phji^1 sjij^2 kięj^2 ·jɨ^2 ·a nej^2 ·ja^2 sjij^2 kha^1
意 识 界 谓，阿 赖 耶 识 中
界、眼识界，乃至意界、法界、意识界，由于阿赖耶识中

17.392 □ □ □ □ □ □。□ □ □ □
mə^2 mə^2 kięj^2 dju^1 nioow^1 ljɨ^1 nioow^1 lwər^2 rejr^2 kha^1
种 种 界 有 因 故。又 经 契 中
□ □ □ □ □ □，□ □ □
ɣew^1 tśhia^1 tśiow^1 dzjọ^1 tshjij^1 sju^2 thja^1 ·a nej^2
恶 叉 聚 喻 说 如，彼 阿 赖
有种种界故。又如经说恶叉聚[3]喻，由于阿赖

17.393 □ □ □ □ □ □ □，□ □ □
·ja^2 sjij^2 kha^1 lew^1 kięj^2 nja̱^{2} ljɨ^1 thjɨ^2 nioow^1 thjɨ^2
耶 识 中 一 界 非 故，是 故 此
□ □ □ □ □ □ □ □ □
dza^1 la̱^{1} mər^2 tśhji^2 ·a nej^2 ·ja^2 sjij^2 ne̱w^2
杂 染 根 本 阿 赖 耶 识 善
耶识中有非一界故，是故当知即此杂染根本阿赖耶识

17.394	□	□	□	□，	□	□	□	□	□	□	□。
	tsji̱r^1	djọ^2	dzjɨ̱^{2}	nioow^1	ku^1	tśhjɨ^2	rjar^2	lej^2	dzjar^2	nwə^1	lew^2
	法	修	习	故，	则	立	即	转	灭	知	当。

以修习善法故，即得转灭。

校注：

[1] 所余诸世间所有善根因此生故，即西夏文“□□□□□□□□□□□□”，汉文本作“所余世间所有善根因此生故”。

[2] 增长种子而得成就，即西夏文“□□□□□□□□”，汉文本作“增长种子而得成立”。

[3] 恶叉聚，即西夏文“□□□（*ɣew^1 tśhia^1 tśiow^1），梵文 Rudra-akṣ a，恶叉者，果实名。形似无食子，落地则多聚于一处，故云恶叉聚。《玄应音义》二十三曰：“恶叉树名。其子形如无食子，彼国多聚以卖之，如此间杏人，故喻也。”

释读：

17.394	□	□	□	□	□	□	□，
	nioow^1	thjɨ^2	new̱^{2}	tsji̱r^1	djọ^2	dzjɨ̱^{2}	ku^1
	又	此	善	法	修	习	故，

又此善法修习，

17.395	□	□	□	□	□	□	□	□	□	□
	tjij^1	rjur^1	do^2	we̱^{1}	lej^2	sjij^2	thju̱^{1}	mjɨ̱^{2}	we^2	phji^1
	若	诸	异	生	转	识	缘	境	为	意
	□	□，	□	□	□	□	□	□	□	
	·wji^1	nioow^1	ku^1	tśier^1	·ju^2	nji̱j^1	dźjij^1	ɣu^1	dźjar^2	
	作	故，	则	方	便	心	住	初	谛	

若诸异生以缘转识为境作意故，方便住心

17.396

[illegible]	[illegible]	[illegible]	[illegible]	[illegible]	[illegible]，	[illegible]	[illegible]	[illegible]
mjor^1	bio̱^{1}	·o^2	kięj^2	nioow^1	ljɨ^1	dźjar^2	mjij^2	ljij^2
现	观	入	欲	因	故，	谛	未	见
[illegible]	[illegible]，	[illegible]	[illegible]	[illegible]	[illegible]	[illegible]	[illegible]	
mjijr^2	nja̱^{2}	thja^1	rjur^1	dźjar^2	kha^1	tsji̱r^1	mej^1	
者	非，	于	诸	谛	中	法	眼	

为欲，入初谛现观故，非未见谛者，于诸谛中

17.397

[illegible]	[illegible]，	[illegible]	[illegible]	[illegible]	[illegible]	[illegible]	[illegible]	[illegible]
mjij^2	rjir^2	ku^1	sjwɨ^1	ljwi^1	ŋowr^2	ŋowr^2	·a	nej^2
未	得，	则	种	子	一	切	阿	赖
[illegible]	[illegible]	[illegible]	[illegible]	[illegible]	[illegible]。	[illegible]	[illegible]	
·ja^2	sjij^2	tsjij^2	dar^1	mjɨ^1	njwi^2	thjɨ^2	dźjar^2	
耶	识	通	达	不	能。	此	谛	

未得法眼，而不能通达一切种子阿赖耶识[1]。此

17.398

[illegible]	[illegible]	[illegible]	[illegible]	[illegible]	[illegible]	[illegible]	[illegible]，
mjij^2	ljij^2	mjijr^2	thjɨ^2	sju^2	dźjɨ	djọ^2	ku^1
未	见	者	是	如	行	修	故，
[illegible]	[illegible]	[illegible]	[illegible]	[illegible]	[illegible]	[illegible]	
tśhio̱w^1	ɣię^2	mji^1	tśhja^2	tsji̱r^2	we̱^{1}	ka^2	
或	声	闻	正	性	生	离	

未见谛者修如是行已，或入声闻正性离生，

17.399

[illegible]，	[illegible]	[illegible]	[illegible]	[illegible]	[illegible]	[illegible]	[illegible]
·o^2	tśhio̱w^1	tshjɨ^1	tsjij^2	tśhja^2	tsji̱r^2	we̱^{1}	ka^2
入，	或	菩	萨	正	性	生	离
[illegible]，	[illegible]	[illegible]	[illegible]	[illegible]	[illegible]	[illegible]	
·o^2	tsji̱r^1	kięj^2	ŋowr^2	ŋowr^2	tsjij^2	dar^1	
入，	法	界	一	切	通	达	

或入菩萨正性离生，通达一切法界

17.400

[illegible]，	[illegible]	[illegible]	[illegible]	[illegible]	[illegible]	[illegible]	[illegible]	[illegible]，	[illegible]
ku^{1}	·a	nej^{2}	·ja^{2}	sjij^{2}	tsjɨ^{1}	tsjij^{2}	dar^{1}	njwi^{2}	tśhjɨ^{1}
故，	阿	赖	耶	识	亦	通	达	能，	尔
[illegible]，	[illegible]	[illegible]	[illegible]	[illegible]	[illegible]	[illegible]	[illegible]	[illegible]	
dzjɨj^{1}	twụ^{1}	bu^{1}	·jij^{1}	·u^{2}	dza^{1}	la̱^{1}	ŋowr^{2}	ŋowr^{2}	
时，	各	别	自	内	杂	染	一	切	

已，亦能通达阿赖耶识，尔时，总观各别自内一切杂染[2]。

17.401

[illegible]	[illegible]。	[illegible]	[illegible]	[illegible]	[illegible]	[illegible]	[illegible]	[illegible]	[illegible]
gu^{2}	bio̱^{1}	nioow^{1}	tsjɨ^{1}	·jij^{1}	ljụ^{2}	nioow^{1}	·jij^{1}	tśjɨ̱r^{2}	phej^{1}
总	观。	又	复	自	身	外	相	缚	拘
[illegible]	[illegible]	[illegible]，	[illegible]	[illegible]	[illegible]	[illegible]	[illegible]	[illegible]	[illegible]
tśjɨ̱r^{2}	lew^{2}	we^{2}	·u^{2}	rjir^{1}	ljɨ̱^{1}	tśjɨ̱r^{2}	tśjɨ̱r^{2}	lew^{2}	we^{2}
缚	所	为，	内	粗	重	缚	缚	所	为

又复了知自身外为相缚所缚，内为粗重缚

17.402

[illegible]	[illegible]	[illegible]	[illegible]	[illegible]。
zji^{2}	nioow^{1}	tsjij^{2}	njwi^{2}	ljɨ^{1}
皆	了	知	能	故。

所缚。

校注：

[1] 而不能通达一切种子阿赖耶识，即西夏文“[illegible]”，汉文本作“而能通达一切种子阿赖耶识”。

[2] 尔时，总观各别自内一切杂染，即西夏文“[illegible]，[illegible]”，汉文本作“当于尔时，总观各别自内一切杂染”。

释读：

17.403

[illegible]	[illegible]	[illegible]	[illegible]，	[illegible]	[illegible]	[illegible]	[illegible]	[illegible]	[illegible]
nioow^{1}	thjɨ^{2}	bio̱^{1}	mjijr^{2}	·a	nej^{2}	·ja^{2}	sjij^{2}	khe̱j^{1}	ljɨ̱^{1}
又	此	行	者，	阿	赖	耶	识	戏	论

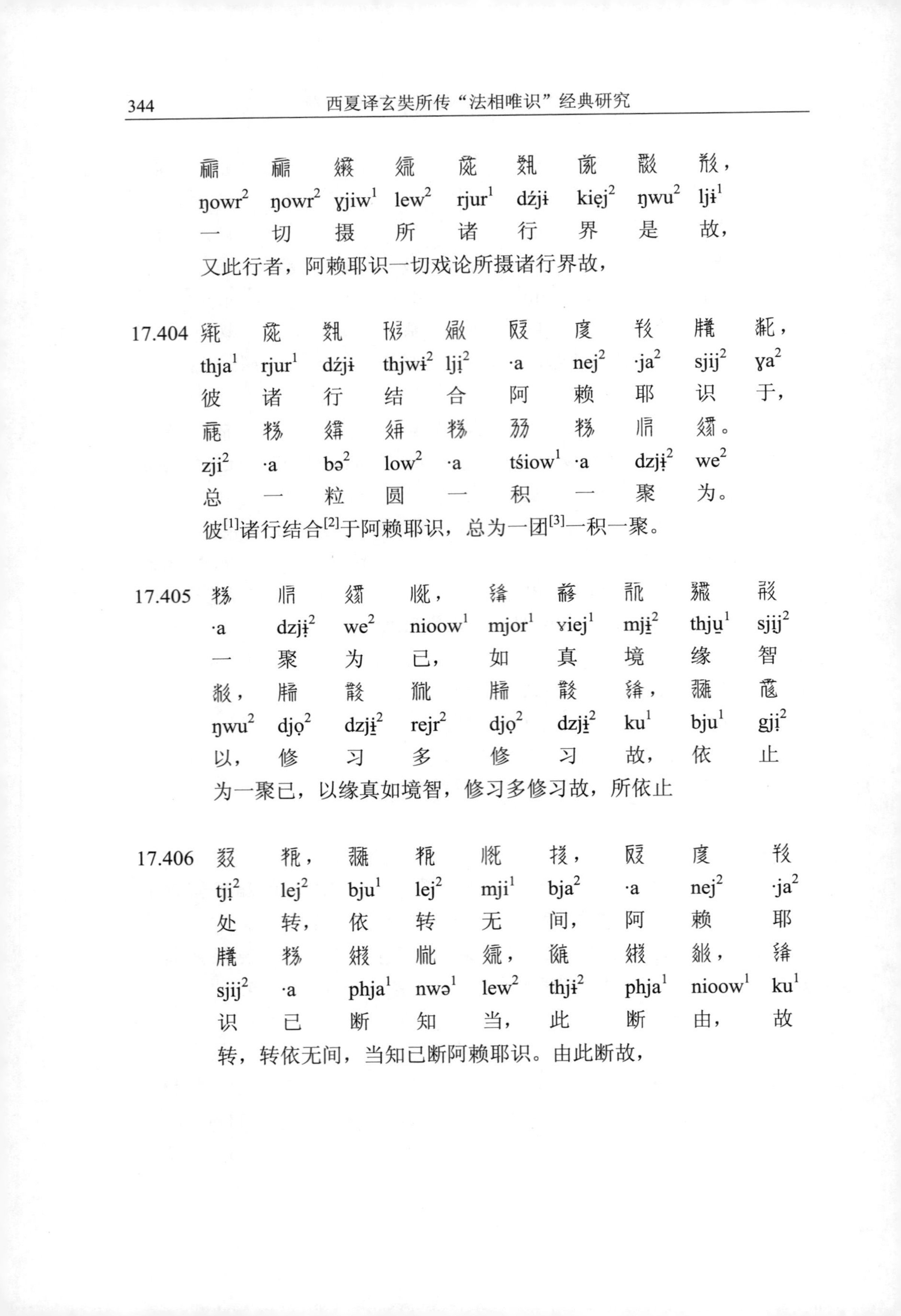

[illegible]

ŋowr^2 ŋowr^2 ɣjiw^1 lew^2 rjur^1 dźjɨ kięj^2 ŋwu^2 ljɨ^1

一 切 摄 所 诸 行 界 是 故，

又此行者，阿赖耶识一切戏论所摄诸行界故，

17.404 [illegible]

thja^1 rjur^1 dźjɨ thjwɨ^2 ljị^2 ·a nej^2 ·ja^2 sjij^2 ɣa^2

彼 诸 行 结 合 阿 赖 耶 识 于，

[illegible]

zji^2 ·a bə^2 low^2 ·a tśiow^1 ·a dzjị^2 we^2

总 一 粒 圆 一 积 一 聚 为。

彼[1]诸行结合[2]于阿赖耶识，总为一团[3]一积一聚。

17.405 [illegible]

·a dzjị^2 we^2 nioow^1 mjor^1 ɣiej^1 mjɨ̱^{2} thju̱^{1} sjij^2

一 聚 为 已， 如 真 境 缘 智

[illegible]

ŋwu^2 djọ^2 dzjɨ̱^{2} rejr^2 djọ^2 dzjɨ̱^{2} ku^1 bju^1 gjị^2

以， 修 习 多 修 习 故， 依 止

为一聚已，以缘真如境智，修习多修习故，所依止

17.406 [illegible]

tjị^2 lej^2 bju^1 lej^2 mji^1 bja^2 ·a nej^2 ·ja^2

处 转， 依 转 无 间， 阿 赖 耶

[illegible]

sjij^2 ·a phja^1 nwə^1 lew^2 thjɨ^2 phja^1 nioow^1 ku^1

识 已 断 知 当， 此 断 由， 故

转，转依无间，当知已断阿赖耶识。由此断故，

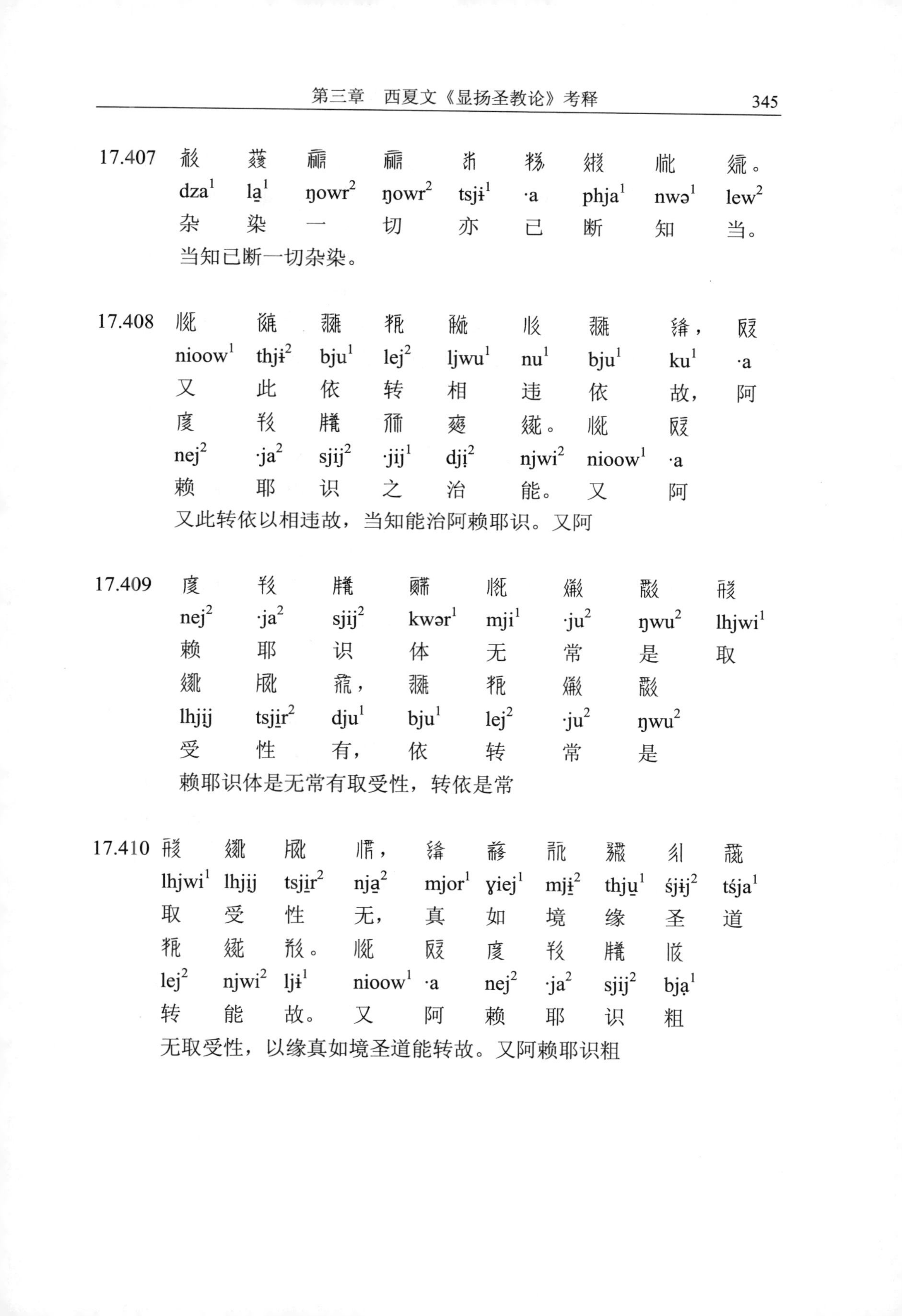

17.407 [illegible]。
dza^{1} la̱^{1} ŋowr^{2} ŋowr^{2} tsjɨ^{1} ·a phja^{1} nwə^{1} lew^{2}
杂 染 一 切 亦 已 断 知 当。
当知已断一切杂染。

17.408 [illegible]，[illegible]
nioow^{1} thjɨ^{2} bju^{1} lej^{2} ljwu^{1} nu^{1} bju^{1} ku^{1} ·a
又 此 依 转 相 违 依 故， 阿
[illegible]。[illegible]
nej^{2} ·ja^{2} sjij^{2} ·jij^{1} djị^{2} njwi^{2} nioow^{1} ·a
赖 耶 识 之 治 能。 又 阿
又此转依以相违故，当知能治阿赖耶识。又阿

17.409 [illegible]
nej^{2} ·ja^{2} sjij^{2} kwər^{1} mji^{1} ·ju^{2} ŋwu^{2} lhjwi^{1}
赖 耶 识 体 无 常 是 取
[illegible]，[illegible]
lhjịj tsji̱r^{2} dju^{1} bju^{1} lej^{2} ·ju^{2} ŋwu^{2}
受 性 有， 依 转 常 是
赖耶识体是无常有取受性，转依是常

17.410 [illegible]，[illegible]
lhjwi^{1} lhjịj tsji̱r^{2} nja̱^{2} mjor^{1} ɣiej^{1} mjɨ̠^{2} thju̱^{1} śjɨj^{2} tśja^{1}
取 受 性 无， 真 如 境 缘 圣 道
[illegible]。[illegible]
lej^{2} njwi^{2} ljɨ^{1} nioow^{1} ·a nej^{2} ·ja^{2} sjij^{2} bjạ^{1}
转 能 故。 又 阿 赖 耶 识 粗
无取受性，以缘真如境圣道能转故。又阿赖耶识粗

17.411 [illegible] [illegible] [illegible] [illegible]， [illegible] [illegible] [illegible] [illegible] [illegible]
ljɨ̱^{1} bju^{1} śjwɨ̣^{2} lej^{2} zji^{2} dźjwa^{1} bja̱^{1} ljɨ̱^{1} ŋowr^{2}
重 依 随 转， 究 竟 粗 重 一
[illegible] [illegible] [illegible]。 [illegible] [illegible] [illegible] [illegible] [illegible] [illegible]
ŋowr^{2} khwa^{1} ka^{2} nioow^{1} ·a nej^{2} ·ja^{2} sjij^{2} zji̥^{1}
切 远 离。 又 阿 赖 耶 识 烦
重所随转依，究竟远离一切粗重。又阿赖耶识是烦

17.412 [illegible] [illegible] [illegible]， [illegible] [illegible] [illegible] [illegible] [illegible]，
njɨ̱^{2} śjwo^{1} ·jiw^{1} śjɨj^{2} tśja^{1} mji^{1} śjwo^{1} ·jiw^{1}
恼 生 因， 圣 道 不 生 因，
[illegible] [illegible] [illegible] [illegible] [illegible] [illegible] [illegible]，
bju^{1} lej^{2} zji̥^{1} njɨ̱^{2} mji^{1} śjwo^{1} ·jiw^{1}
依 转 烦 恼 不 生 因，
恼生因，圣道不生因，转依是烦恼不生因，

17.413 [illegible] [illegible] [illegible] [illegible] [illegible]， [illegible] [illegible] [illegible]
śjɨj^{2} tśja^{1} śjwo^{1} ·jiw^{1} ŋwu^{2} thjɨ^{2} tja^{1} ·io̱w^{1}
圣 道 生 因 是， 此 者 因
[illegible] [illegible] [illegible] [illegible] [illegible] [illegible] [illegible] [illegible]。
kwər^{1} thu^{1} phjij^{1} ŋwu^{2} we̱^{1} ·jiw^{1} kwər^{1} nja̱^{2}
体 建 立 是 生 因 体 非。
圣道生因，此是建立因体非生因体。

校注：

[1] 彼，即西夏文“[illegible]”，汉文本作“略彼”。

[2] 结合，即西夏文“[illegible][illegible]”，汉文本无。

[3] 团，即西夏文“[illegible][illegible]”，西夏文字面意思作“圆粒”。

释读：

17.413 [illegible]
nioow¹
又
又

17.414 [illegible] [illegible] [illegible] [illegible] [illegible] [illegible] [illegible] [illegible] [illegible]
·a nej² ·ja² sjij² new² sej¹ la¹ nja² tsjir¹
阿 赖 耶 识 善 净 记 无 法
[illegible]， [illegible] [illegible] [illegible] [illegible] [illegible]， [illegible] [illegible]
kha¹ ·jij¹ dzju² mji¹ rjir¹ phji¹ bju¹ lej²
中， 自 在 不 得 令， 依 转
阿赖耶识令于善净无记[1]法中，不得自在，转依

17.415 [illegible] [illegible] [illegible] [illegible] [illegible] [illegible] [illegible] [illegible] [illegible]，
tja¹ new² sej¹ la¹ nja² tsjir¹ ŋowr² ŋowr² kha¹
者 善 净 记 无 法 一 切 中，
[illegible] [illegible] [illegible] [illegible]。 [illegible] [illegible]， [illegible] [illegible] [illegible]
ljij² ·jij¹ dzju² rjir¹ nioow¹ tśjɨ¹ thjɨ² ·a nej²
大 自 在 得。 复 次， 此 阿 赖
令于一切善净无记法中，得大自在。复次，此阿赖

17.416 [illegible] [illegible] [illegible] [illegible] [illegible] [illegible]， [illegible] [illegible] [illegible]
·ja² sjij² bja² dzjar² ·jij¹ tja¹ tjij¹ thjɨ² ·a
耶 识 断 灭 相 者， 若 此 阿
[illegible] [illegible] [illegible] [illegible] [illegible] [illegible] [illegible]， [illegible]
nej² ·ja² sjij² mjor¹ bja² dzjar² ku¹ xja¹
赖 耶 识 正 断 灭 故， 速
耶识断灭相者，谓此阿赖耶识正断灭故，

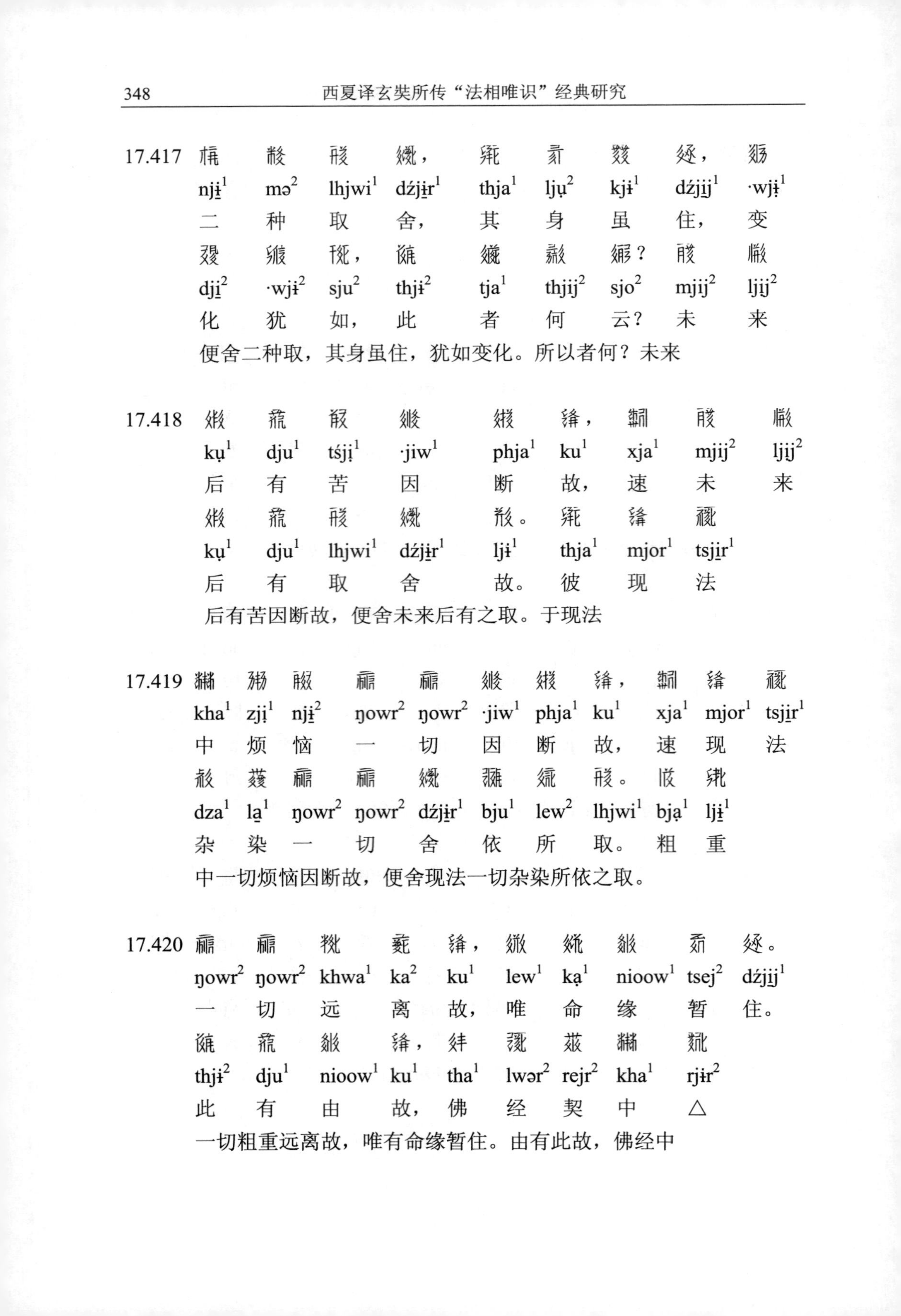

17.417
njɨ̱^{1} mə^{2} lhjwi^{1} dźjɨ̱r^{1} thja^{1} lju̱^{2} kjɨ^{1} dźji̱j^{1} ·wjɨ̱^{1}
二 种 取 舍， 其 身 虽 住， 变
dji̱^{2} ·wjɨ^{2} sju^{2} thjɨ^{2} tja^{1} thjij^{2} sjo^{2} mjij^{2} ljij^{2}
化 犹 如， 此 者 何 云？ 未 来
便舍二种取，其身虽住，犹如变化。所以者何？未来

17.418
kụ^{1} dju^{1} tśji̱^{1} ·jiw^{1} phja^{1} ku^{1} xja^{1} mjij^{2} ljij^{2}
后 有 苦 因 断 故， 速 未 来
kụ^{1} dju^{1} lhjwi^{1} dźjɨ̱r^{1} ljɨ^{1} thja^{1} mjor^{1} tsji̱r^{1}
后 有 取 舍 故。 彼 现 法
后有苦因断故，便舍未来后有之取。于现法

17.419
kha^{1} zjị^{1} njɨ̱^{2} ŋowr^{2} ŋowr^{2} ·jiw^{1} phja^{1} ku^{1} xja^{1} mjor^{1} tsji̱r^{1}
中 烦 恼 一 切 因 断 故， 速 现 法
dza^{1} la̱^{1} ŋowr^{2} ŋowr^{2} dźjɨ̱r^{1} bju^{1} lew^{2} lhjwi^{1} bjạ^{1} ljɨ̱^{1}
杂 染 一 切 舍 依 所 取。 粗 重
中一切烦恼因断故，便舍现法一切杂染所依之取。

17.420
ŋowr^{2} ŋowr^{2} khwa^{1} ka^{2} ku^{1} lew^{1} kạ^{1} nioow^{1} tsej^{2} dźjij^{1}
一 切 远 离 故， 唯 命 缘 暂 住。
thjɨ^{2} dju^{1} nioow^{1} ku^{1} tha^{1} lwər^{2} rejr^{2} kha^{1} rjɨr^{2}
此 有 由 故， 佛 经 契 中 △
一切粗重远离故，唯有命缘暂住。由有此故，佛经中

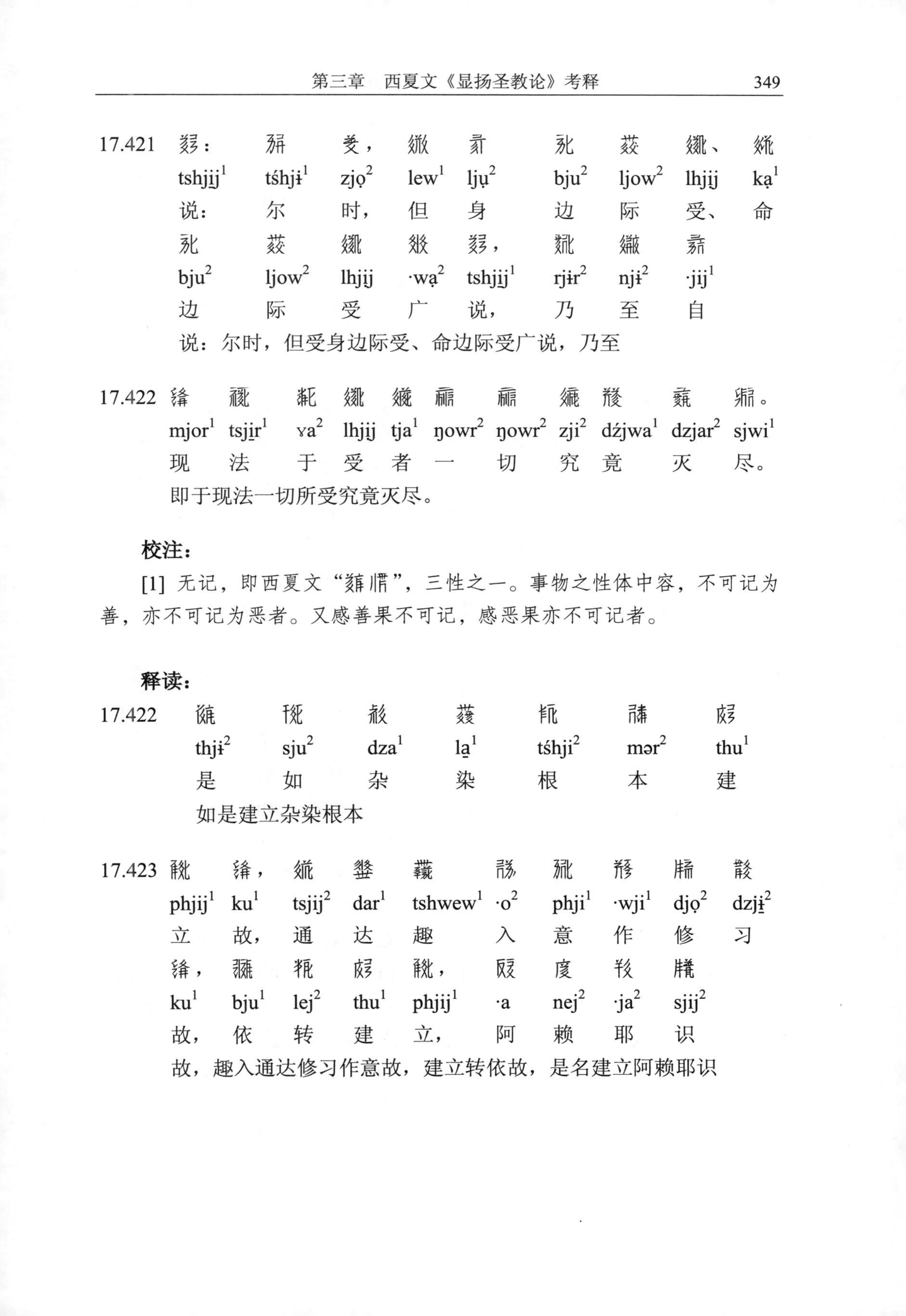

17.421 [illegible]

tshjij^{1} tśhjɨ^{1} zjọ^{2} lew^{1} ljụ^{2} bju^{2} ljow^{2} lhjij kạ^{1}

说： 尔 时， 但 身 边 际 受、 命

[illegible]

bju^{2} ljow^{2} lhjij ·wạ^{2} tshjij^{1} rjɨr^{2} njɨ^{2} ·jij^{1}

边 际 受 广 说， 乃 至 自

说：尔时，但受身边际受、命边际受广说，乃至

17.422 [illegible]

mjor^{1} tsji̱r^{1} ɣa^{2} lhjij tja^{1} ŋowr^{2} ŋowr^{2} zji^{2} dźjwa^{1} dzjar^{2} sjwi^{1}

现 法 于 受 者 一 切 究 竟 灭 尽。

即于现法一切所受究竟灭尽。

校注：

[1] 无记，即西夏文“[illegible]”，三性之一。事物之性体中容，不可记为善，亦不可记为恶者。又感善果不可记，感恶果亦不可记者。

释读：

17.422 [illegible]

thjɨ^{2} sju^{2} dza^{1} la̱^{1} tśhji^{2} mər^{2} thu^{1}

是 如 杂 染 根 本 建

如是建立杂染根本

17.423 [illegible]

phjij^{1} ku^{1} tsjij^{2} dar^{1} tshwew^{1} ·o^{2} phji^{1} ·wji^{1} djọ^{2} dzji̱^{2}

立 故， 通 达 趣 入 意 作 修 习

[illegible]

ku^{1} bju^{1} lej^{2} thu^{1} phjij^{1} ·a nej^{2} ·ja^{2} sjij^{2}

故， 依 转 建 立， 阿 赖 耶 识

故，趣入通达修习作意故，建立转依故，是名建立阿赖耶识

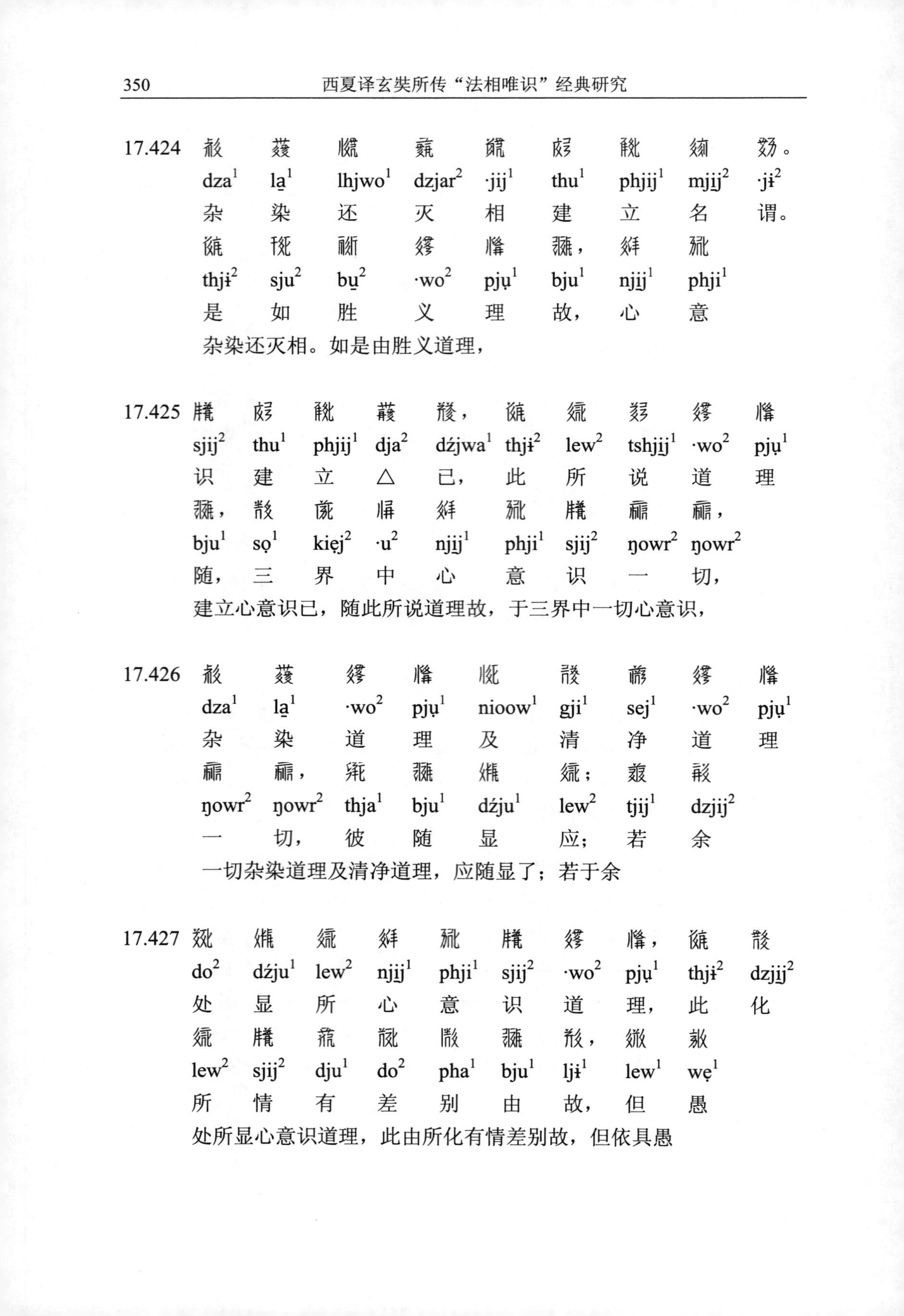

17.424 [illegible]

dza^{1} la̱^{1} lhjwo^{1} dzjar^{2} ·jij^{1} thu^{1} phjij^{1} mjij^{2} ·jɨ^{2}

杂 染 还 灭 相 建 立 名 谓。

[illegible]

thjɨ^{2} sju^{2} bu̱^{2} ·wo^{2} pjụ^{1} bju^{1} njij^{1} phji^{1}

是 如 胜 义 理 故， 心 意

杂染还灭相。如是由胜义道理，

17.425 [illegible]

sjij^{2} thu^{1} phjij^{1} dja^{2} dźjwa^{1} thjɨ^{2} lew^{2} tshjij^{1} ·wo^{2} pjụ^{1}

识 建 立 △ 已， 此 所 说 道 理

[illegible]

bju^{1} sọ^{1} kięj^{2} ·u^{2} njij^{1} phji^{1} sjij^{2} ŋowr^{2} ŋowr^{2}

随， 三 界 中 心 意 识 一 切，

建立心意识已，随此所说道理故，于三界中一切心意识，

17.426 [illegible]

dza^{1} la̱^{1} ·wo^{2} pjụ^{1} nioow^{1} gji^{1} sej^{1} ·wo^{2} pjụ^{1}

杂 染 道 理 及 清 净 道 理

[illegible]

ŋowr^{2} ŋowr^{2} thja^{1} bju^{1} dźju^{1} lew^{2} tjij^{1} dzjij^{2}

一 切， 彼 随 显 应； 若 余

一切杂染道理及清净道理，应随显了；若于余

17.427 [illegible]

do^{2} dźju^{1} lew^{2} njij^{1} phji^{1} sjij^{2} ·wo^{2} pjụ^{1} thjɨ^{2} dzjij^{2}

处 显 所 心 意 识 道 理， 此 化

[illegible]

lew^{2} sjij^{2} dju^{1} do^{2} pha^{1} bju^{1} ljɨ^{1} lew^{1} wẹ^{1}

所 情 有 差 别 由 故， 但 愚

处所显心意识道理，此由所化有情差别故，但依具愚

17.428 □ □ □ □ □ □ □ □ □
lə zjɨr^{1} ŋowr^{2} mjijr^{2} dzji̱j^{2} lew^{2} sjij^{2} dju^{1} ·wji^{1}
夫 慧 具 者 化 所 情 有 为
□ □ □ □， □ □ □ □ □
tśier^{1} ·ju^{2} tshji̱j^{1} ŋwu^{2} thja^{1} tsjɨ̱r^{1} ɣa^{2} ·o^{2} njwi^{2}
方 便 说 以， 彼 法 于 入 能
夫慧所化有情而说方便，能彼入法

17.429 □。
ljɨ^{1}
故。
故[1]。

校注：

[1] 能彼入法故，即西夏文“□□□□□□”，汉文本作“令彼易入法故”。

释读：

17.429 □ □： □ □ □ □ □ □ □，
·jɨr^{1} dạ^{2} tjij^{1} ·a nej^{2} ·ja^{2} sjij^{2} śjɨj^{1} ·jiw^{2}
问 曰： 若 阿 赖 耶 识 成 就，
□ □ □ □ □ □？ □ □ □
ku^{1} lej^{2} sjij^{2} ·a śjɨj^{1} ·jiw^{2} tjij^{1} lej^{2} sjij^{2}
则 转 识 已 成 就？ 设 转 识
问：若成就阿赖耶识，亦成就转识耶？设

17.430 □ □， □ □ □ □ □ □ □ □？
śjɨj^{1} ·jiw^{2} ku^{1} ·a nej^{2} ·ja^{2} sjij^{2} ·a śjɨj^{1} ·jiw^{2}
成 就， 则 阿 赖 耶 识 △ 成 就？
□ □： □ □ □ □ □， □ □
hụ^{2} dạ^{2} thjɨ^{2} ljɨ̱r^{1} gjwi^{2} ·wji^{1} lew^{2} tjij^{1} ·a
答 曰： 此 四 句 为 应， 或 阿
成就转识，亦成就阿赖耶识耶？答：此应为四句，谓或成就阿

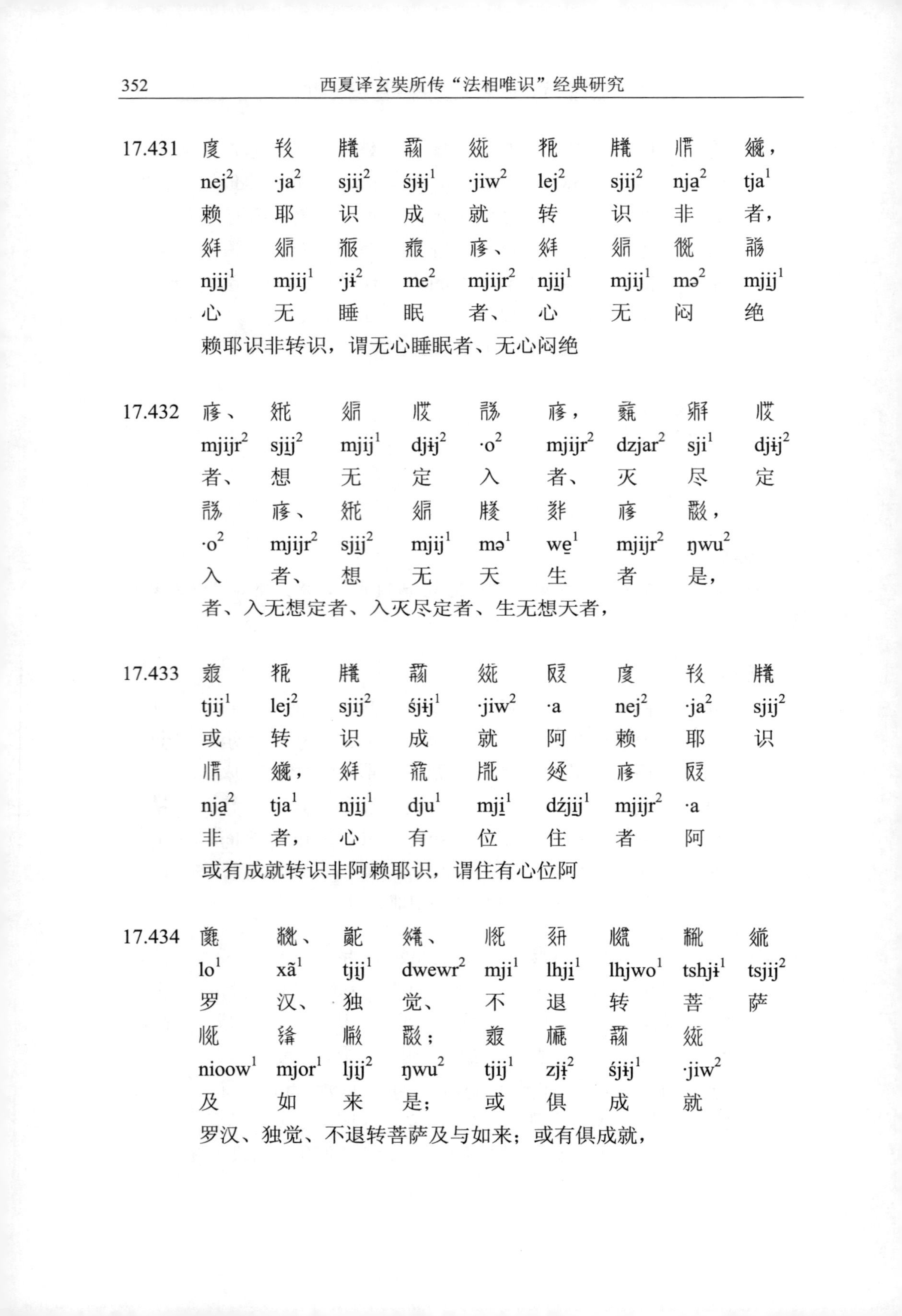

17.431 nej^{2} ·ja^{2} sjij^{2} śjɨj^{1} ·jiw^{2} lej^{2} sjij^{2} nja̱^{2} tja^{1}

赖 耶 识 成 就 转 识 非 者，

njij^{1} mjij^{1} ·jɨ^{2} me^{2} mjijr^{2} njij^{1} mjij^{1} mə^{2} mjij^{1}

心 无 睡 眠 者、心 无 闷 绝

赖耶识非转识，谓无心睡眠者、无心闷绝

17.432 mjijr^{2} sjij^{2} mjij^{1} djɨj^{2} ·o^{2} mjijr^{2} dzjar^{2} sji^{1} djɨj^{2}

者、想 无 定 入 者、灭 尽 定

·o^{2} mjijr^{2} sjij^{2} mjij^{1} mə^{1} we̱^{1} mjijr^{2} ŋwu^{2}

入 者、想 无 天 生 者 是，

者、入无想定者、入灭尽定者、生无想天者，

17.433 tjij^{1} lej^{2} sjij^{2} śjɨj^{1} ·jiw^{2} ·a nej^{2} ·ja^{2} sjij^{2}

或 转 识 成 就 阿 赖 耶 识

nja̱^{2} tja^{1} njij^{1} dju^{1} mji̱^{1} dźjij^{1} mjijr^{2} ·a

非 者，心 有 位 住 者 阿

或有成就转识非阿赖耶识，谓住有心位阿

17.434 lo^{1} xã^{1} tjij^{1} dwewr^{2} mji^{1} lhji̱^{1} lhjwo^{1} tshjɨ^{1} tsjij^{2}

罗 汉、独 觉、不 退 转 菩 萨

nioow^{1} mjor^{1} ljij^{2} ŋwu^{2} tjij^{1} zjɨ̱^{2} śjɨj^{1} ·jiw^{2}

及 如 来 是；或 俱 成 就

罗汉、独觉、不退转菩萨及与如来；或有俱成就，

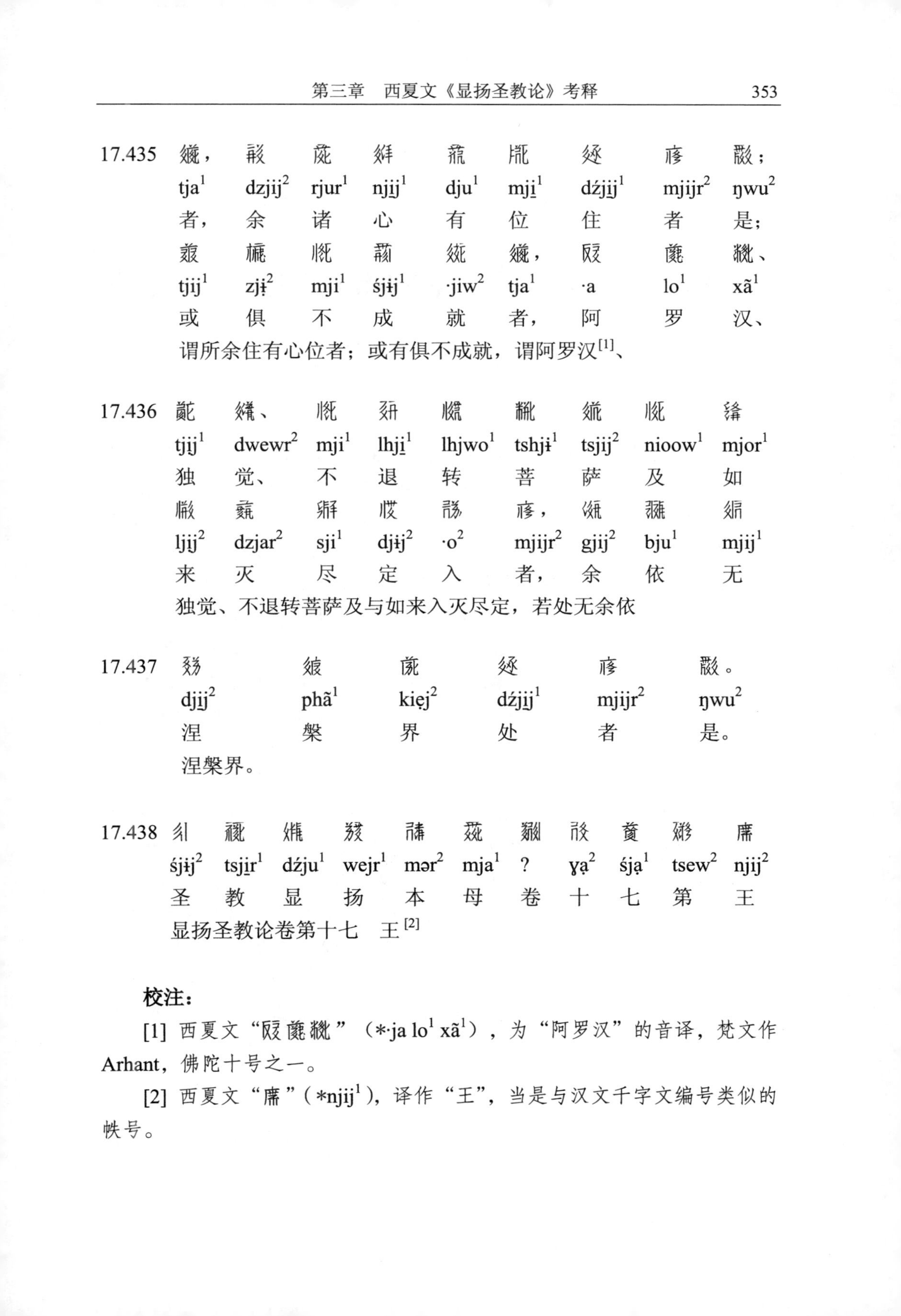

17.435

tja^{1} dzjij^{2} rjur^{1} njij^{1} dju^{1} mji̱^{1} dźjij^{1} mjijr^{2} ŋwu^{2}

者， 余 诸 心 有 位 住 者 是；

tjij^{1} zjɨ̣^{2} mji^{1} śjɨj^{1} ·jiw^{2} tja^{1} ·a lo^{1} xã^{1}

或 俱 不 成 就 者， 阿 罗 汉、

谓所余住有心位者；或有俱不成就，谓阿罗汉[1]、

17.436

tjij^{1} dwewr^{2} mji^{1} lhji̱^{1} lhjwo^{1} tshjɨ^{1} tsjij^{2} nioow^{1} mjor^{1}

独 觉、 不 退 转 菩 萨 及 如

ljij^{2} dzjar^{2} sji^{1} djɨ^{2} ·o^{2} mjijr^{2} gjij^{2} bju^{1} mjij^{1}

来 灭 尽 定 入 者， 余 依 无

独觉、不退转菩萨及与如来入灭尽定，若处无余依

17.437

djij^{2} phã^{1} kię^{2} dźjij^{1} mjijr^{2} ŋwu^{2}

涅 槃 界 处 者 是。

涅槃界。

17.438

śjɨj^{2} tsji̱r^{1} dźju^{1} wejr^{1} mər^{2} mja^{1} ? ɣạ^{2} śjạ^{1} tsew^{2} njij^{2}

圣 教 显 扬 本 母 卷 十 七 第 王

显扬圣教论卷第十七 王[2]

校注：

[1] 西夏文“…”（*·ja lo^{1} xã^{1}），为“阿罗汉”的音译，梵文作Arhant，佛陀十号之一。

[2] 西夏文“…”（*njij^{1}），译作“王”，当是与汉文千字文编号类似的帙号。

第四章　西夏文《大乘阿毗达磨集论》考释

《大乘阿毗达磨集论》（Mahāyānābhidharma sangīti—śāstra），亦称《阿毗达磨集论》，略称《集论》《对法论》。经名取梵语Abhidharma（阿毗达磨），意译“对法”“大法”“论”等。由唯识宗的创始者——无著菩萨所著，现存有梵文本、汉文本和藏文本。无著菩萨汇集《阿毗达磨经》中要义，成两部论（另外一部是《摄大乘论》），此为其中之一。阿毗达磨论书在小乘典籍中数见不鲜，但大乘典籍中仅有此论一部。大乘理想中的完整《阿毗达磨论》应该具备“对法”“数法”“伏法”及“解法”。《集论》全文约一千五百颂，分为“相集（亦称本事）”“谛决择集”“法决择集”“得决择集”和 “论决择集”共五集，汇集一经所有应该思考的观点而无所遗漏，所以说它是一部规模完备的论书。

《集论》原本在印度已散佚，后来印度人在中国西藏发现了此论的梵文断简（约存全论的五分之二，为 11 世纪初叶的写本），1950 年，经普拉汉校订并从汉、藏译本翻译梵文补其残缺而出版。无著撰《集论》，其门人弟子作注，补充较多，后安慧更糅合本释二文以为一体，于贞观二十年（646）成《集论释》，题名《大乘阿毗达磨杂集论》十六卷。其内容和《集论》译本一样，改成二分八品。又因其体裁和《杂心论》之发展《心论》别成一书的有些相似，所以译本改题为《杂集论》。又此论即代替《集论》为瑜伽十支论之一，因此玄奘门下十分重视它，作注甚多。[①]此外还有净月所作的

① 现存的有窥基的《杂集论述记》十卷，玄范的《疏》十卷。已佚的有灵雋的《疏》十六卷，智仁的《疏》五卷，胜庄的《疏》十二卷，元晓的《疏》五卷，太贤的《古迹记》四卷等。

释论，原本已佚。[①]《集论》亦有藏文译本[②]，论注也有藏译，十卷，五品，作者题为最胜子。此外还有杂糅论释藏译本。[③]

玄奘法师所译《集论》分为七卷，内容分“本事分”与“决择分”，前者有蕴界处三法、摄、相应、成就四品，后者有谛、法、得、论议四品。[④]据唐玄宗开元十八年（730）宫廷本写经目录《开元释教录》记载，唐高宗永徽三年（652）正月十六日，玄奘法师于大慈恩寺翻经院开始翻译此论，至三月二十八日译讫。他所著的《显扬圣教论》及《摄大乘论》，是以入识来校注大乘唯识学的妙理，重点在辨证阿赖耶之殊胜，而《集论》并不如此。本论是集大乘的阿毗达磨之精萃，分别大乘法相。所以《显扬圣教论》及“大乘论”是唯识宗之论藏，《集论》是一部大乘法相的要义，不属于何宗派的论典。

西夏本《大乘阿毗达磨集论》（[illegible]），1909 年出土于内蒙古额济纳旗的黑水城遗址，今藏于俄罗斯科学院东方文献研究所，俄藏编号 инв. № 70，迄今未获完全解读。著录首见于戈尔巴乔娃和克恰诺夫于 1963 年发表的《西夏文写本和刊本》，该经收入第 341 号，题作“[illegible]”（大乘阿毗达磨集论）。[⑤]1977 年，西田龙雄在《西夏文佛经目录》第 42 号中著录为《大乘阿毗达磨本母》，指出译自玄奘同名汉文本。[⑥]1999 年，克恰诺夫在《西夏佛典目录》中对其形制作了较为详细的描述[⑦]，对照上海古籍出版社蒋维崧、严克勤两位先生从俄国摄回的照片，

---

① 参见吕澂《大乘阿毗达磨集论释题》，《吕澂佛学论著选集》第 1 册，齐鲁书社 1991 年版，第 277—279 页。

② 西藏译《大乘阿毗达磨集论》（Chos-mnon-pa kun-las btus-pa），参见北京版《丹朱经》解部丽字函 51 页上栏至第 141 页下栏，那塘版《丹朱尔》显宗部的 49、50、51、52、53、54、55 等函中。

③ 以上各本的译者，胜友即系安慧的再传弟子，他对本论的传授是有其渊源的，从他传与译人智军、龙种等，这样相承而下，直到布敦、法祥、宗喀巴，传授不绝。现有布敦的《日光疏》，结曹的《善释对法海藏疏》等注疏。

④ 参见（唐）玄奘译《大乘阿毗达磨集论》，《大正新修大藏经》第 31 册，No.1605，第 693 页下栏。

⑤ 参见 З.И. Горбачева и Е.И. Кычанов, *Тангутские рукописи и ксилографы*, Москва: Издательство восточной литературы, 1963. стр.118。汉译本参见白滨译《西夏文写本及刊本——苏联科学院亚洲民族研究所藏西夏文已考订写本及刊本目录》，中国社会科学院民族研究所历史研究室编译《民族史译文集》第 3 集，1978 年版，第 85 页。此书著录误把经题梵文抄为《大乘阿毗达磨集论》（Mahāyānābhidharma sangīti—śāstra）。

⑥ 参见［日］西田龙雄《西夏文华严经》（III），京都大学文学部 1977 年版，第 19 页。

⑦ 参见 Е.И. Кычанов, *Каталог тангутских буддийских памятников*, Киото: Университет Киото, 1999. стр. 450。

我们可对 инв. № 70 号经的版本情况有大致的了解：西夏译本《大乘阿毗达磨集论》存卷三，写本经折装，30.5×12.5 厘米，墨框高 26 厘米，乌丝栏。上边距 2 厘米，下边距 2.5 厘米。墨线勾栏。存 21 折，每折 6 行，行 19 个字。残卷尾。纸边有数字三十二、三十三、三十四、三十五等。此外，该西夏译本首题“[illegible]”（大乘阿毗达磨集论卷三 伸），经题题署“[illegible]”（ 无著菩萨造，汉本大唐三藏法师玄奘译）。对照图版，我们发现聂历山和石滨纯太郎《西夏语译大藏经考》一文中多出标题“神翻大乘阿毗达磨集论”[①]，“神翻”可能是对“御译”的误读，“神”是对帙号“[illegible]”一字的解读。

对西夏本《大乘阿毗达磨集论》的研究始于聂历山和石滨纯太郎的《西夏语译大藏经考》一文[②]，当时聂历山和石滨纯太郎列举《大般若经》《佛母出生三法藏般若经》《大宝积经》《八十华严》《妙法莲华经》《宝雨经》《地藏菩萨本愿经》《不空羂索神变真言经》《七佛八菩萨所说大陀罗尼神咒经》《赡婆比丘经》《佛本行集经》《根本说一切有部目得迦》《大乘阿毗达磨集论》《大庄严论经》和《阿毗达磨顺正理论》十五种经来探讨仁宗及罗太后时代之藏经与大万寿寺本三千六百二十余卷的关系，指出上述十五种经皆译自同名汉文本，并对《法华经》《华严经》和《大乘阿毗达磨集论》的卷首进行了释读，发现后两部经均大题下有一小字，指出其表示函号，与汉藏相同，然可憾者，其字不明。1977 年，西田龙雄在《西夏文华严经》中对其作了详细的校注，并指出该经收入《西夏大藏经》第 2219—2221 页，西夏本当译自《大乘阿毗达磨集论》卷三，收入第 42 号，内容为“本事分中三法品第一之三”[③]。

---

① 孙伯君编：《国外早期西夏学论集》（一），民族出版社 2005 年版，第 124 页。

② 周一良译自《龙谷大学论丛》287 号，1929 年。原文是日文，汉译文原载《国立北平图书馆馆刊》第 4 卷第 3 号“西夏文专号”，1930（1932）年，第 2575—2581 页。参见孙伯君编《国外早期西夏学论集》（一），民族出版社 2005 年版，第 121—126 页。

③ ［日］西田龙雄：《西夏文华严经》（III），京都大学文学部 1977 年版，第 271 页。

第一节　《大乘阿毗达磨集论》卷三缀合

存世的西夏文“对法”类作品主要有三种。一种是《阿毗达磨顺正理论》，分藏于俄罗斯科学院东方文献研究所[1]和中国国家图书馆[2]。另一种是《阿毗达磨大毗婆沙论》残片，分藏于日本天理图书馆[3]和中国文化遗产研究院[4]。本部分准备介绍俄罗斯科学院东方文献研究所收藏的《大乘阿毗达磨集论》，指出存世的两个抄件可以缀合为完整的卷三，这一点是前人在著录中没有注意到的。

俄罗斯科学院东方文献研究所收藏的西夏本《大乘阿毗达磨集论》1909年出土于内蒙古额济纳旗的黑水城遗址，两个抄件分别编号为**инв. № 70**和**инв. № 2651**。书题“[illegible]”，西夏字面译为“大乘阿毗达磨集本母”[5]，于1929年被聂历山和石滨纯太郎正确地勘同玄奘汉译本[6]，其后的著录见戈尔巴乔娃和克恰诺夫的《西夏文写本和刊本》[7]，以及西田龙雄的《西夏文佛经目录》[8]，原件照片由格林斯蒂德1972年在印度刊布[9]。据克恰诺夫在1999年介绍，这两个编号同为经折装写本，纸幅30.5×12.5厘米，墨框高26厘米，每折6行，行19字。[10]

玄奘译《大乘阿毗达磨集论》全书七卷，西夏译本文仅存卷三。俄藏**инв.**

---

① 参见 Е.И. Кычанов，*Каталог тангутских буддийских памятников*, Киото, Университет Киото, 1999, стр. 448。

② 参见宁夏大学西夏学研究中心、中国国家图书馆、甘肃五凉古籍整理研究中心《中国藏西夏文献》第 15 册，甘肃人民出版社、敦煌文艺出版社 2005 年版，第 263—313 页。

③ 参见武宇林、［日］荒川慎太郎《日本藏西夏文献》，中华书局 2010 年版，第 262、384 页。

④ 参见 Nie Hongyin, “Tangut Fragments Preserved in the China National Institute of Cultural Heritage”, И.Ф. Попова сост， *Тангуты в Центральной Азии*, Москва: Издательская фирма «Восточная литература», 2012。

⑤ 西夏的“本母”二字译自藏语 de-snod-ma-mo（本母藏）。参见聂鸿音《西夏佛教术语的来源》，《固原师专学报》（社会科学版）2002 年第 2 期。

⑥ 参见［日］石滨纯太郎《西夏语译大藏经考》，《龙谷大学论丛》287 号 1929 年版。周一良汉译文原载《国立北平图书馆馆刊》第 4 卷 3 号，1930（1932）年。

⑦ 参见 З.И. Горбачева и Е.И. Кычанов, *Тангутские рукописи и ксилографы*, Москва: Издательство восточной литературы, 1963. стр. 118。

⑧ 参见［日］西田龙雄《西夏文华严经》（III），京都大学文学部 1977 年版，第 19 页。

⑨ 参见 Eric Grinstead, *The Tangut Tripitaka*, New Delhi: Sharada Rani, 1973, pp. 2219-2221。

⑩ 参见 Е.И. Кычанов. *Каталог тангутских буддийских памятников*, Киото, Университет Киото, 1999, стр. 450。

№ 70卷首题署“[illegible]，[illegible]”（无著菩萨造，汉本大唐三藏法师玄奘译），现存部分共21折，至《本事分中摄品第二》中的“受蕴摄几界几处”以下残缺。俄藏инв. № 2651现存部分为第22折至第41折，首行每字残右半，始于“如受蕴，想行蕴亦尔”至《决择分中谛品第一之一》中的“何者胜义谛苦”，以下残缺。

这两个编号是由同一个写本断裂而成的，其结合部所据的汉文见《大正藏》第 31 册第 673 页上栏。下面引文中的“‖”号表示断裂处：

何等具分摄？谓所有法蕴界处所摄，能摄全分，应知具分摄。何等更互摄？谓色蕴摄几界几处？十全一少分。受蕴摄几界几处？一少分。‖如受蕴，想行蕴亦尔。识蕴摄几界几处？七界一处。眼界摄几蕴几处？色蕴少分一处全。如眼界，耳鼻舌身、色声香味触界亦尔。

相应的西夏文如下：

инв. № 70：

[illegible]？[illegible]，[illegible]□，[illegible]。[illegible]？[illegible]□□□[illegible]？[illegible]，[illegible]□□？□□□

инв. № 2651：

[illegible]。[illegible]，[illegible]。[illegible]？[illegible]。[illegible]？[illegible]。[illegible]，[illegible]、[illegible]。

这段文字可以译注如下：

具分摄者云何？一切法蕴界处中摄者，能[1]摄全分，故应知具分摄。更互摄者云何？色蕴中摄[几界几]处[2]？十全一少分也。受蕴中摄几处几[界？一少分]‖也[3]。如受蕴，想行蕴亦与彼一般。识蕴中摄几界几处？七界一处也。眼界中摄几蕴几处？色蕴少分一处全。如眼界，耳鼻舌身、色声香味触界亦与彼一般。

[1] 70 号写本此处残一字，参照上下文可补作“[illegible]”（能）。

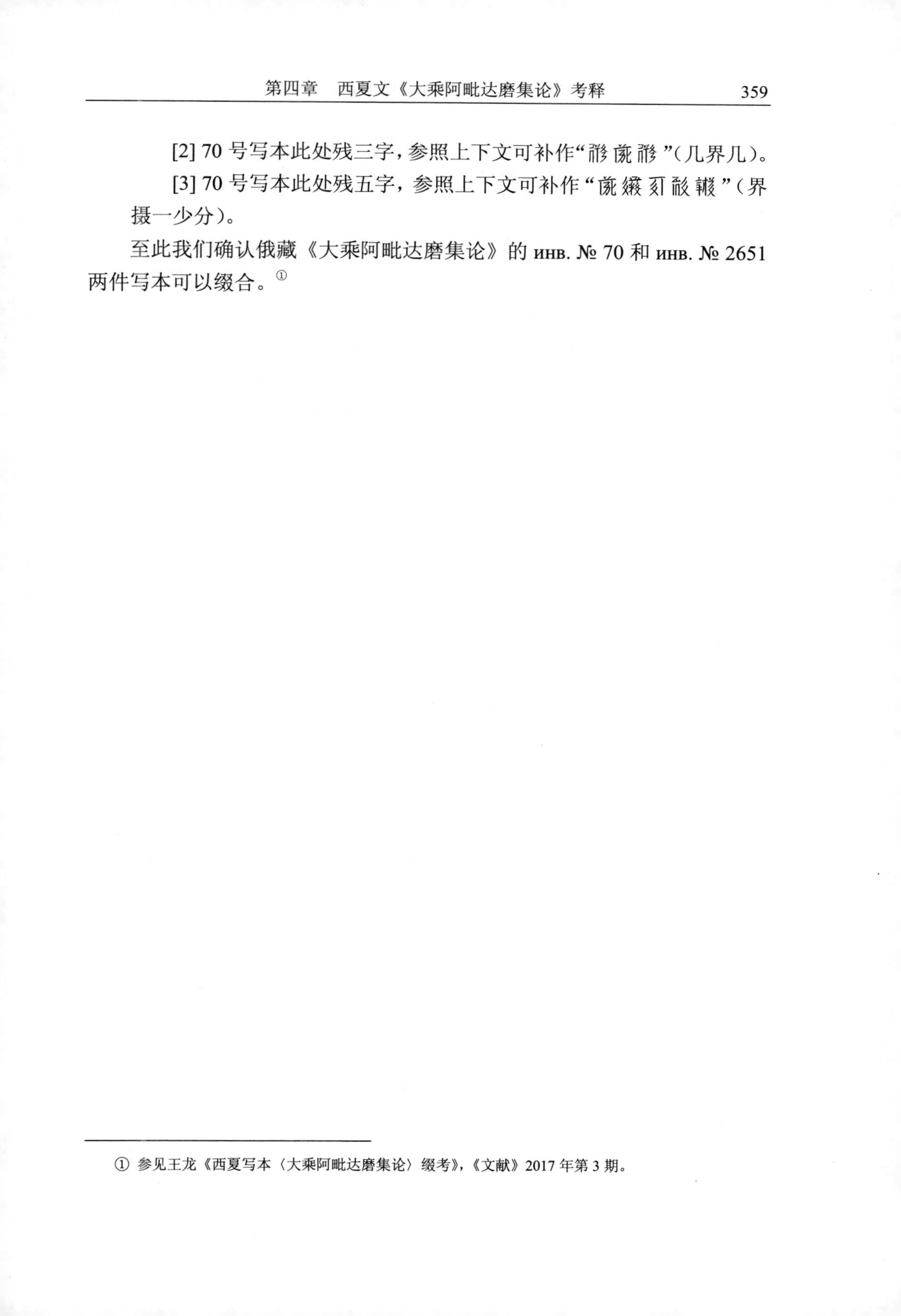

[2] 70 号写本此处残三字，参照上下文可补作“[illegible][illegible][illegible]”（几界几）。

[3] 70 号写本此处残五字，参照上下文可补作“[illegible][illegible][illegible][illegible][illegible]”（界摄一少分）。

至此我们确认俄藏《大乘阿毗达磨集论》的 инв. № 70 和 инв. № 2651 两件写本可以缀合。[①]

① 参见王龙《西夏写本〈大乘阿毗达磨集论〉缀考》，《文献》2017 年第 3 期。

第二节 《大乘阿毗达磨集论》卷三译注

西夏文《大乘阿毗达磨集论》卷三，今藏于俄罗斯科学院东方文献研究所，编号 инв. № 70 和 2651，译自唐玄奘汉文本《大乘阿毗达磨集论》卷三，包括“本事分中三法品”第一之三、《大乘阿毗达磨集论》“本事分中摄品”第二 、《大乘阿毗达磨集论》“本事分中相应品”第三、《大乘阿毗达磨集论》“本事分中成就品”第四和《大乘阿毗达磨集论》“决择分中谛品”第一之一。俄藏 инв. № 70 号现存部分共 21 折，共 124 行，内容相当于汉本的开头至《本事分中摄品第二》中的“受蕴摄几界几处”，以下残缺。衔接的俄藏 инв. № 2651 现存部分为第 22 折至第 41 折，图版顺序应该为 3→2→1→5→4，始第 125 行至第 245 行，首行每字残右半，始于“如受蕴，想行蕴亦尔”至《决择分中谛品第一之一》中的“何者胜义谛苦”，以下残缺。

解读参考韩清净著《大乘阿毗达磨集论别释》，中国佛教文化研究所编 2008 年版。

一 “本事分中三法品”第一之三译注

释读：

3.1

[illegible]	[illegible]	[illegible]	[illegible]	[illegible]	[illegible]	[illegible]	[illegible]	[illegible]	[illegible]	[illegible]	[illegible]	[illegible]
ljịj^{2}	·ụ^{2}	·a	phji^{1}	tha^{2}	mo^{2}	śio̱^{1}	mər^{2}	mja^{1}	?	sọ^{1}	tsew^{2}	·ji̱r^{2}
大	乘	阿	毗	达	磨	集	本	母	卷	三	第	伸

大乘阿毗达磨[1]集本母[2]卷第三　伸[3]

3.2

[illegible]	[illegible]	[illegible]	[illegible]	[illegible]	[illegible]，	[illegible]	[illegible]	[illegible]
zjịj^{1}	mjij^{1}	tshjɨ^{1}	tsjij^{2}	rjɨr^{2}	·wji^{1}	zar^{1}	tśhji^{2}	ljịj^{2}
著	无	菩	萨	所	作，	汉	本	大
[illegible]	[illegible]	[illegible]	[illegible]	[illegible]	[illegible]	[illegible]	[illegible]	[illegible]
thow^{1}	rejr^{2}	lhwu^{1}	tsji̱r^{1}	dzjij^{2}	na^{1}	ljịj^{2}	·a	lhej^{2}
唐	三	藏	法	师	玄	奘	△	译

无著菩萨造，汉本大唐三藏法师玄奘译[4]

3.3 □ □ □ □ □ □ □ □ □ □ □

mər^{2} dạ^{2} phiạ^{2} kha^{1} sọ^{1} tsji̱r^{1} tjij^{1} lew^{1} tsew^{2} ·jij^{1} sọ^{1}

本 事 分 中 三 法 品 一 第 之 三

本事分中三法品第一之三

3.4 □ □ □？ □ □ □？ □ □ □

thjij^{2} sjo^{2} nioow^{1} zjij^{1} nioow^{1} ŋwu^{2} wa^{2} sju^{2} ·wo^{2}

何 云 缘？ 几 缘 是？ 何 如 义

□，□ □ □ □？［□ □］□，□

bju^{1} nioow^{1} bio̱^{1} thju̱^{1} ljɨ^{1} ·jiw^{1} nioow^{1} nioow^{1} śji^{1}

故，缘 观 察 耶？ 因 缘 故，先

云何缘？几是缘？为何义故，观缘耶？因缘[5]故，

3.5 □ □ □，□ □ □，□ □ □ □，

kụ^{1} lew^{2} nioow^{1} thju̱^{1} lew^{2} nioow^{1} bu̱^{2} gjij^{1} nioow^{1} tja^{1}

后 等 故，缘 所 故，增 上 故 者，

□ □ □，□ ［□ □ □］ □。□

nioow^{1} ·wo^{2} ŋwu^{2} ku^{1} ŋowr^{2} ŋowr^{2} nioow^{1} ŋwu^{2} ŋa^{2}

缘 义 是，则 一 切 缘 是。我

等无间[6]故，所缘故，增上[7]故，是缘义，一切是缘[8]。

3.6 □ □ □ □ □ □ □ □ □，□

nioow^{1} tsji̱r^{1} we^{2} zow^{2} zjij^{1} dźji̱r^{1} nioow^{1} tśhjwo^{1} nioow^{1} bio̱^{1}

因 法 为 执 着 舍 因 故 缘，观

□ □。□ □ ［□ □］？□ □ □

thju̱^{1} ·jiw^{1} nioow^{1} tja^{1} thjij^{2} sjo^{2} ·a nej^{2} ·ja^{2}

察 缘。缘 者 何 云？ 阿 赖 耶

为舍执着我为因法故，观察缘。何等[9]因缘？谓阿赖耶

3.7 [illegible]，[illegible]。[illegible]，

sjij^{2} nioow^{1} new^{2} sjwɨ^{1} mẹ^{2} ŋwu^{2} nioow^{1} ·jij^{1} tsji̠r^{2} nioow^{1}

识，及 善 习 气 是。又 自 性 故，

[illegible]，[[illegible]]，[[illegible]] [illegible]

do^{2} pha^{1} nioow^{1} ·wụ^{2} khiwa^{1} nioow^{1} ka^{1} śjwo^{1} nioow^{1}

差 别 故，助 伴 故，等 行 故

识，及善习气。又自性故，差别故，助伴故[10]，等行[11]故，

3.8 [illegible]，[illegible]，[illegible]，[illegible]

lhu^{1} ljij^{1} nioow^{1} lə^{1} ɣiẹ^{2} nioow^{1} ɣjiw^{1} ɣiwej^{1} nioow^{1} ·jiw^{1}

增 益 故，障 碍 故，摄 受 故，缘

[illegible]。[illegible]，[illegible]

·wo^{2} ŋwu^{2} ·jij^{1} tsji̠r^{2} tja^{1} ·jiw^{1} ·jij^{1} tsji̠r^{2} ·wji^{1}

义 是。自 性 者，因 自 性 作

增益故，障碍故，摄受故，是缘义[12]。自性者，谓能作因自性。

3.9 [illegible]。[illegible]，[illegible]。[illegible]

njwi^{2} do^{2} pha^{1} tja^{1} ·jiw^{1} do^{2} pha^{1} ·wji^{1} njwi^{2} ljow^{2}

能。差 别 者，因 差 别 作 能。略

[illegible]：[illegible]、[illegible]，[illegible]

nji̠^{1} ɣạ^{2} mə^{2} dju^{1} lew^{1} we̠^{1} ·wji^{1} njwi^{2} sjij^{2}

二 十 种 有：一、生 作 能，识

差别者，谓能作因差别。略有二十种：一、生能作，谓识

3.10 [illegible]；[illegible]、[illegible]，[illegible]

dzow^{1} ŋwej^{2} sjij^{2} ɣa^{2} dza^{2} nji̠^{1} dźjij^{1} ·wji^{1} njwi^{2} tjị^{1}

和 合 识 于 望；二、住 作 能，愿

[illegible]；

·a śjwo^{1} nioow^{1} we̠^{1} kjụ^{1} sjij^{2} dju^{1} ɣa^{2} dza^{2}

已 生 及 生 求 情 有 于 望；

和合望识；二、住能作，谓愿望已生及求生有情[13]；

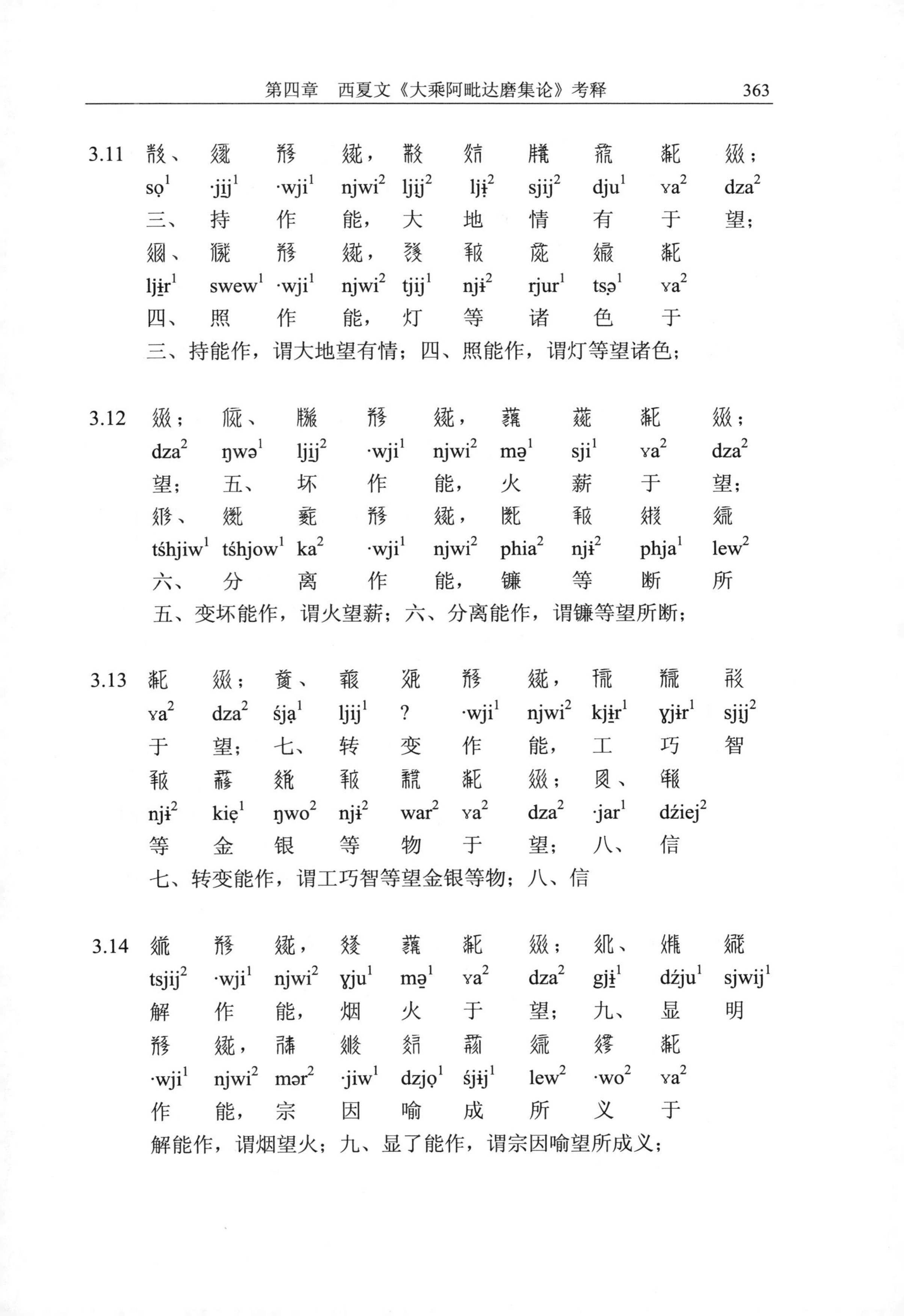

3.11 [illegible]

so̩^{1} ·jij^{1} ·wji^{1} njwi^{2} ljij^{2} ljɨ̣^{2} sjij^{2} dju^{1} ɣa^{2} dza^{2}

三、 持 作 能， 大 地 情 有 于 望；

[illegible]

ljɨ̱r^{1} swew^{1} ·wji^{1} njwi^{2} tjij^{1} njɨ^{2} rjur^{1} tsə̣^{1} ɣa^{2}

四、 照 作 能， 灯 等 诸 色 于

三、持能作，谓大地望有情；四、照能作，谓灯等望诸色；

3.12 [illegible]

dza^{2} ŋwə^{1} ljij^{2} ·wji^{1} njwi^{2} mə̱^{1} sji^{1} ɣa^{2} dza^{2}

望； 五、 坏 作 能， 火 薪 于 望；

[illegible]

tśhjiw^{1} tśhjow^{1} ka^{2} ·wji^{1} njwi^{2} phia^{2} njɨ^{2} phja^{1} lew^{2}

六、 分 离 作 能， 镰 等 断 所

五、变坏能作，谓火望薪；六、分离能作，谓镰等望所断；

3.13 [illegible]

ɣa^{2} dza^{2} śjạ^{1} ljij^{1} ? ·wji^{1} njwi^{2} kjɨ̱r^{1} ɣjɨr^{1} sjij^{2}

于 望； 七、 转 变 作 能， 工 巧 智

[illegible]

njɨ^{2} kię^{1} ŋwo^{2} njɨ^{2} war^{2} ɣa^{2} dza^{2} ·jar^{1} dźiej^{2}

等 金 银 等 物 于 望； 八、 信

七、转变能作，谓工巧智等望金银等物；八、信

3.14 [illegible]

tsjij^{2} ·wji^{1} njwi^{2} ɣju^{1} mə̱^{1} ɣa^{2} dza^{2} gjɨ̱^{1} dźju^{1} sjwij^{1}

解 作 能， 烟 火 于 望； 九、 显 明

[illegible]

·wji^{1} njwi^{2} mər^{2} ·jiw^{1} dzjọ^{1} śjɨj^{1} lew^{2} ·wo^{2} ɣa^{2}

作 能， 宗 因 喻 成 所 义 于

解能作，谓烟望火；九、显了能作，谓宗因喻望所成义；

3.15 [illegible]；[illegible]、[illegible]，[illegible]。

dza^{2} ɣạ^{2} ka^{1} njɨ^{2} ·wji^{1} njwi^{2} śjɨj^{2} tśja^{1} djij^{2} phã^{1} ɤa^{2} dza^{2}

望；十、等 至 作 能，圣 道 涅 槃 于 望。

十、等至能作，谓圣道望涅槃。

校注：

[1] 阿毗达磨，即西夏文“[illegible]”，音译梵语 abhidharma，意译为“对法”。①

[2] 本母，即西夏文“[illegible]”，即佛教三藏之一的“论”，聂鸿音先生认为该词译自藏语 de-snod-ma-mo（本母藏）②。

[3] 伸，即西夏文“[illegible]（*·jịr^{2}）”，当与汉文本千字文编号类似的帙号。

[4] 汉本大唐三藏法师玄奘译，即西夏文“[illegible]”，汉文本作“三藏法师玄奘奉诏译”。

[5] 西夏文“[illegible]”二字原缺，据汉文本“因缘”拟补。

[6] 无间，即西夏文“[illegible]”，西夏文字面意思作“先后”。下同。

[7] 增上，即西夏文“[illegible]”，西夏文字面意思作“殊胜”。下同。

[8] 西夏文“[illegible]”三字原缺，据汉文本“一切是缘”拟补。

[9] 西夏文“[illegible]”二字原缺，据上下文和汉文本“何等”拟补。

[10] 西夏文“[illegible]”三字原缺，据汉文本“助伴故”和下文“[illegible]”拟补。

[11] 西夏文“[illegible]”二字原缺，据汉文本“等行”和下文“[illegible]”拟补。

[12] 是缘义，即西夏文“[illegible]”，汉文本作“是因缘义”，西夏文“[illegible]”字后疑脱“[illegible]”。

[13] 谓愿望已生及求生有情，即西夏文“[illegible]”，汉文本作“谓食望已生及求生有情”。

① 慈怡主编《佛光大辞典》，佛光出版社 1989 年版，第 3641 页。

② 聂鸿音：《西夏佛教术语的来源》，《固原师专学报》（社会科学版）2002 年第 2 期。

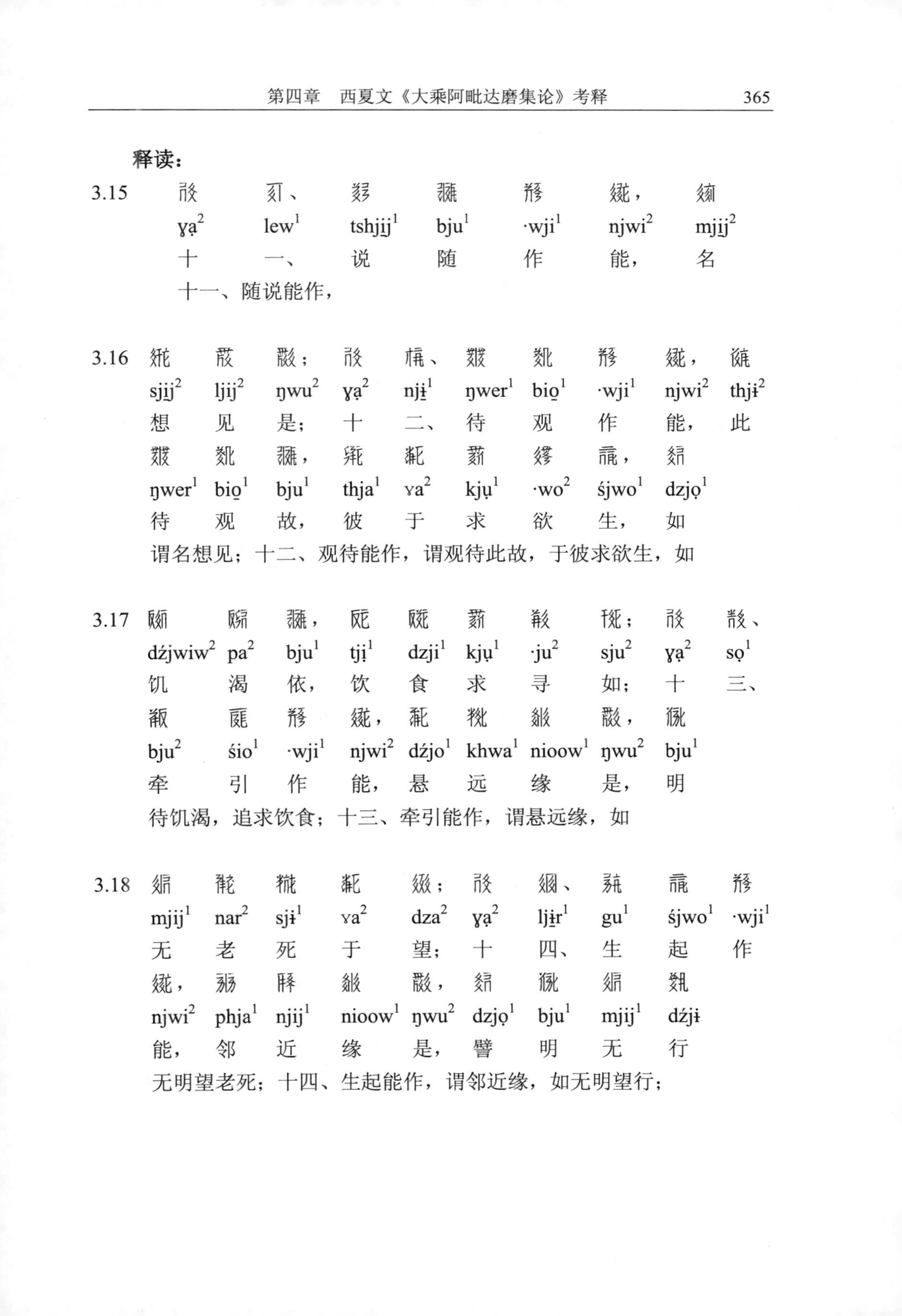

释读：

3.15 [illegible]

ɣạ^{2} lew^{1} tshjịj^{1} bju^{1} ·wji^{1} njwi^{2} mjịj^{2}

十 一、 说 随 作 能， 名

十一、随说能作，

3.16 [illegible]

sjịj^{2} ljịj^{2} ŋwu^{2} ɣạ^{2} njɨ̱^{1} ŋwer^{1} bio̱^{1} ·wji^{1} njwi^{2} thjɨ^{2}

想 见 是； 十 二、 待 观 作 能， 此

[illegible]

ŋwer^{1} bio̱^{1} bju^{1} thja^{1} ɤa^{2} kjụ^{1} ·wo^{2} śjwo^{1} dzjọ^{1}

待 观 故， 彼 于 求 欲 生， 如

谓名想见；十二、观待能作，谓观待此故，于彼求欲生，如

3.17 [illegible]

dźjwiw^{2} pa^{2} bju^{1} tjị^{1} dzji^{1} kjụ^{1} ·ju^{2} sju^{2} ɣạ^{2} sọ^{1}

饥 渴 依， 饮 食 求 寻 如； 十 三、

[illegible]

bju^{2} śio^{1} ·wji^{1} njwi^{2} dźjo^{1} khwa^{1} nioow^{1} ŋwu^{2} bju^{1}

牵 引 作 能， 悬 远 缘 是， 明

待饥渴，追求饮食；十三、牵引能作，谓悬远缘，如

3.18 [illegible]

mjij^{1} nar^{2} sjɨ^{1} ɤa^{2} dza^{2} ɣạ^{2} ljɨ̣r^{1} gu^{1} śjwo^{1} ·wji^{1}

无 老 死 于 望； 十 四、 生 起 作

[illegible]

njwi^{2} phja^{1} njij^{1} nioow^{1} ŋwu^{2} dzjọ^{1} bju^{1} mjij^{1} dźjɨ

能， 邻 近 缘 是， 譬 明 无 行

无明望老死；十四、生起能作，谓邻近缘，如无明望行；

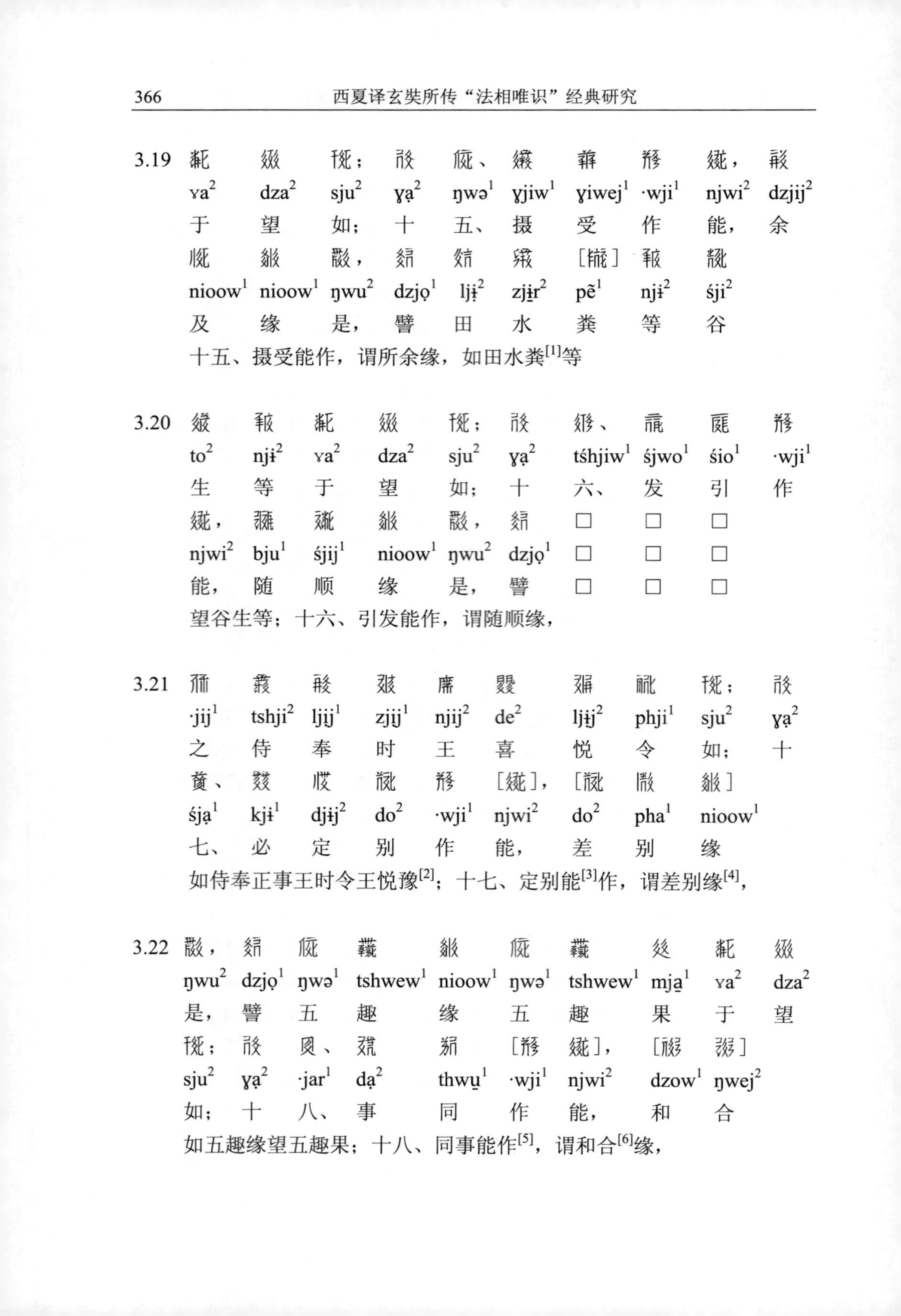

3.19 [illegible]
ɤa^{2} dza^{2} sju^{2} ɣạ^{2} ŋwə^{1} ɣjiw^{1} ɣiwej^{1} ·wji^{1} njwi^{2} dzjij^{2}
于 望 如； 十 五、 摄 受 作 能， 余
[illegible]
nioow^{1} nioow^{1} ŋwu^{2} dzjọ^{1} ljɨ̣^{2} zjɨ̠r^{2} pẽ^{1} njɨ^{2} śji^{2}
及 缘 是， 譬 田 水 粪 等 谷
十五、摄受能作，谓所余缘，如田水粪[1]等

3.20 [illegible]
to^{2} njɨ^{2} ɤa^{2} dza^{2} sju^{2} ɣạ^{2} tśhjiw^{1} śjwo^{1} śio^{1} ·wji^{1}
生 等 于 望 如； 十 六、 发 引 作
[illegible] □ □ □
njwi^{2} bju^{1} śjij^{1} nioow^{1} ŋwu^{2} dzjọ^{1} □ □ □
能， 随 顺 缘 是， 譬 □ □ □
望谷生等；十六、引发能作，谓随顺缘，

3.21 [illegible]
·jij^{1} tshji^{2} ljij^{1} zjij^{1} njij^{2} de^{2} ljɨj^{2} phji^{1} sju^{2} ɣạ^{2}
之 侍 奉 时 王 喜 悦 令 如； 十
[illegible]
śjạ^{1} kjɨ^{1} djɨj^{2} do^{2} ·wji^{1} njwi^{2} do^{2} pha^{1} nioow^{1}
七、 必 定 别 作 能， 差 别 缘
如侍奉正事王时令王悦豫[2]；十七、定别能[3]作，谓差别缘[4]，

3.22 [illegible]
ŋwu^{2} dzjọ^{1} ŋwə^{1} tshwew^{1} nioow^{1} ŋwə^{1} tshwew^{1} mja̱^{1} ɤa^{2} dza^{2}
是， 譬 五 趣 缘 五 趣 果 于 望
[illegible]
sju^{2} ɣạ^{2} ·jar^{1} dạ^{2} thwu̱^{1} ·wji^{1} njwi^{2} dzow^{1} ŋwej^{2}
如； 十 八、 事 同 作 能， 和 合
如五趣缘望五趣果；十八、同事能作[5]，谓和合[6]缘，

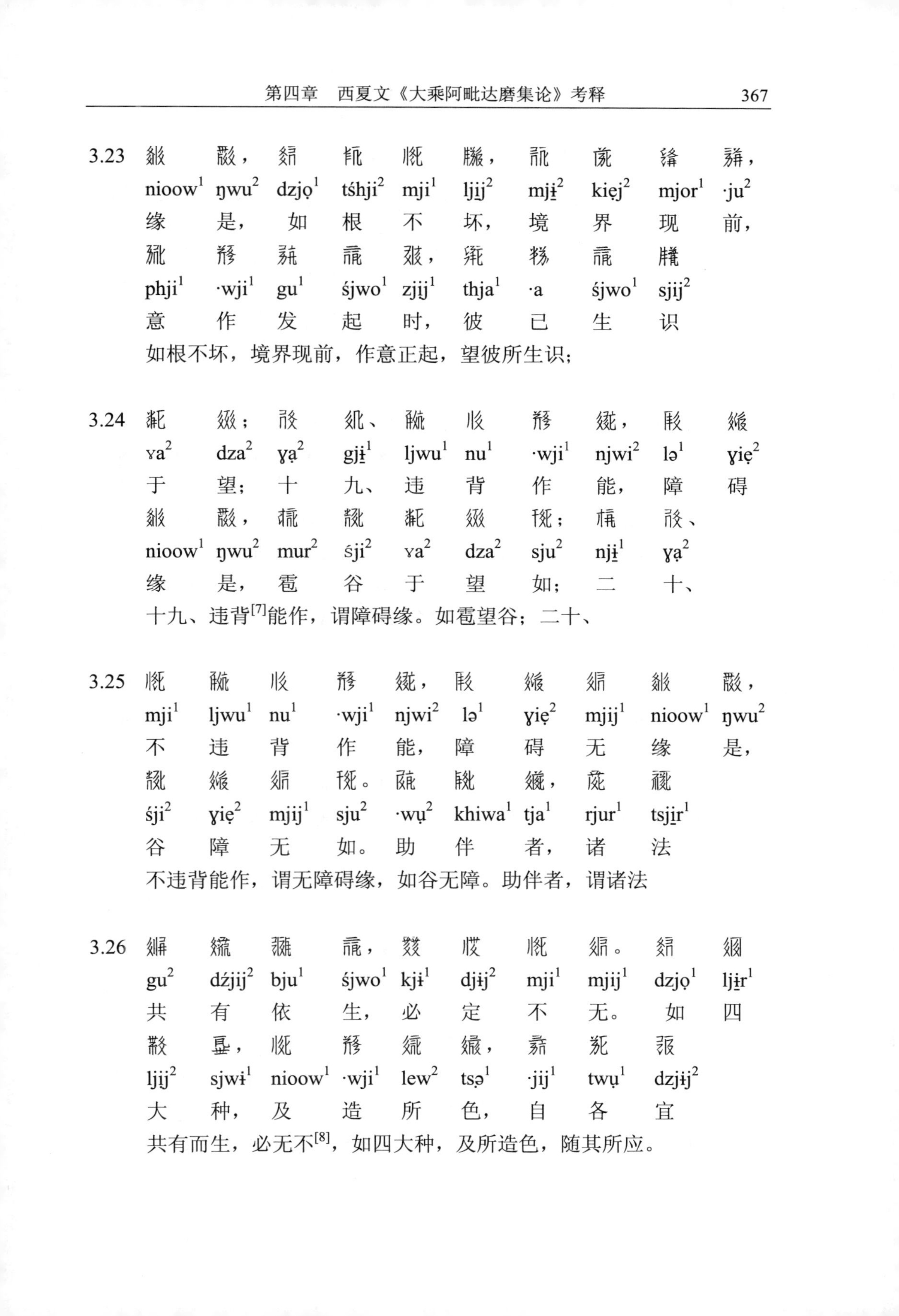

3.23 [illegible]
nioow1 ŋwu2 dzjọ1 tśhji2 mji1 ljịj2 mjɨ̱2 kięj2 mjor1 ·ju2
缘 是， 如 根 不 坏， 境 界 现 前，
[illegible]
phji1 ·wji1 gu1 śjwo1 zjịj1 thja1 ·a śjwo1 sjij2
意 作 发 起 时， 彼 已 生 识
如根不坏，境界现前，作意正起，望彼所生识；

3.24 [illegible]
ɣa2 dza2 ɣạ2 gjɨ̱1 ljwu1 nu1 ·wji1 njwi2 lə1 ɣię2
于 望； 十 九、 违 背 作 能， 障 碍
[illegible]
nioow1 ŋwu2 mur2 śji2 ɣa2 dza2 sju2 njɨ̱1 ɣạ2
缘 是， 雹 谷 于 望 如； 二 十、
十九、违背[7]能作，谓障碍缘。如雹望谷；二十、

3.25 [illegible]
mji1 ljwu1 nu1 ·wji1 njwi2 lə1 ɣię2 mjij1 nioow1 ŋwu2
不 违 背 作 能， 障 碍 无 缘 是，
[illegible]
śji2 ɣię2 mjij1 sju2 ·wụ2 khiwa1 tja1 rjur1 tsjɨr1
谷 障 无 如。 助 伴 者， 诸 法
不违背能作，谓无障碍缘，如谷无障。助伴者，谓诸法

3.26 [illegible]
gu2 dźjij2 bju1 śjwo1 kjɨ1 djɨj2 mji1 mjij1 dzjọ1 ljɨ̱r1
共 有 依 生， 必 定 不 无。 如 四
[illegible]
ljịj2 sjwɨ1 nioow1 ·wji1 lew2 tsə̣1 ·jij1 twụ1 dzjɨj2
大 种， 及 造 所 色， 自 各 宜
共有而生，必无不[8]，如四大种，及所造色，随其所应。

3.27 [illegible] [illegible]。 [illegible] [illegible] [illegible]， [illegible] [illegible] [illegible] [illegible] [illegible]

bju^{1} sju^{2} ka^{1} śjwo^{1} tja^{1} rjur^{1} tsji̱r^{1} gu^{2} dźjij^{2} ka^{1}

随 如。 等 行 者， 诸 法 共 有 等

[illegible] [illegible] [illegible]， [illegible] [illegible] [illegible] [illegible]。 [illegible]、 [illegible]

śjwo^{1} thju̱^{1} lew^{2} kjɨ^{1} djɨj^{2} mji^{1} mjij^{1} njij^{1} njij^{1}

行 缘 所， 必 定 不 无。 心、 心

等行者，谓诸法共有等行所缘，必不无。如心、心

3.28 [illegible] [illegible]。 [illegible] [illegible] [illegible]， [illegible] [illegible] [illegible]、 [illegible] [illegible]、

·jij^{1} sju^{2} lhu^{1} ljij^{1} tja^{1} śji^{1} bju^{2} ne̱w^{2} mji^{1} ne̱w^{2}

之 如。 增 益 者， 前 际 善、 不 善、

[illegible] [illegible] [illegible] [illegible] [illegible]， [illegible] [[illegible] [illegible]] [illegible]

la^{1} mjij^{1} tsji̱r^{1} djo̱^{2} bju^{1} ku̱^{1} bju^{2} ne̱w^{2} njɨ^{2}

记 无 法 修 故， 后 际 善 等

所。增益者，谓前际修善、不善、无记法故，能令后际善[9]等

3.29 [illegible] [illegible]， [illegible] [illegible] [illegible] [illegible]， [illegible] [illegible] [illegible] [illegible]

rjur^{1} tsji̱r^{1} mjij^{2} mjij^{2} bu̱^{2} we^{2} ku̱^{1} ku̱^{1} gu^{1} śjwo^{1}

诸 法， 渐 渐 增 是， 后 后 生 起

[illegible] [illegible]。 [illegible] [illegible] [illegible]， [illegible] [illegible] [illegible] [illegible]

phji^{1} njwi^{2} lə^{1} ɣie̱^{2} tja^{1} rjɨr^{2} kjij^{1} dzji̱^{2} rjur^{1}

令 能。 障 碍 者， 所 祭 习 诸

诸法，展转[10]增胜，后后生起。障碍者，谓所祭习诸

3.30 [illegible] [illegible] [illegible]， [illegible] [illegible] [illegible] [illegible] [illegible] [illegible] [illegible]

zji̱^{1} nji̱^{2} bju^{1} thja^{1} zji̱^{1} ŋowr^{2} ŋowr^{2} to^{2} zji^{2} twe̱^{2}

烦 恼 故， 彼 恼 所 有 尽 皆 相

[illegible]， [illegible] [illegible] [illegible] [illegible]， [illegible] [illegible]， [illegible] [illegible]

twe̱^{2} lhu^{1} ljij^{1} ·jĩ1 gjwɨ^{1} twe̱^{2} twe̱^{2} djij^{2} phã^{1}

续， 增 长 坚 固， 相 续， 涅 槃

烦恼故[11]，随所有恼，皆得相续，增长坚固，相续[12]，远避涅槃。

3.31 [illegible] [illegible] [illegible]。[illegible] [illegible] [illegible]，[illegible] [illegible] [illegible] [illegible]

rjir² khwa¹ ljɨ¹ ɣjiw¹ ɣiwej¹ tja¹ mji¹ ne̱w² nioow¹ ne̱w²

与 远 矣。摄 受 者，不 善 及 善

[illegible] [illegible] [illegible]，[illegible] [illegible] [illegible] ［[illegible] [illegible]］ [illegible]。

rar² dju¹ tsji̱r¹ ·jij¹ kwər¹ ɣjiw¹ ɣiwej¹ njwi² ljɨ¹

漏 有 法，自 体 摄 受 能 故。

摄受者，谓不善及善有漏法，能摄[13]受自体故。

校注：

[1] 西夏文“[illegible]”原残，据残存笔画和汉文本“粪”拟补。

[2] 如侍奉正事王时令王悦豫，即西夏文“[illegible]□□□[illegible]”，汉文本作“如正事王令王悦豫”。“正事王”西夏文本原缺，未敢拟补。

[3] 西夏文“[illegible]”原缺，据下文“[illegible]”和汉文本“能作”拟补。

[4] 西夏文“[illegible]”三字原缺，据汉文本“差别缘”拟补。

[5] 西夏文“[illegible]”二字原缺，据汉文本“能作”拟补。

[6] 西夏文“[illegible]”二字原缺，据上文“[illegible]”和汉文本“和合”拟补。

[7] 违背，即西夏文“[illegible]”，二字字面意义均有“违、背”之意，一般对译为“违背”，此处及下文对应汉文本皆为“相违”。

[8] 必无不，即西夏文“[illegible]”，汉文本作“必无缺减”。

[9] 西夏文“[illegible]”二字原残，据残存笔画和汉文本“际善”拟补。

[10] 展转，即西夏文“[illegible]”，西夏文字面意思作“渐渐”，又《夏汉字典》有“[illegible]（渐渐而去）”之说。①

[11] 谓所祭习诸烦恼故，即西夏文“[illegible]”，汉文本作“谓所数习诸烦恼故”。

[12] 相续，即西夏文“[illegible]”，汉文本作“乃令相续”。

[13] 西夏文“[illegible]”二字原残，据残存笔画和汉文本“能摄”补。

① 参见李范文《夏汉字典》，中国社会科学出版社 2008 年版，第 733 页。

释读：

3.32 [illegible] [illegible] [illegible] [illegible] [illegible] [illegible] [illegible]？ [illegible] [illegible] [illegible]

śji^1 kụ^1 lew^2 nioow^1 tja^1 thjij^2 sjo^2 zją^1 ljwu^1 bja^2

先 后 等 缘 者 何 云？ 中 间 隔

[illegible]， [illegible] [illegible] [illegible] [illegible]。 [illegible] [illegible]、 [illegible] [illegible]

mjij^1 śji^1 kụ^1 lew^2 nioow^1 thwụ^1 phia̱^{2} do^2 phia̱^{2}

无， 先 后 等 故。 同 分、 异 分

何等等无间缘？谓中无间隔，等无间故。同分、异分

3.33 [illegible]、 [illegible] [illegible] [illegible]， [illegible] [illegible] [illegible] [illegible]， [illegible] [illegible]

njij^1 njij^1 ·jij^1 śjwo^1 śji^1 kụ1 lew^2 bju^1 tśhjwo^1 śji^1

心、 心 之 生， 先 后 等 故， 故 先

[illegible] [illegible] [illegible] [illegible] [illegible]。 [illegible] [illegible] [illegible] [illegible]

kụ^1 lew^2 nioow^1 ·wo^2 ŋwu^2 thju̱^{1} lew^2 nioow^1 tja^1

后 等 缘 义 是。 缘 所 缘 者

心、心所生，等无间故，是等无间缘义。何等所缘缘？

3.34 [illegible] [illegible]？ [illegible] [illegible] [illegible] [illegible] [illegible] [illegible] [illegible]， [illegible]

thjij^2 sjo^2 tsew^2 du^2 dju^1 mjɨ^2 thju̱^{1} lew^2 nioow^1 tsew^2

何 云？ 限 量 有 境 缘 所 故， 限

[illegible] [illegible] [illegible] [illegible] [illegible] [illegible]； [illegible] [illegible] [illegible]

du^2 mjij^1 mjɨ^2 thju̱^{1} lew^2 nioow^1 do^2 dźjɨ ·jij^1

量 无 境 缘 所 故； 异 行 相

谓有分齐[1]境所缘故，无限量境所缘故；无异行相

3.35 [illegible] [illegible] [illegible] [illegible] [illegible]， [illegible] [illegible] [illegible] [illegible] [illegible]

mjij^1 mjɨ^2 thju̱^{1} lew^2 nioow^1 do^2 dźjɨ ·jij^1 dju^1 mjɨ^2

无 境 缘 所 故， 异 行 相 有 境

[illegible] [illegible] [illegible]； [illegible] [illegible] [illegible] [illegible] [illegible]， [illegible]

thju̱^{1} lew^2 nioow^1 dạ^2 dju^1 thju̱^{1} lew^2 nioow^1 dạ^2

缘 所 故； 事 有 缘 所 故， 事

境所缘故，有异行相境所缘故；有事所缘故[2]，

3.36 [illegible]

mjij^{1} mjɨ̱^{2} thju̱^{1} lew^{2} nioow^{1} dạ^{2} thju̱^{1} lew^{2} nioow^{1} phjo^{2}

无 境 缘 所 故； 事 缘 所 故， 分

[illegible]

kar^{2} thju̱^{1} lew^{2} nioow^{1} tśhjɨ̱^{2} tśhju̱^{2} dju^{1} thju̱^{1} lew^{2}

别 缘 所 故； 颠 倒 有 缘 所

无事境所缘故；事所缘故，分别所缘故；有颠倒所缘

3.37 [illegible]

nioow^{1} tśhjɨ̱^{2} tśhju̱^{2} mjij^{1} thju̱^{1} lew^{2} nioow^{1} ɣię^{2} dju^{1} thju̱^{1}

故， 颠 倒 无 缘 所 故； 碍 有 缘

[illegible]

lew^{2} nioow^{1} ɣię^{2} mjij^{1} thju̱^{1} lew^{2} nioow^{1} thju̱^{1} lew^{2}

所 故， 碍 无 缘 所 故， 缘 所

故，无颠倒所缘故；有碍所缘故，无碍所缘故，是所缘

3.38 [illegible]

nioow^{1} ·wo^{2} ŋwu^{2} bu̱^{2} gjij^{1} nioow^{1} tja^{1} thjij^{2} sjo^{2} tśhjwɨj^{1}

缘 义 是。 增 上 缘 者 何 云？ 任

[illegible]

·jij^{1} bu̱^{2} gjij^{1} nioow^{1} śio^{1} śjwo^{1} bu̱^{2} gjij^{1} nioow^{1}

持 增 上 故， 起 发 增 上 故，

缘义。何等增上缘？谓任持增上故，引发增上故，

3.39 [illegible]

ka^{1} dju^{1} bu̱^{2} gjij^{1} nioow^{1} mjɨ̱^{2} kięj^{2} bu̱^{2} gjij^{1} nioow^{1}

俱 有 增 上 故， 境 界 增 上 故，

[illegible]

mə^{2} we̱^{1} bu̱^{2} gjij^{1} nioow^{1} dźjij^{1} ·jij^{1} bu̱^{2} gjij^{1}

产 生 增 上 故， 住 持 增 上

俱有增上故，境界增上故，产生增上故，住持增上

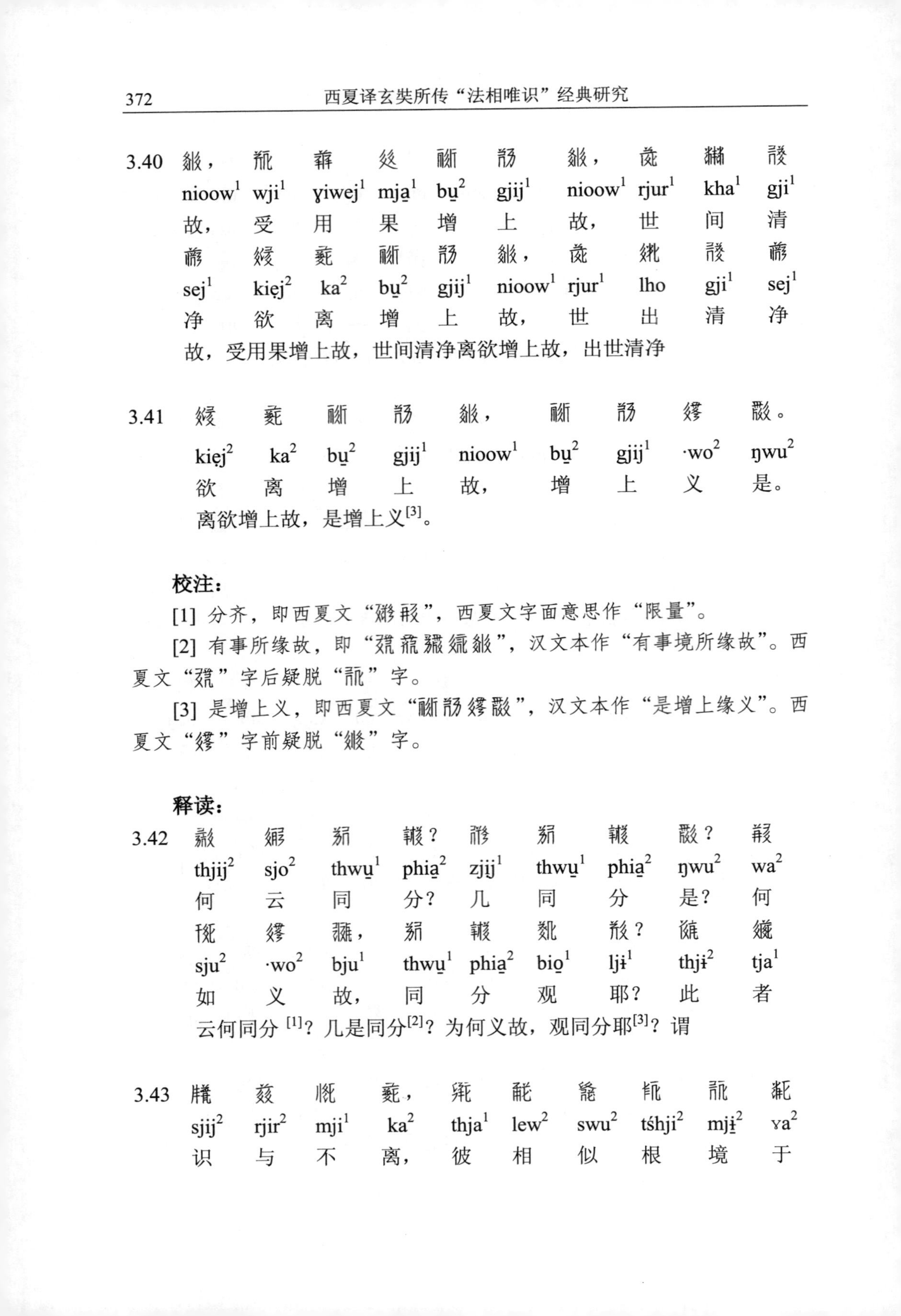

3.40 [illegible]
nioow¹ wji¹ ɣiwej¹ mja̱¹ bu̱² gjij¹ nioow¹ rjur¹ kha¹ gji¹
故， 受 用 果 增 上 故， 世 间 清
[illegible]
sej¹ kię̱j² ka² bu̱² gjij¹ nioow¹ rjur¹ lho gji¹ sej¹
净 欲 离 增 上 故， 世 出 清 净
故，受用果增上故，世间清净离欲增上故，出世清净

3.41 [illegible]
kię̱j² ka² bu̱² gjij¹ nioow¹ bu̱² gjij¹ ·wo² ŋwu²
欲 离 增 上 故， 增 上 义 是。
离欲增上故，是增上义[3]。

校注：

[1] 分齐，即西夏文“[illegible]”，西夏文字面意思作“限量”。

[2] 有事所缘故，即“[illegible]”，汉文本作“有事境所缘故”。西夏文“[illegible]”字后疑脱“[illegible]”字。

[3] 是增上义，即西夏文“[illegible]”，汉文本作“是增上缘义”。西夏文“[illegible]”字前疑脱“[illegible]”字。

释读：

3.42 [illegible]
thjij² sjo² thwu̱¹ phia̱² zjij¹ thwu̱¹ phia̱² ŋwu² wa²
何 云 同 分？ 几 同 分 是？ 何
[illegible]
sju² ·wo² bju¹ thwu̱¹ phia̱² bio̱¹ ljɨ¹ thjɨ² tja¹
如 义 故， 同 分 观 耶？ 此 者
云何同分[1]？几是同分[2]？为何义故，观同分耶[3]？谓

3.43 [illegible]
sjij² rjir² mji¹ ka² thja¹ lew² swu² tśhji² mjɨ̱² ɣa²
识 与 不 离， 彼 相 似 根 境 于

[Tangut]
twẹ^{2} twẹ^{2} śjwo^{1} nioow^{1} sjij^{2} rjir^{2} ka^{2} ·jij^{1} lew^{2}
相 续 生 故。识 与 离 自 相，
不离识，彼相似根于境相续生故。离识自相，

3.44 [Tangut]
swu^{2} twẹ^{2} twẹ^{2} śjwo^{1} nioow^{1} thwu̱^{1} phia̱^{2} thja^{1} thwu̱^{1} phia̱^{2}
似 相 续 生 故，同 分 彼 同 分
[Tangut]
·wo^{2} ŋwu^{2} tsə̣^{1} ŋur^{1} ·a phia̱^{2} mej^{1} njɨ^{2} ŋwə^{1}
义 是。色 蕴 一 分，眼 等 五
似相续生故，是同分彼同分义。色蕴一分，眼等五

3.45 [Tangut]
tsə̣^{1} dju^{1} kiẹj^{2} do^{2} ·a phia̱^{2} tja^{1} thwu̱^{1} phia̱^{2} thja^{1}
色 有 界、处 一 分 者，同 分 彼
[Tangut]
thwu̱^{1} phia̱^{2} ŋwu^{2} sjij^{2} rjir^{2} bju^{1} śjij^{1} mji^{1} bju^{1}
同 分 是。识 与 相 应 不 相
有色界、处一分，是同分彼同分。为舍执着与识相应，不相

3.46 [Tangut]
śjij^{1} ŋa^{2} zow^{2} zjij^{1} dźjɨ̱r^{1} nioow^{1} tśhjwo^{1}
应 我 执 着 舍 故，故
[Tangut]
thwu̱^{1} phia̱^{2} thja^{1} thwu̱^{1} phia̱^{2} bio̱^{1} thju̱^{1}
同 分 彼 同 分 观 察。
应我故，观察同分彼同分。

3.47 [Tangut]
thjij^{2} sjo^{2} zow^{2} lhjij zjij^{1} zow^{2} lhjij ŋwu^{2} wa^{2} sju^{2}
何 云 执 受？几 执 受 是？何 如

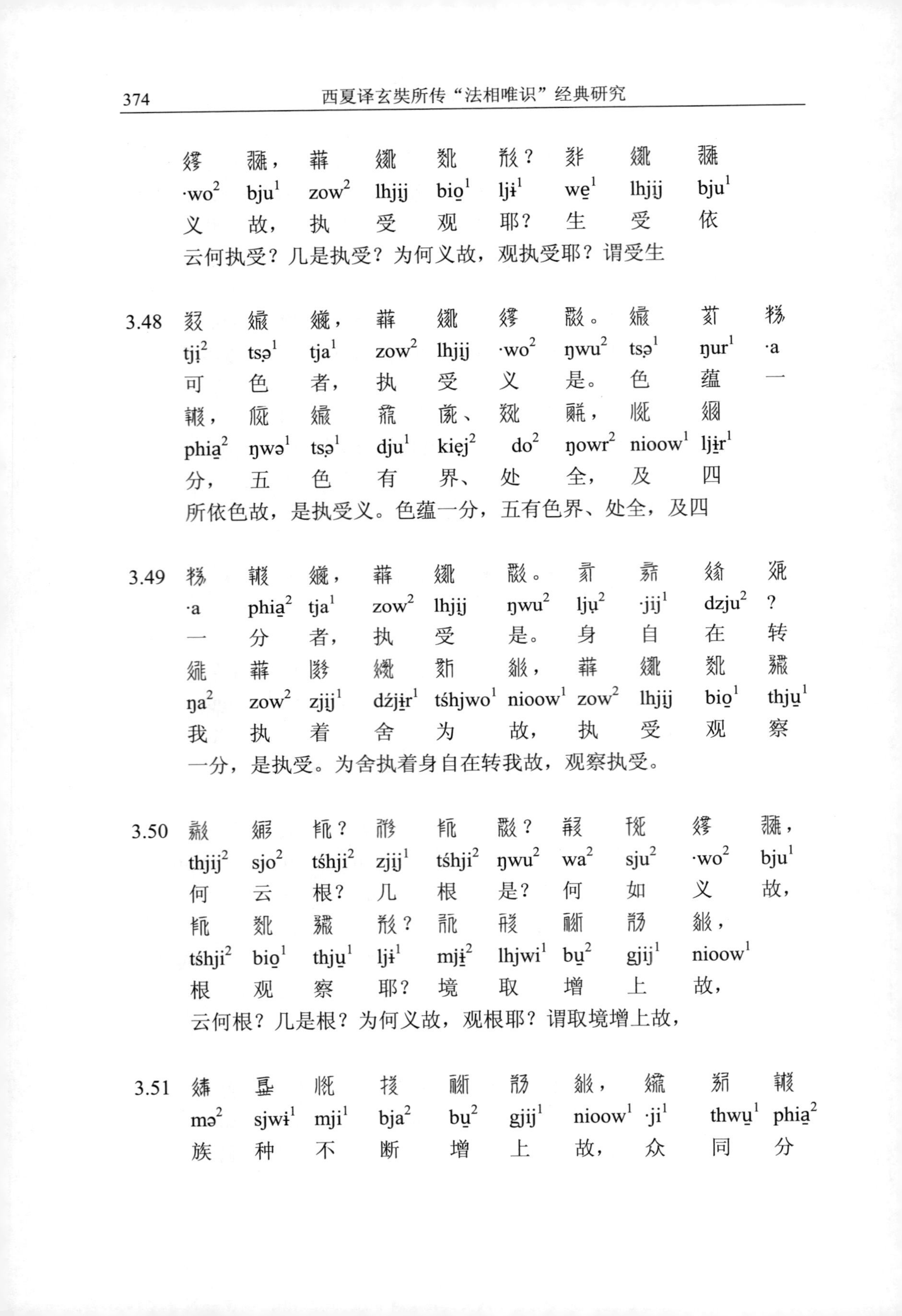

[illegible]

·wo^{2} bju^{1} zow^{2} lhjịj bio̱^{1} ljɨ^{1} we̱^{1} lhjịj bju^{1}

义 故，执 受 观 耶？ 生 受 依

云何执受？几是执受？为何义故，观执受耶？谓受生

3.48 [illegible]

tji̱^{2} tsə̣^{1} tja^{1} zow^{2} lhjịj ·wo^{2} ŋwu^{2} tsə̣^{1} ŋur^{1} ·a

可 色 者， 执 受 义 是。 色 蕴 一

[illegible]

phia̱^{2} ŋwə^{1} tsə̣^{1} dju^{1} kię̱j^{2} do^{2} ŋowr^{2} nioow^{1} ljɨ̱r^{1}

分， 五 色 有 界、 处 全， 及 四

所依色故，是执受义。色蕴一分，五有色界、处全，及四

3.49 [illegible]

·a phia̱^{2} tja^{1} zow^{2} lhjịj ŋwu^{2} lju̧^{2} ·jij^{1} dzju^{2} ?

一 分 者， 执 受 是。 身 自 在 转

[illegible]

ŋa^{2} zow^{2} zjij^{1} dźjɨ̱r^{1} tśhjwo^{1} nioow^{1} zow^{2} lhjịj bio̱^{1} thju̱^{1}

我 执 着 舍 为 故， 执 受 观 察

一分，是执受。为舍执着身自在转我故，观察执受。

3.50 [illegible]

thjij^{2} sjo^{2} tśhji^{2} zjij^{1} tśhji^{2} ŋwu^{2} wa^{2} sju^{2} ·wo^{2} bju^{1}

何 云 根？ 几 根 是？ 何 如 义 故，

[illegible]

tśhji^{2} bio̱^{1} thju̱^{1} ljɨ^{1} mjɨ̱^{2} lhjwi^{1} bu̱^{2} gjij^{1} nioow^{1}

根 观 察 耶？ 境 取 增 上 故，

云何根？几是根？为何义故，观根耶？谓取境增上故，

3.51 [illegible]

mə^{2} sjwɨ^{1} mji^{1} bja^{2} bu̱^{2} gjij^{1} nioow^{1} ·ji^{1} thwu̱^{1} phia̱^{2}

族 种 不 断 增 上 故， 众 同 分

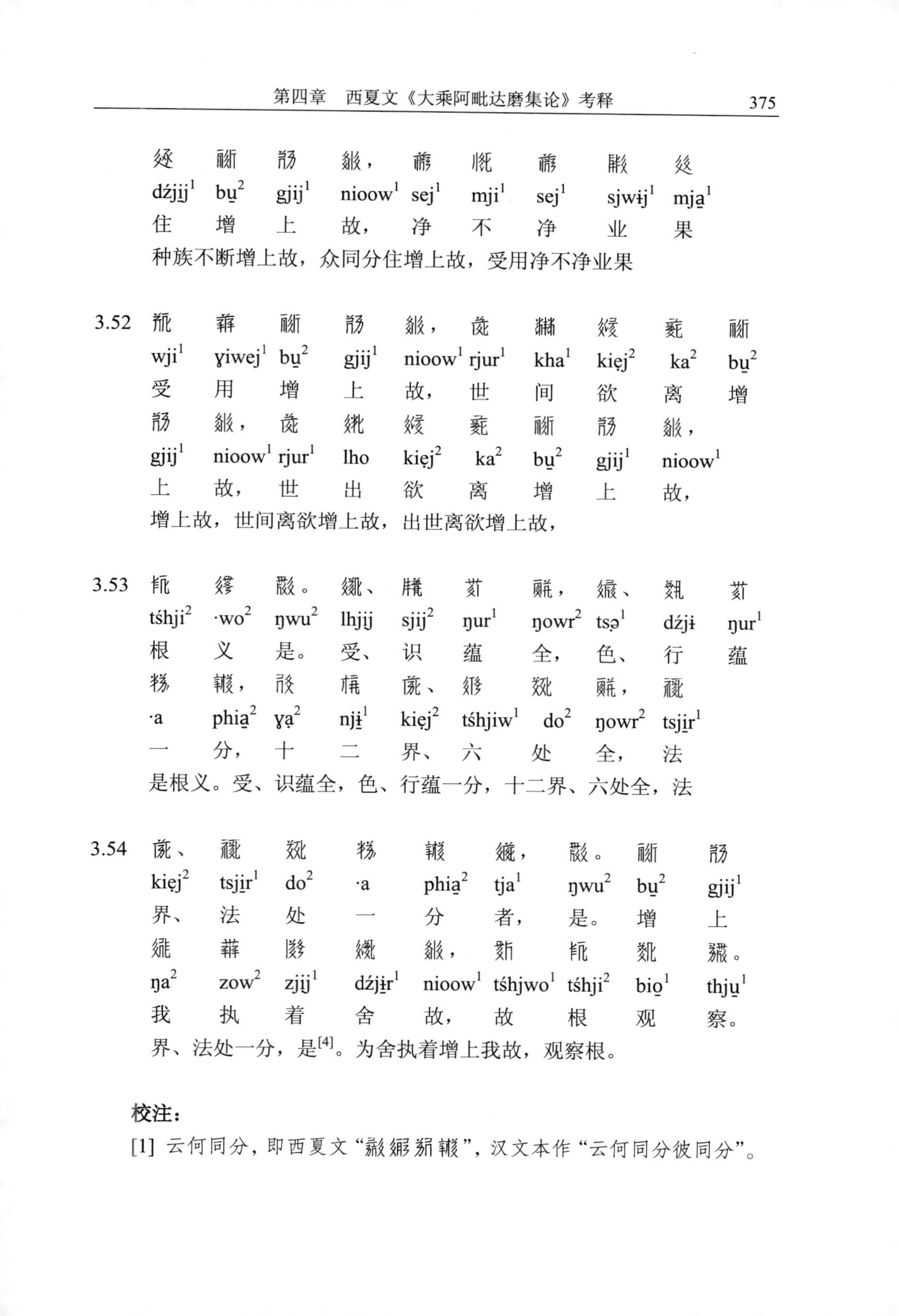

dźjij^{1} bu̱^{2} gjij^{1} nioow^{1} sej^{1} mji^{1} sej^{1} sjwɨj^{1} mja̱^{1}
住 增 上 故， 净 不 净 业 果
种族不断增上故，众同分住增上故，受用净不净业果

3.52 wji^{1} ɣiwej^{1} bu̱^{2} gjij^{1} nioow^{1} rjur^{1} kha^{1} kiẹj^{2} ka^{2} bu̱^{2}
受 用 增 上 故， 世 间 欲 离 增
gjij^{1} nioow^{1} rjur^{1} lho kiẹj^{2} ka^{2} bu̱^{2} gjij^{1} nioow^{1}
上 故， 世 出 欲 离 增 上 故，
增上故，世间离欲增上故，出世离欲增上故，

3.53 tśhji^{2} ·wo^{2} ŋwu^{2} lhjij sjij^{2} ŋur^{1} ŋowr^{2} tsə̣^{1} dźjɨ ŋur^{1}
根 义 是。 受、 识 蕴 全， 色、 行 蕴
·a phia̱^{2} ɣạ^{2} njɨ̱^{1} kiẹj^{2} tśhjiw^{1} do^{2} ŋowr^{2} tsji̱r^{1}
一 分， 十 二 界、 六 处 全， 法
是根义。受、识蕴全，色、行蕴一分，十二界、六处全，法

3.54 kiẹj^{2} tsji̱r^{1} do^{2} ·a phia̱^{2} tja^{1} ŋwu^{2} bu̱^{2} gjij^{1}
界、 法 处 一 分 者， 是。 增 上
ŋa^{2} zow^{2} zjij^{1} dźji̱r^{1} nioow^{1} tśhjwo^{1} tśhji^{2} bio̱^{1} thju̱^{1}
我 执 着 舍 故， 故 根 观 察。
界、法处一分，是[4]。为舍执着增上我故，观察根。

校注：

[1] 云何同分，即西夏文“[Tangut]”，汉文本作“云何同分彼同分”。

[2] 几是同分，即西夏文“□□□□”，汉文本作“几是同分彼同分”。

[3] 观同分耶，即西夏文“□□□□”，汉文本作“观同分彼同分耶”。

[4] 是，即“□”，汉文本作“是根”，西夏文“□”字前疑脱“□”字。

释读：

3.54

□	□	□	□	□？	□	□	□	□	□？
thjij^{2}	sjo^{2}	tśjị^{1}	tśjị^{1}	tsji̱r^{2}	zjij^{1}	tśjị^{1}	tśjị^{1}	tsji̱r^{2}	ŋwu^{2}
何	云	苦	苦	性？	几	苦	苦	性	是？
□	□	□	□，	□	□	□	□	□？	
wa^{2}	sju^{2}	·wo^{2}	bju^{1}	tśjị^{1}	tśjị^{1}	tsji̱r^{2}	bio̱^{1}	ljɨ^{1}	
何	如	义	故，	苦	苦	性	观	耶？	

云何苦苦性？几是苦苦性？为何义故，观苦苦性耶？

3.55

□	□	□	□	□，	□	□	□	□	□
tśjị^{1}	lhjij	·jij^{1}	·jij^{1}	nioow^{1}	tśjị^{1}	lhjij	tsji̱r^{1}	·jij^{1}	·jij^{1}
苦	受	自	相	故，	苦	受	法	自	相
□	□	□	□，	□	□	□	□	□。	
rjir^{2}	bju^{1}	śjij^{1}	nioow^{1}	tśjị^{1}	tśjị^{1}	tsji̱r^{2}	·wo^{2}	ŋwu^{2}	
与	随	顺	故，	苦	苦	性	义	是。	

谓苦受自相故，随顺苦受法自相故，是苦苦性义。

3.56

□	□	□	□	□，	□	□	□	□。	□	□
ku^{1}	ŋowr^{2}	ŋowr^{2}	·a	phia̱^{2}	tśjị^{1}	tśjị^{1}	tsji̱r^{2}	ŋwu^{2}	tśjị^{1}	dju^{1}
则	一	切	一	分，	苦	苦	性	是。	苦	有
□	□	□	□	□，	□	□	□	□	□	□。
ŋa^{2}	zow^{2}	zjij^{1}	dźji̱r^{1}	nioow^{1}	tśhjwo^{1}	tśjị^{1}	tśjị^{1}	tsji̱r^{2}	bio̱^{1}	thju̱^{1}
我	执	着	舍	故，	故	苦	苦	性	观	察。

一切一分，是苦苦性。为舍执着有苦我故，观察苦苦性。

3.57 [illegible] [illegible] [illegible] [illegible] [illegible]？ [illegible] [illegible] [illegible] [illegible] [illegible]？
thjij^{2} sjo^{2} ljịj^{2} tśjị^{1} tsjir^{2} zjịj^{1} ljịj^{2} tśjị^{1} tsjir^{2} ŋwu^{2}
何 云 坏 苦 性？ 几 坏 苦 性 是？
[illegible] [illegible] [illegible] [illegible]， [illegible] [illegible] [illegible] [illegible] [illegible]？
wa^{2} sju^{2} ·wo^{2} bju^{1} ljịj^{2} tśjị^{1} tsjir^{2} bio̱^{1} ljɨ^{1}
何 如 义 故， 坏 苦 性 观 耶？
云何坏苦性？几是坏苦性？为何义故，观坏苦性耶？

3.58 [illegible] [illegible] [illegible] [illegible] [illegible] [illegible] [illegible]， [illegible] [illegible] [illegible]
rejr^{2} lhjịj ? ljịj^{2} ·jij^{1} ·jij^{1} nioow^{1} rejr^{2} lhjịj tsji̱r^{1}
乐 受 变 坏 自 相 故， 乐 受 法
[illegible] [illegible] [illegible] [illegible] [illegible] [illegible] [illegible]， [illegible] [illegible]
? ljịj^{2} ·jij^{1} ·jij^{1} bju^{1} śjij^{1} nioow^{1} thja^{1} dzu^{1}
变 坏 自 相 随 顺 故， 彼 爱
谓乐受变坏自相故，随顺乐受法变坏自相故，于彼爱

3.59 [illegible] [illegible] [illegible] [illegible]， [illegible] [illegible] [illegible] [illegible] [illegible]。 [illegible]
njịj^{1} ? ljịj^{2} nioow^{1} ljịj^{2} tśjị^{1} tsjir^{2} ·wo^{2} ŋwu^{2} ku^{1}
心 变 坏 故， 坏 苦 性 义 是。 则
[illegible] [illegible] [illegible] [illegible]， [illegible] [illegible] [illegible] [illegible]。 [illegible]
ŋowr^{2} ŋowr^{2} ·a phia̱^{2} ljịj^{2} tśjị^{1} tsjir^{2} ŋwu^{2} rejr^{2}
一 切 一 分， 坏 苦 性 是。 乐
心变坏故，是坏苦性义。一切一分，是坏苦性。

3.60 [illegible] [illegible] [illegible] [illegible] [illegible] [illegible]， [illegible] [illegible] [illegible] [illegible] [illegible] [illegible]。
dju^{1} ŋa^{2} zow^{2} zjịj^{1} dźjɨ̱r^{1} nioow^{1} tśhjwo^{1} ljịj^{2} tśjị^{1} tsji̱r^{2} bio̱^{1} thju̱^{1}
有 我 执 着 舍 故， 故 坏 苦 性 观 察。
为舍执着有乐我故，观察坏苦性。

3.61 □ □ □ □ □？ □ □ □ □ □？
thjij^2 sjo^2 dźjɨ tśjị^1 tsjir^2 zjij^1 dźjɨ tśjị^1 tsjir^2 ŋwu^2
何 云 行 苦 性？ 几 行 苦 性 是？
□ □ □ □， □ □ □ □ □？
wa^2 sju^2 ·wo^2 bju^1 dźjɨ tśjị^1 tsjir^2 bio̱^{1} ljɨ^1
何 如 义 故， 行 苦 性 观 耶？
云何行苦性？几是行苦性？为何义故，观行苦性耶？

3.62 □ □ □ □ □ □ □ □， □ □
mji^1 tśjị^1 mji^1 rejr^2 lhjij ·jij^1 ·jij^1 nioow^1 mji^1 tśjị^1
不 苦 不 乐 受 自 相 故， 不 苦
□ □ □ □ □ □ □ □ □
mji^1 rejr^2 lhjij tsji̱r^1 ·jij^1 ·jij^1 rjir^2 bju^1 śjij^1
不 乐 受 法 自 相 与 随 顺
谓不苦不乐受自相故，随顺不苦不乐受法自相

3.63 □， □ □ □ □ □ □ □ □， □
nioow^1 thja^1 nji̱^{1} bja̱^{1} lji̱^{1} kha^1 ɣjiw^1 ɣiwej^1 nioow^1 nji̱^{1}
故， 彼 二 粗 重 所 摄 受 故， 二
□ □ □ □ □ □ □ □ □
mji^1 ·ju^2 nioow^1 śio^1 mji^1 ka^2 mji^1 no^2 rejr^2
无 常 所 随 不 离 不 安 隐
故，彼二粗重所摄受故，不离二无常所随不安隐

3.64 □， □ □ □ □ □， □ □、 □ □、
nioow^1 dźjɨ tśjị^1 tsjir^2 ·wo^2 ŋwu^2 sọ^1 kiẹj^2 nji̱^{1} do^2
故， 行 苦 性 义 是， 三 界、 二 处、
□ □ □ □ □， □ □ □ □
rjur^1 ŋur^1 ·a phia̱^{2} tja^1 ŋowr^2 ŋowr^2 dźjɨ tśjị^1
诸 蕴 一 分 者， 一 切 行 苦

故，是行苦性义。三界[1]、二处、诸蕴一分，一切是行苦

3.65 [illegible] [illegible]。 [illegible] [illegible] [illegible] [illegible] [illegible] [illegible] [illegible]
tsji̱r^{2} ŋwu^{2} mji^{1} tśji̱^{1} mji^{1} rejr^{2} dju^{1} ŋa^{2} zow^{2}
性 是。 不 苦 不 乐 有 我 执
[illegible] [illegible] [illegible]， [illegible] [illegible] [illegible] [illegible] [illegible] [illegible]。
zji̱j^{1} dźji̱r^{1} nioow^{1} tśhjwo^{1} dźjɨ tśji̱^{1} tsjir^{2} bio̱^{1} thju̱^{1}
着 舍 故， 故 行 苦 性 观 察。
性。为舍执着有不苦不乐我故，观察行苦性。

校注：

[1] 三界，即西夏文“[illegible][illegible]”，汉文本作“除三界”。

释读：

3.66 [illegible] [illegible] [illegible] [illegible] [illegible]？ [illegible] [illegible] [illegible] [illegible] [illegible]？
thjij^{2} sjo^{2} do^{2} we^{1} dju^{1} zji̱j^{1} do^{2} we^{1} dju^{1} ŋwu^{2}
何 云 异 熟 有？ 几 异 熟 有 是？
[illegible] [illegible] [illegible] [illegible]， [illegible] [illegible] [illegible] [illegible] [illegible]？
wa^{2} sju^{2} ·wo^{2} bju^{1} do^{2} we^{1} dju^{1} bio̱^{1} ljɨ^{1}
何 如 义 故， 异 熟 有 观 耶？
云何有异熟？几是有异熟？为何义故，观有异熟耶？

3.67 [illegible] [illegible] [illegible] [illegible] [illegible] [illegible] [illegible]， [illegible] [illegible] [illegible]
mji^{1} ne̱w^{2} nioow^{1} ne̱w^{2} rar^{2} dju^{1} tja^{1} do^{2} we^{1} dju^{1}
不 善 及 善 漏 有 者， 异 熟 有
[illegible]。 [illegible] [illegible]、 [illegible] [illegible]、 [illegible] [illegible] [illegible] [illegible]
ŋwu^{2} ɣa̱^{2} kie̱j^{2} ljɨr^{1} do^{2} rjur^{1} ŋur^{1} ·a phia̱^{2}
是。 十 界、 四 处、 诸 蕴 一 分
谓不善及善有漏，是有异熟。十界、四处、诸蕴一分，

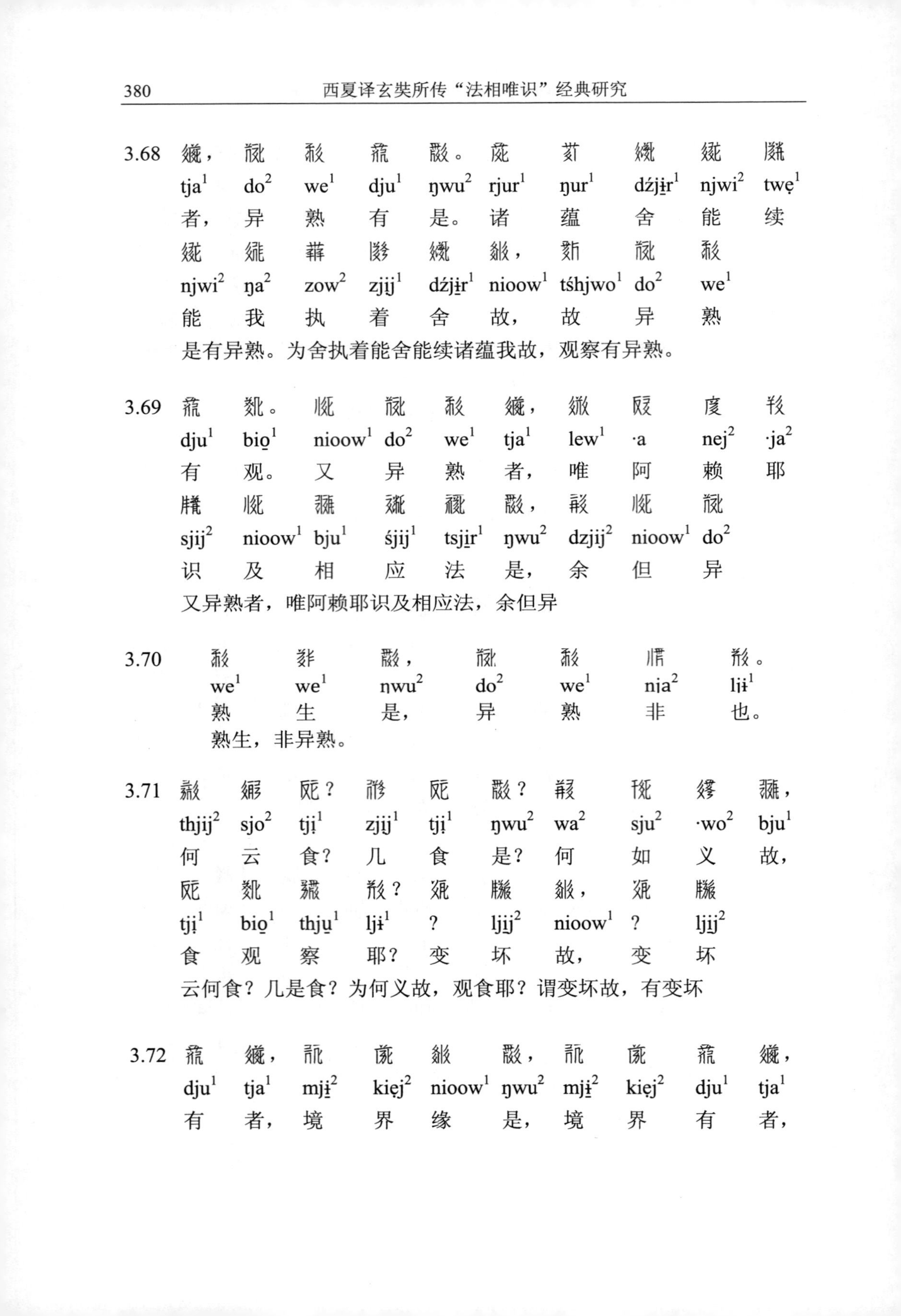

3.68 [illegible]
tja^1 do^2 we^1 dju^1 ŋwu^2 rjur^1 ŋur^1 dźjɨ̱r^1 njwi^2 twẹ^1
者， 异 熟 有 是。 诸 蕴 舍 能 续
[illegible]
njwi^2 ŋa^2 zow^2 zjịj^1 dźjɨ̱r^1 nioow^1 tśhjwo^1 do^2 we^1
能 我 执 着 舍 故， 故 异 熟
是有异熟。为舍执着能舍能续诸蕴我故，观察有异熟。

3.69 [illegible]
dju^1 bio̱^{1} nioow^1 do^2 we^1 tja^1 lew^1 ·a nej^2 ·ja^2
有 观。 又 异 熟 者， 唯 阿 赖 耶
[illegible]
sjij^2 nioow^1 bju^1 śjij^1 tsjɨ̱r^1 ŋwu^2 dzjij^2 nioow^1 do^2
识 及 相 应 法 是， 余 但 异
又异熟者，唯阿赖耶识及相应法，余但异

3.70 [illegible]
we^1 we^1 ŋwu^2 do^2 we^1 nia^2 lji^1
熟 生 是， 异 熟 非 也。
熟生，非异熟。

3.71 [illegible]
thjij^2 sjo^2 tjị^1 zjịj^1 tjị^1 ŋwu^2 wa^2 sju^2 ·wo^2 bju^1
何 云 食？ 几 食 是？ 何 如 义 故，
[illegible]
tjị^1 bio̱^{1} thju̱^{1} ljɨ^1 ? ljịj^2 nioow^1 ? ljịj^2
食 观 察 耶？ 变 坏 故， 变 坏
云何食？几是食？为何义故，观食耶？谓变坏故，有变坏

3.72 [illegible]
dju^1 tja^1 mjɨ̱^{2} kięj^2 nioow^1 ŋwu^2 mjɨ̱^{2} kięj^2 dju^1 tja^1
有 者， 境 界 缘 是， 境 界 有 者，

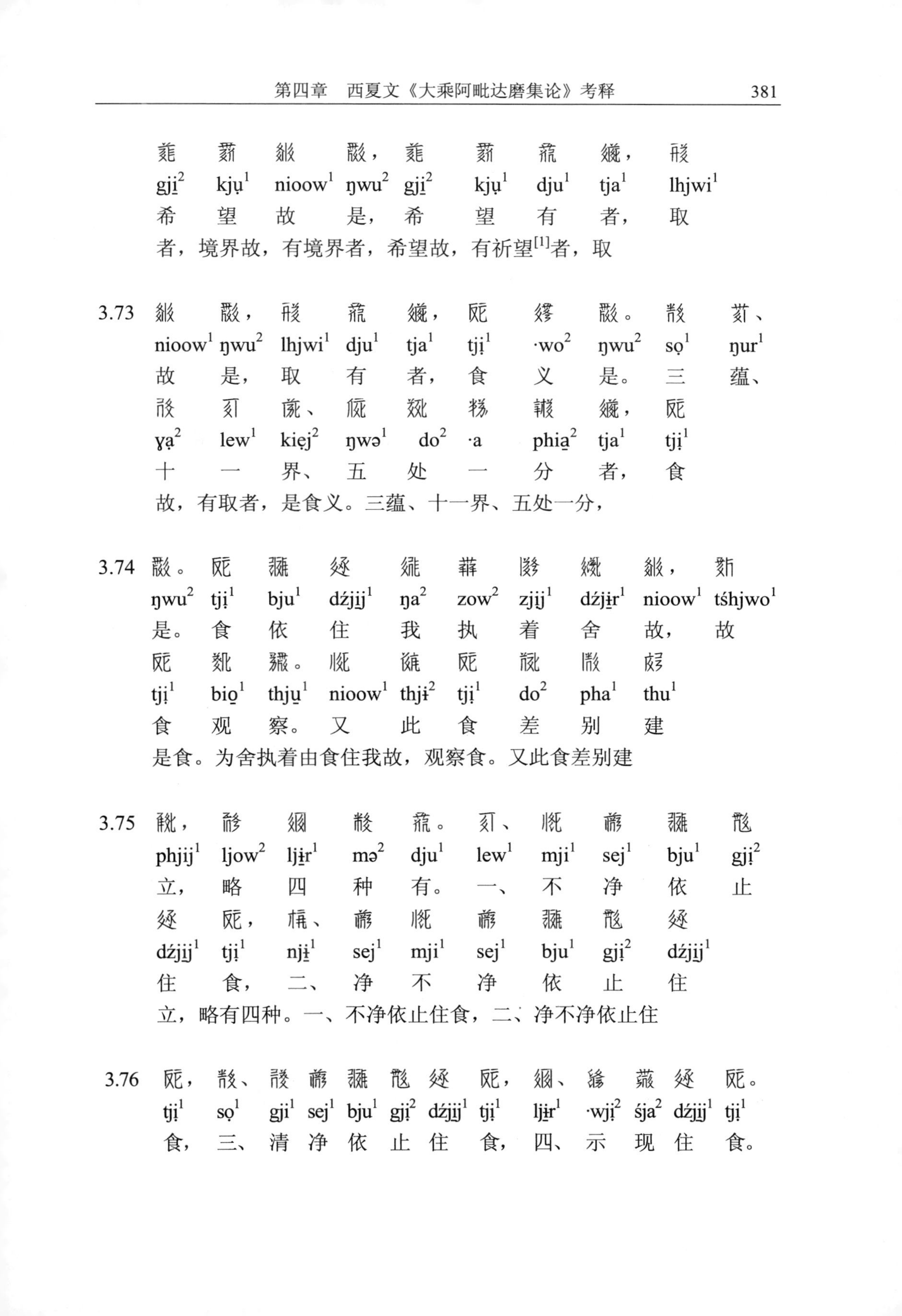

[illegible]
gji̱^{2} kjụ^{1} nioow^{1} ŋwu^{2} gji̱^{2} kjụ^{1} dju^{1} tja^{1} lhjwi^{1}
希 望 故 是，希 望 有 者，取
者，境界故，有境界者，希望故，有祈望[1]者，取

3.73 [illegible]
nioow^{1} ŋwu^{2} lhjwi^{1} dju^{1} tja^{1} tjị^{1} ·wo^{2} ŋwu^{2} sọ^{1} ŋur^{1}
故 是，取 有 者，食 义 是。三 蕴、
[illegible]
ɣạ^{2} lew^{1} kiẹj^{2} ŋwə^{1} do^{2} ·a phia̱^{2} tja^{1} tjị^{1}
十 一 界、五 处 一 分 者，食
故，有取者，是食义。三蕴、十一界、五处一分，

3.74 [illegible]
ŋwu^{2} tjị^{1} bju^{1} dźjij^{1} ŋa^{2} zow^{2} zjij^{1} dźji̱r^{1} nioow^{1} tśhjwo^{1}
是。食 依 住 我 执 着 舍 故，故
[illegible]
tjị^{1} bio̱^{1} thju̱^{1} nioow^{1} thjɨ^{2} tjị^{1} do^{2} pha^{1} thu^{1}
食 观 察。又 此 食 差 别 建
是食。为舍执着由食住我故，观察食。又此食差别建

3.75 [illegible]
phjij^{1} ljow^{2} lji̱r^{1} mə^{2} dju^{1} lew^{1} mji^{1} sej^{1} bju^{1} gjị^{2}
立，略 四 种 有。一、不 净 依 止
[illegible]
dźjij^{1} tjị^{1} nji̱^{1} sej^{1} mji^{1} sej^{1} bju^{1} gjị^{2} dźjij^{1}
住 食，二、净 不 净 依 止 住
立，略有四种。一、不净依止住食，二、净不净依止住

3.76 [illegible]
tjị^{1} sọ^{1} gji^{1} sej^{1} bju^{1} gjị^{2} dźjij^{1} tjị^{1} lji̱r^{1} ·wjị^{2} śja^{2} dźjij^{1} tjị^{1}
食，三、清 净 依 止 住 食，四、示 现 住 食。

食，三、清净依止住食，四、示现住食。

校注：

[1] 祈望，即西夏文“□□”，西夏文字面意义作“希望”。

释读：

3.77 □ □ □ □？ □ □ □ □？ □ □
thjij^{2} sjo^{2} phju^{2} dju^{1} zjij^{1} phju^{2} dju^{1} ŋwu^{2} wa^{2} ·wo^{2}
何 云 上 有？ 几 上 有 是？ 何 义
□， □ □ □ □？ □ □ □ □
bju^{1} phju^{2} dju^{1} bio̱^{1} ljɨ^{1} dźiəj^{2} lhe̱w^{2} ŋowr^{2} ŋowr^{2}
故， 上 有 观 耶？ 为 有 一 切
云何有上？几是有上？为何义故[1]，观有上耶？谓一切有为

3.78 □， □ □ □ □ □， □ □ □ □。
nioow^{1} dźiəj^{2} mə^{1} ·a phia̱^{2} nioow^{1} phju^{2} dju^{1} ·wo^{2} ŋwu^{2}
故， 为 无 一 分 故， 上 有 义 是。
□ □、 □ □ □ □ □ □， □
tsji̱r^{1} kie̱j^{2} tsji̱r^{1} do^{2} ·a phia̱^{2} rjɨr^{2} nioow^{1} ŋowr^{2}
法 界、 法 处 一 分 △ 外， 一
故，无为一分故，是有上义。除法界、法处一分，一

3.79 □ □ □ □， □ □ □ □ □
ŋowr^{2} phju^{2} dju^{1} ŋwu^{2} bji^{2} dźju^{2} da̱^{2} ŋa^{2} zow^{2}
切 上 有 是， 下 劣 事 我 执
□ □ □， □ □ □ □ □。
zjij^{1} dźjɨr^{1} nioow^{1} tśhjwo^{1} phju^{2} dju^{1} bio̱^{1} thju̱^{1}
着 舍 故， 故 上 有 观 察。
切是有上。为舍执着下劣事我故，观察有上。

3.80 □ □ □ □？ □ □ □ □？ □ □
thjij^{2} sjo^{2} phju^{2} mjij^{1} zjij^{1} phju^{2} mjij^{1} ŋwu^{2} wa^{2} sju^{2}
何 云 上 无？ 几 上 无 是？ 何 如

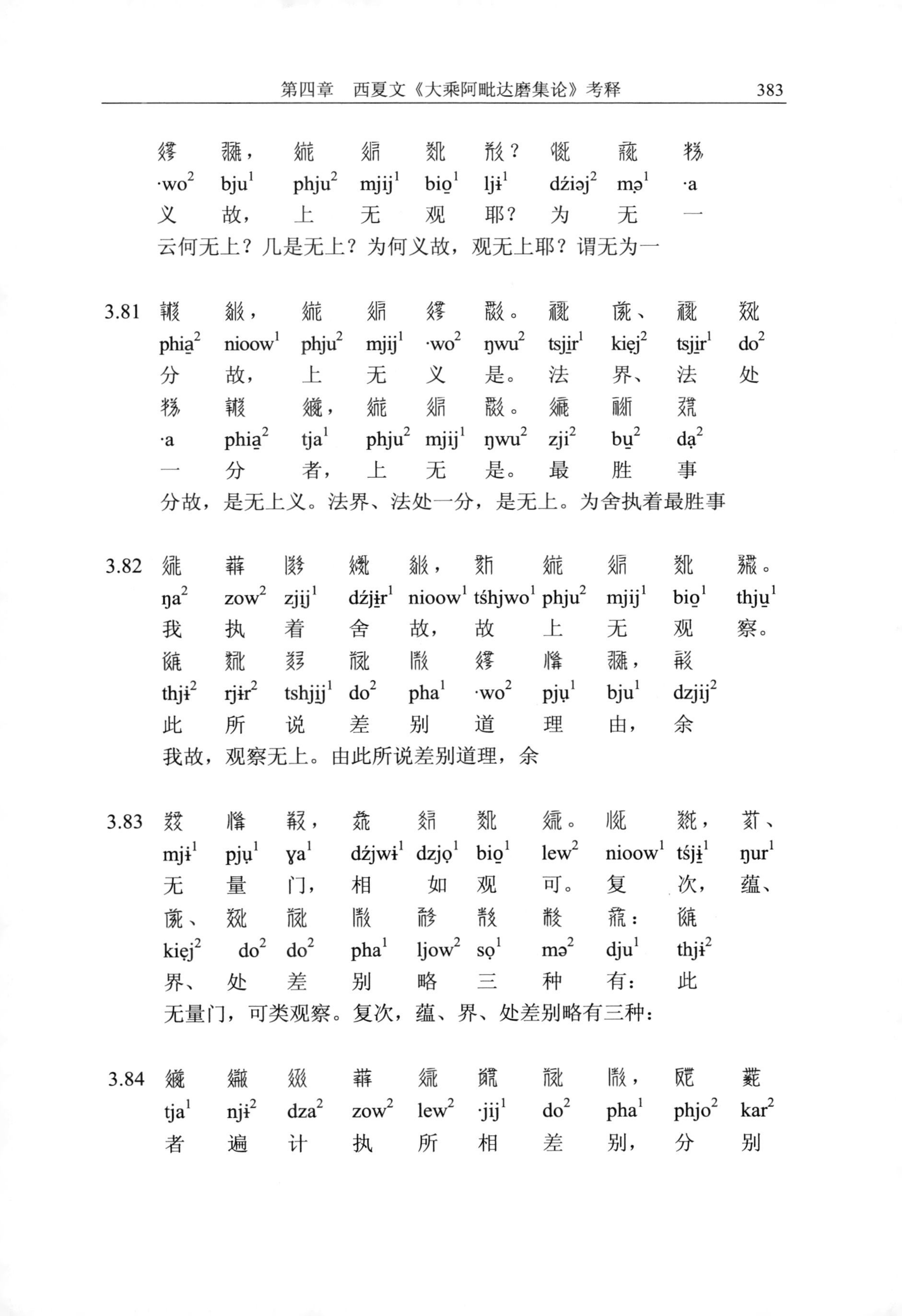

[illegible]
·wo^{2}　bju^{1}　phju^{2}　mjij^{1}　bio̱^{1}　ljɨ^{1}　dźiəj^{2}　mə̣^{1}　·a
义　故，　上　无　观　耶？　为　无　一
云何无上？几是无上？为何义故，观无上耶？谓无为一

3.81 [illegible]
phia̱^{2}　nioow^{1}　phju^{2}　mjij^{1}　·wo^{2}　ŋwu^{2}　tsji̱r^{1}　kię̣j^{2}　tsji̱r^{1}　do^{2}
分　故，　上　无　义　是。　法　界、　法　处
[illegible]
·a　phia̱^{2}　tja^{1}　phju^{2}　mjij^{1}　ŋwu^{2}　zji^{2}　bu̱^{2}　dạ^{2}
一　分　者，　上　无　是。　最　胜　事
分故，是无上义。法界、法处一分，是无上。为舍执着最胜事

3.82 [illegible]
ŋa^{2}　zow^{2}　zjij^{1}　dźji̱r^{1}　nioow^{1}　tśhjwo^{1}　phju^{2}　mjij^{1}　bio̱^{1}　thju̱^{1}
我　执　着　舍　故，　故　上　无　观　察。
[illegible]
thjɨ^{2}　rjɨr^{2}　tshjij^{1}　do^{2}　pha^{1}　·wo^{2}　pjụ^{1}　bju^{1}　dzjij^{2}
此　所　说　差　别　道　理　由，　余
我故，观察无上。由此所说差别道理，余

3.83 [illegible]
mjɨ^{1}　pjụ^{1}　ɣa^{1}　dźjwɨ^{1}　dzjọ^{1}　bio̱^{1}　lew^{2}　nioow^{1}　tśjɨ̱^{1}　ŋur^{1}
无　量　门，　相　如　观　可。　复　次，　蕴、
[illegible]
kię̣j^{2}　do^{2}　do^{2}　pha^{1}　ljow^{2}　sọ^{1}　mə^{2}　dju^{1}　thjɨ^{2}
界、　处　差　别　略　三　种　有：　此
无量门，可类观察。复次，蕴、界、处差别略有三种：

3.84 [illegible]
tja^{1}　njɨ^{2}　dza^{2}　zow^{2}　lew^{2}　·jij^{1}　do^{2}　pha^{1}　phjo^{2}　kar^{2}
者　遍　计　执　所　相　差　别，　分　别

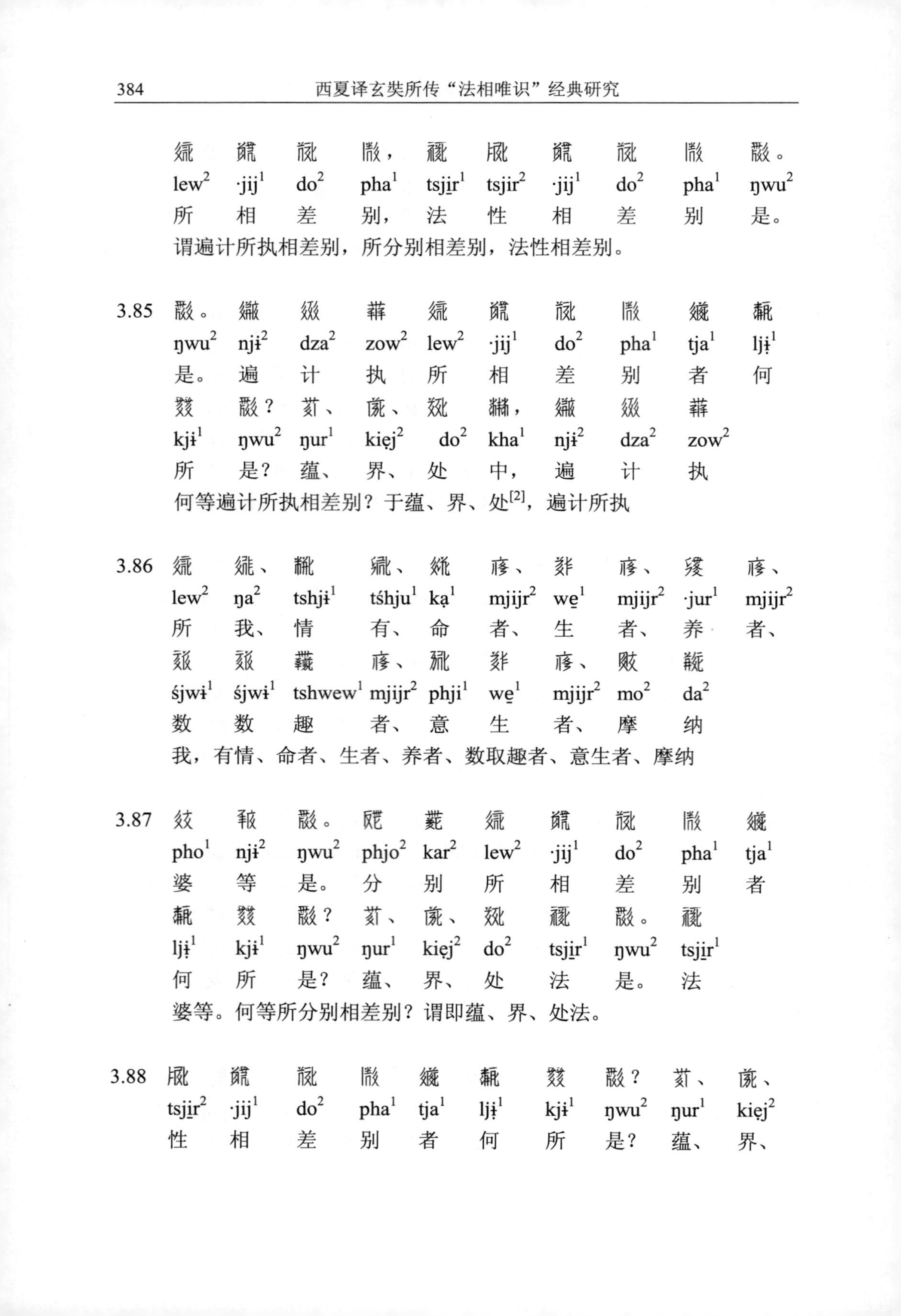

[illegible]
lew^2 ·jij^1 do^2 pha^1 tsji̱r^1 tsjir^2 ·jij^1 do^2 pha^1 ŋwu^2
所 相 差 别， 法 性 相 差 别 是。
谓遍计所执相差别，所分别相差别，法性相差别。

3.85 [illegible]
ŋwu^2 njɨ^2 dza^2 zow^2 lew^2 ·jij^1 do^2 pha^1 tja^1 ljɨ̣^{1}
是。 遍 计 执 所 相 差 别 者 何
[illegible]
kjɨ^1 ŋwu^2 ŋur^1 kięj^2 do^2 kha^1 njɨ^2 dza^2 zow^2
所 是？ 蕴、 界、 处 中， 遍 计 执
何等遍计所执相差别？于蕴、界、处[2]，遍计所执

3.86 [illegible]
lew^2 ŋa^2 tshjɨ^1 tśhju^1 kạ^1 mjijr^2 we̱^{1} mjijr^2 ·jur^1 mjijr^2
所 我、 情 有、 命 者、 生 者、 养 者、
[illegible]
śjwɨ^1 śjwɨ^1 tshwew^1 mjijr^2 phji^1 we̱^{1} mjijr^2 mo^2 da^2
数 数 趣 者、 意 生 者、 摩 纳
我，有情、命者、生者、养者、数取趣者、意生者、摩纳

3.87 [illegible]
pho^1 njɨ^2 ŋwu^2 phjo^2 kar^2 lew^2 ·jij^1 do^2 pha^1 tja^1
婆 等 是。 分 别 所 相 差 别 者
[illegible]
ljɨ̣^{1} kjɨ^1 ŋwu^2 ŋur^1 kięj^2 do^2 tsji̱r^1 ŋwu^2 tsji̱r^1
何 所 是？ 蕴、 界、 处 法 是。 法
婆等。何等所分别相差别？谓即蕴、界、处法。

3.88 [illegible]
tsji̱r^2 ·jij^1 do^2 pha^1 tja^1 ljɨ̣^{1} kjɨ^1 ŋwu^2 ŋur^1 kięj^2
性 相 差 别 者 何 所 是？ 蕴、 界、

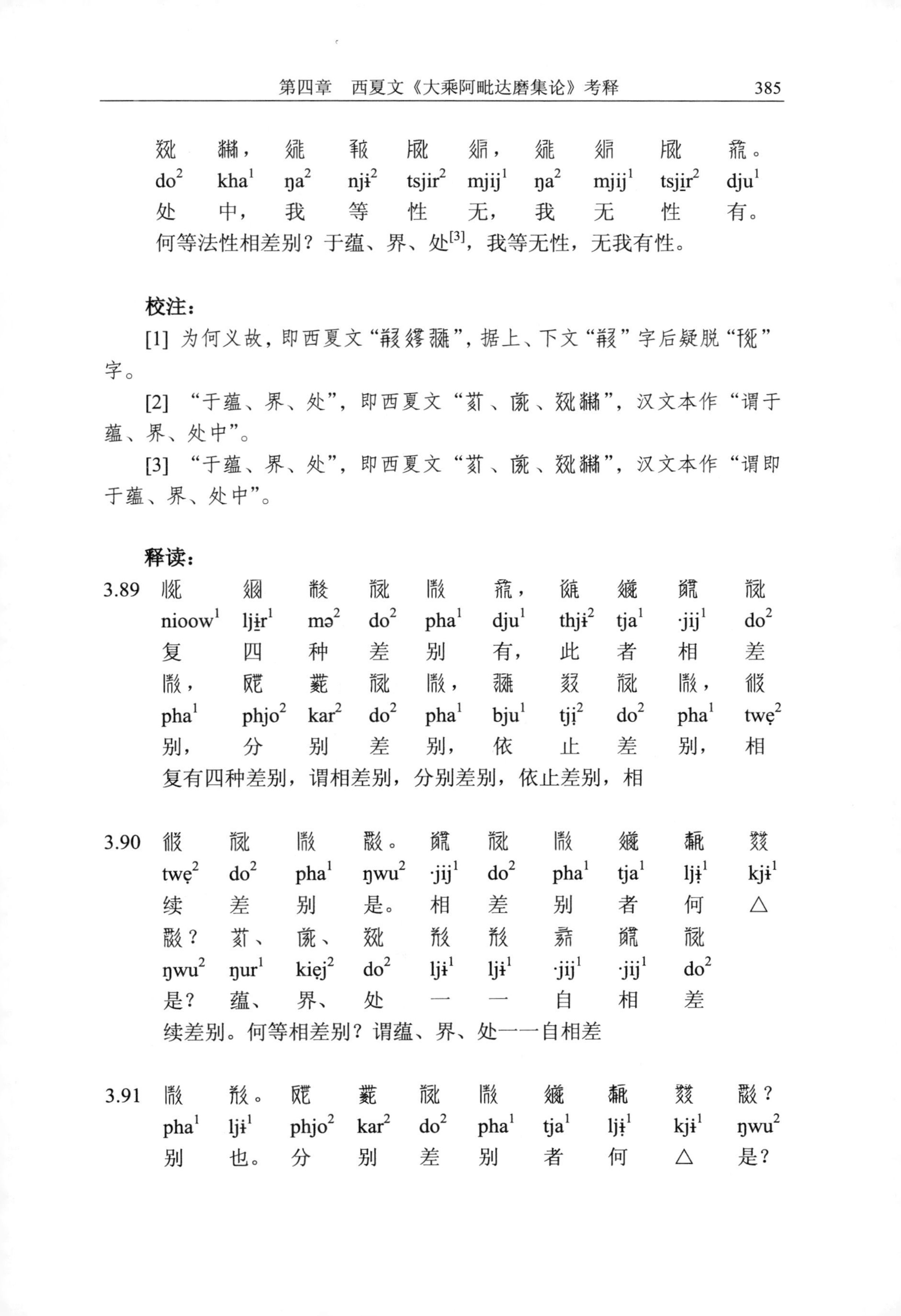

□　□，□　□　□　□，□　□　□　□。
do^2 kha^1 ŋa^2 njɨ^2 tsjɨ̱r^2 mjij^1 ŋa^2 mjij^1 tsjɨ̱r^2 dju^1
处　中，我　等　性　无，我　无　性　有。
何等法性相差别？于蕴、界、处[3]，我等无性，无我有性。

校注：

[1] 为何义故，即西夏文“□□□”，据上、下文“□”字后疑脱“□”字。

[2] “于蕴、界、处”，即西夏文“□、□、□□”，汉文本作“谓于蕴、界、处中”。

[3] “于蕴、界、处”，即西夏文“□、□、□□”，汉文本作“谓即于蕴、界、处中”。

释读：

3.89 □　□　□　□　□　□，□　□　□　□
nioow^1 ljɨ̱r^1 mə^2 do^2 pha^1 dju^1 thjɨ^2 tja^1 ·jij^1 do^2
复　四　种　差　别　有，此　者　相　差
□，□　□　□　□，□　□　□　□，□
pha^1 phjo^2 kar^2 do^2 pha^1 bju^1 tjị^2 do^2 pha^1 twẹ^2
别，分　别　差　别，依　止　差　别，相
复有四种差别，谓相差别，分别差别，依止差别，相

3.90 □　□　□　□。□　□　□　□　□　□
twẹ^2 do^2 pha^1 ŋwu^2 ·jij^1 do^2 pha^1 tja^1 ljị^1 kjɨ^1
续　差　别　是。相　差　别　者　何　△
□？□、□、□　□　□　□　□　□
ŋwu^2 ŋur^1 kiẹj^2 do^2 ljɨ^1 ljɨ^1 ·jij^1 ·jij^1 do^2
是？蕴、界、处　一　一　自　相　差
续差别。何等相差别？谓蕴、界、处一一自相差

3.91 □　□。□　□　□　□　□　□　□　□？
pha^1 ljɨ^1 phjo^2 kar^2 do^2 pha^1 tja^1 ljị^1 kjɨ^1 ŋwu^2
别　也。分　别　差　别　者　何　△　是？

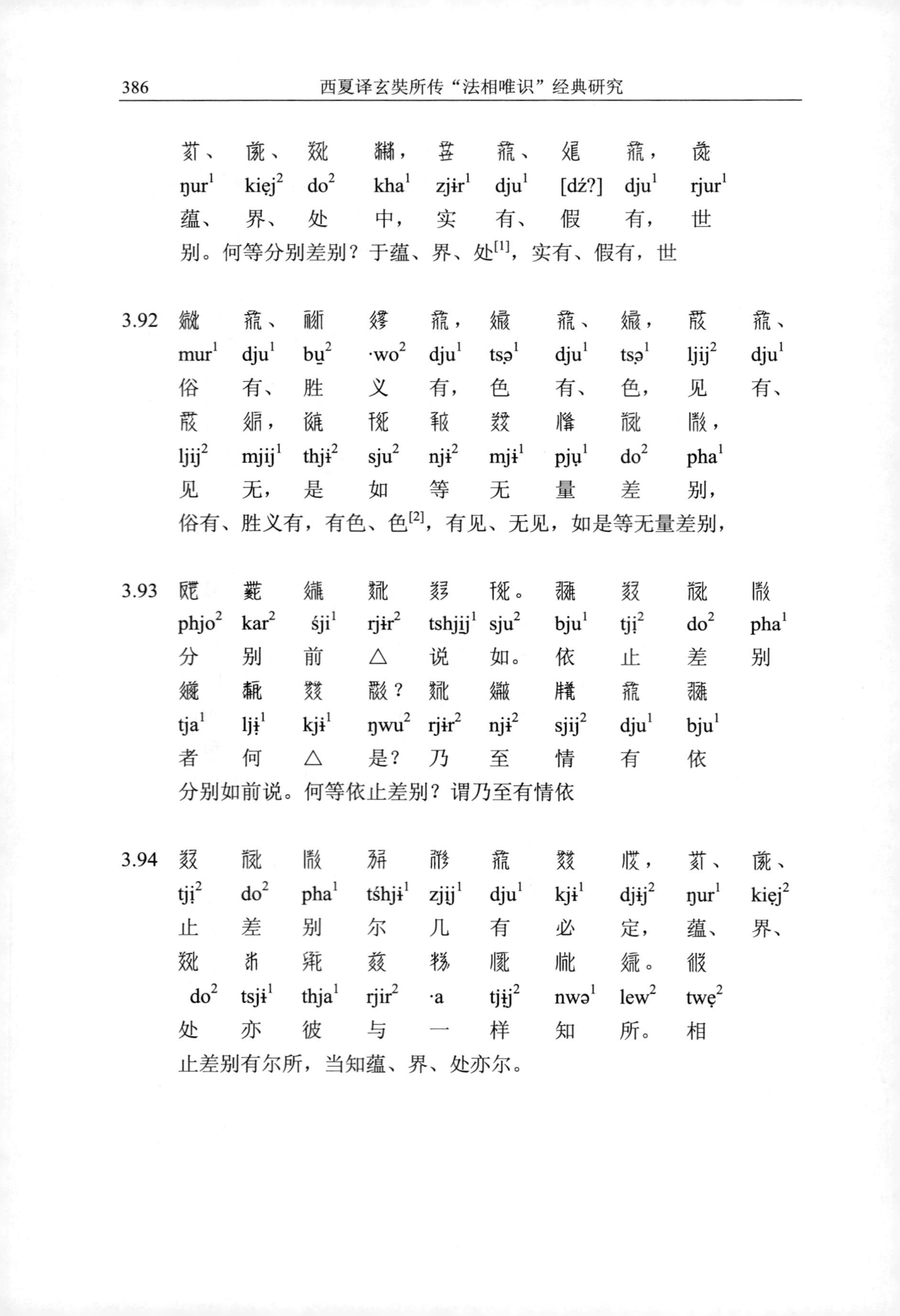

ŋur^1 kięj^2 do^2 kha^1 zjɨr^1 dju^1 [dź?] dju^1 rjur^1

蕴、 界、 处 中， 实 有、 假 有， 世

别。何等分别差别？于蕴、界、处[1]，实有、假有，世

3.92 mur^1 dju^1 bu̠^{2} ·wo^2 dju^1 tsə̣^{1} dju^1 tsə̣^{1} ljij^2 dju^1

俗 有、 胜 义 有， 色 有、 色， 见 有、

ljij^2 mjij^1 thjɨ^2 sju^2 njɨ^2 mjɨ^1 pjụ^1 do^2 pha^1

见 无， 是 如 等 无 量 差 别，

俗有、胜义有，有色、色[2]，有见、无见，如是等无量差别，

3.93 phjo^2 kar^2 śji^1 rjɨr^2 tshjij^1 sju^2 bju^1 tjị^2 do^2 pha^1

分 别 前 △ 说 如。 依 止 差 别

tja^1 ljɨ̣^{1} kjɨ^1 ŋwu^2 rjɨr^2 njɨ^2 sjij^2 dju^1 bju^1

者 何 △ 是？ 乃 至 情 有 依

分别如前说。何等依止差别？谓乃至有情依

3.94 tjị^2 do^2 pha^1 tśhjɨ^1 zjij^1 dju^1 kjɨ^1 djɨj^2 ŋur^1 kięj^2

止 差 别 尔 几 有 必 定， 蕴、 界、

do^2 tsjɨ^1 thja^1 rjir^2 ·a tjɨj^2 nwə^1 lew^2 twę^2

处 亦 彼 与 一 样 知 所。 相

止差别有尔所，当知蕴、界、处亦尔。

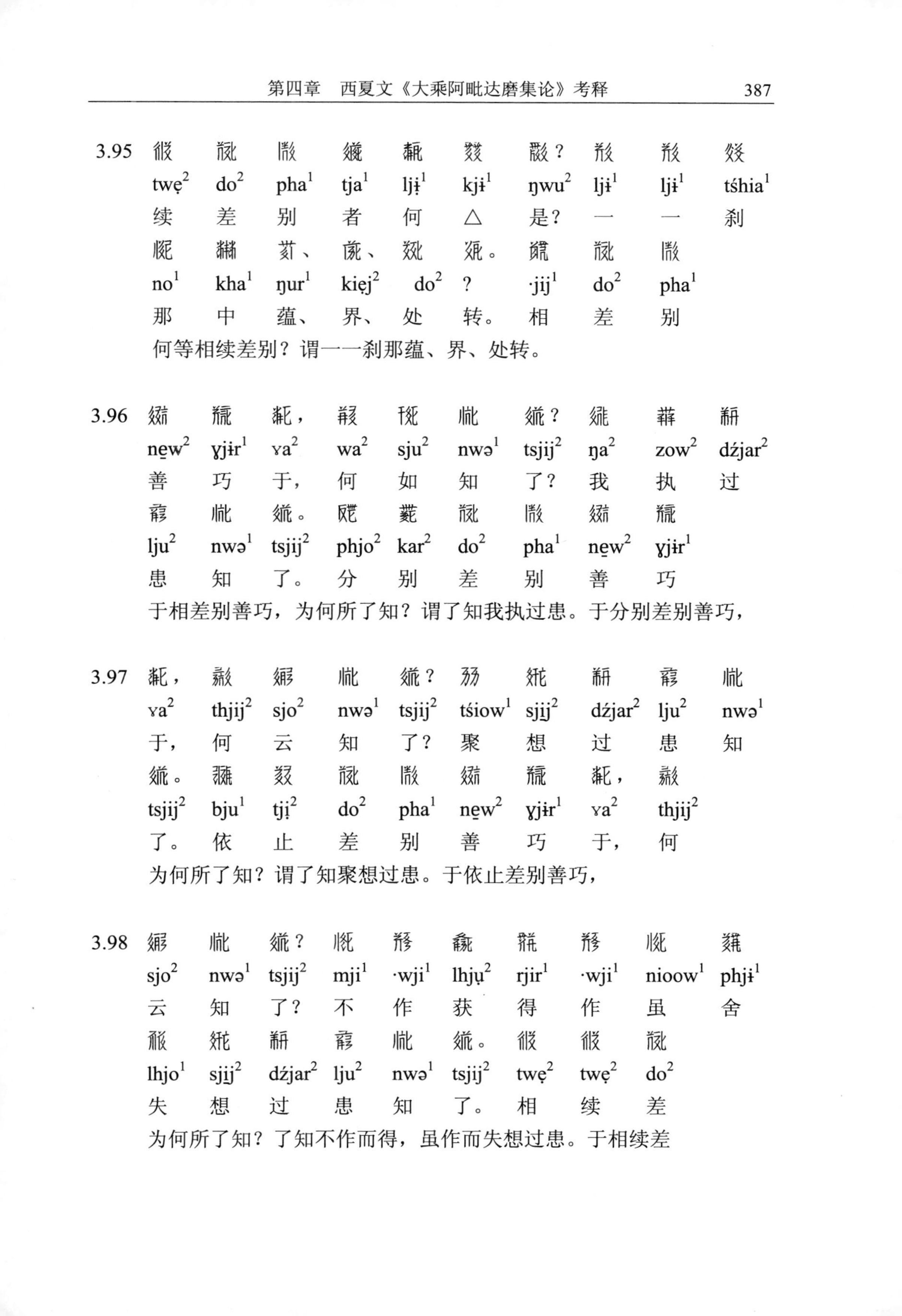

3.95 □ □ □ □ □ □ □？ □ □ □
twę^{2} do^{2} pha^{1} tja^{1} ljɨ̣^{1} kjɨ^{1} ŋwu^{2} ljɨ^{1} ljɨ^{1} tśhia^{1}
续 差 别 者 何 △ 是？ 一 一 刹
□ □ □、 □、 □ □。 □ □ □
no^{1} kha^{1} ŋur^{1} kięj^{2} do^{2} ? ·jij^{1} do^{2} pha^{1}
那 中 蕴、 界、 处 转。 相 差 别
何等相续差别？谓一一刹那蕴、界、处转。

3.96 □ □ □， □ □ □ □？ □ □ □
ne̱w^{2} ɣjɨr^{1} ɣa^{2} wa^{2} sju^{2} nwə^{1} tsjij^{2} ŋa^{2} zow^{2} dźjar^{2}
善 巧 于， 何 如 知 了？ 我 执 过
□ □ □。 □ □ □ □ □ □
lju^{2} nwə^{1} tsjij^{2} phjo^{2} kar^{2} do^{2} pha^{1} ne̱w^{2} ɣjɨr^{1}
患 知 了。 分 别 差 别 善 巧
于相差别善巧，为何所了知？谓了知我执过患。于分别差别善巧，

3.97 □， □ □ □ □？ □ □ □ □ □
ɣa^{2} thjij^{2} sjo^{2} nwə^{1} tsjij^{2} tśiow^{1} sjij^{2} dźjar^{2} lju^{2} nwə^{1}
于， 何 云 知 了？ 聚 想 过 患 知
□。 □ □ □ □ □ □ □， □
tsjij^{2} bju^{1} tjį^{2} do^{2} pha^{1} ne̱w^{2} ɣjɨr^{1} ɣa^{2} thjij^{2}
了。 依 止 差 别 善 巧 于， 何
为何所了知？谓了知聚想过患。于依止差别善巧，

3.98 □ □ □？ □ □ □ □ □ □ □
sjo^{2} nwə^{1} tsjij^{2} mji^{1} ·wji^{1} lhjụ^{2} rjir^{1} ·wji^{1} nioow^{1} phjɨ^{1}
云 知 了？ 不 作 获 得 作 虽 舍
□ □ □ □ □ □。 □ □ □
lhjo^{1} sjij^{2} dźjar^{2} lju^{2} nwə^{1} tsjij^{2} twę^{2} twę^{2} do^{2}
失 想 过 患 知 了。 相 续 差
为何所了知？了知不作而得，虽作而失想过患。于相续差

3.99	□	□	□	□，	□	□	□	□？
	pha^{1}	ne̱w^{2}	ɣjɨr^{1}	ɤa^{2}	thjij^{2}	sjo^{2}	nwə^{1}	tsjij^{2}
	别	善	巧	于，	何	云	知	了？
	□	□	□	□	□	□	□	□。
	no^{2}	dźjij^{1}	sjij^{2}	dźjar^{2}	lju^{2}	nwə^{1}	tsjij^{2}	ljɨ^{1}
	安	住	想	过	患	知	了	也。

别善巧，为何所了知？谓了知安住想过患。

校注：

[1] “于蕴、界、处”，即西夏文“□、□、□□”，汉文本作“谓即于蕴、界、处中”。

[2] 色，即西夏文“□”，汉文本作“无色”，西夏文“□”字后脱“□”字。

释读：

3.100	□	□、	□、	□	□	□	□	□	□：	□
	nioow^{1}	ŋur^{1}	kię̱j^{2}	do^{2}	tśhjiw^{1}	mə^{2}	do^{2}	pha^{1}	dju^{1}	thjɨ^{2}
	又	蕴、	界、	处	六	种	差	别	有：	此
	□	□	□	□	□、	□	□	□	□、	
	tja^{1}	djɨr^{2}	ɣa^{1}	do^{2}	pha^{1}	·u^{2}	ɣa^{1}	do^{2}	pha^{1}	
	者	外	门	差	别、	内	门	差	别、	

又蕴、界、处有六种差别：谓外门差别、内门差别、

3.101	□	□	□	□、	□	□	□	□、	□	□
	dzjɨj^{1}	dźjo^{1}	do^{2}	pha^{1}	tsew^{2}	du^{2}	do^{2}	pha^{1}	tsej^{2}	zjij^{1}
	时	长	差	别、	分	限	差	别、	暂	时
	□	□、	□	□	□	□	□。	□	□	
	do^{2}	pha^{1}	dźju^{1}	śja^{2}	do^{2}	pha^{1}	ŋwu^{2}	djɨr^{2}	ɣa^{1}	
	差	别、	显	示	差	别	是。	外	门	

长时差别、分限差别、暂时差别、显示差别。

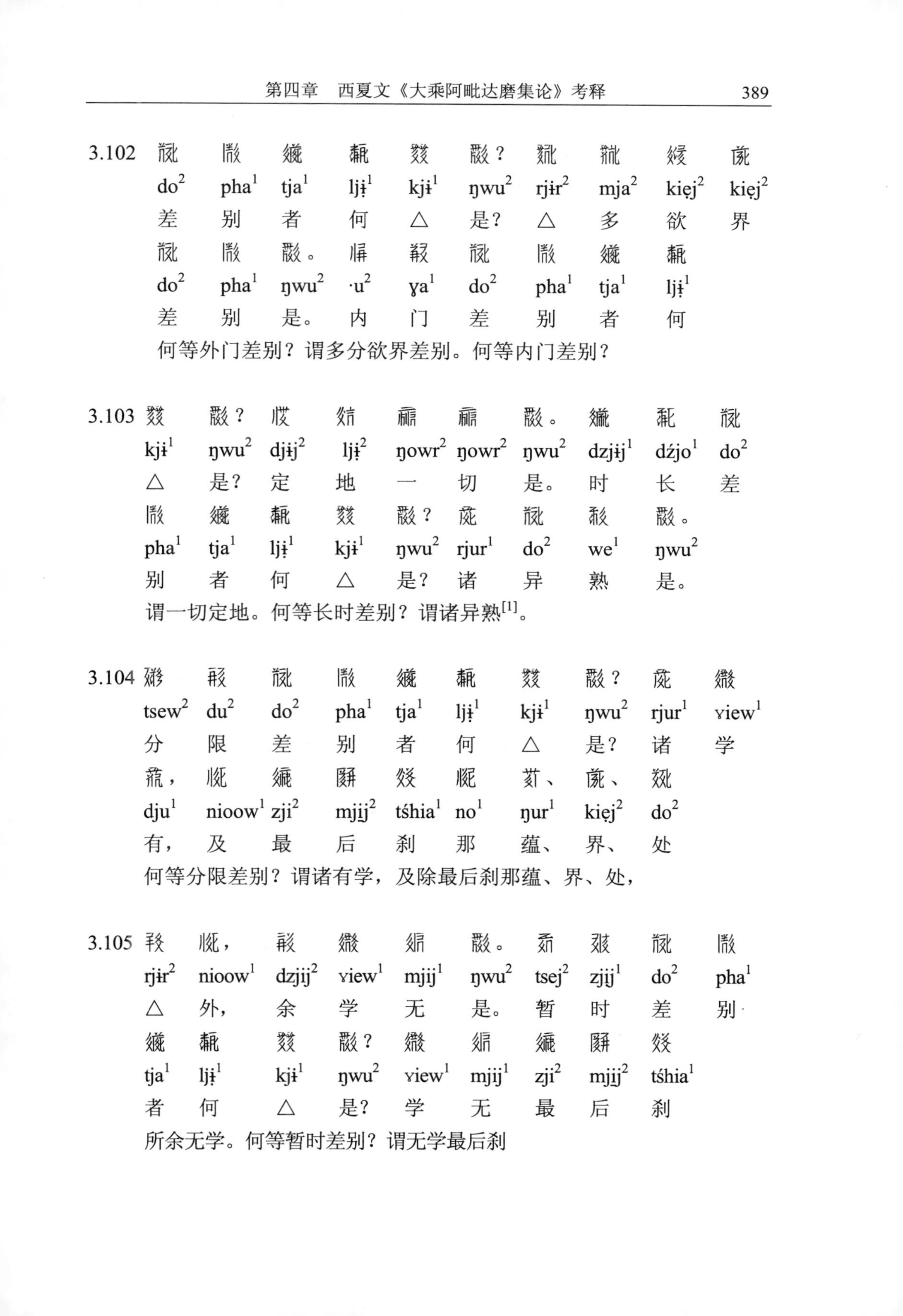

3.102
do^2 pha^1 tja^1 ljɨ̣^{1} kjɨ^1 ŋwu^2 rjɨr^2 mja^2 kię̣j^2 kię̣j^2
差 别 者 何 △ 是？ △ 多 欲 界
do^2 pha^1 ŋwu^2 ·u^2 ɣa^1 do^2 pha^1 tja^1 ljɨ̣^{1}
差 别 是。 内 门 差 别 者 何
何等外门差别？谓多分欲界差别。何等内门差别？

3.103
kjɨ^1 ŋwu^2 djɨj^2 ljɨ̣^{2} ŋowr^2 ŋowr^2 ŋwu^2 dzjɨj^1 dźjo^1 do^2
△ 是？ 定 地 一 切 是。 时 长 差
pha^1 tja^1 ljɨ̣^{1} kjɨ^1 ŋwu^2 rjur^1 do^2 we^1 ŋwu^2
别 者 何 △ 是？ 诸 异 熟 是。
谓一切定地。何等长时差别？谓诸异熟[1]。

3.104
tsew^2 du^2 do^2 pha^1 tja^1 ljɨ̣^{1} kjɨ^1 ŋwu^2 rjur^1 ɣiew^1
分 限 差 别 者 何 △ 是？ 诸 学
dju^1 nioow^1 zji^2 mjij^2 tśhia^1 no^1 ŋur^1 kię̣j^2 do^2
有， 及 最 后 刹 那 蕴、 界、 处
何等分限差别？谓诸有学，及除最后刹那蕴、界、处，

3.105
rjɨr^2 nioow^1 dzjij^2 ɣiew^1 mjij^1 ŋwu^2 tsej^2 zjij^1 do^2 pha^1
△ 外， 余 学 无 是。 暂 时 差 别
tja^1 ljɨ̣^{1} kjɨ^1 ŋwu^2 ɣiew^1 mjij^1 zji^2 mjij^2 tśhia^1
者 何 △ 是？ 学 无 最 后 刹
所余无学。何等暂时差别？谓无学最后刹

3.106

[illegible]	[illegible]、	[illegible]、	[illegible]	[illegible]。	[illegible]	[illegible]	[illegible]	[illegible]	[illegible]
no1	ŋur1	kiẹj2	do2	ŋwu2	dźju1	śja2	do2	pha1	tja1
那	蕴、	界、	处	是。	显	示	差	别	者
[illegible]	[illegible]	[illegible]？	[illegible]	[illegible]	[illegible]	[illegible]	[illegible]	[illegible]	
ljɨ̣1	kjɨ1	ŋwu2	rjur1	tha1	nioow1	sji1	dźjwa1	rjir2	
何	△	是？	诸	佛	及	究	竟	得	

那蕴、界、处[2]。何等显示差别？谓诸佛及已得究竟

3.107

[illegible]	[illegible]	[illegible]	[illegible]	[illegible]	[illegible]	[illegible]	[illegible]	[illegible]、	[illegible]、	[illegible]	[illegible]。
po1	tsa1	ma2	ŋạ2	tsa1	·wjị2	śja2	rjur1	ŋur1	kiẹj2	do2	ŋwu2
菩	萨	摩	诃	萨	示	现	诸	蕴、	界、	处	是。

菩萨摩诃萨所示现诸蕴、界、处。

校注：

[1] 谓诸异熟，即西夏文“[illegible]”，汉文本作“谓诸异生”，西夏文“[illegible]”字误作“[illegible]”字。

[2] 谓无学最后刹那蕴、界、处，即西夏文“[illegible]、[illegible]、[illegible]”，汉文本作“谓诸无学最后刹那蕴、界、处”，西夏文“[illegible]”字前疑脱“[illegible]”字。

二 《大乘阿毗达磨集论》“本事分中摄品”第二译注

释读：

3.108

[illegible]	[illegible]	[illegible]	[illegible]	[illegible]	[illegible]	[illegible]	[illegible]	[illegible]
ljij2	·ụ2	·a	phji1	tha2	mo2	śio̱1	mər2	mja1
大	乘	阿	毗	达	磨	集	本	母
[illegible]	[illegible]	[illegible]	[illegible]	[illegible]	[illegible]	[illegible]	[illegible]	
mər2	dạ2	phia̱2	kha1	ɣjiw1	tjij1	njɨ̱1	tsew2	
本	事	分	中	摄	品	二	第	

大乘阿毗达磨集论本事分中摄品第二

3.109 □ □ □？ □ □ □ □ □ □ □：
thjij2 sjo2 ɣjiw1 ljow2 tshjịj1 ɣjiw1 ɣạ2 lew1 mə2 dju1
何 云 摄？ 略 说 摄 十 一 种 有：
□ □ □ □、 □ □、 □ □ □、
thjɨ2 tja1 ·jij1 ɣjiw1 kięj2 ɣjiw1 mə2 djij1 ɣjiw1
此 者 相 摄、 界 摄、 种 类 摄、
云何摄？略说摄有十一种：谓相摄、界摄、种类摄、

3.110 □ □ □、 □ □、 □ □、 □ □、 □ □
phia̱2 tsji̱r2 ɣjiw1 dźjwɨ1 ɣjiw1 ljijr2 ɣjiw1 dzjij1 ɣjiw1 ·a phia̱2
分 位 摄、 伴 摄、 方 摄、 时 摄、 一 分
□、 □ □ □、 □ □ □、 □ □ □ □。
ɣjiw1 ŋowr2 phia̱2 ɣjiw1 dźjwɨ1 gu2 ɣjiw1 bu̱2 ·wo2 ɣjiw1 ŋwu2
摄、 具 分 摄、 更 互 摄、 胜 义 摄 是。
分位摄、伴摄、方摄、时摄、一分摄、具分摄、更互摄、胜义摄。

3.111 □ □ □ □ □？ □、 □、 □ □ □
·jij1 ɣjiw1 tja1 thjij2 sjo2 ŋur1 kięj2 do2 ljɨ1 ljɨ1
相 摄 者 何 云？ 蕴、 界、 处 一 一
□ □， □ □ □ □。 □ □ □
·jij1 ·jij1 ·jij1 kwər1 ·jij1 ɣjiw1 kięj2 ɣjiw1 tja1
自 相， 自 体 自 摄。 界 摄 者
何等相摄？谓蕴、界、处一一自相，即体自摄[1]。何等界摄？

3.112 □ □？ □、 □、 □ □ □ □ □ □，
thjij2 sjo2 ŋur1 kięj2 do2 ·jij1 sjwɨ1 ljwi1 ŋowr2 ŋowr2
何 云？ 蕴、 界、 处 之 种 子 所 有，
□ □ □ □ □ □ □ □ □。
·a nej2 ·ja2 sjij2 ɣjiw1 phjii1 njwi2 kięj2 ŋwu2
阿 赖 耶 识 摄 彼 能 界 是。
谓蕴、界、处所有种子，阿赖耶识能摄彼界。

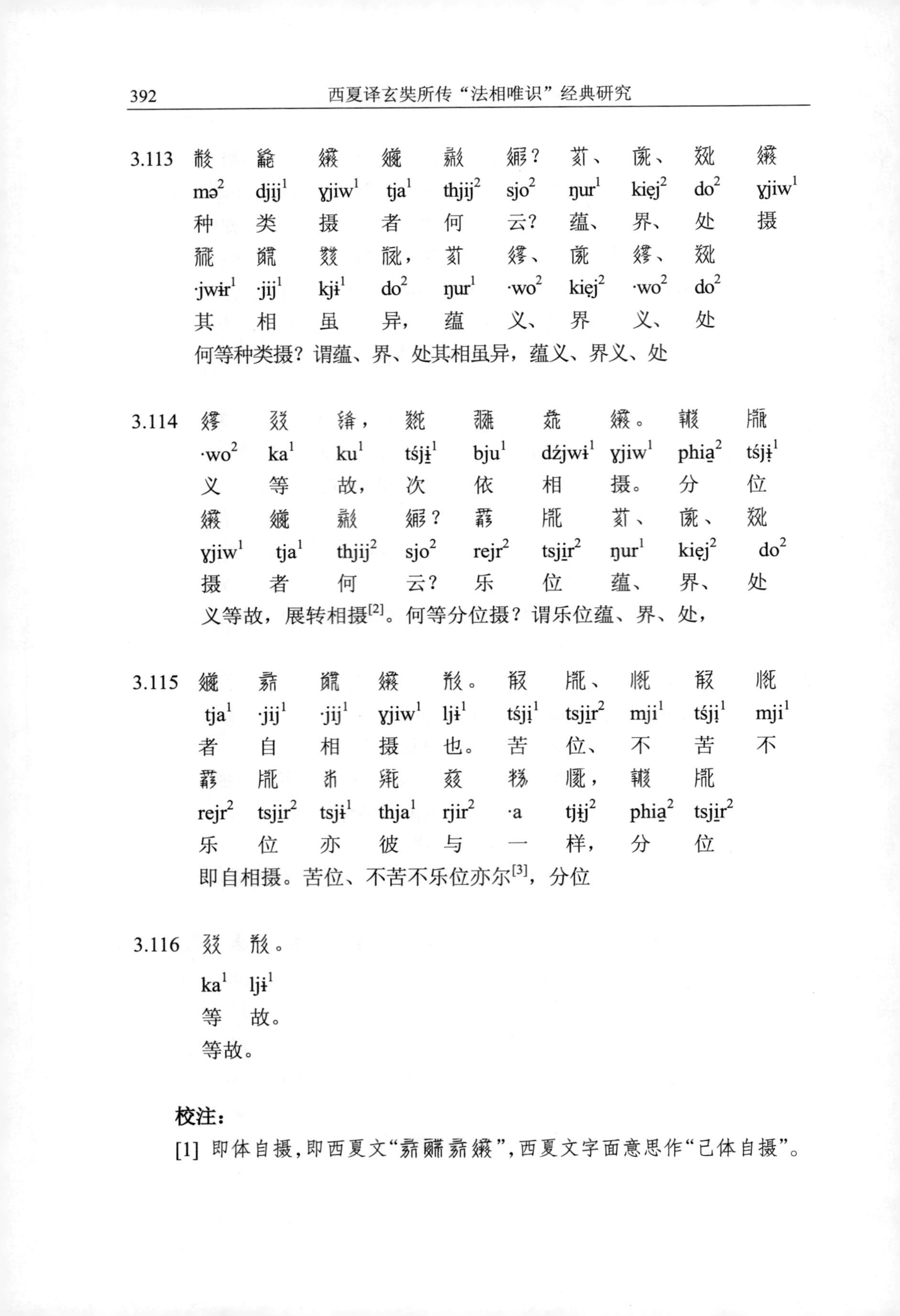

3.113 [illegible]

mə² djij¹ ɣjiw¹ tja¹ thjij² sjo² ŋur¹ kięj² do² ɣjiw¹

种 类 摄 者 何 云? 蕴、 界、 处 摄

[illegible]

·jwɨr¹ ·jij¹ kjɨ¹ do² ŋur¹ ·wo² kięj² ·wo² do²

其 相 虽 异, 蕴 义、 界 义、 处

何等种类摄?谓蕴、界、处其相虽异,蕴义、界义、处

3.114 [illegible]

·wo² ka¹ ku¹ tśjɨ̱¹ bju¹ dźjwɨ¹ ɣjiw¹ phia̱² tśjɨ̱¹

义 等 故, 次 依 相 摄。 分 位

[illegible]

ɣjiw¹ tja¹ thjij² sjo² rejr² tsji̱r² ŋur¹ kięj² do²

摄 者 何 云? 乐 位 蕴、 界、 处

义等故,展转相摄[2]。何等分位摄?谓乐位蕴、界、处,

3.115 [illegible]

tja¹ ·jij¹ ·jij¹ ɣjiw¹ ljɨ¹ tśji̱¹ tsji̱r² mji¹ tśji̱¹ mji¹

者 自 相 摄 也。 苦 位、 不 苦 不

[illegible]

rejr² tsji̱r² tsjɨ¹ thja¹ rjir² ·a tjɨj² phia̱² tsji̱r²

乐 位 亦 彼 与 一 样, 分 位

即自相摄。苦位、不苦不乐位亦尔[3],分位

3.116 [illegible]

ka¹ ljɨ¹

等 故。

等故。

校注:

[1] 即体自摄,即西夏文“[illegible]”,西夏文字面意思作“己体自摄”。

[2] 展转相摄，即西夏文“[illegible][illegible][illegible][illegible]”，西夏文字面意思作“依次相摄”。

[3] 苦位、不苦不乐位亦尔，即西夏文“[illegible][illegible]、[illegible][illegible][illegible][illegible][illegible][illegible][illegible][illegible][illegible][illegible]”，西夏文字面意思作“苦位、不苦不乐位亦与彼一样”。下同。

释读：

3.116

[illegible]	[illegible]	[illegible]	[illegible]	[illegible]？	[illegible]	[illegible]	[illegible]	[illegible]
dźjwɨ^{1}	ɣjiw^{1}	tja^{1}	thjij^{2}	sjo^{2}	tsə^{1}	ŋur^{1}	dzjij^{2}	ŋur^{1}
伴	摄	者	何	云？	色	蕴	余	蕴
[illegible]	[illegible]	[illegible]	[illegible]	[illegible]	[illegible]，	[illegible]	[illegible]	
rjir^{2}	·jij^{1}	gu^{2}	śio^{1}	dźjwɨ^{1}	we^{2}	ku^{1}	tśhjwo^{1}	
与	自	相	引	伴	是，	则	故	

何等伴摄？谓色蕴与余蕴互为伴故，即

3.117

[illegible]	[illegible]	[illegible]，	[illegible]	[illegible]、	[illegible]、	[illegible]	[illegible]	[illegible]
khiwa^{1}	dźjwɨ^{1}	ɣjiw^{1}	dzjij^{2}	ŋur^{1}	kięj^{2}	do^{2}	tsjɨ^{1}	thja^{1}
助	伴	摄，	余	蕴、	界、	处	亦	彼
[illegible]	[illegible]	[illegible]。	[illegible]	[illegible]	[illegible]	[illegible]	[illegible]？	[illegible]
rjir^{2}	·a	tjɨj^{2}	ljijr^{2}	jiw^{1}	tja^{1}	thjij^{2}	sjo^{2}	wjɨ^{2}
与	一	样。	方	摄	者	何	云？	东

摄助伴，余蕴、界、处亦尔。何等方摄？

3.118

[illegible]	[illegible]	[illegible]	[illegible]、	[illegible]、	[illegible]	[illegible]，	[illegible]	[illegible]	[illegible]	[illegible]，
ljijr^{2}	bju^{1}	rjur^{1}	ŋur^{1}	kięj^{2}	do^{2}	tja^{1}	·jij^{1}	·jij^{1}	kha^{1}	ɣjiw^{1}
方	依	诸	蕴、	界、	处	者，	自	相	还	摄，
[illegible]	[illegible]	[illegible]、	[illegible]、	[illegible]	[illegible]	[illegible]	[illegible]	[illegible]	[illegible]。	
dzjij^{2}	ljijr^{2}	ŋur^{1}	kięj^{2}	do^{2}	tsjɨ^{1}	thja^{1}	rjir^{2}	·a	tjɨj^{2}	
余	方	蕴、	界、	处	亦	彼	与	一	样。	

谓依东方诸蕴、界、处，还自相摄，余方蕴、界、处亦尔。

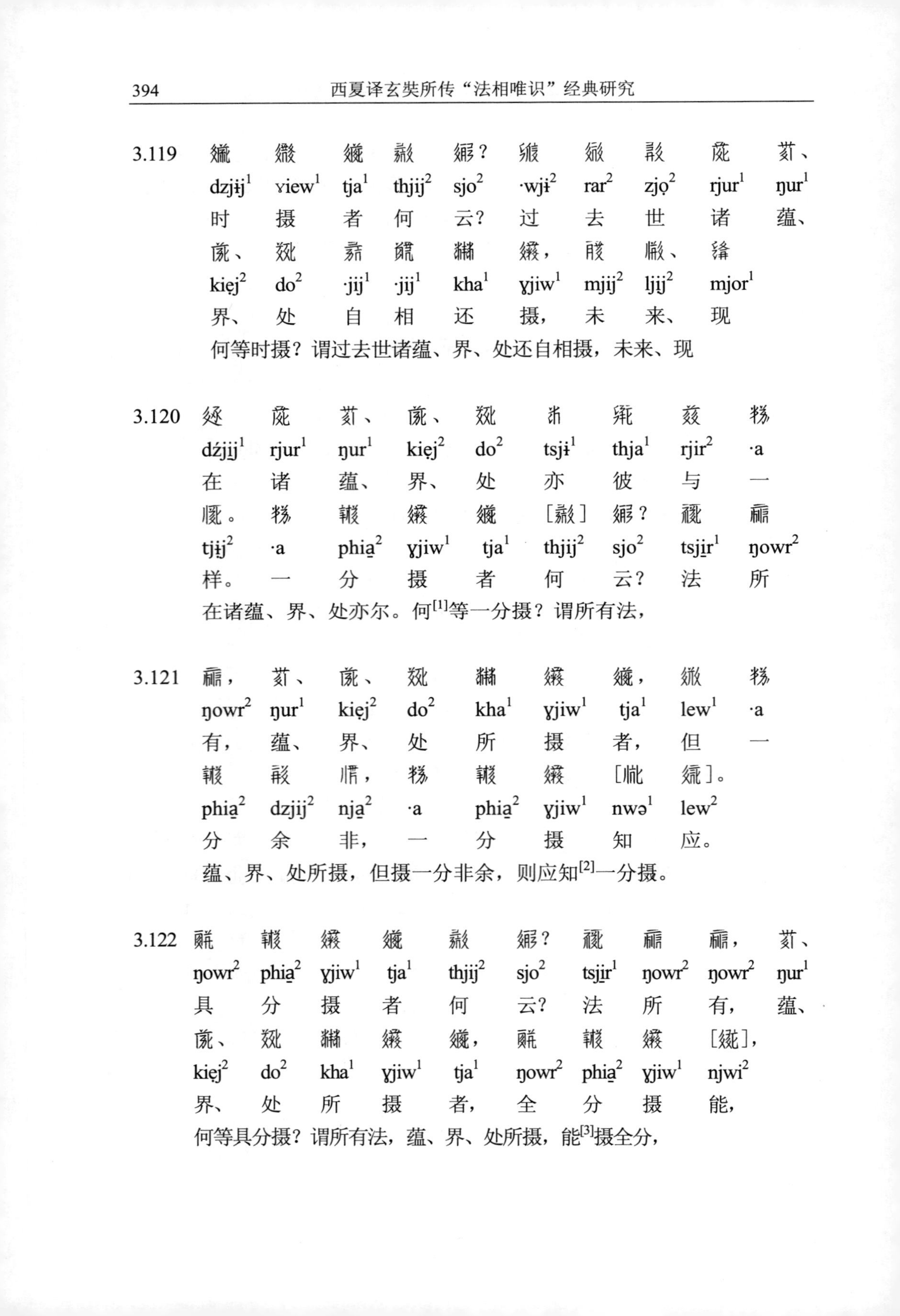

3.119 [illegible]

dzjɨj^{1} ɣiew^{1} tja^{1} thjij^{2} sjo^{2} ·wjɨ^{2} rar^{2} zjọ^{2} rjur^{1} ŋur^{1}

时 摄 者 何 云？过 去 世 诸 蕴、

[illegible]

kięj^{2} do^{2} ·jij^{1} ·jij^{1} kha^{1} ɣjiw^{1} mjij^{2} ljij^{2} mjor^{1}

界、处 自 相 还 摄，未 来、现

何等时摄？谓过去世诸蕴、界、处还自相摄，未来、现

3.120 [illegible]

dźjij^{1} rjur^{1} ŋur^{1} kięj^{2} do^{2} tsjɨ^{1} thja^{1} rjir^{2} ·a

在 诸 蕴、界、处 亦 彼 与 一

[illegible]

tjɨj^{2} ·a phia̱^{2} ɣjiw^{1} tja^{1} thjij^{2} sjo^{2} tsji̱r^{1} ŋowr^{2}

样。一 分 摄 者 何 云？法 所

在诸蕴、界、处亦尔。何[1]等一分摄？谓所有法，

3.121 [illegible]

ŋowr^{2} ŋur^{1} kięj^{2} do^{2} kha^{1} ɣjiw^{1} tja^{1} lew^{1} ·a

有，蕴、界、处 所 摄 者，但 一

[illegible]

phia̱^{2} dzjij^{2} nja̱^{2} ·a phia̱^{2} ɣjiw^{1} nwə^{1} lew^{2}

分 余 非，一 分 摄 知 应。

蕴、界、处所摄，但摄一分非余，则应知[2]一分摄。

3.122 [illegible]

ŋowr^{2} phia̱^{2} ɣjiw^{1} tja^{1} thjij^{2} sjo^{2} tsji̱r^{1} ŋowr^{2} ŋowr^{2} ŋur^{1}

具 分 摄 者 何 云？法 所 有，蕴、

[illegible]

kięj^{2} do^{2} kha^{1} ɣjiw^{1} tja^{1} ŋowr^{2} phia̱^{2} ɣjiw^{1} njwi^{2}

界、处 所 摄 者，全 分 摄 能，

何等具分摄？谓所有法，蕴、界、处所摄，能[3]摄全分，

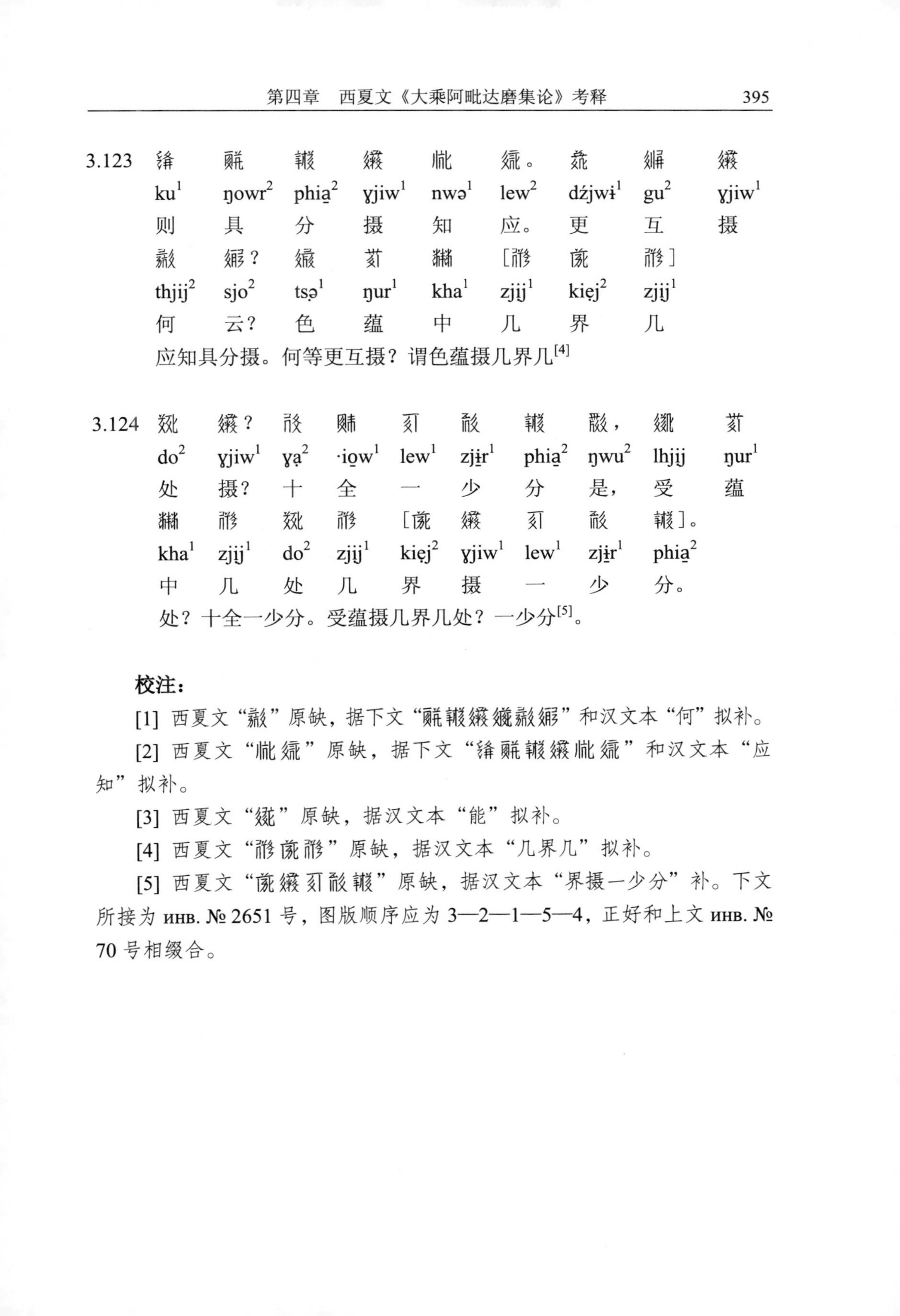

3.123 □ □ □ □ □ □。 □ □ □

ku¹ ŋowr² phia̱² ɣjiw¹ nwə¹ lew² dźjwɨ¹ gu² ɣjiw¹

则 具 分 摄 知 应。 更 互 摄

□ □？ □ □ □ [□ □ □]

thjij² sjo² tsə̣¹ ŋur¹ kha¹ zjij¹ kięj² zjij¹

何 云？ 色 蕴 中 几 界 几

应知具分摄。何等更互摄？谓色蕴摄几界几[4]

3.124 □ □？ □ □ □ □ □ □， □ □

do² ɣjiw¹ ɣa̱² ·io̱w¹ lew¹ zjɨ̱r¹ phia̱² ŋwu² lhjij ŋur¹

处 摄？ 十 全 一 少 分 是， 受 蕴

□ □ □ □ [□ □ □ □ □]。

kha¹ zjij¹ do² zjij¹ kięj² ɣjiw¹ lew¹ zjɨ̱r¹ phia̱²

中 几 处 几 界 摄 一 少 分。

处？十全一少分。受蕴摄几界几处？一少分[5]。

校注：

[1] 西夏文“□”原缺，据下文“□□□□□□”和汉文本“何”拟补。

[2] 西夏文“□□”原缺，据下文“□□□□□□”和汉文本“应知”拟补。

[3] 西夏文“□”原缺，据汉文本“能”拟补。

[4] 西夏文“□□□”原缺，据汉文本“几界几”拟补。

[5] 西夏文“□□□□□”原缺，据汉文本“界摄一少分”补。下文所接为 инв. № 2651 号，图版顺序应为 3—2—1—5—4，正好和上文 инв. № 70 号相缀合。

下文为 инв. № 2651 号的西夏文释读和校注。

释读：

3.125 ［[illegible]。[illegible] [illegible] [illegible]，[illegible]、[illegible] [illegible] [illegible] [illegible] [illegible] [illegible] [illegible]］。
ŋwu^2 lhjij ŋur^1 sju^2 sjij^2 dźjɨ ŋur^1 tsjɨ^1 thja^1 rjir^2 ·a tjɨj^2
是。 受 蕴 如， 想、 行 蕴 亦 彼 与 一 样。
如受蕴，想、行蕴亦尔。[1]

3.126 [illegible] [illegible] [illegible] [illegible] [illegible] [illegible] [illegible] [illegible]？[illegible] [illegible]、
sjij^2 ŋur^1 kha^1 zjij^1 kięj^2 zjij^1 do^2 ɣjiw^1 śją^1 kięj^2
识 蕴 中 几 界 几 处 摄？ 七 界、
[illegible] [illegible] [illegible]。[illegible] [illegible] [illegible] [illegible] [illegible] [illegible]
lew^1 do^2 ŋwu^2 mej^1 kięj^2 kha^1 zjij^1 ŋur^1 zjij^1
一 处 是。 眼 界 中 几 蕴 几
识蕴摄几界几处？七界、一处。眼界摄几蕴几

3.127 [illegible] [illegible]？[illegible] [illegible] [illegible] [illegible]，[illegible] [illegible] [illegible]。[illegible]
do^2 ɣjiw^1 tsə^1 ŋur^1 zjɨr^1 phia̱^{2} lew^1 do^2 ŋowr^2 mej^1
处 摄？ 色 蕴 少 分， 一 处 全。 眼
[illegible] [illegible]，[illegible]、[illegible]、[illegible]、[illegible]、[illegible]、[illegible]、[illegible]、
kięj^2 sju^2 nju^1 ljɨ^1 lhjwa^1 lju̱^{2} tsə^1 ɣię^2 lji^2
界 如， 耳、 鼻、 舌、 身、 色、 声、 香、
处？色蕴少分，一处全。如眼界，耳、鼻、舌、身、色、声、香、

3.128 [illegible]、[illegible] [illegible] [illegible] [illegible] [illegible] [illegible] [illegible]。[illegible]
wji̱^{1} tsju̱^{1} kięj^2 tsjɨ^1 thja^1 rjir^2 ·a tjɨj^2 phji^1
味、 触 界 亦 彼 与 一 样。 意
[illegible] [illegible] [illegible] [illegible] [illegible] [illegible] [illegible]？[illegible] [illegible]
kięj^2 kha^1 zjij^1 ŋur^1 zjij^1 do^2 ɣjiw^1 lew^1 ŋur^1
界 中 几 蕴 几 处 摄？ 一 蕴
味、触界亦尔。意界摄几蕴几处？①一蕴

① 藏本此二段在“次触界亦尔”句下出，参见《藏要》（第一辑第十九种大乘阿毗达磨集论），中华民国十九年（1930）一月支那内学院校刊，第 19 页。

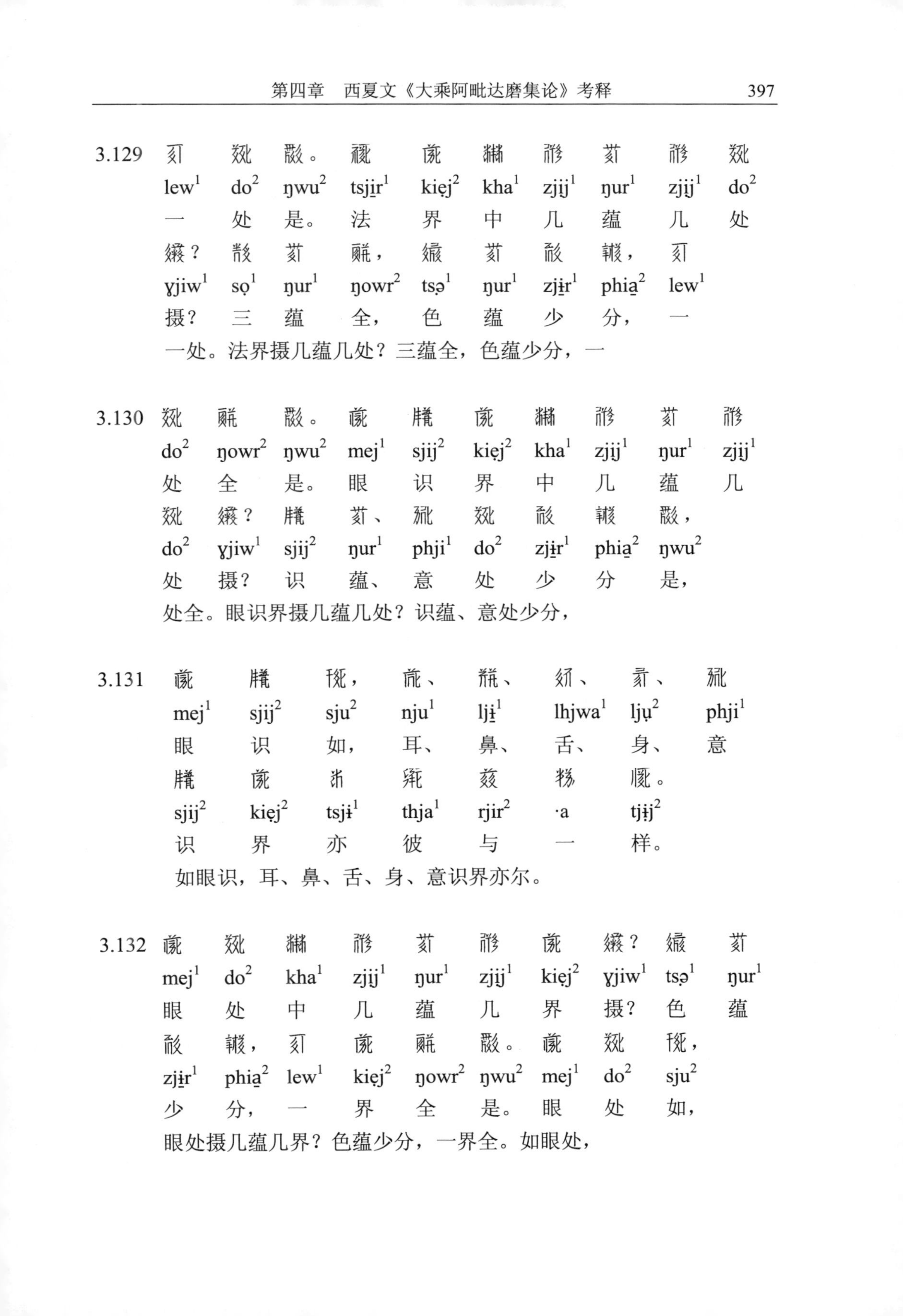

3.129
lew^{1} do^{2} ŋwu^{2} tsjɨ̱r^{1} kiẹj^{2} kha^{1} zjịj^{1} ŋur^{1} zjịj^{1} do^{2}
一 处 是。法 界 中 几 蕴 几 处
ɣjiw^{1} sọ^{1} ŋur^{1} ŋowr^{2} tsə̣^{1} ŋur^{1} zjɨ̣r^{1} phia̱^{2} lew^{1}
摄？三 蕴 全，色 蕴 少 分，一

一处。法界摄几蕴几处？三蕴全，色蕴少分，一

3.130
do^{2} ŋowr^{2} ŋwu^{2} mej^{1} sjịj^{2} kiẹj^{2} kha^{1} zjịj^{1} ŋur^{1} zjịj^{1}
处 全 是。眼 识 界 中 几 蕴 几
do^{2} ɣjiw^{1} sjịj^{2} ŋur^{1} phji^{1} do^{2} zjɨ̣r^{1} phia̱^{2} ŋwu^{2}
处 摄？识 蕴、意 处 少 分 是，

处全。眼识界摄几蕴几处？识蕴、意处少分，

3.131
mej^{1} sjịj^{2} sju^{2} nju^{1} ljɨ̱^{1} lhjwa^{1} ljụ^{2} phji^{1}
眼 识 如，耳、鼻、舌、身、意
sjịj^{2} kiẹj^{2} tsjɨ^{1} thja^{1} rjir^{2} ·a tjɨ̣j^{2}
识 界 亦 彼 与 一 样。

如眼识，耳、鼻、舌、身、意识界亦尔。

3.132
mej^{1} do^{2} kha^{1} zjịj^{1} ŋur^{1} zjịj^{1} kiẹj^{2} ɣjiw^{1} tsə̣^{1} ŋur^{1}
眼 处 中 几 蕴 几 界 摄？色 蕴
zjɨ̣r^{1} phia̱^{2} lew^{1} kiẹj^{2} ŋowr^{2} ŋwu^{2} mej^{1} do^{2} sju^{2}
少 分，一 界 全 是。眼 处 如，

眼处摄几蕴几界？色蕴少分，一界全。如眼处，

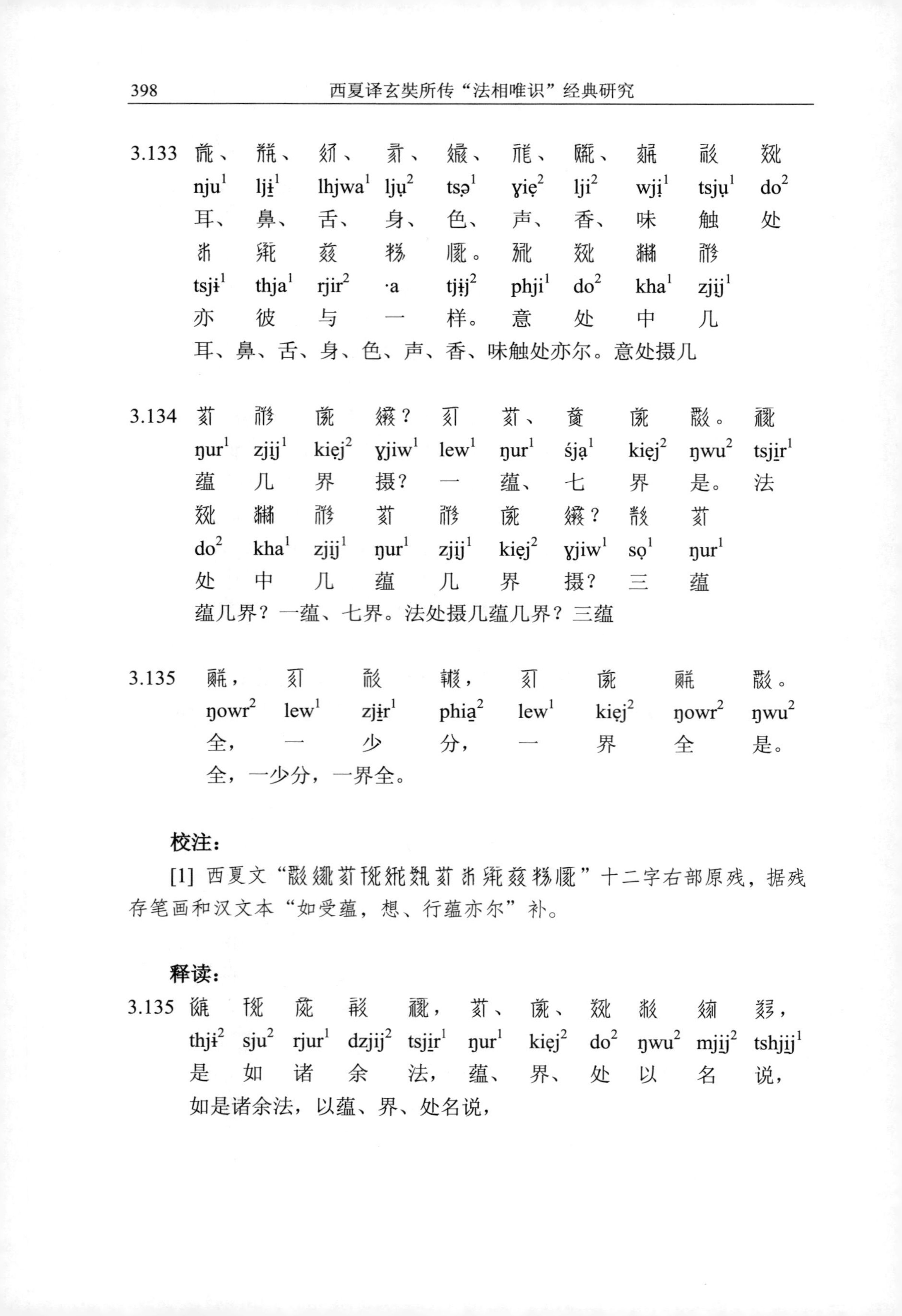

3.133 [西夏文]

nju^{1} lji^{1} lhjwa^{1} ljụ^{2} tsə̣^{1} ɣię^{2} lji^{2} wjị^{1} tsjụ^{1} do^{2}

耳、 鼻、 舌、 身、 色、 声、 香、 味 触 处

[西夏文]

tsjɨ^{1} thja^{1} rjir^{2} ·a tjɨj^{2} phji^{1} do^{2} kha^{1} zjịj^{1}

亦 彼 与 一 样。 意 处 中 几

耳、鼻、舌、身、色、声、香、味触处亦尔。意处摄几

3.134 [西夏文]

ŋur^{1} zjịj^{1} kięj^{2} ɣjiw^{1} lew^{1} ŋur^{1} śją^{1} kięj^{2} ŋwu^{2} tsjɨr^{1}

蕴 几 界 摄？ 一 蕴、 七 界 是。 法

[西夏文]

do^{2} kha^{1} zjịj^{1} ŋur^{1} zjịj^{1} kięj^{2} ɣjiw^{1} sọ^{1} ŋur^{1}

处 中 几 蕴 几 界 摄？ 三 蕴

蕴几界？一蕴、七界。法处摄几蕴几界？三蕴

3.135 [西夏文]

ŋowr^{2} lew^{1} zjɨr^{1} phią^{2} lew^{1} kięj^{2} ŋowr^{2} ŋwu^{2}

全， 一 少 分， 一 界 全 是。

全，一少分，一界全。

校注：

[1] 西夏文“[西夏文]”十二字右部原残，据残存笔画和汉文本“如受蕴，想、行蕴亦尔”补。

释读：

3.135 [西夏文]

thjɨ^{2} sju^{2} rjur^{1} dzjịj^{2} tsjɨr^{1} ŋur^{1} kięj^{2} do^{2} ŋwu^{2} mjịj^{2} tshjịj^{1}

是 如 诸 余 法， 蕴、 界、 处 以 名 说，

如是诸余法，以蕴、界、处名说，

3.136 □ □ □、□、□ □ □ □，□ □、

nioow^{1} dzjij^{2} ŋur^{1} kięj^{2} do^{2} nja̱^{2} mjij̱^{2} tshjij̱^{1} zjɨr^{1} dju^{1}

及 余 蕴、界、处 非 名 说，实 有、

□ □、□ □ □、□ □ □、□

[dź?] dju^{1} rjur^{1} mur^{1} dju^{1} bu̱^{2} ·wo^{2} dju^{1} nwə^{1}

假 有、世 俗 有、胜 义 有、知

及余非蕴、界、处名说，如实有、假有、世俗有、胜义有、

3.137 □、□ □、□ □、□ □、□ □、□

lew^{2} sjij^{2} lew^{2} tsjij^{2} lew^{2} tsə̣^{1} dju^{1} tsə̣^{1} mjij^{1} ljij^{2}

所、识 所、达 所、色 有、色 无、见

□、□ □，□ □ □，□ □ □

dju^{1} □、mjij^{1} thjɨ^{2} sju^{2} njɨ^{2} śji^{1} dźju^{1} sjwij^{1}

有、见 无，是 如 等，前 显 明

所知、所识、所达、有色、无色、有见、无见，如是等，如前所显，

3.138 □，□ □ □ □，□、□、□ □ □

sju^{2} ·jij^{1} twụ^{1} dzjɨj^{2} bju^{1} ŋur^{1} kięj^{2} do^{2} rjir^{2} dźjwɨ^{1}

如，自 各 合 随，蕴、界、处 与 相

□ □ □ □，□ □。□ □ □

kha^{1} ɣjiw^{1} ɣiwej^{1} zji^{2} nwə^{1} lew^{2} bu̱^{2} ·wo^{2} ɣjiw^{1}

中 摄 更 尽，知 当。胜 义 摄

随其所应[1]，与蕴、界、处更互相摄尽，当知。

3.139 □ □ □？□、□、□ □ □ □ □ □。

tja^{1} thjij^{2} sjo^{2} ŋur^{1} kięj^{2} do^{2} ku^{1} ɣiej^{1} kha^{1} ɣjiw^{1} ŋwu^{2}

者 何 云？蕴、界、处 如 真 中 摄 是。

何等胜义摄？谓蕴、界、处真如所摄。

3.140

[illegible]	[illegible]	[illegible]	[illegible]，	[illegible]	[illegible]	[illegible]	[illegible]	[illegible]？	[illegible]
ɣjiw1	new2	ɣjɨr1	ɣa2	wa2	sju2	bu2	gjij1	rjir1	thja1
摄	善	巧	于，	何	如	胜	利	得？	彼
[illegible]	[illegible]	[illegible]	[illegible]	[illegible]	[illegible]	[illegible]	[illegible]，	[illegible]	
thju1	lew2	ɣa2	ljow2	śio1	bu2	gjij1	rjir1	thja2	
缘	所	于	略	集	胜	利	得，	彼	

于摄善巧，得何胜利？得于所缘略集胜利，

3.141

[illegible]	[illegible]	[illegible]，	[illegible]	[illegible]	[illegible]	[illegible]，	[illegible]
thja2	mjɨ2	bju1	njij1	phji1	ljow2	mjij1	thjɨ2
彼	境	随，	心	意	略	聚，	是
[illegible]	[illegible]	[illegible]，	[illegible]	[illegible]	[illegible]	[illegible]。	
sju2	thjɨ2	sju2	new2	tśhji2	bu2	we2	
如	是	如，	善	根	胜	是。	

随彼彼境，略聚其心，如是如是①，善根增胜。

校注：

[1] 随其所应，即西夏文“[illegible]”，西夏文字面作“各自所应”。

三 《大乘阿毗达磨集论》“本事分中相应品”第三译注

释读：

3.142

[illegible]	[illegible]	[illegible]	[illegible]	[illegible]	[illegible]	[illegible]	[illegible]	[illegible]
ljij2	·u2	·a	phji1	tha2	mo2	śio1	mər2	mja1
大	乘	阿	毗	达	磨	集	本	母
[illegible]	[illegible]	[illegible]	[illegible]	[illegible]	[illegible]	[illegible]	[illegible]	[illegible]
mər2	da2	phia2	kha1	bju1	śjij1	tjij1	so1	tsew2
本	事	分	中	相	应	品	三	第

大乘阿毗达磨集论本事分中相应品第三

① “如是”二字依藏本及丽刻加。参见《藏要》（第一辑第十九种大乘阿毗达磨集论），中华民国十九年（1930）一月支那内学院校刊，第 19 页。

3.143 [illegible] [illegible] [illegible] [illegible]？ [illegible] [illegible] [illegible] [illegible] [illegible] [illegible]
thjij^{2} sjo^{2} bju^{1} śjij^{1} ljow^{2} bju^{1} śjij^{1} tshjij^{1} tśhjiw^{1} mə^{2}
何 云 相 应？ 略 相 应 说 六 种
[illegible]， [illegible] [illegible] [illegible] [illegible] [illegible] [illegible] [illegible]， [illegible]
dju^{1} thjɨ^{2} tja^{1} mji^{1} dźjow^{1} ka^{2} bju^{1} śjij^{1} dzow^{1}
有， 此 者 不 分 离 相 应， 和
云何相应？略说相应有六种，谓不相离相应，和

3.144 [illegible] [illegible] [illegible]， [illegible] [illegible] [illegible] [illegible]， [illegible] [illegible] [illegible]
ŋwej^{2} bju^{1} śjij^{1} tśiow^{1} dzjɨ^{2} bju^{1} śjij^{1} ka^{1} dju^{1} bju^{1}
合 相 应， 聚 集 相 应， 俱 有 相
[illegible]， [illegible] [illegible] [illegible] [illegible]， [illegible] [illegible] [illegible] [illegible]。
śjij^{1} ·wji^{1} dạ^{2} bju^{1} śjij^{1} dźjɨ thwu̱^{1} bju^{1} śjij^{1}
应， 作 事 相 应， 同 行 相 应。
合相应，聚集相应，俱有相应，作事相应，同行相应。

3.145 [illegible] [illegible] [illegible] [illegible] [illegible] [illegible] [illegible] [illegible]？ [illegible]
mji^{1} dźjow^{1} ka^{2} bju^{1} śjij^{1} tja^{1} thjij^{2} sjo^{2} ljijr^{2}
不 分 离 相 应 者 何 云？ 方
[illegible] [illegible] [illegible] [illegible] [illegible]， [illegible] [illegible] [illegible] [illegible]，
phia̱^{2} dju^{1} tsə̣^{1} ŋowr^{2} ŋowr^{2} zji^{2} zjɨr^{1} do^{2} rjir^{2}
分 有 色 一 切， 极 微 处 与，
何等不相离相应？谓一切有方分色，与极微处，

3.146 [illegible] [illegible] [illegible] [illegible]。 [illegible] [illegible] [illegible] [illegible] [illegible] [illegible]
mji^{1} dźjow^{1} ka^{2} ljɨ^{1} dzow^{1} ŋwej^{2} bju^{1} śjij^{1} tja^{1} thjij^{2}
不 分 离 也。 和 合 相 应 者 何
[illegible]？ [illegible] [illegible] [illegible] [illegible] [illegible] [illegible] [illegible] [illegible]
sjo^{2} zji^{2} zjɨr^{1} bjɨ^{1} bjij^{2} ljijr^{2} phia̱^{2} dju^{1} tsə̣^{1}
云？ 极 微 以 上 方 分 有 色
互不相离。何等和合相应？谓极微已上一切有方分色，

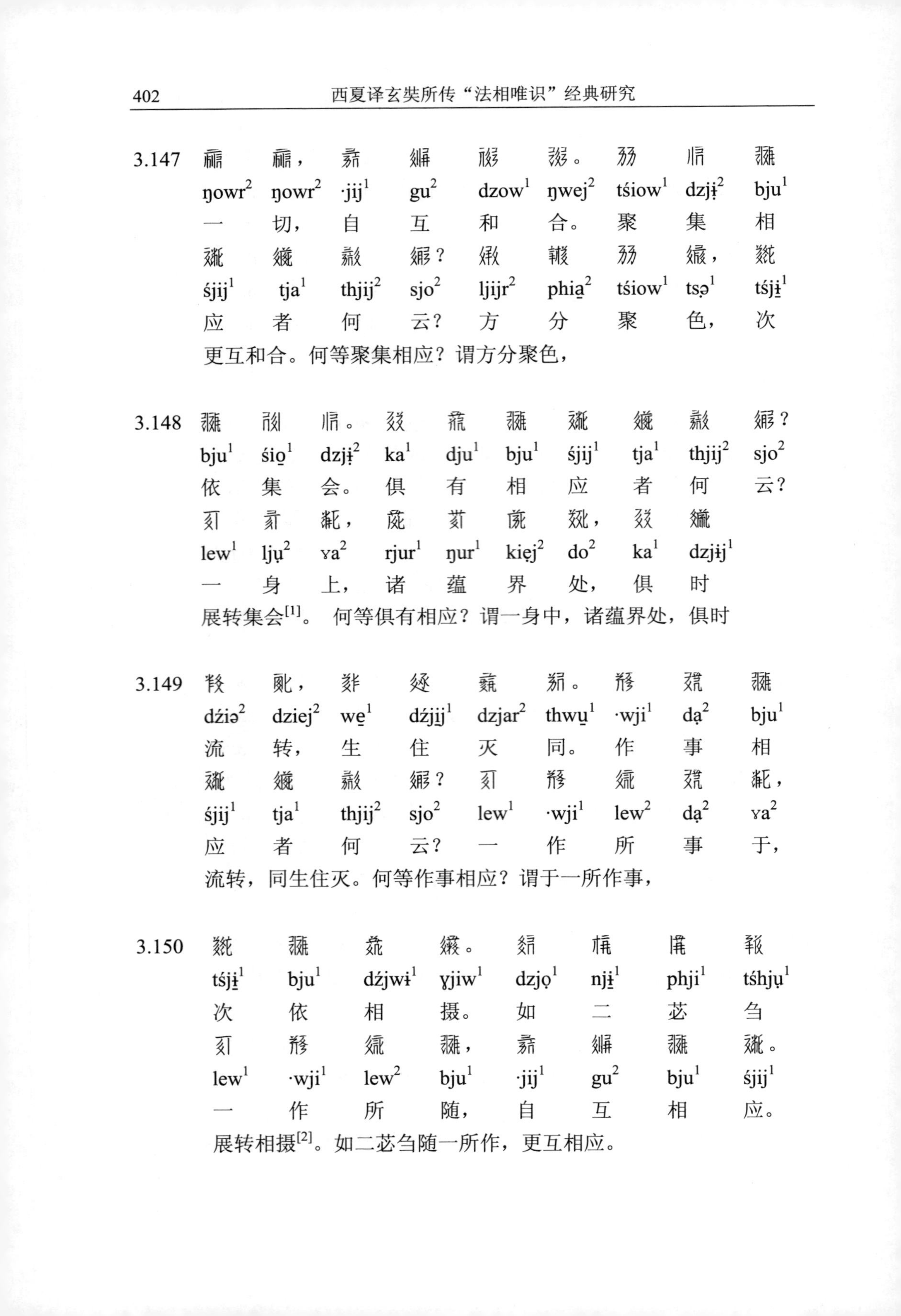

3.147 [illegible]

ŋowr^2 ŋowr^2 ·jij^1 gu^2 dzow^1 ŋwej^2 tśiow^1 dzjɨ̣^{2} bju^1

一 切， 自 互 和 合。 聚 集 相

[illegible]

śjij^1 tja^1 thjij^2 sjo^2 ljijr^2 phia̱^{2} tśiow^1 tsə̣^{1} tśjɨ̱^{1}

应 者 何 云？ 方 分 聚 色， 次

更互和合。何等聚集相应？谓方分聚色，

3.148 [illegible]

bju^1 śio̱^{1} dzjɨ̣^{2} ka^1 dju^1 bju^1 śjij^1 tja^1 thjij^2 sjo^2

依 集 会。 俱 有 相 应 者 何 云？

[illegible]

lew^1 lju̱^{2} ɣa^2 rjur^1 ŋur^1 kię̱^{2} do^2 ka^1 dzjɨj^1

一 身 上， 诸 蕴 界 处， 俱 时

展转集会[1]。 何等俱有相应？谓一身中，诸蕴界处，俱时

3.149 [illegible]

dźiə^2 dziej^2 wę̱^{1} dźjij^1 dzjar^2 thwu̱^{1} ·wji^1 dạ^2 bju^1

流 转， 生 住 灭 同。 作 事 相

[illegible]

śjij^1 tja^1 thjij^2 sjo^2 lew^1 ·wji^1 lew^2 dạ^2 ɣa^2

应 者 何 云？ 一 作 所 事 于，

流转，同生住灭。何等作事相应？谓于一所作事，

3.150 [illegible]

tśjɨ̱^{1} bju^1 dźjwɨ^1 ɣjiw^1 dzjọ^1 njɨ̱^{1} phji^1 tśhju̱^{1}

次 依 相 摄。 如 二 苾 刍

[illegible]

lew^1 ·wji^1 lew^2 bju^1 ·jij^1 gu^2 bju^1 śjij^1

一 作 所 随， 自 互 相 应。

展转相摄[2]。如二苾刍随一所作，更互相应。

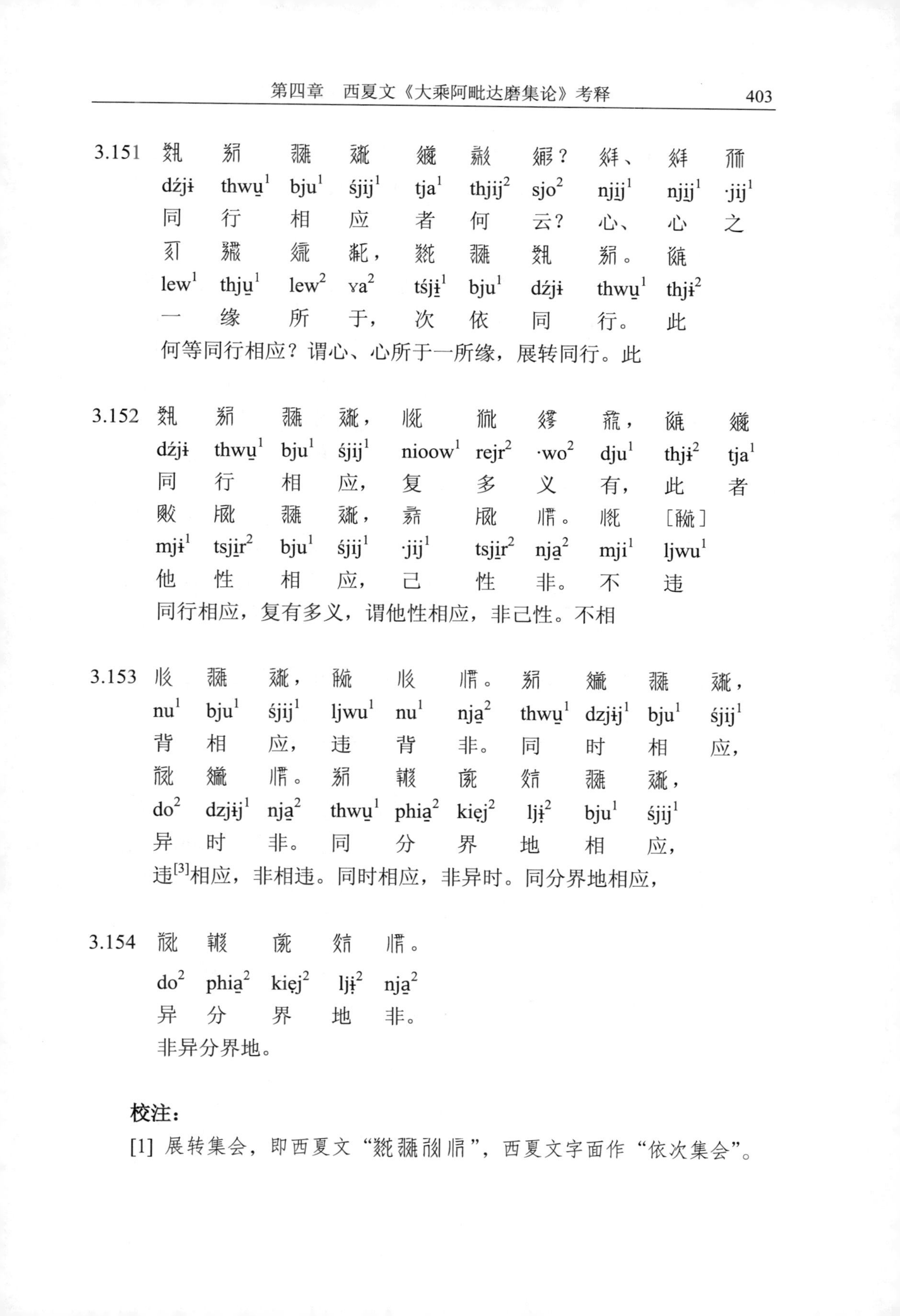

3.151 □ □ □ □ □ □ □？□、□ □

dźjɨ thwu̱^{1} bju^{1} śjij^{1} tja^{1} thjij^{2} sjo^{2} njij^{1} njij^{1} ·jij^{1}

同 行 相 应 者 何 云？心、心 之

□ □ □ □，□ □ □ □。□

lew^{1} thju̱^{1} lew^{2} ɣa^{2} tśjɨ̱^{1} bju^{1} dźjɨ thwu̱^{1} thjɨ^{2}

一 缘 所 于，次 依 同 行。此

何等同行相应？谓心、心所于一所缘，展转同行。此

3.152 □ □ □ □，□ □ □ □，□ □

dźjɨ thwu̱^{1} bju^{1} śjij^{1} nioow^{1} rejr^{2} ·wo^{2} dju^{1} thjɨ^{2} tja^{1}

同 行 相 应，复 多 义 有，此 者

□ □ □ □，□ □ □。□ [□]

mjɨ^{1} tsji̱r^{2} bju^{1} śjij^{1} ·jij^{1} tsji̱r^{2} nja̱^{2} mji^{1} ljwu^{1}

他 性 相 应，己 性 非。不 违

同行相应，复有多义，谓他性相应，非己性。不相

3.153 □ □ □，□ □ □。□ □ □ □，

nu^{1} bju^{1} śjij^{1} ljwu^{1} nu^{1} nja̱^{2} thwu̱^{1} dzjɨj^{1} bju^{1} śjij^{1}

背 相 应，违 背 非。同 时 相 应，

□ □ □。□ □ □ □ □ □，

do^{2} dzjɨj^{1} nja̱^{2} thwu̱^{1} phia̱^{2} kięj^{2} ljɨ̱^{2} bju^{1} śjij^{1}

异 时 非。同 分 界 地 相 应，

违[3]相应，非相违。同时相应，非异时。同分界地相应，

3.154 □ □ □ □ □。

do^{2} phia̱^{2} kięj^{2} ljɨ̱^{2} nja̱^{2}

异 分 界 地 非。

非异分界地。

校注：

[1] 展转集会，即西夏文“□□□□”，西夏文字面作“依次集会”。

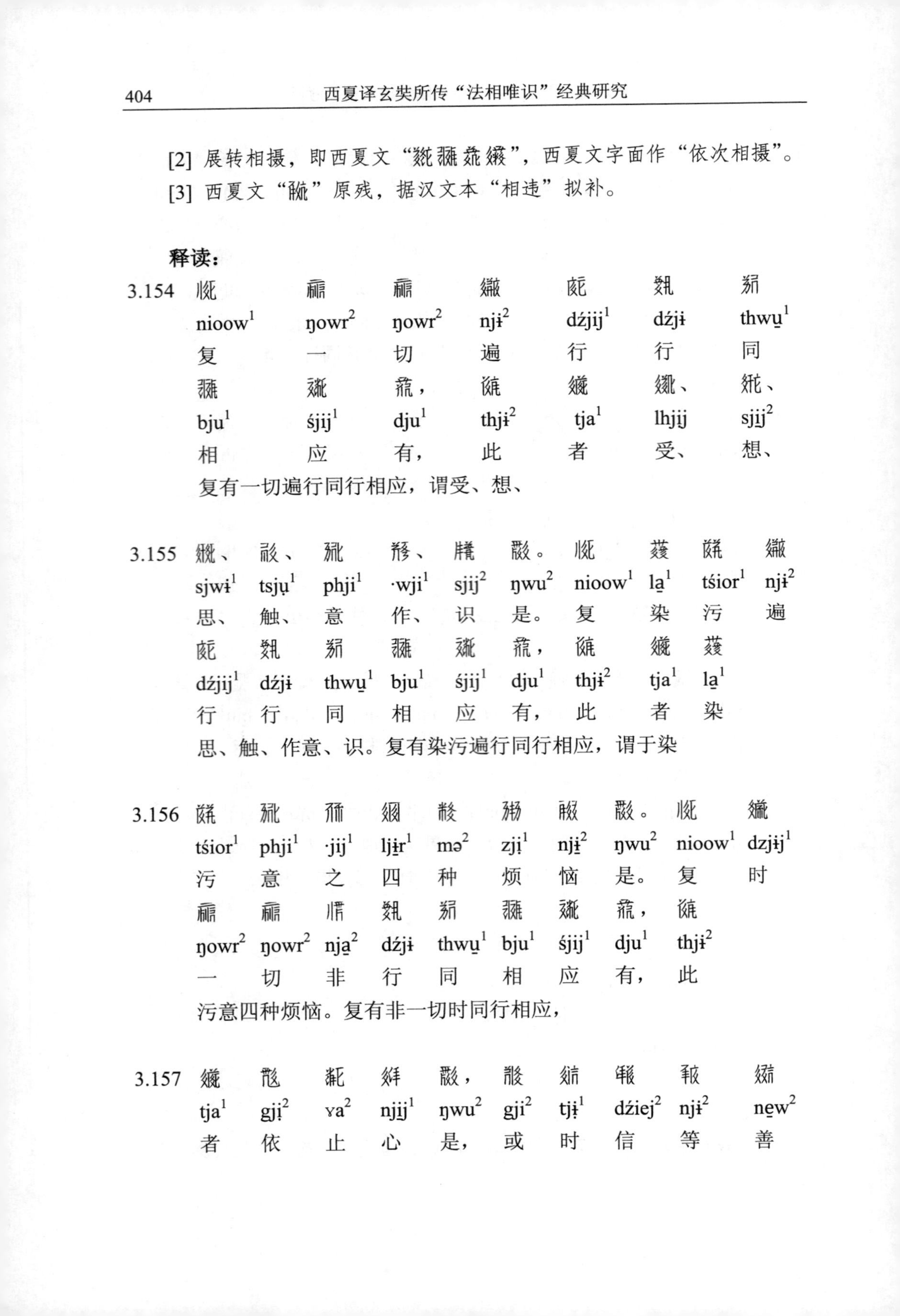

[2] 展转相摄，即西夏文“□□□□”，西夏文字面作“依次相摄”。

[3] 西夏文“□”原残，据汉文本“相违”拟补。

释读：

3.154 □ □ □ □ □ □ □
nioow^{1} ŋowr^{2} ŋowr^{2} njɨ^{2} dźjij^{1} dźjɨ thwu̱^{1}
复 一 切 遍 行 行 同
□ □ □， □ □ □、 □、
bju^{1} śjij^{1} dju^{1} thjɨ^{2} tja^{1} lhjij sjij^{2}
相 应 有， 此 者 受、 想、
复有一切遍行同行相应，谓受、想、

3.155 □、 □、 □ □、 □ □。 □ □ □ □
sjwɨ^{1} tsjụ^{1} phji^{1} ·wji^{1} sjij^{2} ŋwu^{2} nioow^{1} la̱^{1} tśior^{1} njɨ^{2}
思、 触、 意 作、 识 是。 复 染 污 遍
□ □ □ □ □ □， □ □ □
dźjij^{1} dźjɨ thwu̱^{1} bju^{1} śjij^{1} dju^{1} thjɨ^{2} tja^{1} la̱^{1}
行 行 同 相 应 有， 此 者 染
思、触、作意、识。复有染污遍行同行相应，谓于染

3.156 □ □ □ □ □ □ □ □。 □ □
tśior^{1} phji^{1} ·jij^{1} ljɨ̱r^{1} mə^{2} zjị^{1} njɨ̱^{2} ŋwu^{2} nioow^{1} dzjij^{1}
污 意 之 四 种 烦 恼 是。 复 时
□ □ □ □ □ □ □ □， □
ŋowr^{2} ŋowr^{2} nja̱^{2} dźjɨ thwu̱^{1} bju^{1} śjij^{1} dju^{1} thjɨ^{2}
一 切 非 行 同 相 应 有， 此
污意四种烦恼。复有非一切时同行相应，

3.157 □ □ □ □ □， □ □ □ □ □
tja^{1} gjị^{2} ɣa^{2} njij^{1} ŋwu^{2} gji^{2} tjɨ̣^{1} dziej^{2} njɨ^{2} ne̱w^{2}
者 依 止 心 是， 或 时 信 等 善

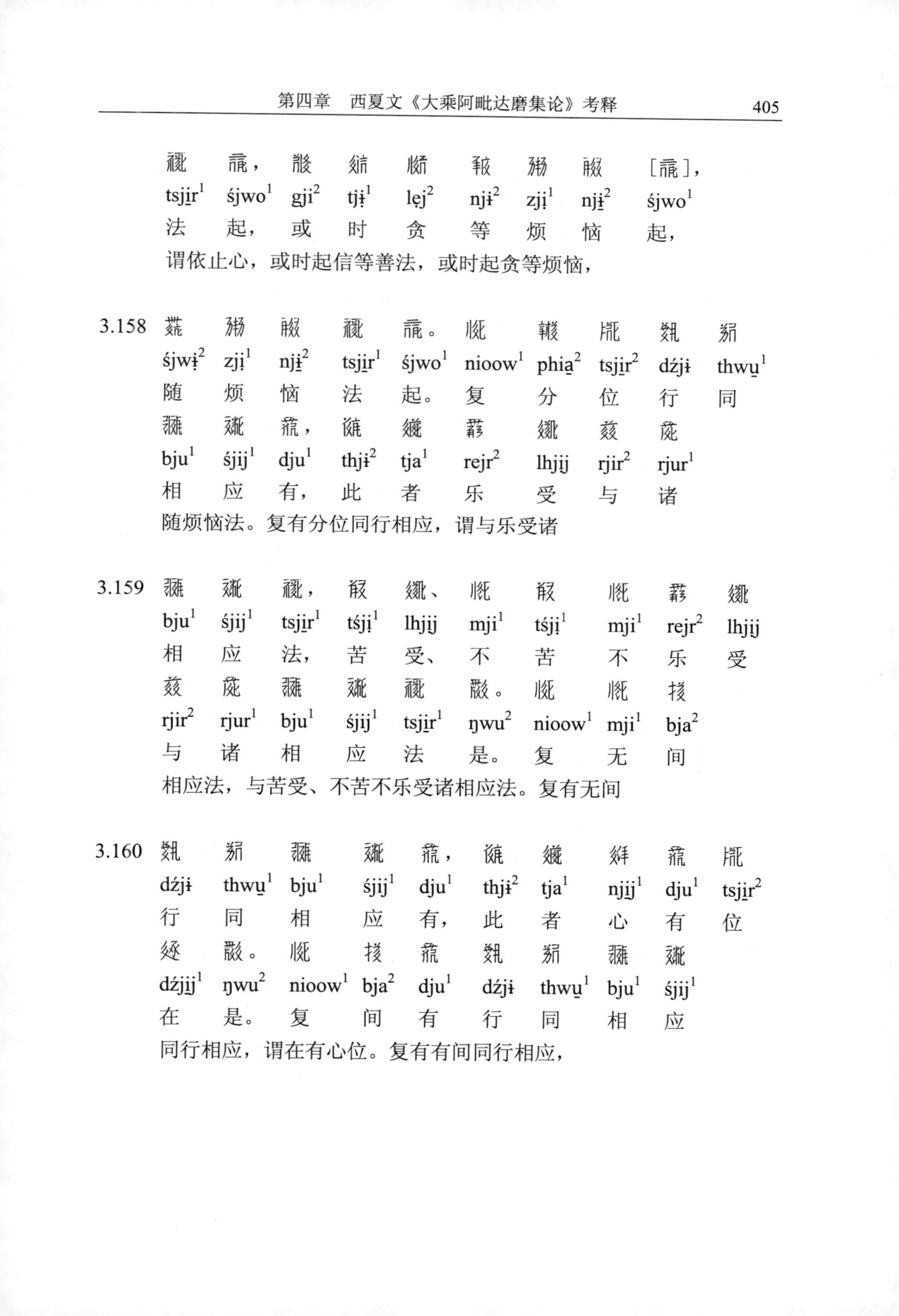

[illegible]
tsji̱r^{1} śjwo^{1} gji^{2} tjɨ̣^{1} lẹj^{2} njɨ^{2} zjị^{1} njɨ̱^{2} śjwo^{1}
法 起， 或 时 贪 等 烦 恼 起，
谓依止心，或时起信等善法，或时起贪等烦恼，

3.158 [illegible]
śjwɨ̣^{2} zjị^{1} njɨ̱^{2} tsji̱r^{1} śjwo^{1} nioow^{1} phiạ^{2} tsji̱r^{2} dźjɨ thwu̱^{1}
随 烦 恼 法 起。 复 分 位 行 同
[illegible]
bju^{1} śjij^{1} dju^{1} thjɨ^{2} tja^{1} rejr^{2} lhjịj rjir^{2} rjur^{1}
相 应 有， 此 者 乐 受 与 诸
随烦恼法。复有分位同行相应，谓与乐受诸

3.159 [illegible]
bju^{1} śjij^{1} tsji̱r^{1} tśjị^{1} lhjịj mji^{1} tśjị^{1} mji^{1} rejr^{2} lhjịj
相 应 法， 苦 受、 不 苦 不 乐 受
[illegible]
rjir^{2} rjur^{1} bju^{1} śjij^{1} tsji̱r^{1} ŋwu^{2} nioow^{1} mji^{1} bja^{2}
与 诸 相 应 法 是。 复 无 间
相应法，与苦受、不苦不乐受诸相应法。复有无间

3.160 [illegible]
dźjɨ thwu̱^{1} bju^{1} śjij^{1} dju^{1} thjɨ^{2} tja^{1} njij^{1} dju^{1} tsji̱r^{2}
行 同 相 应 有， 此 者 心 有 位
[illegible]
dźjij^{1} ŋwu^{2} nioow^{1} bja^{2} dju^{1} dźjɨ thwu̱^{1} bju^{1} śjij^{1}
在 是。 复 间 有 行 同 相 应
同行相应，谓在有心位。复有有间同行相应，

3.161	[illegible]，	[illegible]	[illegible]	[illegible]	[illegible]	[illegible]	[illegible]。	[illegible]	[illegible]	[illegible]
	dju^{1}	njij^{1}	mjij^{1}	djɨj^{2}	do^{2}	bja^{2}	ŋwu^{2}	nioow^{1}	djɨr^{2}	tśjị^{1}
	有，	心	无	定	处	间	是。	复	外	门
	[illegible]	[illegible]	[illegible]	[illegible]	[illegible]，	[illegible]	[illegible]	[illegible]	[illegible]	
	dźjɨ	thwu̱^{1}	bju^{1}	śjij^{1}	dju^{1}	thjɨ^{2}	tja^{1}	rjɨr^{2}	mja̱^{2}	
	行	同	相	应	有，	此	者	△	多	

谓无心定所间。复有外门同行相应，谓多分

3.162	[illegible]	[illegible]	[illegible]	[illegible]	[illegible]、	[illegible]	[illegible]	[illegible]。	[illegible]	[illegible]
	kię̱j^{2}	kię̱j^{2}	bej^{1}	wə̱^{1}	njij^{1}	njij^{1}	·jij^{1}	ŋwu^{2}	nioow^{1}	·u^{2}
	欲	界	系	属	心、	心	之	是。	复	内
	[illegible]	[illegible]	[illegible]	[illegible]	[illegible]	[illegible]，	[illegible]	[illegible]	[illegible]	
	tśjị^{1}	dźjɨ	thwu̱^{1}	bju^{1}	śjij^{1}	dju^{1}	thjɨ^{2}	tja^{1}	rjur^{1}	
	门	行	同	相	应	有，	此	者	诸	

欲界系心、心所。复有内门同行相应，谓诸

3.163	[illegible]	[illegible]	[illegible]	[illegible]、	[illegible]	[illegible]	[illegible]	[illegible]	[illegible]。	[illegible]
	djɨj^{2}	ljị^{2}	·jij^{1}	njij^{1}	njij^{1}	·jij^{1}	ŋowr^{2}	ŋowr^{2}	ŋwu^{2}	nioow^{1}
	定	地	之	心、	心	之	所	有	是。	复
	[illegible]	[illegible]	[illegible]	[illegible]	[illegible]，	[illegible]	[illegible]	[illegible]	[illegible]	
	dzjɨ̱^{2}	djij^{2}	bju^{1}	śjij^{1}	dju^{1}	thjɨ^{2}	tja^{1}	rjur^{1}	do^{2}	
	习	曾	相	应	有，	此	者	诸	异	

定地所有心、心所。复有曾习相应[1]，谓诸异

3.164	[illegible]	[illegible]	[illegible]、	[illegible]	[illegible]	[illegible]	[illegible]，	[illegible]	[illegible]	[illegible]
	we̱^{1}	·jij^{1}	njij^{1}	njij^{1}	·jij^{1}	ŋowr^{2}	ŋowr^{2}	nioow^{1}	ɣiew^{1}	dju^{1}
	生	之	心、	心	之	所	有，	及	学	有
	[illegible]	[illegible]	[illegible]	[illegible]	[illegible]、	[illegible]	[illegible]	[illegible]。	[illegible]	
	mjijr^{2}	·jij^{1}	·a	phia̱^{2}	njij^{1}	njij^{1}	·jij^{1}	ŋwu^{2}	nioow^{1}	
	者	之	一	分	心、	心	之	是。	复	

生所有心、心所，及有学者一分心、心所。复

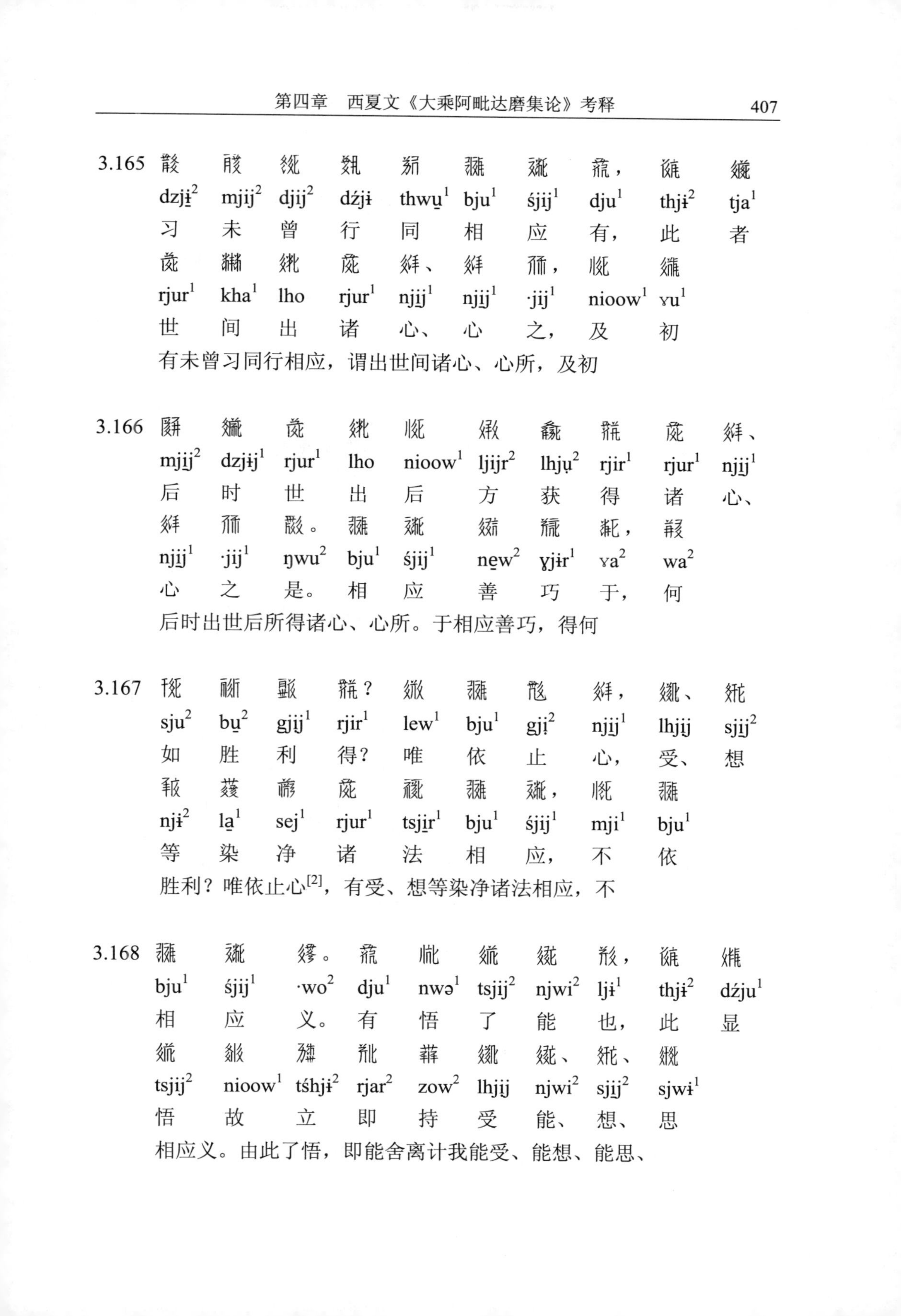

3.165
dzjɨ̱2 mjij2 djij2 dźjɨ thwu̱1 bju1 śjij1 dju1 thjɨ2 tja1
习 未 曾 行 同 相 应 有， 此 者
rjur1 kha1 lho rjur1 njij1 njij1 ·jij1 nioow1 ɣu1
世 间 出 诸 心、 心 之， 及 初
有未曾习同行相应，谓出世间诸心、心所，及初

3.166
mjij2 dzjɨj1 rjur1 lho nioow1 ljijr2 lhju̱2 rjir1 rjur1 njij1
后 时 世 出 后 方 获 得 诸 心、
njij1 ·jij1 ŋwu2 bju1 śjij1 ne̱w2 ɣjɨr1 ɣa2 wa2
心 之 是。 相 应 善 巧 于， 何
后时出世后所得诸心、心所。于相应善巧，得何

3.167
sju2 bu̱2 gjij1 rjir1 lew1 bju1 gji̱2 njij1 lhjij sjij2
如 胜 利 得？ 唯 依 止 心， 受、 想
njɨ2 la̱1 sej1 rjur1 tsji̱r1 bju1 śjij1 mji1 bju1
等 染 净 诸 法 相 应， 不 依
胜利？唯依止心[2]，有受、想等染净诸法相应，不

3.168
bju1 śjij1 ·wo2 dju1 nwə1 tsjij2 njwi2 ljɨ1 thjɨ2 dźju1
相 应 义。 有 悟 了 能 也， 此 显
tsjij2 nioow1 tśhjɨ2 rjar2 zow2 lhjij njwi2 sjij2 sjwɨ1
悟 故 立 即 持 受 能、 想、 思
相应义。由此了悟，即能舍离计我能受、能想、能思、

3.169 [illegible]、[illegible] [illegible] [illegible] [illegible] [illegible] [illegible] [illegible] [illegible] [illegible]，
njwi^2 lə njwi^2 la̱^{1} sej^1 zow^2 zjij^1 dźjɨr^1 ka^2 njwi^2
能、念 能 染 净 执 着 舍 离 能，
[illegible] [illegible] [illegible] [illegible] [illegible] [illegible] [illegible] [illegible] [illegible]。
nioow^1 ne̱w^2 ɣjɨr^1 ŋwu^2 xja^1 ŋa^2 mjij^1 ·o^2 njwi^2
又 善 巧 以 速 我 无 入 能。
能念染净执着，又能善巧速入无我。

校注：

[1] 复有曾习相应，即西夏文“[illegible]”，汉文本作“复有曾习同行相应”，据下文西夏文“[illegible]”字后脱“[illegible]”字。

[2] 唯依止心，即西夏文“[illegible]”，汉文本作“能善了悟，唯依止心”，汉文本“能善了悟”西夏文未译。

四 《大乘阿毗达磨集论》“本事分中成就品”第四译注

释读：

3.170 [illegible] [illegible] [illegible] [illegible] [illegible] [illegible] [illegible] [illegible] [illegible]
ljij^2 ·ụ^2 ·a phji^1 tha^2 mo^2 śio̱^{1} mər^2 mja^1
大 乘 阿 毗 达 磨 集 本 母
[illegible] [illegible] [illegible] [illegible] [illegible] [illegible] [illegible] [illegible] [illegible]
mər^2 dạ^2 phia̱^{2} kha^1 śjɨj^1 ·jiw^2 tjij^1 ljɨr^1 tsew^2
本 事 分 中 成 就 品 四 第
大乘阿毗达磨集论本事分中成就品第四

3.171 [illegible] [illegible] [illegible] [illegible]？[illegible] [illegible] [illegible] [illegible]，[illegible] [illegible]
thjij^2 sjo^2 śjɨj^1 ·jiw^2 thjɨ^2 śjɨj^1 ·jiw^2 ·jij^1 śji^1 rjɨr^2
何 云 成 就？此 成 就 相，前 所
[illegible] [illegible]。[illegible] [illegible] [illegible] [illegible] [illegible] [illegible]，[illegible]
tshjij^1 sju^2 thjɨ^2 do^2 pha^1 sọ^1 mə^2 dju^1 thjɨ^2
说 如。此 差 别 三 种 有，此
云何成就？谓成就相，如前所说。此差别有三种，

3.172 [illegible] [illegible] [illegible] [illegible] [illegible]，[illegible] [illegible] [illegible] [illegible]，[illegible]
tja¹ sjwɨ¹ ljwi¹ śjɨj¹ ·jiw² ·jij¹ dzju² śjɨj¹ ·jiw² mjor¹
者 种 子 成 就， 自 在 成 就， 现
[illegible] [illegible] [illegible] [illegible]。[illegible] [illegible] [illegible] [illegible] [illegible]
sjwij¹ śjɨj¹ ·jiw² ŋwu² sjwɨ¹ ljwi¹ śjɨj¹ ·jiw² tja¹
行 成 就 是。 种 子 成 就 者
谓种子成就，自在成就，现行成就。何等种子成就？

3.173 [illegible] [illegible]？[illegible] [illegible] [illegible] [illegible]，[illegible]、[illegible]、[illegible] [illegible]
thjij² sjo² tjij¹ kię̣j² kię̣j² we̱¹ kię̣j² tsə̣¹ tsə̣¹ mjij¹
何 云？ 若 欲 界 生， 欲、 色、 色 无
[illegible] [illegible] [illegible] [illegible]、[illegible] [illegible] [illegible] [illegible]，[illegible]
kię̣j² wə̱¹ zjị¹ njɨ̱² bju¹ śjwɨ̣² zjị¹ njɨ̱² sjwɨ¹
界 系 烦 恼、 依 随 烦 恼， 种
谓若生欲界，欲、色、无色界系烦恼、随烦恼，由种

3.174 [illegible] [illegible] [illegible] [illegible] [illegible] [illegible]，[illegible] [illegible] [illegible] [illegible]
ljwi¹ śjɨj¹ ·jiw² bju¹ śjɨj¹ ·jiw² nioow¹ we̱¹ rjir¹ ne̱w²
子 成 就 故 成 就， 及 生 得 善
[illegible]。[illegible] [illegible] [illegible] [illegible]，[illegible] [illegible] [illegible] [illegible]
ŋwu² tjij¹ tsə̣¹ kię̣j² we̱¹ kię̣j² kię̣j² wə̱¹ zjị¹
是。 若 色 界 生， 欲 界 系 烦
子成就故成就，及[1]生得善。若生色界，欲界系烦

3.175 [illegible]、[illegible] [illegible] [illegible] [illegible]，[illegible] [illegible] [illegible] [illegible] [illegible]
njɨ̱² bju¹ śjwɨ̣² zjị¹ njɨ̱² sjwɨ¹ ljwi¹ śjɨj¹ ·jiw² bju¹
恼、 依 随 烦 恼， 种 子 成 就 故
[illegible] [illegible]，[illegible] [illegible] [illegible] [illegible] [illegible] [illegible]。[illegible]
śjɨj¹ ·jiw² nioow¹ mji¹ śjɨj¹ ·jiw² tsjɨ¹ ·jɨ² tsə̣¹
成 就， 及 不 成 就 亦 谓。 色
恼、随烦恼，由种子成就故成就，亦名不成就。色、

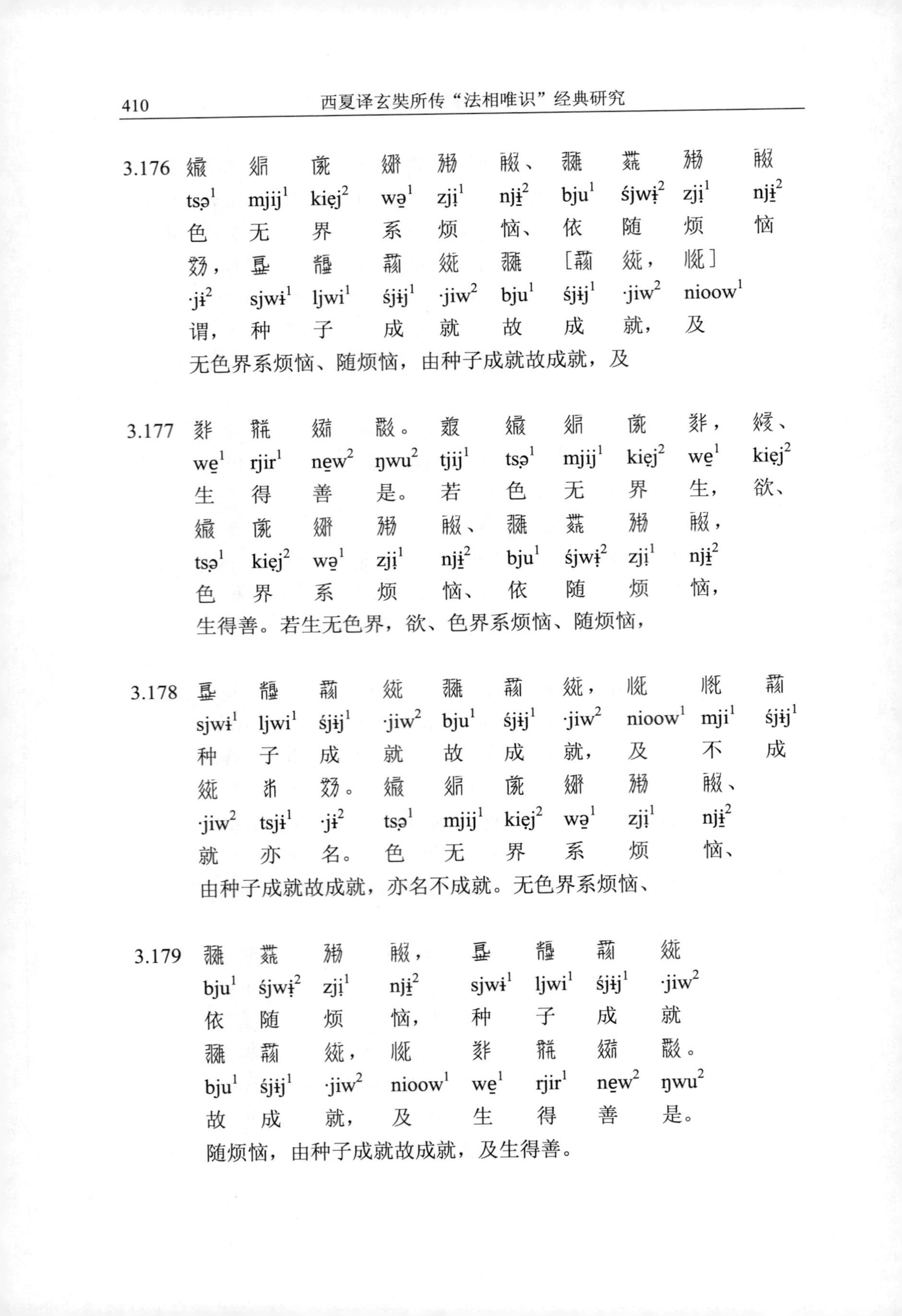

3.176 tsə̣^{1} mjij^{1} kię̣j^{2} wə̱^{1} zji̩^{1} njɨ̱^{2} bju^{1} śjwɨ̱^{2} zji̩^{1} njɨ̱^{2}

色 无 界 系 烦 恼、 依 随 烦 恼

·jɨ^{2} sjwɨ^{1} ljwi^{1} śjɨj^{1} ·jiw^{2} bju^{1} śjɨj^{1} ·jiw^{2} nioow^{1}

谓， 种 子 成 就 故 成 就， 及

无色界系烦恼、随烦恼，由种子成就故成就，及

3.177 we̱^{1} rjir^{1} ne̱w^{2} ŋwu^{2} tjij^{1} tsə̣^{1} mjij^{1} kię̣j^{2} we̱^{1} kię̣j^{2}

生 得 善 是。 若 色 无 界 生， 欲、

tsə̣^{1} kię̣j^{2} wə̱^{1} zji̩^{1} njɨ̱^{2} bju^{1} śjwɨ̱^{2} zji̩^{1} njɨ̱^{2}

色 界 系 烦 恼、 依 随 烦 恼，

生得善。若生无色界，欲、色界系烦恼、随烦恼，

3.178 sjwɨ^{1} ljwi^{1} śjɨj^{1} ·jiw^{2} bju^{1} śjɨj^{1} ·jiw^{2} nioow^{1} mji^{1} śjɨj^{1}

种 子 成 就 故 成 就， 及 不 成

·jiw^{2} tsjɨ^{1} ·jɨ^{2} tsə̣^{1} mjij^{1} kię̣j^{2} wə̱^{1} zji̩^{1} njɨ̱^{2}

就 亦 名。 色 无 界 系 烦 恼、

由种子成就故成就，亦名不成就。无色界系烦恼、

3.179 bju^{1} śjwɨ̱^{2} zji̩^{1} njɨ̱^{2} sjwɨ^{1} ljwi^{1} śjɨj^{1} ·jiw^{2}

依 随 烦 恼， 种 子 成 就

bju^{1} śjɨj^{1} ·jiw^{2} nioow^{1} we̱^{1} rjir^{1} ne̱w^{2} ŋwu^{2}

故 成 就， 及 生 得 善 是。

随烦恼，由种子成就故成就，及生得善。

校注：

[1] 西夏文“[illegible]”三字原残，据残存笔画和汉文本“成就及”补。

释读：

3.179 [illegible] [illegible] [illegible]
tjij¹ sọ¹ kięj²
若 三 界
若已得三界

3.180 [illegible] [illegible] [illegible] [illegible]，[illegible] [illegible] [illegible] [illegible] [illegible] [illegible]
ŋwer¹ djị² tśja¹ rjir² thjɨ² sju² thjɨ² sju² tjij¹ djij¹
对 治 道 得， 是 如 是 如 品 类
[illegible]，[illegible] [illegible] [illegible] [illegible] [illegible] [illegible] [illegible] [illegible]
bju¹ ·a śjwo¹ ·jij¹ ŋwer¹ djị² thjɨ² sju² thjɨ²
随， 已 生 之 对 治 此 如 此
对治道，随如是如是品类，对治已生如此

3.181 [illegible] [illegible] [illegible]，[illegible] [illegible] [illegible] [illegible] [illegible] [illegible] [illegible]
sju² tjij¹ djij¹ sjwɨ¹ ljwi¹ śjɨj¹ ·jiw² bju¹ rjir¹ mji¹
如 品 类， 种 子 成 就 随 得 不
[illegible] [illegible]。[illegible] [illegible] [illegible] [illegible] [illegible] [illegible] [illegible]，
śjɨj¹ ·jiw² thjɨ² sju² thjɨ² sju² tjij¹ djij¹ bju¹
成 就。 是 如 是 如 品 类 随，
如此品类，由种子成就得不成就。随如是如是品类，

3.182 [illegible] [illegible] [illegible] [illegible] [illegible] [illegible] [illegible] [illegible] [illegible] [illegible]
mjij² śjwo¹ ·jij¹ ŋwer¹ djị² thjɨ² sju² thjɨ² sju² tjij¹
未 生 之 对 治 此 如 此 如 品
[illegible] [illegible]，[illegible] [illegible] [illegible] [illegible] [illegible] [illegible] [illegible]。
djij¹ djị² sjwɨ¹ ljwi¹ śjɨj¹ ·jiw² bju¹ śjɨj¹ ·jiw²
类 治， 种 子 成 就 故 成 就。
对治未生如此如此品类，由种子成就故成就。

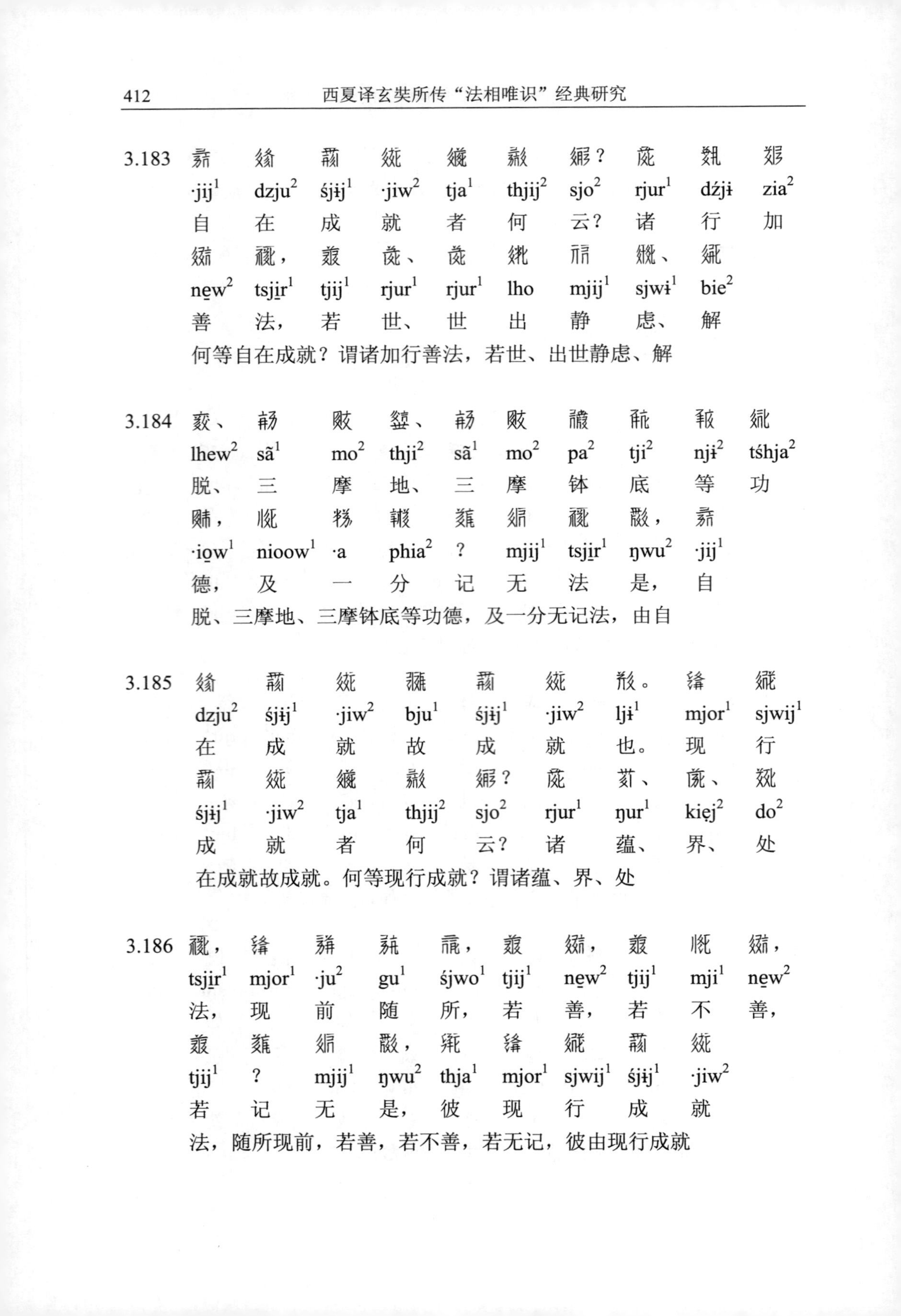

3.183 [illegible]

·jij¹ dzju² śjɨj¹ ·jiw² tja¹ thjij² sjo² rjur¹ dźjɨ zia²

自 在 成 就 者 何 云？ 诸 行 加

[illegible]

ne̱w² tsji̱r¹ tjij¹ rjur¹ rjur¹ lho mjij¹ sjwɨ¹ bie²

善 法， 若 世、 世 出 静 虑、 解

何等自在成就？谓诸加行善法，若世、出世静虑、解

3.184 [illegible]

lhew² sã¹ mo² thji² sã¹ mo² pa² tji² njɨ² tśhja²

脱、 三 摩 地、 三 摩 钵 底 等 功

[illegible]

·io̱w¹ nioow¹ ·a phia² ? mjij¹ tsji̱r¹ ŋwu² ·jij¹

德， 及 一 分 记 无 法 是， 自

脱、三摩地、三摩钵底等功德，及一分无记法，由自

3.185 [illegible]

dzju² śjɨj¹ ·jiw² bju¹ śjɨj¹ ·jiw² ljɨ¹ mjor¹ sjwij¹

在 成 就 故 成 就 也。 现 行

[illegible]

śjɨj¹ ·jiw² tja¹ thjij² sjo² rjur¹ ŋur¹ kię̱j² do²

成 就 者 何 云？ 诸 蕴、 界、 处

在成就故成就。何等现行成就？谓诸蕴、界、处

3.186 [illegible]

tsji̱r¹ mjor¹ ·ju² gu¹ śjwo¹ tjij¹ ne̱w² tjij¹ mji¹ ne̱w²

法， 现 前 随 所， 若 善， 若 不 善，

[illegible]

tjij¹ ? mjij¹ ŋwu² thja¹ mjor¹ sjwij¹ śjɨj¹ ·jiw²

若 记 无 是， 彼 现 行 成 就

法，随所现前，若善，若不善，若无记，彼由现行成就

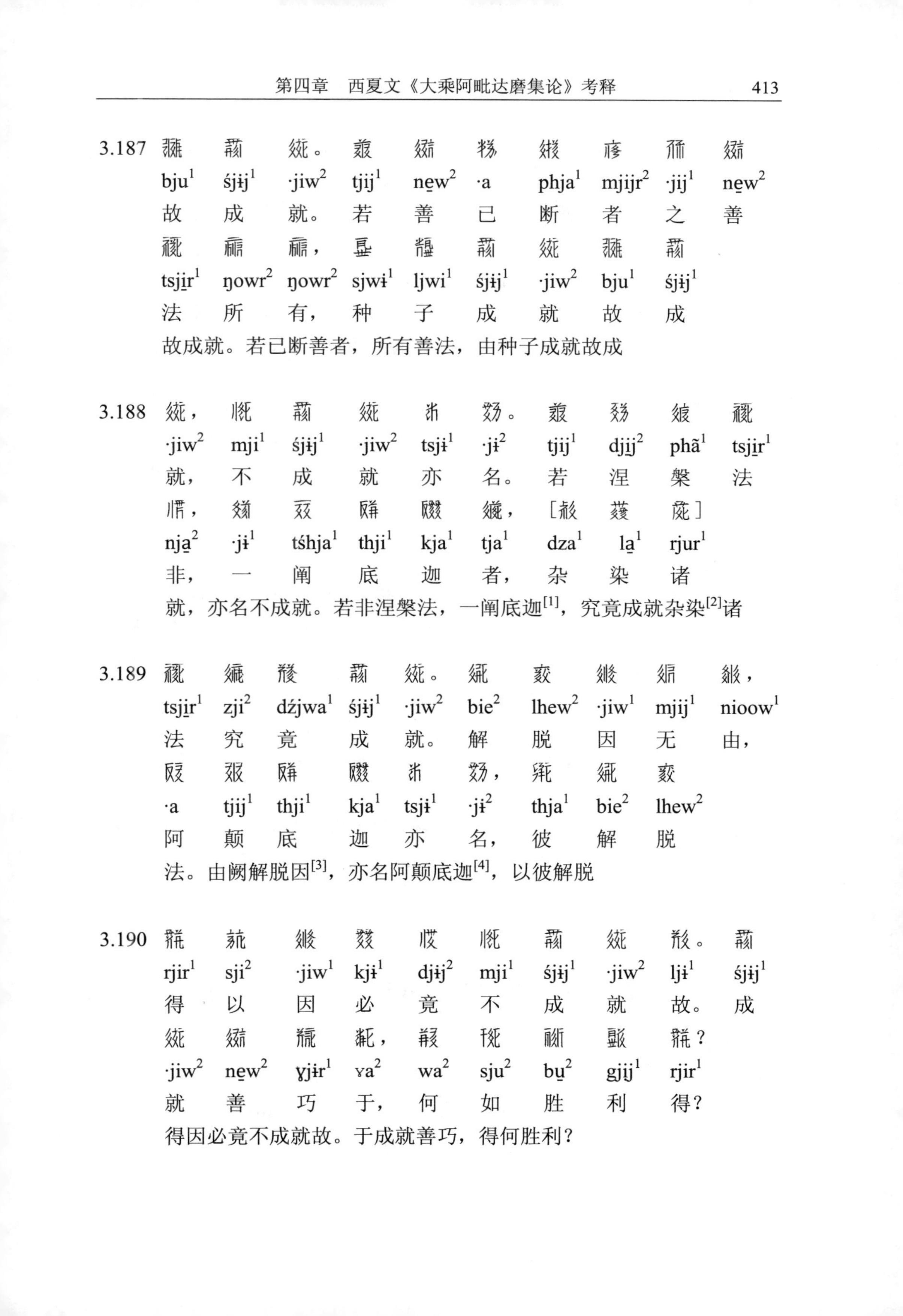

3.187

bju1	śjɨj1	·jiw2	tjij1	ne̱w2	·a	phja1	mjijr2	·jij1	ne̱w2
故	成	就。	若	善	已	断	者	之	善
tsji̱r1	ŋowr2	ŋowr2	sjwɨ1	ljwi1	śjɨj1	·jiw2	bju1	śjɨj1	
法	所	有，	种	子	成	就	故	成	

故成就。若已断善者，所有善法，由种子成就故成

3.188

·jiw2	mji1	śjɨj1	·jiw2	tsjɨ1	·jɨ2	tjij1	djij2	phã1	tsji̱r1
就，	不	成	就	亦	名。	若	涅	槃	法
nja̱2	·jɨ1	tśhja1	thji1	kja1	tja1	dza1	la̱1	rjur1	
非，	一	阐	底	迦	者，	杂	染	诸	

就，亦名不成就。若非涅槃法，一阐底迦[1]，究竟成就杂染[2]诸

3.189

tsji̱r1	zji2	dźjwa1	śjɨj1	·jiw2	bie2	lhew2	·jiw1	mjij1	nioow1
法	究	竟	成	就。	解	脱	因	无	由，
·a	tjij1	thji1	kja1	tsjɨ1	·jɨ2	thja1	bie2	lhew2	
阿	颠	底	迦	亦	名，	彼	解	脱	

法。由阙解脱因[3]，亦名阿颠底迦[4]，以彼解脱

3.190

rjir1	sji2	·jiw1	kjɨ1	djɨj2	mji1	śjɨj1	·jiw2	ljɨ1	śjɨj1
得	以	因	必	竟	不	成	就	故。	成
·jiw2	ne̱w2	ɣjɨr1	ɣa2	wa2	sju2	bu̱2	gjij1	rjir1	
就	善	巧	于，	何	如	胜	利	得？	

得因必竟不成就故。于成就善巧，得何胜利？

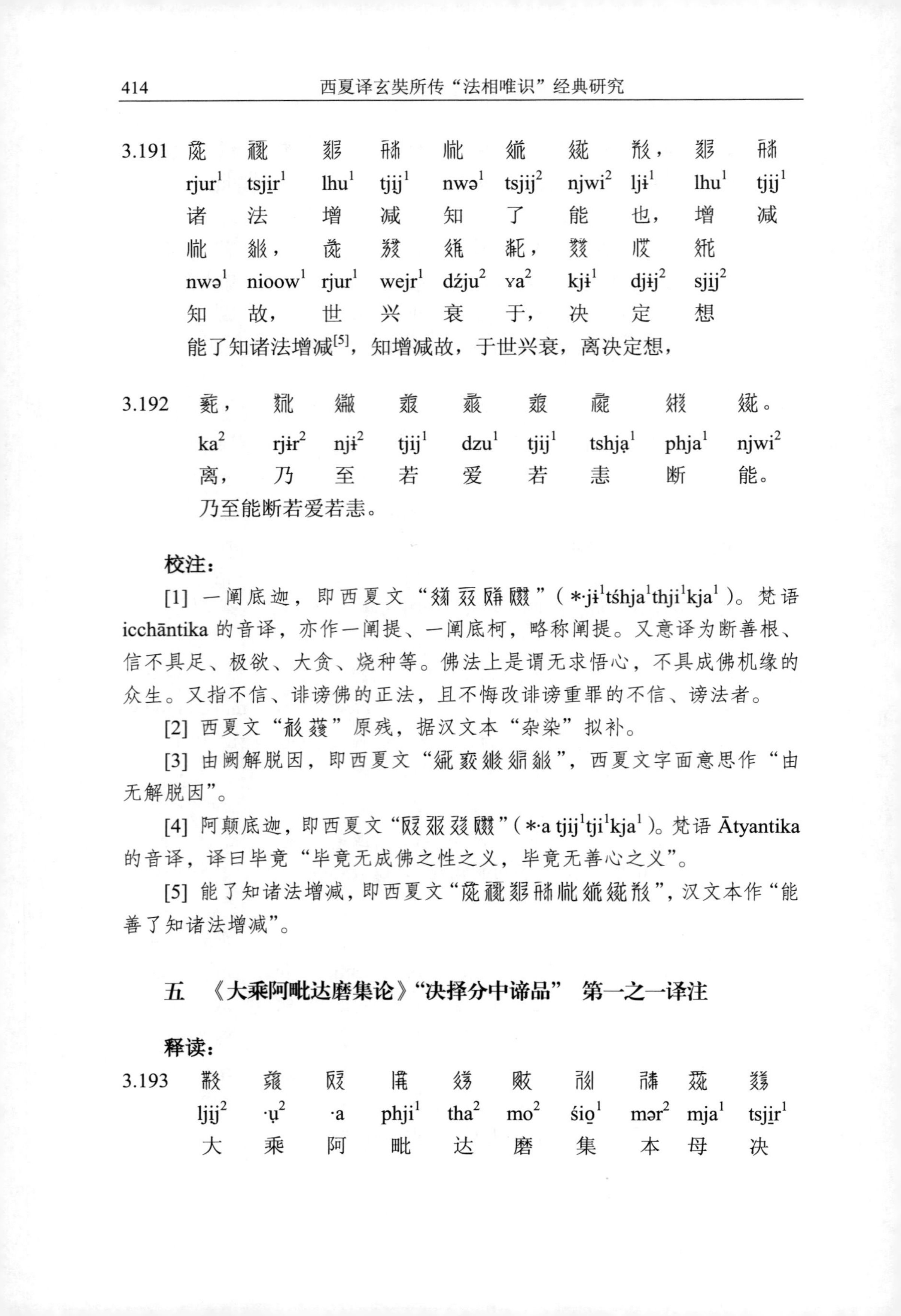

3.191

rjur¹	tsji̱r¹	lhu¹	tjij¹	nwə¹	tsjij²	njwi²	ljɨ¹	lhu¹	tjij¹
诸	法	增	减	知	了	能	也，	增	减
nwə¹	nioow¹	rjur¹	wejr¹	dźju²	ɣa²	kjɨ¹	djɨj²	sji̱j²	
知	故，	世	兴	衰	于，	决	定	想	

能了知诸法增减[5]，知增减故，于世兴衰，离决定想，

3.192

ka²	rjɨr²	njɨ²	tjij¹	dzu¹	tjij¹	tshja̱¹	phja¹	njwi²
离，	乃	至	若	爱	若	恚	断	能。

乃至能断若爱若恚。

校注：

[1] 一阐底迦，即西夏文“[Tangut]”（$*{\cdot}jɨ^1tśhja^1thji^1kja^1$）。梵语 icchāntika 的音译，亦作一阐提、一阐底柯，略称阐提。又意译为断善根、信不具足、极欲、大贪、烧种等。佛法上是谓无求悟心，不具成佛机缘的众生。又指不信、诽谤佛的正法，且不悔改诽谤重罪的不信、谤法者。

[2] 西夏文“[Tangut]”原残，据汉文本“杂染”拟补。

[3] 由阙解脱因，即西夏文“[Tangut]”，西夏文字面意思作“由无解脱因”。

[4] 阿颠底迦，即西夏文“[Tangut]”（$*{\cdot}a\ tjij^1tji^1kja^1$）。梵语 Ātyantika 的音译，译曰毕竟“毕竟无成佛之性之义，毕竟无善心之义”。

[5] 能了知诸法增减，即西夏文“[Tangut]”，汉文本作“能善了知诸法增减”。

五 《大乘阿毗达磨集论》“决择分中谛品” 第一之一译注

释读：

3.193

ljij²	·ụ²	·a	phji¹	tha²	mo²	śio̱¹	mər²	mja¹	tsji̱r¹
大	乘	阿	毗	达	磨	集	本	母	决

□ □ □ □ □ □ [□ □ □]
gjij^{1} phia̱^{2} kha^{1} dźjar^{2} tjij^{1} lew^{1} tsew^{2} ·jij^{1} lew^{1}
择 分 中 谛 品 一 第 之 一
大乘阿毗达磨集论决择分中谛品第一之一[1]

3.194 □ □ □ □ □？ □ □ □ □ □
tsji̱r^{1} gjij^{1} tja^{1} thjij^{2} sjo^{2} tsji̱r^{1} gjij^{1} ljow^{2} tshjij^{1} lji̱r^{1}
决 择 者 何 云？ 决 择 略 说 四
□ □， □ □ □ □ □、 □ □ □、
mə^{2} dju^{1} thjɨ^{2} tja^{1} dźjar^{2} tsji̱r^{1} gjij^{1} tsji̱r^{1} tsji̱r^{1} gjij^{1}
种 有， 此 者 谛 决 择、 法 决 择、
云何决择？略说决择有四种，谓谛决择、法决择、

3.195 □ □ □、 □ □ □ □ □。 □
rjir^{1} tsji̱r^{1} gjij^{1} ljɨ̣^{1} ·wo^{2} tsji̱r^{1} gjij^{1} ŋwu^{2} dźjar^{2}
得 决 择、 论 议 决 择 是。 谛
□ □ □ □ □？ □ □ □ □
tsji̱r^{1} gjij^{1} tja^{1} thjij^{2} sjo^{2} thjɨ^{2} tja^{1} lji̱r^{1} śjɨj^{2}
决 择 者 何 云？ 此 者 四 圣
得决择、论议决择。云何谛决择？谓四圣

3.196 □， □ □、 □ □、 □ □、 □ □ □。
dźjar^{2} tśji̱^{1} dźjar^{2} śio̱^{1} dźjar^{2} dzjar^{2} dźjar^{2} tśja^{1} dźjar^{2} ŋwu^{2}
谛， 苦 谛、 集 谛、 灭 谛、 道 谛 是。
□ □ □ □？ □ □ □ □ □，
tśji̱^{1} dźjar^{2} thjij^{2} sjo^{2} thjɨ^{2} tja^{1} tshjɨ^{1} tśhju^{1} we̱^{1}
苦 谛 何 云？ 此 者 有 情 生，
谛，苦谛、集谛、灭谛、道谛。云何苦谛？谓有情生，

3.197 □ □ □ □ □。 □ □ □ □
nioow^{1} tshjɨ^{1} bju^{1} tji̱^{2} ŋwu^{2} thjij^{2} sjo^{2} tshjɨ^{1} tśhju^{1}
及 生 依 处 是。 何 云 情 有

[illegible]？ [illegible] [illegible] [illegible] [illegible] [illegible]，[illegible] [illegible] [illegible]，
we̱1 tshjɨ1 tśhju1 rjur1 kha1 ŋwu2 rjur1 tshjɨ1 tśhju1
生？ 情 有 世 间 是， 诸 情 有，
及生所依处。何等有情生？即有情世间，谓诸有情，

3.198 [illegible] [illegible] [illegible]、[illegible] [illegible]、[illegible] [illegible]、[illegible]、[illegible] [illegible]
no1 la1 kja1 sju2 dzju2 śjụ1 ·ju1 dzjwo2 mə1 tshwew1
那 落 迦、 傍 生、 饿 鬼、 人、 天 趣
[illegible] [illegible] [illegible]。[illegible] [illegible] [illegible] [illegible] [illegible] [illegible]、
kha1 we̱1 dźjij1 dzjwo2 tja1 wjị2 phji1 thji1 xa
中 生 在。 人 者 东 毗 提 诃、
生在那落迦、傍生、饿鬼、人、天趣中。人谓东毗提诃、

3.199 [illegible] [illegible] [illegible] [illegible]、[illegible] [illegible] [illegible] [illegible]、[illegible] [illegible]
lji khju2 thow1 dzji1 zjɨr1 śja2 phu2 mja1 ljạ1 kju1
西 瞿 陀 尼、 南 赡 部 洲、 北 俱
[illegible] [illegible] [illegible]。[illegible] [illegible] [illegible] [illegible] [illegible] [illegible]
lu1 mja1 ŋwu2 mə1 tja1 ljij2 ljɨ̱r1 njij2 ·ji1
卢 洲 是。 天 者 大 四 王 众
西瞿陀尼、南赡部洲、北俱卢洲。天谓四大王众

3.200 [illegible]、[illegible] [illegible] [illegible] [illegible]、[illegible] [illegible] [illegible]、[illegible] [illegible]
mə1 sọ1 ɣạ2 sọ1 mə1 ·ja2 mo2 mə1 tu1 śiə1
天、 三 十 三 天、 夜 摩 天、 睹 史
[illegible] [illegible]、[illegible] [illegible] [illegible] [illegible]、［[illegible] [illegible]］ [illegible]
tow1 mə1 ·wjɨ1 dji̱2 ŋwe1 mə1 tsjij1 dji̱2 ljụ2
多 天、 乐 化 变 天、 他 化 身
天、三十三天、夜摩天、睹史多天、乐变化天、他化[2]自

3.201 □ □、 □ □ □、 □ □ □、 □ □
dzju² mə¹ xiwã¹ ·ji¹ mə¹ xiwã¹ bji² mə¹ ljịj² xiwã¹
在 天、 梵 众 天、 梵 辅 天、 大 梵
□、 □ □ □、 □ □ □ □、 □ □
mə¹ bji¹ zjɨ̱r¹ mə¹ mjɨ¹ pjụ¹ bji¹ mə¹ zji² bji¹
天、 光 少 天、 无 量 光 天、 极 光
在天、梵众天、梵辅天、大梵天、少光天、无量光天、极光

3.202 □ □、 □ □ □、 □ □ □ □、 □
sej¹ mə¹ zjɨ̱r¹ sej¹ mə¹ mjɨ¹ pjụ¹ sej¹ mə¹ njɨ²
净 天、 少 净 天、 无 量 净 天、 遍
□ □、 □ □ □、 □ □ □、 □
sej¹ mə¹ ·jɨ¹ mjij¹ mə¹ ? we̱¹ mə¹ ·wa²
净 天、 云 无 天、 福 生 天、 广
净天、少净天、无量净天、遍净天、无云天、福生天、广

3.203 □ □、 □ □ □ □ □、 □ □ □、
mja̱¹ mə¹ sjij² mjij¹ tshjɨ¹ tśhju¹ mə¹ zjị¹ mjij¹ mə¹
果 天、 想 无 有 情 天、 烦 无 天、
□ □ □、 □ □ □、 □ □ □、
tsja¹ mjij¹ mə¹ ne̱w² śja² mə¹ ne̱w² ljij² mə¹
热 无 天、 善 现 天、 善 见 天、
果天、无想有情天、无烦天、无热天、善现天、善见天、

3.204 □ □ □ □、 □ □ □ □ □、 □
tsə̣¹ zji² dźjwa¹ mə¹ bju² mjij¹ ŋa¹ do² mə¹ bju²
色 究 竟 天、 边 无 空 处 天、 边
□ □ □ □、 □ □ □ □ □、
mjij¹ sjij² do² mə¹ dju¹ lew² mjij¹ do² mə¹
无 □ 处 天、 有 所 无 处 天、
色究竟天、无边空处天、无边识处天、无所有处天、

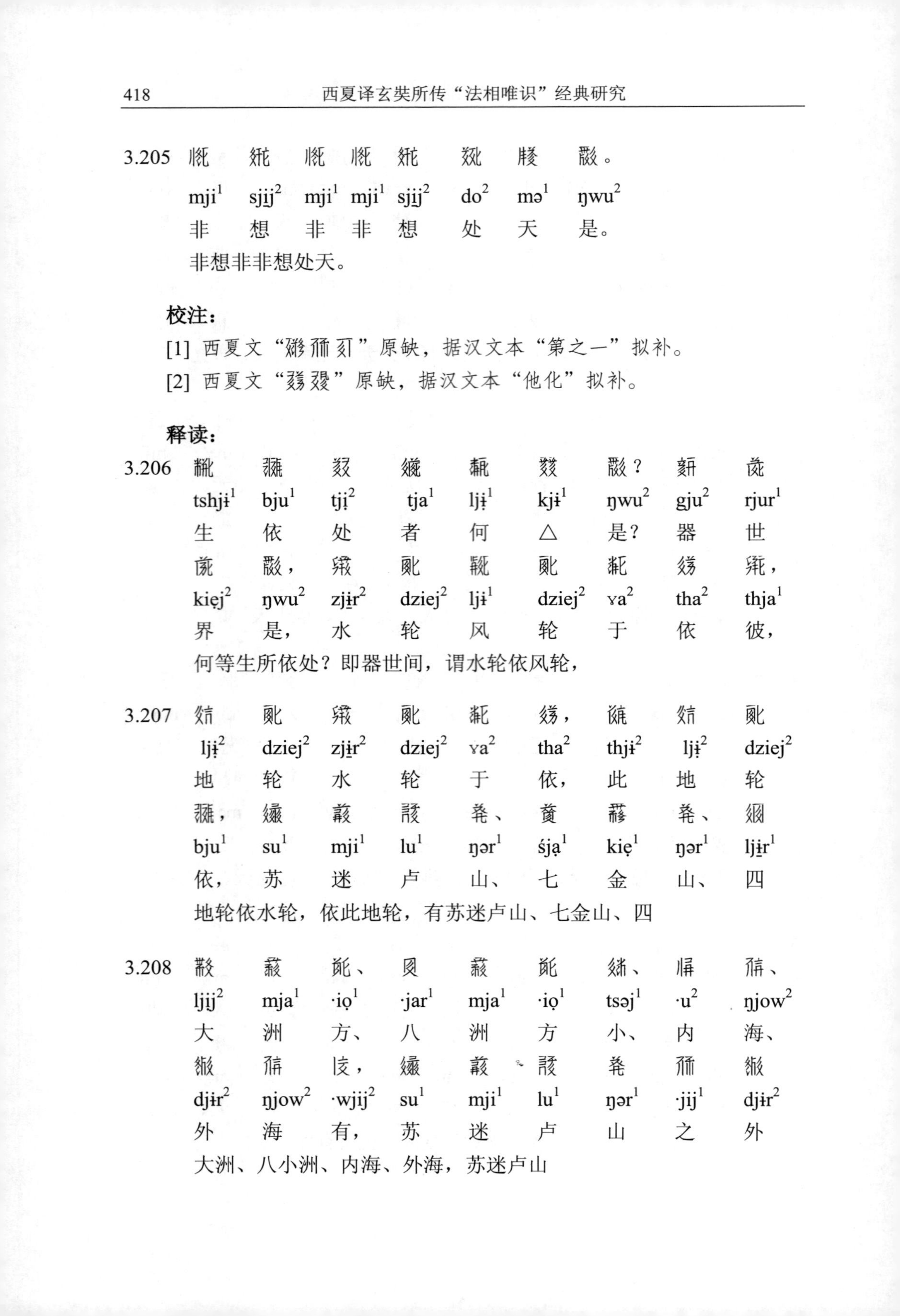

3.205 [illegible]

mji¹ sjij² mji¹ mji¹ sjij² do² mə¹ ŋwu²

非 想 非 非 想 处 天 是。

非想非非想处天。

校注：

[1] 西夏文“[illegible]”原缺，据汉文本“第之一”拟补。

[2] 西夏文“[illegible]”原缺，据汉文本“他化”拟补。

释读：

3.206 [illegible]

tshjɨ¹ bju¹ tjị² tja¹ ljɨ¹ kjɨ¹ ŋwu² gju² rjur¹

生 依 处 者 何 △ 是？ 器 世

[illegible]

kięj² ŋwu² zjɨ̣r² dziej² ljɨ¹ dziej² ɣa² tha² thja¹

界 是， 水 轮 风 轮 于 依 彼，

何等生所依处？即器世间，谓水轮依风轮，

3.207 [illegible]

ljɨ̣² dziej² zjɨ̣r² dziej² ɣa² tha² thjɨ² ljɨ̣² dziej²

地 轮 水 轮 于 依， 此 地 轮

[illegible]

bju¹ su¹ mji¹ lu¹ ŋər¹ śjạ¹ kię¹ ŋər¹ ljɨ̣r¹

依， 苏 迷 卢 山、 七 金 山、 四

地轮依水轮，依此地轮，有苏迷卢山、七金山、四

3.208 [illegible]

ljij² mja¹ ·io̧¹ ·jar¹ mja¹ ·io̧¹ tsəj¹ ·u² ŋjow²

大 洲 方、 八 洲 方 小、 内 海、

[illegible]

djɨr² ŋjow² ·wjij² su¹ mji¹ lu¹ ŋər¹ ·jij¹ djɨr²

外 海 有， 苏 迷 卢 山 之 外

大洲、八小洲、内海、外海，苏迷卢山

3.209

[illegible]	[illegible]	[illegible]，	[illegible]	[illegible]	[illegible]	[illegible]	[illegible]，	[illegible]	[illegible]
ljɨ̱r^{1}	tsewr^{1}	tśhja̱^{1}	ljɨ̱r^{1}	ljịj^{2}	njij^{2}	·ji^{1}	mə^{1}	dźjịj^{1}	sọ^{1}
四	层	级，	四	大	王	众	天，	居	三
[illegible]	[illegible]	[illegible]	[illegible]	[illegible]	[illegible]	[illegible]；	[illegible]	[illegible]	
ɣạ^{2}	sọ^{1}	mə^{1}	dźjịj^{1}	tjị^{2}	pha^{1}	·wjij^{2}	djɨr^{2}	dziej^{2}	
十	三	天	居	处	别	有；	外	轮	

四外层级，四大王众天，三十三天所居处别；外轮

3.210

[illegible]	[illegible]	[illegible]	[illegible]	[illegible]	[illegible]	[illegible]；	[illegible]	[illegible]	[illegible]
tśjɨ̣^{1}	ŋər^{1}	tshọ^{2}	ŋa^{1}	mji^{1}	pjụ^{2}	·wjij^{2}	tjij^{1}	·ja^{2}	mo^{2}
围	山	虚	空	宫	殿	有；	若	夜	摩
[illegible]、	[illegible]	[illegible]	[illegible]	[illegible]、	[illegible]	[illegible]	[illegible]、	[illegible]	
mə^{1}	tu^{1}	śiə^{1}	tow^{1}	mə^{1}	dji̱^{2}	rejr^{2}	mə^{1}	tsjij^{1}	
天、	睹	史	多	天、	化	乐	天、	他	

围山虚空宫殿；若夜摩天、睹史多天、乐变化天、他

3.211

[illegible]	[illegible]	[illegible]	[illegible]	[illegible]	[illegible]	[illegible]	[illegible]	[illegible]	[illegible]
dji̱^{2}	·jij^{1}	dzju^{2}	mə^{1}	nioow^{1}	tsə̣^{1}	kięj^{2}	mə^{1}	dźjịj^{1}	tjị^{2}
化	自	在	天	及	色	界	天	所	处
[illegible]	[illegible]；	[illegible]	[illegible]	[illegible]	[illegible]	[illegible]	[illegible]	[illegible]	
pha^{1}	·wjij^{2}	rjur^{1}	·a	su^{1}	la^{1}	dźjịj^{1}	tjị^{2}	pha^{1}	
别	有；	诸	阿	素	洛	居	处	别	

化自在天及色界天所居处别；诸阿素洛所居处别；

3.212

[illegible]；	[illegible]	[illegible]	[illegible]	[illegible]	[illegible]	[illegible]	[illegible]	[illegible]；	[illegible]
·wjij^{2}	rjur^{1}	no^{1}	la^{1}	kja^{1}	dźjịj^{1}	tjị^{2}	pha^{1}	·wjij^{2}	thjɨ^{2}
有；	诸	那	落	迦	居	处	别	有；	此
[illegible]	[illegible]	[illegible]	[illegible]	[illegible]、	[illegible]	[illegible]	[illegible]	[illegible]、	
tja^{1}	tsja^{1}	no^{1}	la^{1}	kja^{1}	dźjịj^{1}	no^{1}	la^{1}	kja^{1}	
者	热	那	落	迦、	寒	那	落	迦、	

及诸那落迦所居处别；谓热那落迦、寒那落迦、

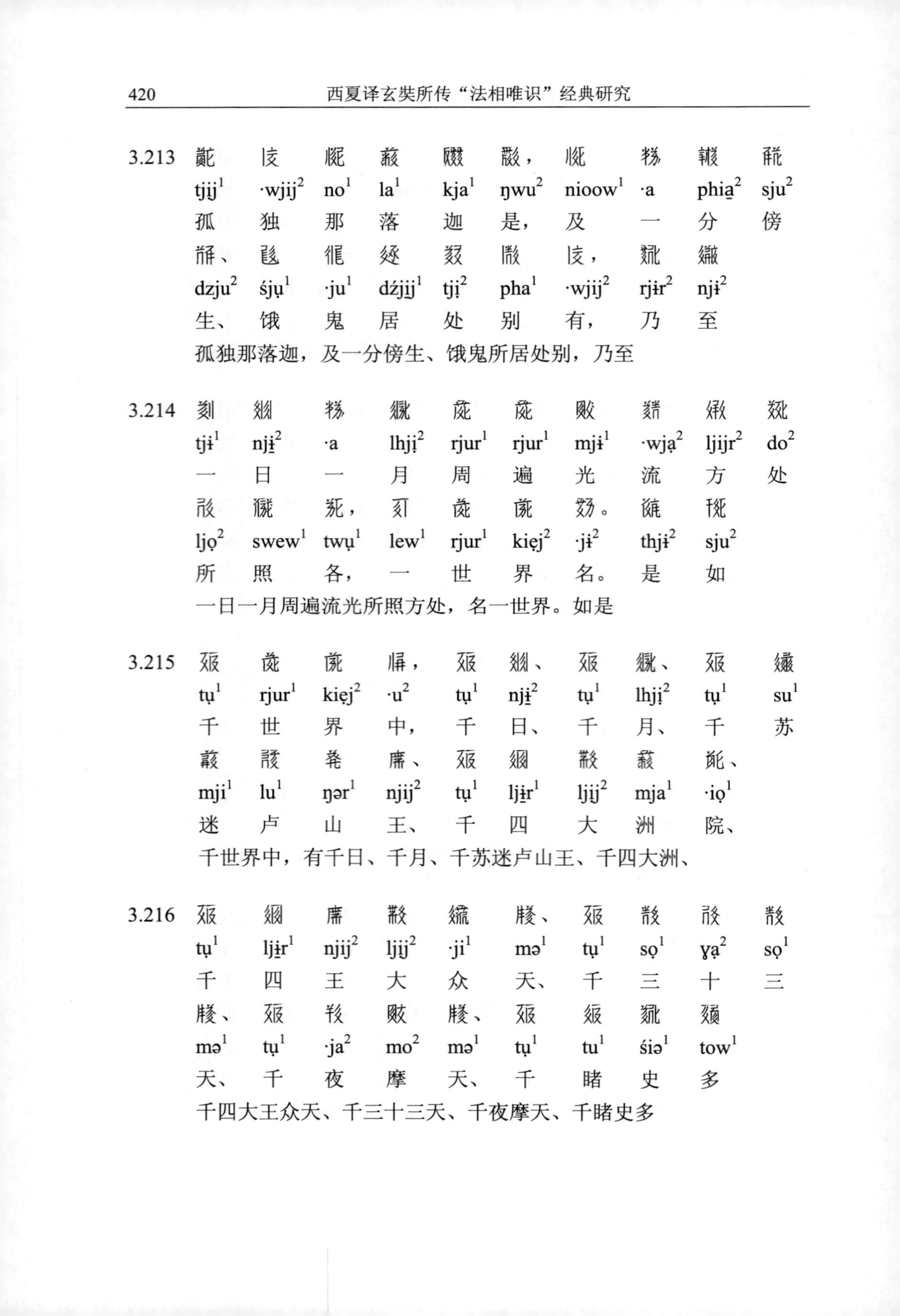

3.213
tjij^{1} ·wjij^{2} no^{1} la^{1} kja^{1} ŋwu^{2} nioow^{1} ·a phia̱^{2} sju^{2}
孤 独 那 落 迦 是， 及 一 分 傍
dzju^{2} śjụ^{1} ·ju^{1} dźjij^{1} tji^{2} pha^{1} ·wjij^{2} rjɨr^{2} njɨ^{2}
生、 饿 鬼 居 处 别 有， 乃 至
孤独那落迦，及一分傍生、饿鬼所居处别，乃至

3.214
tjɨ^{1} njɨ̱^{2} ·a lhjị^{2} rjur^{1} rjur^{1} mjɨ^{1} ·wja̱^{2} ljijr^{2} do^{2}
一 日 一 月 周 遍 光 流 方 处
ljọ^{2} swew^{1} twụ^{1} lew^{1} rjur^{1} kię̣j^{2} ·jɨ^{2} thjɨ^{2} sju^{2}
所 照 各， 一 世 界 名。 是 如
一日一月周遍流光所照方处，名一世界。如是

3.215
tụ^{1} rjur^{1} kię̣j^{2} ·u^{2} tụ^{1} njɨ̱^{2} tụ^{1} lhjị^{2} tụ^{1} su^{1}
千 世 界 中， 千 日、 千 月、 千 苏
mji^{1} lu^{1} ŋər^{1} njij^{2} tụ^{1} ljɨr^{1} ljij^{2} mja^{1} ·iọ^{1}
迷 卢 山 王、 千 四 大 洲 院、
千世界中，有千日、千月、千苏迷卢山王、千四大洲、

3.216
tụ^{1} ljɨr^{1} njij^{2} ljij^{2} ·ji^{1} mə^{1} tụ^{1} sọ^{1} ɣa̱^{2} sọ^{1}
千 四 王 大 众 天、 千 三 十 三
mə^{1} tụ^{1} ·ja^{2} mo^{2} mə^{1} tụ^{1} tu^{1} śiə^{1} tow^{1}
天、 千 夜 摩 天、 千 睹 史 多
千四大王众天、千三十三天、千夜摩天、千睹史多

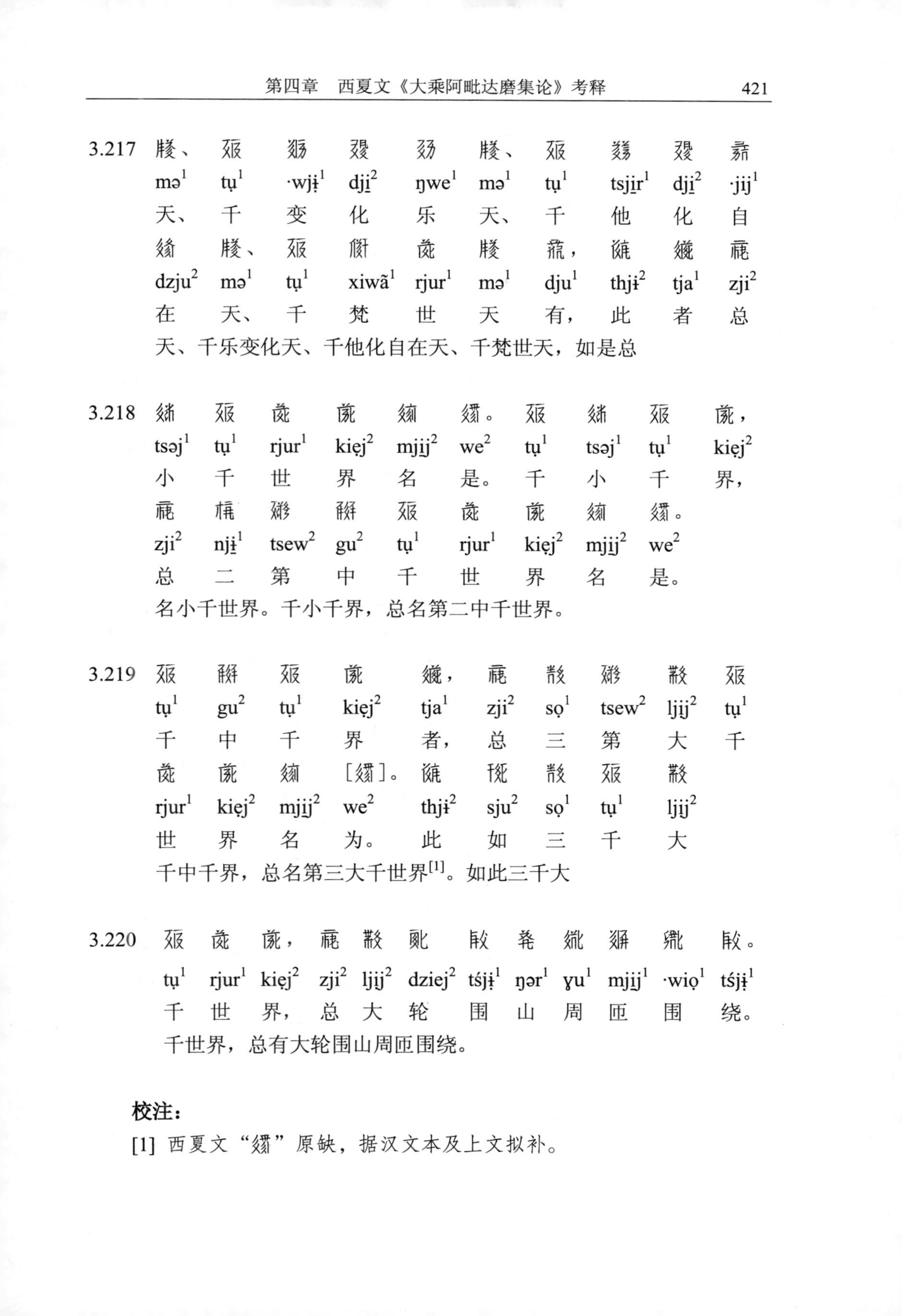

3.217 [illegible]

mə^{1} tụ^{1} ·wjɨ̣^{1} dji̱^{2} ŋwe^{1} mə^{1} tụ^{1} tsji̱r^{1} dji̱^{2} ·jij^{1}

天、 千 变 化 乐 天、 千 他 化 自

[illegible]

dzju^{2} mə^{1} tụ^{1} xiwã^{1} rjur^{1} mə^{1} dju^{1} thjɨ^{2} tja^{1} zji^{2}

在 天、 千 梵 世 天 有， 此 者 总

天、千乐变化天、千他化自在天、千梵世天，如是总

3.218 [illegible]

tsəj^{1} tụ^{1} rjur^{1} kięj^{2} mjij^{2} we^{2} tụ^{1} tsəj^{1} tụ^{1} kięj^{2}

小 千 世 界 名 是。 千 小 千 界，

[illegible]

zji^{2} njɨ̱^{1} tsew^{2} gu^{2} tụ^{1} rjur^{1} kięj^{2} mjij^{2} we^{2}

总 二 第 中 千 世 界 名 是。

名小千世界。千小千界，总名第二中千世界。

3.219 [illegible]

tụ^{1} gu^{2} tụ^{1} kięj^{2} tja^{1} zji^{2} sọ^{1} tsew^{2} ljij^{2} tụ^{1}

千 中 千 界 者， 总 三 第 大 千

[illegible]

rjur^{1} kięj^{2} mjij^{2} we^{2} thjɨ^{2} sju^{2} sọ^{1} tụ^{1} ljij^{2}

世 界 名 为。 此 如 三 千 大

千中千界，总名第三大千世界[1]。如此三千大

3.220 [illegible]

tụ^{1} rjur^{1} kięj^{2} zji^{2} ljij^{2} dziej^{2} tśjɨ^{1} ŋər^{1} ɣu^{1} mjij^{1} ·wiọ^{1} tśjɨ^{1}

千 世 界， 总 大 轮 围 山 周 匝 围 绕。

千世界，总有大轮围山周匝围绕。

校注：

[1] 西夏文“[illegible]”原缺，据汉文本及上文拟补。

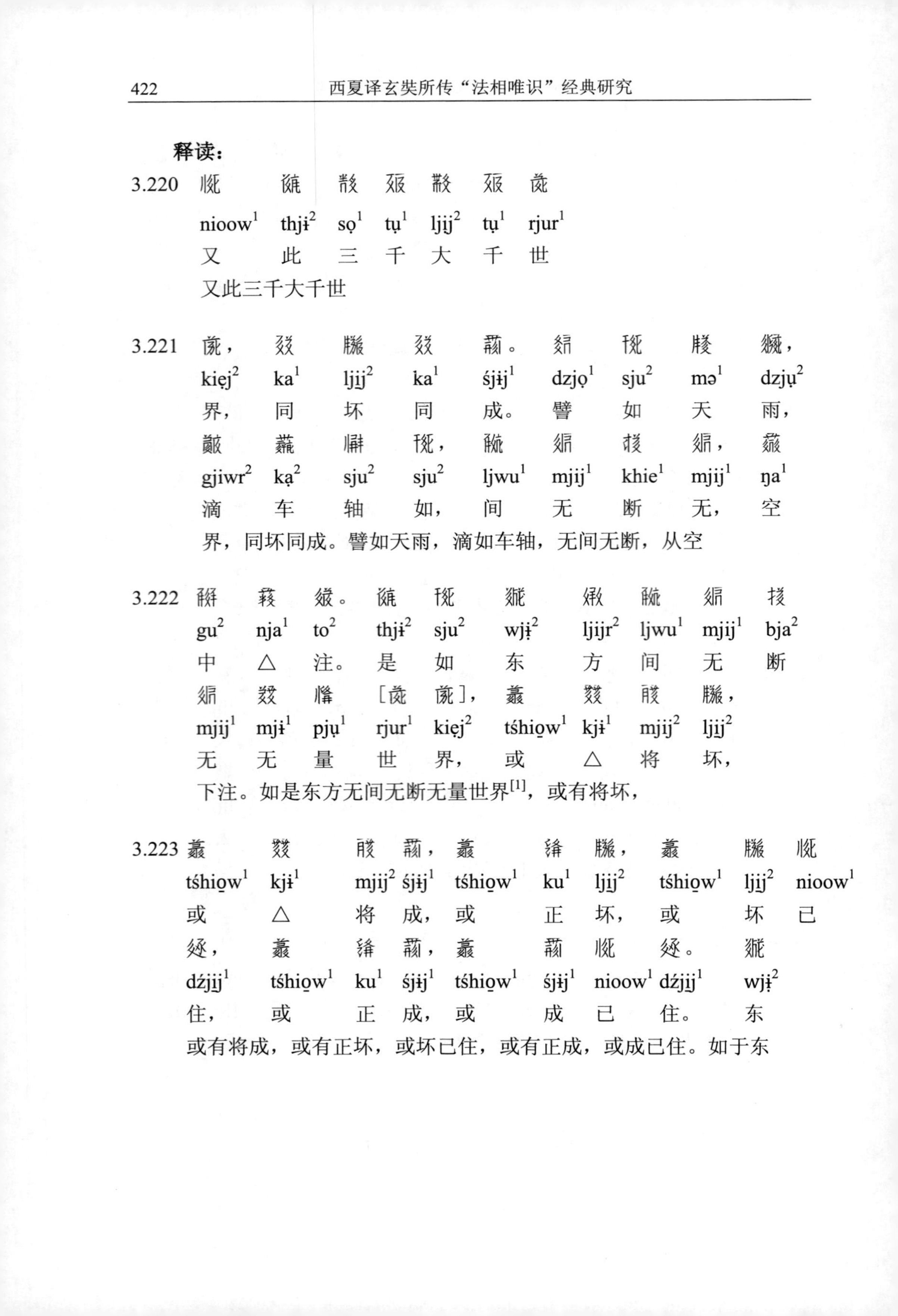

释读：

3.220

nioow^{1} thjɨ^{2} sọ^{1} tụ^{1} ljij^{2} tụ^{1} rjur^{1}

又 此 三 千 大 千 世

又此三千大千世

3.221

kięj^{2} ka^{1} ljij^{2} ka^{1} śjɨj^{1} dzjọ^{1} sju^{2} mə^{1} dzjụ^{2}

界， 同 坏 同 成。 譬 如 天 雨，

gjiwr^{2} kạ^{2} sju^{2} sju^{2} ljwu^{1} mjij^{1} khie^{1} mjij^{1} ŋa^{1}

滴 车 轴 如， 间 无 断 无， 空

界，同坏同成。譬如天雨，滴如车轴，无间无断，从空

3.222

gu^{2} nja^{1} to^{2} thjɨ^{2} sju^{2} wjɨ̣^{2} ljijr^{2} ljwu^{1} mjij^{1} bja^{2}

中 △ 注。 是 如 东 方 间 无 断

mjij^{1} mjɨ^{1} pjụ^{1} rjur^{1} kięj^{2} tśhio̱w^{1} kjɨ^{1} mjij^{2} ljij^{2}

无 无 量 世 界， 或 △ 将 坏，

下注。如是东方无间无断无量世界[1]，或有将坏，

3.223

tśhio̱w^{1} kjɨ^{1} mjij^{2} śjɨj^{1} tśhio̱w^{1} ku^{1} ljij^{2} tśhio̱w^{1} ljij^{2} nioow^{1}

或 △ 将 成， 或 正 坏， 或 坏 已

dźjij^{1} tśhio̱w^{1} ku^{1} śjɨj^{1} tśhio̱w^{1} śjɨj^{1} nioow^{1} dźjij^{1} wjɨ̣^{2}

住， 或 正 成， 或 成 已 住。 东

或有将成，或有正坏，或坏已住，或有正成，或成已住。如于东

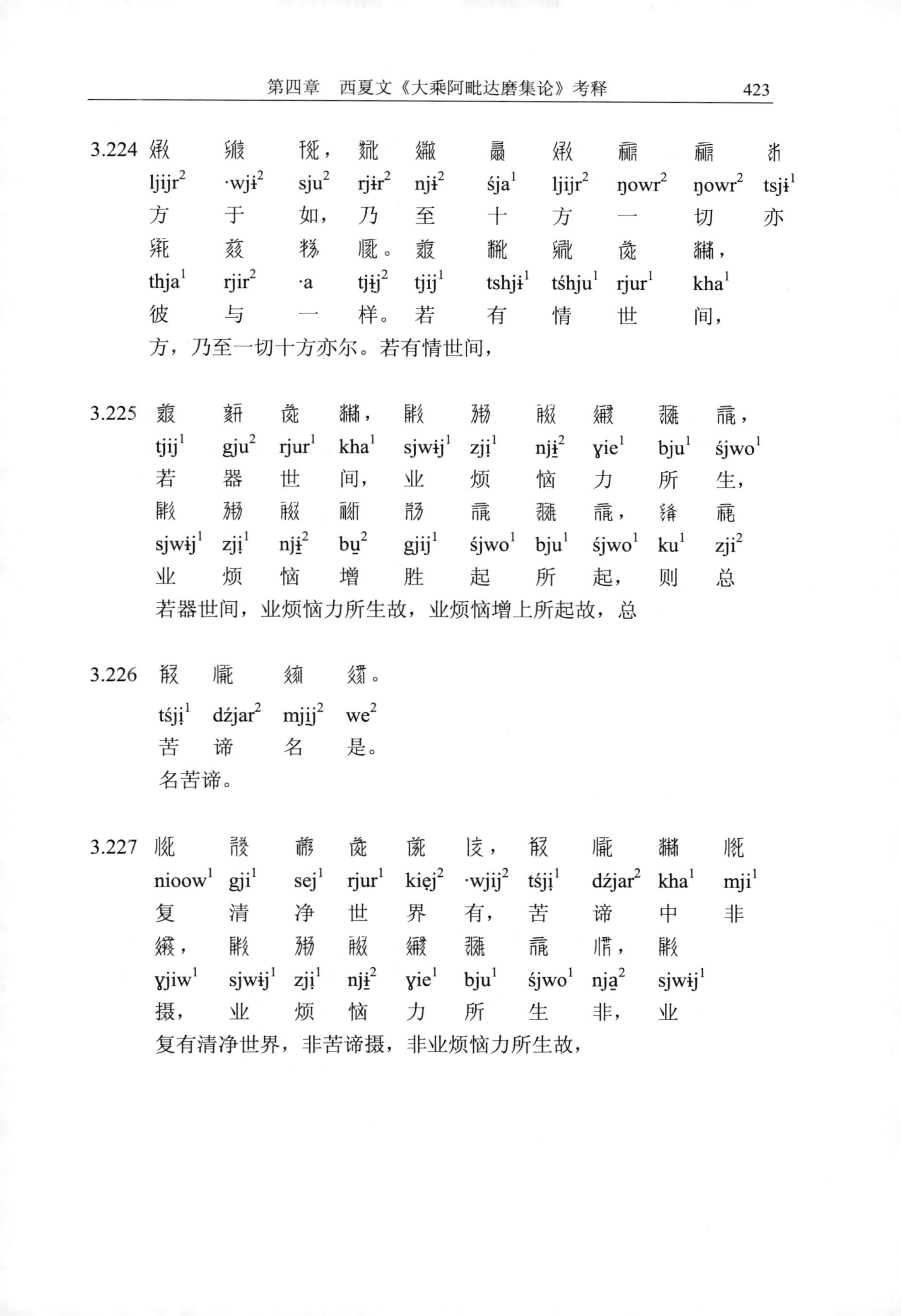

3.224 [illegible]

ljijr^2 ·wjɨ^2 sju^2 rjɨr^2 njɨ^2 śja^1 ljijr^2 ŋowr^2 ŋowr^2 tsjɨ^1

方 于 如， 乃 至 十 方 一 切 亦

[illegible]

thja^1 rjir^2 ·a tjɨ̣j^2 tjij^1 tshjɨ^1 tśhju^1 rjur^1 kha^1

彼 与 一 样。 若 有 情 世 间，

方，乃至一切十方亦尔。若有情世间，

3.225 [illegible]

tjij^1 gju^2 rjur^1 kha^1 sjwɨj^1 zjị^1 njɨ̱^{2} ɣie^1 bju^1 śjwo^1

若 器 世 间， 业 烦 恼 力 所 生，

[illegible]

sjwɨj^1 zjị^1 njɨ̱^{2} bu̱^{2} gjij^1 śjwo^1 bju^1 śjwo^1 ku^1 zji^2

业 烦 恼 增 胜 起 所 起， 则 总

若器世间，业烦恼力所生故，业烦恼增上所起故，总

3.226 [illegible]

tśjị^1 dźjar^2 mji̱j^2 we^2

苦 谛 名 是。

名苦谛。

3.227 [illegible]

nioow^1 gji^1 sej^1 rjur^1 kięj^2 ·wjij^2 tśjị^1 dźjar^2 kha^1 mji^1

复 清 净 世 界 有， 苦 谛 中 非

[illegible]

ɣjiw^1 sjwɨj^1 zjị^1 njɨ̱^{2} ɣie^1 bju^1 śjwo^1 nja̱^{2} sjwɨj^1

摄， 业 烦 恼 力 所 生 非， 业

复有清净世界，非苦谛摄，非业烦恼力所生故，

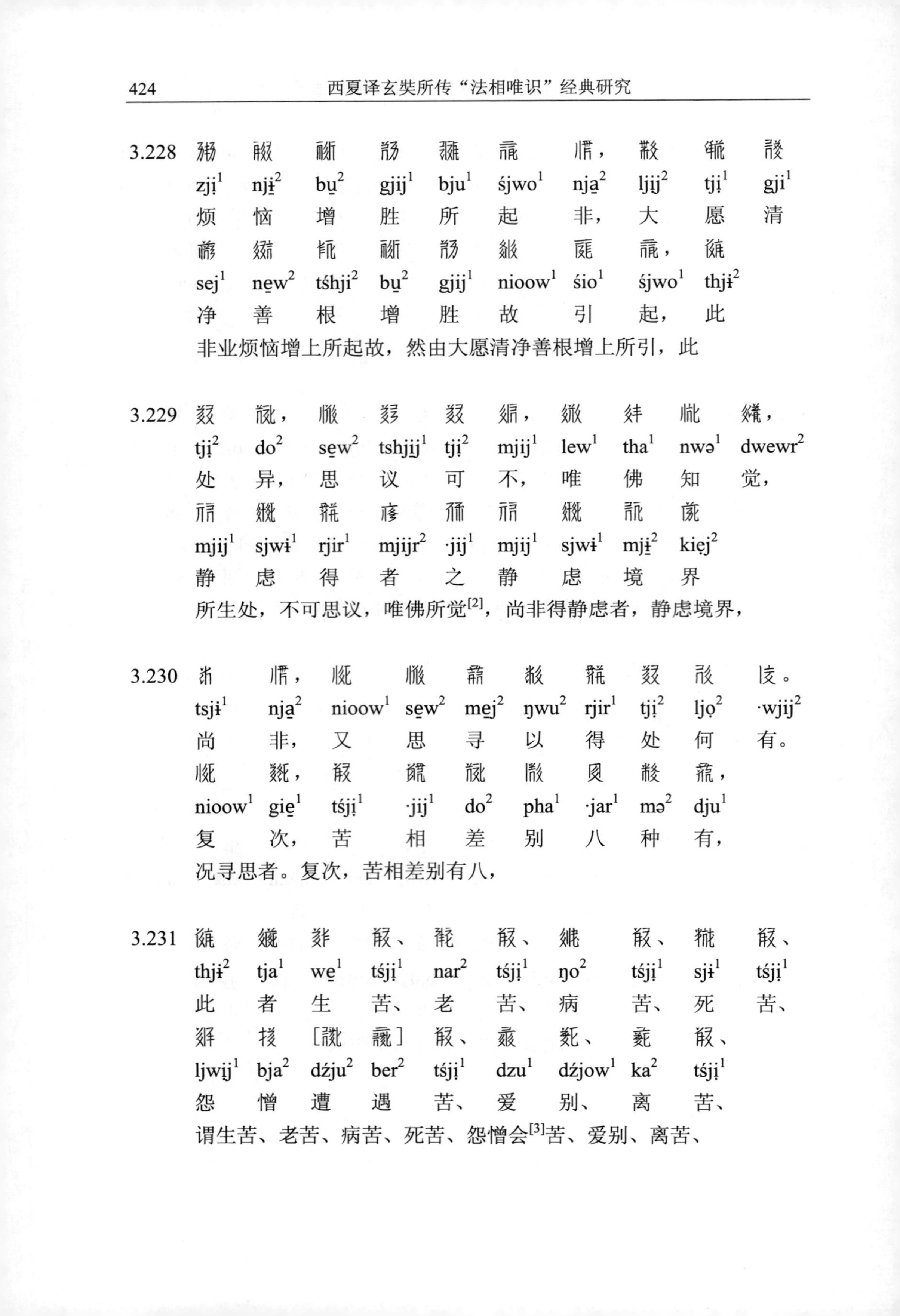

3.228 [illegible]
zjị1 njɨ̠2 bu̠2 gjij1 bju1 śjwo1 nja̠2 ljịj2 tjị1 gji1
烦 恼 增 胜 所 起 非， 大 愿 清
[illegible]
sej1 ne̠w2 tśhji2 bu̠2 gjij1 nioow1 śio1 śjwo1 thjɨ2
净 善 根 增 胜 故 引 起， 此
非业烦恼增上所起故，然由大愿清净善根增上所引，此

3.229 [illegible]
tjị2 do2 se̠w2 tshjịj1 tjị2 mjij1 lew1 tha1 nwə1 dwewr2
处 异， 思 议 可 不， 唯 佛 知 觉，
[illegible]
mjij1 sjwɨ1 rjir1 mjijr2 ·jij1 mjij1 sjwɨ1 mjɨ̠2 kiẹj2
静 虑 得 者 之 静 虑 境 界
所生处，不可思议，唯佛所觉[2]，尚非得静虑者，静虑境界，

3.230 [illegible]
tsjɨ1 nja̠2 nioow1 se̠w2 me̠j2 ŋwu2 rjir1 tjị2 ljọ2 ·wjij2
尚 非， 又 思 寻 以 得 处 何 有。
[illegible]
nioow1 gie̠1 tśjị1 ·jij1 do2 pha1 ·jar1 mə2 dju1
复 次， 苦 相 差 别 八 种 有，
况寻思者。复次，苦相差别有八，

3.231 [illegible]
thjɨ2 tja1 we̠1 tśjị1 nar2 tśjị1 ŋo2 tśjị1 sjɨ1 tśjị1
此 者 生 苦、 老 苦、 病 苦、 死 苦、
[illegible]
ljwịj1 bja2 dźju2 ber2 tśjị1 dzu1 dźjow1 ka2 tśjị1
怨 憎 遭 遇 苦、 爱 别、 离 苦、
谓生苦、老苦、病苦、死苦、怨憎会[3]苦、爱别、离苦、

3.232 □ □ □ □， □ □ □
kjụ¹ mji¹ rjir¹ tśjị¹ ŋowr² ŋowr² zji²
求 不 得 苦， 一 切 略
□ □ □ □ □ □。
ɣjiw¹ ŋwə¹ lhjwi¹ ŋur¹ tśjị¹ ŋwu²
摄 五 取 蕴 苦 是。
求不得苦，略摄一切五取蕴苦。

校注：

[1] 西夏文“□□”二字原残，据汉文本“世界”拟补。

[2] 唯佛所觉，即西夏文“□□□□”，西夏文字面意思作“唯佛知觉”。

[3] 西夏文“□□”二字原残，据汉文本及下文拟补。

释读：

3.232 □ □ □ □？ □
we̱¹ thjij² sjo² tśjị¹ ·ji¹
生 何 云 苦？ 众
生何因苦？众

3.233 □ □ □， □ □ □ □ □ □。 □
tśjị¹ tha njij² dzjij² tśjị¹ ·jij¹ bju¹ tjị² ŋwu² nar²
苦 逼 迫， 余 苦 之 依 所 是。 老
□ □ □？ □ □ □ □ □ □
thjij² sjo² tśjị¹ dzjɨj¹ tsew² lej² ljij² bju¹ tśjị¹
何 云 苦？ 时 分 变 坏 依 苦
苦所逼故，余苦所依故。老何因苦？时分变坏苦

3.234 □。 □ □ □ □？ □ □ □ □ [□
ljɨ¹ ŋo² thjij² sjo² tśjị¹ ljij² sjwɨ¹ ·wjɨ¹ lej² bju¹
故。 病 何 云 苦？ 大 种 变 异 依

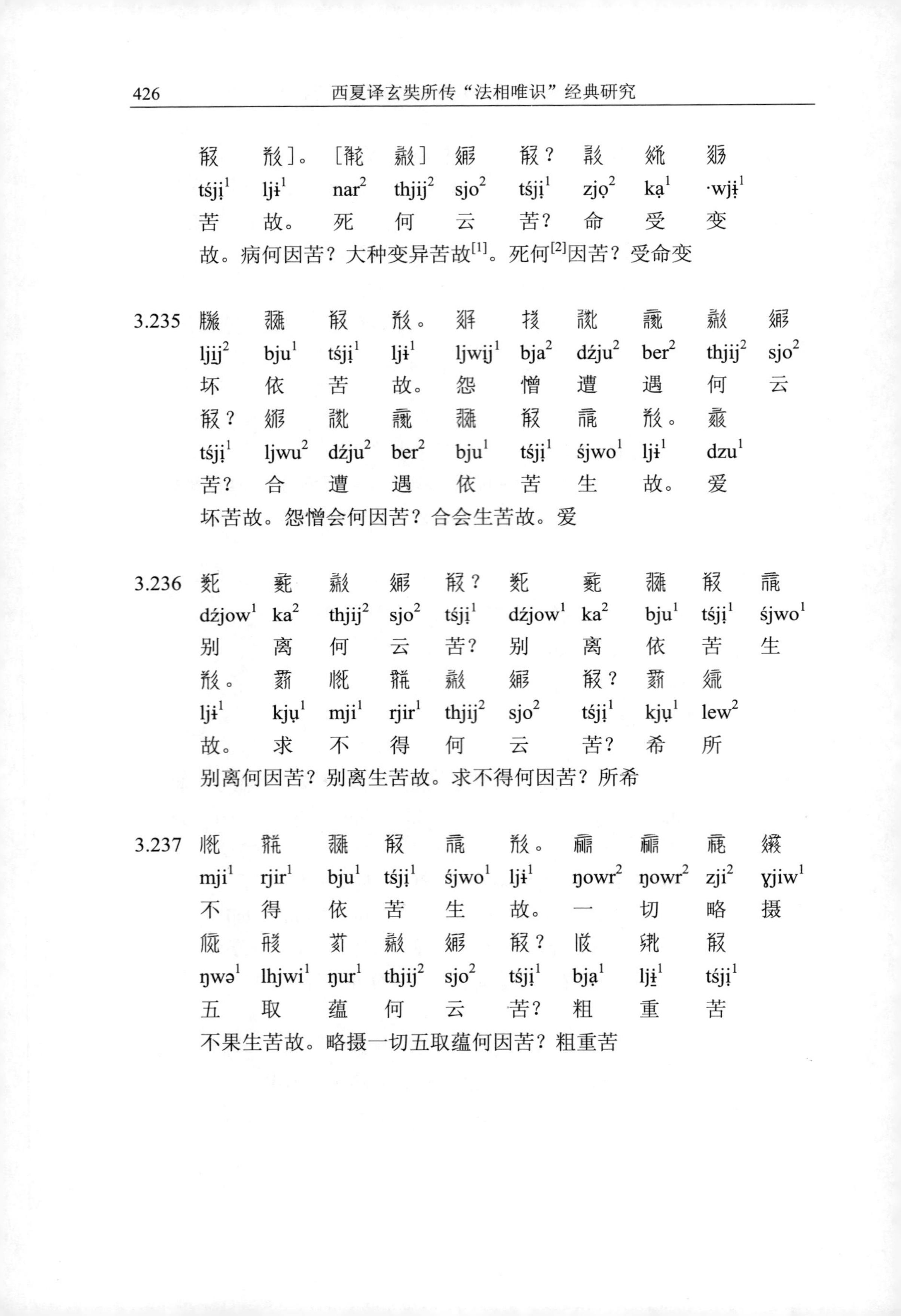

□ □]。[□ □] □ □？ □ □ □
tśjị^{1} ljɨ^{1} nar^{2} thjij^{2} sjo^{2} tśjị^{1} zjọ^{2} kạ^{1} ·wjɨ̣^{1}
苦 故。 死 何 云 苦？ 命 受 变
故。病何因苦？大种变异苦故[1]。死何[2]因苦？受命变

3.235 □ □ □ □。 □ □ □ □ □ □
ljij^{2} bju^{1} tśjị^{1} ljɨ^{1} ljwij^{1} bja^{2} dźju^{2} ber^{2} thjij^{2} sjo^{2}
坏 依 苦 故。 怨 憎 遭 遇 何 云
□？ □ □ □ □ □ □ □。 □
tśjị^{1} ljwu^{2} dźju^{2} ber^{2} bju^{1} tśjị^{1} śjwo^{1} ljɨ^{1} dzu^{1}
苦？ 合 遭 遇 依 苦 生 故。 爱
坏苦故。怨憎会何因苦？合会生苦故。爱

3.236 □ □ □ □ □？ □ □ □ □ □
dźjow^{1} ka^{2} thjij^{2} sjo^{2} tśjị^{1} dźjow^{1} ka^{2} bju^{1} tśjị^{1} śjwo^{1}
别 离 何 云 苦？ 别 离 依 苦 生
□。 □ □ □ □ □ □？ □ □
ljɨ^{1} kjụ^{1} mji^{1} rjir^{1} thjij^{2} sjo^{2} tśjị^{1} kjụ^{1} lew^{2}
故。 求 不 得 何 云 苦？ 希 所
别离何因苦？别离生苦故。求不得何因苦？所希

3.237 □ □ □ □ □ □。 □ □ □ □
mji^{1} rjir^{1} bju^{1} tśjị^{1} śjwo^{1} ljɨ^{1} ŋowr^{2} ŋowr^{2} zji^{2} ɣjiw^{1}
不 得 依 苦 生 故。 一 切 略 摄
□ □ □ □ □ □？ □ □ □
ŋwə^{1} lhjwi^{1} ŋur^{1} thjij^{2} sjo^{2} tśjị^{1} bjạ^{1} ljɨ̠^{1} tśjị^{1}
五 取 蕴 何 云 苦？ 粗 重 苦
不果生苦故。略摄一切五取蕴何因苦？粗重苦

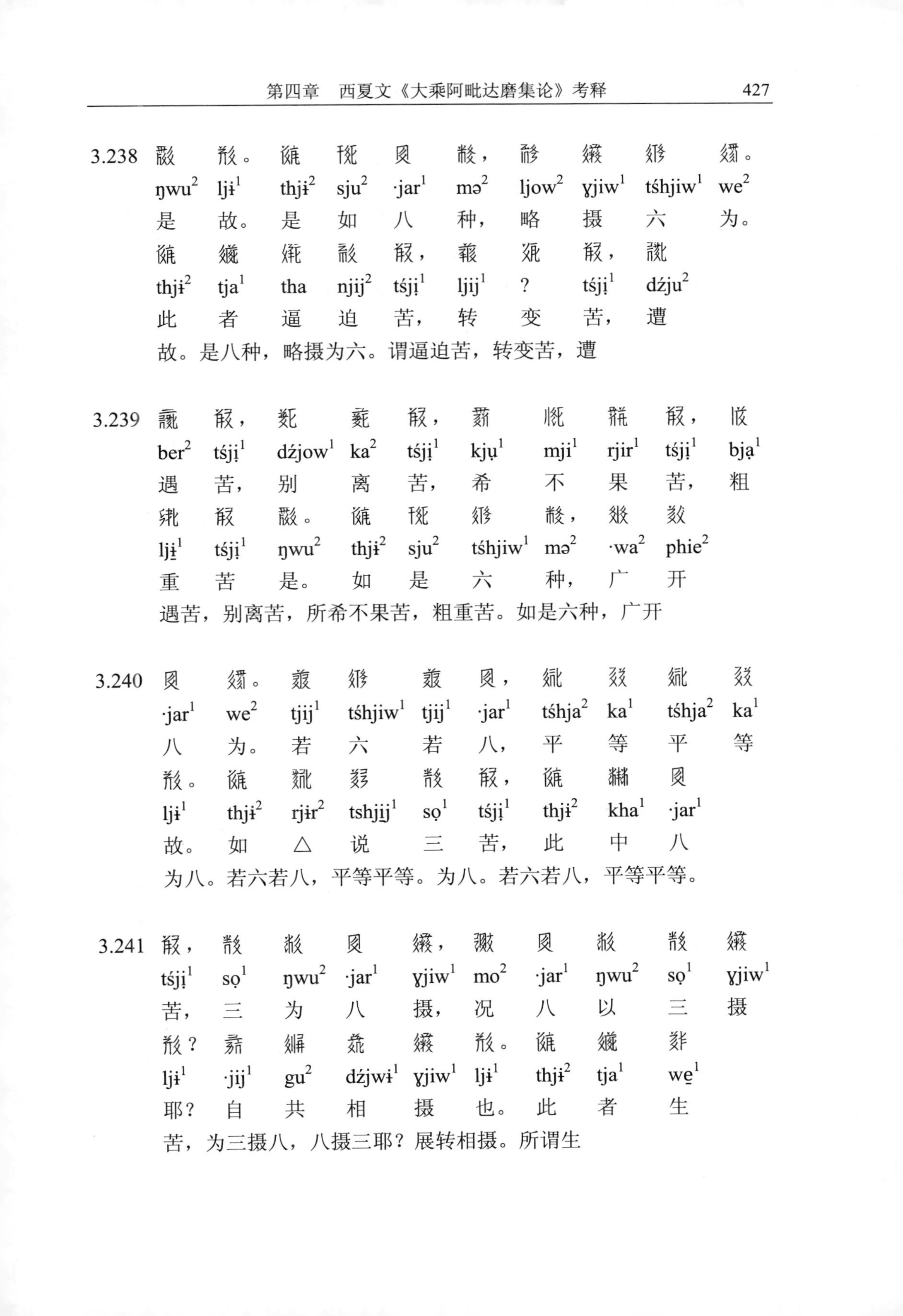

3.238 [illegible]
ŋwu^2 ljɨ^1 thjɨ^2 sju^2 ·jar^1 mə^2 ljow^2 ɣjiw^1 tśhjiw^1 we^2
是 故。是 如 八 种，略 摄 六 为。
[illegible]
thjɨ^2 tja^1 tha njij^2 tśjị^1 ljij^1 ? tśjị^1 dźju^2
此 者 逼 迫 苦，转 变 苦，遭
故。是八种，略摄为六。谓逼迫苦，转变苦，遭

3.239 [illegible]
ber^2 tśjị^1 dźjow^1 ka^2 tśjị^1 kjụ^1 mji^1 rjir^1 tśjị^1 bją^1
遇 苦，别 离 苦，希 不 果 苦，粗
[illegible]
ljɨ̣^{1} tśjị^1 ŋwu^2 thjɨ^2 sju^2 tśhjiw^1 mə^2 ·wa^2 phie^2
重 苦 是。如 是 六 种，广 开
遇苦，别离苦，所希不果苦，粗重苦。如是六种，广开

3.240 [illegible]
·jar^1 we^2 tjij^1 tśhjiw^1 tjij^1 ·jar^1 tśhja^2 ka^1 tśhja^2 ka^1
八 为。若 六 若 八，平 等 平 等
[illegible]
ljɨ^1 thjɨ^2 rjɨr^2 tshjij^1 sọ^1 tśjị^1 thjɨ^2 kha^1 ·jar^1
故。如 △ 说 三 苦，此 中 八
为八。若六若八，平等平等。为八。若六若八，平等平等。

3.241 [illegible]
tśjị^1 sọ^1 ŋwu^2 ·jar^1 ɣjiw^1 mo^2 ·jar^1 ŋwu^2 sọ^1 ɣjiw^1
苦，三 为 八 摄，况 八 以 三 摄
[illegible]
ljɨ^1 ·jij^1 gu^2 dźjwɨ^1 ɣjiw^1 ljɨ^1 thjɨ^2 tja^1 we̱^{1}
耶？自 共 相 摄 也。此 者 生
苦，为三摄八，八摄三耶？展转相摄。所谓生

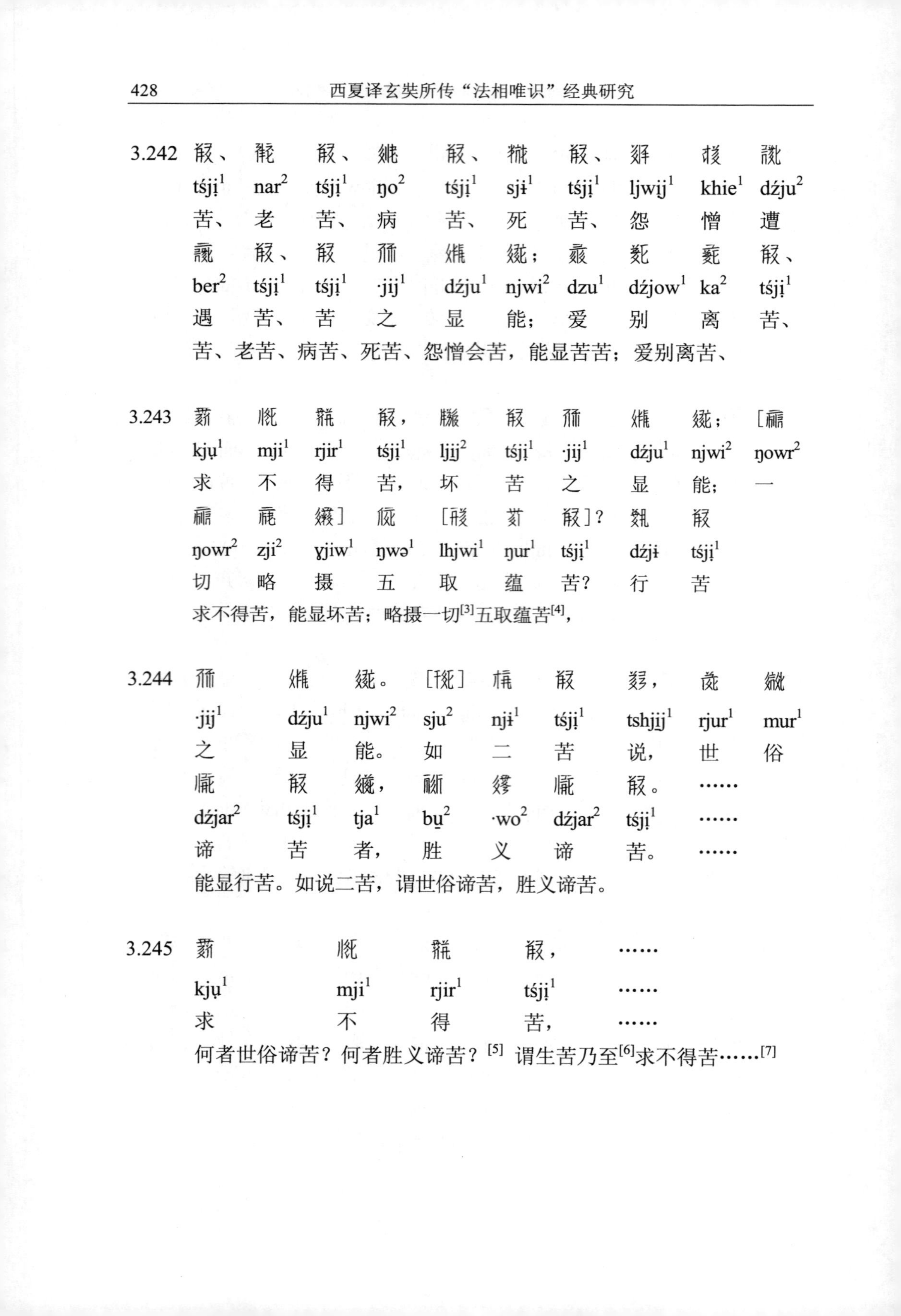

3.242 tśjị1 nar2 tśjị1 ŋo2 tśjị1 sjɨ1 tśjị1 ljwịj1 khie1 dźju2
苦、老 苦、病 苦、死 苦、怨 憎 遭
ber2 tśjị1 tśjị1 ·jij1 dźju1 njwi2 dzu1 dźjow1 ka2 tśjị1
遇 苦、苦 之 显 能；爱 别 离 苦、
苦、老苦、病苦、死苦、怨憎会苦，能显苦苦；爱别离苦、

3.243 kjụ1 mji1 rjir1 tśjị1 ljịj2 tśjị1 ·jij1 dźju1 njwi2 ŋowr2
求 不 得 苦，坏 苦 之 显 能；一
ŋowr2 zji2 ɣjiw1 ŋwə1 lhjwi1 ŋur1 tśjị1 dźjɨ tśjị1
切 略 摄 五 取 蕴 苦？行 苦
求不得苦，能显坏苦；略摄一切[3]五取蕴苦[4]，

3.244 ·jij1 dźju1 njwi2 sju2 njɨ1 tśjị1 tshjịj1 rjur1 mur1
之 显 能。如 二 苦 说，世 俗
dźjar2 tśjị1 tja1 bụ2 ·wo2 dźjar2 tśjị1 ……
谛 苦 者，胜 义 谛 苦。……
能显行苦。如说二苦，谓世俗谛苦，胜义谛苦。

3.245 kjụ1 mji1 rjir1 tśjị1 ……
求 不 得 苦，……
何者世俗谛苦？何者胜义谛苦？[5] 谓生苦乃至[6]求不得苦……[7]

校注：

[1] 西夏文“[illegible]”三字原残，据残存笔画和汉文本拟补。

[2] 西夏文“[illegible]”二字原残，据残存笔画和汉文本拟补。

[3] 西夏文“[illegible]”原缺，据上文“[illegible]”（略摄一切五取蕴苦）拟补。

[4] 西夏文“[illegible]”原缺，据上文“[illegible]”（略摄一切五取蕴苦）拟补。

[5] 此处西夏文本缺，相应汉文本为“何者世俗谛苦？何者胜义谛苦？”。

[6] 此处西夏文本缺，相应汉文本为“谓生苦乃至”。

[7] 西夏文本自“是世俗谛苦”至结尾“或受化生”已佚。

附录一　俄藏汉文残叶《瑜伽师地论》卷三十二

俄藏汉文残叶《瑜伽师地论》卷三十二，编号为俄 TK253，叙录为：刻本，蝴蝶装，纸幅高 21cm，宽 32.5cm。板框高 17.3cm，天头 3.7cm。每半叶 6 行，行 12 字，上下单栏，左无边，下部残损，墨色深。图版刊布于俄罗斯科学院东方研究所圣彼得堡分所、中国社会科学院民族研究所、上海古籍出版社合著《俄藏黑水城文献》第 4 册，上海古籍出版社 1997 年版，第 322 页。下面是图版的录文：

录文：

《瑜伽师地论》三十二

……想、无分别想、寂静想、[无作用想、无所] ①/

思慕无躁扰想、离[诸烧恼寂灭乐想]。/

又于其中，汝当审谛周遍[了知乱不]/

乱相、分明现前。如如审谛[周遍了知]/

乱不乱相，如是如是汝能了[知诸相]/

寻思随烦恼中、所有乱相；及[能了知]/

心一境性随六想修诸不[乱相。又汝]/

于此乱不乱相、如是如[是审谛了知]；/

① 方括号中录文原文已残，是据汉文本拟补的内容。

便能安住一所缘境。亦能[安住内心]/
寂止，诸心相续、诸心流[注、前后一味]、/
无相无分别、寂静而转。又若……①

① 俄罗斯科学院东方研究所圣彼得堡分所、中国社会科学院民族研究所、上海古籍出版社：《俄藏黑水城文献》第4册，上海古籍出版社1997年版，第322页。

附录二　俄藏汉文残叶《瑜伽师地论》卷三十八

俄藏汉文残叶《瑜伽师地论》卷三十八，编号为俄 TK166P，原定名为“佛书残片”。图版刊布于俄罗斯科学院东方研究所圣彼得堡分所、中国社会科学院民族研究所、上海古籍出版社合著《俄藏黑水城文献》第 4 册，上海古籍出版社 1997 年版，第 58 页。下面是宗舜先生的录文：

宗舜录文：（从左至右、上至下）

碎片 1：发起猛利爱重欢□

碎片 2：惟残存左部的三分之一，无法辨识。

碎片 3：……□□……/……曼……/……齐更……/……初别□……/……□合为……/……□之曰□……

碎片 4：……菩萨……/……说于……/……一善……/……□闻是……

碎片 5：……明□……/……/……疏于……/……有□……/……□离……/……□法……/……□如……/……□欲……

其余 3 片残缺过多，难以辨识，宗舜拟题为《瑜伽师地论》卷三十八《持瑜伽处力种姓品第八》等碎片。[①]

---

① 经宗舜考证，此为《瑜伽师地论》卷三十八《持瑜伽处力种姓品第八》的残叶。参见宗舜《<俄藏黑水城文献>汉文佛教文献拟题考辨》，《敦煌研究》2001 年第 1 期。

附录三　法藏西夏文《瑜伽师地论》卷三十三尾题残叶

法藏西夏文《瑜伽师地论》卷三十三尾题残叶，编号为法 Pelliot Xixia 924 (Grotte 181) 109，叙录为：高 350mm，宽 30mm。版心高 235mm。一纸。卷轴装。雕版印本。白麻纸，纸质中等厚薄，墨色浅，有污渍，背面无字。此为《瑜伽师地论》卷第三十三尾题。印刷佛经时，全文结束，纸张不够，复添小叶以补尾题，粘于卷末，极易脱离。与 Pelliot Xixia 924（Crotte 181）117《正法念处经卷第六十七》尾题同。[①]图版刊布于西北第二民族学院、上海古籍出版社、法国国家图书馆合编《法藏敦煌西夏文文献》，上海古籍出版社 2007 年版，第 98 页。下面是图版的录文和译文：

录文：

《[illegible]》[illegible]　□

译文：

《瑜伽师地论》卷第三十三[②]　□

① 参见西北第二民族学院、上海古籍出版社、法国国家图书馆合编《法藏敦煌西夏文文献》，上海古籍出版社 2007 年版，第 98 页。

② 原对译作“瑜伽师地本母卷三十三第”。

附录四　汉夏译名对照表

本索引收录文中的汉文—西夏文对译词语。词语依汉语拼音音序排列，后面列出西夏原字和在本文中的出处，格式是“作品卷号. 行次”。若一词语分属两行显示，则用“—”号连接。同一词语多次出现，将在每部经中据情况找几处作为代表，出处间以“/”号分割。作品与卷号对应如下：

《瑜伽师地论》卷五十八——58

《瑜伽师地论》卷五十九——59

《瑜伽师地论》卷八十八——88

《瑜伽师地论》卷九十——90

《显扬圣教论》卷十七——17

《大乘阿毗达磨集论》卷三——3

A

阿颠底迦	[illegible]	3.189
阿赖耶识	[illegible]	17.200/17.202/17.207/17.207—17.208/17.212/17.213/17.226/17.250/17.254/17.255/17.258—17.259/17.261—17.262/17.264/17.278/17.280/17.294/17.295/17.304/17.305/17.308/17.309/17.313/17.316/17.321/17.323/17.324/17.328/17.338/17.347/17.348—17.349/17.357—17.358/17.368—17.369/17.370/17.371/

		17.372/17.378/17.382/17.384/17.390/17.391/17.392—17.393/17.393/17.397/17.400/17.403/17.404/17.406/17.408/17.408—17.409/17.410/17.411/17.414/17.415—17.416/17.416/17.423/17.429/17.430/17.430—17.431/17.433/3.6—3.7/3.69/3.112
阿罗汉	[illegible]	58.2/58.39—58.40/58.45/88.20/88.33/88.47/88.57/88.106/88.107/88.108/88.109/88.110/88.124/88.126/90.1/17.433—17.434/17.435
阿罗汉果	[illegible]	88.189
阿毗达磨	[illegible]	3.1/3.108/3.142/3.170/3.193
阿素洛	[illegible]	3.211
哀愍	[illegible]	88.248
爱	[illegible]	58.52/58.53/59.40/59.119/59.203/59.206/59.208/59.221/88.28/88.30/88.31/88.69/88.98/17.8/17.389/3.192
爱别	[illegible]	3.231
爱别离	[illegible]	3.235—3.236
爱别离苦	[illegible]	3.242
爱不爱果	[illegible]	88.263
爱藏	[illegible]	88.211/88.214
爱藏邪见	[illegible]	88.216
爱非爱果	[illegible]	88.271—88.272
爱非爱诸果	[illegible]	88.266
爱缚	[illegible]	88.134
爱敬	[illegible]	88.14/88.114
爱境	[illegible]	88.206
爱乐	[illegible]	58.53/88.13
爱乐心	[illegible]	59.217
爱味	[illegible]	59.145/88.67/88.91

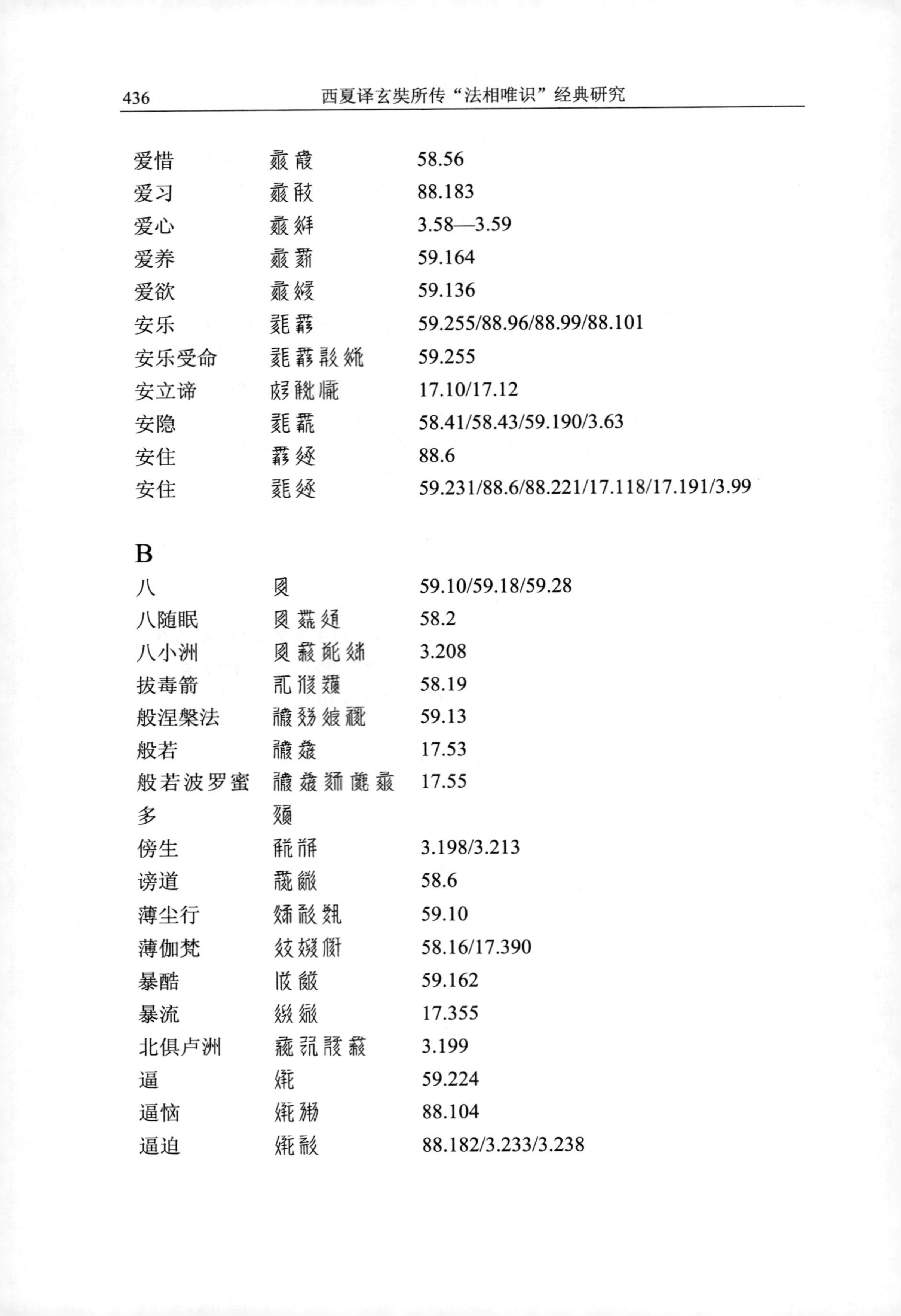

爱惜	[illegible]	58.56
爱习	[illegible]	88.183
爱心	[illegible]	3.58—3.59
爱养	[illegible]	59.164
爱欲	[illegible]	59.136
安乐	[illegible]	59.255/88.96/88.99/88.101
安乐受命	[illegible]	59.255
安立谛	[illegible]	17.10/17.12
安隐	[illegible]	58.41/58.43/59.190/3.63
安住	[illegible]	88.6
安住	[illegible]	59.231/88.6/88.221/17.118/17.191/3.99

B

八	[illegible]	59.10/59.18/59.28
八随眠	[illegible]	58.2
八小洲	[illegible]	3.208
拔毒箭	[illegible]	58.19
般涅槃法	[illegible]	59.13
般若	[illegible]	17.53
般若波罗蜜多	[illegible]	17.55
傍生	[illegible]	3.198/3.213
谤道	[illegible]	58.6
薄尘行	[illegible]	59.10
薄伽梵	[illegible]	58.16/17.390
暴酷	[illegible]	59.162
暴流	[illegible]	17.355
北俱卢洲	[illegible]	3.199
逼	[illegible]	59.224
逼恼	[illegible]	88.104
逼迫	[illegible]	88.182/3.233/3.238

逼切	[illegible]	88.253
鼻	[illegible]	3.127
彼岸	[illegible]	17.56
彼彼	[illegible]	59.33/59.105
彼彼想	[illegible]	59.88
彼彼想	[illegible]	59.105
彼非彼想	[illegible]	59.87
彼业	[illegible]	59.66/59.71/59.73/59.77/59.79
苾刍	[illegible]	59.234/3.150
苾刍尼	[illegible]	59.234
蔽	[illegible]	59.69/59.70/59.99/59.100
边际	[illegible]	17.179/17.182/17.191/17.192/17.421
边智谛	[illegible]	17.3
鞭挞	[illegible]	59.249
变化	[illegible]	17.417
变坏	[illegible]	88.4/88.163
变坏	[illegible]	3.59
变异	[illegible]	3.234
变易	[illegible]	88.269
便	[illegible]	58.53/58.54/58.57/58.89/58.91/58.111/59.102/88.212/17.258
遍行	[illegible]	17.296/17.301/3.154/3.155
遍计所执相	[illegible]	3.84/3.85
遍净天	[illegible]	3.202
遍起	[illegible]	58.92
遍知	[illegible]	88.23/88.45/88.46/88.92/88.173/88.174/88.175/17.172/17.174
辩才	[illegible]	88.253
别离	[illegible]	3.236/3.239/3.242
病	[illegible]	58.60/59.187/59.188/59.236/88.95/88.96/88.100/88.124/88.164/88.165/88.167/

		88.168/88.169/3.234
病匪	[illegible]	59.188
病苦	[illegible]	88.96/3.231/3.242
波浪	[illegible]	17.356
卜筮	[illegible]	88.206
补特伽罗	[illegible]	58.17/59.6—59.7/59.8/88.230/88.231
不	[illegible]	58.116/58.117/59.14/59.148/88.127/88.236/88.248/88.262/17.35/17.40/17.47
不爱	[illegible]	88.98/88.263
不爱果	[illegible]	88.263
不安隐	[illegible]	58.41/58.43/59.190
不般涅槃法	[illegible]	59.14
不怖畏	[illegible]	17.48
不得	[illegible]	58.54/17.108/17.160/17.335/17.414/3.232/3.236/3.237/3.243/3.245
不得善	[illegible]	17.108/17.160
不颠倒相	[illegible]	59.97
不动心	[illegible]	88.18
不断	[illegible]	58.122/88.77/17.366/3.51
不堕	[illegible]	17.45—17.46
不尔	[illegible]	88.278/88.279
不复现	[illegible]	59.57
不共	[illegible]	58.46/58.127/88.146/88.150
不共义	[illegible]	88.146/88.150
不故害	[illegible]	17.35/17.46
不行	[illegible]	58.33/59.70/88.59
不行	[illegible]	17.35
不合	[illegible]	58.94
不和	[illegible]	59.118
不和合	[illegible]	58.71/59.118/59.120
不集	[illegible]	88.244

不计执	[illegible]	17.49
不记	[illegible]	88.4/88.161/17.108/17.110
不记别	[illegible]	88.159
不寂静	[illegible]	88.215
不寂静	[illegible]	58.57
不见	[illegible]	59.113/59.199/88.136/88.224/17.148
不见闻觉知	[illegible]	59.197—59.198/59.199
不觉	[illegible]	59.113—59.114/59.166
不净	[illegible]	17.138/3.51/3.75
不净观	[illegible]	58.103—58.104
不静	[illegible]	59.211—59.212
不究竟	[illegible]	59.77
不具	[illegible]	59.107/59.111/59.116/59.120—59.121/59.124/59.127/59.130/59.133—59.134/59.137
不堪	[illegible]	59.155/59.155—59.156
不可	[illegible]	59.25/88.119/17.47—17.48/17.93/3.229
不可得	[illegible]	88.119/88.127/88.141/17.212/17.217/17.224/17.225/17.231/17.236/17.245/17.251/17.255/17.259
不可记事	[illegible]	17.93—17.94/17.99/17.104/17.116/17.151
不可救疗	[illegible]	59.25
不可灭	[illegible]	88.56—88.57/88.58
不可思议	[illegible]	17.88/17.89/17.92/17.112/17.138/17.143/17.144/17.163/17.171/3.229
不苦	[illegible]	59.26/17.299
不苦不乐	[illegible]	17.303/17.339/17.341/17.343/17.347/3.62/3.65/3.115/3.159
不乐	[illegible]	59.27/88.39
不了	[illegible]	88.110

不离	[illegible]	58.93/59.36/17.118/17.257/3.43/3.63
不理	[illegible]	59.109/88.108
不流	[illegible]	88.261
不流不散	[illegible]	88.261—88.262
不名	[illegible]	58.16/88.20
不男	[illegible]	59.109/59.185
不能	[illegible]	58.7/58.21/88.63/17.397
不平	[illegible]	59.190
不起	[illegible]	58.124—58.125/59.70/17.39
不取	[illegible]	17.46/17.83/17.84
不全	[illegible]	59.34/59.35
不然	[illegible]	17.85
不染着	[illegible]	17.40
不饶益	[illegible]	59.155/59.156
不如理	[illegible]	59.163
不如实	[illegible]	58.117/59.161
不散	[illegible]	8.261—88.262
不善	[illegible]	58.102/58.116/59.58/59.64/59.65/59.81/88.180/88.183/17.19/17.20/17.216/17.223/17.238/17.307/17.316/17.318/17.348/17.349/3.28/3.31/3.67/3.186
不善法	[illegible]	88.183
不生	[illegible]	58.129/88.267
不生	[illegible]	17.41—17.42
不失	[illegible]	59.49—59.50
不实	[illegible]	59.203
不顺	[illegible]	88.107/88.108/88.110/88.110—88.111/88.127
不说	[illegible]	58.98/59.57/88.141/17.350
不思不择	[illegible]	59.222
不思议	[illegible]	17.87/17.90/17.108/17.161/17.176

不死	[illegible]	58.5
不随	[illegible]	59.15/59.156/88.166
不随	[illegible]	88.169
不随	[illegible]	59.210
不随所欲缠	[illegible]	59.15
不退	[illegible]	58.129
不退转	[illegible]	17.434/17.436
不为	[illegible]	88.251
不闻	[illegible]	58.125/59.113
不息	[illegible]	17.243
不显说	[illegible]	58.107
不现	[illegible]	88.213
不现行	[illegible]	88.79/88.85
不现行	[illegible]	59.75
不现见	[illegible]	88.224
不现前	[illegible]	58.71/59.209
不相离	[illegible]	3.143/3.145/3.146
不相似	[illegible]	58.34/88.146
不相应	[illegible]	59.267
不祥	[illegible]	88.207
不信	[illegible]	59.29
不信受	[illegible]	88.244
不信缘	[illegible]	59.29
不修	[illegible]	58.126/17.157
不宣说	[illegible]	17.32
不依	[illegible]	59.192/59.216/17.38/17.68/3.45/3.167
不依	[illegible]	88.108/88.233
不依止	[illegible]	17.38
不宜	[illegible]	59.188
不引	[illegible]	88.63/88.89
不应	[illegible]	59.182/59.184/59.185/59.193/88.268/

		17.104/17.105/17.106
不应行	[illegible]	59.108/59.182/59.184/59.185
不应记别	[illegible]	88.159
不应理	[illegible]	59.109
不应思	[illegible]	17.110/17.121/17.122/17.127/17.129/17.150/17.151/17.170
不应思议	[illegible]	17.101/17.102/17.103/17.104/17.104—17.105/17.106
不与	[illegible]	59.104/59.175/59.178/59.181/17.46
不与取	[illegible]	59.104—59.105
不缘	[illegible]	88.225
不愿	[illegible]	58.87/58.91
不增长	[illegible]	59.139
不正	[illegible]	59.29/88.215
不正法	[illegible]	59.28
不正思维	[illegible]	88.73
不正作意缘	[illegible]	59.29
不知	[illegible]	59.113/59.114/59.148/59.166
不知	[illegible]	88.156
不执着	[illegible]	59.12/88.159—88.160
不住	[illegible]	88.86
不足	[illegible]	59.152
怖畏	[illegible]	59.179/59.197/59.207/88.253/17.48

C

才发言	[illegible]	59.127
财产	[illegible]	59.128/59.144/59.249
财利	[illegible]	59.171/59.197
财物	[illegible]	17.47
藏爱	[illegible]	58.94/88.211/88.214/88.216
曾习	[illegible]	3.163

刹那	[illegible]	17.248/17.249/17.283/17.285/17.290/3.95/3.104
差别	[illegible]	58.47/58.93/58.119/58.126/59.62/59.83/59.94/88.42/88.103/88.151/88.169/88.180/88.275/17.1/17.16/17.181/17.187/17.188/17.230/17.249/17.353—17.354/17.427/3.7/3.9/3.21/3.74/3.82/3.83/3.84/3.85/3.87/3.88/3.89/3.90/3.91/3.92/3.93/3.94/3.95/3.96/3.97/3.100/3.101/3.102/3.103/3.104/3.105/3.106/3.171/3.230
缠	[illegible]	58.72/58.75/58.76/58.78/59.15/59.45/59.147/59.165/88.42/88.47/88.88/88.89/88.90/88.91/88.92/88.9317.335/17.336/17.340/17.401
产门	[illegible]	59.186
产生	[illegible]	3.39
常论	[illegible]	88.142/88.199
常勤	[illegible]	17.167
常住	[illegible]	88.140
车轴	[illegible]	3.221
嗔	[illegible]	58.32/58.36/58.97/59.69/59.90/59.91/59.99/59.115/59.132/59.142/59.154/59.159/59.245/59.247/59.251/59.253/59.257/3.192
嗔痴	[illegible]	58.97/59.91/59.115
嗔恚	[illegible]	58.32/58.36/59.132/59.154/59.159—59.160/59.245/59.247/59.251/59.253/59.257
臣论	[illegible]	59.220
陈说	[illegible]	88.241
称遂	[illegible]	58.54

成	[illegible]	88.62/88.154/17.22/17.23/17.79/17.87/17.102/17.120/17.122/17.125/17.127/17.130/17.140/17.143/17.157/17.203/17.204/17.221/17.265/3.14/3.221/3.223
成就	[illegible]	59.103/59.104/88.246/88.275/88.276/17.26/17.30/17.34/17.38/17.43/17.45/17.82/17.388/17.430/17.431/17.433/17.434/17.435/3.170/3.171/3.172/3.174/3.175/3.176/3.178/3.179/3.181/3.182/3.183/3.185/3.186/3.187/3.188/3.189/3.190
成熟	[illegible]	59.13
承事	[illegible]	59.235
痴	[illegible]	58.97/59.69/59.70/59.90/59.91/59.99/59.115/59.161/88.3/88.9/88.135/88.138/88.142
炽然	[illegible]	17.319
愁忧	[illegible]	58.58/88.268
愁忧悲叹	[illegible]	88.268
出家	[illegible]	58.59/58.84/59.8
出离	[illegible]	58.6/58.7/58.12/59.148/59.166/88.68
出世	[illegible]	17.6/17.241/3.40/3.52/3.166/3.183
出世间	[illegible]	3.165
初谛	[illegible]	17.395
初见	[illegible]	88.194/88.222—88.223/88.223
初苦	[illegible]	88.212/88.223
除	[illegible]	59.51/88.75/88.259
除	[illegible]	59.217/17.74/17.75/3.78/3.105
除遣	[illegible]	88.222
处	[illegible]	58.1/59.210/88.107/17.126/3.83
处所	[illegible]	88.4/88.25/88.27/88.138/17.181/17.189/

		3.209/3.211/3.212/3.213
处义	[illegible]	59.244/3.113—3.114
畜生	[illegible]	17.34/17.341/3.198
触	[illegible]	59.27/88.28/88.29/88.30/88.65/88.98/88.102/88.128/17.45/17.262/17.296/17.361/3.128/3.133/3.155
触界	[illegible]	3.128
触缘	[illegible]	59.27
疮门	[illegible]	58.22/58.23
捶挞	[illegible]	59.158
纯苦	[illegible]	17.344
此行	[illegible]	88.62
此蕴	[illegible]	88.1
此中	[illegible]	58.3/58.24/58.107/59.56/88.8/88.19/88.34/88.77/88.78/88.146/88.154/88.169/88.175/88.196/88.212/17.170/17.182/17.184/3.240
次第	[illegible]	88.29/88.118/88.193
聪慧	[illegible]	59.231
聪明	[illegible]	88.151
丛林	[illegible]	88.264
粗	[illegible]	58.39/58.42/58.44/59.17/59.37/88.21
粗恶语	[illegible]	59.121/59.132/59.209/59.214
粗重	[illegible]	58.39/58.42/58.44/59.37/88.21
粗重	[illegible]	17.410—17.411/17.411/17.419/3.63/3.237/3.239
粗重	[illegible]	17.401
摧伏	[illegible]	88.252/88.259
答	[illegible]	58.49/58.63/58.79/58.82/59.34/59.262/17.4/17.430
大乘	[illegible]	3.1/3.108/3.142/3.170/3.193

大梵天	[illegible]	3.201
大轮	[illegible]	3.220
大菩提	[illegible]	17.56
大千世界	[illegible]	3.219/3.220—3.221
大声闻	[illegible]	88.112
大师	[illegible]	88.4/88.14/88.71/88.173/17.32
大师记	[illegible]	88.4
大众	[illegible]	59.189/59.209/59.219/88.254/3.216
大自在	[illegible]	17.415

D

耽着	[illegible]	58.10/59.143/59.149
耽着心	[illegible]	59.149/59.150
当成	[illegible]	88.62
当断	[illegible]	88.37
当坏	[illegible]	88.37
当无	[illegible]	88.38
当知	[illegible]	59.38—59.39/59.44/59.61/59.68/59.150/3.94
倒想	[illegible]	59.89
道	[illegible]	58.2/59.81/88.144/17.413/3.15
道谛	[illegible]	58.4/3.196
道理	[illegible]	17.281/17.424/17.425/17.426/17.427/3.82
得	[illegible]	58.12/59.174/88.246/17.236/3.195
灯焰	[illegible]	17.279
等分行	[illegible]	59.10
等起	[illegible]	88.25/88.27
等至	[illegible]	17.53/17.57/3.15
敌论	[illegible]	88.247/88.251/88.255/88.256
地轮	[illegible]	3.207
地狱	[illegible]	17.345

弟子	[illegible]	58.6/58.115/88.6/88.70/88.140/88.173/88.242
第二	[illegible]	58.14/88.79/88.166/88.183/88.194/88.216/88.226/88.227/88.230/88.238/17.216/3.108/3.218
第六行	[illegible]	58.17
第一	[illegible]	58.13/88.165/88.178/88.229/88.237/17.175/3.3
第一	[illegible]	58.12/88.189
谛	[illegible]	58.128/88.33/88.34/88.35/88.40/88.72/88.73/88.151/88.158/88.188/17.2/17.3/17.9/17.10/17.11/17.12/17.37/17.42/17.43/17.167/17.172/17.395/17.396/17.397/3.193/3.194/3.195/3.196/3.244
谛理	[illegible]	88.72/88.73
颠倒	[illegible]	59.72—59.73/59.97/88.198/88.278/3.36/3.37
颠狂	[illegible]	59.225
掉举	[illegible]	59.211
顶地	[illegible]	17.346—17.347
定地	[illegible]	17.366/3.103/3.163
东方	[illegible]	3.117—3.118/3.222
东毗提诃	[illegible]	3.198
独觉	[illegible]	58.45/59.49/88.120/17.434/17.436
睹史多天	[illegible]	3.200/3.210
断	[illegible]	58.14/88.47/17.407/3.12
断绝	[illegible]	58.91—58.92/17.243
断论	[illegible]	88.142
对论	[illegible]	59.116
对面	[illegible]	58.71/58.73/58.74/59.208/17.234/3.23/3.186

而得	[illegible]	59.79/59.93/17.388/3.98/3.166
尔时	[illegible]	59.92/59.116/88.5/17.257/17.400
尔时	[illegible]	59.102/88.86/88.226/88.234
耳	[illegible]	3.127/3.131/3.133
二	[illegible]	58.39/59.144/88.153/17.69/3.10
二道	[illegible]	58.13
二十	[illegible]	59.6/59.7/59.8/59.14/59.25/59.32/88.164/88.208/88.233/3.9/3.24
二十种	[illegible]	59.6/59.7/3.9
二时	[illegible]	88.22/88.23
二业	[illegible]	58.122/59.85
二因缘	[illegible]	58.87/58.122—58.123
二者	[illegible]	58.94—58.95/58.128/88.116/88.153/88.174/88.179/88.257/17.70
二正行	[illegible]	58.113
二种	[illegible]	58.110/59.141/88.77/17.142

F

发生	[illegible]	58.51/59.92/88.224/3.23
法	[illegible]	58.8/59.173/88.233/17.296/3.194
法处	[illegible]	3.54/3.78/3.81/3.134
法界	[illegible]	17.391/17.399/3.78/3.81/3.129
法空	[illegible]	17.67/17.69/17.73/17.74
法律	[illegible]	88.138/88.243
法生	[illegible]	17.193/3.157/3.158
法性相	[illegible]	3.84
法眼	[illegible]	17.396
法智	[illegible]	88.153/88.224
翻彼想	[illegible]	59.114
烦恼	[illegible]	58.32/58.36/58.40/58.44/58.46/58.49/58.50/58.51/58.60/58.61/58.62/58.79/

		58.98/58.99/58.101/58.103/58.105/58.106/58.108/58.109/59.1/59.5/59.6/59.7/59.9/59.14/59.16/59.17/59.18/59.19/59.20/59.21/59.22/59.23/59.24/59.25/59.31/59.32/59.34/59.38/59.43/59.60/59.84/59.90/59.100/59.106/59.111/59.115/59.120/59.123/59.126/59.129/59.133/59.136/59.140/88.2/88.44/90.4/17.94/17.100/17.105/17.116/17.364/17.365/17.411—17.412/17.412/17.419/3.30/3.156/3.157/3.158/3.173/3.175/3.176/3.177/3.178/3.179/3.225/3.227/3.228
烦恼所起	[illegible]	59.140
烦恼缘	[illegible]	59.5
烦恼缘	[illegible]	59.31
梵辅天	[illegible]	3.201
梵行	[illegible]	58.128/59.242/88.95/88.112/17.46
梵众天	[illegible]	3.201
方便	[illegible]	58.70/58.90/59.63/59.85/59.91/59.92/59.101/59.102/59.104/59.107/59.111/59.116/59.121/59.124/59.127/59.130/59.134/59.137/59.177/59.194—59.195/59.204/88.13/88.50/88.66/88.68/88.69/88.70/88.213/17.56/17.89/17.176/17.395/17.428
方摄	[illegible]	3.110/3.117
防护	[illegible]	58.56
放逸	[illegible]	59.31/88.9/17.36
放逸缘	[illegible]	59.31
非不全	[illegible]	59.35

非处	[illegible]	59.109/59.183/59.190/17.126/17.156/17.158/3.136
非离欲	[illegible]	59.36
非理	[illegible]	59.183
非量	[illegible]	59.109/59.183/59.191
非时	[illegible]	59.109/59.182/59.188/3.153
非所依位	[illegible]	59.23
非想非非想处天	[illegible]	3.205
非有情数	[illegible]	59.86
非支	[illegible]	59.109/59.182/59.186
诽谤	[illegible]	59.137/59.261/88.203/17.40/17.159
诽谤	[illegible]	58.3/59.165/88.203
分别	[illegible]	58.48/58.52/58.63/58.64/58.65/58.66/58.68/58.70/58.71/58.72/58.73/58.74/58.75/58.76/58.78/58.81/58.83/58.84/58.85/58.86/59.4/59.20/59.155/59.163/59.218—59.219/88.37/88.108/17.20/17.21/17.53/17.54/17.57/17.58/17.66/17.68/17.69/17.75/17.76/17.80/17.274/17.277/17.362/3.36/3.84/3.87/3.89/3.91/3.93/3.96
分别	[illegible]	3.89
分别所起	[illegible]	59.20
分法	[illegible]	17.7/17.9/17.11/17.13/17.15
分离	[illegible]	3.12
分位	[illegible]	3.114/3.158
分位摄	[illegible]	3.110
分限	[illegible]	3.34/3.101
分智	[illegible]	17.18
风轮	[illegible]	3.206

奉事	[illegible]	88.278
佛弟子	[illegible]	58.115
佛法	[illegible]	58.46/59.4/88.277
佛法身	[illegible]	88.277
佛经	[illegible]	17.420
伏道	[illegible]	59.176
福生天	[illegible]	3.202
福田	[illegible]	88.262
福缘	[illegible]	88.270—88.271
父母	[illegible]	59.228/59.241
复次	[illegible]	58.38/59.6/59.45/59.56/59.83/59.138/59.141/59.169/59.175/59.182/59.196/59.202/59.208/59.215/59.226/59.258/88.3/88.9/88.11/88.16/88.22/88.48/88.74/88.95/88.106/88.138/88.157/88.163/88.171/88.185/88.235/88.246/88.257/88.274/17.24/17.65/17.76/17.109/17.119/17.126/17.133/17.139/17.148/17.154/17.160/17.168/17.197/17.313/17.334/17.338/17.347/17.363/17.378/17.384/17.415/3.83/3.230
覆蔽	[illegible]	59.115/59.147/59.158/59.165
覆藏想	[illegible]	59.115

G

高举	[illegible]	88.217/17.326/17.328
歌词	[illegible]	59.215/59.216
各别	[illegible]	59.85/17.237
各别	[illegible]	17.400
给侍	[illegible]	59.180/59.205/88.132/3.21
根	[illegible]	58.111/59.13/88.55/17.230/3.50

根本	[illegible]	58.111/59.62/59.64/59.257/59.260/88.49/88.51/88.52/88.55/88.197/17.371/17.372/17.374/17.375/17.380/17.381/17.383/17.393
根成熟	[illegible]	59.13
更互	[illegible]	59.40/88.210/3.116/3.147/3.150
更互摄	[illegible]	3.110/3.123
公显	[illegible]	59.175/59.194/17.319/3.14/3.137
功德	[illegible]	58.77/59.3/88.135/88.177/88.185/17.109/17.159/17.162/17.164/3.184
功劳	[illegible]	58.54
功能	[illegible]	17.388
功用	[illegible]	88.113/17.156/17.158
攻墙	[illegible]	59.176
宫殿	[illegible]	3.210
恭敬	[illegible]	88.11/88.238
恭敬	[illegible]	59.235
共	[illegible]	59.41
共相	[illegible]	88.84/88.87/17.64/17.184
供养	[illegible]	59.233/59.235
故害	[illegible]	17.46
乖离	[illegible]	59.203
乖离	[illegible]	59.120
观察	[illegible]	59.12/88.244/17.166/3.4/3.6/3.46/3.49/3.50/3.54/3.56/3.60/3.65/3.74/3.79/3.82
光定	[illegible]	59.269
光明	[illegible]	17.280
广大	[illegible]	59.4/17.286/17.291
广果天	[illegible]	3.202—3.203
广行	[illegible]	88.180
广建立	[illegible]	59.83/59.94

广说	[illegible]	58.3/59.151/59.158/59.184/59.218/59.220/59.229/59.247/59.258/88.234/17.51/17.215/17.421
国土	[illegible]	59.220
国王	[illegible]	59.233
果	[illegible]	59.259/88.25/88.32/88.188/88.189/88.263/88.266/88.272/17.153/3.22/3.40/3.51/3.203
过患	[illegible]	58.51/59.148/88.178/3.96
过去	[illegible]	17.135/17.137/17.233/3.119
过失	[illegible]	59.212/88.135—88.136/17.125

H

还灭	[illegible]	88.49/88.50/88.51/88.52/88.55/88.67—88.68/88.70/88.117/88.119/17.267/17.270/17.271/17.370/17.424
害	[illegible]	59.96/59.98/59.102/88.129/88.131/17.41
害生	[illegible]	59.96/59.98
行	[illegible]	58.126/59.1/88.177/17.196/3.125
行事	[illegible]	59.42
呵骂	[illegible]	88.240
呵骂	[illegible]	59.124
合结	[illegible]	58.64/58.67/58.72
何以故	[illegible]	59.35/59.263/88.90/17.70/17.122/17.144/17.229/17.350
和	[illegible]	59.118
和合	[illegible]	58.67/58.71/58.73/58.74/58.93/59.120/17.148/17.334/3.10/3.22/3.143/3.143—3.144/3.146/3.147
后法	[illegible]	58.96/17.32/17.314
后起	[illegible]	59.63

后时	[illegible]	59.92/59.103
化事	[illegible]	88.5
欢乐	[illegible]	88.102
幻化	[illegible]	88.232/17.417
毁谤	[illegible]	17.156/17.159/88.240
毁呰	[illegible]	59.202—59.203/88.240
恚	[illegible]	58.32/58.36/59.40/59.132/59.142/59.154/59.160/59.245/59.247/59.251/59.253/59.257
恚	[illegible]	58.32/58.36/58.97/59.69/59.90/59.91/59.99/59.115/59.132/59.142/59.154/59.159/59.245/59.247/59.251/59.253/59.257/3.192
秽下	[illegible]	59.186
慧脱	[illegible]	58.18
或时	[illegible]	58.35/3.157

J

饥渴	[illegible]	3.17
及	[illegible]	59.45/59.56/59.72/59.74
及	[illegible]	58.8/59.4/59.100/59.132/59.148/59.150/59.166/59.255/88.38/88.67/88.68/88.139/88.158/88.231/17.57/17.67/17.73/17.173/17.199/17.330/17.349
吉相	[illegible]	17.39
吉祥	[illegible]	88.205/17.207
极聪慧	[illegible]	88.252
极光净天	[illegible]	3.201—3.202
极亲昵	[illegible]	58.66/58.68
极微	[illegible]	17.191/3.145/3.146
极下劣	[illegible]	88.10

即	[illegible]	59.66/59.77/59.79/59.92
集谛	[illegible]	58.80/58.86/17.379/17.382/17.385/3.196
集会	[illegible]	59.189
己性	[illegible]	59.94/88.3/88.25/88.26/88.49/88.50/88.51/88.145/88.147/88.148/17.275/3.7/3.8/3.152
计	[illegible]	58.10/59.143
计行	[illegible]	17.39
记别	[illegible]	88.159/17.113/17.114/17.117
寂定	[illegible]	59.231
寂静	[illegible]	58.18/88.8/88.125/88.215/88.249/17.27
家宅	[illegible]	59.250
家主	[illegible]	59.226/59.228
假	[illegible]	59.204/59.211/17.63/17.71/17.183
假法	[illegible]	88.84/88.85
假立	[illegible]	88.121
假有	[illegible]	17.188/3.91/3.136
坚鞭地	[illegible]	59.189
坚固	[illegible]	17.166/3.30
简取	[illegible]	58.109
见	[illegible]	58.121/59.265/88.196/17.96/3.92
见道	[illegible]	58.14/58.25/58.26/58.27/58.28/58.31/58.33/88.46/17.18
见得	[illegible]	58.18
见等	[illegible]	58.34/59.114
见地	[illegible]	88.24/88.45/88.46
见品	[illegible]	88.213
见取	[illegible]	58.11/58.12/88.28
见趣	[illegible]	88.198/88.199/88.201/88.202/88.203/88.205/88.209/88.222
见圣迹	[illegible]	59.11

见闻	[illegible]	59.113/59.198/59.199/17.376
建立	[illegible]	58.47/59.62/59.65/59.83/59.94/59.142/88.1/88.233/88.261/88.273/17.63/17.183/17.265/17.268/17.270/17.271/17.272/17.294/17.295/17.304/17.305/17.323/17.324/17.369/17.370/17.413/17.423/17.424/17.425/3.74—3.75
渐次	[illegible]	58.23/88.213/17.260/3.29
降伏	[illegible]	88.242
交会	[illegible]	59.112
矫乱	[illegible]	58.5
矫术	[illegible]	88.253
矫诈	[illegible]	59.177
觉悟	[illegible]	58.67/59.12—59.13/88.123/88.124/88.125/88.126
觉知	[illegible]	59.113/3.229
教智	[illegible]	88.153/88.224
皆具	[illegible]	59.91
皆悉	[illegible]	58.40/58.43/3.30
劫盗欲	[illegible]	59.106
结合	[illegible]	59.193/88.224/17.404
结生	[illegible]	59.33/59.38/59.44/59.45/59.46/59.48/59.49/59.50/59.51/59.52/59.53/59.54/59.55
解结	[illegible]	59.176
解脱	[illegible]	58.12/58.112/88.16/88.18/88.276/17.335/17.336/17.384/17.385/3.189
戒	[illegible]	59.187/59.213/17.7/17.33/17.34
戒禁	[illegible]	58.8
界	[illegible]	58.60/59.239/88.107/17.190/3.83
界摄	[illegible]	3.109/3.111/3.124/3.134

界义	[illegible]	3.113
金银	[illegible]	3.13
尽出离苦	[illegible]	58.7
尽智	[illegible]	88.17/17.14
禁戒	[illegible]	59.213
经久	[illegible]	17.243
经论	[illegible]	17.25
精进	[illegible]	59.231
净信	[illegible]	88.14—88.15/17.6/17.166
净修	[illegible]	88.40
静虑	[illegible]	17.93/17.98/17.141/17.142/17.158/17.192/17.346/3.183/3.229
境遍	[illegible]	58.95
境界	[illegible]	58.73/58.75/58.96/88.150/17.93/17.98/17.103/17.115/17.142/17.145/17.230/17.328/17.362/3.23/3.39/3.72/3.229
境了别业	[illegible]	17.248
镜面	[illegible]	17.357
究竟	[illegible]	59.93/59.102/88.189/17.3/17.13/17.18/17.44/17.45/17.411/17.422/3.189/3.204
究竟	[illegible]	58.45/59.71/59.73/59.75/59.79/59.85/59.91/59.107/59.93/59.102/59.111/59.116/59.121/59.124/59.127/59.130/59.134/59.137/88.5/3.106
究竟	[illegible]	58.14/59.67
究竟道	[illegible]	17.18
九	[illegible]	59.10/59.13/59.18/59.24/59.28/59.31/59.55/59.247/59.268/17.51/17.90/17.92/17.94/17.101/17.177/17.182/3.14/3.24
具	[illegible]	59.80/59.106/59.111/59.116/59.120/59.124/59.127/59.130/59.133/59.134/

		59.137
具分摄	[illegible]	3.110/3.122/3.123
具足	[illegible]	88.187
俱非	[illegible]	17.60/17.62/17.65
俱行	[illegible]	88.127/17.5/17.7/17.8/17.10/17.13/17.14
俱起	[illegible]	17.250/17.325/17.329/17.330/17.332/17.333/17.357/17.358
俱生	[illegible]	17.341
俱时	[illegible]	17.228/17.327/3.148
俱脱	[illegible]	58.18
俱有	[illegible]	3.39/3.144/3.148
俱转	[illegible]	17.235/17.246/17.324/17.339/17.342/17.344/17.345/17.346/17.347/17.348/17.349/17.350/17.351/17.354/17.355/17.363/17.367/17.368
聚集	[illegible]	3.144/3.147
聚想	[illegible]	3.97
眷属	[illegible]	59.250
决定	[illegible]	59.85/59.134/59.137/59.258/17.137/17.207/3.191
决了	[illegible]	59.82
决择	[illegible]	58.107/59.57/59.60/59.60—59.61
决择	[illegible]	58.128/17.175/17.177/17.180/17.198/17.384/3.193/3.194/3.195

K

可爱	[illegible]	88.206/17.8/17.389
可救疗	[illegible]	59.24
苦谛	[illegible]	17.378/17.379/17.381/17.382/3.196/3.226/3.227
苦苦	[illegible]	3.54/3.55/3.56

苦生	[illegible]	58.120/58.122
苦相	[illegible]	3.230
苦缘	[illegible]	59.26
诳谄	[illegible]	59.194/88.254

L

来世	[illegible]	88.62
老病	[illegible]	88.164/88.165/88.167/88.169
老苦	[illegible]	3.231/3.242
老死	[illegible]	3.18
乐变化天	[illegible]	3.200/3.217
乐粗言欲	[illegible]	59.123
乐等	[illegible]	59.58/17.376
乐行之欲	[illegible]	59.110
乐积财物	[illegible]	59.144
乐说之欲	[illegible]	59.115/59.126
乐缘	[illegible]	59.26/59.27/59.173
乐住	[illegible]	88.6
乐住	[illegible]	88.19
了别	[illegible]	17.247/17.248/17.273/17.274/17.275/17.276/17.277/17.278/17.284/17.289/17.290/17.291/17.292/17.293/17.335
了悟	[illegible]	3.168
了知	[illegible]	59.16/3.96
羸劣	[illegible]	88.259
类别	[illegible]	88.61/88.64
类智	[illegible]	88.224
离爱语	[illegible]	59.118
离苦	[illegible]	58.7/3.231/3.239/3.242
离欲	[illegible]	58.30/58.31/58.36/58.104/58.105/58.106/59.10/59.36/3.40/3.41/3.52

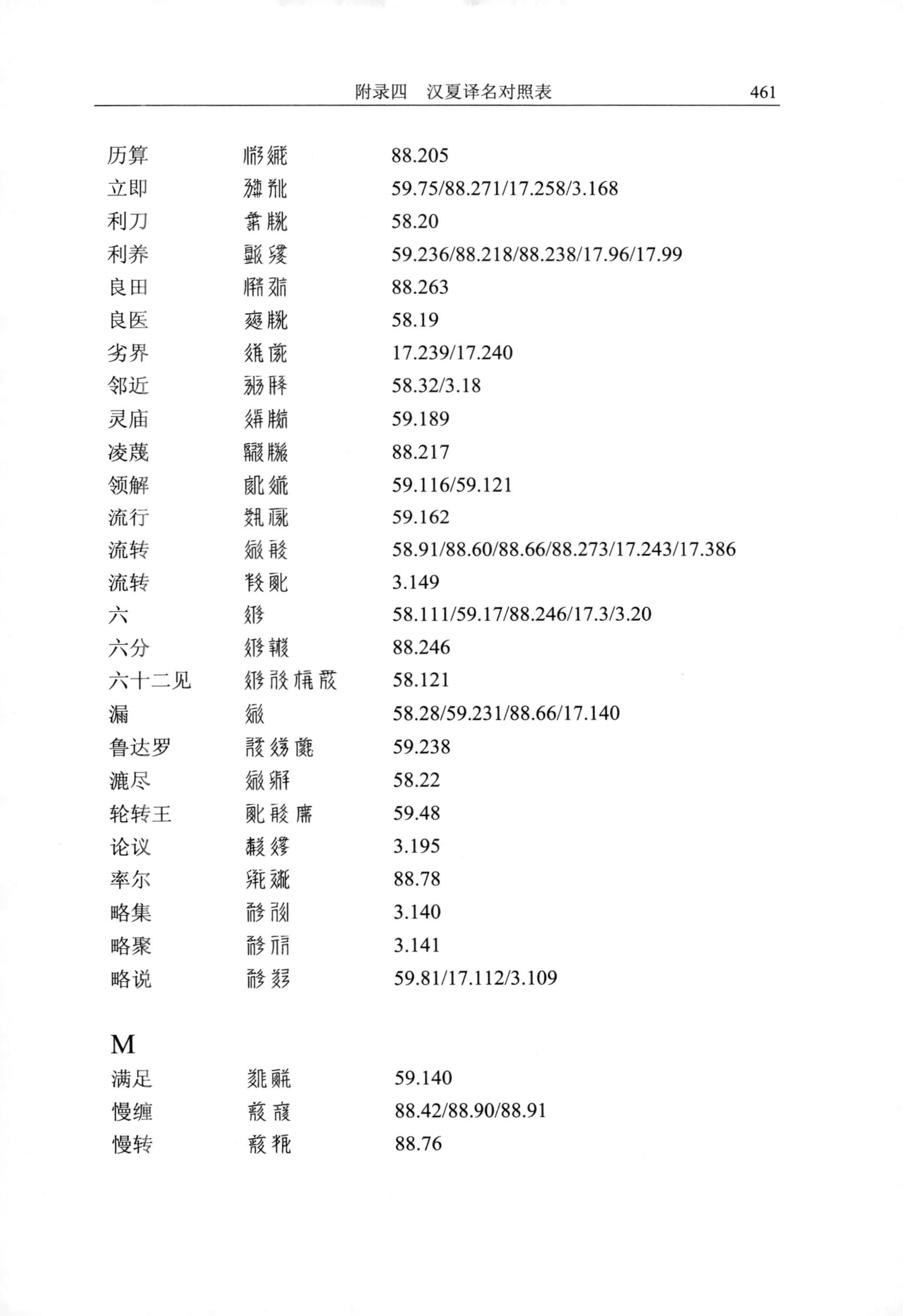

历算	[illegible]	88.205
立即	[illegible]	59.75/88.271/17.258/3.168
利刀	[illegible]	58.20
利养	[illegible]	59.236/88.218/88.238/17.96/17.99
良田	[illegible]	88.263
良医	[illegible]	58.19
劣界	[illegible]	17.239/17.240
邻近	[illegible]	58.32/3.18
灵庙	[illegible]	59.189
凌蔑	[illegible]	88.217
领解	[illegible]	59.116/59.121
流行	[illegible]	59.162
流转	[illegible]	58.91/88.60/88.66/88.273/17.243/17.386
流转	[illegible]	3.149
六	[illegible]	58.111/59.17/88.246/17.3/3.20
六分	[illegible]	88.246
六十二见	[illegible]	58.121
漏	[illegible]	58.28/59.231/88.66/17.140
鲁达罗	[illegible]	59.238
漉尽	[illegible]	58.22
轮转王	[illegible]	59.48
论议	[illegible]	3.195
率尔	[illegible]	88.78
略集	[illegible]	3.140
略聚	[illegible]	3.141
略说	[illegible]	59.81/17.112/3.109

M

满足	[illegible]	59.140
慢缠	[illegible]	88.42/88.90/88.91
慢转	[illegible]	88.76

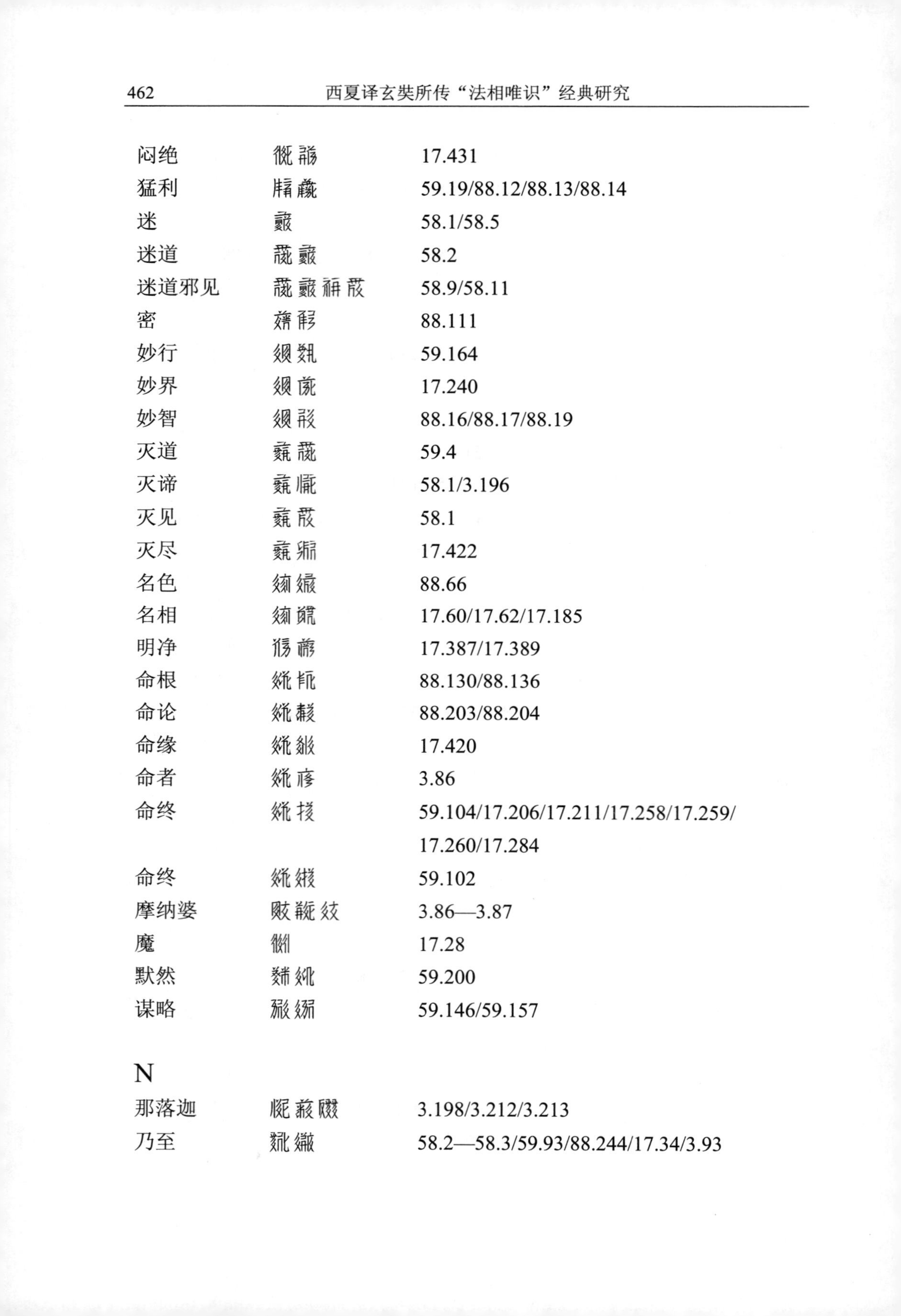

闷绝	[illegible]	17.431
猛利	[illegible]	59.19/88.12/88.13/88.14
迷	[illegible]	58.1/58.5
迷道	[illegible]	58.2
迷道邪见	[illegible]	58.9/58.11
密	[illegible]	88.111
妙行	[illegible]	59.164
妙界	[illegible]	17.240
妙智	[illegible]	88.16/88.17/88.19
灭道	[illegible]	59.4
灭谛	[illegible]	58.1/3.196
灭见	[illegible]	58.1
灭尽	[illegible]	17.422
名色	[illegible]	88.66
名相	[illegible]	17.60/17.62/17.185
明净	[illegible]	17.387/17.389
命根	[illegible]	88.130/88.136
命论	[illegible]	88.203/88.204
命缘	[illegible]	17.420
命者	[illegible]	3.86
命终	[illegible]	59.104/17.206/17.211/17.258/17.259/17.260/17.284
命终	[illegible]	59.102
摩纳婆	[illegible]	3.86—3.87
魔	[illegible]	17.28
默然	[illegible]	59.200
谋略	[illegible]	59.146/59.157

N

那落迦	[illegible]	3.198/3.212/3.213
乃至	[illegible]	58.2—58.3/59.93/88.244/17.34/3.93

男	[illegible]	58.115/59.39/59.41/59.109/59.185
南赡部洲	[illegible]	3.199
内法	[illegible]	88.138/88.220/88.233
内海	[illegible]	3.208
内门	[illegible]	59.18/3.100/3.102
内身	[illegible]	58.96
内外	[illegible]	59.42/88.268
能超	[illegible]	88.186/88.194/88.195/88.223/88.227/88.229
能得	[illegible]	58.12/88.46/88.47/88.52/88.226
能尽能出	[illegible]	58.11
能舍	[illegible]	58.13/3.68
能生于苦	[illegible]	59.140
能引义利	[illegible]	59.53
腻帛	[illegible]	58.23
腻团	[illegible]	58.23/58.29
念	[illegible]	58.58/59.19/88.93/17.285/3.169
涅槃	[illegible]	59.13/59.14/88.36/88.38/88.39/88.201/3.15/3.30/3.188
农夫	[illegible]	88.263
脓	[illegible]	58.20/58.27
奴婢	[illegible]	59.228/59.241
女	[illegible]	59.40/59.41/59.108

P

朋友	[illegible]	59.241—59.242/59.250
毗钵舍那品	[illegible]	58.26
毗奈耶	[illegible]	58.114/58.126/58.130
毗瑟竣	[illegible]	59.239
譬如	[illegible]	58.19/17.311/17.355/3.221
偏说	[illegible]	59.266

器世间	[illegible]	3.206
牵引	[illegible]	3.17
前际	[illegible]	88.208/3.28
窃盗	[illegible]	59.176
侵逼	[illegible]	58.65/58.68/58.76/88.101
亲附	[illegible]	88.136
亲近	[illegible]	59.28/59.205/88.54/88.132/88.136/88.223/88.228
亲昵	[illegible]	58.65/58.66/58.67/58.68/58.74/58.78
亲戚	[illegible]	59.242
清净	[illegible]	58.12/58.129/88.192/88.277/17.19/17.20/17.21/17.39/17.153/17.157/17.356/17.426/3.40/3.76/3.227/3.228
清凉	[illegible]	88.125—88.126
求不得苦	[illegible]	3.232/3.243/3.245
取境	[illegible]	17.362/3.50
全	[illegible]	59.34/59.35/59.152/3.48/3.53/3.122/3.124/3.127/3.129/3.130/3.135
全分摄	[illegible]	59.152—59.153/3.110/3.122/3.123
全界	[illegible]	59.33—59.34/3.135

R

染净	[illegible]	17.62/3.167/3.169
染污	[illegible]	58.50/58.99/58.109/17.64/17.267/17.335/3.155/3.155—3.156
染污心	[illegible]	59.66/59.69/59.70/59.72/59.74/59.76/59.78/59.101
人	[illegible]	58.18/59.116/59.239/88.53/88.61/88.99/88.113/88.130/88.163/88.260/17.228/17.251/17.260/17.340/3.198
人趣	[illegible]	17.340

忍	[illegible]	59.155/88.33/88.35/88.96/88.187/17.96/17.97
任持	[illegible]	3.38
任运	[illegible]	59.21/88.125/17.364
任运所起	[illegible]	59.21
如此	[illegible]	58.9/17.94/3.182
如来	[illegible]	58.45/88.5/88.114/88.120/88.142/88.152/88.158/88.161/88.175/88.242/88.246/88.252/88.278/17.86/17.141/17.146/17.434/17.436
如来心	[illegible]	88.5
如理	[illegible]	59.57/88.48
如前所说	[illegible]	59.61/59.151/59.252/88.7/88.143/88.228/17.363/3.93/3.171
如实	[illegible]	58.117/59.116/88.23/88.74/88.107/88.158
如是	[illegible]	58.9/59.54/59.60/59.97/59.98/59.129/59.136/59.150/59.151/3.92/3.180
入灭尽定	[illegible]	17.256/17.432/17.436
入胎	[illegible]	59.47—59.48
入无想定	[illegible]	17.432
入住	[illegible]	59.48
若行若道	[illegible]	58.10

S

萨迦耶见	[illegible]	58.33—58.34/58.123—58.124/58.131/88.22—88.23/88.26/88.32/88.34/88.37/88.66/88.80/88.81/88.88/88.116/88.133—88.134/88.135/88.197/88.208/88.232—88.233/17.365
三	[illegible]	58.64/59.84/88.142/17.247/3.76
三毒	[illegible]	59.106/59.111/59.120/59.124/59.126/

		59.129/59.133/59.137
三见满	[illegible]	88.4
三界	[illegible]	17.425/3.64
三轮	[illegible]	17.59/17.61
三摩钵底	[illegible]	17.55/3.184
三摩地	[illegible]	3.184
三千	[illegible]	3.219
三师	[illegible]	88.141
三十三天	[illegible]	3.200/3.209/3.216
三相	[illegible]	88.1/17.59/17.62
三缘	[illegible]	59.140/88.44
三蕴	[illegible]	3.73/3.129/3.134
三种	[illegible]	58.92/59.138/88.4/88.16/88.60/88.74/88.141/88.176/88.177/88.185—88.186/88.186/88.192/88.193/17.91/17.108/17.132/17.154/3.83/3.171
三种相	[illegible]	88.4
散乱	[illegible]	59.30/17.96
散乱缘	[illegible]	59.30
色	[illegible]	58.30/88.50/17.73/3.127
色界	[illegible]	58.30/58.35/17.190/17.191/17.286/17.390—17.391/3.174/3.177/3.211
色究竟天	[illegible]	3.204
色数	[illegible]	17.183
色蕴	[illegible]	3.44/3.48/3.116/3.123/3.127/3.129/3.132
杀缚	[illegible]	59.179
杀害	[illegible]	59.158/59.174
杀生	[illegible]	59.65/59.67/59.93/59.95/59.138/59.169/59.171/59.172/59.173
杀罪	[illegible]	59.174
沙门	[illegible]	58.4/58.6/59.263— 59.264/17.28

审谛	[illegible]	88.151/17.167
甚净	[illegible]	58.22
甚深	[illegible]	88.147/17.103/17.111/17.115/17.145
生苦	[illegible]	59.141/3.235/3.236/3.237
生苦	[illegible]	3.231
生起	[illegible]	58.88/88.2/88.269/17.182/17.193/17.231/17.233/17.246/17.374/17.375/3.18
生死	[illegible]	58.91/88.129
生无想天	[illegible]	17.432
生因	[illegible]	58.120/58.122/59.139/88.63/17.306/17.379/17.412/17.413
生因	[illegible]	58.124/59.37/17.413
生长	[illegible]	88.44
生者	[illegible]	58.35/59.2/17.432/3.86
生罪	[illegible]	59.139
声	[illegible]	59.218/88.70/88.103/88.112/88.120/17.23/17.398/3.127/3.133
声闻	[illegible]	88.70/88.103/88.112/88.120/17.23/17.398
圣道	[illegible]	88.80/17.410/17.412/17.413/3.15
圣谛	[illegible]	88.40/88.188
圣慧	[illegible]	88.130/88.136/88.277/17.10/17.12/17.83/17.84
圣慧眼	[illegible]	88.277
圣教	[illegible]	88.114/88.115/17.51/17.87/17.175/17.438
胜解	[illegible]	88.220—88.221
胜利	[illegible]	17.50/3.140/3.167/3.190
胜义	[illegible]	88.72/88.73/88.122/88.140/88.158/17.20/17.188/17.424/3.92/3.110/3.136/3.138/3.244
胜义谛	[illegible]	88.72/88.73/88.158/3.244
胜义摄	[illegible]	3.110/3.138

失念	[illegible]	59.19/59.30/88.78/88.81
失念缘	[illegible]	59.30
失想	[illegible]	3.98
师子王	[illegible]	88.246
施戒	[illegible]	59.232
施设	[illegible]	58.7/88.64
施与	[illegible]	59.164/59.205
十	[illegible]	59.11/59.19/59.28/17.182
十八	[illegible]	59.13/59.23/59.31/88.280/17.16
十恶业道	[illegible]	59.83/59.86—59.87
十二	[illegible]	59.11/59.20/59.29
十界	[illegible]	3.67
十九	[illegible]	59.13/59.24/59.31
十六	[illegible]	59.12/59.22/59.30
十七	[illegible]	59.13/59.23/59.31
十三	[illegible]	59.11—59.12/59.20/59.29
十四	[illegible]	59.12/59.21/59.30
十五	[illegible]	59.3/59.12/59.22/59.30
十一	[illegible]	59.11/59.19/59.29/3.15
十一界	[illegible]	3.73
十种	[illegible]	59.6/59.7/59.94/17.181/3.9
十资身事	[illegible]	59.229—59.230
时遍	[illegible]	58.95
时摄	[illegible]	3.110
识	[illegible]	3.155
识蕴	[illegible]	3.53/3.126/3.130
实	[illegible]	17.188
实事	[illegible]	59.202
实有	[illegible]	17.123/17.188/3.91/3.136
实有义	[illegible]	59.135
士夫	[illegible]	58.48

示现	緣蒗	3.76/3.107
世间	羨糀	58.2/59.10/88.141/88.154/88.197/88.250/88.251/88.252/17.145/17.147/17.241/17.242/17.372/17.374/17.380/17.386/3.40/3.52/3.165/3.197/3.224/3.225
世间离欲	羨糀緩蘣	59.10/3.52
世界	羨蔵	59.238—59.239/59.239/17.92/17.97/17.102/17.116/17.129/17.279/17.281/17.373—17.374/17.380—17.381/3.214/3.215/3.218/3.219/3.220/3.222/3.227
世礼	羨鬉	59.192
世俗	羨緻	58.104/88.71—88.72/88.72/88.158/17.19/3.91—3.92/3.136/3.244
世俗谛	羨緻牖	88.72/88.158/3.244
世尊	羨瓥	58.48/58.62/59.261/88.110/88.120/88.139/88.255/17.159
似正法	絾䄙毵	88.3
势力	颏纀	88.111—88.112
势力	赦纀	17.193/17.388
事	頹	58.25/59.58/88.132/17.104/3.142
是故	毹豩	58.14/59.266/88.31/17.235
守掌	赭蘢	58.56
受	纞	58.8/59.36/88.28/17.293/3.167
受持	藓纎	59.217
受生	浆纞	59.36/59.39/3.47
受所	纞絾	58.8/58.76
受用	瓶藓	58.56/58.83/59.180/3.40/3.52
受蕴	纞莌	3.124/3.125
书论	衮觳	59.217
属他	败纀	59.145/59.185
数	豩	59.86/59.95/88.235/17.155/17.179/

		17.181/17.182/17.183
数取趣者	[illegible]	3.86
数数	[illegible]	88.92/17.221/17.224/3.86
衰老	[illegible]	88.163
衰迈	[illegible]	88.164
水轮	[illegible]	3.206/3.207
睡眠	[illegible]	59.12/17.431
顺后句	[illegible]	59.56
顺解脱分	[illegible]	17.384/17.385
顺决择	[illegible]	17.17—17.18/17.384
顺决择分	[illegible]	17.384
顺前句	[illegible]	59.56
说法	[illegible]	58.130/59.9/88.14/88.243
思	[illegible]	58.58/88.84/17.1/3.155
思念	[illegible]	58.58
思维	[illegible]	17.88/17.167
死苦	[illegible]	3.231/2.242
四	[illegible]	58.64/59.9/88.14/17.117/3.11
四处	[illegible]	88.11/3.67
四大王众天	[illegible]	3.199—3.200
四大种	[illegible]	88.65/3.26
四大洲	[illegible]	3.207—3.208/3.215
四句	[illegible]	59.56/17.196/17.430
四圣谛	[illegible]	3.195—3.196
四种	[illegible]	58.126/88.9/88.11/88.22/88.24/88.181/88.220/88.228/17.112/17.210/17.247/17.248/17.270/17.364/3.75/3.89/3.156/3.194
四种相	[illegible]	88.11/88.22/88.24/17.270
苏迷卢山	[illegible]	3.207/3.208/3.215
随法	[illegible]	58.8/88.13

随法行者	[illegible]	58.16
随缚	[illegible]	59.37
随眠	[illegible]	58.1/58.2/58.13/58.15/58.28/58.41/58.42/58.108/58.117/58.118/58.122/59.27/59.45/59.46/88.34/88.36—88.37/88.41/88.43/88.79—88.80/88.88/88.89/88.92/88.94
随眠缘	[illegible]	59.27—59.28/88.92
随其所应	[illegible]	59.86/59.94
随起	[illegible]	59.92
随顺	[illegible]	58.25/58.32/88.191/17.79/17.85/17.86/3.20/3.55/3.58/3.62
随所欲缠	[illegible]	59.15
随信行者	[illegible]	58.16
随逐	[illegible]	58.15/58.105/58.118/88.81/88.250/3.63
随逐生	[illegible]	58.15
损害	[illegible]	59.133/59.134/59.248/88.136
损坏	[illegible]	59.204
损他	[illegible]	59.206
所达	[illegible]	59.16/59.82/88.152/3.137
所断	[illegible]	58.13/58.14/58.15/58.25/58.28/58.29/58.33/58.37/58.40/88.46/3.12
所分别相	[illegible]	3.84/3.87
所覆	[illegible]	59.147
所计	[illegible]	59.4/3.84/3.85
所起	[illegible]	58.4
所摄	[illegible]	58.15/59.62/88.59/3.139
所识	[illegible]	3.137
所希不果	[illegible]	3.239
所依	[illegible]	88.2
所依	[illegible]	59.85/59.87/17.71/17.218/17.219/17.224

所依位	[illegible]	59.23/59.24
所应行	[illegible]	59.108—59.109
所有	[illegible]	88.172/17.288
所有	[illegible]	58.3/59.216/88.66/17.252/3.163
所有	[illegible]	59.146/59.242/17.147
所缘	[illegible]	58.102/59.58/88.2/17.294/3.27
所知	[illegible]	58.119/59.161/17.61/3.136—3.137

T

他化自在天	[illegible]	3.200—3.201
他说	[illegible]	59.201/59.211
他性	[illegible]	3.152
他学	[illegible]	59.101
贪	[illegible]	58.31/59.90/88.56/3.157
贪爱	[illegible]	58.80/58.86/58.87/58.88/59.39
贪嗔	[illegible]	59.97/59.90/59.91/59.115
贪嗔痴	[illegible]	58.97/59.91/59.115
贪痴	[illegible]	59.90
贪火	[illegible]	58.57
贪婪	[illegible]	59.144/59.150
贪婪心	[illegible]	59.150
贪欲	[illegible]	58.72/58.75/59.128/59.142/59.142—59.143/59.147/59.149/59.151/59.152/59.153/59.227/59.243
贪欲嗔恚	[illegible]	59.142
贪欲意	[illegible]	59.149
贪欲之相	[illegible]	59.151/59.152/59.153
唐捐	[illegible]	58.55
饕餮	[illegible]	59.144
体性	[illegible]	58.15
天	[illegible]	3.198/3.199/3.200/3.201/3.202/3.203/

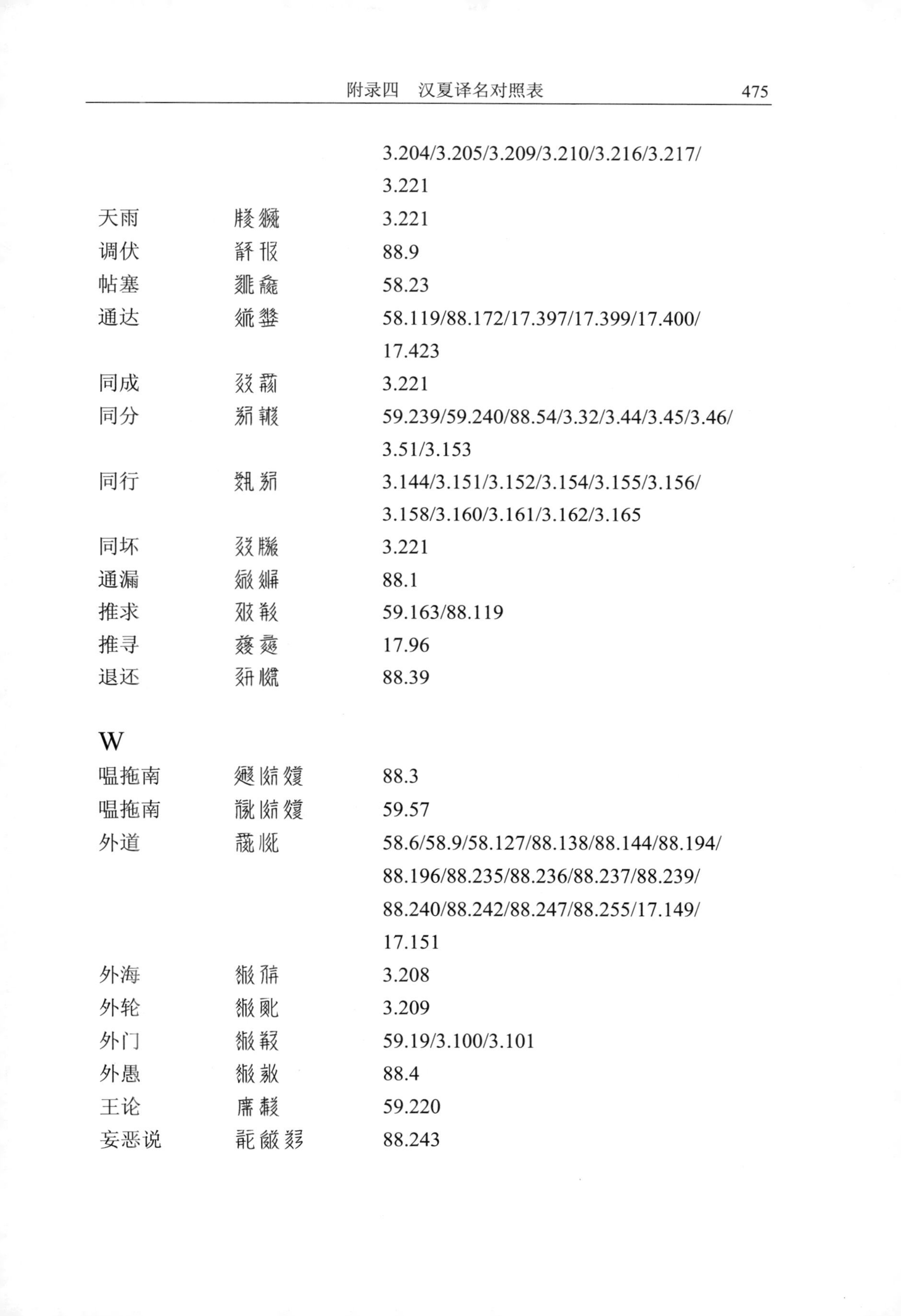

		3.204/3.205/3.209/3.210/3.216/3.217/3.221
天雨	[illegible]	3.221
调伏	[illegible]	88.9
帖塞	[illegible]	58.23
通达	[illegible]	58.119/88.172/17.397/17.399/17.400/17.423
同成	[illegible]	3.221
同分	[illegible]	59.239/59.240/88.54/3.32/3.44/3.45/3.46/3.51/3.153
同行	[illegible]	3.144/3.151/3.152/3.154/3.155/3.156/3.158/3.160/3.161/3.162/3.165
同坏	[illegible]	3.221
通漏	[illegible]	88.1
推求	[illegible]	59.163/88.119
推寻	[illegible]	17.96
退还	[illegible]	88.39

W

嗢拖南	[illegible]	88.3
嗢拖南	[illegible]	59.57
外道	[illegible]	58.6/58.9/58.127/88.138/88.144/88.194/88.196/88.235/88.236/88.237/88.239/88.240/88.242/88.247/88.255/17.149/17.151
外海	[illegible]	3.208
外轮	[illegible]	3.209
外门	[illegible]	59.19/3.100/3.101
外愚	[illegible]	88.4
王论	[illegible]	59.220
妄恶说	[illegible]	88.243

妄计	[illegible]	88.206/88.209/17.275
妄想	[illegible]	88.127
妄语	[illegible]	59.113/59.196/59.197/59.221/17.47
威德	[illegible]	59.177
威肃	[illegible]	88.256
微	[illegible]	59.18/17.191/3.145/3.146
微薄	[illegible]	58.44
微妙	[illegible]	88.150—88.151
微细	[illegible]	17.288/17.289/17.290/17.292/17.293
违虑	[illegible]	88.98
违逆	[illegible]	88.240
违损	[illegible]	59.122
违越	[illegible]	88.72/88.73
违诤	[illegible]	88.194/88.196/88.209/88.220
围绕	[illegible]	3.220
围山	[illegible]	3.210/3.220
唯	[illegible]	58.45/59.141/88.64/17.276/3.229
未曾习	[illegible]	3.165
未得	[illegible]	88.179/17.397
未见圣迹	[illegible]	59.11
未来	[illegible]	17.320/17.379/17.381/17.417/17.418/3.119
未离欲	[illegible]	59.31/59.35/59.36
未离欲	[illegible]	59.10—59.11
未离欲缘	[illegible]	59.31—59.32
未永拔	[illegible]	88.94
位	[illegible]	58.117/58.124/59.23/59.24/59.49/88.43/88.87/88.89/88.104/88.187/88.189/88.190/17.27/17.31/17.52/17.327/17.433/17.435/3.110/3.114/3.115/3.158/3.160
位遍	[illegible]	58.92

味	[illegible]	59.145/88.67/88.91/17.284/3.128/3.133
谓	[illegible]	58.2/59.4/88.160/3.42
闻	[illegible]	58.125/59.28/88.103/17.23
闻不正法缘	[illegible]	59.28—58.29
闻思	[illegible]	88.153/88.171
问	[illegible]	58.48/59.33/17.3
问记	[illegible]	88.48
我爱	[illegible]	17.365
我等	[illegible]	58.10/88.273/88.274/3.88
我见	[illegible]	88.156/88.194/88.196/88.198/88.214/17.326
我了别业	[illegible]	17.247
我慢	[illegible]	58.108/58.113/58.114/58.125/58.131/59.42/88.67/88.76/88.77/88.79/88.81/88.83/88.85/88.86/88.87/88.89/88.90/88.91/88.244/17.326/17.365
我慢执着	[illegible]	58.108/58.113/58.114
我我所见	[illegible]	58.108/58.110/59.42/88.67/88.75
我执	[illegible]	17.328/3.46/3.49/3.54/3.56/3.60/3.65/3.68/3.74/3.79/3.82/3.96
邬波索迦	[illegible]	59.234
无边空处天	[illegible]	3.204
无常	[illegible]	88.32/88.118/88.124/88.225/88.272/17.26/17.409/3.63
无倒想	[illegible]	59.89
无度	[illegible]	17.78
无烦天	[illegible]	3.203
无覆	[illegible]	17.65
无慧	[illegible]	17.78
无记	[illegible]	3.184/3.186
无记	[illegible]	17.65/17.150/17.217/17.239/17.300/

		17.303/17.318/17.348/17.367/3.28
无间	[illegible]	3.4—3.5/3.32/3.33
无间	[illegible]	58.122/88.98/88.246/17.41/17.238/17.239/17.240/17.241/17.242/17.366/17.406/3.32
无间论	[illegible]	88.246
无见	[illegible]	3.92/3.137
无境缘	[illegible]	59.3
无力	[illegible]	88.258
无利之义	[illegible]	59.125
无量	[illegible]	58.76/17.287/17.292/3.83/3.92/3.201/3.202/3.222
无量光天	[illegible]	3.201/3.201—3.202
无量净天	[illegible]	3.202
无漏	[illegible]	58.3/88.1/88.191/88.192/17.140/17.143/17.241
无明	[illegible]	88.28/88.69/17.365/3.17—3.18/3.18
无热天	[illegible]	3.203
无色	[illegible]	17.187/17.276/17.287/17.359/3.137/3.173/3.176/3.177/3.178
无上	[illegible]	88.275/88.276/3.80/3.81/3.82
无上	[illegible]	88.12/88.16/88.17/88.18/88.20/88.130
无生	[illegible]	88.17/88.140/17.14
无生智	[illegible]	88.17/17.14
无施	[illegible]	59.258
无所	[illegible]	58.10/58.53/58.83/59.16/59.264/88.165/17.72/17.288/3.204
无所有处天	[illegible]	3.204
无为	[illegible]	88.58/88.121/88.122/3.78/3.80
无我	[illegible]	58.8/88.33/88.118/88.144/88.187/88.220/88.257/88.258/88.264/88.265/88.270/

		88.274/17.27/17.72/3.88/3.169
无我之见	[illegible]	58.8
无希望	[illegible]	59.141
无相	[illegible]	58.17/58.19/17.71/17.102
无相行	[illegible]	58.17
无想有情天	[illegible]	3.203
无心	[illegible]	17.206/17.255/17.327/17.431/3.161
无性	[illegible]	17.236/3.88
无学	[illegible]	88.17/88.154/88.157/88.189/88.274/88.275/88.277/88.278/3.105
无学正见智	[illegible]	88.17
无义	[illegible]	59.217/59.222/59.244/59.245—59.246/59.246/88.146/88.148/88.159/88.207/17.111/17.117/17.152
无有	[illegible]	58.55/58.92/59.139/88.36/88.38/88.139/88.256/88.269/17.54/17.57/17.80/17.230/17.279
无有罪	[illegible]	59.139
无云天	[illegible]	3.202
无著菩萨	[illegible]	3.2
五	[illegible]	58.65/59.9/59.17/59.27/59.49/59.83/59.84/59.147/88.50/17.3/17.90/17.96/17.105/17.181/17.269/3.12
五趣	[illegible]	3.22
五识身	[illegible]	17.310/17.312/17.332/17.333/17.337
五相	[illegible]	59.62/59.83/59.93/59.142/59.143/59.154/59.159/59.160/88.279
物务	[illegible]	88.106—88.107/88.109

X

西瞿陀尼	[illegible]	3.199

希望	[illegible]	58.76/58.77/59.140/59.141/3.72
习气	[illegible]	58.46/88.43/88.81/88.89/88.250/17.275/17.277/3.7
喜乐	[illegible]	58.65/58.68/58.75
戏论	[illegible]	88.127—88.128/17.67/17.69/17.403
戏笑	[illegible]	59.224
狭小	[illegible]	17.286/17.291
下地	[illegible]	59.1/59.2
下劣事	[illegible]	3.79
显然	[illegible]	59.175/59.194/17.319/3.14/3.137
显示	[illegible]	3.101/3.106
显扬圣教论	[illegible]	17.51/17.87/17.175/17.438
现法	[illegible]	58.96/88.5/88.19/88.106/88.108/88.124/88.130/88.141/88.201/17.31/17.314/17.315/17.418/17.419/17.422
现观	[illegible]	88.33/17.16
现行	[illegible]	59.213/88.77/88.78/88.79/88.80/88.82/88.85/88.86/88.93/17.234/3.185
现行	[illegible]	58.35/59.6/59.7/59.14/59.15/59.15—59.16/59.17/59.18/59.19/59.20/59.21/59.22/59.23/59.24/59.25/59.26/59.32/59.39/59.40/59.41/59.43/59.66—59.67/59.71/59.73/59.77/59.79/88.92
现行	[illegible]	3.172/3.186
现前	[illegible]	58.82/17.230
现在	[illegible]	88.45/88.61/88.63/88.65/88.230/17.378/17.379/17.381/17.382/3.119—3.120
相	[illegible]	58.19/59.58/88.87/17.181/3.89
相等	[illegible]	88.4
相缚	[illegible]	17.336/17.401

相貌	[illegible]	88.145/17.24/17.25/17.30/17.33/17.37/17.42/17.44/17.50/17.354/3.113
相摄	[illegible]	3.109/3.111/3.115
相似	[illegible]	58.43/17.290/17.352/3.43
相违	[illegible]	58.94/58.113/88.98/88.210/88.240/17.172/17.355/17.356/17.357/17.358/17.363/17.366/17.386/17.408/3.24/3.25/3.153
相续	[illegible]	58.70/59.33/59.38/59.44/59.45/59.46/59.48/59.49/59.50/59.51/59.52/59.53/59.54/59.55/88.87/88.88/17.243/17.285/17.342/17.344/3.30/3.43/3.44/3.89—3.90/3.98
相应	[illegible]	58.33/59.267/88.199/17.185/3.143
香	[illegible]	3.127/3.133
想	[illegible]	58.19/59.84/59.87/59.105/59.110/59.114/59.118/59.122/59.125/59.128/59.135/88.127/17.180/17.182//3.125/3.154/3.168
邪行	[illegible]	58.110/58.112/58.120/58.122/58.123/59.107—59.108/59.182/59.183/59.195—59.196/17.35
邪见	[illegible]	58.4/58.5/58.6/58.9/58.11/58.12/59.93/59.135/59.142/59.165/59.167/59.258/59.260/59.261/59.262/59.263/59.265/59.267/88.202/88.209/88.214/88.216
邪命	[illegible]	59.225
懈怠缘	[illegible]	59.29—59.30
懈退	[illegible]	17.167
心	[illegible]	59.161/59.253/88.167/3.27/3.33/3.151/3.162/3.163/3.164/3.165/3.166
心法	[illegible]	88.65/17.298/17.301/17.348/17.350/

		17.353
心所	[illegible]	17.300/3.151
心忧	[illegible]	88.164/88.211
辛楚言	[illegible]	59.208/59.213
欣乐	[illegible]	88.13/17.171
信	[illegible]	58.16/17.2
信解	[illegible]	3.13—3.14/17.166
信胜解	[illegible]	58.17
信受	[illegible]	88.244
星宿	[illegible]	88.205
兴论	[illegible]	88.210/88.249/88.253
兴衰	[illegible]	3.191
兄弟	[illegible]	59.242
修	[illegible]	58.126/17.17
修道	[illegible]	58.29/58.31/17.18
修慧	[illegible]	88.171
修习	[illegible]	58.104/88.35/88.36/88.54/88.223/88.228/17.394/17.405/17.423
羞耻	[illegible]	59.148/59.166
宿世业	[illegible]	88.44
宿习缘	[illegible]	59.28
虚空	[illegible]	3.210
虚诳义	[illegible]	88.146/88.148
虚妄	[illegible]	58.68/88.108
虚妄	[illegible]	58.63/58.85/88.146/88.148
虚诈	[illegible]	88.254
续生	[illegible]	59.59
宣说	[illegible]	88.118/17.32/17.86/17.149/17.169/17.264
悬远	[illegible]	3.17
学位	[illegible]	88.89
熏习	[illegible]	17.318/17.320

寻思	[illegible]	59.21/88.149/88.215
寻思缘	[illegible]	59.27

Y

言词	[illegible]	88.103/88.256
言辞	[illegible]	88.256
言论	[illegible]	88.254
言语	[illegible]	59.127
眼处	[illegible]	3.132
眼界	[illegible]	17.390/3.126/3.127
眼识界	[illegible]	17.391/3.130
养者	[illegible]	3.86
药草	[illegible]	88.264
业	[illegible]	58.122/59.50/59.58/59.60/59.61/88.7/17.245/3.227
业报	[illegible]	17.92—17.93/17.98/17.103/17.114/17.136
业道	[illegible]	59.62/59.64/59.65/59.67/59.72/59.74/59.78/59.80/59.81/59.85/59.95/59.103/59.104/59.105/59.113/59.118/59.122/59.125/59.128/59.132/59.135/59.243/59.257/59.260/59.261/59.266
业所引发	[illegible]	59.50/59.53
夜分	[illegible]	88.104
夜寐	[illegible]	88.101
夜摩天	[illegible]	3.200/3.210/3.216
一	[illegible]	58.39/59.154/88.78/17.306/3.9
一阐底迦	[illegible]	3.188
一处	[illegible]	3.126/3.127/3.129
一翻	[illegible]	88.251
一分	[illegible]	58.5/88.59/88.199/17.341/3.44/3.45/3.48/

		3.115/3.117/3.118/3.120/3.125/3.128/3.131/3.133/3.224
异道	[illegible]	88.197
异分	[illegible]	3.32/3.154
异身	[illegible]	59.37
异生	[illegible]	58.30/58.35/59.32/59.46/88.24/88.45/88.86/88.133/88.135/88.153/88.155/88.187/88.220/17.27/17.30/17.31/17.395
异生地	[illegible]	88.24/88.45
异生位	[illegible]	88.187
异生性缘	[illegible]	59.32
异熟	[illegible]	17.199/17.201/17.217/17.297/17.301/17.321/17.389/3.66/3.67/3.68/3.69/3.70/3.103
异熟心	[illegible]	17.201
意处	[illegible]	3.130/3.133
意恶行	[illegible]	58.59
意根	[illegible]	17.310/17.311/17.313/17.325/17.326/17.327/17.363
意界	[illegible]	17.391/3.128
意乐	[illegible]	88.36/88.222
意生者	[illegible]	3.86
意识	[illegible]	17.233/17.234/17.236/17.263/17.311/17.312/17.330/17.334/17.336/17.362/17.391/17.425/17.427/3.131
意识界	[illegible]	17.391/3.131
意业	[illegible]	59.63/59.64
因	[illegible]	58.58/58.80/58.94/58.109/58.112/59.37/59.196/59.197/59.211/59.212/59.259/88.42/88.61/88.63/88.65/88.115/88.117/88.142/88.143/88.172/88.183/88.200/

		88.217/88.248/88.263/17.49/17.91/17.110/17.112/17.138/17.151/17.152/17.163/17.170/17.171/17.172/17.173/17.213/17.215/17.216/17.217/17.220/17.222/17.223/17.266/17.269/17.305/17.306/17.307/17.309/17.314/17.321/17.322/17.323/17.354/17.379/17.380/17.385/17.392/17.396/17.412/17.413/17.418/17.419/3.6/3.8/3.9/3.14/3.74/3.189/3.190
因此	[illegible]	88.42
因果	[illegible]	58.272/88.272
因力	[illegible]	17.52
因体	[illegible]	17.413
因缘	[illegible]	58.16/58.48—58.49/58.60/58.62/58.80/58.82/58.82—58.83/58.87/58.107/58.120/58.122/58.123/58.124/59.38/59.43/59.139/88.8/88.35/88.38/88.45/88.62/88.109/88.114/88.129/88.143—88.144/88.164/88.165/88.214/88.244/90.3/17.101/17.147/17.193/17.214/17.230/17.318/3.4
引发	[illegible]	58.64/59.50/59.51/59.125/3.38
引无义利	[illegible]	59.52/17.149
饮食	[illegible]	59.229/59.236/88.102/88.103
饮食	[illegible]	3.17
隐灭	[illegible]	88.115
影像	[illegible]	17.357
应知	[illegible]	88.65
映夺	[illegible]	17.343/17.344
拥滞	[illegible]	88.97

永断	[illegible]	58.46/88.80/88.89/88.116/88.123
永离	[illegible]	58.40
永没	[illegible]	88.126
永灭	[illegible]	88.21
勇猛	[illegible]	59.231
幽僻处	[illegible]	59.209—59.210
由此	[illegible]	58.7
犹如	[illegible]	17.417/3.224
游乐	[illegible]	59.224
有病	[illegible]	59.187
有覆	[illegible]	17.367
有间	[illegible]	3.160
有见	[illegible]	88.38/88.139
有见	[illegible]	17.187/3.92/3.137
有漏	[illegible]	58.39/58.41—58.42/58.44/17.240/17.241/3.31/3.67
有情	[illegible]	59.118
有情	[illegible]	58.121/59.2/59.86/59.95/59.118/59.122/59.157/88.7/88.201/88.202/88.248/17.92/17.97/17.102/17.113/17.124/17.125/17.129/17.372/17.374/17.375/17.380/17.427/17.428/3.10/3.11/3.86/3.93
有情数	[illegible]	59.86/59.95
有色	[illegible]	17.187/3.92/3.137
有上	[illegible]	88.16/88.20/88.276/3.77/3.78/3.79
有生	[illegible]	88.140
有识	[illegible]	58.41
有所	[illegible]	59.16/88.172/88.269/17.288/3.204
有为	[illegible]	88.119/88.122/3.77
有我	[illegible]	88.257/88.258/88.259/88.270/17.120
有相	[illegible]	58.65/58.67/58.73/59.83/88.11/88.235/

		17.181/17.268/3.35
有想	[illegible]	59.136
有性	[illegible]	88.9/88.58/88.262/17.409/3.88
有性	[illegible]	17.181/17.188/17.189
有学	[illegible]	88.19/88.156/88.189/88.274/88.275/88.277/3.104/3.164
有罪	[illegible]	59.138
幼少	[illegible]	59.13
余	[illegible]	58.36/59.195/88.225/17.426/3.135
余见	[illegible]	59.267/88.214
余事	[illegible]	59.73
余心	[illegible]	59.149/59.150—59.151/17.300
余蕴	[illegible]	3.116/3.117/3.136
瑜伽	[illegible]	59.268/88.280/17.51/17.53/17.55
瑜伽师地论	[illegible]	59.268/88.280
愚痴	[illegible]	59.161/88.9/88.135/88.138
愚夫	[illegible]	88.133/88.167/88.235/88.237/88.238/88.240/88.241/88.245
欲爱	[illegible]	58.52
欲界	[illegible]	58.30/58.31/58.60/58.79/17.190/17.286/3.102/3.162/3.173/3.174
欲乐	[illegible]	59.66/59.70/59.72/59.76—59.77/59.79/59.84/59.89/59.98/59.100/59.106/59.110/59.114/59.119/59.123/59.126/59.129/59.133/59.136
欲识	[illegible]	17.229/17.286
欲缘	[illegible]	59.27/88.52/17.396
圆满	[illegible]	59.71/59.74/59.76/59.78/59.80/59.94/59.142/59.149/59.151/59.152/59.153/59.159/59.160/59.167/59.168/59.187/

		88.186/88.190/88.191/88.192/88.194/88.195/88.223/88.226/88.229/88.278
缘起	[illegible]	59.7/88.29
缘所	[illegible]	59.58/88.2/17.290/3.37
远离	[illegible]	58.69/59.230—59.231/88.68/88.93/17.152/17.161/17.163/17.176/17.220/17.411/17.420
怨恨	[illegible]	59.156
怨家	[illegible]	59.248/59.252/88.131/88.132/88.133
怨憎	[illegible]	3.231/3.235
怨憎会苦	[illegible]	3.231
云何	[illegible]	58.2/58.115—58.116/58.117/59.65/88.221/17.70/3.113
蕴	[illegible]	58.101/88.107/17.194/3.83
蕴义	[illegible]	3.113

Z

杂染	[illegible]	58.46/58.51/58.61/59.60/59.61/88.182/88.229/17.60/17.153/17.267/17.269/17.270/17.370/17.371/17.393/17.400/17.407/17.419/17.422/17.424/17.426
宰官	[illegible]	59.242
在家	[illegible]	59.8
暂时	[illegible]	88.232/3.101/3.105
暂住	[illegible]	17.420
赞美	[illegible]	59.218
遭遇	[illegible]	3.235
造作	[illegible]	88.62
贼论	[illegible]	59.220
增恶	[illegible]	59.154
增减	[illegible]	3.191

增上	[illegible]	58.125/59.9/88.34/17.319/3.5
增上烦恼	[illegible]	59.9
增胜	[illegible]	3.225/3.228
增益	[illegible]	17.123/3.8
增长	[illegible]	59.138/59.139/88.249/17.388
憎嫉	[illegible]	59.180
斋戒	[illegible]	59.187
展转	[illegible]	3.114
长时	[illegible]	3.101/3.103
长养	[illegible]	17.314/17.316/17.322
障碍	[illegible]	88.32/3.8/3.24/3.25/3.29
折伏	[illegible]	59.180
真行道	[illegible]	58.10
真善说	[illegible]	88.243
真善丈夫	[illegible]	58.115
疹疾	[illegible]	88.96/88.100
正法	[illegible]	58.114/58.125/59.28/88.3/83.111/88.112/88.115/88.116/88.117/88.122/88.123/88.143/88.188/88.239/88.241/17.86/17.94/17.99/17.105/17.116
正行	[illegible]	58.114/58.125/59.28/88.3/88.111/88.112/88.115/88.116/88.117/88.122/88.123/88.143/88.239/88.241/17.86/17.94/17.99/17.105/17.116
正行僧	[illegible]	17.33
正慧	[illegible]	17.56
正见	[illegible]	88.17/88.187
正教	[illegible]	88.239
正妙道	[illegible]	58.9
正念	[illegible]	59.49/59.231/88.85/88.86
正性	[illegible]	88.188/17.398/17.399

正知	[illegible]	59.47/59.48/17.27
证成	[illegible]	17.203/17.204
证得	[illegible]	88.12/88.23/88.47/88.226/88.229/17.146
证智	[illegible]	88.153/88.154
诤论	[illegible]	88.248
支	[illegible]	59.79/59.109/59.182/59.186/59.200/88.262
支持	[illegible]	88.97
支体	[illegible]	59.200
知友	[illegible]	59.205
知足	[illegible]	59.230
执受	[illegible]	17.205/17.208/17.212/17.219/17.221/17.224/17.273/17.274/17.277/17.278/17.280/17.283/17.286/17.287/17.288/17.289/17.291/17.292/17.293/17.310/3.47/3.48/3.49/3.168
执着	[illegible]	58.10/58.108/58.113/58.114/58.121/59.11/59.12/88.78/88.110/88.128/88.160/88.211/88.214/88.219/17.71/17.72/3.6/3.46/3.49/3.54/3.56/3.60/3.65/3.68/3.74/3.79/3.82/3.169
止观	[illegible]	58.13
至果	[illegible]	88.188
智	[illegible]	58.3/59.51/88.19/17.9/3.13
智谛	[illegible]	17.2/17.3/17.9/17.11/17.37/17.42/17.43
智所引发	[illegible]	59.51/59.54
智为导首	[illegible]	58.3
中	[illegible]	58.34/59.17/17.239/3.218/3.219/3.222
中界	[illegible]	17.239
终殁	[illegible]	88.140
种类	[illegible]	17.320/3.109/3.113

种类摄	[illegible]	3.109/3.113
种植	[illegible]	88.264
种种	[illegible]	58.51/88.29/88.30/88.31/88.180/88.197/88.206/88.211/88.215/17.177/17.198/17.356/17.357/17.360/17.392
种子	[illegible]	17.200/17.203/17.205/17.209/17.242/17.244/17.306/17.307/17.307/17.308/17.314/17.315/17.320/17.321/17.322/17.340/17.378/17.388/17.390/17.397/3.112/3.172/3.175/3.176/3.178/3.179/3.181/3.182/3.187
种族	[illegible]	59.212/17.320/3.109/3.113
种族	[illegible]	3.51
众多	[illegible]	88.180/17.253/17.362
众苦	[illegible]	88.124/88.194/88.195/88.196/88.210/88.220/88.221
众生	[illegible]	59.95/59.96/59.97/59.101/17.46/17.186/17.376/17.377/3.86/3.196/3.197/3.203/3.224
众缘	[illegible]	88.270/88.272
周遍	[illegible]	3.214
周匝	[illegible]	58.21/58.27/3.220
昼分	[illegible]	88.105
诸弟子	[illegible]	58.6
诸谛	[illegible]	17.396
诸独觉	[illegible]	59.49
诸恶	[illegible]	59.162/59.256/59.265/88.184/88.209/88.222
诸烦恼品	[illegible]	59.36—59.37
诸佛	[illegible]	58.114/17.93/17.98/17.143/17.169/17.171/17.173/3.106

诸行	[illegible]	88.22/17.404/3.183
诸苦	[illegible]	58.10
诸漏	[illegible]	58.25/58.29/58.37/59.231/88.23/88.46/88.47/88.52
诸漏永尽	[illegible]	59.231—59.232
诸菩萨	[illegible]	59.50/59.52
诸沙门	[illegible]	58.4
诸识	[illegible]	88.66/17.250
诸天	[illegible]	88.250/17.28
诸外道	[illegible]	58.6/88.144/88.196/88.235/88.237/88.239/88.240/88.242
诸外道辈	[illegible]	88.138/88.235
诸无学	[illegible]	88.157/88.275/88.277/88.278
诸相	[illegible]	59.152
诸业	[illegible]	59.63/88.62
诸业道	[illegible]	59.63/59.93/88.62/17.245/17.246
诸异生	[illegible]	58.30/59.46/88.86/88.153/17.395
诸有情	[illegible]	58.121/59.2/59.122/88.248
诸有学	[illegible]	88.156/3.104
诸缘故	[illegible]	59.32
诸智见断	[illegible]	58.15
助伴	[illegible]	88.2
助伴	[illegible]	3.7/3.25
住持	[illegible]	3.39
住食	[illegible]	3.75/3.76
转变	[illegible]	3.13/3.238
转灭	[illegible]	17.394
转识	[illegible]	17.214/17.215/17.237/17.238/17.243/17.306/17.308/17.317/17.318/17.323/17.325/17.329/17.330/17.331/17.333/17.339/17.342/17.343/17.349/17.355/

		17.358/17.367/17.373/17.395/17.429/17.431/17.433
转相	[illegible]	17.269/17.295/17.304/17.324/17.368
转心	[illegible]	17.201
追求	[illegible]	88.180/3.17
资财	[illegible]	59.145/17.47
资产	[illegible]	59.242
自财	[illegible]	59.143/59.148
自利	[illegible]	59.206
自论	[illegible]	88.219
自然	[illegible]	59.253—59.254/88.78
自身	[illegible]	58.94/59.37/59.39/88.204/17.401
自生	[illegible]	59.35
自说	[illegible]	59.201/59.211/88.113
自体	[illegible]	59.39
自为	[illegible]	59.101
自相	[illegible]	59.68/59.81/59.142/59.267/88.83/17.63—17.64/17.102/17.183/3.55/3.58/3.62/3.90/3.115/3.118/3.119
自相	[illegible]	3.43
自性	[illegible]	59.83/59.94/88.3/88.25/88.26/88.49/88.50/88.51/88.145/88.147/88.148/88.149/17.275/3.7/3.8
自在	[illegible]	59.22/59.240/88.168/88.266/17.141/17.146/17.414/17.415/3.49/3.172/3.183/3.211/3.217
总观	[illegible]	17.401
总说	[illegible]	88.19
总说	[illegible]	59.55
总显	[illegible]	58.83
总蕴	[illegible]	88.1

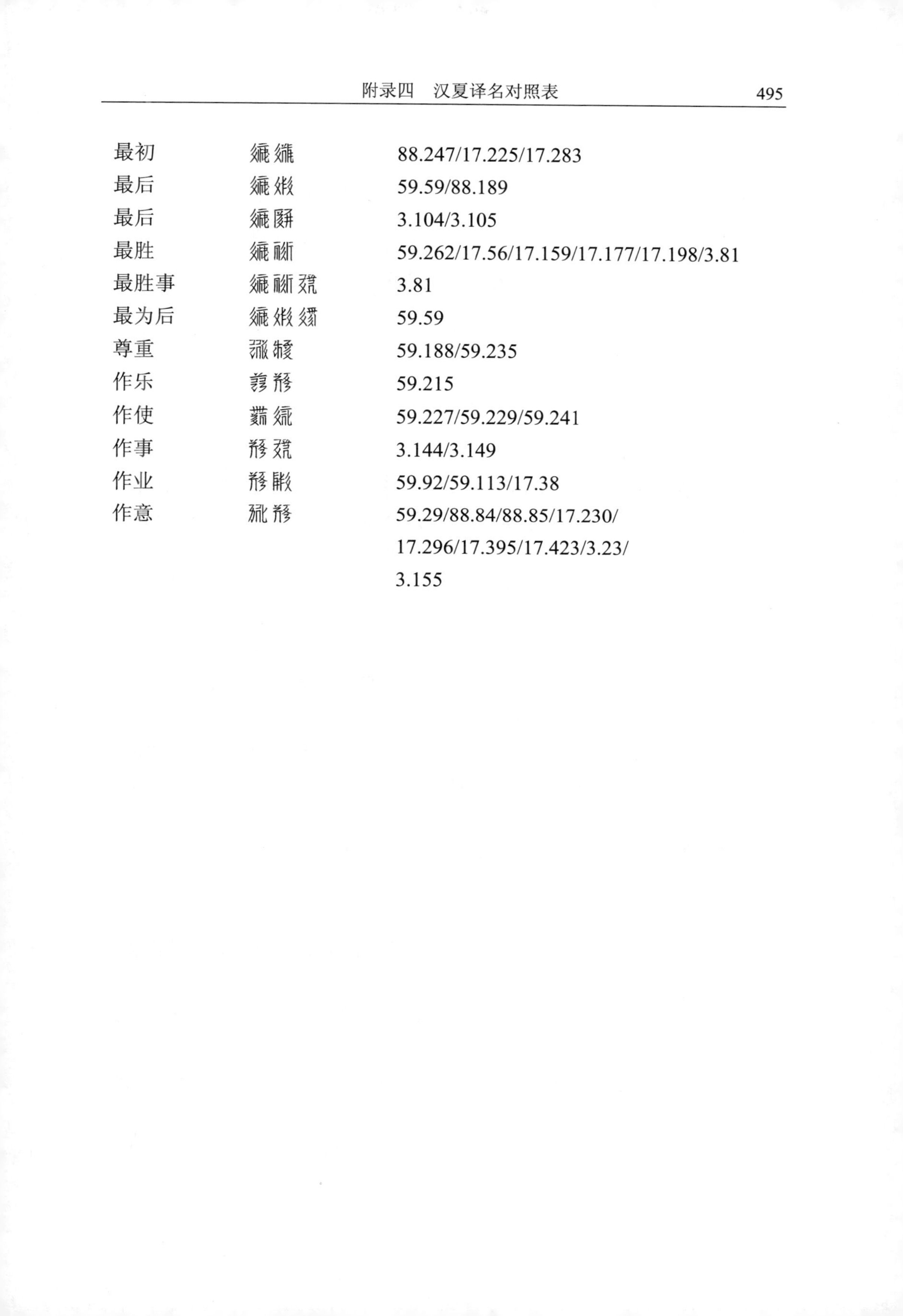

最初	[illegible]	88.247/17.225/17.283
最后	[illegible]	59.59/88.189
最后	[illegible]	3.104/3.105
最胜	[illegible]	59.262/17.56/17.159/17.177/17.198/3.81
最胜事	[illegible]	3.81
最为后	[illegible]	59.59
尊重	[illegible]	59.188/59.235
作乐	[illegible]	59.215
作使	[illegible]	59.227/59.229/59.241
作事	[illegible]	3.144/3.149
作业	[illegible]	59.92/59.113/17.38
作意	[illegible]	59.29/88.84/88.85/17.230/17.296/17.395/17.423/3.23/3.155

参考文献

一 原始文献

俄罗斯科学院东方研究所圣彼得堡分所、中国社会科学院民族研究所、上海古籍出版社：《俄藏黑水城文献》第1—28册，上海古籍出版社1996—2019年版。

宁夏大学西夏学研究中心、中国国家图书馆、甘肃五凉古籍整理研究中心：《中国藏西夏文献》第1—20册，甘肃人民出版社、敦煌文艺出版社2005—2007年版。

武宇林、[日] 荒川慎太郎编：《日本藏黑水城文献》（上、下册），中华书局2010年版。

西北第二民族学院、上海古籍出版社、法国国家图书馆编：《法藏敦煌西夏文文献》，上海古籍出版社2007年版。

西北第二民族学院、上海古籍出版社、英国国家图书馆编：《英藏黑水城文献》第1—5册，上海古籍出版社2005—2010年版。

二 著作、论文集

安娅：《西夏文藏传〈守护大千国土经〉研究》，新北：花木兰出版社2017年版。

大正新修大藏经刊行会编：《大正新修大藏经》，东京：大藏出版株式会社1925年版。

东北帝国大学法文学部：《西藏大藏经总目录》，东京：东北帝国大学法文学部1934年版。

段玉泉：《西夏〈功德宝集偈〉跨语言对勘研究》，上海古籍出版社2014

年版。

龚煌城：《西夏语言文字研究论集》，民族出版社 2005 年版。

韩清净：《大乘阿毗达磨集论别释》，中国佛教文化研究所 2008 年版。

弘学居士：《唯识学概论》，巴蜀书社 2009 年版。

胡进杉：《西夏佛典探微》，上海古籍出版社 2015 年版。

胡晓光：《唯识要义探究》，宗教文化出版社 2011 年版。

黄延军：《中国国家图书馆藏西夏文〈大般若波罗蜜多经〉研究》（上、下册），民族出版社 2012 年版。

梁漱溟：《唯识述义》，北京大学出版社 1920 年版。

林崇安编：《显扬圣教论简本》，台北：内观教育基金会出版 2003 年版。

林国良：《成唯识论直解》，复旦大学出版社 2000 年版。

林英津：《西夏语译〈真实名经〉释文研究》，《语言暨语言学》专刊甲种之八，“中央研究院”语言学研究所 2006 年版。

吕澂：《汉藏佛教关系史料集》，华西协合大学、中国文化研究所专刊乙种第一册 1942 年版。

吕澂：《吕澂佛学论著选集》第 1—5 册，齐鲁书社 1991 年版。

梅光义：《相宗纲要》，台北：新文丰出版公司印行 1975 年版。

孟领：《唯识学之缘起思想研究》，中国社会科学出版社 2013 年版。

弥勒菩萨说、唐玄奘法师译：《瑜伽师地论》精校标点本，宗教文化出版社 2008 年版。

聂鸿音：《西夏佛经序跋译注》，上海古籍出版社 2016 年版。

聂鸿音：《西夏文献论稿》，上海古籍出版社 2012 年版。

史金波：《史金波文集》，上海辞书出版社 2005 年版。

史金波：《西夏佛教史略》，宁夏人民出版社 1988 年版。

史金波：《西夏社会》，上海人民出版社 2007 年版。

史金波、聂鸿音、白滨译注：《天盛改旧新定律令》，法律出版社 2000 年版。

释惟贤：《唯识札记》，宗教文化出版社 2006 年版。

释心月：《唯识学略讲》，宗教文化出版社 2011 年版。

释印顺：《唯识学探源》，湖北汉口新快报印刷所 1945 年版。

释正刚：《唯识学讲义》，宗教文化出版社 2006 年版。

苏鲁格：《蒙古族宗教史》，辽宁民族出版社 2006 年版。

孙伯君：《西夏文献丛考》，上海古籍出版社 2015 年版。

孙伯君、聂鸿音：《西夏文藏传佛教史料——“大手印”法经典研究》，中国藏学出版社 2018 年。

孙伯君编：《国外早期西夏学论集》（共两册），民族出版社 2005 年版。

孙昌盛：《西夏文〈吉祥遍至口合本续〉整理研究》，社会科学出版社 2015 年版。

孙颖新：《西夏文〈大宝积经·无量寿如来会〉对勘研究》，社会科学文献出版社 2019 年版。

孙颖新：《西夏文〈无量寿经〉研究》，中国社会科学出版社 2018 年版。

太虚：《法相唯识学》（上、下册），商务印书馆 2002 年版。

王恩洋：《中国佛教与唯识学》，宗教文化出版社 2003 年版。

王静如：《西夏研究》（共三辑），“中央研究院”历史语言研究所 1932—1933 年版。

王梅林：《瑜伽师地论解题》，台北：佛光书局 1998 年版。

魏道儒：《华严学与禅学》，宗教文化出版社 2011 年版。

魏道儒：《中国华严宗通史》，凤凰出版社 2008 年版。

吴广成撰，龚世俊等校证：《西夏书事校证》，甘肃文化出版社 1995 年版。

吴天墀：《西夏史稿》，广西师范大学出版社 2006 年版。

杨志高：《西夏文〈经律异相〉整理研究》，社会科学文献出版社 2014 年版。

于凌波：《唯识学纲要》，台北：东大图书股份有限公司 1992 年版。

张九玲：《西夏文藏传〈大随求陀罗尼经〉研究》，新北：花木兰出版社 2017 年版。

周贵华：《唯识、心性与如来藏》，宗教文化出版社 2006 年版。

周贵华：《唯识明论》，宗教文化出版社 2011 年版。

周贵华：《唯心与了别——根本唯识思想研究》，中国社会科学出版社 2004 年版。

［俄］孟列夫：《黑城出土汉文遗书叙录》，王克孝译，宁夏人民出版社 1994 年版。

［日］稻津纪三：《世亲唯识学的根本性研究》，宗教文化出版社 2013 年版。

［日］荒川慎太郎：《西夏文〈金刚经〉の研究》，京都：松香堂书店 2014 年版。

［日］西田龙雄：《ロシア科学アカデミー东洋学研究所サンクトペテルブルク支部所藏西夏文〈妙法莲华经〉写真版》，俄罗斯科学院东方研究所圣彼得堡分所·日本创价学会，2005 年。

［日］西田龙雄：《西夏文华严经》（Ⅰ、Ⅱ、Ⅲ），京都大学文学部 1975、1976、1977 年版。

Eric Grinstead, *The Tangut Tripitaka,* vol.9, New Delhi: Sharada Rani, 1973.

Ruth Dunnell, *The Great State of White and High: Buddhism and State Formation in Eleventh-Century Xia,* Honolulu: University of Hawai'i Press, 1996.

Е. И. Кычанов, *Каталог тангутских буддийских памятников,* Киото: Университет Киото, 1999.

З. И. Горбачева и Е. И. Кычанов, *Тангутские рукописи и ксилографы,* Москва: Издательство восточной литературы, 1963.

К.Б. Кепинг, *Тангутские ксилографы в Стокгольме, Б. Александров сост.,* Ксения Кепинг: Последние статьи и документы, Санкт-Петербург: Омега, 2003.

三 论文

安娅：《〈华严经普贤行愿品〉的西夏译本》，硕士学位论文，中国社会科学院研究生院，2004 年。

安娅：《西夏文藏传〈守护大千国土经〉研究》，博士学位论文，中国社会科学院研究生院，2011 年。

安娅：《西夏文译本〈炽盛光如来陀罗尼经〉考释》，《宁夏社会科学》2012 年第 1 期。

白滨译：《西夏文写本及刊本——苏联科学院亚洲民族研究所藏西夏文已考订写本及刊本目录》，中国社会科学院民族研究所历史研究室编译《民族史译文集》第 3 集，1978 年版。

崔红芬：《武威博物馆藏西夏文〈金刚经〉及赞颂残经译释研究》，载杜建录主编《西夏学》第 8 辑，上海古籍出版社 2011 年版。

崔红芬：《英藏西夏文〈大宝积经〉译释研究》，载杜建录主编《西夏学》第 10 辑，上海古籍出版社 2013 年版。

崔红芬：《英藏西夏文〈圣胜慧到彼岸功德宝集偈〉残叶考》，《宁夏师范学院学报》（社会科学版）2008 年第 1 期。

戴忠沛：《法藏西夏文〈占察善恶业报经〉残片考》，《宁夏社会科学》2006 年第 4 期。

戴忠沛：《西夏文佛经残片的藏文对音研究》，博士学位论文，中国社会科学院研究生院，2008 年。

段玉泉：《甘藏西夏文〈佛说解百生冤结陀罗尼经〉考释》，《西夏研究》2010 年第 4 期。

段玉泉：《武威亥母洞遗址出土的两件西夏文献考释》，载杜建录主编《西夏学》第 8 辑，上海古籍出版社 2011 年版。

段玉泉：《西夏文〈大悲心陀罗尼经〉考释》，载中国社会科学院民族学与人类学研究所编《薪火相传——史金波先生 70 寿辰西夏学国际学术研讨会论文集》，中国社会科学出版社 2012 年版。

段玉泉：《西夏文〈胜相顶尊总持功能依经录〉再研究》，《宁夏社会科学》2008 年第 5 期。

段玉泉：《西夏文〈圣观自在大悲心总持功能依经录〉考论》，载聂鸿音、孙伯君编《中国多文字时代的历史文献研究》，社会科学文献出版社 2010 年版。

段玉泉：《西夏文〈圣胜慧到彼岸功德宝集偈〉考论》，载杜建录主编《西夏学》第 4 辑，宁夏人民出版社 2009 年版。

段玉泉：《西夏文〈尊者圣妙吉祥增智慧觉之总持〉考》，载四川大学历史文化学院编《吴天墀教授百年诞辰纪念文集 1913—2013》，四川人民出版社 2013 年版。

段玉泉：《一批新见的额济纳旗绿城出土西夏文献》，载杜建录主编《西夏学》第 10 辑，上海古籍出版社 2013 年版。

段玉泉：《语言背后的文化流传：一组西夏藏传佛教文献解读》，博士学位论文，兰州大学，2009 年。

段玉泉：《中国藏西夏文文献未定名残卷考补》，载杜建录主编《西夏学》第 3 辑，宁夏人民出版社 2008 年版。

段玉泉、惠宏：《西夏文〈佛顶无垢经〉考论》，《西夏研究》2010 年第 2 期。

耿世民：《回鹘文〈阿毗达磨俱舍论〉残卷研究》，《中央民族学院学报》1987 年第 4 期。

国立北平图书馆编：《国立北平图书馆馆刊》第 4 卷第 3 号“西夏文专号”，1930（1932）年。

韩潇锐：《西夏文〈大宝积经·普明菩萨会〉研究》，硕士学位论文，中国社会科学院研究生院，2012 年。

郝振宇：《西夏文〈大宝积经〉卷一考释》，硕士学位论文，陕西师范大学，2015 年。

胡进杉：《西夏文〈七功德谭〉及〈佛说止息贼难经〉译注》，载杜建录主编《西夏学》第 8 辑，上海古籍出版社 2011 年版。

黄延军：《俄藏黑水城西夏文〈佛说金耀童子经〉考释》，载杜建录主编《西夏学》第 8 辑，上海古籍出版社 2011 年版。

黄延军：《中国国家图书馆藏西夏译北凉本〈金光明经〉残片考》，《宁夏社会科学》2007 年第 2 期。

梁继红、陆文娟：《武威藏西夏文〈志公大师十二时歌注解〉考释》，载杜建录主编《西夏学》第 8 辑，上海古籍出版社 2011 年版。

林英津：《初探西夏文本〈根本说一切有部目得迦·卷十〉》，载薛正昌主编《西夏历史与文化：第三届西夏学国际学术论坛》，甘肃人民出版社 2008 年版。

林英津：《简论西夏语译〈胜相顶尊总持功能依经录〉》，载杜建录主编《西夏学》第 1 辑，宁夏人民出版社 2006 年版。

林英津：《西夏语译〈尊胜经（Usnīsa Vijaya Dhāranī）〉释文》，西夏文明研究展望国际学术研讨会论文，圣彼得堡，2006 年。

罗福苌：《西夏赎经记》，《国立北平图书馆馆刊》第 4 卷第 3 号，1930（1932）年。

罗福成：《不空羂索神变真言经卷第十八释文》，《国立北平图书馆馆刊》

第 4 卷第 3 号，1930（1932）年。

罗福成：《佛说宝雨经卷十释文》，《国立北平图书馆馆刊》第 4 卷第 3 号，1930（1932）年。

罗福成：《圣大悟荫王求随皆得经卷下释文》，《国立北平图书馆馆刊》第 4 卷第 3 号，1930（1932）年。

麻晓芳：《胜慧彼岸到要门教授现前解庄严论诠颂》，《宁夏社会科学》2015 年第 6 期。

麻晓芳：《西夏文〈圣广大宝楼阁善住妙秘密论王总持经〉考》，《西夏研究》2014 年第 4 期。

聂鸿音：《〈金光明总持经〉：罕见的西夏本土编著》，《宁夏师范学院学报》（社会科学版）2014 年第 4 期。

聂鸿音：《〈仁王经〉的西夏译本》，《民族研究》2010 年第 3 期。

聂鸿音：《〈圣曜母陀罗尼经〉的西夏译本》，《宁夏社会科学》2014 年第 5 期。

聂鸿音：《〈十一面神咒心经〉的西夏译本》，《西夏研究》2010 年第 1 期。

聂鸿音：《〈西夏佛经序跋译注〉导言》，载杜建录主编《西夏学》第 10 辑，上海古籍出版社 2014 年版。

聂鸿音：《〈中华传心地禅门师资承袭图〉的一段佚文》，《书品》2011 年第 6 期。

聂鸿音：《俄藏西夏本〈拔济苦难陀罗尼经〉考释》，载杜建录主编《西夏学》第 6 辑，上海古籍出版社 2010 年版。

聂鸿音：《俄藏西夏本〈拔济苦难陀罗尼经〉考释》，载杜建录主编《西夏学》第 6 辑，上海古籍出版社 2010 年版。

聂鸿音：《论西夏本佛说〈父母恩重经〉》，载高国祥主编《文献研究》第一辑，学苑出版社 2010 年版。

聂鸿音：《明刻本西夏文〈高王观世音经〉补议》，《宁夏社会科学》2003 年第 2 期。

聂鸿音：《乾祐二十年〈弥勒上生经御制发愿文〉的夏汉对勘研究》，载杜建录主编《西夏学》第 4 辑，宁夏人民出版社 2009 年版。

聂鸿音：《西夏本〈近住八斋戒文〉考》，《台大佛学研究》2012 年第 6 期。

聂鸿音：《西夏佛教术语的来源》，《固原师专学报》（社会科学版）2002年第2期。

聂鸿音：《西夏文〈禅源诸诠集都序〉译证（上）》，《西夏研究》2001年第1期。

聂鸿音：《西夏文〈禅源诸诠集都序〉译证（下）》，《西夏研究》2001年第2期。

聂鸿音：《西夏文〈过去庄严劫千佛名经〉发愿文中的两个年号》，《固原师专学报》（社会科学版）2004年第5期。

聂鸿音：《西夏文〈注华严法界观门通玄记〉初探》，载北京师范大学民俗典籍文字研究中心编《民俗典籍文字研究》第8辑，商务印书馆2011年版。

聂鸿音：《西夏文藏传〈般若心经〉研究》，《民族语文》2005年第2期。

聂鸿音：《西夏文献中的净土求生法》，载四川大学历史文化学院编《吴天墀教授百年诞辰纪念文集1913—2013》，四川人民出版社2013年版。

聂鸿音：《西夏译本〈持诵圣佛母般若多心经要门〉述略》，《宁夏社会科学》2005年第2期。

聂鸿音：《西夏语谓词人称后缀补议》，《语言科学》2008年第5期。

聂鸿音：《中国国家图书馆藏西夏文〈频那夜迦经考补〉》，《西南民族大学学报》（人文社会科学版）2007年第6期。

聂历山、石滨纯太郎：《西夏文八千颂般若经合璧考释》，《国立北平图书馆馆刊》第4卷第3号，1930（1932）年。

彭向前：《中国藏西夏文〈大智度论〉卷第四考补》，载杜建录主编《西夏学》第2辑，宁夏人民出版社2007年版。

荣智涧：《西安文物保护所藏西夏译〈瑜伽师地论〉残叶整理》，载杜建录主编《西夏学》第11辑，上海古籍出版社2015年版。

沈卫荣：《重构十一至十四世纪的西域佛教史——基于俄藏黑水城汉文佛教文书的探讨》，《历史研究》2006年5期。

史金波：《西夏文〈过去庄严劫千佛名经〉发愿文译证》，《世界宗教研究》1981年第1期。

史金波：《西夏文〈六祖坛经〉残叶译释》，《佛教研究》1993年第3期。

史金波、白滨：《明代西夏文经卷和石幢初探》，《考古学报》1977年第

1 期。

史金波、白滨：《西安市文管处藏西夏文物》，《文物》1982 年第 4 期。

孙伯君：《〈佛说阿弥陀经〉的西夏译本》，《西夏研究》2011 年第 1 期。

孙伯君：《〈无垢净光总持〉的西夏文译本》，《宁夏社会科学》2012 年第 6 期。

孙伯君：《澄观、鲜演〈华严经〉疏钞的西夏文译本》，载张公瑾主编《民族古籍研究》第二辑，中国社会科学出版社 2014 年版。

孙伯君：《德藏吐鲁番所出西夏文〈郁伽长者问经〉残片考》，《宁夏社会科学》2005 年第 5 期。

孙伯君：《俄藏西夏文〈达摩大师观心论〉考释》，载中国社会科学院民族学与人类学研究所编《薪火相传——史金波先生 70 寿辰西夏学国际学术研讨会论文集》，中国社会科学出版社 2012 年版。

孙伯君：《黑水城出土〈圣六字增寿大明陀罗尼经〉译释》，载杜建录主编《西夏学》第 10 辑，上海古籍出版社 2013 年版。

孙伯君：《黑水城出土藏传佛典〈中有身要门〉考释》，《藏学学刊》2014 年 2 期。

孙伯君：《黑水城出土三十五佛名礼忏经典综考》，载四川大学历史文化学院编《吴天墀教授百年诞辰纪念文集 1913—2013》，四川人民出版社 2013 年版。

孙伯君：《黑水城出土西夏文〈大手印定引导略文〉考释》，《西夏研究》2011 年第 4 期。

孙伯君：《黑水城出土西夏文〈佛说圣大乘三归依经〉译释》，《兰州学刊》2009 年第 7 期。

孙伯君：《黑水城出土西夏文〈佛说最上意陀罗尼经〉残片考释》，《宁夏社会科学》2010 年第 1 期。

孙伯君：《黑水城出土西夏文〈金师子章云间类解〉考释》，《西夏研究》2010 年第 1 期。

孙伯君：《黑水城出土西夏文〈求生净土法要门〉译释》，《民族古籍研究》第 1 辑，中国社会科学出版社 2012 年版。

孙伯君：《西夏宝源译〈胜相顶尊总持功能依经录〉考略》，载杜建录主编《西夏学》第 1 辑，宁夏人民出版社 2006 年版。

孙伯君：《西夏宝源译〈圣观自在大悲心总持功能依经录〉考》，《敦煌学辑刊》2006年第2期。

孙伯君：《西夏仁宗皇帝的校经实践》，《宁夏社会科学》2013年第4期。

孙伯君：《西夏文〈观弥勒菩萨上生兜率天经〉考释》，《西夏研究》2013年第6期。

孙伯君：《西夏文〈亥母耳传记〉考释》，载沈卫荣主编《大喜乐与大圆满：庆祝谈锡永先生八十华诞汉藏佛学研究论集》，中国藏学出版社2014年版。

孙伯君：《西夏文〈妙法莲华经心〉考释》，载杜建录主编《西夏学》第8辑，上海古籍出版社2011年版。

孙伯君：《西夏文〈修华严奥旨妄尽还源观〉考释》，载杜建录主编《西夏学》第6辑，上海古籍出版社2010年版。

孙伯君：《西夏文〈正行集〉考释》，《宁夏社会科学》2011年第1期。

孙伯君：《鲜演大师〈华严经谈玄决择记〉的西夏文译本》，《西夏研究》2013年第1期。

孙伯君：《玄奘译〈般若心经〉西夏文译本》，《西夏研究》2015年第2期。

孙伯君：《元代白云宗译刊西夏文文献综考》，《文献》2011年第2期。

孙伯君：《元刊河西藏考补》，《民族研究》2011年第2期。

孙伯君、韩潇锐：《黑水城出土西夏文〈西方净土十疑论〉略注本考释》，《宁夏社会科学》2012年第2期。

孙昌盛：《西夏文〈吉祥遍至口合本续〉（第4卷）研究》，博士学位论文，南京大学，2006年。

孙飞鹏：《西夏文〈佛说百喻经〉残片考释》，《宁夏社会科学》2014年第3期

孙颖新：《西夏本〈佛说疗痔病经〉释读》，《宁夏社会科学》2012年第5期。

孙颖新：《西夏文〈大乘无量寿经〉考释》，《宁夏社会科学》2012年第1期。

孙颖新：《西夏文〈佛说斋经〉译证》，《西夏研究》2011年第1期。

索罗宁：《白云释子〈三观九门〉初探》，载杜建录主编《西夏学》第8

辑，上海古籍出版社 2011 年版。

索罗宁：《西夏佛教著作〈唐昌国师二十五问答〉初探》，载杜建录主编《西夏学》第 2 辑，宁夏人民出版社 2007 年版。

索罗宁著、李杨译：《南阳惠忠及其禅思想：〈惠忠语录〉西夏文本与汉文本比较研究》，载聂鸿音、孙伯君编：《中国多文字时代的历史文献研究》，社会科学文献出版社 2010 年版。

汤君：《两种尚未刊布的西夏文〈长阿含经〉》，载四川大学历史文化学院编《吴天墀教授百年诞辰纪念文集 1913—2013》，四川人民出版社 2013 年版。

汤君：《西夏文〈长阿含经〉卷十二（残）译、考》，《西南民族大学学报》（人文社会科学版）2014 年第 2 期。

王长明：《西夏文〈大般若波罗蜜多经〉（卷一）考释》，硕士学位论文，陕西师范大学，2014 年。

王静如：《金光明最胜王经夏藏汉合璧考释》，《西夏研究》第 2、3 辑，“中央研究院”历史语言研究所单刊甲种之十一、十三，1933 年。

王静如：《西夏文经典题释译释举例》，载王静如主编《西夏研究》第一辑，1932 年。

王龙：《藏传〈圣大乘胜意菩萨经〉的夏汉藏对勘研究》，《北方民族大学学报》（哲学社会科学版）2017 年第 5 期。

王龙：《俄藏西夏文〈瑜伽师地论〉卷八十八考释》，《西夏研究》2017 年第 4 期。

王龙：《黑水城出土西夏文〈大庄严论经〉考释》，《西夏学辑刊》第一辑，2016 年。

王龙：《黑水城出土西夏文〈十二缘生祥瑞经（卷上）〉考释》，《西夏研究》2016 年第 1 期。

王龙：《黑水城出土西夏文〈十二缘生祥瑞经（卷下）〉考释》，《西夏研究》2016 年第 2 期。

王龙：《西夏文“地藏三经”综考》，载杜建录主编《西夏学》第 12 辑，甘肃文化出版社 2016 年版。

王龙：《西夏文〈佛说避瘟经〉考释》，《宁夏师范学院学报》（社会科学版）2006 年第 1 期。

王龙：《西夏文〈瑜伽师地论〉考释》，载张公瑾主编《民族古籍研究》第3辑，中国社会科学出版社2016年版。

王龙：《西夏文草书〈显扬圣教论·成不思议品第十〉考补》，《西夏研究》2019年第1期。

王龙：《西夏文草书〈显扬圣教论·成瑜伽品第九〉考补》，载杜建录主编《西夏学》第16辑，甘肃文化出版社2018年版。

王龙：《西夏写本〈阿毗达磨顺正理论〉考释》，《宁夏社会科学》2017年第2期。

王龙：《西夏写本〈大乘阿毗达磨集论〉缀考》，《文献》2017年第3期。

王培培：《俄藏西夏文〈佛说八大人觉经〉考》，《西夏研究》2010年第2期。

王培培：《西夏文〈维摩诘所说经〉研究》，博士学位论文，中国社会科学院研究生院，2010年。

王培培：《英藏西夏文〈大方等大集经〉考释》，载中国社会科学院民族学与人类学研究所编《薪火相传——史金波先生70寿辰西夏学国际学术研讨会论文集》，中国社会科学出版社2012年版。

杨志高：《〈慈悲道场忏法〉西夏译本卷一“断疑第二”译注》，《宁夏师范学院学报》（社会科学版）2012年第5期。

杨志高：《考古研究所藏西夏文佛经残片考补》，《民族语文》2007年第6期。

杨志高：《西夏文〈慈悲道场忏罪法〉第七卷两个残品的补证译释》，《西南民族大学学报》（人文社会科学版）2010年第4期。

杨志高：《西夏文〈慈悲道场忏罪法〉卷二残叶研究》，《民族语文》2009年第1期。

杨志高：《中国藏西夏文〈菩萨地持经〉残卷考补》，载杜建录主编《西夏学》第2辑，宁夏人民出版社2007年版。

杨志高：《中英两国的西夏文〈慈悲道场忏罪法〉藏卷叙考》，《宁夏师范学院学报》（社会科学版）2010年第1期。

尹江伟：《西夏文〈阿毗达磨顺正理论〉卷五译释》，硕士学位论文，陕西师范大学，2013年。

于光建、徐玉萍：《武威博物馆藏6721号西夏文佛经定名新考》，载杜建录主编《西夏学》第8辑，上海古籍出版社2011年版。

张九玲：《〈佛顶心观世音菩萨大陀罗尼经〉的西夏译本》，《宁夏师范学院学报》（社会科学版）2015年第1期。

张九玲：《〈英藏黑水城文献〉佛经残片考补》，载杜建录主编《西夏学》第11辑，上海古籍出版社2015年版。

张九玲：《俄藏西夏文〈大方等大集经〉译注》，《宁夏师范学院学报》（社会科学版）2014年第2期。

张九玲：《西夏文〈宝藏论〉译注》，《宁夏社会科学》2014年第2期。

张九玲：《西夏文藏传〈大随求陀罗尼经〉研究》，博士学位论文，中国社会科学院研究生院，2015年。

张铁山、王梅堂：《北京图书馆藏回鹘文〈阿毗达磨俱舍论〉残卷研究》，《民族语文》1994年第2期。

宗舜：《〈俄藏黑水城文献〉汉文佛教文献拟题考辨》，《敦煌研究》2001年第1期。

［日］荒川慎太郎：《プリンストン大学所藏西夏文华严经卷七十七译注》，《アジア・アフリカ言语文化研究》81，2011。

［日］荒川慎太郎：《西夏诗の脚韵にられる韵母について——「三世属明言集文」所收西夏语诗》，《京都大学言语学研究》20，2001。

［日］荒川慎太郎：《西夏文〈金刚经〉の研究》，京都大学，2002。

［日］石滨纯太郎：《西夏语译大藏经考》，《龙谷大学论丛》287号，1929年。

［日］松泽博：《敦煌出土西夏语佛典研究序说（3）：ペリオ将来〈佛说天地八阳神咒经〉の西夏语译断片について》，《东洋史苑》63，2004。

［日］西田龙雄（2006）《西夏语研究と法华经III——西夏文写本と刊本（刻本と活字本）について》，《东洋学术研究》第45卷第1号。

［日］西田龙雄：《天理图书馆藏西夏文〈无量寿宗要经〉について》，《ビブリア》23，1962年。

［日］西田龙雄：《西夏译经杂记》，西田龙雄《西夏文华严经》（II），京都大学文学部1976年版。

［日］西田龙雄：《西夏语佛典目录编纂上の诸问题》，Е.И. Кычанов, Каталог тангутских буддийских памятников, pp.XXII-XXIV.

［日］野村博：《西夏语译〈白伞盖陀罗尼经〉断片考》，《龙谷史坛》68—69 号，1974。

A. Wylie，“On an Ancient Buddhist Inscription at Keu-yung-kwan in North China”，*Journal of the Royal Asiatic Society*，Vol. V，1871.

E.D. Grinstead，“The Dragon King of the Sea，The British Museum”，*Quarterly 31*，1966-1967.

K.J. Solonin，“The Fragments of the Tangut Translation of the Platform Sutra of the Sixth Patriarch Preserved in the Fu Ssu-nien Library”，*Academia Sinica*，《“中央研究院”历史语言研究所集刊》第 79 本第 1 分，2008 年。

K. J. Solonin，“The Glimpses of Tangut Buddhism”，Giovanni Stary ed.，*Central Asiatic Journal*，52 (2008) 1.

K.J. Solonin，“The Masters of Hongzhou in the Tangut State”，*Manuscripta Orientalia*，Vol. 4，No. 3，1998.

K.J. Solonin，“The teaching of Daoshen in Tangut translation: The Mirror of Mind”，in R. Gimello，F. Girard and I. Hamar ed.，*Avatamsaka Buddhism in East Asia*，Harrassowitz Verlag・Wiesbaden，2012.

K.J. Solonin，“Tangut Chan Buddhism and Guifeng Zong-mi”，中华佛学学报第 11 期，1998.

M. G. Morisse，“Contribution préliminaire à l’étude de l’écriture et de la langue Si-hia ”，Mémoires présentés par divers savants à l’Académie des Inscriptions et Belles-Lettres，1re Série，tome XI，IIe partie (1904).

Nie hong yin，“On the Tangut Version of Ting nge 'dzin gyi tshogs kyi le'u”，载四川大学中国藏学研究所编《藏学学刊》第 9 辑，四川大学出版社 2014 年版。

Nie Hongyin，“Tangut Fragments Preserved in the China National Institute of Cultural Heritage”，И.Ф. Попова сост. Тангуты в Центральной Азии，Москва: Издательская фирма «Восточная литература»，2012.

四　工具书

慈怡：《佛光大辞典》，高雄：佛光出版社 1989 年版。

丁福保：《佛学大辞典》，文物出版社 1984 年版。

蓝吉富：《实用佛学辞典》（上、中、下）现代佛学大系 56，台北：弥勒出版社 1984 年版。

李范文：《夏汉字典》，中国社会科学出版社 2008 年版。

王尧、陈庆英：《藏文大藏经》（德格版），西藏人民出版社、浙江人民出版社 1998 年版。

张怡荪：《藏汉大辞典》，民族出版社 1993 年版。

朱芾煌：《法相辞典》，商务印书馆 1940 年版。

[日]榊亮三郎等：《梵藏汉和四译对校翻译名义大集》，京都：京都文科大学 1926 年版。

索　引

后　　记

从甘肃踏上北京这片土地，悠悠已过六年。三年的博士和三年的博士后异乡求学，生活与环境落差上的调适，自是刻骨铭心，然这块土地上浓浓的师门情感，却更让我深深感动。从2010年硕士开始学习西夏语言文字以来，已经整整九个年头。感谢宁夏大学西夏学研究院的杜建录先生和我的硕士生导师段玉泉先生，是他们引领我进入这个领域，而且最大限度地容忍了我天马行空般的思考。感谢吾师孙伯君和聂鸿音两位先生，是他们给予我这个求学一向比较曲折的愚顽子弟重新踏入学堂的机会。感谢我的博士后合作导师魏道儒先生，是他给了我又一次深造的机会。他们深厚的历史学、语言学、文献学和宗教学的造诣，闻思修与信解行证同时兼备的人格修养，永远值得我学习。我有幸入他们的门下，诚乃福报也。

特别要感谢恩师孙伯君先生，她一丝不苟的授课风格和规范严谨的文献学研究范式，让我懂得了学为人师和行为世范的真正内涵，她的认真负责和言传身教，让我终生受益。她兼顾着我们这个大家庭每个人的学习和生活，事无巨细，让我深受感动。三年博士生涯中，我的每一篇小论文包括毕业论文的选题、撰写以及修改，无不倾注着恩师的心血。跟随老师学习期间，她每周都会给我们授专业课，有这样的老师，我是何等幸运！我的另一位老师聂鸿音先生，聂老师亲切和蔼、博闻多识、为人谦和、幽默风趣，他的那种将学术化作自发兴趣和无尽追求的精神，是我一辈子都要学习和修炼的。

感谢我的博士后合作导师魏道儒先生，感谢北方民族大学西夏学研究所景永时先生、陕西师范大学韩小忙先生和中国人民大学国学院沈卫荣先生，他们在我学习、生活和工作中都为我提供了各种帮助。感谢孙颖新师姐为我申请博士后的引荐和奔波，感谢张九玲师姐为我润色英文摘要，感谢“西夏同盟会”微信群里的彭向前、杨志高、张玉海、魏淑霞、王培培等诸位老师，以及王巍、麻晓芳、卡佳、李若愚、郭垚垚、张映晖、郭崴、李雷、孟令兮、吴宇、刘少华等同门兄弟姐妹多年来的帮助。感谢参加答辩的王洪君、孙宏开、张铁山、黄建明、江桥等诸位老师对论文提出的宝贵意见。感谢中国社会科学出版社郝玉明副编审，从本书的编排到逐字逐句的审校，她都为本书提出了许多有价值的修改意见。最后，感谢我的家人和爱人庞倩，他们时常给我鼓励，为我加油，是我永远的精神支柱。

本书是在我的博士学位论文的基础上修改而成的，在原基础上增加了“四行对译”，并对原文格式和相关内容进行了一些调整和修改，由于时间和本人能力有限，本书不可避免地存在着一些不足和错误，敬请各位读者朋友批评指正。

王　龙